Die Betriebsrente

Die Betriebsrente

Textsammlung 2023

Herausgegeben von der aba
Arbeitsgemeinschaft
für betriebliche Altersversorgung e.V., Berlin

Bearbeitet von
Sabine Drochner, Rechtsreferentin
der aba – Arbeitsgemeinschaft für betriebliche Altersversorgung e.V.

und

Rechtsanwältin Dr. Birgit Uebelhack
(bis zur 16. Auflage)

20., neu bearbeitete und erweiterte Auflage

C.F. Müller

Bibliografische Informationen der Deutschen Nationalbibliothek

Die Deutsche Nationalbibliothek verzeichnet diese Publikation in der Deutschen Nationalbiografie; detaillierte bibliografische Daten sind im Internet über https://dnb.d-nb.de abrufbar.

ISBN 978-3-8114-5579-5

E-Mail: kundenservice@cfmueller.de
Telefon: +49 6221 1859 599
Telefax: +49 6221 1859 598
www.cfmueller.de
www.cfmueller-campus.de

Satz: WMTP Wendt-Media Text-Processing GmbH, Birkenau
Druck: Westermann Druck, Zwickau

Vorwort zur 20. Auflage

Seit der 19. Auflage waren es insbesondere die am 1. August 2022 in Kraft getretenen Änderungen des Nachweisgesetzes – mit denen der Gesetzgeber die EU-Richtlinie über transparente und vorhersehbare Arbeitsbedingungen (EU-Richtlinie 2019/1152) vom 20. Juni 2019 in nationales Recht umgesetzt hat –, die nicht unerhebliche Auswirkungen auf die Praxis der betrieblichen Altersversorgung haben.

Auch das am 1. Dezember 2022 beschlossene Achte SGB IV-Änderungsgesetz hat Einfluss auf die betriebliche Altersversorgung: Mit Wirkung zum 1. Januar 2023 sind die Hinzuverdienstgrenzen bei vorgezogenen Altersrenten entfallen und § 6 BetrAVG wurde modifiziert.

Darüber hinaus haben Änderungen des SGB IV, SGB V und SGB VI, des Jahressteuergesetzes 2022, der AltvDV, des VVG, des UmwG sowie die KStR 2022 und die LStR 2023 Eingang in die Neuauflage gefunden.

Neu aufgenommen wurde das Schreiben des BMF vom 2. Mai 2022 zur steuerlichen Gewinnermittlung, das u.a. Aussagen zum maßgebenden Finanzierungsendalter bei der Bewertung von Pensionsrückstellungen nach § 6a EStG enthält.

Die aktuelle Fassung des VAG im Umfang der 15. Auflage ist in dem C.F. Müller Shop als Produktservice unter www.cfmueller.de/betriebsrente.htm abrufbar.

Berlin, im März 2023 *Sabine Drochner*

Inhaltsverzeichnis

Seite

I.
Arbeits- und Sozialrecht

1.
Gesetz zur Verbesserung der betrieblichen Altersversorgung (Betriebsrentengesetz – BetrAVG)

vom 19.12.1974 (BGBl. I S. 3610),
zuletzt geändert durch Art. 14 G vom 20.12.2022 (BGBl. I S. 2759)

Erster Teil
Arbeitsrechtliche Vorschriften

Erster Abschnitt
Durchführung der betrieblichen Altersversorgung

§ 1
Zusage des Arbeitgebers auf betriebliche Altersvorsorge

(1) [1]Werden einem Arbeitnehmer Leistungen der Alters-, Invaliditäts- oder Hinterbliebenenversorgung aus Anlass seines Arbeitsverhältnisses vom Arbeitgeber zugesagt (betriebliche Altersversorgung), gelten die Vorschriften dieses Gesetzes. [2]Die Durchführung der betrieblichen Altersversorgung kann unmittelbar über den Arbeitgeber oder über einen der in § 1b Abs. 2 bis 4 genannten Versorgungsträger erfolgen. [3]Der Arbeitgeber steht für die Erfüllung der von ihm zugesagten Leistungen auch dann ein, wenn die Durchführung nicht unmittelbar über ihn erfolgt.

(2) Betriebliche Altersversorgung liegt auch vor, wenn

1. der Arbeitgeber sich verpflichtet, bestimmte Beiträge in eine Anwartschaft auf Alters-, Invaliditäts- oder Hinterbliebenenversorgung umzuwandeln (beitragsorientierte Leistungszusage),

2. der Arbeitgeber sich verpflichtet, Beiträge zur Finanzierung von Leistungen der betrieblichen Altersversorgung an einen Pensionsfonds, eine Pensionskasse oder eine Direktversicherung zu zahlen und für Leistungen zur Altersversorgung das planmäßig zuzurechnende Versorgungskapital auf der Grundlage der gezahlten Beiträge (Beiträge und die daraus erzielten Erträge), mindestens die Summe der zugesagten Beiträge, soweit sie nicht rechnungsmäßig für einen biometrischen Risikoausgleich verbraucht wurden, hierfür zur Verfügung zu stellen (Beitragszusage mit Mindestleistung),

2a. der Arbeitgeber durch Tarifvertrag oder aufgrund eines Tarifvertrages in einer Betriebs- oder Dienstvereinbarung verpflichtet wird, Beiträge zur Finanzierung von Leistungen der betrieblichen Altersversorgung an einen Pensionsfonds, eine Pensionskasse oder eine Direktversicherung nach § 22 zu zahlen; die Pflichten des Arbeitgebers nach Absatz 1 Satz 3, § 1a Absatz 4 Satz 2, den §§ 1b bis 6 und 16 sowie die Insolvenzsicherungspflicht nach dem Vierten Abschnitt bestehen nicht (reine Beitragszusage),

3. künftige Entgeltansprüche in eine wertgleiche Anwartschaft auf Versorgungsleistungen umgewandelt werden (Entgeltumwandlung) oder
4. der Arbeitnehmer Beiträge aus seinem Arbeitsentgelt zur Finanzierung von Leistungen der betrieblichen Altersversorgung an einen Pensionsfonds, eine Pensionskasse oder eine Direktversicherung leistet und die Zusage des Arbeitgebers auch die Leistungen aus diesen Beiträgen umfasst; die Regelungen für Entgeltumwandlung sind hierbei entsprechend anzuwenden, soweit die zugesagten Leistungen aus diesen Beiträgen im Wege der Kapitaldeckung finanziert werden.

§ 1a
Anspruch auf betriebliche Altersversorgung durch Entgeltumwandlung

(1) [1]Der Arbeitnehmer kann vom Arbeitgeber verlangen, dass von seinen künftigen Entgeltansprüchen bis zu 4 vom Hundert der jeweiligen Beitragsbemessungsgrenze in der allgemeinen Rentenversicherung durch Entgeltumwandlung für seine betriebliche Altersversorgung verwendet werden. [2]Die Durchführung des Anspruchs des Arbeitnehmers wird durch Vereinbarung geregelt. [3]Ist der Arbeitgeber zu einer Durchführung über einen Pensionsfonds oder eine Pensionskasse (§ 1b Abs. 3) oder über eine Versorgungseinrichtung nach § 22 bereit, ist die betriebliche Altersversorgung dort durchzuführen; andernfalls kann der Arbeitnehmer verlangen, dass der Arbeitgeber für ihn eine Direktversicherung (§ 1b Abs. 2) abschließt. [4]Soweit der Anspruch geltend gemacht wird, muss der Arbeitnehmer jährlich einen Betrag in Höhe von mindestens einem Hundertsechzigstel der Bezugsgröße nach § 18 Abs. 1 des Vierten Buches Sozialgesetzbuch für seine betriebliche Altersversorgung verwenden. [5]Soweit der Arbeitnehmer Teile seines regelmäßigen Entgelts für betriebliche Altersversorgung verwendet, kann der Arbeitgeber verlangen, dass während eines laufenden Kalenderjahres gleich bleibende monatliche Beträge verwendet werden.

(1a) Der Arbeitgeber muss 15 Prozent des umgewandelten Entgelts zusätzlich als Arbeitgeberzuschuss an den Pensionsfonds, die Pensionskasse oder die Direktversicherung weiterleiten, soweit er durch die Entgeltumwandlung Sozialversicherungsbeiträge einspart.

(2) Soweit eine durch Entgeltumwandlung finanzierte betriebliche Altersversorgung besteht, ist der Anspruch des Arbeitnehmers auf Entgeltumwandlung ausgeschlossen.

(3) Soweit der Arbeitnehmer einen Anspruch auf Entgeltumwandlung für betriebliche Altersversorgung nach Abs. 1 hat, kann er verlangen, dass die Voraussetzungen für eine Förderung nach den §§ 10a, 82 Abs. 2 des Einkommensteuergesetzes erfüllt werden, wenn die betriebliche Altersversorgung über einen Pensionsfonds, eine Pensionskasse oder eine Direktversicherung durchgeführt wird.

(4) [1]Falls der Arbeitnehmer bei fortbestehendem Arbeitsverhältnis kein Entgelt erhält, hat er das Recht, die Versicherung oder Versorgung mit eigenen Beiträgen fortzuset-

zen. [2]Der Arbeitgeber steht auch für die Leistungen aus diesen Beiträgen ein. [3]Die Regelungen über Entgeltumwandlung gelten entsprechend.

§ 1b
Unverfallbarkeit und Durchführung der betrieblichen Altersversorgung

(1) [1]Einem Arbeitnehmer, dem Leistungen aus der betrieblichen Altersversorgung zugesagt worden sind, bleibt die Anwartschaft erhalten, wenn das Arbeitsverhältnis vor Eintritt des Versorgungsfalls, jedoch nach Vollendung des 21. Lebensjahres endet und die Versorgungszusage zu diesem Zeitpunkt mindestens drei Jahre bestanden hat (unverfallbare Anwartschaft). [2]Ein Arbeitnehmer behält seine Anwartschaft auch dann, wenn er aufgrund einer Vorruhestandsregelung ausscheidet und ohne das vorherige Ausscheiden die Wartezeit und die sonstigen Voraussetzungen für den Bezug von Leistungen der betrieblichen Altersversorgung hätte erfüllen können. [3]Eine Änderung der Versorgungszusage oder ihre Übernahme durch eine andere Person unterbricht nicht den Ablauf der Fristen nach Satz 1. [4]Der Verpflichtung aus einer Versorgungszusage stehen Versorgungsverpflichtungen gleich, die auf betrieblicher Übung oder dem Grundsatz der Gleichbehandlung beruhen. [5]Der Ablauf einer vorgesehenen Wartezeit wird durch die Beendigung des Arbeitsverhältnisses nach Erfüllung der Voraussetzungen der Sätze 1 und 2 nicht berührt. [6]Wechselt ein Arbeitnehmer vom Geltungsbereich dieses Gesetzes in einen anderen Mitgliedstaat der Europäischen Union, bleibt die Anwartschaft in gleichem Umfange wie für Personen erhalten, die auch nach Beendigung eines Arbeitsverhältnisses innerhalb des Geltungsbereichs dieses Gesetzes verbleiben.

(2) [1]Wird für die betriebliche Altersversorgung eine Lebensversicherung auf das Leben des Arbeitnehmers durch den Arbeitgeber abgeschlossen und sind der Arbeitnehmer oder seine Hinterbliebenen hinsichtlich der Leistungen des Versicherers ganz oder teilweise bezugsberechtigt (Direktversicherung), so ist der Arbeitgeber verpflichtet, wegen Beendigung des Arbeitsverhältnisses nach Erfüllung der in Absatz 1 Satz 1 und 2 genannten Voraussetzungen das Bezugsrecht nicht mehr zu widerrufen. [2]Eine Vereinbarung, nach der das Bezugsrecht durch die Beendigung des Arbeitsverhältnisses nach Erfüllung der in Absatz 1 Satz 1 und 2 genannten Voraussetzungen auflösend bedingt ist, ist unwirksam. [3]Hat der Arbeitgeber die Ansprüche aus dem Versicherungsvertrag abgetreten oder beliehen, so ist er verpflichtet, den Arbeitnehmer, dessen Arbeitsverhältnis nach Erfüllung der in Absatz 1 Satz 1 und 2 genannten Voraussetzungen geendet hat, bei Eintritt des Versicherungsfalles so zu stellen, als ob die Abtretung oder Beleihung nicht erfolgt wäre. [4]Als Zeitpunkt der Erteilung der Versorgungszusage im Sinne des Absatzes 1 gilt der Versicherungsbeginn, frühestens jedoch der Beginn der Betriebszugehörigkeit.

(3) [1]Wird die betriebliche Altersversorgung von einer rechtsfähigen Versorgungseinrichtung durchgeführt, die dem Arbeitnehmer oder seinen Hinterbliebenen auf ihre Leistungen einen Rechtsanspruch gewährt (Pensionskasse und Pensionsfonds), so gilt Absatz 1 entsprechend. [2]Als Zeitpunkt der Erteilung der Versorgungszusage im Sinne des Absatzes 1 gilt der Versicherungsbeginn, frühestens jedoch der Beginn der Betriebszugehörigkeit.

(4) [1]Wird die betriebliche Altersversorgung von einer rechtsfähigen Versorgungseinrichtung durchgeführt, die auf ihre Leistungen keinen Rechtsanspruch gewährt (Unterstützungskasse), so sind die nach Erfüllung der in Absatz 1 Satz 1 und 2 genannten Voraussetzungen und vor Eintritt des Versorgungsfalles aus dem Unternehmen ausgeschiedenen Arbeitnehmer und ihre Hinterbliebenen den bis zum Eintritt des Versorgungsfalles dem Unternehmen angehörenden Arbeitnehmern und deren Hinterbliebenen gleichgestellt. [2]Die Versorgungszusage gilt in dem Zeitpunkt als erteilt im Sinne des Absatzes 1, von dem an der Arbeitnehmer zum Kreis der Begünstigten der Unterstützungskasse gehört.

(5) [1]Soweit betriebliche Altersversorgung durch Entgeltumwandlung einschließlich eines möglichen Arbeitgeberzuschusses nach § 1a Absatz 1a erfolgt, behält der Arbeitnehmer seine Anwartschaft, wenn sein Arbeitsverhältnis vor Eintritt des Versorgungsfalles endet; in den Fällen der Absätze 2 und 3

1. dürfen die Überschussanteile nur zur Verbesserung der Leistung verwendet,
2. muss dem ausgeschiedenen Arbeitnehmer das Recht zur Fortsetzung der Versicherung oder Versorgung mit eigenen Beiträgen eingeräumt und
3. muss das Recht zur Verpfändung, Abtretung oder Beleihung durch den Arbeitgeber ausgeschlossen werden.

[2]Im Fall einer Direktversicherung ist dem Arbeitnehmer darüber hinaus mit Beginn der Entgeltumwandlung ein unwiderrufliches Bezugsrecht einzuräumen.

§ 2
Höhe der unverfallbaren Anwartschaft

(1) [1]Bei Eintritt des Versorgungsfalles wegen Erreichen der Altersgrenze, wegen Invalidität oder Tod haben ein vorher ausgeschiedener Arbeitnehmer, dessen Anwartschaft nach § 1b fortbesteht, und seine Hinterbliebenen einen Anspruch mindestens in Höhe des Teiles der ohne das vorherige Ausscheiden zustehenden Leistung, der dem Verhältnis der Dauer der Betriebszugehörigkeit zu der Zeit vom Beginn der Betriebszugehörigkeit bis zum Erreichen der Regelaltersgrenze in der gesetzlichen Rentenversicherung entspricht; an die Stelle des Erreichens der Regelaltersgrenze tritt ein früherer Zeitpunkt, wenn dieser in der Versorgungsregelung als feste Altersgrenze vorgesehen ist, spätestens der Zeitpunkt der Vollendung des 65. Lebensjahres, falls der Arbeitnehmer ausscheidet und gleichzeitig eine Altersrente aus der gesetzlichen Rentenversicherung für besonders langjährig Versicherte in Anspruch nimmt. [2]Der Mindestanspruch auf Leistungen wegen Invalidität oder Tod vor Erreichen der Altersgrenze ist jedoch nicht höher als der Betrag, den der Arbeitnehmer oder seine Hinterbliebenen erhalten hätten, wenn im Zeitpunkt des Ausscheidens der Versorgungsfall eingetreten wäre und die sonstigen Leistungsvoraussetzungen erfüllt gewesen wären.

(2) [1]Ist bei einer Direktversicherung der Arbeitnehmer nach Erfüllung der Voraussetzungen des § 1b Abs. 1 und 5 vor Eintritt des Versorgungsfalls ausgeschieden, so gilt Absatz 1 mit der Maßgabe, dass sich der vom Arbeitgeber zu finanzierende Teilanspruch nach Absatz 1, soweit er über die von dem Versicherer nach dem Versiche-

rungsvertrag aufgrund der Beiträge des Arbeitgebers zu erbringende Versicherungsleistung hinausgeht, gegen den Arbeitgeber richtet. [2]An die Stelle der Ansprüche nach Satz 1 tritt auf die von dem Versicherer aufgrund des Versicherungsvertrags zu erbringende Versicherungsleistung, wenn

1. spätestens nach 3 Monaten seit dem Ausscheiden des Arbeitnehmers das Bezugsrecht unwiderruflich ist und eine Abtretung oder Beleihung des Rechts aus dem Versicherungsvertrag durch den Arbeitgeber und Beitragsrückstände nicht vorhanden sind,
2. vom Beginn der Versicherung, frühstens jedoch vom Beginn der Betriebszugehörigkeit an, nach dem Versicherungsvertrag die Überschussanteile nur zur Verbesserung der Versicherungsleistung zu verwenden sind und
3. der ausgeschiedene Arbeitnehmer nach dem Versicherungsvertrag das Recht zur Fortsetzung der Versicherung mit eigenen Beiträgen hat.

[3]Die Einstandspflicht des Arbeitgebers nach § 1 Absatz 1 Satz 3 bleibt unberührt. [4]Der ausgeschiedene Arbeitnehmer darf die Ansprüche aus dem Versicherungsvertrag in Höhe des durch Beitragszahlungen des Arbeitgebers gebildeten geschäftsplanmäßigen Deckungskapitals oder, soweit die Berechnung des Deckungskapitals nicht zum Geschäftsplan gehört, des nach § 169 Abs. 3 und 4 des Versicherungsvertragsgesetzes berechneten Wertes weder abtreten noch beleihen. [5]In dieser Höhe darf der Rückkaufswert aufgrund einer Kündigung des Versicherungsvertrags nicht in Anspruch genommen werden; im Falle einer Kündigung wird die Versicherung in eine prämienfreie Versicherung umgewandelt. [6]§ 169 Abs. 1 des Versicherungsvertragsgesetzes findet insoweit keine Anwendung. [7]Eine Abfindung des Anspruchs nach § 3 ist weiterhin möglich.

(3) [1]Für Pensionskassen gilt Absatz 1 mit der Maßgabe, dass sich der vom Arbeitgeber zu finanzierende Teilanspruch nach Absatz 1, soweit er über die von der Pensionskasse nach dem aufsichtsbehördlich genehmigten Geschäftsplan oder, soweit eine aufsichtsbehördliche Genehmigung nicht vorgeschrieben ist, nach den allgemeinen Versicherungsbedingungen und den fachlichen Geschäftsunterlagen im Sinne des § 9 Absatz 2 Nummer 2 in Verbindung mit § 219 Absatz 3 Nummer 1 Buchstabe b des Versicherungsaufsichtsgesetzes (Geschäftsunterlagen) aufgrund der Beiträge des Arbeitgebers zu erbringende Leistung hinausgeht, gegen den Arbeitgeber richtet. [2]An die Stelle der Ansprüche nach Satz 1 tritt die von der Pensionskasse aufgrund des Geschäftsplans oder der Geschäftsunterlagen zu erbringende Leistung, wenn nach dem aufsichtsbehördlich genehmigten Geschäftsplan oder den Geschäftsunterlagen

1. vom Beginn der Versicherung, frühestens jedoch vom Beginn der Betriebszugehörigkeit an, Überschussanteile, die aufgrund des Finanzierungsverfahrens regelmäßig entstehen, nur zur Verbesserung der Versicherungsleistung zu verwenden sind oder die Steigerung der Versorgungsanwartschaften des Arbeitnehmers der Entwicklung seines Arbeitsentgelts, soweit es unter den jeweiligen Beitragsbemessungsgrenzen der gesetzlichen Rentenversicherungen liegt, entspricht und

2. der ausgeschiedene Arbeitnehmer das Recht zur Fortsetzung der Versicherung mit eigenen Beiträgen hat.

[3]Absatz 2 Satz 3 bis 7 gilt entsprechend.

(3a) Für Pensionsfonds gilt Absatz 1 mit der Maßgabe, dass sich der vom Arbeitgeber zu finanzierende Teilanspruch, soweit er über die vom Pensionsfonds auf der Grundlage der nach dem geltenden Pensionsplan im Sinne des § 237 Absatz 1 Satz 3 des Versicherungsaufsichtsgesetzes berechnete Deckungsrückstellung hinausgeht, gegen den Arbeitgeber richtet.

(4) Eine Unterstützungskasse hat bei Eintritt des Versorgungsfalls einem vorzeitig ausgeschiedenen Arbeitnehmer, der nach § 1b Abs. 4 gleichgestellt ist, und seinen Hinterbliebenen mindestens den nach Absatz 1 berechneten Teil der Versorgung zu gewähren.

(5) Bei einer unverfallbaren Anwartschaft aus Entgeltumwandlung tritt an die Stelle der Ansprüche nach Absatz 1, 3a oder 4 die vom Zeitpunkt der Zusage auf betriebliche Altersversorgung bis zum Ausscheiden des Arbeitnehmers erreichte Anwartschaft auf Leistungen aus den bis dahin umgewandelten Entgeltbestandteilen; dies gilt entsprechend für eine unverfallbare Anwartschaft aus Beiträgen im Rahmen einer beitragsorientierten Leistungszusage.

(6) An die Stelle der Ansprüche nach den Absätzen 2, 3, 3a und 5 tritt bei einer Beitragszusage mit Mindestleistung das dem Arbeitnehmer planmäßig zuzurechnende Versorgungskapital auf der Grundlage der bis zu seinem Ausscheiden geleisteten Beiträge (Beiträge und die bis zum Eintritt des Versorgungsfalls erzielten Erträge), mindestens die Summe der bis dahin zugesagten Beiträge, soweit sie nicht rechnungsmäßig für einen biometrischen Risikoausgleich verbraucht wurden.

§ 2a
Berechnung und Wahrung des Teilanspruchs

(1) Bei der Berechnung des Teilanspruchs eines mit unverfallbarer Anwartschaft ausgeschiedenen Arbeitnehmers nach § 2 sind die Versorgungsregelung und die Bemessungsgrundlagen im Zeitpunkt des Ausscheidens zugrunde zu legen; Veränderungen, die nach dem Ausscheiden eintreten, bleiben außer Betracht.

(2) [1]Abweichend von Absatz 1 darf ein ausgeschiedener Arbeitnehmer im Hinblick auf den Wert seiner unverfallbaren Anwartschaft gegenüber vergleichbaren nicht ausgeschiedenen Arbeitnehmern nicht benachteiligt werden. [2]Eine Benachteiligung gilt insbesondere als ausgeschlossen, wenn

1. die Anwartschaft
   a) als nominales Anrecht festgelegt ist,
   b) eine Verzinsung enthält, die auch dem ausgeschiedenen Arbeitnehmer zugutekommt, oder

c) über einen Pensionsfonds, eine Pensionskasse oder eine Direktversicherung durchgeführt wird und die Erträge auch dem ausgeschiedenen Arbeitnehmer zugutekommen, oder

2. die Anwartschaft angepasst wird

a) um 1 Prozent jährlich,

b) wie die Anwartschaften oder die Nettolöhne vergleichbarer nicht ausgeschiedener Arbeitnehmer,

c) wie die laufenden Leistungen, die an die Versorgungsempfänger des Arbeitgebers erbracht werden, oder

d) entsprechend dem Verbraucherpreisindex für Deutschland.

(3) [1]Ist bei der Berechnung des Teilanspruchs eine Rente der gesetzlichen Rentenversicherung zu berücksichtigen, so kann bei einer unmittelbaren oder über eine Unterstützungskasse durchgeführten Versorgungszusage das bei der Berechnung von Pensionsrückstellungen allgemein zulässige Verfahren zugrunde gelegt werden, es sei denn, der ausgeschiedene Arbeitnehmer weist die bei der gesetzlichen Rentenversicherung im Zeitpunkt des Ausscheidens erreichten Entgeltpunkte nach. [2]Bei einer Versorgungszusage, die über eine Pensionskasse oder einen Pensionsfonds durchgeführt wird, sind der aufsichtsbehördlich genehmigte Geschäftsplan, der Pensionsplan oder die sonstigen Geschäftsunterlagen zugrunde zu legen.

(4) Versorgungsanwartschaften, die der Arbeitnehmer nach seinem Ausscheiden erwirbt, dürfen nicht zu einer Kürzung des Teilanspruchs führen.

§ 3
Abfindung

(1) Unverfallbare Anwartschaften im Falle der Beendigung des Arbeitsverhältnisses und laufende Leistungen dürfen nur unter den Voraussetzungen der folgenden Absätze abgefunden werden.

(2) [1]Der Arbeitgeber kann eine Anwartschaft ohne Zustimmung des Arbeitnehmers abfinden, wenn der Monatsbetrag der aus der Anwartschaft resultierenden laufenden Leistung bei Erreichen der vorgesehenen Altersgrenze 1 vom Hundert, bei Kapitalleistungen zwölf Zehntel der monatlichen Bezugsgröße nach § 18 des Vierten Buches Sozialgesetzbuch nicht übersteigen würde. [2]Dies gilt entsprechend für die Abfindung einer laufenden Leistung. [3]Die Abfindung einer Anwartschaft bedarf der Zustimmung des Arbeitnehmers, wenn dieser nach Beendigung des Arbeitsverhältnisses ein neues Arbeitsverhältnis in einem anderen Mitgliedstaat der Europäischen Union begründet und dies innerhalb von drei Monaten nach Beendigung des Arbeitsverhältnisses seinem ehemaligen Arbeitgeber mitteilt. [4]Die Abfindung ist unzulässig, wenn der Arbeitnehmer von seinem Recht auf Übertragung der Anwartschaft Gebrauch macht.

(3) Die Anwartschaft ist auf Verlangen des Arbeitnehmers abzufinden, wenn die Beiträge zur gesetzlichen Rentenversicherung erstattet worden sind.

(4) Der Teil der Anwartschaft, der während eines Insolvenzverfahrens erdient worden ist, kann ohne Zustimmung des Arbeitnehmers abgefunden werden, wenn die Betriebstätigkeit vollständig eingestellt und das Unternehmen liquidiert wird.

(5) Für die Berechnung des Abfindungsbetrages gilt § 4 Abs. 5 entsprechend.

(6) Die Abfindung ist gesondert auszuweisen und einmalig zu zahlen.

§4
Übertragung

(1) Unverfallbare Anwartschaften und laufende Leistungen dürfen nur unter den Voraussetzungen der folgenden Absätze übertragen werden.

(2) Nach Beendigung des Arbeitsverhältnisses kann im Einvernehmen des ehemaligen mit dem neuen Arbeitgeber sowie dem Arbeitnehmer

1. die Zusage vom neuen Arbeitgeber übernommen werden oder
2. der Wert der vom Arbeitnehmer erworbenen unverfallbaren Anwartschaft auf betriebliche Altersversorgung (Übertragungswert) auf den neuen Arbeitgeber übertragen werden, wenn dieser eine wertgleiche Zusage erteilt; für die neue Anwartschaft gelten die Regelungen über Entgeltumwandlung entsprechend.

(3) [1]Der Arbeitnehmer kann innerhalb eines Jahres nach Beendigung des Arbeitsverhältnisses von seinem ehemaligen Arbeitgeber verlangen, dass der Übertragungswert auf den neuen Arbeitgeber oder auf die Versorgungseinrichtung nach § 22 des neuen Arbeitgebers übertragen wird, wenn

1. die betriebliche Altersversorgung über einen Pensionsfonds, eine Pensionskasse oder eine Direktversicherung durchgeführt worden ist und
2. der Übertragungswert die Beitragsbemessungsgrenze in der allgemeinen Rentenversicherung nicht übersteigt.

[2]Der Anspruch richtet sich gegen den Versorgungsträger, wenn die versicherungsförmige Lösung nach § 2 Abs. 2 oder 3 vorliegt oder soweit der Arbeitnehmer die Versicherung oder Versorgung mit eigenen Beiträgen fortgeführt hat. [3]Der neue Arbeitgeber ist verpflichtet, eine dem Übertragungswert wertgleiche Zusage zu erteilen und über einen Pensionsfonds, eine Pensionskasse oder eine Direktversicherung durchzuführen. [4]Für die neue Anwartschaft gelten die Regelungen über Entgeltumwandlung entsprechend. [5]Ist der neue Arbeitgeber zu einer Durchführung über eine Versorgungseinrichtung nach § 22 bereit, ist die betriebliche Altersversorgung dort durchzuführen; die Sätze 3 und 4 sind in diesem Fall nicht anzuwenden.

(4) [1]Wird die Betriebstätigkeit eingestellt und das Unternehmen liquidiert, kann eine Zusage von einer Pensionskasse oder einem Unternehmen der Lebensversicherung ohne Zustimmung des Arbeitnehmers oder Versorgungsempfängers übernommen werden, wenn sichergestellt ist, dass die Überschussanteile ab Rentenbeginn entsprechend § 16 Abs. 3 Nr. 2 verwendet werden. [2]Bei einer Pensionskasse nach § 7 Absatz 1 Satz 2 Nummer 3 muss sichergestellt sein, dass im Zeitpunkt der Übernahme der in

der Rechtsverordnung zu § 235 Absatz 1 Nummer 4 des Versicherungsaufsichtsgesetzes in der jeweils geltenden Fassung festgesetzte Höchstzinssatz zur Berechnung der Deckungsrückstellung nicht überschritten wird. [3]§ 2 Abs. 2 Satz 4 bis 6 gilt entsprechend.

(5) [1]Der Übertragungswert entspricht bei einer unmittelbar über den Arbeitgeber oder über eine Unterstützungskasse durchgeführten betrieblichen Altersversorgung dem Barwert der nach § 2 bemessenen künftigen Versorgungsleistung im Zeitpunkt der Übertragung; bei der Berechnung des Barwerts sind die Rechnungsgrundlagen sowie die anerkannten Regeln der Versicherungsmathematik maßgebend. [2]Soweit die betriebliche Altersversorgung über einen Pensionsfonds, eine Pensionskasse oder eine Direktversicherung durchgeführt worden ist, entspricht der Übertragungswert dem gebildeten Kapital im Zeitpunkt der Übertragung.

(6) Mit der vollständigen Übertragung des Übertragungswerts erlischt die Zusage des ehemaligen Arbeitgebers.

§ 4a
Auskunftspflichten

(1) Der Arbeitgeber oder der Versorgungsträger hat dem Arbeitnehmer auf dessen Verlangen mitzuteilen,

1. ob und wie eine Anwartschaft auf betriebliche Altersversorgung erworben wird,
2. wie hoch der Anspruch auf betriebliche Altersversorgung aus der bisher erworbenen Anwartschaft ist und bei Erreichen der in der Versorgungsregelung vorgesehenen Altersgrenze voraussichtlich sein wird,
3. wie sich eine Beendigung des Arbeitsverhältnisses auf die Anwartschaft auswirkt und
4. wie sich die Anwartschaft nach einer Beendigung des Arbeitsverhältnisses entwickeln wird.

(2) [1]Der Arbeitgeber oder der Versorgungsträger hat dem Arbeitnehmer oder dem ausgeschiedenen Arbeitnehmer auf dessen Verlangen mitzuteilen, wie hoch bei einer Übertragung der Anwartschaft nach § 4 Absatz 3 der Übertragungswert ist. [2]Der neue Arbeitgeber oder der Versorgungsträger hat dem Arbeitnehmer auf dessen Verlangen mitzuteilen, in welcher Höhe aus dem Übertragungswert ein Anspruch auf Altersversorgung bestehen würde und ob eine Invaliditäts- oder Hinterbliebenenversorgung bestehen würde.

(3) [1]Der Arbeitgeber oder der Versorgungsträger hat dem ausgeschiedenen Arbeitnehmer auf dessen Verlangen mitzuteilen, wie hoch die Anwartschaft auf betriebliche Altersversorgung ist und wie sich die Anwartschaft künftig entwickeln wird. [2]Satz 1 gilt entsprechend für Hinterbliebene im Versorgungsfall.

(4) Die Auskunft muss verständlich, in Textform und in angemessener Frist erteilt werden.

Zweiter Abschnitt
Auszehrungsverbot

§ 5
Auszehrung und Anrechnung

(1) Die bei Eintritt des Versorgungsfalls festgesetzten Leistungen der betrieblichen Altersversorgung dürfen nicht mehr dadurch gemindert oder entzogen werden, dass Beträge, um die sich andere Versorgungsbezüge nach diesem Zeitpunkt durch Anpassung an die wirtschaftliche Entwicklung erhöhen, angerechnet oder bei der Begrenzung der Gesamtversorgung auf einen Höchstbetrag berücksichtigt werden.

(2) [1]Leistungen der betrieblichen Altersversorgung dürfen durch Anrechnung oder Berücksichtigung anderer Versorgungsbezüge, soweit sie auf eigenen Beiträgen des Versorgungsempfängers beruhen, nicht gekürzt werden. [2]Dies gilt nicht für Renten aus den gesetzlichen Rentenversicherungen, soweit sie auf Pflichtbeiträgen beruhen, sowie für sonstige Versorgungsbezüge, die mindestens zur Hälfte auf Beiträgen oder Zuschüssen des Arbeitgebers beruhen.

Dritter Abschnitt
Altersgrenze

§ 6
Vorzeitige Altersleistung

[1]Einem Arbeitnehmer, der die Altersrente aus der gesetzlichen Rentenversicherung als Vollrente in Anspruch nimmt, sind auf sein Verlangen nach Erfüllung der Wartezeit und sonstiger Leistungsvoraussetzungen Leistungen der betrieblichen Altersversorgung zu gewähren. [2]Wird die Altersrente aus der gesetzlichen Rentenversicherung auf einen Teilbetrag beschränkt, können die Leistungen der betrieblichen Altersversorgung eingestellt werden. [3]Der ausgeschiedene Arbeitnehmer ist verpflichtet, eine Beschränkung der Altersrente aus der gesetzlichen Rentenversicherung dem Arbeitgeber oder sonstigen Versorgungsträger unverzüglich anzuzeigen.

Vierter Abschnitt
Insolvenzsicherung

§ 7
Umfang des Versicherungsschutzes

(1) [1]Versorgungsempfänger, deren Ansprüche aus einer unmittelbaren Versorgungszusage des Arbeitgebers nicht erfüllt werden, weil über das Vermögen des Arbeitgebers oder über seinen Nachlass das Insolvenzverfahren eröffnet worden ist, und ihre Hinterbliebenen haben gegen den Träger der Insolvenzsicherung einen Anspruch in Höhe der Leistung, die der Arbeitgeber aufgrund der Versorgungszusage zu erbringen hätte, wenn das Insolvenzverfahren nicht eröffnet worden wäre. [2]Satz 1 gilt entsprechend,

1. wenn Leistungen aus einer Direktversicherung aufgrund der in § 1b Abs. 2 Satz 3 genannten Tatbestände nicht gezahlt werden und der Arbeitgeber seiner Verpflich-

tung nach § 1b Abs. 2 Satz 3 wegen der Eröffnung des Insolvenzverfahrens nicht nachkommt,

2. wenn eine Unterstützungskasse die nach ihrer Versorgungsregelung vorgesehene Versorgung nicht erbringt, weil über das Vermögen oder den Nachlass eines Arbeitgebers, der der Unterstützungskasse Zuwendungen leistet, das Insolvenzverfahren eröffnet worden ist,

3. wenn über das Vermögen oder den Nachlass des Arbeitgebers, dessen Versorgungszusage von einem Pensionsfonds oder einer Pensionskasse durchgeführt wird, das Insolvenzverfahren eröffnet worden ist und soweit der Pensionsfonds oder die Pensionskasse die nach der Versorgungszusage des Arbeitgebers vorgesehene Leistung nicht erbringt; ein Anspruch gegen den Träger der Insolvenzsicherung besteht nicht, wenn eine Pensionskasse einem Sicherungsfonds nach dem Dritten Teil des Versicherungsaufsichtsgesetzes angehört oder in Form einer gemeinsamen Einrichtung nach § 4 des Tarifvertragsgesetzes organisiert ist.

[3]§ 14 des Versicherungsvertragsgesetzes findet entsprechende Anwendung. [4]Der Eröffnung des Insolvenzverfahrens stehen bei der Anwendung der Sätze 1 bis 3 gleich

1. die Abweisung des Antrags auf Eröffnung des Insolvenzverfahrens mangels Masse,

2. der außergerichtliche Vergleich (Stundungs-, Quoten- oder Liquidationsvergleich) des Arbeitgebers mit seinen Gläubigern zur Abwendung eines Insolvenzverfahrens, wenn ihm der Träger der Insolvenzsicherung zustimmt,

3. die vollständige Beendigung der Betriebstätigkeit im Geltungsbereich dieses Gesetzes, wenn ein Antrag auf Eröffnung des Insolvenzverfahrens nicht gestellt worden ist und ein Insolvenzverfahren offensichtlich mangels Masse nicht in Betracht kommt.

(1a) [1]Der Anspruch gegen den Träger der Insolvenzsicherung entsteht mit dem Beginn des Kalendermonats, der auf den Eintritt des Sicherungsfalles folgt. [2]Der Anspruch endet mit Ablauf des Sterbemonats des Begünstigten, soweit in der Versorgungszusage des Arbeitgebers nicht etwas anderen bestimmt ist. [3]In den Fällen des Absatzes 1 Satz 1 und 4 Nr. 1 und 3 umfasst der Anspruch auch rückständige Versorgungsleistungen, soweit diese bis zu zwölf Monaten vor Entstehen der Leistungspflicht des Trägers der Insolvenzsicherung entstanden sind.

(2) Personen, die bei Eröffnung des Insolvenzverfahrens oder bei Eintritt der nach Absatz 1 Satz 4 gleichstehenden Voraussetzungen (Sicherungsfall) eine nach § 1b unverfallbare Versorgungsanwartschaft haben, und ihre Hinterbliebenen haben bei Eintritt des Versorgungsfalls einen Anspruch gegen den Träger der Insolvenzsicherung, wenn die Anwartschaft beruht

1. auf einer unmittelbaren Versorgungszusage des Arbeitgebers,

2. auf einer Direktversicherung und der Arbeitnehmer hinsichtlich der Leistungen des Versicherers widerruflich bezugsberechtigt ist oder die Leistungen auf Grund der in § 1b Absatz 2 Satz 3 genannten Tatbestände nicht gezahlt werden und der

Arbeitgeber seiner Verpflichtung aus § 1b Absatz 2 Satz 3 wegen der Eröffnung des Insolvenzverfahrens nicht nachkommt,

3. auf einer Versorgungszusage des Arbeitgebers, die von einer Unterstützungskasse durchgeführt wird, oder

4. auf einer Versorgungszusage des Arbeitgebers, die von einem Pensionsfonds oder einer Pensionskasse nach Absatz 1 Satz 2 Nummer 3 durchgeführt wird, soweit der Pensionsfonds oder die Pensionskasse die nach der Versorgungszusage des Arbeitgebers vorgesehene Leistung nicht erbringt.

(2a) [1]Die Höhe des Anspruchs nach Absatz 2 richtet sich

1. bei unmittelbaren Versorgungszusagen, Unterstützungskassen und Pensionsfonds nach § 2 Absatz 1,
2. bei Direktversicherungen nach § 2 Absatz 2 Satz 2,
3. bei Pensionskassen nach § 2 Absatz 3 Satz 2.

[2]Die Betriebszugehörigkeit wird bis zum Eintritt des Sicherungsfalls berücksichtigt. [3]§ 2 Absatz 5 und 6 gilt entsprechend. [4]Veränderungen der Versorgungsregelung und der Bemessungsgrundlagen, die nach dem Eintritt des Sicherungsfalls eintreten, sind nicht zu berücksichtigen; § 2a Absatz 2 findet keine Anwendung.

(3) [1]Ein Anspruch auf laufende Leistungen gegen den Träger der Insolvenzsicherung beträgt jedoch im Monat höchstens das Dreifache der im Zeitpunkt der ersten Fälligkeit maßgebenden monatlichen Bezugsgröße gemäß § 18 des Vierten Buches Sozialgesetzbuch. [2]Satz 1 gilt entsprechend bei einem Anspruch auf Kapitalleistungen mit der Maßgabe, dass zehn vom Hundert der Leistung als Jahresbetrag einer laufenden Leistung anzusetzen sind.

(4) [1]Ein Anspruch auf Leistungen gegen den Träger der Insolvenzsicherung vermindert sich in dem Umfang, in dem der Arbeitgeber oder sonstige Träger der Versorgung die Leistungen der betrieblichen Altersversorgung erbringt. [2]Wird im Insolvenzverfahren ein Insolvenzplan bestätigt, vermindert sich der Anspruch auf Leistungen gegen den Träger der Insolvenzsicherung insoweit, als nach dem Insolvenzplan der Arbeitgeber oder sonstige Träger der Versorgung einen Teil der Leistungen selbst zu erbringen hat. [3]Sieht der Insolvenzplan vor, dass der Arbeitgeber oder sonstige Träger der Versorgung die Leistungen der betrieblichen Altersversorgung von einem bestimmten Zeitpunkt an selbst zu erbringen hat, so entfällt der Anspruch auf Leistungen gegen den Träger der Insolvenzsicherung von diesem Zeitpunkt an. [4]Die Sätze 2 und 3 sind für den außergerichtlichen Vergleich nach Absatz 1 Satz 4 Nr. 2 entsprechend anzuwenden. [5]Im Insolvenzplan soll vorgesehen werden, dass bei einer nachhaltigen Besserung der wirtschaftlichen Lage des Arbeitgebers die vom Träger der Insolvenzsicherung zu erbringenden Leistungen ganz oder zum Teil vom Arbeitgeber oder sonstigen Träger der Versorgung wieder übernommen werden.

(5) [1]Ein Anspruch gegen den Träger der Insolvenzsicherung besteht nicht, soweit nach den Umständen des Falles die Annahme gerechtfertigt ist, dass es der alleinige oder überwiegende Zweck der Versorgungszusage oder ihre Verbesserung oder der für

die Direktversicherung in § 1b Abs. 2 Satz 3 genannten Tatbestände gewesen ist, den Träger der Insolvenzsicherung in Anspruch zu nehmen. [2]Diese Annahme ist insbesondere dann gerechtfertigt, wenn bei Erteilung oder Verbesserung der Versorgungszusage wegen der wirtschaftlichen Lage des Arbeitgebers zu erwarten war, dass die Zusage nicht erfüllt werde. [3]Ein Anspruch auf Leistungen gegen den Träger der Insolvenzsicherung besteht bei Zusagen und Verbesserungen von Zusagen, die in den beiden letzten Jahren vor dem Eintritt des Sicherungsfalls erfolgt sind, nur

1. für ab dem 1. Januar 2002 gegebene Zusagen, soweit bei Entgeltumwandlung Beträge von bis zu 4 vom Hundert der Beitragsbemessungsgrenze in der allgemeinen Rentenversicherung für eine betriebliche Altersversorgung verwendet werden oder
2. für im Rahmen von Übertragungen gegebene Zusagen, soweit der Übertragungswert die Beitragsbemessungsgrenze in der allgemeinen Rentenversicherung nicht übersteigt.

(6) Ist der Sicherungsfall durch kriegerische Ereignisse, innere Unruhen, Naturkatastrophen oder Kernenergie verursacht worden, kann der Träger der Insolvenzsicherung mit Zustimmung der Bundesanstalt für Finanzdienstleistungsaufsicht die Leistungen nach billigem Ermessen abweichend von den Absätzen 1 bis 5 festsetzen.

§ 8
Übertragung der Leistungspflicht

(1) Ein Anspruch gegen den Träger der Insolvenzsicherung auf Leistungen nach § 7 besteht nicht, wenn ein Unternehmen der Lebensversicherung sich dem Träger der Insolvenzsicherung gegenüber verpflichtet, diese Leistungen zu erbringen, und die nach § 7 Berechtigten ein unmittelbares Recht erwerben, die Leistungen zu fordern.

(2) [1]An die Stelle des Anspruchs gegen den Träger der Insolvenzsicherung nach § 7 tritt auf Verlangen des Berechtigten die Versicherungsleistung aus einer auf sein Leben abgeschlossenen Rückdeckungsversicherung, wenn die Versorgungszusage auf die Leistungen der Rückdeckungsversicherung verweist. [2]Das Wahlrecht des Berechtigten nach Satz 1 besteht nicht, sofern die Rückdeckungsversicherung in die Insolvenzmasse des Arbeitgebers fällt oder die Aufsichtsbehörde das Vermögen nach § 9 Absatz 3a oder 3b nicht auf den Träger der Insolvenzsicherung überträgt. [3]Der Berechtigte hat das Recht, als Versicherungsnehmer in die Versicherung einzutreten und die Versicherung mit eigenen Beiträgen fortzusetzen; § 1b Absatz 5 Satz 1 Nummer 1 und § 2 Absatz 2 Satz 4 bis 6 gelten entsprechend. [4]Der Träger der Insolvenzsicherung informiert den Berechtigten über sein Wahlrecht nach Satz 1 und über die damit verbundenen Folgen für den Insolvenzschutz. [5]Das Wahlrecht erlischt sechs Monate nach Information durch den Träger der Insolvenzsicherung. [6]Der Versicherer informiert den Träger der Insolvenzsicherung unverzüglich über den Versicherungsnehmerwechsel.

§ 8a
Abfindung durch den Träger der Insolvenzsicherung

[1]Der Träger der Insolvenzsicherung kann eine Anwartschaft ohne Zustimmung des Arbeitnehmers abfinden, wenn der Monatsbetrag der aus der Anwartschaft resultie-

renden laufenden Leistung bei Erreichen der vorgesehenen Altersgrenze 1 vom Hundert, bei Kapitalleistungen zwölf Zehntel der monatlichen Bezugsgröße nach § 18 des Vierten Buches Sozialgesetzbuch nicht übersteigen würde oder wenn dem Arbeitnehmer die Beiträge zur gesetzlichen Rentenversicherung erstattet worden sind. [2]Dies gilt entsprechend für die Abfindung einer laufenden Leistung. [3]Die Abfindung ist darüber hinaus möglich, wenn sie an ein Unternehmen der Lebensversicherung gezahlt wird, bei dem der Versorgungsberechtigte im Rahmen einer Direktversicherung versichert ist. [4]§ 2 Abs. 2 Satz 4 bis 6 und § 3 Abs. 5 gelten entsprechend.

§ 9
Mitteilungspflicht; Forderungs- und Vermögensübergang

(1) [1]Der Träger der Insolvenzsicherung teilt dem Berechtigten die ihm nach § 7 oder § 8 zustehenden Ansprüche oder Anwartschaften schriftlich mit. [2]Unterbleibt die Mitteilung, so ist der Anspruch oder die Anwartschaft spätestens ein Jahr nach dem Sicherungsfall bei dem Träger der Insolvenzsicherung anzumelden; erfolgt die Anmeldung später, so beginnen die Leistungen frühestens mit dem Ersten des Monats der Anmeldung, es sei denn, dass der Berechtigte an der rechtzeitigen Anmeldung ohne sein Verschulden verhindert war.

(2) [1]Ansprüche oder Anwartschaften des Berechtigten gegen den Arbeitgeber auf Leistungen der betrieblichen Altersversorgung, die den Anspruch gegen den Träger der Insolvenzsicherung begründen, gehen im Falle eines Insolvenzverfahrens mit dessen Eröffnung, in den übrigen Sicherungsfällen dann auf den Träger der Insolvenzsicherung über, wenn dieser nach Absatz 1 Satz 1 dem Berechtigten die ihm zustehenden Ansprüche oder Anwartschaften mitteilt. [2]Der Übergang kann nicht zum Nachteil des Berechtigten geltend gemacht werden. [3]Die mit der Eröffnung des Insolvenzverfahrens übergegangenen Anwartschaften werden im Insolvenzverfahren als unbedingte Forderungen nach § 45 der Insolvenzordnung geltend gemacht.

(3) [1]Ist der Träger der Insolvenzsicherung zu Leistungen verpflichtet, die ohne den Eintritt des Sicherungsfalls eine Unterstützungskasse erbringen würde, geht deren Vermögen einschließlich der Verbindlichkeiten auf ihn über; die Haftung für die Verbindlichkeiten beschränkt sich auf das übergegangene Vermögen. [2]Wenn die übergegangenen Vermögenswerte den Barwert der Ansprüche und Anwartschaften gegen den Träger der Insolvenzsicherung übersteigen, hat dieser den übersteigenden Teil entsprechend der Satzung der Unterstützungskasse zu verwenden. [3]Bei einer Unterstützungskasse mit mehreren Trägerunternehmen hat der Träger der Insolvenzsicherung einen Anspruch gegen die Unterstützungskasse auf einen Betrag, der dem Teil des Vermögens der Kasse entspricht, der auf das Unternehmen entfällt, bei dem der Sicherungsfall eingetreten ist. [4]Die Sätze 1 bis 3 gelten nicht, wenn der Sicherungsfall auf den in § 7 Abs. 1 Satz 4 Nr. 2 genannten Gründen beruht, es sei denn, dass das Trägerunternehmen seine Betriebstätigkeit nach Eintritt des Sicherungsfalls nicht fortsetzt und aufgelöst wird (Liquidationsvergleich).

(3a) [1]Hat die Pensionskasse nach § 7 Absatz 1 Satz 2 Nummer 3 Kenntnis über den Sicherungsfall bei einem Arbeitgeber erlangt, dessen Versorgungszusage von ihr durchgeführt wird, hat sie dies und die Auswirkungen des Sicherungsfalls auf die Pensionskasse der Aufsichtsbehörde und dem Träger der Insolvenzsicherung unverzüglich mitzuteilen. [2]Sind bei der Pensionskasse vor Eintritt des Sicherungsfalls garantierte Leistungen gekürzt worden oder liegen der Aufsichtsbehörde Informationen vor, die eine dauerhafte Verschlechterung der finanziellen Lage der Pensionskasse wegen der Insolvenz des Arbeitgebers erwarten lassen, entscheidet die Aufsichtsbehörde nach Anhörung des Trägers der Insolvenzsicherung und der Pensionskasse nach pflichtgemäßem Ermessen, ob das dem Arbeitgeber zuzuordnende Vermögen der Pensionskasse einschließlich der Verbindlichkeiten auf den Träger der Insolvenzsicherung übertragen werden soll. [3]Die Aufsichtsbehörde teilt ihre Entscheidung dem Träger der Insolvenzsicherung und der Pensionskasse mit. [4]Die Übertragungsanordnung kann mit Nebenbestimmungen versehen werden. [5]Absatz 3 Satz 1 zweiter Halbsatz gilt entsprechend. [6]Der Träger der Insolvenzsicherung kann nach Anhörung der Aufsichtsbehörde der Pensionskasse Finanzmittel zur Verfügung stellen. [7]Werden nach Eintritt des Sicherungsfalls von der Pensionskasse garantierte Leistungen gekürzt, gelten die Sätze 2 bis 6 entsprechend.

(3b) [1]Absatz 3a gilt entsprechend für den Pensionsfonds. [2]Abweichend von Absatz 3a Satz 2 hat die Aufsichtsbehörde bei nicht versicherungsförmigen Pensionsplänen stets das dem Arbeitgeber zuzuordnende Vermögen einschließlich der Verbindlichkeiten auf den Träger der Insolvenzsicherung zu übertragen.

(4) [1]In einem Insolvenzplan, der die Fortführung des Unternehmens oder eines Betriebes vorsieht, ist für den Träger der Insolvenzsicherung eine besondere Gruppe zu bilden, sofern er hierauf nicht verzichtet. [2]Sofern im Insolvenzplan nichts anderes vorgesehen ist, kann der Träger der Insolvenzsicherung, wenn innerhalb von drei Jahren nach der Aufhebung des Insolvenzverfahrens ein Antrag auf Eröffnung eines neuen Insolvenzverfahrens über das Vermögen des Arbeitgebers gestellt wird, in diesem Verfahren als Insolvenzgläubiger Erstattung der von ihm erbrachten Leistungen verlangen.

(5) Dem Träger der Insolvenzsicherung steht gegen den Beschluss, durch den das Insolvenzverfahren eröffnet wird, die sofortige Beschwerde zu.

§ 10
Beitragspflicht und Beitragsbemessung

(1) [1]Die Mittel für die Durchführung der Insolvenzsicherung werden aufgrund öffentlich-rechtlicher Verpflichtung durch Beiträge aller Arbeitgeber aufgebracht, die Leistungen der betrieblichen Altersversorgung unmittelbar zugesagt haben, eine betriebliche Altersversorgung über eine Unterstützungskasse, eine Direktversicherung der in § 7 Abs. 1 Satz 2 und Absatz 2 Satz 1 Nr. 2 bezeichneten Art, einen Pensionsfonds oder eine Pensionskasse nach § 7 Absatz 1 Satz 2 Nummer 3 durchführen. [2]Der Versorgungsträger kann die Beiträge für den Arbeitgeber übernehmen.

(2) [1]Die Beiträge müssen den Barwert der im laufenden Kalenderjahr entstehenden Ansprüche auf Leistungen der Insolvenzsicherung decken zuzüglich eines Betrages für die aufgrund eingetretener Insolvenzen zu sichernden Anwartschaften, der sich aus dem Unterschied der Barwerte dieser Anwartschaften am Ende des Kalenderjahres

und am Ende des Vorjahres bemisst. [2]Der Rechnungszinsfuß bei der Berechnung des Barwertes der Ansprüche auf Leistungen der Insolvenzsicherung bestimmt sich nach § 235 Absatz 1 Nummer 4 des Versicherungsaufsichtsgesetzes; soweit keine Übertragung nach § 8 Abs. 1 stattfindet, ist der Rechnungszinsfuß bei der Berechnung des Barwerts der Anwartschaften um ein Drittel höher. [3]Darüber hinaus müssen die Beiträge die im gleichen Zeitraum entstehenden Verwaltungskosten und sonstigen Kosten, die mit der Gewährung der Leistungen zusammenhängen, und die Zuführung zu einem von der Bundesanstalt für Finanzdienstleistungsaufsicht festgesetzten Ausgleichsfonds decken; § 193 des Versicherungsaufsichtsgesetzes bleibt unberührt. [4]Auf die am Ende des Kalenderjahrs fälligen Beiträge können Vorschüsse erhoben werden. [5]In Jahren, in denen sich außergewöhnlich hohe Beiträge ergeben würden, kann zu deren Ermäßigung der Ausgleichsfonds in einem von der Bundesanstalt für Finanzdienstleistungsaufsicht zu genehmigenden Umfang herangezogen werden; außerdem können die nach den Sätzen 1 bis 3 erforderlichen Beiträge auf das laufende und die bis zu vier folgenden Kalenderjahre verteilt werden.

(3) Die nach Absatz 2 erforderlichen Beiträge werden auf die Arbeitgeber nach Maßgabe der nachfolgenden Beträge umgelegt, soweit sie sich auf die laufenden Versorgungsleistungen und die nach § 1b unverfallbaren Versorgungsanwartschaften beziehen (Beitragsbemessungsgrundlage); diese Beträge sind festzustellen auf den Schluss des Wirtschaftsjahrs des Arbeitgebers, das im abgelaufenen Kalenderjahr geendet hat:

1. Bei Arbeitgebern, die Leistungen der betrieblichen Altersversorgung unmittelbar zugesagt haben, ist Beitragsbemessungsgrundlage der Teilwert der Pensionsverpflichtung (§ 6a Abs. 3 des Einkommensteuergesetzes).

2. Bei Arbeitgebern, die eine betriebliche Altersversorgung über eine Direktversicherung mit widerruflichem Bezugsrecht durchführen, ist Beitragsbemessungsgrundlage das geschäftsplanmäßige Deckungskapital oder, soweit die Berechnung des Deckungskapitals nicht zum Geschäftsplan gehört, die Deckungsrückstellung. [2]Für Versicherungen, bei denen der Versicherungsfall bereits eingetreten ist, und für Versicherungsanwartschaften, für die ein unwiderrufliches Bezugsrecht eingeräumt ist, ist das Deckungskapital oder die Deckungsrückstellung nur insoweit zu berücksichtigen, als die Versicherungen abgetreten oder beliehen sind.

3. Bei Arbeitgebern, die eine betriebliche Altersversorgung über eine Unterstützungskasse durchführen, ist Beitragsbemessungsgrundlage das Deckungskapital für die laufenden Leistungen (§ 4d Abs. 1 Nr. 1 Buchstabe a des Einkommensteuergesetzes) zuzüglich des Zwanzigfachen der nach § 4d Abs. 1 Nr. 1 Buchstabe b Satz 1 des Einkommensteuergesetzes errechneten jährlichen Zuwendungen für Leistungsanwärter im Sinne von § 4d Abs. 1 Nr. 1 Buchstabe b Satz 2 des Einkommensteuergesetzes.

4. Bei Arbeitgebern, die eine betriebliche Altersversorgung über einen Pensionsfonds oder eine Pensionskasse nach § 7 Absatz 1 Satz 2 Nummer 3 durchführen, ist Beitragsbemessungsgrundlage

   a) für unverfallbare Anwartschaften auf lebenslange Altersleistungen die Höhe der jährlichen Versorgungsleistung, die im Versorgungsfall, spätestens zum Zeitpunkt des Erreichens der Regelaltersgrenze in der gesetzlichen Rentenversicherung, erreicht werden kann, bei ausschließlich lebenslangen Invaliditäts- oder lebenslangen Hinterbliebenenleistungen jeweils ein Viertel dieses Wertes; bei Kapitalleistungen gelten 10 Prozent der Kapitalleistung, bei Auszahlungsplänen 10 Prozent der Ratensumme zuzüglich des Restkapitals als Höhe der lebenslangen jährlichen Versorgungsleistung,

b) für lebenslang laufende Versorgungsleistungen 20 Prozent des nach Anlage 1 Spalte 2 zu § 4d Absatz 1 des Einkommensteuergesetzes berechneten Deckungskapitals; bei befristeten Versorgungsleistungen gelten 10 Prozent des Produktes aus maximal möglicher Restlaufzeit in vollen Jahren und der Höhe der jährlichen laufenden Leistung, bei Auszahlungsplänen 10 Prozent der zukünftigen Ratensumme zuzüglich des Restkapitals als Höhe der lebenslangen jährlichen Versorgungsleistung.

(4) [1]Aus den Beitragsbescheiden des Trägers der Insolvenzsicherung findet die Zwangsvollstreckung in entsprechender Anwendung der Vorschriften der Zivilprozessordnung statt. [2]Die vollstreckbare Ausfertigung erteilt der Träger der Insolvenzsicherung.

§ 10a
Säumniszuschläge; Zinsen; Verjährung

(1) Für Beiträge, die wegen Verstoßes des Arbeitgebers gegen die Meldepflicht erst nach Fälligkeit erhoben werden, kann der Träger der Insolvenzsicherung für jeden angefangenen Monat vom Zeitpunkt der Fälligkeit an einen Säumniszuschlag in Höhe von bis zu eins vom Hundert der nacherhobenen Beiträge erheben.

(2) [1]Für festgesetzte Beiträge und Vorschüsse, die der Arbeitgeber nach Fälligkeit zahlt, erhebt der Träger der Insolvenzsicherung für jeden Monat Verzugszinsen in Höhe von 0,5 vom Hundert der rückständigen Beiträge. [2]Angefangene Monate bleiben außer Ansatz.

(3) [1]Vom Träger der Insolvenzsicherung zu erstattende Beiträge werden vom Tage der Fälligkeit oder bei Feststellung des Erstattungsanspruchs durch gerichtliche Entscheidung vom Tage der Rechtshängigkeit an für jeden Monat mit 0,5 vom Hundert verzinst. [2]Angefangene Monate bleiben außer Ansatz.

(4) [1]Ansprüche auf Zahlung der Beiträge zur Insolvenzsicherung gemäß § 10 sowie Erstattungsansprüche nach Zahlung nicht geschuldeter Beiträge zur Insolvenzsicherung verjähren in sechs Jahren. [2]Die Verjährungsfrist beginnt mit Ablauf des Kalenderjahres, in dem die Beitragspflicht entstanden oder der Erstattungsanspruch fällig geworden ist. [3]Auf die Verjährung sind die Vorschriften des Bürgerlichen Gesetzbuchs anzuwenden.

§ 11
Melde-, Auskunfts- und Mitteilungspflichten

(1) [1]Der Arbeitgeber hat dem Träger der Insolvenzsicherung eine betriebliche Altersversorgung nach § 1b Abs. 1 bis 4 für seine Arbeitnehmer innerhalb von 3 Monaten

nach Erteilung der unmittelbaren Versorgungszusage, dem Abschluss einer Direktversicherung, der Errichtung einer Unterstützungskasse, eines Pensionsfonds oder einer Pensionskasse nach § 7 Absatz 1 Satz 2 Nummer 3 mitzuteilen. [2]Der Arbeitgeber, der sonstige Träger der Versorgung, der Insolvenzverwalter und die nach § 7 Berechtigten sind verpflichtet, dem Träger der Insolvenzsicherung alle Auskünfte zu erteilen, die zur Durchführung der Vorschriften dieses Abschnitts erforderlich sind, sowie Unterlagen vorzulegen, aus denen die erforderlichen Angaben ersichtlich sind.

(2) [1]Ein beitragspflichtiger Arbeitgeber hat dem Träger der Insolvenzsicherung spätestens bis zum 30. September eines jeden Kalenderjahrs die Höhe des nach § 10 Abs. 3 für die Bemessung des Beitrages maßgebenden Betrages bei unmittelbaren Versorgungszusagen auf Grund eines versicherungsmathematischen Gutachtens, bei Direktversicherungen auf Grund einer Bescheinigung des Versicherers und bei Unterstützungskassen, Pensionsfonds und Pensionskassen auf Grund einer nachprüfbaren Berechnung mitzuteilen. [2]Der Arbeitgeber hat die in Satz 1 bezeichneten Unterlagen mindestens 6 Jahre aufzubewahren.

(3) [1]Der Insolvenzverwalter hat dem Träger der Insolvenzsicherung die Eröffnung des Insolvenzverfahrens, Namen und Anschriften der Versorgungsempfänger und die Höhe ihrer Versorgung nach § 7 unverzüglich mitzuteilen. [2]Er hat zugleich Namen und Anschriften der Personen, die bei Eröffnung des Insolvenzverfahrens eine nach § 1 unverfallbare Versorgungsanwartschaft haben, sowie die Höhe ihrer Anwartschaft nach § 7 mitzuteilen.

(4) Der Arbeitgeber, der sonstige Träger der Versorgung und die nach § 7 Berechtigten sind verpflichtet, dem Insolvenzverwalter Auskünfte über alle Tatsachen zu erteilen, auf die sich die Mitteilungspflicht nach Absatz 3 bezieht.

(5) In den Fällen, in denen ein Insolvenzverfahren nicht eröffnet wird (§ 7 Abs. 1 Satz 4) oder nach § 207 der Insolvenzordnung eingestellt worden ist, sind die Pflichten des Insolvenzverwalters nach Absatz 3 vom Arbeitgeber oder dem sonstigen Träger der Versorgung zu erfüllen.

(6) [1]Kammern und andere Zusammenschlüsse von Unternehmern oder anderen selbständigen Berufstätigen, die als Körperschaften des öffentlichen Rechts errichtet sind, ferner Verbände und andere Zusammenschlüsse, denen Unternehmer oder andere selbständige Berufstätige kraft Gesetzes angehören oder anzugehören haben, haben den Träger der Insolvenzsicherung bei der Ermittlung der nach § 10 beitragspflichtigen Arbeitgeber zu unterstützen. [2]Die Aufsichtsbehörden haben auf Anfrage dem Träger der Insolvenzsicherung die unter ihrer Aufsicht stehenden Pensionskassen mitzuteilen.

(6a) Ist bei einem Arbeitgeber, dessen Versorgungszusage von einer Pensionskasse oder einem Pensionsfonds durchgeführt wird, der Sicherungsfall eingetreten, muss die Pensionskasse oder der Pensionsfonds dem Träger der Insolvenzsicherung beschlossene Änderungen von Versorgungsleistungen unverzüglich mitteilen.

(7) Die nach den Absätzen 1 bis 3 und 5 zu Mitteilungen und Auskünften und die nach Absatz 6 zur Unterstützung Verpflichteten haben die vom Träger der Insolvenzsicherung vorgesehenen Vordrucke und technischen Verfahren zu verwenden.

(8) [1]Zur Sicherung der vollständigen Erfassung der nach § 10 beitragspflichtigen Arbeitgeber können die Finanzämter dem Träger der Insolvenzsicherung mitteilen, welche Arbeitgeber für die Beitragspflicht in Betracht kommen. [2]Die Bundesregierung wird ermächtigt, durch Rechtsverordnung mit Zustimmung des Bundesrates das Nähere zu bestimmen und Einzelheiten des Verfahrens zu regeln.

§ 12
Ordnungswidrigkeiten

(1) Ordnungswidrig handelt, wer vorsätzlich oder fahrlässig

1. entgegen § 11 Absatz 1 Satz 1, Absatz 2 Satz 1, Absatz 3, 5 oder 6a eine Mitteilung nicht, nicht richtig, nicht vollständig oder nicht rechtzeitig vornimmt,
2. entgegen § 11 Abs. 1 Satz 2 oder Abs. 4 eine Auskunft nicht, nicht richtig, nicht vollständig oder nicht rechtzeitig erteilt oder
3. entgegen § 11 Abs. 1 Satz 2 Unterlagen nicht, nicht richtig, nicht vollständig oder nicht rechtzeitig vorlegt oder entgegen § 11 Abs. 2 Satz 2 Unterlagen nicht aufbewahrt.

(2) Die Ordnungswidrigkeit kann mit einer Geldbuße bis zu zweitausendfünfhundert Euro geahndet werden.

(3) Verwaltungsbehörde im Sinne des § 36 Abs. 1 Nr. 1 des Gesetzes über Ordnungswidrigkeiten ist die Bundesanstalt für Finanzdienstleistungsaufsicht.

§ 13

(weggefallen)

§ 14
Träger der Insolvenzsicherung

(1) [1]Träger der Insolvenzsicherung ist der Pensions-Sicherungs-Verein Versicherungsverein auf Gegenseitigkeit. [2]Er ist zugleich Träger der Insolvenzsicherung von Versorgungszusagen Luxemburger Unternehmen nach Maßgabe des Abkommens vom 22. September 2000 zwischen der Bundesrepublik Deutschland und dem Großherzogtum Luxemburg über Zusammenarbeit im Bereich der Insolvenzsicherung betrieblicher Altersversorgung.

(2) [1]Der Pensions-Sicherungs-Verein Versicherungsverein auf Gegenseitigkeit unterliegt der Aufsicht durch die Bundesanstalt für Finanzdienstleistungsaufsicht. [2]Soweit dieses Gesetz nichts anderes bestimmt, gelten für ihn die Vorschriften für kleine Versicherungsunternehmen nach den §§ 212 bis 216 des Versicherungsaufsichtsgesetzes und die aufgrund des § 217 des Versicherungsaufsichtsgesetzes erlassenen Rechtsver-

ordnungen entsprechend. [3]Die folgenden Vorschriften gelten mit folgenden Maßgaben:

1. § 212 Absatz 2 Nummer 1 des Versicherungsaufsichtsgesetzes gilt mit der Maßgabe, dass § 30 des Versicherungsaufsichtsgesetzes Anwendung findet;

2. § 212 Absatz 3 Nummer 6 des Versicherungsaufsichtsgesetzes gilt ohne Maßgabe; § 212 Absatz 3 Nummer 7, 10 und 12 des Versicherungsaufsichtsgesetzes gilt mit der Maßgabe, dass die dort genannten Vorschriften auch auf die interne Revision Anwendung finden; § 212 Absatz 3 Nummer 13 des Versicherungsaufsichtsgesetzes gilt mit der Maßgabe, dass die Bundesanstalt für Finanzdienstleistungsaufsicht bei Vorliegen der gesetzlichen Tatbestandsmerkmale die Erlaubnis zum Geschäftsbetrieb widerrufen kann;

3. § 214 Absatz 1 des Versicherungsaufsichtsgesetzes gilt mit der Maßgabe, dass grundsätzlich die Hälfte des Ausgleichsfonds den Eigenmitteln zugerechnet werden kann. [2]Auf Antrag des Pensions-Sicherungs-Vereins Versicherungsverein auf Gegenseitigkeit kann die Bundesanstalt für Finanzdienstleistungsaufsicht im Fall einer Inanspruchnahme des Ausgleichsfonds nach § 10 Absatz 2 Satz 5 festsetzen, dass der Ausgleichsfonds vorübergehend zu einem hierüber hinausgehenden Anteil den Eigenmitteln zugerechnet werden kann; § 214 Absatz 6 des Versicherungsaufsichtsgesetzes findet keine Anwendung;

4. der Umfang des Sicherungsvermögens muss mindestens der Summe aus den Bilanzwerten der in § 125 Absatz 2 des Versicherungsaufsichtsgesetzes genannten Beträge und dem nicht den Eigenmitteln zuzurechnenden Teil des Ausgleichsfonds entsprechen;

5. § 134 Absatz 3 Satz 2 des Versicherungsaufsichtsgesetzes gilt mit der Maßgabe, dass die Aufsichtsbehörde die Frist für Maßnahmen des Pensions-Sicherungs-Vereins Versicherungsverein auf Gegenseitigkeit um einen angemessenen Zeitraum verlängern kann; § 134 Absatz 6 Satz 1 des Versicherungsaufsichtsgesetzes ist entsprechend anzuwenden;

6. § 135 Absatz 2 Satz 2 des Versicherungsaufsichtsgesetzes gilt mit der Maßgabe, dass die Aufsichtsbehörde die genannte Frist um einen angemessenen Zeitraum verlängern kann.

(3) [1]Der Bundesminister für Arbeit und Sozialordnung weist durch Rechtsverordnung mit Zustimmung des Bundesrates die Stellung des Trägers der Insolvenzsicherung der Kreditanstalt für Wiederaufbau zu, bei der ein Fonds zur Insolvenzsicherung der betrieblichen Altersversorgung gebildet wird, wenn

1. bis zum 31. Dezember 1974 nicht nachgewiesen worden ist, dass der in Absatz 1 genannte Träger die Erlaubnis der Aufsichtsbehörde zum Geschäftsbetrieb erhalten hat,

2. der in Absatz 1 genannte Träger aufgelöst worden ist oder

3. die Aufsichtsbehörde den Geschäftsbetrieb des in Absatz 1 genannten Trägers untersagt oder die Erlaubnis zum Geschäftsbetrieb widerruft.

[2]In den Fällen der Nummern 2 und 3 geht das Vermögen des in Absatz 1 genannten Trägers einschließlich der Verbindlichkeiten auf die Kreditanstalt für Wiederaufbau über, die es dem Fonds zur Insolvenzsicherung der betrieblichen Altersversorgung zuweist.

(4) [1]Wird die Insolvenzsicherung von der Kreditanstalt für Wiederaufbau durchgeführt, gelten die Vorschriften dieses Abschnittes mit folgenden Abweichungen:

1. In § 7 Abs. 6 entfällt die Zustimmung der Bundesanstalt für Finanzdienstleistungsaufsicht.

2. § 10 Abs. 2 findet keine Anwendung. [2]Die von der Kreditanstalt für Wiederaufbau zu erhebenden Beiträge müssen den Bedarf für die laufenden Leistungen der Insolvenzsicherung im laufenden Kalenderjahr und die im gleichen Zeitraum entstehenden Verwaltungskosten und sonstigen Kosten, die mit der Gewährung der Leistungen zusammenhängen, decken. [3]Bei einer Zuweisung nach Absatz 2 Nr. 1 beträgt der Beitrag für die ersten 3 Jahre mindestens 0,1 vom Hundert der Beitragsbemessungsgrundlage gemäß § 10 Abs. 3; der nicht benötigte Teil dieses Beitragsaufkommens wird einer Betriebsmittelreserve zugeführt. [4]Bei einer Zuweisung nach Absatz 2 Nr. 2 oder 3 wird in den ersten 3 Jahren zu dem Beitrag nach Nummer 2 Satz 2 ein Zuschlag von 0,08 vom Hundert der Beitragsbemessungsgrundlage gemäß § 10 Abs. 3 zur Bildung einer Betriebsmittelreserve erhoben. [5]Auf die Beiträge können Vorschüsse erhoben werden.

3. In § 12 Abs. 3 tritt an die Stelle der Bundesanstalt für Finanzdienstleistungsaufsicht die Kreditanstalt für Wiederaufbau.

[2]Die Kreditanstalt für Wiederaufbau verwaltet den Fonds im eigenen Namen. [3]Für Verbindlichkeiten des Fonds haftet sie nur mit dem Vermögen des Fonds. [4]Dieser haftet nicht für die sonstigen Verbindlichkeiten der Bank. [5]§ 11 Abs. 1 Satz 1 des Gesetzes über die Kreditanstalt für Wiederaufbau in der Fassung der Bekanntmachung vom 23. Juni 1969 (BGBl. I S. 573), das zuletzt durch Artikel 14 des Gesetzes vom 21. Juni 2002 (BGBl. I S. 2010) geändert worden ist, ist in der jeweils geltenden Fassung auch für den Fonds anzuwenden.

§ 15
Verschwiegenheitspflicht

[1]Personen, die bei dem Träger der Insolvenzsicherung beschäftigt oder für ihn tätig sind, dürfen fremde Geheimnisse, insbesondere Betriebs- oder Geschäftsgeheimnisse, nicht unbefugt offenbaren oder verwerten. [2]Sie sind nach dem Gesetz über die förmliche Verpflichtung nichtbeamteter Personen vom 2. März 1974 (Bundesgesetzbl. I S. 469, 547) von der Bundesanstalt für Finanzdienstleistungsaufsicht auf die gewissenhafte Erfüllung ihrer Obliegenheiten zu verpflichten.

Fünfter Abschnitt
Anpassung

§ 16
Anpassungsprüfungspflicht

(1) Der Arbeitgeber hat alle drei Jahre eine Anpassung der laufenden Leistungen der betrieblichen Altersversorgung zu prüfen und hierüber nach billigem Ermessen zu entscheiden; dabei sind insbesondere die Belange des Versorgungsempfängers und die wirtschaftliche Lage des Arbeitgebers zu berücksichtigen.

(2) Die Verpflichtung nach Absatz 1 gilt als erfüllt, wenn die Anpassung nicht geringer ist als der Anstieg

1. des Verbraucherpreisindexes für Deutschland oder
2. der Nettolöhne vergleichbarer Arbeitnehmergruppen des Unternehmens

im Prüfungszeitraum.

(3) Die Verpflichtung nach Absatz 1 entfällt, wenn

1. der Arbeitgeber sich verpflichtet, die laufenden Leistungen jährlich um wenigstens eins vom Hundert anzupassen,
2. die betriebliche Altersversorgung über eine Direktversicherung im Sinne des § 1b Abs. 2 oder über eine Pensionskasse im Sinne des § 1b Abs. 3 durchgeführt wird und ab Rentenbeginn sämtliche auf den Rentenbestand entfallende Überschussanteile zur Erhöhung der laufenden Leistungen verwendet werden oder
3. eine Beitragszusage mit Mindestleistung erteilt wurde; Absatz 5 findet insoweit keine Anwendung.

(4) [1]Sind laufende Leistungen nach Absatz 1 nicht oder nicht in vollem Umfang anzupassen (zu Recht unterbliebene Anpassung), ist der Arbeitgeber nicht verpflichtet, die Anpassung zu einem späteren Zeitpunkt nachzuholen. [2]Eine Anpassung gilt als zu Recht unterblieben, wenn der Arbeitgeber dem Versorgungsempfänger die wirtschaftliche Lage des Unternehmens schriftlich dargelegt, der Versorgungsempfänger nicht binnen drei Kalendermonaten nach Zugang der Mitteilung schriftlich widersprochen hat und er auf die Rechtsfolgen eines nicht fristgemäßen Widerspruchs hingewiesen wurde.

(5) Soweit betriebliche Altersversorgung durch Entgeltumwandlung finanziert wird, ist der Arbeitgeber verpflichtet, die Leistungen mindestens entsprechend Absatz 3 Nr. 1 anzupassen oder im Falle der Durchführung über eine Direktversicherung oder eine Pensionskasse sämtliche Überschussanteile entsprechend Absatz 3 Nr. 2 zu verwenden.

(6) Eine Verpflichtung zur Anpassung besteht nicht für monatliche Raten im Rahmen eines Auszahlungsplans sowie für Renten ab Vollendung des 85. Lebensjahres im Anschluss an einen Auszahlungsplan.

Sechster Abschnitt
Geltungsbereich

§ 17
Persönlicher Geltungsbereich

(1) [1]Arbeitnehmer im Sinne der §§ 1 bis 16 sind Arbeiter und Angestellte einschließlich der zu ihrer Berufsausbildung Beschäftigten; ein Berufsausbildungsverhältnis steht einem Arbeitsverhältnis gleich. [2]Die §§ 1 bis 16 gelten entsprechend für Personen, die nicht Arbeitnehmer sind, wenn ihnen Leistungen der Alters-, Invaliditäts- oder Hinterbliebenenversorgung aus Anlass ihrer Tätigkeit für ein Unternehmen zugesagt worden sind. [3]Arbeitnehmer im Sinne von § 1a Abs. 1 sind nur Personen nach den Sätzen 1 und 2, soweit sie aufgrund der Beschäftigung oder Tätigkeit bei dem Arbeitgeber, gegen den sich der Anspruch nach § 1a richten würde, in der gesetzlichen Rentenversicherung pflichtversichert sind.

(2) Die §§ 7 bis 15 gelten nicht für den Bund, die Länder, die Gemeinden sowie die Körperschaften, Stiftungen und Anstalten des öffentlichen Rechts, bei denen das Insolvenzverfahren nicht zulässig ist, und solche juristische Personen des öffentlichen Rechts, bei denen der Bund, ein Land oder eine Gemeinde kraft Gesetzes die Zahlungsfähigkeit sichert.

(3) Gesetzliche Regelungen über Leistungen der betrieblichen Altersversorgung werden unbeschadet des § 18 durch die §§ 1 bis 16 und 26 bis 30 nicht berührt.

§ 18
Sonderregelungen für den öffentlichen Dienst

(1) [1]Für Personen, die

1. bei der Versorgungsanstalt des Bundes und der Länder (VBL) oder einer kommunalen oder kirchlichen Zusatzversorgungseinrichtung versichert sind, oder
2. bei einer anderen Zusatzversorgungseinrichtung versichert sind, die mit einer der Zusatzversorgungseinrichtungen nach Nummer 1 ein Überleitungsabkommen abgeschlossen hat oder aufgrund satzungsrechtlicher Vorschriften der Zusatzversorgungseinrichtungen nach Nummer 1 ein solches Abkommen abschließen kann, oder
3. unter das Hamburgische Zusatzversorgungsgesetz oder unter das Bremische Ruhelohngesetz in ihren jeweiligen Fassungen fallen oder auf die diese Gesetze sonst Anwendung finden,

gelten die §§ 2, 2a Absatz 1, 3 und 4 sowie die §§ 5, 16, 27 und 28 nicht, soweit sich aus den nachfolgenden Regelungen nichts Abweichendes ergibt; § 4 gilt nicht, wenn die Anwartschaft oder die laufende Leistung ganz oder teilweise umlage- oder haushaltsfinanziert ist. [2]Soweit die betriebliche Altersversorgung über eine der in Satz 1 genannten Einrichtungen durchgeführt wird, finden die §§ 7 bis 15 keine Anwendung.

(2) Bei Eintritt des Versorgungsfalles vor dem 2. Januar 2002 erhalten die in Absatz 1 Nummer 1 und 2 bezeichneten Personen, deren Anwartschaft nach § 1b fortbesteht und deren Arbeitsverhältnis vor Eintritt des Versorgungsfalles geendet hat, von der Zusatzversorgungseinrichtung eine Zusatzrente nach folgenden Maßgaben:

1. Der monatliche Betrag der Zusatzrente beträgt für jedes Jahr der aufgrund des Arbeitsverhältnisses bestehenden Pflichtversicherung bei einer Zusatzversorgungseinrichtung 2,25 vom Hundert, höchstens jedoch 100 vom Hundert der Leistung, die bei dem höchstmöglichen Versorgungssatz zugestanden hätte (Voll-Leistung). [2]Für die Berechnung der Voll-Leistung
   a) ist der Versicherungsfall der Regelaltersrente maßgebend,
   b) ist das Arbeitsentgelt maßgebend, das nach der Versorgungsregelung für die Leistungsbemessung maßgebend wäre, wenn im Zeitpunkt des Ausscheidens der Versicherungsfall im Sinne der Versorgungsregelung eingetreten wäre,
   c) findet § 2a Absatz 1 entsprechend Anwendung,
   d) ist im Rahmen einer Gesamtversorgung der im Falle einer Teilzeitbeschäftigung oder Beurlaubung nach der Versorgungsregelung für die gesamte Dauer des Arbeitsverhältnisses maßgebliche Beschäftigungsquotient nach der Versorgungsregelung als Beschäftigungsquotient auch für die übrige Zeit maßgebend,
   e) finden die Vorschriften der Versorgungsregelung über eine Mindestleistung keine Anwendung und
   f) ist eine anzurechnende Grundversorgung nach dem bei der Berechnung von Pensionsrückstellungen für die Berücksichtigung von Renten aus der gesetzlichen Rentenversicherung allgemein zulässigen Verfahren zu ermitteln. Hierbei ist das Arbeitsentgelt nach Buchstabe b zugrunde zu legen und – soweit während der Pflichtversicherung Teilzeitbeschäftigung bestand – diese nach Maßgabe der Versorgungsregelung zu berücksichtigen.
2. Die Zusatzrente vermindert sich um 0,3 vom Hundert für jeden vollen Kalendermonat, den der Versorgungsfall vor Vollendung des 65. Lebensjahres eintritt, höchstens jedoch um den in der Versorgungsregelung für die Voll-Leistung vorgesehenen Vomhundertsatz.
3. Übersteigt die Summe der Vomhundertsätze nach Nummer 1 aus unterschiedlichen Arbeitsverhältnissen 100, sind die einzelnen Leistungen im gleichen Verhältnis zu kürzen.
4. Die Zusatzrente muss monatlich mindestens den Betrag erreichen, der sich aufgrund des Arbeitsverhältnisses nach der Versorgungsregelung als Versicherungsrente aus den jeweils maßgeblichen Vomhundertsätzen der zusatzversorgungspflichtigen Entgelte oder der gezahlten Beiträge und Erhöhungsbeträge ergibt.
5. Die Vorschriften der Versorgungsregelung über das Erlöschen, das Ruhen und die Nichtleistung der Versorgungsrente gelten entsprechend. [2]Soweit die Versorgungs-

regelung eine Mindestleistung in Ruhensfällen vorsieht, gilt dies nur, wenn die Mindestleistung der Leistung im Sinne der Nummer 4 entspricht.

6. Verstirbt die in Absatz 1 genannte Person und beginnt die Hinterbliebenenrente vor dem 2. Januar 2002, erhält eine Witwe oder ein Witwer 60 vom Hundert, eine Witwe oder ein Witwer im Sinne des § 46 Abs. 1 des Sechsten Buches Sozialgesetzbuch 42 vom Hundert, eine Halbwaise 12 vom Hundert und eine Vollwaise 20 vom Hundert der unter Berücksichtigung der in diesem Absatz genannten Maßgaben zu berechnenden Zusatzrente; die §§ 46, 48, 103 bis 105 des Sechsten Buches Sozialgesetzbuch sind entsprechend anzuwenden. [2]Die Leistungen an mehrere Hinterbliebene dürfen den Betrag der Zusatzrente nicht übersteigen; gegebenenfalls sind die Leistungen im gleichen Verhältnis zu kürzen.

7. Versorgungsfall ist der Versicherungsfall im Sinne der Versorgungsregelung.

(2a) Bei Eintritt des Versorgungsfalles oder bei Beginn der Hinterbliebenenrente nach dem 1. Januar 2002 erhalten die in Absatz 1 Nummer 1 und 2 genannten Personen, deren Anwartschaft nach § 1b fortbesteht und deren Arbeitsverhältnis vor Eintritt des Versorgungsfalles geendet hat, von der Zusatzversorgungseinrichtung die nach der jeweils maßgebenden Versorgungsregelung vorgesehenen Leistungen.

(3) [1]Personen, auf die bis zur Beendigung ihres Arbeitsverhältnisses die Regelungen des Hamburgischen Zusatzversorgungsgesetzes oder des Bremischen Ruhelohngesetzes in ihren jeweiligen Fassungen Anwendung gefunden haben, haben Anspruch gegenüber ihrem ehemaligen Arbeitgeber auf Leistungen in sinngemäßer Anwendung des Absatzes 2 mit Ausnahme von Absatz 2 Nummer 3 und 4 sowie Nummer 5 Satz 2; bei Anwendung des Hamburgischen Zusatzversorgungsgesetzes bestimmt sich der monatliche Betrag der Zusatzrente abweichend von Absatz 2 nach der nach dem Hamburgischen Zusatzversorgungsgesetz maßgebenden Berechnungsweise. [2]An die Stelle des Stichtags 2. Januar 2002 tritt im Bereich des Hamburgischen Zusatzversorgungsgesetzes der 1. August 2003 und im Bereich des Bremischen Ruhelohngesetzes der 1. März 2007.

(4) [1]Die Leistungen nach den Absätzen 2, 2a und 3 werden in der Pflichtversicherung jährlich zum 1. Juli um 1 Prozent erhöht. [2]In der freiwilligen Versicherung bestimmt sich die Anpassung der Leistungen nach der jeweils maßgebenden Versorgungsregelung.

(5) Besteht bei Eintritt des Versorgungsfalles neben dem Anspruch auf Zusatzrente nach Absatz 2 oder auf die in Absatz 3 oder Absatz 7 bezeichneten Leistungen auch Anspruch auf eine Versorgungsrente oder Versicherungsrente der in Absatz 1 Satz 1 Nr. 1 und 2 bezeichneten Zusatzversorgungseinrichtungen oder Anspruch auf entsprechende Versorgungsleistungen der Versorgungsanstalt der deutschen Kulturorchester oder der Versorgungsanstalt der deutschen Bühnen oder nach den Regelungen des Ersten Ruhegeldgesetzes, des Zweiten Ruhegeldgesetzes oder des Bremischen Ruhelohngesetzes, in deren Berechnung auch die der Zusatzrente zugrunde liegenden Zeiten berücksichtigt sind, ist nur die im Zahlbetrag höhere Rente zu leisten.

(6) Eine Anwartschaft auf Versorgungsleistungen kann bei Übertritt der anwartschaftsberechtigten Person in ein Versorgungssystem einer überstaatlichen Einrichtung in das Versorgungssystem dieser Einrichtung übertragen werden, wenn ein entsprechendes Abkommen zwischen der Zusatzversorgungseinrichtung oder der Freien und Hansestadt Hamburg oder der Freien Hansestadt Bremen und der überstaatlichen Einrichtung besteht.

(7) [1]Für Personen, die bei der Versorgungsanstalt der deutschen Kulturorchester oder der Versorgungsanstalt der deutschen Bühnen pflichtversichert sind, gelten die §§ 2 und 3, mit Ausnahme von § 3 Absatz 2 Satz 3, sowie die §§ 4, 5, 16, 27 und 28 nicht; soweit die betriebliche Altersversorgung über die Versorgungsanstalten durchgeführt wird, finden die §§ 7 bis 15 keine Anwendung. [2]Bei Eintritt des Versorgungsfalles treten an die Stelle der Zusatzrente und der Leistungen an Hinterbliebene nach Absatz 2 und an die Stelle der Regelung in Absatz 4 die satzungsgemäß vorgesehenen Leistungen; Absatz 2 Nr. 5 findet entsprechend Anwendung. [3]Als pflichtversichert gelten auch die freiwillig Versicherten der Versorgungsanstalt der deutschen Kulturorchester und der Versorgungsanstalt der deutschen Bühnen.

(8) Gegen Entscheidungen der Zusatzversorgungseinrichtungen über Ansprüche nach diesem Gesetz ist der Rechtsweg gegeben, der für Versicherte der Einrichtung gilt.

(9) Bei Personen, die aus einem Arbeitsverhältnis ausscheiden, in dem sie nach § 5 Abs. 1 Satz 1 Nr. 2 des Sechsten Buches Sozialgesetzbuch versicherungsfrei waren, dürfen die Ansprüche nach § 2 Abs. 1 Satz 1 und 2 nicht hinter dem Rentenanspruch zurückbleiben, der sich ergeben hätte, wenn der Arbeitnehmer für die Zeit der versicherungsfreien Beschäftigung in der gesetzlichen Rentenversicherung nachversichert worden wäre; die Vergleichsberechnung ist im Versorgungsfall aufgrund einer Auskunft der Deutschen Rentenversicherung Bund vorzunehmen.

§ 18a
Verjährung

[1]Der Anspruch auf Leistungen aus der betrieblichen Altersversorgung verjährt in 30 Jahren. [2]Ansprüche auf regelmäßig wiederkehrende Leistungen unterliegen der regelmäßigen Verjährungsfrist nach den Vorschriften des Bürgerlichen Gesetzbuchs.

Siebter Abschnitt
Betriebliche Altersversorgung und Tarifvertrag

Unterabschnitt 1
Tariföffnung; Optionssysteme

§ 19
Allgemeine Tariföffnungsklausel

(1) Von den §§ 1a, 2, 2a Absatz 1, 3 und 4, § 3, mit Ausnahme des § 3 Absatz 2 Satz 3, von den §§ 4, 5, 16, 18a Satz 1, §§ 27 und 28 kann in Tarifverträgen abgewichen werden.

(2) Die abweichenden Bestimmungen haben zwischen nichttarifgebundenen Arbeitgebern und Arbeitnehmern Geltung, wenn zwischen diesen die Anwendung der einschlägigen tariflichen Regelung vereinbart ist.

(3) Im Übrigen kann von den Bestimmungen dieses Gesetzes nicht zuungunsten des Arbeitnehmers abgewichen werden.

§ 20
Tarifvertrag und Entgeltumwandlung; Optionssysteme

(1) Soweit Entgeltansprüche auf einem Tarifvertrag beruhen, kann für diese eine Entgeltumwandlung nur vorgenommen werden, soweit dies durch Tarifvertrag vorgesehen oder durch Tarifvertrag zugelassen ist.

(2) [1]In einem Tarifvertrag oder aufgrund eines Tarifvertrages in einer Betriebs- oder Dienstvereinbarung kann geregelt werden, dass der Arbeitgeber für alle Arbeitnehmer oder für eine Gruppe von Arbeitnehmern des Unternehmens oder einzelner Betriebe eine automatische Entgeltumwandlung einführt, gegen die der Arbeitnehmer ein Widerspruchsrecht hat (Optionssystem). [2]Das Angebot des Arbeitgebers auf Entgeltumwandlung gilt als vom Arbeitnehmer angenommen, wenn er nicht widersprochen hat und das Angebot

1. in Textform und mindestens drei Monate vor der ersten Fälligkeit des umzuwandelnden Entgelts gemacht worden ist und
2. deutlich darauf hinweist,
   a) welcher Betrag und welcher Vergütungsbestandteil umgewandelt werden sollen und
   b) dass der Arbeitnehmer ohne Angabe von Gründen innerhalb einer Frist von mindestens einem Monat nach dem Zugang des Angebots widersprechen und die Entgeltumwandlung mit einer Frist von höchstens einem Monat beenden kann. [3]Nichttarifgebundene Arbeitgeber können ein einschlägiges tarifvertragliches Optionssystem anwenden oder aufgrund eines einschlägigen Tarifvertrages durch Betriebs- oder Dienstvereinbarung die Einführung eines Optionssystems regeln; Satz 2 gilt entsprechend.

Unterabschnitt 2
Tarifvertrag und reine Beitragszusage

§ 21
Tarifvertragsparteien

(1) Vereinbaren die Tarifvertragsparteien eine betriebliche Altersversorgung in Form der reinen Beitragszusage, müssen sie sich an deren Durchführung und Steuerung beteiligen.

(2) [1]Die Tarifvertragsparteien sollen im Rahmen von Tarifverträgen nach Absatz 1 bereits bestehende Betriebsrentensysteme angemessen berücksichtigen. [2]Die Tarifvertragsparteien müssen insbesondere prüfen, ob auf der Grundlage einer Betriebs- oder

Dienstvereinbarung oder, wenn ein Betriebs- oder Personalrat nicht besteht, durch schriftliche Vereinbarung zwischen Arbeitgeber und Arbeitnehmer, tarifvertraglich vereinbarte Beiträge für eine reine Beitragszusage für eine andere nach diesem Gesetz zulässige Zusageart verwendet werden dürfen.

(3) [1]Die Tarifvertragsparteien sollen nichttarifgebundenen Arbeitgebern und Arbeitnehmern den Zugang zur durchführenden Versorgungseinrichtung nicht verwehren. [2]Der durchführenden Versorgungseinrichtung dürfen im Hinblick auf die Aufnahme und Verwaltung von Arbeitnehmern nichttarifgebundener Arbeitgeber keine sachlich unbegründeten Vorgaben gemacht werden.

(4) Wird eine reine Beitragszusage über eine Direktversicherung durchgeführt, kann eine gemeinsame Einrichtung nach § 4 des Tarifvertragsgesetzes als Versicherungsnehmer an die Stelle des Arbeitgebers treten.

§ 22
Arbeitnehmer und Versorgungseinrichtung

(1) [1]Bei einer reinen Beitragszusage hat der Pensionsfonds, die Pensionskasse oder die Direktversicherung dem Versorgungsempfänger auf der Grundlage des planmäßig zuzurechnenden Versorgungskapitals laufende Leistungen der betrieblichen Altersversorgung zu erbringen. [2]Die Höhe der Leistungen darf nicht garantiert werden.

(2) [1]Die auf den gezahlten Beiträgen beruhende Anwartschaft auf Altersrente ist sofort unverfallbar. [2]Die Erträge der Versorgungseinrichtung müssen auch dem ausgeschiedenen Arbeitnehmer zugutekommen.

(3) Der Arbeitnehmer hat gegenüber der Versorgungseinrichtung das Recht,

1. nach Beendigung des Arbeitsverhältnisses
   a) die Versorgung mit eigenen Beiträgen fortzusetzen oder
   b) innerhalb eines Jahres das gebildete Versorgungskapital auf die neue Versorgungseinrichtung, an die Beiträge auf der Grundlage einer reinen Beitragszusage gezahlt werden, zu übertragen,
2. entsprechend § 4a Auskunft zu verlangen und
3. entsprechend § 6 vorzeitige Altersleistungen in Anspruch zu nehmen.

(4) [1]Die bei der Versorgungseinrichtung bestehende Anwartschaft ist nicht übertragbar, nicht beleihbar und nicht veräußerbar. [2]Sie darf vorbehaltlich des Satzes 3 nicht vorzeitig verwertet werden. [3]Die Versorgungseinrichtung kann Anwartschaften und laufende Leistungen bis zu der Wertgrenze in § 3 Absatz 2 Satz 1 abfinden; § 3 Absatz 2 Satz 3 gilt entsprechend.

(5) Für die Verjährung der Ansprüche gilt § 18a entsprechend.

§ 23
Zusatzbeiträge des Arbeitgebers

(1) Zur Absicherung der reinen Beitragszusage soll im Tarifvertrag ein Sicherungsbeitrag vereinbart werden.

(2) Bei einer reinen Beitragszusage ist im Fall der Entgeltumwandlung im Tarifvertrag zu regeln, dass der Arbeitgeber 15 Prozent des umgewandelten Entgelts zusätzlich als Arbeitgeberzuschuss an die Versorgungseinrichtung weiterleiten muss, soweit der Arbeitgeber durch die Entgeltumwandlung Sozialversicherungsbeiträge einspart.

§ 24
Nichttarifgebundene Arbeitgeber und Arbeitnehmer

Nichttarifgebundene Arbeitgeber und Arbeitnehmer können die Anwendung der einschlägigen tariflichen Regelung vereinbaren.

§ 25
Verordnungsermächtigung

[1]Das Bundesministerium für Arbeit und Soziales wird ermächtigt, im Einvernehmen mit dem Bundesministerium der Finanzen durch Rechtsverordnung Mindestanforderungen an die Verwendung der Beiträge nach § 1 Absatz 2 Nummer 2a festzulegen. [2]Die Ermächtigung kann im Einvernehmen mit dem Bundesministerium der Finanzen auf die Bundesanstalt für Finanzdienstleistungsaufsicht übertragen werden. [3]Rechtsverordnungen nach den Sätzen 1 und 2 bedürfen nicht der Zustimmung des Bundesrates.

Zweiter Teil
Übergangs- und Schlussvorschriften

§ 26

Die §§ 1 bis 4 und 18 gelten nicht, wenn das Arbeitsverhältnis oder Dienstverhältnis vor dem Inkrafttreten des Gesetzes beendet worden ist.

§ 26a
Übergangsvorschrift zu § 1a Absatz 1a

§ 1a Absatz 1a gilt für individual- und kollektivrechtliche Entgeltumwandlungsvereinbarungen, die vor dem 1. Januar 2019 geschlossen worden sind, erst ab dem 1. Januar 2022.

§ 27

§ 2 Abs. 2 Satz 2 Nr. 2 und 3 und Abs. 3 Satz 2 Nr. 1 und 2 gelten in Fällen, in denen vor dem Inkrafttreten des Gesetzes die Direktversicherung abgeschlossen worden ist oder die Versicherung des Arbeitnehmers bei einer Pensionskasse begonnen hat, mit der Maßgabe, dass die in diesen Vorschriften genannten Voraussetzungen spätestens für die Zeit nach Ablauf eines Jahres seit dem Inkrafttreten des Gesetzes erfüllt sein müssen.

§ 28

§ 5 gilt für Fälle, in denen der Versorgungsfall vor dem Inkrafttreten des Gesetzes eingetreten ist, mit der Maßgabe, dass diese Vorschrift bei der Berechnung der nach dem Inkrafttreten des Gesetzes fällig werdenden Versorgungsleistungen anzuwenden ist.

§ 29

§ 6 gilt für die Fälle, in denen das Altersruhegeld der gesetzlichen Rentenversicherung bereits vor dem Inkrafttreten des Gesetzes in Anspruch genommen worden ist, mit der Maßgabe, dass die Leistungen der betrieblichen Altersversorgung vom Inkrafttreten des Gesetzes an zu gewähren sind.

§ 30

(1) [1]Ein Anspruch gegen den Träger der Insolvenzsicherung nach § 7 besteht nur, wenn der Sicherungsfall nach dem Inkrafttreten der §§ 7 bis 15 eingetreten ist; er kann erstmals nach dem Ablauf von sechs Monaten nach diesem Zeitpunkt geltend gemacht werden. [2]Die Beitragspflicht des Arbeitgebers beginnt mit dem Inkrafttreten der §§ 7 bis 15.

(2) [1]Wenn die betriebliche Altersversorgung über eine Pensionskasse nach § 7 Absatz 1 Satz 2 Nummer 3 durchgeführt wird, besteht ein Anspruch gegen den Träger der Insolvenzsicherung, wenn der Sicherungsfall nach dem 31. Dezember 2021 eingetreten ist. [2]Die Beitragspflicht des Arbeitgebers, der betriebliche Altersversorgung über eine Pensionskasse nach § 7 Absatz 1 Satz 2 Nummer 3 durchführt, beginnt im Jahr 2021; der Beitrag beträgt in diesem Jahr 3 Promille der Beitragsbemessungsgrundlage nach § 10 Absatz 3 Nummer 4. [3]Zusätzlich zum Beitrag nach § 10 Absatz 2 Satz 1 wird für die betriebliche Altersversorgung nach Satz 2 für die Jahre 2022 bis 2025 ein Beitrag in Höhe von 1,5 Promille der Beitragsbemessungsgrundlage nach § 10 Absatz 3 Nummer 4 erhoben; die Beiträge sind zum Ende des jeweiligen Kalenderjahres fällig.

(3) [1]Ist der Sicherungsfall nach Absatz 2 vor dem 1. Januar 2022 eingetreten, besteht ein Anspruch gegen den Träger der Insolvenzsicherung, wenn die Pensionskasse die nach der Versorgungszusage des Arbeitgebers vorgesehene Leistung um mehr als die Hälfte kürzt oder das Einkommen des ehemaligen Arbeitnehmers wegen einer Kürzung unter die von Eurostat für Deutschland ermittelte Armutsgefährdungsschwelle fällt. [2]Leistungen werden nur auf Antrag und nicht rückwirkend erbracht; sie können mit Nebenbestimmungen versehen werden. [3]Mit dem Antrag sind Unterlagen vorzulegen, die den Anspruch belegen. [4]Die Kosten, die dem Träger der Insolvenzsicherung insofern entstehen, werden vom Bund übernommen; Einzelheiten werden in einer Verwaltungsvereinbarung zwischen dem Träger der Insolvenzsicherung und dem Bundesministerium für Arbeit und Soziales im Einvernehmen mit dem Bundesministerium der Finanzen geregelt.

(4) Soweit die betriebliche Altersversorgung über einen Pensionsfonds durchgeführt wird, gelten für Sicherungsfälle, die vor dem 1. Januar 2022 eingetreten sind, die §§ 7, 8 und 9 in der am 31. Dezember 2019 geltenden Fassung; für die Beitragsjahre 2020 bis 2022 können Arbeitgeber die Beitragsbemessungsgrundlage nach § 10 Absatz 3 Nummer 4 in der am 31. Dezember 2019 geltenden Fassung ermitteln.

(5) [1]Das Bundesministerium für Arbeit und Soziales untersucht 2026, ob die Beitragsbemessung nach § 10 Absatz 3 Nummer 4 bei betrieblicher Altersversorgung, die von Pensionskassen durchgeführt wird, weiterhin sachgerecht ist, insbesondere, ob die Höhe des Beitrags dem vom Träger der Insolvenzsicherung zu tragenden Risiko entspricht. [2]Das Bundesministerium für Arbeit und Soziales kann Dritte mit dieser Untersuchung beauftragen.

§ 30a

(aufgehoben)

§ 30b

§ 4 Abs. 3 gilt nur für Zusagen, die nach dem 31. Dezember 2004 erteilt werden.

§ 30c

(1) § 16 Abs. 3 Nr. 1 gilt nur für laufende Leistungen, die auf Zusagen beruhen, die nach dem 31. Dezember 1998 erteilt werden.

(1a) § 16 Absatz 3 Nummer 2 gilt auch für Anpassungszeiträume, die vor dem 1. Januar 2016 liegen; in diesen Zeiträumen bereits erfolgte Anpassungen oder unterbliebene Anpassungen, gegen die der Versorgungsberechtigte vor dem 1. Januar 2016 Klage erhoben hat, bleiben unberührt.

(2) § 16 Abs. 4 gilt nicht für vor dem 1. Januar 1999 zu Recht unterbliebene Anpassungen.

(3) § 16 Abs. 5 gilt nur für laufende Leistungen, die auf Zusagen beruhen, die nach dem 31. Dezember 2000 erteilt werden.

(4) Für die Erfüllung der Anpassungsprüfungspflicht für Zeiträume vor dem 1. Januar 2003 gilt § 16 Abs. 2 Nr. 1 mit der Maßgabe, dass an die Stelle des Verbraucherpreisindexes für Deutschland der Preisindex für die Lebenshaltung von 4-Personen-Haushalten von Arbeitern und Angestellten mit mittlerem Einkommen tritt.

§ 30d
Übergangsregelung zu § 18

(1) [1]Ist der Versorgungsfall vor dem 1. Januar 2001 eingetreten oder ist der Arbeitnehmer vor dem 1. Januar 2001 aus dem Beschäftigungsverhältnis bei einem öffentlichen Arbeitgeber ausgeschieden und der Versorgungsfall nach dem 31. Dezember 2000 und vor dem 2. Januar 2002 eingetreten, sind für die Berechnung der Voll-Leistung die Regelungen der Zusatzversorgungseinrichtungen nach § 18 Abs. 1 Satz 1

Nr. 1 und 2 oder die Gesetze im Sinne des § 18 Abs. 1 Satz 1 Nr. 3 sowie die weiteren Berechnungsfaktoren jeweils in der am 31. Dezember 2000 und vor dem 2. Januar 2002 geltenden Fassung maßgebend; § 18 Abs. 2 Nr. 1 Buchstabe b bleibt unberührt. [2]Die Steuerklasse III/0 ist zugrunde zu legen. [3]Ist der Versorgungsfall vor dem 1. Januar 2001 eingetreten, besteht der Anspruch auf Zusatzrente mindestens in der Höhe, wie er sich aus § 18 in der Fassung vom 16. Dezember 1997 (BGBl. I S. 2998) ergibt.

(2) Die Anwendung des § 18 ist in den Fällen des Absatzes 1 ausgeschlossen, soweit eine Versorgungsrente der in § 18 Abs. 1 Satz 1 Nr. 1 und 2 bezeichneten Zusatzversorgungseinrichtungen oder eine entsprechende Leistung aufgrund der Regelungen des Ersten Ruhegeldgesetzes, des Zweiten Ruhegeldgesetzes oder des Bremischen Ruhelohngesetzes bezogen wird, oder eine Versicherungsrente abgefunden wurde.

(2a) Für Personen, deren Beschäftigungsverhältnis vor dem 1. Januar 2002 vor Eintritt des Versorgungsfalls geendet hat und deren Anwartschaft nach § 1b fortbesteht, haben die in § 18 Absatz 1 Satz 1 Nummer 1 und 2 bezeichneten Zusatzversorgungseinrichtungen bei Eintritt des Versorgungsfalls nach dem 1. Januar 2002 die Anwartschaft für Zeiten bis zum 1. Januar 2002 nach § 18 Absatz 2 unter Berücksichtigung des § 18 Absatz 5 zu ermitteln.

(3) [1]Für Arbeitnehmer im Sinne des § 18 Abs. 1 Satz 1 Nr. 4, 5 und 6 in der bis zum 31. Dezember 1998 geltenden Fassung, für die bis zum 31. Dezember 1998 ein Anspruch auf Nachversicherung nach § 18 Abs. 6 entstanden ist, gilt Absatz 1 Satz 1 für die aufgrund der Nachversicherung zu ermittelnde Voll-Leistung entsprechend mit der Maßgabe, dass sich der nach § 2 zu ermittelnde Anspruch gegen den ehemaligen Arbeitgeber richtet. [2]Für den nach § 2 zu ermittelnden Anspruch gilt § 18 Abs. 2 Nr. 1 Buchstabe b entsprechend; für die übrigen Bemessungsfaktoren ist auf die Rechtslage am 31. Dezember 2000 abzustellen. [3]Leistungen der gesetzlichen Rentenversicherung, die auf einer Nachversicherung wegen Ausscheidens aus einem Dienstordnungsverhältnis beruhen, und Leistungen, die die zuständige Versorgungseinrichtung aufgrund von Nachversicherungen im Sinne des § 18 Abs. 6 in der am 31. Dezember 1998 geltenden Fassung gewährt, werden auf den Anspruch nach § 2 angerechnet. [4]Hat das Arbeitsverhältnis im Sinne des § 18 Abs. 9 bereits am 31. Dezember 1998 bestanden, ist in die Vergleichsberechnung nach § 18 Abs. 9 auch die Zusatzrente nach § 18 in der bis zum 31. Dezember 1998 geltenden Fassung einzubeziehen.

§ 30e

(1) § 1 Abs. 2 Nr. 4 zweiter Halbsatz gilt für Zusagen, die nach dem 31. Dezember 2002 erteilt werden.

(2) [1]§ 1 Abs. 2 Nr. 4 zweiter Halbsatz findet auf Pensionskassen, deren Leistungen der betrieblichen Altersversorgung durch Beiträge der Arbeitnehmer und Arbeitgeber gemeinsam finanziert und die als beitragsorientierte Leistungszusage oder als Leistungszusage durchgeführt werden, mit der Maßgabe Anwendung, dass dem ausgeschiedenen Arbeitnehmer das Recht zur Fortführung mit eigenen Beiträgen nicht eingeräumt werden und eine Überschussverwendung gemäß § 1b Abs. 5 Nr. 1 nicht erfolgen muss. [2]Wird dem ausgeschiedenen Arbeitnehmer ein Recht zur Fortführung nicht

eingeräumt, gilt für die Höhe der unverfallbaren Anwartschaft § 2 Absatz 5 entsprechend. [3]Für die Anpassung laufender Leistungen gelten die Regelungen nach § 16 Abs. 1 bis 4. [4]Die Regelung in Absatz 1 bleibt unberührt.

§ 30f

(1) [1]Wenn Leistungen der betrieblichen Altersversorgung vor dem 1. Januar 2001 zugesagt worden sind, ist § 1b Abs. 1 mit der Maßgabe anzuwenden, dass die Anwartschaft erhalten bleibt, wenn das Arbeitsverhältnis vor Eintritt des Versorgungsfalles, jedoch nach Vollendung des 35. Lebensjahres endet und die Versorgungszusage zu diesem Zeitpunkt

1. mindestens zehn Jahre oder
2. bei mindestens zwölfjähriger Betriebszugehörigkeit mindestens drei Jahre

bestanden hat; in diesen Fällen bleibt die Anwartschaft auch erhalten, wenn die Zusage ab dem 1. Januar 2001 fünf Jahre bestanden hat und bei Beendigung des Arbeitsverhältnisses das 30. Lebensjahr vollendet ist. [2]§ 1b Abs. 5 findet für Anwartschaften aus diesen Zusagen keine Anwendung.

(2) Wenn Leistungen der betrieblichen Altersversorgung vor dem 1. Januar 2009 und nach dem 31. Dezember 2000 zugesagt worden sind, ist § 1b Abs. 1 Satz 1 mit der Maßgabe anzuwenden, dass die Anwartschaft erhalten bleibt, wenn das Arbeitsverhältnis vor Eintritt des Versorgungsfalls, jedoch nach Vollendung des 30. Lebensjahres endet und die Versorgungszusage zu diesem Zeitpunkt fünf Jahre bestanden hat; in diesen Fällen bleibt die Anwartschaft auch erhalten, wenn die Zusage ab dem 1. Januar 2009 fünf Jahre bestanden hat und bei Beendigung des Arbeitsverhältnisses das 25. Lebensjahr vollendet ist.

(3) Wenn Leistungen der betrieblichen Altersversorgung vor dem 1. Januar 2018 und nach dem 31. Dezember 2008 zugesagt worden sind, ist § 1b Absatz 1 Satz 1 mit der Maßgabe anzuwenden, dass die Anwartschaft erhalten bleibt, wenn das Arbeitsverhältnis vor Eintritt des Versorgungsfalls, jedoch nach Vollendung des 25. Lebensjahres endet und die Versorgungszusage zu diesem Zeitpunkt fünf Jahre bestanden hat; in diesen Fällen bleibt die Anwartschaft auch erhalten, wenn die Zusage ab dem 1. Januar 2018 drei Jahre bestanden hat und bei Beendigung des Arbeitsverhältnisses das 21. Lebensjahr vollendet ist.

§ 30g

(1) [1]§ 2a Absatz 2 gilt nicht für Beschäftigungszeiten vor dem 1. Januar 2018. [2]Für Beschäftigungszeiten nach dem 31. Dezember 2017 gilt § 2a Absatz 2 nicht, wenn das Versorgungssystem vor dem 20. Mai 2014 für neue Arbeitnehmer geschlossen war.

(2) [1]§ 2 Absatz 5 gilt nur für Anwartschaften, die auf Zusagen beruhen, die nach dem 31. Dezember 2000 erteilt worden sind. [2]Im Einvernehmen zwischen Arbeitgeber und Arbeitnehmer kann § 2 Absatz 5 auch auf Anwartschaften angewendet werden, die auf Zusagen beruhen, die vor dem 1. Januar 2001 erteilt worden sind.

(3) § 3 findet keine Anwendung auf laufende Leistungen, die vor dem 1. Januar 2005 erstmals gezahlt worden sind.

§ 30h

§ 20 Absatz 1 gilt für Entgeltumwandlungen, die auf Zusagen beruhen, die nach dem 29. Juni 2001 erteilt werden.

§ 30i

(1) [1]Der Barwert der bis zum 31. Dezember 2005 aufgrund eingetretener Insolvenzen zu sichernden Anwartschaften wird einmalig auf die beitragspflichtigen Arbeitgeber entsprechend § 10 Abs. 3 umgelegt und vom Träger der Insolvenzsicherung nach Maßgabe der Beträge zum Schluss des Wirtschaftsjahres, das im Jahr 2004 geendet hat, erhoben. [2]Der Rechnungszinsfuß bei der Berechnung des Barwerts beträgt 3,67 vom Hundert.

(2) [1]Der Betrag ist in 15 gleichen Raten fällig. [2]Die erste Rate wird am 31. März 2007 fällig, die weiteren zum 31. März der folgenden Kalenderjahre. [3]Bei vorfälliger Zahlung erfolgt eine Diskontierung der einzelnen Jahresraten mit dem zum Zeitpunkt der Zahlung um ein Drittel erhöhten Rechnungszinsfuß nach der nach § 235 Nummer 4 des Versicherungsaufsichtsgesetzes erlassenen Rechtsverordnung, wobei nur volle Monate berücksichtigt werden.

(3) Der abgezinste Gesamtbetrag ist gemäß Absatz 2 am 31. März 2007 fällig, wenn die sich ergebende Jahresrate nicht höher als 50 Euro ist.

(4) Insolvenzbedingte Zahlungsausfälle von ausstehenden Raten werden im Jahr der Insolvenz in die erforderlichen jährlichen Beiträge gemäß § 10 Abs. 2 eingerechnet.

§ 30j
Übergangsregelung zu § 20 Absatz 2

§ 20 Absatz 2 gilt nicht für Optionssysteme, die auf der Grundlage von Betriebs- oder Dienstvereinbarungen vor dem 1. Juni 2017 eingeführt worden sind.

§ 31

Auf Sicherungsfälle, die vor dem 1. Januar 1999 eingetreten sind, ist dieses Gesetz in der bis zu diesem Zeitpunkt geltenden Fassung anzuwenden.

§ 32

[1]Dieses Gesetz tritt vorbehaltlich des Satzes 2 am Tag nach seiner Verkündung[1] in Kraft. [2]Die §§ 7 bis 15 treten am 1. Januar 1975 in Kraft.

---

1 Verkündet am 21.12.1974.

2.
Grundgesetz für die Bundesrepublik Deutschland (GG)

vom 23.5.1949 (BGBl. I S. 1),
zuletzt geändert durch 1 G vom 19.12.2022 (BGBl. I S. 2478)

– Auszug –

I. Die Grundrechte

Art. 3

(1) Alle Menschen sind vor dem Gesetz gleich.

(2) [1]Männer und Frauen sind gleichberechtigt. [2]Der Staat fördert die tatsächliche Durchsetzung der Gleichberechtigung von Frauen und Männern und wirkt auf die Beseitigung bestehender Nachteile hin.

(3) [1]Niemand darf wegen seines Geschlechtes, seiner Abstammung, seiner Rasse, seiner Sprache, seiner Heimat und Herkunft, seines Glaubens, seiner religiösen oder politischen Anschauungen benachteiligt oder bevorzugt werden. [2]Niemand darf wegen seiner Behinderung benachteiligt werden.

…

3.
Allgemeines Gleichbehandlungsgesetz (AGG)[1]

vom 14.8.2006 (BGBl. I S. 1897),
zuletzt geändert durch Art. 4 G vom 19.12.2022 (BGBl. I S. 2510)

– Auszug –

Abschnitt 1
Allgemeiner Teil

§ 1
Ziel des Gesetzes

Ziel des Gesetzes ist, Benachteiligungen aus Gründen der Rasse oder wegen der ethnischen Herkunft, des Geschlechts, der Religion oder Weltanschauung, einer Behinderung, des Alters oder der sexuellen Identität zu verhindern oder zu beseitigen.

§ 2
Anwendungsbereich

(1) Benachteiligungen aus einem in § 1 genannten Grund sind nach Maßgabe dieses Gesetzes unzulässig in Bezug auf:

1. die Bedingungen, einschließlich Auswahlkriterien und Einstellungsbedingungen, für den Zugang zu unselbstständiger und selbstständiger Erwerbstätigkeit, unabhängig von Tätigkeitsfeld und beruflicher Position, sowie für den beruflichen Aufstieg,
2. die Beschäftigungs- und Arbeitsbedingungen einschließlich Arbeitsentgelt und Entlassungsbedingungen, insbesondere in individual- und kollektivrechtlichen Vereinbarungen und Maßnahmen bei der Durchführung und Beendigung eines Beschäftigungsverhältnisses sowie beim beruflichen Aufstieg,

…

6. die sozialen Vergünstigungen,

   …

…

(2) [1]Für Leistungen nach dem Sozialgesetzbuch gelten § 33c des Ersten Buches Sozialgesetzbuch und § 19a des Vierten Buches Sozialgesetzbuch. [2]Für die betriebliche Altersvorsorge gilt das Betriebsrentengesetz.

---

1 Dieses Gesetz wurde verkündet als Artikel 1 des Gesetzes zur Umsetzung europäischer Richtlinien zur Verwirklichung des Grundsatzes der Gleichbehandlung und ist am 18.8.2006 in Kraft getreten.

(3) [1]Die Geltung sonstiger Benachteiligungsverbote oder Gebote der Gleichbehandlung wird durch dieses Gesetz nicht berührt. [2]Dies gilt auch für öffentlich-rechtliche Vorschriften, die dem Schutz bestimmter Personengruppen dienen.

...

§ 3
Begriffsbestimmungen

(1) [1]Eine unmittelbare Benachteiligung liegt vor, wenn eine Person wegen eines in § 1 genannten Grundes eine weniger günstige Behandlung erfährt, als eine andere Person in einer vergleichbaren Situation erfährt, erfahren hat oder erfahren würde. [2]Eine unmittelbare Benachteiligung wegen des Geschlechts liegt in Bezug auf § 2 Abs. 1 Nr. 1 bis 4 auch im Falle einer ungünstigeren Behandlung einer Frau wegen Schwangerschaft oder Mutterschaft vor.

(2) Eine mittelbare Benachteiligung liegt vor, wenn dem Anschein nach neutrale Vorschriften, Kriterien oder Verfahren Personen wegen eines in § 1 genannten Grundes gegenüber anderen Personen in besonderer Weise benachteiligen können, es sei denn, die betreffenden Vorschriften, Kriterien oder Verfahren sind durch ein rechtmäßiges Ziel sachlich gerechtfertigt und die Mittel sind zur Erreichung dieses Ziels angemessen und erforderlich.

...

(5) [1]Die Anweisung zur Benachteiligung einer Person aus einem in § 1 genannten Grund gilt als Benachteiligung. [2]Eine solche Anweisung liegt in Bezug auf § 2 Abs. 1 Nr. 1 bis 4 insbesondere vor, wenn jemand eine Person zu einem Verhalten bestimmt, das einen Beschäftigten oder eine Beschäftigte wegen eines in § 1 genannten Grundes benachteiligt oder benachteiligen kann.

§ 4
Unterschiedliche Behandlung wegen mehrerer Gründe

Erfolgt eine unterschiedliche Behandlung wegen mehrerer der in § 1 genannten Gründe, so kann diese unterschiedliche Behandlung nach den §§ 8 bis 10 und 20 nur gerechtfertigt werden, wenn sich die Rechtfertigung auf alle diese Gründe erstreckt, derentwegen die unterschiedliche Behandlung erfolgt.

§ 5
Positive Maßnahmen

Ungeachtet der in den §§ 8 bis 10 sowie in § 20 benannten Gründe ist eine unterschiedliche Behandlung auch zulässig, wenn durch geeignete und angemessene Maßnahmen bestehende Nachteile wegen eines in § 1 genannten Grundes verhindert oder ausgeglichen werden sollen.

Abschnitt 2
Schutz der Beschäftigten vor Benachteiligung

Unterabschnitt 1
Verbot der Benachteiligung

§ 6
Persönlicher Anwendungsbereich

(1) [1]Beschäftigte im Sinne dieses Gesetzes sind

1. Arbeitnehmerinnen und Arbeitnehmer,
2. die zu ihrer Berufsbildung Beschäftigten,
3. Personen, die wegen ihrer wirtschaftlichen Unselbstständigkeit als arbeitnehmerähnliche Personen anzusehen sind; zu diesen gehören auch die in Heimarbeit Beschäftigten und die ihnen Gleichgestellten.

[2]Als Beschäftigte gelten auch die Bewerberinnen und Bewerber für ein Beschäftigungsverhältnis sowie die Personen, deren Beschäftigungsverhältnis beendet ist.

(2) [1]Arbeitgeber (Arbeitgeber und Arbeitgeberinnen) im Sinne dieses Abschnitts sind natürliche und juristische Personen sowie rechtsfähige Personengesellschaften, die Personen nach Absatz 1 beschäftigen. [2]Werden Beschäftigte einem Dritten zur Arbeitsleistung überlassen, so gilt auch dieser als Arbeitgeber im Sinne dieses Abschnitts. [3]Für die in Heimarbeit Beschäftigten und die ihnen Gleichgestellten tritt an die Stelle des Arbeitgebers der Auftraggeber oder Zwischenmeister.

...

§ 7
Benachteiligungsverbot

(1) Beschäftigte dürfen nicht wegen eines in § 1 genannten Grundes benachteiligt werden; dies gilt auch, wenn die Person, die die Benachteiligung begeht, das Vorliegen eines in § 1 genannten Grundes bei der Benachteiligung nur annimmt.

(2) Bestimmungen in Vereinbarungen, die gegen das Benachteiligungsverbot des Absatzes 1 verstoßen, sind unwirksam.

(3) Eine Benachteiligung nach Absatz 1 durch Arbeitgeber oder Beschäftigte ist eine Verletzung vertraglicher Pflichten.

...

§ 10
Zulässige unterschiedliche Behandlung wegen des Alters

[1]Ungeachtet des § 8 ist eine unterschiedliche Behandlung wegen des Alters auch zulässig, wenn sie objektiv und angemessen und durch ein legitimes Ziel gerechtfertigt ist. [2]Die Mittel zur Erreichung dieses Ziels müssen angemessen und erforderlich sein.

[3]Derartige unterschiedliche Behandlungen können insbesondere Folgendes einschließen:

...

2. die Festlegung von Mindestanforderungen an das Alter, die Berufserfahrung oder das Dienstalter für den Zugang zur Beschäftigung oder für bestimmte mit der Beschäftigung verbundene Vorteile,

...

4. die Festsetzung von Altersgrenzen bei den betrieblichen Systemen der sozialen Sicherheit als Voraussetzung für die Mitgliedschaft oder den Bezug von Altersrente oder von Leistungen bei Invalidität einschließlich der Festsetzung unterschiedlicher Altersgrenzen im Rahmen dieser Systeme für bestimmte Beschäftigte oder Gruppen von Beschäftigten und die Verwendung von Alterskriterien im Rahmen dieser Systeme für versicherungsmathematische Berechnungen,

...

Unterabschnitt 2
Organisationspflichten des Arbeitgebers

...

§ 12
Maßnahmen und Pflichten des Arbeitgebers

(1) [1]Der Arbeitgeber ist verpflichtet, die erforderlichen Maßnahmen zum Schutz vor Benachteiligungen wegen eines in § 1 genannten Grundes zu treffen. [2]Dieser Schutz umfasst auch vorbeugende Maßnahmen.

...

Unterabschnitt 3
Rechte der Beschäftigten

...

§ 15
Entschädigung und Schadensersatz

(1) [1]Bei einem Verstoß gegen das Benachteiligungsverbot ist der Arbeitgeber verpflichtet, den hierdurch entstandenen Schaden zu ersetzen. [2]Dies gilt nicht, wenn der Arbeitgeber die Pflichtverletzung nicht zu vertreten hat.

(2) [1]Wegen eines Schadens, der nicht Vermögensschaden ist, kann der oder die Beschäftigte eine angemessene Entschädigung in Geld verlangen. [2]Die Entschädigung darf bei einer Nichteinstellung drei Monatsgehälter nicht übersteigen, wenn der oder die Beschäftigte auch bei benachteiligungsfreier Auswahl nicht eingestellt worden wäre.

(3) Der Arbeitgeber ist bei der Anwendung kollektivrechtlicher Vereinbarungen nur dann zur Entschädigung verpflichtet, wenn er vorsätzlich oder grob fahrlässig handelt.

(4) [1]Ein Anspruch nach Absatz 1 oder 2 muss innerhalb einer Frist von zwei Monaten schriftlich geltend gemacht werden, es sei denn, die Tarifvertragsparteien haben etwas anderes vereinbart. [2]Die Frist beginnt im Falle einer Bewerbung oder eines beruflichen Aufstiegs mit dem Zugang der Ablehnung und in den sonstigen Fällen einer Benachteiligung zu dem Zeitpunkt, in dem der oder die Beschäftigte von der Benachteiligung Kenntnis erlangt.

(5) Im Übrigen bleiben Ansprüche gegen den Arbeitgeber, die sich aus anderen Rechtsvorschriften ergeben, unberührt.

...

Unterabschnitt 4
Ergänzende Vorschriften

§ 17
Soziale Verantwortung der Beteiligten

(1) Tarifvertragsparteien, Arbeitgeber, Beschäftigte und deren Vertretungen sind aufgefordert, im Rahmen ihrer Aufgaben und Handlungsmöglichkeiten an der Verwirklichung des in § 1 genannten Ziels mitzuwirken.

(2) [1]In Betrieben, in denen die Voraussetzungen des § 1 Abs. 1 Satz 1 des Betriebsverfassungsgesetzes vorliegen, können bei einem groben Verstoß des Arbeitgebers gegen Vorschriften aus diesem Abschnitt der Betriebsrat oder eine im Betrieb vertretene Gewerkschaft unter der Voraussetzung des § 23 Abs. 3 Satz 1 des Betriebsverfassungsgesetzes die dort genannten Rechte gerichtlich geltend machen; § 23 Abs. 3 Satz 2 bis 5 des Betriebsverfassungsgesetzes gilt entsprechend. [2]Mit dem Antrag dürfen nicht Ansprüche des Benachteiligten geltend gemacht werden.

...

Abschnitt 3
Schutz vor Benachteiligung im Zivilrechtsverkehr

§ 19
Zivilrechtliches Benachteiligungsverbot

(1) Eine Benachteiligung aus Gründen der Rasse oder wegen der ethnischen Herkunft, wegen des Geschlechts, der Religion, einer Behinderung, des Alters oder der sexuellen Identität bei der Begründung, Durchführung und Beendigung zivilrechtlicher Schuldverhältnisse, die

1. typischerweise ohne Ansehen der Person zu vergleichbaren Bedingungen in einer Vielzahl von Fällen zustande kommen (Massengeschäfte) oder bei denen das Ansehen der Person nach der Art des Schuldverhältnisses eine nachrangige Bedeutung

hat und die zu vergleichbaren Bedingungen in einer Vielzahl von Fällen zustande kommen oder

2. eine privatrechtliche Versicherung zum Gegenstand haben,

ist unzulässig.

...

§ 20
Zulässige unterschiedliche Behandlung

(1) [1]Eine Verletzung des Benachteiligungsverbots ist nicht gegeben, wenn für eine unterschiedliche Behandlung wegen der Religion, einer Behinderung, des Alters, der sexuellen Identität oder des Geschlechts ein sachlicher Grund vorliegt. [2]Das kann insbesondere der Fall sein, wenn die unterschiedliche Behandlung

1. der Vermeidung von Gefahren, der Verhütung von Schäden oder anderen Zwecken vergleichbarer Art dient,
2. dem Bedürfnis nach Schutz der Intimsphäre oder der persönlichen Sicherheit Rechnung trägt,
3. besondere Vorteile gewährt und ein Interesse an der Durchsetzung der Gleichbehandlung fehlt,
4. an die Religion eines Menschen anknüpft und im Hinblick auf die Ausübung der Religionsfreiheit oder auf das Selbstbestimmungsrecht der Religionsgemeinschaften, der ihnen zugeordneten Einrichtungen ohne Rücksicht auf ihre Rechtsform sowie der Vereinigungen, die sich die gemeinschaftliche Pflege einer Religion zur Aufgabe machen, unter Beachtung des jeweiligen Selbstverständnisses gerechtfertigt ist.

(2) [1]Kosten im Zusammenhang mit Schwangerschaft und Mutterschaft dürfen auf keinen Fall zu unterschiedlichen Prämien oder Leistungen führen. [2]Eine unterschiedliche Behandlung wegen der Religion, einer Behinderung, des Alters oder der sexuellen Identität ist im Falle des § 19 Abs. 1 Nr. 2 nur zulässig, wenn diese auf anerkannten Prinzipien risikoadäquater Kalkulation beruht, insbesondere auf einer versicherungsmathematisch ermittelten Risikobewertung unter Heranziehung statistischer Erhebungen.

...

Abschnitt 7
Schlussvorschriften

§ 31
Unabdingbarkeit

Von den Vorschriften dieses Gesetzes kann nicht zu Ungunsten der geschützten Personen abgewichen werden.

§ 32
Schlussbestimmung

Soweit in diesem Gesetz nicht Abweichendes bestimmt ist, gelten die allgemeinen Bestimmungen.

§ 33
Übergangsbestimmungen

...

(3) [1]Bei Benachteiligungen wegen des Geschlechts, der Religion, einer Behinderung, des Alters oder der sexuellen Identität sind die §§ 19 bis 21 nicht auf Schuldverhältnisse anzuwenden, die vor dem 1. Dezember 2006 begründet worden sind. [2]Satz 1 gilt nicht für spätere Änderungen von Dauerschuldverhältnissen.

(4) [1]Auf Schuldverhältnisse, die eine privatrechtliche Versicherung zum Gegenstand haben, ist § 19 Abs. 1 nicht anzuwenden, wenn diese vor dem 22. Dezember 2007 begründet worden sind. [2]Satz 1 gilt nicht für spätere Änderungen solcher Schuldverhältnisse.

...

4.
Tarifvertragsgesetz (TVG)

i.d.F. der Bek. vom 25.8.1969 (BGBl. I S. 1323),
zuletzt geändert durch Art. 8 G vom 20.5.2020 (BGBl. I S. 1055)

– Auszug –

§ 2
Tarifvertragsparteien

(1) Tarifvertragsparteien sind Gewerkschaften, einzelne Arbeitgeber sowie Vereinigungen von Arbeitgebern.

(2) Zusammenschlüsse von Gewerkschaften und von Vereinigungen von Arbeitgebern (Spitzenorganisationen) können im Namen der ihnen angeschlossenen Verbände Tarifverträge abschließen, wenn sie eine entsprechende Vollmacht haben.

(3) Spitzenorganisationen können selbst Parteien eines Tarifvertrages sein, wenn der Abschluss von Tarifverträgen zu ihren satzungsgemäßen Aufgaben gehört.

(4) In den Fällen der Absätze 2 und 3 haften sowohl die Spitzenorganisationen wie die ihnen angeschlossenen Verbände für die Erfüllung der gegenseitigen Verpflichtungen der Tarifvertragsparteien.

§ 3
Tarifgebundenheit

(1) Tarifgebunden sind die Mitglieder der Tarifvertragsparteien und der Arbeitgeber, der selbst Partei des Tarifvertrages ist.

(2) Rechtsnormen des Tarifvertrages über betriebliche und betriebsverfassungsrechtliche Fragen gelten für alle Betriebe, deren Arbeitgeber tarifgebunden ist.

(3) Die Tarifgebundenheit bleibt bestehen, bis der Tarifvertrag endet.

§ 4
Wirkung der Rechtsnormen

(1) [1]Die Rechtsnormen des Tarifvertrages, die den Inhalt, den Abschluss oder die Beendigung von Arbeitsverhältnissen ordnen, gelten unmittelbar und zwingend zwischen den beiderseits Tarifgebundenen, die unter den Geltungsbereich des Tarifvertrages fallen. [2]Diese Vorschrift gilt entsprechend für Rechtsnormen des Tarifvertrages über betriebliche und betriebsverfassungsrechtliche Fragen.

(2) Sind im Tarifvertrag gemeinsame Einrichtungen der Tarifvertragsparteien vorgesehen und geregelt (Lohnausgleichskassen, Urlaubskassen usw.), so gelten diese Regelungen auch unmittelbar und zwingend für die Satzung dieser Einrichtung und das Verhältnis der Einrichtung zu den tarifgebundenen Arbeitgebern und Arbeitnehmern.

(3) Abweichende Abmachungen sind nur zulässig, soweit sie durch den Tarifvertrag gestattet sind oder eine Änderung der Regelungen zugunsten des Arbeitnehmers enthalten.

(4) [1]Ein Verzicht auf entstandene tarifliche Rechte ist nur in einem von den Tarifvertragsparteien gebilligten Vergleich zulässig. [2]Die Verwirkung von tariflichen Rechten ist ausgeschlossen. [3]Ausschlussfristen für die Geltendmachung tariflicher Rechte können nur im Tarifvertrag vereinbart werden.

(5) Nach Ablauf des Tarifvertrages gelten seine Rechtsnormen weiter, bis sie durch eine andere Abmachung ersetzt werden.

§ 4a
Tarifkollision

(1) Zur Sicherung der Schutzfunktion, Verteilungsfunktion, Befriedungsfunktion sowie Ordnungsfunktion von Rechtsnormen des Tarifvertrags werden Tarifkollisionen im Betrieb vermieden.

(2) [1]Der Arbeitgeber kann nach § 3 an mehrere Tarifverträge unterschiedlicher Gewerkschaften gebunden sein. [2]Soweit sich die Geltungsbereiche nicht inhaltsgleicher Tarifverträge verschiedener Gewerkschaften überschneiden (kollidierende Tarifverträge), sind im Betrieb nur die Rechtsnormen des Tarifvertrags derjenigen Gewerkschaft anwendbar, die zum Zeitpunkt des Abschlusses des zuletzt abgeschlossenen kollidierenden Tarifvertrags im Betrieb die meisten in einem Arbeitsverhältnis stehenden Mitglieder hat (Mehrheitstarifvertrag); wurden beim Zustandekommen des Mehrheitstarifvertrags die Interessen von Arbeitnehmergruppen, die auch von dem nach dem ersten Halbsatz nicht anzuwendenden Tarifvertrag erfasst werden, nicht ernsthaft und wirksam berücksichtigt, sind auch die Rechtsnormen dieses Tarifvertrags anwendbar. [3]Kollidieren die Tarifverträge erst zu einem späteren Zeitpunkt, ist dieser für die Mehrheitsfeststellung maßgeblich. [4]Als Betriebe gelten auch ein Betrieb nach § 1 Absatz 1 Satz 2 des Betriebsverfassungsgesetzes und ein durch Tarifvertrag nach § 3 Absatz 1 Nummer 1 bis 3 des Betriebsverfassungsgesetzes errichteter Betrieb, es sei denn, dies steht den Zielen des Absatzes 1 offensichtlich entgegen. [5]Dies ist insbesondere der Fall, wenn die Betriebe von Tarifvertragsparteien unterschiedlichen Wirtschaftszweigen oder deren Wertschöpfungsketten zugeordnet worden sind.

(3) Für Rechtsnormen eines Tarifvertrags über eine betriebsverfassungsrechtliche Frage nach § 3 Absatz 1 und § 117 Absatz 2 des Betriebsverfassungsgesetzes gilt Absatz 2 Satz 2 nur, wenn diese betriebsverfassungsrechtliche Frage bereits durch Tarifvertrag einer anderen Gewerkschaft geregelt ist.

(4) [1]Eine Gewerkschaft kann vom Arbeitgeber oder von der Vereinigung der Arbeitgeber die Nachzeichnung der Rechtsnormen eines mit ihrem Tarifvertrag kollidierenden Tarifvertrags verlangen. [2]Der Anspruch auf Nachzeichnung beinhaltet den Abschluss eines die Rechtsnormen des kollidierenden Tarifvertrags enthaltenden Tarifvertrags, soweit sich die Geltungsbereiche und Rechtsnormen der Tarifverträge überschneiden. [3]Die Rechtsnormen eines nach Satz 1 nachgezeichneten Tarifvertrags gel-

ten unmittelbar und zwingend, soweit der Tarifvertrag der nachzeichnenden Gewerkschaft nach Absatz 2 Satz 2 nicht zur Anwendung kommt.

(5) [1]Nimmt ein Arbeitgeber oder eine Vereinigung von Arbeitgebern mit einer Gewerkschaft Verhandlungen über den Abschluss eines Tarifvertrags auf, ist der Arbeitgeber oder die Vereinigung von Arbeitgebern verpflichtet, dies rechtzeitig und in geeigneter Weise bekannt zu geben. [2]Eine andere Gewerkschaft, zu deren satzungsgemäßen Aufgaben der Abschluss eines Tarifvertrags nach Satz 1 gehört, ist berechtigt, dem Arbeitgeber oder der Vereinigung von Arbeitgebern ihre Vorstellungen und Forderungen mündlich vorzutragen.

§ 5
Allgemeinverbindlichkeit

(1) [1]Das Bundesministerium für Arbeit und Soziales kann einen Tarifvertrag im Einvernehmen mit einem aus je drei Vertretern der Spitzenorganisationen der Arbeitgeber und der Arbeitnehmer bestehenden Ausschuss (Tarifausschuss) auf gemeinsamen Antrag der Tarifvertragsparteien für allgemeinverbindlich erklären, wenn die Allgemeinverbindlicherklärung im öffentlichen Interesse geboten erscheint. [2]Die Allgemeinverbindlicherklärung erscheint in der Regel im öffentlichen Interesse geboten, wenn

1. der Tarifvertrag in seinem Geltungsbereich für die Gestaltung der Arbeitsbedingungen überwiegende Bedeutung erlangt hat oder
2. die Absicherung der Wirksamkeit der tarifvertraglichen Normsetzung gegen die Folgen wirtschaftlicher Fehlentwicklung eine Allgemeinverbindlicherklärung verlangt.

(1a) [1]Das Bundesministerium für Arbeit und Soziales kann einen Tarifvertrag über eine gemeinsame Einrichtung zur Sicherung ihrer Funktionsfähigkeit im Einvernehmen mit dem Tarifausschuss auf gemeinsamen Antrag der Tarifvertragsparteien für allgemeinverbindlich erklären, wenn der Tarifvertrag die Einziehung von Beiträgen und die Gewährung von Leistungen durch eine gemeinsame Einrichtung mit folgenden Gegenständen regelt:

1. den Erholungsurlaub, ein Urlaubsgeld oder ein zusätzliches Urlaubsgeld,
2. eine betriebliche Altersversorgung im Sinne des Betriebsrentengesetzes,
3. die Vergütung der Auszubildenden oder die Ausbildung in überbetrieblichen Bildungsstätten,
4. eine zusätzliche betriebliche oder überbetriebliche Vermögensbildung der Arbeitnehmer,
5. Lohnausgleich bei Arbeitszeitausfall, Arbeitszeitverkürzung oder Arbeitszeitverlängerung.

[2]Der Tarifvertrag kann alle mit dem Beitragseinzug und der Leistungsgewährung in Zusammenhang stehenden Rechte und Pflichten einschließlich der dem Verfahren zu-

grunde liegenden Ansprüche der Arbeitnehmer und Pflichten der Arbeitgeber regeln. [3]§ 7 Absatz 2 des Arbeitnehmer-Entsendegesetzes findet entsprechende Anwendung.

(2) [1]Vor der Entscheidung über den Antrag ist Arbeitgebern und Arbeitnehmern, die von der Allgemeinverbindlicherklärung betroffen werden würden, den am Ausgang des Verfahrens interessierten Gewerkschaften und Vereinigungen der Arbeitgeber sowie den obersten Arbeitsbehörden der Länder, auf deren Bereich sich der Tarifvertrag erstreckt, Gelegenheit zur schriftlichen Stellungnahme sowie zur Äußerung in einer mündlichen und öffentlichen Verhandlung zu geben. [2]In begründeten Fällen kann das Bundesministerium für Arbeit und Soziales eine Teilnahme an der Verhandlung mittels Video- oder Telefonkonferenz vorsehen.

(3) Erhebt die oberste Arbeitsbehörde eines beteiligten Landes Einspruch gegen die beantragte Allgemeinverbindlicherklärung, so kann das Bundesministerium für Arbeit und Soziales dem Antrag nur mit Zustimmung der Bundesregierung stattgeben.

(4) [1]Mit der Allgemeinverbindlicherklärung erfassen die Rechtsnormen des Tarifvertrages in seinem Geltungsbereich auch die bisher nicht tarifgebundenen Arbeitgeber und Arbeitnehmer. [2]Ein nach Absatz 1a für allgemeinverbindlich erklärter Tarifvertrag ist vom Arbeitgeber auch dann einzuhalten, wenn er nach § 3 an einen anderen Tarifvertrag gebunden ist.

(5) [1]Das Bundesministerium für Arbeit und Soziales kann die Allgemeinverbindlicherklärung eines Tarifvertrages im Einvernehmen mit dem in Absatz 1 genannten Ausschuss aufheben, wenn die Aufhebung im öffentlichen Interesse geboten erscheint. [2]Die Absätze 2 und 3 gelten entsprechend. [3]Im Übrigen endet die Allgemeinverbindlichkeit eines Tarifvertrages mit dessen Ablauf.

(6) Das Bundesministerium für Arbeit und Soziales kann der obersten Arbeitsbehörde eines Landes für einzelne Fälle das Recht zur Allgemeinverbindlicherklärung sowie zur Aufhebung der Allgemeinverbindlichkeit übertragen.

(7) [1]Die Allgemeinverbindlicherklärung und die Aufhebung der Allgemeinverbindlichkeit bedürfen der öffentlichen Bekanntmachung. [2]Die Bekanntmachung umfasst auch die von der Allgemeinverbindlicherklärung erfassten Rechtsnormen des Tarifvertrages.

…

5.
Betriebsverfassungsgesetz

i.d.F. der Bek. vom 25.9.2001 (BGBl. I S. 2518),
zuletzt geändert durch Art. 6d G vom 16.9.2022 (BGBl. I S. 1454)

– Auszug –

Erster Teil
Allgemeine Vorschriften

...

§ 5
Arbeitnehmer

(1) [1]Arbeitnehmer (Arbeitnehmerinnen und Arbeitnehmer) im Sinne dieses Gesetzes sind Arbeiter und Angestellte einschließlich der zu ihrer Berufsausbildung Beschäftigten, unabhängig davon, ob sie im Betrieb, im Außendienst oder mit Telearbeit beschäftigt werden. [2]Als Arbeitnehmer gelten auch die in Heimarbeit Beschäftigten, die in der Hauptsache für den Betrieb arbeiten. [3]Als Arbeitnehmer gelten ferner Beamte (Beamtinnen und Beamte), Soldaten (Soldatinnen und Soldaten) sowie Arbeitnehmer des öffentlichen Dienstes einschließlich der zu ihrer Berufsausbildung Beschäftigten, die in Betrieben privatrechtlich organisierter Unternehmen tätig sind.

(2) Als Arbeitnehmer im Sinne dieses Gesetzes gelten nicht

1. in Betrieben einer juristischen Person die Mitglieder des Organs, das zur gesetzlichen Vertretung der juristischen Person berufen ist;
2. die Gesellschafter einer offenen Handelsgesellschaft oder die Mitglieder einer anderen Personengesamtheit, soweit sie durch Gesetz, Satzung oder Gesellschaftsvertrag zur Vertretung der Personengesamtheit oder zur Geschäftsführung berufen sind, in deren Betrieben;
3. Personen, deren Beschäftigung nicht in erster Linie ihrem Erwerb dient, sondern vorwiegend durch Beweggründe karitativer oder religiöser Art bestimmt ist;
4. Personen, deren Beschäftigung nicht in erster Linie ihrem Erwerb dient und die vorwiegend zu ihrer Heilung, Wiedereingewöhnung, sittlichen Besserung oder Erziehung beschäftigt werden;
5. der Ehegatte, der Lebenspartner, Verwandte und Verschwägerte ersten Grades, die in häuslicher Gemeinschaft mit dem Arbeitgeber leben.

(3) [1]Dieses Gesetz findet, soweit in ihm nicht ausdrücklich etwas anderes bestimmt ist, keine Anwendung auf leitende Angestellte. [2]Leitender Angestellter ist, wer nach Arbeitsvertrag und Stellung im Unternehmen oder im Betrieb

1. zur selbstständigen Einstellung und Entlassung von im Betrieb oder in der Betriebsabteilung beschäftigten Arbeitnehmern berechtigt ist oder

2. Generalvollmacht oder Prokura hat und die Prokura auch im Verhältnis zum Arbeitgeber nicht unbedeutend ist oder
3. regelmäßig sonstige Aufgaben wahrnimmt, die für den Bestand und die Entwicklung des Unternehmens oder eines Betriebs von Bedeutung sind und deren Erfüllung besondere Erfahrungen und Kenntnisse voraussetzt, wenn er dabei entweder die Entscheidungen im Wesentlichen frei von Weisungen trifft oder sie maßgeblich beeinflusst; dies kann auch bei Vorgaben insbesondere aufgrund von Rechtsvorschriften, Plänen oder Richtlinien sowie bei Zusammenarbeit mit anderen leitenden Angestellten gegeben sein.

[3]Für die in Absatz 1 Satz 3 genannten Beamten und Soldaten gelten die Sätze 1 und 2 entsprechend.

(4) Leitender Angestellter nach Absatz 3 Nr. 3 ist im Zweifel, wer

1. aus Anlass der letzten Wahl des Betriebsrats, des Sprecherausschusses oder von Aufsichtsratsmitgliedern der Arbeitnehmer oder durch rechtskräftige gerichtliche Entscheidung den leitenden Angestellten zugeordnet worden ist oder
2. einer Leitungsebene angehört, auf der in dem Unternehmen überwiegend leitende Angestellte vertreten sind, oder
3. ein regelmäßiges Jahresarbeitsentgelt erhält, das für leitende Angestellte in dem Unternehmen üblich ist, oder,
4. falls auch bei der Anwendung der Nummer 3 noch Zweifel bleiben, ein regelmäßiges Jahresarbeitsentgelt erhält, das das Dreifache der Bezugsgröße nach § 18 des Vierten Buches Sozialgesetzbuch überschreitet.

...

Fünfter Abschnitt
Gesamtbetriebsrat

§ 47
Voraussetzungen der Errichtung, Mitgliederzahl, Stimmengewicht[1]

(1) Bestehen in einem Unternehmen mehrere Betriebsräte, so ist ein Gesamtbetriebsrat zu errichten.

(2) [1]In den Gesamtbetriebsrat entsendet jeder Betriebsrat mit bis zu drei Mitgliedern eines seiner Mitglieder; jeder Betriebsrat mit mehr als drei Mitgliedern entsendet zwei seiner Mitglieder. [2]Die Geschlechter sollen angemessen berücksichtigt werden.

(3) Der Betriebsrat hat für jedes Mitglied des Gesamtbetriebsrats mindestens ein Ersatzmitglied zu bestellen und die Reihenfolge des Nachrückens festzulegen.

---

1 Gemäß Artikel 14 Satz 2 des Gesetzes zur Reform des Betriebsverfassungsgesetzes (BetrVerf-Reformgesetz) vom 23. Juli 2001 (BGBl. I S. 1852) gilt § 47 Abs. 2 (Artikel 1 Nr. 35 Buchstabe a des BetrVerf-Reformgesetzes) für im Zeitpunkt des Inkrafttretens bestehende Betriebsräte erst bei deren Neuwahl.

(4) Durch Tarifvertrag oder Betriebsvereinbarung kann die Mitgliederzahl des Gesamtbetriebsrats abweichend von Absatz 2 Satz 1 geregelt werden.

(5) Gehören nach Absatz 2 Satz 1 dem Gesamtbetriebsrat mehr als vierzig Mitglieder an und besteht keine tarifliche Regelung nach Absatz 4, so ist zwischen Gesamtbetriebsrat und Arbeitgeber eine Betriebsvereinbarung über die Mitgliederzahl des Gesamtbetriebsrats abzuschließen, in der bestimmt wird, dass Betriebsräte mehrerer Betriebe eines Unternehmens, die regional oder durch gleichartige Interessen miteinander verbunden sind, gemeinsam Mitglieder in den Gesamtbetriebsrat entsenden.

(6) [1]Kommt im Fall des Absatzes 5 eine Einigung nicht zustande, so entscheidet eine für das Gesamtunternehmen zu bildende Einigungsstelle. [2]Der Spruch der Einigungsstelle ersetzt die Einigung zwischen Arbeitgeber und Gesamtbetriebsrat.

(7) [1]Jedes Mitglied des Gesamtbetriebsrats hat so viele Stimmen, wie in dem Betrieb, in dem es gewählt wurde, wahlberechtigte Arbeitnehmer in der Wählerliste eingetragen sind. [2]Entsendet der Betriebsrat mehrere Mitglieder, so stehen ihnen die Stimmen nach Satz 1 anteilig zu.

(8) Ist ein Mitglied des Gesamtbetriebsrats für mehrere Betriebe entsandt worden, so hat es so viele Stimmen, wie in den Betrieben, für die es entsandt ist, wahlberechtigte Arbeitnehmer in den Wählerlisten eingetragen sind; sind mehrere Mitglieder entsandt worden, gilt Absatz 7 Satz 2 entsprechend.

(9) Für Mitglieder des Gesamtbetriebsrats, die aus einem gemeinsamen Betrieb mehrerer Unternehmen entsandt worden sind, können durch Tarifvertrag oder Betriebsvereinbarung von den Absätzen 7 und 8 abweichende Regelungen getroffen werden.

...

§ 50
Zuständigkeit

(1) [1]Der Gesamtbetriebsrat ist zuständig für die Behandlung von Angelegenheiten, die das Gesamtunternehmen oder mehrere Betriebe betreffen und nicht durch die einzelnen Betriebsräte innerhalb ihrer Betriebe geregelt werden können; seine Zuständigkeit erstreckt sich insoweit auch auf Betriebe ohne Betriebsrat. [2]Er ist den einzelnen Betriebsräten nicht übergeordnet.

(2) [1]Der Betriebsrat kann mit der Mehrheit der Stimmen seiner Mitglieder den Gesamtbetriebsrat beauftragen, eine Angelegenheit für ihn zu behandeln. [2]Der Betriebsrat kann sich dabei die Entscheidungsbefugnis vorbehalten. [3]§ 27 Abs. 2 Satz 3 und 4 gilt entsprechend.

...

Sechster Abschnitt
Konzernbetriebsrat

§ 54
Errichtung des Konzernbetriebsrats

(1) [1]Für einen Konzern (§ 18 Abs. 1 des Aktiengesetzes) kann durch Beschlüsse der einzelnen Gesamtbetriebsräte ein Konzernbetriebsrat errichtet werden. [2]Die Errichtung erfordert die Zustimmung der Gesamtbetriebsräte der Konzernunternehmen, in denen insgesamt mehr als 50 vom Hundert der Arbeitnehmer der Konzernunternehmen beschäftigt sind.

(2) Besteht in einem Konzernunternehmen nur ein Betriebsrat, so nimmt dieser die Aufgaben eines Gesamtbetriebsrats nach den Vorschriften dieses Abschnitts wahr.

...

§ 58
Zuständigkeit

(1) [1]Der Konzernbetriebsrat ist zuständig für die Behandlung von Angelegenheiten, die den Konzern oder mehrere Konzernunternehmen betreffen und nicht durch die einzelnen Gesamtbetriebsräte innerhalb ihrer Unternehmen geregelt werden können; seine Zuständigkeit erstreckt sich insoweit auch auf Unternehmen, die einen Gesamtbetriebsrat nicht gebildet haben, sowie auf Betriebe der Konzernunternehmen ohne Betriebsrat. [2]Er ist den einzelnen Gesamtbetriebsräten nicht übergeordnet.

(2) [1]Der Gesamtbetriebsrat kann mit der Mehrheit der Stimmen seiner Mitglieder den Konzernbetriebsrat beauftragen, eine Angelegenheit für ihn zu behandeln. [2]Der Gesamtbetriebsrat kann sich dabei die Entscheidungsbefugnis vorbehalten. [3]§ 27 Abs. 2 Satz 3 und 4 gilt entsprechend.

...

Vierter Teil
Mitwirkung und Mitbestimmung der Arbeitnehmer

Erster Abschnitt
Allgemeines

...

§ 75
Grundsätze für die Behandlung der Betriebsangehörigen

(1) Arbeitgeber und Betriebsrat haben darüber zu wachen, dass alle im Betrieb tätigen Personen nach den Grundsätzen von Recht und Billigkeit behandelt werden, insbesondere, dass jede Benachteiligung von Personen aus Gründen ihrer Rasse oder wegen ihrer ethnischen Herkunft, ihrer Abstammung oder sonstigen Herkunft, ihrer Nationalität, ihrer Religion oder Weltanschauung, ihrer Behinderung, ihres Alters, ihrer

politischen oder gewerkschaftlichen Betätigung oder Einstellung oder wegen ihres Geschlechts oder ihrer sexuellen Identität unterbleibt.

(2) [1]Arbeitgeber und Betriebsrat haben die freie Entfaltung der Persönlichkeit der im Betrieb beschäftigten Arbeitnehmer zu schützen und zu fördern. [2]Sie haben die Selbstständigkeit und Eigeninitiative der Arbeitnehmer und Arbeitsgruppen zu fördern.

§ 76
Einigungsstelle

(1) [1]Zur Beilegung von Meinungsverschiedenheiten zwischen Arbeitgeber und Betriebsrat, Gesamtbetriebsrat oder Konzernbetriebsrat ist bei Bedarf eine Einigungsstelle zu bilden. [2]Durch Betriebsvereinbarung kann eine ständige Einigungsstelle errichtet werden.

(2) [1]Die Einigungsstelle besteht aus einer gleichen Anzahl von Beisitzern, die vom Arbeitgeber und Betriebsrat bestellt werden, und einem unparteiischen Vorsitzenden, auf dessen Person sich beide Seiten einigen müssen. [2]Kommt eine Einigung über die Person des Vorsitzenden nicht zustande, so bestellt ihn das Arbeitsgericht. [3]Dieses entscheidet auch, wenn kein Einverständnis über die Zahl der Beisitzer erzielt wird.

(3) [1]Die Einigungsstelle hat unverzüglich tätig zu werden. [2]Sie fasst ihre Beschlüsse nach mündlicher Beratung mit Stimmenmehrheit. [3]Bei der Beschlussfassung hat sich der Vorsitzende zunächst der Stimme zu enthalten; kommt eine Stimmenmehrheit nicht zustande, so nimmt der Vorsitzende nach weiterer Beratung an der erneuten Beschlussfassung teil. [4]Die Beschlüsse der Einigungsstelle sind schriftlich niederzulegen, vom Vorsitzenden zu unterschreiben und Arbeitgeber und Betriebsrat zuzuleiten.

(4) Durch Betriebsvereinbarung können weitere Einzelheiten des Verfahrens vor der Einigungsstelle geregelt werden.

(5) [1]In den Fällen, in denen der Spruch der Einigungsstelle die Einigung zwischen Arbeitgeber und Betriebsrat ersetzt, wird die Einigungsstelle auf Antrag einer Seite tätig. [2]Benennt eine Seite keine Mitglieder oder bleiben die von einer Seite genannten Mitglieder trotz rechtzeitiger Einladung der Sitzung fern, so entscheiden der Vorsitzende und die erschienenen Mitglieder nach Maßgabe des Absatzes 3 allein. [3]Die Einigungsstelle fasst ihre Beschlüsse unter angemessener Berücksichtigung der Belange des Betriebs und der betroffenen Arbeitnehmer nach billigem Ermessen. [4]Die Überschreitung der Grenzen des Ermessens kann durch den Arbeitgeber oder den Betriebsrat nur binnen einer Frist von zwei Wochen, vom Tage der Zuleitung des Beschlusses an gerechnet, beim Arbeitsgericht geltend gemacht werden.

(6) [1]Im Übrigen wird die Einigungsstelle nur tätig, wenn beide Seiten es beantragen oder mit ihrem Tätigwerden einverstanden sind. [2]In diesen Fällen ersetzt ihr Spruch die Einigung zwischen Arbeitgeber und Betriebsrat nur, wenn beide Seiten sich dem Spruch im Voraus unterworfen oder ihn nachträglich angenommen haben.

(7) Soweit nach anderen Vorschriften der Rechtsweg gegeben ist, wird er durch den Spruch der Einigungsstelle nicht ausgeschlossen.

(8) Durch Tarifvertrag kann bestimmt werden, dass an die Stelle der in Absatz 1 bezeichneten Einigungsstelle eine tarifliche Schlichtungsstelle tritt.

...

§ 77
Durchführung gemeinsamer Beschlüsse, Betriebsvereinbarungen

(1) [1]Vereinbarungen zwischen Betriebsrat und Arbeitgeber, auch soweit sie auf einem Spruch der Einigungsstelle beruhen, führt der Arbeitgeber durch, es sei denn, dass im Einzelfall etwas anderes vereinbart ist. [2]Der Betriebsrat darf nicht durch einseitige Handlungen in die Leitung des Betriebs eingreifen.

(2) [1]Betriebsvereinbarungen sind von Betriebsrat und Arbeitgeber gemeinsam zu beschließen und schriftlich niederzulegen. [2]Sie sind von beiden Seiten zu unterzeichnen; dies gilt nicht, soweit Betriebsvereinbarungen auf einem Spruch der Einigungsstelle beruhen. [3]Werden Betriebsvereinbarungen in elektronischer Form geschlossen, haben Arbeitgeber und Betriebsrat abweichend von § 126a Absatz 2 des Bürgerlichen Gesetzbuchs dasselbe Dokument elektronisch zu signieren. [4]Der Arbeitgeber hat die Betriebsvereinbarungen an geeigneter Stelle im Betrieb auszulegen.

(3) [1]Arbeitsentgelte und sonstige Arbeitsbedingungen, die durch Tarifvertrag geregelt sind oder üblicherweise geregelt werden, können nicht Gegenstand einer Betriebsvereinbarung sein. [2]Dies gilt nicht, wenn ein Tarifvertrag den Abschluss ergänzender Betriebsvereinbarungen ausdrücklich zulässt.

(4) [1]Betriebsvereinbarungen gelten unmittelbar und zwingend. [2]Werden Arbeitnehmern durch die Betriebsvereinbarung Rechte eingeräumt, so ist ein Verzicht auf sie nur mit Zustimmung des Betriebsrats zulässig. [3]Die Verwirkung dieser Rechte ist ausgeschlossen. [4]Ausschlussfristen für ihre Geltendmachung sind nur insoweit zulässig, als sie in einem Tarifvertrag oder einer Betriebsvereinbarung vereinbart werden; dasselbe gilt für die Abkürzung der Verjährungsfristen.

(5) Betriebsvereinbarungen können, soweit nichts anderes vereinbart ist, mit einer Frist von drei Monaten gekündigt werden.

(6) Nach Ablauf einer Betriebsvereinbarung gelten ihre Regelungen in Angelegenheiten, in denen ein Spruch der Einigungsstelle die Einigung zwischen Arbeitgeber und Betriebsrat ersetzen kann, weiter, bis sie durch eine andere Abmachung ersetzt werden.

...

Dritter Abschnitt
Soziale Angelegenheiten

§ 87
Mitbestimmungsrechte

(1) Der Betriebsrat hat, soweit eine gesetzliche oder tarifliche Regelung nicht besteht, in folgenden Angelegenheiten mitzubestimmen:

1. Fragen der Ordnung des Betriebs und des Verhaltens der Arbeitnehmer im Betrieb;
2. Beginn und Ende der täglichen Arbeitszeit einschließlich der Pausen sowie Verteilung der Arbeitszeit auf die einzelnen Wochentage;
3. vorübergehende Verkürzung oder Verlängerung der betriebsüblichen Arbeitszeit;
4. Zeit, Ort und Art der Auszahlung der Arbeitsentgelte;
5. Aufstellung allgemeiner Urlaubsgrundsätze und des Urlaubsplans sowie die Festsetzung der zeitlichen Lage des Urlaubs für einzelne Arbeitnehmer, wenn zwischen dem Arbeitgeber und den beteiligten Arbeitnehmern kein Einverständnis erzielt wird;
6. Einführung und Anwendung von technischen Einrichtungen, die dazu bestimmt sind, das Verhalten oder die Leistung der Arbeitnehmer zu überwachen;

…

8. Form, Ausgestaltung und Verwaltung von Sozialeinrichtungen, deren Wirkungsbereich auf den Betrieb, das Unternehmen oder den Konzern beschränkt ist;

…

10. Fragen der betrieblichen Lohngestaltung, insbesondere die Aufstellung von Entlohnungsgrundsätzen und die Einführung und Anwendung von neuen Entlohnungsmethoden sowie deren Änderung;

…

(2) [1]Kommt eine Einigung über eine Angelegenheit nach Absatz 1 nicht zustande, so entscheidet die Einigungsstelle. [2]Der Spruch der Einigungsstelle ersetzt die Einigung zwischen Arbeitgeber und Betriebsrat.

§ 88
Freiwillige Betriebsvereinbarungen

Durch Betriebsvereinbarung können insbesondere geregelt werden

1. zusätzliche Maßnahmen zur Verhütung von Arbeitsunfällen und Gesundheitsschädigungen;

1a. Maßnahmen des betrieblichen Umweltschutzes;

2. die Errichtung von Sozialeinrichtungen, deren Wirkungsbereich auf den Betrieb, das Unternehmen oder den Konzern beschränkt ist;
3. Maßnahmen zur Förderung der Vermögensbildung;
4. Maßnahmen zur Integration ausländischer Arbeitnehmer sowie zur Bekämpfung von Rassismus und Fremdenfeindlichkeit im Betrieb;
5. Maßnahmen zur Eingliederung schwerbehinderter Menschen.

…

6.
Gesetz über Sprecherausschüsse der leitenden Angestellten (Sprecherausschussgesetz – SprAuG)[1]

vom 20.12.1988 (BGBl. I S. 2316),
zuletzt geändert durch Art. 6e G vom 16.9.2022 (BGBl. I S. 1454)

– Auszug –

Dritter Teil
Mitwirkung der leitenden Angestellten

Erster Abschnitt
Allgemeine Vorschriften

…

§ 28
Richtlinien und Vereinbarungen

(1) [1]Arbeitgeber und Sprecherausschuss können Richtlinien über den Inhalt, den Abschluss oder die Beendigung von Arbeitsverhältnissen der leitenden Angestellten schriftlich vereinbaren. [2]Werden Richtlinien in elektronischer Form geschlossen, haben Arbeitgeber und Sprecherausschuss abweichend von § 126a Absatz 2 des Bürgerlichen Gesetzesbuchs dasselbe Dokument elektronisch zu signieren.

(2) [1]Der Inhalt der Richtlinien gilt für die Arbeitsverhältnisse unmittelbar und zwingend, soweit dies zwischen Arbeitgeber und Sprecherausschuss vereinbart ist. [2]Abweichende Regelungen zugunsten leitender Angestellter sind zulässig. [3]Werden leitenden Angestellten Rechte nach Satz 1 eingeräumt, so ist ein Verzicht auf sie nur mit Zustimmung des Sprecherausschusses zulässig. [4]Vereinbarungen nach Satz 1 können, soweit nichts anderes vereinbart ist, mit einer Frist von drei Monaten gekündigt werden.

…

1 Dieses Gesetz wurde verkündet als Artikel 2 des Gesetzes zur Änderung des Betriebsverfassungsgesetzes, über Sprecherausschüsse der leitenden Angestellten und zur Sicherung der Montan-Mitbestimmung vom 20.12.1988 (BGBl. I S. 2312) und ist am 1.1.1989 in Kraft getreten.

7.
Gesetz über den Nachweis der für ein Arbeitsverhältnis geltenden wesentlichen Bedingungen (Nachweisgesetz – NachwG)[1]

vom 20.7.1995 (BGBl. I S. 946),
zuletzt geändert durch Art. 1 G vom 20.7.2022 (BGBl. I S. 1174)

§ 1
Anwendungsbereich

[1]Dieses Gesetz gilt für alle Arbeitnehmer. [2]Praktikanten, die gemäß § 22 Absatz 1 des Mindestlohngesetzes als Arbeitnehmer gelten, sind Arbeitnehmer im Sinne dieses Gesetzes.

§ 2
Nachweispflicht

(1) [1]Der Arbeitgeber hat die wesentlichen Vertragsbedingungen des Arbeitsverhältnisses innerhalb der Fristen des Satzes 4 schriftlich niederzulegen, die Niederschrift zu unterzeichnen und dem Arbeitnehmer auszuhändigen. [2]In die Niederschrift sind mindestens aufzunehmen:

1. der Name und die Anschrift der Vertragsparteien,
2. der Zeitpunkt des Beginns des Arbeitsverhältnisses,
3. bei befristeten Arbeitsverhältnissen: das Enddatum oder die vorhersehbare Dauer des Arbeitsverhältnisses,
4. der Arbeitsort oder, falls der Arbeitnehmer nicht nur an einem bestimmten Arbeitsort tätig sein soll, ein Hinweis darauf, dass der Arbeitnehmer an verschiedenen Orten beschäftigt werden oder seinen Arbeitsort frei wählen kann,
5. eine kurze Charakterisierung oder Beschreibung der vom Arbeitnehmer zu leistenden Tätigkeit,
6. sofern vereinbart, die Dauer der Probezeit,
7. die Zusammensetzung und die Höhe des Arbeitsentgelts einschließlich der Vergütung von Überstunden, der Zuschläge, der Zulagen, Prämien und Sonderzahlungen sowie anderer Bestandteile des Arbeitsentgelts, die jeweils getrennt anzugeben sind, und deren Fälligkeit sowie die Art der Auszahlung,

---

1 Dieses Gesetz wurde verkündet als Art. 1 des Gesetzes zur Anpassung arbeitsrechtlicher Bestimmungen an das EG-Recht und ist am 28.7.1995 in Kraft getreten.

8. die vereinbarte Arbeitszeit, vereinbarte Ruhepausen und Ruhezeiten sowie bei vereinbarter Schichtarbeit das Schichtsystem, der Schichtrhythmus und Voraussetzungen für Schichtänderungen,
9. bei Arbeit auf Abruf nach § 12 des Teilzeit- und Befristungsgesetzes:
   a) die Vereinbarung, dass der Arbeitnehmer seine Arbeitsleistung entsprechend dem Arbeitsanfall zu erbringen hat,
   b) die Zahl der mindestens zu vergütenden Stunden,
   c) der Zeitrahmen, bestimmt durch Referenztage und Referenzstunden, der für die Erbringung der Arbeitsleistung festgelegt ist, und
   d) die Frist, innerhalb derer der Arbeitgeber die Lage der Arbeitszeit im Voraus mitzuteilen hat,
10. sofern vereinbart, die Möglichkeit der Anordnung von Überstunden und deren Voraussetzungen,
11. die Dauer des jährlichen Erholungsurlaubs,
12. ein etwaiger Anspruch auf vom Arbeitgeber bereitgestellte Fortbildung,
13. wenn der Arbeitgeber dem Arbeitnehmer eine betriebliche Altersversorgung über einen Versorgungsträger zusagt, der Name und die Anschrift dieses Versorgungsträgers; die Nachweispflicht entfällt, wenn der Versorgungsträger zu dieser Information verpflichtet ist,
14. das bei der Kündigung des Arbeitsverhältnisses von Arbeitgeber und Arbeitnehmer einzuhaltende Verfahren, mindestens das Schriftformerfordernis und die Fristen für die Kündigung des Arbeitsverhältnisses, sowie die Frist zur Erhebung einer Kündigungsschutzklage; § 7 des Kündigungsschutzgesetzes ist auch bei einem nicht ordnungsgemäßen Nachweis der Frist zur Erhebung einer Kündigungsschutzklage anzuwenden,
15. ein in allgemeiner Form gehaltener Hinweis auf die auf das Arbeitsverhältnis anwendbaren Tarifverträge, Betriebs- oder Dienstvereinbarungen sowie Regelungen paritätisch besetzter Kommissionen, die auf der Grundlage kirchlichen Rechts Arbeitsbedingungen für den Bereich kirchlicher Arbeitgeber festlegen.

[3]Der Nachweis der wesentlichen Vertragsbedingungen in elektronischer Form ist ausgeschlossen. [4]Dem Arbeitnehmer ist die Niederschrift mit den Angaben nach Satz 2 Nummer 1, 7 und 8 spätestens am ersten Tag der Arbeitsleistung, die Niederschrift mit den Angaben nach Satz 2 Nummer 2 bis 6, 9 und 10 spätestens am siebten Kalendertag nach dem vereinbarten Beginn des Arbeitsverhältnisses und die Niederschrift mit den übrigen Angaben nach Satz 2 spätestens einen Monat nach dem vereinbarten Beginn des Arbeitsverhältnisses auszuhändigen.

(1a) [1]Wer einen Praktikanten einstellt, hat unverzüglich nach Abschluss des Praktikumsvertrages, spätestens vor Aufnahme der Praktikantentätigkeit, die wesentlichen Vertragsbedingungen schriftlich niederzulegen, die Niederschrift zu unterzeichnen und dem Praktikanten auszuhändigen. [2]In die Niederschrift sind mindestens aufzunehmen:

1. der Name und die Anschrift der Vertragsparteien,
2. die mit dem Praktikum verfolgten Lern- und Ausbildungsziele,
3. Beginn und Dauer des Praktikums,
4. Dauer der regelmäßigen täglichen Praktikumszeit,
5. Zahlung und Höhe der Vergütung,
6. Dauer des Urlaubs,
7. ein in allgemeiner Form gehaltener Hinweis auf die Tarifverträge, Betriebs- oder Dienstvereinbarungen, die auf das Praktikumsverhältnis anzuwenden sind.

[3]Absatz 1 Satz 3 gilt entsprechend.

(2) Hat der Arbeitnehmer seine Arbeitsleistung länger als vier aufeinanderfolgende Wochen außerhalb der Bundesrepublik Deutschland zu erbringen, so hat der Arbeitgeber dem Arbeitnehmer vor dessen Abreise die Niederschrift nach Absatz 1 Satz 1 mit allen wesentlichen Angaben nach Absatz 1 Satz 2 und folgenden zusätzlichen Angaben auszuhändigen:

1. das Land oder die Länder, in dem oder in denen die Arbeit im Ausland geleistet werden soll, und die geplante Dauer der Arbeit,
2. die Währung, in der die Entlohnung erfolgt,
3. sofern vereinbart, mit dem Auslandsaufenthalt verbundene Geld- oder Sachleistungen, insbesondere Entsendezulagen und zu erstattende Reise-, Verpflegungs- und Unterbringungskosten,
4. die Angabe, ob eine Rückkehr des Arbeitnehmers vorgesehen ist, und gegebenenfalls die Bedingungen der Rückkehr.

(3) Fällt ein Auslandsaufenthalt nach Absatz 2 in den Anwendungsbereich der Richtlinie 96/71/EG des Europäischen Parlaments und des Rates vom 16. Dezember 1996 über die Entsendung von Arbeitnehmern im Rahmen der Erbringung von Dienstleistungen (ABl. L 18 vom 21.1.1997, S. 1), die durch die Richtlinie (EU) 2018/957 (ABl. L 173 vom 9.7.2018, S. 16) geändert worden ist, muss die Niederschrift nach Absatz 1 Satz 1 neben den Angaben nach Absatz 2 auch folgende zusätzliche Angaben enthalten:

1. die Entlohnung, auf die der Arbeitnehmer nach dem Recht des Mitgliedstaats oder der Mitgliedstaaten, in dem oder in denen der Arbeitnehmer seine Arbeit leisten soll, Anspruch hat,
2. den Link zu der einzigen offiziellen nationalen Website, die der Mitgliedstaat, in dem der Arbeitnehmer seine Arbeit leisten soll, betreibt nach Artikel 5 Absatz 2 Buchstabe a der Richtlinie 2014/67/EU des Europäischen Parlaments und des Rates vom 15. Mai 2014 zur Durchsetzung der Richtlinie 96/71/EG über die Entsen-

dung von Arbeitnehmern im Rahmen der Erbringung von Dienstleistungen und zur Änderung der Verordnung (EU) Nr. 1024/2012 über die Verwaltungszusammenarbeit mit Hilfe des Binnenmarkt-Informationssystems – („IMI-Verordnung") (ABl. L 159 vom 28.5.2014, S. 11).

(4) [1]Die Angaben nach Absatz 1 Satz 2 Nummer 6 bis 8 und 10 bis 14 können ersetzt werden durch einen Hinweis auf die auf das Arbeitsverhältnis anwendbaren Tarifverträge, Betriebs- oder Dienstvereinbarungen sowie Regelungen paritätisch besetzter Kommissionen, die auf der Grundlage kirchlichen Rechts Arbeitsbedingungen für den Bereich kirchlicher Arbeitgeber festlegen. [2]Ist in den Fällen des Absatzes 1 Satz 2 Nummer 11 und 14 die jeweilige gesetzliche Regelung maßgebend, so kann hierauf verwiesen werden. [3]Die Angaben nach Absatz 2 Nummer 2 und Absatz 3 Nummer 1 können ersetzt werden durch einen Hinweis auf konkrete Bestimmungen der einschlägigen Rechts- und Verwaltungsvorschriften und Satzungen oder Tarifverträge, Betriebs- oder Dienstvereinbarungen sowie Regelungen paritätisch besetzter Kommissionen, die auf der Grundlage kirchlichen Rechts Arbeitsbedingungen für den Bereich kirchlicher Arbeitgeber festlegen.

(5) Wenn dem Arbeitnehmer ein schriftlicher Arbeitsvertrag ausgehändigt worden ist, entfällt die Verpflichtung nach den Absätzen 1, 2 und 3, soweit der Vertrag die in den Absätzen 1 bis 4 geforderten Angaben enthält.

§ 3
Änderung der Angaben

[1]Eine Änderung der wesentlichen Vertragsbedingungen ist dem Arbeitnehmer spätestens an dem Tag, an dem sie wirksam wird, schriftlich mitzuteilen. [2]Satz 1 gilt nicht bei einer Änderung der auf das Arbeitsverhältnis anwendbaren gesetzlichen Vorschriften, Tarifverträge, Betriebs- oder Dienstvereinbarungen sowie Regelungen paritätisch besetzter Kommissionen, die auf der Grundlage kirchlichen Rechts Arbeitsbedingungen für den Bereich kirchlicher Arbeitgeber festlegen.

§ 4
Bußgeldvorschriften

(1) Ordnungswidrig handelt, wer

1. entgegen § 2 Absatz 1 Satz 1 eine in § 2 Absatz 1 Satz 2 genannte wesentliche Vertragsbedingung nicht, nicht richtig, nicht vollständig, nicht in der vorgeschriebenen Weise oder nicht rechtzeitig aushändigt,
2. entgegen § 2 Absatz 2, auch in Verbindung mit Absatz 3, eine dort genannte Niederschrift nicht, nicht richtig, nicht vollständig oder nicht rechtzeitig aushändigt oder
3. entgegen § 3 Satz 1 eine Mitteilung nicht, nicht richtig, nicht vollständig, nicht in der vorgeschriebenen Weise oder nicht rechtzeitig macht.

(2) Die Ordnungswidrigkeit kann mit einer Geldbuße bis zu zweitausend Euro geahndet werden.

§ 5
Übergangsvorschrift

[1]Hat das Arbeitsverhältnis bereits vor dem 1. August 2022 bestanden, so ist dem Arbeitnehmer auf sein Verlangen spätestens am siebten Tag nach Zugang der Aufforderung beim Arbeitgeber die Niederschrift mit den Angaben nach § 2 Absatz 1 Satz 2 Nummer 1 bis 10 auszuhändigen; die Niederschrift mit den übrigen Angaben nach § 2 Absatz 1 Satz 2 ist spätestens einen Monat nach Zugang der Aufforderung auszuhändigen. [2]Soweit eine früher ausgestellte Niederschrift oder ein schriftlicher Arbeitsvertrag die nach diesem Gesetz erforderlichen Angaben enthält, entfällt diese Verpflichtung.

§ 6
Unabdingbarkeit

Von den Vorschriften dieses Gesetzes kann nicht zuungunsten des Arbeitnehmers abgewichen werden.

8. Gesetz über Teilzeitarbeit und befristete Arbeitsverträge (Teilzeit- und Befristungsgesetz – TzBfG)[1,2]

vom 21.12.2000 (BGBl. I S. 1966),
zuletzt geändert durch Art. 7 G vom 20.7.2022 (BGBl. I S. 1174)

– Auszug –

Erster Abschnitt
Allgemeine Vorschriften

...

§ 2
Begriff des teilzeitbeschäftigten Arbeitnehmers

(1) [1]Teilzeitbeschäftigt ist ein Arbeitnehmer, dessen regelmäßige Wochenarbeitszeit kürzer ist als die eines vergleichbaren vollzeitbeschäftigten Arbeitnehmers. [2]Ist eine regelmäßige Wochenarbeitszeit nicht vereinbart, so ist ein Arbeitnehmer teilzeitbeschäftigt, wenn seine regelmäßige Arbeitszeit im Durchschnitt eines bis zu einem Jahr reichenden Beschäftigungszeitraums unter der eines vergleichbaren vollzeitbeschäftigten Arbeitnehmers liegt. [3]Vergleichbar ist ein vollzeitbeschäftigter Arbeitnehmer des Betriebes mit derselben Art des Arbeitsverhältnisses und der gleichen oder einer ähnlichen Tätigkeit. [4]Gibt es im Betrieb keinen vergleichbaren vollzeitbeschäftigten Arbeitnehmer, so ist der vergleichbare vollzeitbeschäftigte Arbeitnehmer aufgrund des anwendbaren Tarifvertrages zu bestimmen; in allen anderen Fällen ist darauf abzustellen, wer im jeweiligen Wirtschaftszweig üblicherweise als vergleichbarer vollzeitbeschäftigter Arbeitnehmer anzusehen ist.

(2) Teilzeitbeschäftigt ist auch ein Arbeitnehmer, der eine geringfügige Beschäftigung nach § 8 Abs. 1 Nr. 1 des Vierten Buches Sozialgesetzbuch ausübt.

---

1 Dieses Gesetz dient der Umsetzung
- der Richtlinie 97/81/EG des Rates vom 15. Dezember 1997 zu der von UNICE, CEEP und EGB geschlossenen Rahmenvereinbarung über Teilzeitarbeit (ABl. EG 1998 Nr. L 14 S. 9) und
- der Richtlinie 1999/70/EG des Rates vom 28. Juni 1999 zu der EGB-UNICE-CEEP-Rahmenvereinbarung über befristete Arbeitsverträge (ABl. EG 1999 Nr. L 175 S. 43).

2 Dieses Gesetz wurde verkündet als Art. 1 des Gesetzes über Teilzeitarbeit und befristete Arbeitsverträge und zur Änderung und Aufhebung arbeitsrechtlicher Bestimmungen und ist am 1.1.2001 in Kraft getreten.

§ 3
Begriff des befristet beschäftigten Arbeitnehmers

(1) [1]Befristet beschäftigt ist ein Arbeitnehmer mit einem auf bestimmte Zeit geschlossenen Arbeitsvertrag. [2]Ein auf bestimmte Zeit geschlossener Arbeitsvertrag (befristeter Arbeitsvertrag) liegt vor, wenn seine Dauer kalendermäßig bestimmt ist (kalendermäßig befristeter Arbeitsvertrag) oder sich aus Art, Zweck oder Beschaffenheit der Arbeitsleistung ergibt (zweckbefristeter Arbeitsvertrag).

(2) [1]Vergleichbar ist ein unbefristet beschäftigter Arbeitnehmer des Betriebes mit der gleichen oder einer ähnlichen Tätigkeit. [2]Gibt es im Betrieb keinen vergleichbaren unbefristet beschäftigten Arbeitnehmer, so ist der vergleichbare unbefristet beschäftigte Arbeitnehmer aufgrund des anwendbaren Tarifvertrages zu bestimmen; in allen anderen Fällen ist darauf abzustellen, wer im jeweiligen Wirtschaftszweig üblicherweise als vergleichbarer unbefristet beschäftigter Arbeitnehmer anzusehen ist.

§ 4
Verbot der Diskriminierung

(1) [1]Ein teilzeitbeschäftigter Arbeitnehmer darf wegen der Teilzeitarbeit nicht schlechter behandelt werden als ein vergleichbarer vollzeitbeschäftigter Arbeitnehmer, es sei denn, dass sachliche Gründe eine unterschiedliche Behandlung rechtfertigen. [2]Einem teilzeitbeschäftigten Arbeitnehmer ist Arbeitsentgelt oder eine andere teilbare geldwerte Leistung mindestens in dem Umfang zu gewähren, der dem Anteil seiner Arbeitszeit an der Arbeitszeit eines vergleichbaren vollzeitbeschäftigten Arbeitnehmers entspricht.

(2) [1]Ein befristet beschäftigter Arbeitnehmer darf wegen der Befristung des Arbeitsvertrages nicht schlechter behandelt werden als ein vergleichbarer unbefristet beschäftigter Arbeitnehmer, es sei denn, dass sachliche Gründe eine unterschiedliche Behandlung rechtfertigen. [2]Einem befristet beschäftigten Arbeitnehmer ist Arbeitsentgelt oder eine andere teilbare geldwerte Leistung, die für einen bestimmten Bemessungszeitraum gewährt wird, mindestens in dem Umfang zu gewähren, der dem Anteil seiner Beschäftigungsdauer am Bemessungszeitraum entspricht. [3]Sind bestimmte Beschäftigungsbedingungen von der Dauer des Bestehens des Arbeitsverhältnisses in demselben Betrieb oder Unternehmen abhängig, so sind für befristet beschäftigte Arbeitnehmer dieselben Zeiten zu berücksichtigen wie für unbefristet beschäftigte Arbeitnehmer, es sei denn, dass eine unterschiedliche Berücksichtigung aus sachlichen Gründen gerechtfertigt ist.

9.
Viertes Buch Sozialgesetzbuch – Gemeinsame Vorschriften für die Sozialversicherung – (SGB IV)

i.d.F. der Bek. vom 12.11.2009 (BGBl. I S. 3710, ber. S. 3973, ber. 2011 S. 363), zuletzt geändert durch Art. 2 G vom 20.12.2022 (BGBl. I S. 2759)

– Auszug –

…

Erster Abschnitt
Grundsätze und Begriffsbestimmungen

…

Dritter Titel
Arbeitsentgelt und sonstiges Einkommen

§ 14
Arbeitsentgelt

(1) [1]Arbeitsentgelt sind alle laufenden oder einmaligen Einnahmen aus einer Beschäftigung, gleichgültig, ob ein Rechtsanspruch auf die Einnahmen besteht, unter welcher Bezeichnung oder in welcher Form sie geleistet werden und ob sie unmittelbar aus der Beschäftigung oder im Zusammenhang mit ihr erzielt werden. [2]Arbeitsentgelt sind auch Entgeltteile, die durch Entgeltumwandlung nach § 1 Absatz 2 Nummer 3 des Betriebsrentengesetzes für betriebliche Altersversorgung in den Durchführungswegen Direktzusage oder Unterstützungskasse verwendet werden, soweit sie 4 vom Hundert der jährlichen Beitragsbemessungsgrenze der allgemeinen Rentenversicherung übersteigen.

…

§ 15
Arbeitseinkommen

(1) [1]Arbeitseinkommen ist der nach den allgemeinen Gewinnermittlungsvorschriften des Einkommensteuerrechts ermittelte Gewinn aus einer selbstständigen Tätigkeit. [2]Einkommen ist als Arbeitseinkommen zu werten, wenn es als solches nach dem Einkommensteuerrecht zu bewerten ist.

…

§ 17
Verordnungsermächtigung

(1) [1]Das Bundesministerium für Arbeit und Soziales wird ermächtigt, durch Rechtsverordnung mit Zustimmung des Bundesrates zur Wahrung der Belange der Sozialversicherung und der Arbeitsförderung, zur Förderung der betrieblichen Altersversorgung oder zur Vereinfachung des Beitragseinzugs zu bestimmen,

1. dass einmalige Einnahmen oder laufende Zulagen, Zuschläge, Zuschüsse oder ähnliche Einnahmen, die zusätzlich zu Löhnen oder Gehältern gewährt werden, und steuerfreie Einnahmen ganz oder teilweise nicht als Arbeitsentgelt gelten,
2. dass Beiträge an Direktversicherungen und Zuwendungen an Pensionskassen oder Pensionsfonds ganz oder teilweise nicht als Arbeitsentgelt gelten,
3. wie das Arbeitsentgelt, das Arbeitseinkommen und das Gesamteinkommen zu ermitteln und zeitlich zuzurechnen sind,
4. den Wert der Sachbezüge nach dem tatsächlichen Verkehrswert im Voraus für jedes Kalenderjahr.

[2]Dabei ist eine möglichst weitgehende Übereinstimmung mit den Regelungen des Steuerrechts sicherzustellen.

(2) [1]Das Bundesministerium für Arbeit und Soziales bestimmt im Voraus für jedes Kalenderjahr durch Rechtsverordnung mit Zustimmung des Bundesrates die Bezugsgröße (§ 18). [2]Das Bundesministerium für Arbeit und Soziales wird ermächtigt, durch Rechtsverordnung mit Zustimmung des Bundesrates auch sonstige aus der Bezugsgröße abzuleitende Beträge zu bestimmen.

...

§ 18
Bezugsgröße[1]

(1) Bezugsgröße im Sinne der Vorschriften für die Sozialversicherung ist, soweit in den besonderen Vorschriften für die einzelnen Versicherungszweige nichts Abweichendes bestimmt ist, das Durchschnittsentgelt der gesetzlichen Rentenversicherung im vorvergangenen Kalenderjahr, aufgerundet auf den nächsthöheren, durch 420 teilbaren Betrag.

(2) [1]Die Bezugsgröße für das Beitrittsgebiet (Bezugsgröße [Ost]) verändert sich zum 1. Januar eines jeden Kalenderjahres auf den Wert, der sich ergibt, wenn der für das vorvergangene Kalenderjahr geltende Wert der Anlage 1 zum Sechsten Buch durch den für das Kalenderjahr der Veränderung bestimmten Wert der Anlage 10 zum Sechsten Buch geteilt wird, aufgerundet auf den nächsthöheren, durch 420 teilbaren

1 **Anm. d. Verlages**: Gemäß Art. 3 G vom 17.7.2017 (BGBl. I S. 2575) wird § 18 mit Wirkung vom 1.1.2025 wie folgt geändert:
a) Die Absatzbezeichnung „(1)“ wird gestrichen.
b) Die Abs. 2 und 3 werden aufgehoben.

Betrag. [2]Für die Zeit ab 1. Januar 2025 ist eine Bezugsgröße (Ost) nicht mehr zu bestimmen.

(3) Beitrittsgebiet ist das in Artikel 3 des Einigungsvertrages genannte Gebiet.

Vierter Titel
Einkommen beim Zusammentreffen mit Renten wegen Todes

§ 18a
Art des zu berücksichtigenden Einkommens[1]

(1) [1]Bei Renten wegen Todes sind als Einkommen zu berücksichtigen

1. Erwerbseinkommen,
2. Leistungen, die erbracht werden, um Erwerbseinkommen zu ersetzen (Erwerbsersatzeinkommen),
3. Vermögenseinkommen,
4. Elterngeld und
5. Aufstockungsbeträge und Zuschläge nach § 3 Nummer 28 des Einkommensteuergesetzes.

[2]Nicht zu berücksichtigen sind

1. Arbeitsentgelt, das eine Pflegeperson von dem Pflegebedürftigen erhält, wenn das Entgelt das dem Umfang der Pflegetätigkeit entsprechende Pflegegeld nach § 37 des Elften Buches nicht übersteigt,
2. Einnahmen aus Altersvorsorgeverträgen, soweit sie nach § 10a oder Abschnitt XI des Einkommensteuergesetzes gefördert worden sind,
3. Renten nach § 3 Nummer 8a des Einkommensteuergesetzes und
4. Arbeitsentgelt, das ein behinderter Mensch von einem Träger einer in § 1 Satz 1 Nummer 2 des Sechsten Buches genannten Einrichtung erhält.

[3]Die Sätze 1 und 2 gelten auch für vergleichbare ausländische Einkommen.

(2) Erwerbseinkommen im Sinne des Absatzes 1 Satz 1 Nummer 1 sind Arbeitsentgelt, Arbeitseinkommen und vergleichbares Einkommen.

...

---

1 **Anm. d. Verlages:** Gemäß Art. 37 G vom 20.8.2021 (BGBl. I S. 3932) werden in Absatz 3 Satz 1 Nr. 1 nach dem Wort „Entschädigung" die Wörter „das Krankengeld der Soldatenentschädigung" mit Wirkung vom 1.1.2025 eingefügt. Nummer 8 wird mit Wirkung vom 1.1.2025 wie folgt gefasst:
„8. der Berufsschadensausgleich nach Kapitel 10 des Vierzehnten Buches sowie nach Gesetzen, die die entsprechende Anwendung des Vierzehnten Buches vorsehen, und der Erwerbsschadensausgleich nach dem Soldatenentschädigungsgesetz,".

(3) [1]Erwerbsersatzeinkommen im Sinne des Absatzes 1 Satz 1 Nummer 2 sind

1. das Krankengeld, das Verletztengeld, das Versorgungskrankengeld, das Mutterschaftsgeld, das Übergangsgeld, das Pflegeunterstützungsgeld, das Kurzarbeitergeld, das Arbeitslosengeld, das Insolvenzgeld, das Krankentagegeld und vergleichbare Leistungen,
2. Renten der Rentenversicherung wegen Alters oder verminderter Erwerbsfähigkeit, die Erziehungsrente, die Knappschaftsausgleichsleistung, das Anpassungsgeld für entlassene Arbeitnehmer des Bergbaus, das Anpassungsgeld an Arbeitnehmerinnen und Arbeitnehmer des Braunkohlentagebaus und der Stein- und Braunkohleanlagen und Leistungen nach den §§ 27 und 28 des Sozialversicherungs-Angleichungsgesetzes Saar,
3. Altersrenten und Renten wegen Erwerbsminderung der Alterssicherung der Landwirte, die an ehemalige Landwirte oder mitarbeitende Familienangehörige gezahlt werden,
4. die Verletztenrente der Unfallversicherung, soweit sie einen der Grundrente nach dem Bundesversorgungsgesetz entsprechenden Betrag übersteigt; eine Kürzung oder ein Wegfall der Verletztenrente wegen Anstaltspflege oder Aufnahme in ein Alters- oder Pflegeheim bleibt unberücksichtigt; bei einer Minderung der Erwerbsfähigkeit um 20 vom Hundert ist ein Betrag in Höhe von zwei Dritteln, bei einer Minderung der Erwerbsfähigkeit um 10 vom Hundert ist ein Betrag in Höhe von einem Drittel der Mindestgrundrente anzusetzen,
5. das Ruhegehalt und vergleichbare Bezüge aus einem öffentlich-rechtlichen Dienst- oder Amtsverhältnis oder aus einem versicherungsfreien Arbeitsverhältnis mit Anspruch auf Versorgung nach beamtenrechtlichen Vorschriften oder Grundsätzen, Altersgeld oder vergleichbare Alterssicherungsleistungen sowie vergleichbare Bezüge aus der Versorgung der Abgeordneten, Leistungen nach dem Bundesversorgungsteilungsgesetz und vergleichbare Leistungen nach entsprechenden länderrechtlichen Regelungen,
6. das Unfallruhegehalt und vergleichbare Bezüge aus einem öffentlich-rechtlichen Dienst- oder Amtsverhältnis oder aus einem versicherungsfreien Arbeitsverhältnis mit Anspruch auf Versorgung nach beamtenrechtlichen Vorschriften oder Grundsätzen sowie vergleichbare Bezüge aus der Versorgung der Abgeordneten; wird daneben kein Unfallausgleich gezahlt, gilt Nummer 4 letzter Teilsatz entsprechend,
7. Renten der öffentlich-rechtlichen Versicherungs- oder Versorgungseinrichtungen bestimmter Berufsgruppen wegen Minderung der Erwerbsfähigkeit oder Alters,
8. der Berufsschadensausgleich nach § 30 Absatz 3 bis 11 des Bundesversorgungsgesetzes und anderen Gesetzen, die die entsprechende Anwendung der Leistungsvorschriften des Bundesversorgungsgesetzes vorsehen,

9. Renten wegen Alters oder verminderter Erwerbsfähigkeit, die aus Anlass eines Arbeitsverhältnisses zugesagt worden sind, sowie Leistungen aus der Versorgungsausgleichskasse,
10. Renten wegen Alters oder verminderter Erwerbsfähigkeit aus privaten Lebens- und Rentenversicherungen, allgemeinen Unfallversicherungen sowie sonstige private Versorgungsrenten.

[2]Kinderzuschuss, Kinderzulage und vergleichbare kindbezogene Leistungen bleiben außer Betracht. [3]Wird eine Kapitalleistung oder anstelle einer wiederkehrenden Leistung eine Abfindung gezahlt, ist der Betrag als Einkommen zu berücksichtigen, der bei einer Verrentung der Kapitalleistung oder als Rente ohne die Abfindung zu zahlen wäre.

(4) Vermögenseinkommen im Sinne des Absatzes 1 Satz 1 Nummer 3 ist die positive Summe der positiven oder negativen Überschüsse, Gewinne oder Verluste aus folgenden Vermögenseinkommensarten:

1. a) Einnahmen aus Kapitalvermögen im Sinne des § 20 des Einkommensteuergesetzes; Einnahmen im Sinne des § 20 Absatz 1 Nummer 6 des Einkommensteuergesetzes in der ab dem 1. Januar 2005 geltenden Fassung sind auch bei einer nur teilweisen Steuerpflicht jeweils die vollen Unterschiedsbeträge zwischen den Versicherungsleistungen einerseits und den auf sie entrichteten Beiträgen oder den Anschaffungskosten bei entgeltlichem Erwerb des Anspruchs auf die Versicherungsleistung andererseits,

   b) Einnahmen aus Versicherungen auf den Erlebens- oder Todesfall im Sinne des § 10 Absatz 1 Nummer 2 Buchstabe b Doppelbuchstabe cc und dd des Einkommensteuergesetzes in der am 1. Januar 2004 geltenden Fassung, wenn die Laufzeit dieser Versicherungen vor dem 1. Januar 2005 begonnen hat und ein Versicherungsbeitrag bis zum 31. Dezember 2004 entrichtet wurde, es sei denn, sie werden wegen Todes geleistet; zu den Einnahmen gehören außerrechnungsmäßige und rechnungsmäßige Zinsen aus den Sparanteilen, die in den Beiträgen zu diesen Versicherungen enthalten sind, im Sinne des § 20 Absatz 1 Nummer 6 des Einkommensteuergesetzes in der am 21. September 2002 geltenden Fassung.

   [2]Bei der Ermittlung der Einnahmen ist als Werbungskostenpauschale der Sparer-Pauschbetrag abzuziehen,

2. Einnahmen aus Vermietung und Verpachtung im Sinne des § 21 des Einkommensteuergesetzes nach Abzug der Werbungskosten und
3. Gewinne aus privaten Veräußerungsgeschäften im Sinne des § 23 des Einkommensteuergesetzes, soweit sie mindestens 600 Euro im Kalenderjahr betragen.

§ 18b
Höhe des zu berücksichtigenden Einkommens

(1) [1]Maßgebend ist das für denselben Zeitraum erzielte monatliche Einkommen. [2]Mehrere zu berücksichtigende Einkommen sind zusammenzurechnen. [3]Wird die Rente nur für einen Teil des Monats gezahlt, ist das entsprechend gekürzte monatliche Einkommen maßgebend. [4]Einmalig gezahltes Vermögenseinkommen gilt als für die dem Monat der Zahlung folgenden zwölf Kalendermonate als erzielt. [5]Einmalig gezahltes Vermögenseinkommen ist Einkommen, das einem bestimmten Zeitraum nicht zugeordnet werden kann oder in einem Betrag für mehr als zwölf Monate gezahlt wird.

(2) [1]Bei Erwerbseinkommen und Erwerbsersatzeinkommen nach § 18a Absatz 3 Satz 1 Nummer 1 gilt als monatliches Einkommen im Sinne von Absatz 1 Satz 1 das im letzten Kalenderjahr aus diesen Einkommensarten erzielte Einkommen, geteilt durch die Zahl der Kalendermonate, in denen es erzielt wurde. [2]Wurde Erwerbseinkommen neben Erwerbsersatzeinkommen nach § 18a Absatz 3 Satz 1 Nummer 1 erzielt, sind diese Einkommen zusammenzurechnen; wurden diese Einkommen zeitlich aufeinander folgend erzielt, ist das Erwerbseinkommen maßgebend. [3]Die für einmalig gezahltes Arbeitsentgelt in § 23a getroffene zeitliche Zuordnung gilt entsprechend. [4]Für die Zeiten des Bezugs von Kurzarbeitergeld ist das dem Versicherungsträger gemeldete Arbeitsentgelt maßgebend. [5]Bei Vermögenseinkommen gilt als monatliches Einkommen im Sinne von Absatz 1 Satz 1 ein Zwölftel dieses im letzten Kalenderjahr erzielten Einkommens; bei einmalig gezahltem Vermögenseinkommen gilt ein Zwölftel des gezahlten Betrages als monatliches Einkommen nach Absatz 1 Satz 1. [6]Steht das zu berücksichtigende Einkommen des vorigen Kalenderjahres noch nicht fest, so wird das voraussichtlich erzielte Einkommen zugrunde gelegt.

(3) [1]Ist im letzten Kalenderjahr Einkommen nach Absatz 2 nicht oder nur Erwerbsersatzeinkommen nach § 18a Absatz 3 Satz 1 Nummer 1 erzielt worden, gilt als monatliches Einkommen im Sinne von Absatz 1 Satz 1 das laufende Einkommen. [2]Satz 1 gilt auch bei der erstmaligen Feststellung der Rente, wenn das laufende Einkommen um wenigstens zehn vom Hundert geringer ist als das nach Absatz 2 maßgebende Einkommen; bei Arbeits- und Vermögenseinkommen gilt das im Durchschnitt voraussichtliche Einkommen. [3]Einmalig gezahltes Arbeitsentgelt des Vorjahres ist beim laufenden Arbeitsentgelt mit einem Zwölftel zu berücksichtigen. [4]Umfasst das laufende Einkommen Erwerbsersatzeinkommen im Sinne von § 18a Absatz 3 Satz 1 Nummer 1, ist dieses nur zu berücksichtigen, solange diese Leistung gezahlt wird.

(4) Bei Erwerbsersatzeinkommen nach § 18a Absatz 3 Satz 1 Nummer 2 bis 10 gilt als monatliches Einkommen im Sinne von Absatz 1 Satz 1 das laufende Einkommen; jährliche Sonderzuwendungen sind beim laufenden Einkommen mit einem Zwölftel zu berücksichtigen.

(5) [1]Das monatliche Einkommen ist zu kürzen

1. bei Arbeitsentgelt um 40 vom Hundert, jedoch bei
   a) Bezügen aus einem öffentlich-rechtlichen Dienst- oder Amtsverhältnis oder aus einem versicherungsfreien Arbeitsverhältnis mit Anwartschaft auf Versorgung

nach beamtenrechtlichen Vorschriften oder Grundsätzen und bei Einkommen, das solchen Bezügen vergleichbar ist, um 27,5 vom Hundert,

b) Beschäftigten, die die Voraussetzungen des § 172 Absatz 1 des Sechsten Buches erfüllen, um 30,5 vom Hundert;

das Arbeitsentgelt von Beschäftigten, die die Voraussetzungen des § 172 Absatz 3 oder § 276a des Sechsten Buches erfüllen, und Aufstockungsbeträge nach § 3 Absatz 1 Satz 1 Nummer 1 Buchstabe a des Altersteilzeitgesetzes werden nicht gekürzt, Zuschläge nach § 6 Absatz 2 des Bundesbesoldungsgesetzes werden um 7,65 vom Hundert gekürzt,

2. bei Arbeitseinkommen um 39,8 vom Hundert, bei steuerfreien Einnahmen im Rahmen des Halbeinkünfteverfahrens oder des Teileinkünfteverfahrens um 24,8 vom Hundert,
3. bei Leistungen nach § 18a Absatz 3 Satz 1 Nummer 7 um 27,5 vom Hundert bei Leistungsbeginn vor dem Jahre 2011 und um 29,6 vom Hundert bei Leistungsbeginn nach dem Jahre 2010,
4. bei Leistungen nach § 18a Absatz 3 Satz 1 Nummer 5 und 6 um 23,7 vom Hundert bei Leistungsbeginn vor dem Jahre 2011 und um 25 vom Hundert bei Leistungsbeginn nach dem Jahre 2010,
5. bei Leistungen nach § 18a Absatz 3 Satz 1 Nummer 9 um 17,5 vom Hundert; sofern es sich dabei um Leistungen handelt, die der nachgelagerten Besteuerung unterliegen, ist das monatliche Einkommen um 21,2 vom Hundert bei Leistungsbeginn vor dem Jahre 2011 und um 23 vom Hundert bei Leistungsbeginn nach dem Jahre 2010 zu kürzen,
6. bei Leistungen nach § 18a Absatz 3 Satz 1 Nummer 10 um 12,7 vom Hundert,
7. bei Vermögenseinkommen um 25 vom Hundert; bei steuerfreien Einnahmen nach dem Halbeinkünfteverfahren um 5 vom Hundert; bei Besteuerung nach dem gesonderten Steuertarif für Einkünfte aus Kapitalvermögen um 30 vom Hundert; Einnahmen aus Versicherungen nach § 18 Absatz 4 Nummer 1 werden nur gekürzt, soweit es sich um steuerpflichtige Kapitalerträge handelt,
8. bei Leistungen nach § 18a Absatz 3 Satz 1 Nummer 2 und 3 um 13 vom Hundert bei Leistungsbeginn vor dem Jahre 2011 und um 14 vom Hundert bei Leistungsbeginn nach dem Jahre 2010.

[2]Die Leistungen nach § 18a Absatz 3 Satz 1 Nummer 1 bis 4 sind um den Anteil der vom Berechtigten zu tragenden Beiträge zur Bundesagentur für Arbeit und, soweit Beiträge zur sonstigen Sozialversicherung oder zu einem Krankenversicherungsunternehmen gezahlt werden, zusätzlich um 10 vom Hundert zu kürzen.

(5a) Elterngeld wird um den anrechnungsfreien Betrag nach § 10 des Bundeselterngeld- und Elternzeitgesetzes gekürzt.

(6) Soweit ein Versicherungsträger über die Höhe des zu berücksichtigenden Einkommens entschieden hat, ist diese Entscheidung auch für einen anderen Versicherungsträger bindend.

...

Elfter Abschnitt
Übergangsvorschriften

§ 114
Einkommen beim Zusammentreffen mit Renten wegen Todes

(1) Wenn der versicherte Ehegatte vor dem 1. Januar 2002 verstorben ist oder die Ehe vor diesem Tag geschlossen wurde und mindestens ein Ehegatte vor dem 2. Januar 1962 geboren ist, sind bei Renten wegen Todes als Einkommen zu berücksichtigen:

1. Erwerbseinkommen,
2. Leistungen, die aufgrund oder in entsprechender Anwendung öffentlich-rechtlicher Vorschriften erbracht werden, um Erwerbseinkommen zu ersetzen (Erwerbsersatzeinkommen), mit Ausnahme von Zusatzleistungen.

(2) Absatz 1 gilt auch für Erziehungsrenten, wenn der geschiedene Ehegatte vor dem 1. Januar 2002 verstorben ist oder die geschiedene Ehe vor diesem Tag geschlossen wurde und mindestens einer der geschiedenen Ehegatten vor dem 2. Januar 1962 geboren ist.

(3) [1]Erwerbsersatzeinkommen im Sinne des Absatzes 1 Nummer 2 sind Leistungen nach § 18a Absatz 3 Satz 1 Nummer 1 bis 8. [2]Als Zusatzleistungen im Sinne des Absatzes 1 Nummer 2 gelten Leistungen der öffentlich-rechtlichen Zusatzversorgungen sowie bei Leistungen nach § 18a Absatz 3 Satz 1 Nummer 2 der Teil, der auf einer Höherversicherung beruht.

(4) [1]Wenn der versicherte Ehegatte vor dem 1. Januar 2002 verstorben ist oder die Ehe vor diesem Tag geschlossen wurde und mindestens ein Ehegatte vor dem 2. Januar 1962 geboren ist, ist das monatliche Einkommen zu kürzen

1. bei Leistungen nach § 18a Absatz 3 Satz 1 Nummer 2, die nach den besonderen Vorschriften für die knappschaftliche Rentenversicherung berechnet sind, um 25 vom Hundert,
2. bei Leistungen nach § 18a Absatz 3 Satz 1 Nummer 5 und 6 um 42,7 vom Hundert bei Leistungsbeginn vor dem Jahre 2011 und um 43,6 vom Hundert bei Leistungsbeginn nach dem Jahre 2010 und
3. bei Leistungen nach § 18a Absatz 3 Satz 1 Nummer 7 um 29 vom Hundert bei Leistungsbeginn vor dem Jahre 2011 und um 31 vom Hundert bei Leistungsbeginn nach dem Jahre 2010.

[2]Dies gilt auch für Erziehungsrenten, wenn der geschiedene Ehegatte vor dem 1. Januar 2002 verstorben ist oder die geschiedene Ehe vor diesem Tag geschlossen wurde

und mindestens einer der geschiedenen Ehegatten vor dem 2. Januar 1962 geboren ist.

(5) Bestand am 31. Dezember 2001 Anspruch auf eine Rente wegen Todes, ist das monatliche Einkommen bis zum 30. Juni 2002 zu kürzen

1. bei Arbeitsentgelt um 35 vom Hundert, bei Arbeitseinkommen um 30 vom Hundert, bei Bezügen aus einem öffentlich-rechtlichen Dienst- oder Amtsverhältnis oder aus einem versicherungsfreien Arbeitsverhältnis mit Anwartschaften auf Versorgung nach beamtenrechtlichen Vorschriften oder Grundsätzen und bei Einkommen, das solchen Bezügen vergleichbar ist, jedoch nur um 27,5 vom Hundert,
2. bei Leistungen nach § 18a Absatz 3 Satz 1 Nummer 2, die nach den besonderen Vorschriften für die knappschaftliche Rentenversicherung berechnet sind, um 25 vom Hundert und bei Leistungen nach § 18a Absatz 3 Satz 1 Nummer 7 um 27,5 vom Hundert,
3. bei Leistungen nach § 18a Absatz 3 Satz 1 Nummer 5 und 6 um 37,5 vom Hundert.

...

10. Sozialgesetzbuch (SGB) – Fünftes Buch (V) – Gesetzliche Krankenversicherung[1]

vom 20.12.1988 (BGBl. I S. 2477),
zuletzt geändert durch Art. 1b G vom 20.12.2022 (BGBl. I S. 2793)

– Auszug –

...

Sechstes Kapitel Organisation der Krankenkassen

...

Vierter Abschnitt Meldungen

...

§ 201 Meldepflichten bei Rentenantragstellung und Rentenbezug

(1) [1]Wer eine Rente der gesetzlichen Rentenversicherung beantragt, hat mit dem Antrag eine Meldung für die zuständige Krankenkasse einzureichen. [2]Der Rentenversicherungsträger hat die Meldung unverzüglich an die zuständige Krankenkasse weiterzugeben.

(2) Wählen versicherungspflichtige Rentner oder Hinterbliebene eine andere Krankenkasse, hat die gewählte Krankenkasse dies der bisherigen Krankenkasse und dem zuständigen Rentenversicherungsträger unverzüglich mitzuteilen.

(3) [1]Nehmen versicherungspflichtige Rentner oder Hinterbliebene eine versicherungspflichtige Beschäftigung auf, für die eine andere als die bisherige Krankenkasse zuständig ist, hat die für das versicherungspflichtige Beschäftigungsverhältnis zuständige Krankenkasse dies der bisher zuständigen Krankenkasse und dem Rentenversicherungsträger mitzuteilen. [2]Satz 1 gilt entsprechend, wenn das versicherungspflichtige Beschäftigungsverhältnis endet.

(4) Der Rentenversicherungsträger hat der zuständigen Krankenkasse unverzüglich mitzuteilen

1. Beginn und Höhe einer Rente der gesetzlichen Rentenversicherung, den Monat, für den die Rente erstmalig laufend gezahlt wird,

1a. *(aufgehoben)*

---

1 Das Gesetz ist Art. 1 des Gesetzes zur Strukturreform im Gesundheitswesen (Gesundheits-Reformgesetz – GRG).

2. den Tag der Rücknahme des Rentenantrags,
3. bei Ablehnung des Rentenantrags den Tag, an dem über den Rentenantrag verbindlich entschieden worden ist,
4. Ende, Entzug, Wegfall und sonstige Nichtleistung der Rente sowie
5. Beginn und Ende der Beitragszahlung aus der Rente.

(5) [1]Wird der Bezieher einer Rente der gesetzlichen Rentenversicherung versicherungspflichtig, hat die Krankenkasse dies dem Rentenversicherungsträger unverzüglich mitzuteilen. [2]Satz 1 gilt entsprechend, wenn die Versicherungspflicht aus einem anderen Grund als den in Absatz 4 Nr. 4 genannten Gründen endet.

(6) [1]Die Meldungen sind auf maschinell verwertbaren Datenträgern oder durch Datenübertragung zu erstatten. [2]Der Spitzenverband Bund der Krankenkassen vereinbart mit der Deutschen Rentenversicherung Bund das Nähere über das Verfahren im Benehmen mit dem Bundesversicherungsamt.

§ 202
Meldepflichten bei Versorgungsbezügen

(1) [1]Die Zahlstelle hat bei der erstmaligen Bewilligung von Versorgungsbezügen sowie bei Mitteilung über die Beendigung der Mitgliedschaft eines Versorgungsempfängers und in den Fällen des § 5 Absatz 1 Nummer 11b die zuständige Krankenkasse des Versorgungsempfängers zu ermitteln und dieser Beginn, Höhe, Veränderungen und Ende der Versorgungsbezüge und in den Fällen des § 5 Absatz 1 Nummer 11b den Tag der Antragstellung sowie in den Fällen von Versorgungsbezügen nach § 229 Absatz 1 Satz 1 Nummer 5 erster Halbsatz deren Vorliegen unverzüglich mitzuteilen; in der Mitteilung ist auch anzugeben, ob der Versorgungsempfänger nach dem Ende des Arbeitsverhältnisses als alleiniger Versicherungsnehmer Leistungen aus nicht durch den Arbeitgeber finanzierten Beiträgen erworben hat. [2]Im Falle eines Versorgungsbezuges nach § 229 Absatz 1 Satz 1 Nummer 1, 3 und 4 hat die Zahlstelle zusätzlich anzugeben, ob es sich um eine den Waisenrenten gemäß § 48 des Sechsten Buches entsprechende Leistung nach § 15 des Gesetzes über die Alterssicherung der Landwirte, aus einem Dienst- oder Arbeitsverhältnis gemäß § 229 Absatz 1 Satz 1 Nummer 1 oder einer berufsständischen Versorgungseinrichtung unter den Voraussetzungen des § 5 Absatz 1 Nummer 11b Buchstabe b handelt. [3]Bei den am 1. Januar 1989 vorhandenen Versorgungsempfängern hat die Ermittlung der Krankenkasse innerhalb von sechs Monaten zu erfolgen. [4]Der Versorgungsempfänger hat der Zahlstelle seine Krankenkasse anzugeben und einen Kassenwechsel sowie die Aufnahme einer versicherungspflichtigen Beschäftigung anzuzeigen. [5]Die Krankenkasse hat der Zahlstelle von Versorgungsbezügen und dem Bezieher von Versorgungsbezügen unverzüglich die Beitragspflicht des Versorgungsempfängers und, soweit die Summe der beitragspflichtigen Einnahmen nach § 237 Satz 1 Nummer 1 und 2 die Beitragsbemessungsgrenze überschreitet, deren Umfang mitzuteilen. [6]Die Krankenkasse hat der Zahlstelle im Falle des Mehrfachbezugs von Versorgungsbezügen nach § 229 Absatz 1 Satz 1 Nummer 5 erster Halbsatz zusätzlich mitzuteilen, ob und in welcher Höhe der Freibetrag nach § 226 Absatz 2 Satz 2 anzuwenden ist.

(2) [1]Die Zahlstelle hat der zuständigen Krankenkasse die Meldung durch gesicherte und verschlüsselte Datenübertragung aus systemgeprüften Programmen oder mittels maschineller Ausfüllhilfen zu erstatten. [2]Die Krankenkasse hat nach inhaltlicher Prüfung alle fehlerfreien Angaben elektronisch zu verarbeiten. [3]Alle Rückmeldungen der Krankenkasse an die Zahlstelle erfolgen arbeitstäglich durch Datenübertragung. [4]Den Aufbau des Datensatzes, notwendige Schlüsselzahlen und Angaben legt der Spitzenverband Bund der Krankenkassen in Grundsätzen fest, die vom Bundesministerium für Arbeit und Soziales im Einvernehmen mit dem Bundesministerium für Gesundheit zu genehmigen sind; die Bundesvereinigung der Deutschen Arbeitgeberverbände ist anzuhören.

(3) [1]Die Zahlstellen haben für die Durchführung der Meldeverfahren nach diesem Gesetzbuch eine Zahlstellennummer beim Spitzenverband Bund der Krankenkassen elektronisch zu beantragen. [2]Die Zahlstellennummern und alle Angaben, die zur Vergabe der Zahlstellennummer notwendig sind, werden in einer gesonderten elektronischen Datei beim Spitzenverband Bund der Krankenkassen gespeichert. [3]Die Sozialversicherungsträger, ihre Verbände und ihre Arbeitsgemeinschaften, die Künstlersozialkasse, die Behörden der Zollverwaltung, soweit sie Aufgaben nach § 2 des Schwarzarbeitsbekämpfungsgesetzes oder nach § 66 des Zehnten Buches wahrnehmen, sowie die zuständigen Aufsichtsbehörden und die Arbeitgeber dürfen die ihnen von den Zahlstellen zur Erfüllung einer gesetzlichen Aufgabe nach diesem Buch übermittelten Zahlstellennummern verarbeiten, soweit dies für die Erfüllung einer gesetzlichen Aufgabe nach diesem Gesetzbuch erforderlich ist. [4]Andere Behörden, Gerichte oder Dritte dürfen die Zahlstellennummern verarbeiten, sofern sie nach anderen gesetzlichen Vorschriften zu deren Erhebung befugt sind und soweit dies für die Erfüllung einer gesetzlichen Aufgabe einer der in Satz 3 genannten Stellen erforderlich ist. [5]Das Nähere zum Verfahren und den Aufbau der Zahlstellennummer regeln die Grundsätze nach Absatz 2 Satz 4.

...

§ 205
Meldepflichten bestimmter Versicherungspflichtiger

Versicherungspflichtige, die eine Rente der gesetzlichen Rentenversicherung oder der Rente vergleichbare Einnahmen (Versorgungsbezüge) beziehen, haben ihrer Krankenkasse unverzüglich zu melden

1. Beginn und Höhe der Rente,
2. Beginn, Höhe, Veränderungen und die Zahlstelle der Versorgungsbezüge sowie
3. Beginn, Höhe und Veränderungen des Arbeitseinkommens.

§ 206
Auskunfts- und Mitteilungspflichten der Versicherten

(1) [1]Wer versichert ist oder als Versicherter in Betracht kommt, hat der Krankenkasse, soweit er nicht nach § 28o des Vierten Buches auskunftspflichtig ist,

1. auf Verlangen über alle für die Feststellung der Versicherungs- und Beitragspflicht und für die Durchführung der der Krankenkasse übertragenen Aufgaben erforderlichen Tatsachen unverzüglich Auskunft zu erteilen,
2. Änderungen in den Verhältnissen, die für die Feststellung der Versicherungs- und Beitragspflicht erheblich sind und nicht durch Dritte gemeldet werden, unverzüglich mitzuteilen.

[2]Er hat auf Verlangen die Unterlagen, aus denen die Tatsachen oder die Änderung der Verhältnisse hervorgehen, der Krankenkasse in deren Geschäftsräumen unverzüglich vorzulegen.

(2) Entstehen der Krankenkasse durch eine Verletzung der Pflichten nach Absatz 1 zusätzliche Aufwendungen, kann sie von dem Verpflichteten die Erstattung verlangen.

...

Achtes Kapitel
Finanzierung

Erster Abschnitt
Beiträge

Erster Titel
Aufbringung der Mittel

§ 220
Grundsatz

(1) [1]Die Mittel der Krankenversicherung werden durch Beiträge und sonstige Einnahmen aufgebracht; als Beiträge gelten auch Zusatzbeiträge nach § 242. [2]Darlehensaufnahmen sind nicht zulässig. [3]Die Aufsichtsbehörde kann im Einzelfall Darlehensaufnahmen bei Kreditinstituten zur Finanzierung des Erwerbs von Grundstücken für Eigeneinrichtungen nach § 140 sowie der Errichtung, der Erweiterung oder des Umbaus von Gebäuden für Eigeneinrichtungen nach § 140 genehmigen.

(2) [1]Der beim Bundesamt für Soziale Sicherung gebildete Schätzerkreis schätzt jedes Jahr bis zum 15. Oktober für das jeweilige Jahr und für das Folgejahr

1. die Höhe der voraussichtlichen beitragspflichtigen Einnahmen der Mitglieder der Krankenkassen,
2. die Höhe der voraussichtlichen jährlichen Einnahmen des Gesundheitsfonds,
3. die Höhe der voraussichtlichen jährlichen Ausgaben der Krankenkassen sowie
4. die voraussichtliche Zahl der Versicherten und der Mitglieder der Krankenkassen.

[2]Die Schätzung für das Folgejahr dient als Grundlage für die Festlegung des durchschnittlichen Zusatzbeitragssatzes nach § 242a, für die Zuweisungen aus dem Gesundheitsfonds nach den §§ 266 und 270 sowie für die Durchführung des Einkommensausgleichs nach § 270a. [3]Bei der Schätzung der Höhe der voraussichtlichen jährlichen Einnahmen bleiben die Beträge nach § 271 Absatz 1a außer Betracht.

(3) [1]Für das Rechnungswesen einschließlich der Statistiken bei der Verwaltung des Gesundheitsfonds durch das Bundesamt für Soziale Sicherung gelten die §§ 76, 77 Absatz 1a Satz 1 bis 6 und § 79 Absatz 1 und 2 in Verbindung mit Absatz 3a des Vierten Buches sowie die auf Grund des § 78 des Vierten Buches erlassenen Rechtsverordnungen entsprechend. [2]Für das Vermögen gelten die §§ 80, 83 Absatz 1 und 2 bis 4, die §§ 84 und 86 des Vierten Buches entsprechend. [3]Die Mittel des Gesundheitsfonds können abweichend von § 83 Absatz 1 Nummer 2 Buchstabe b und c sowie Nummer 4 Buchstabe c des Vierten Buches angelegt werden bei Kreditinstituten, die die geltenden Vorschriften über das Eigenkapital und die Liquidität einhalten. [4]Die Einhaltung der Vorschriften über das Eigenkapital und die Liquidität ist regelmäßig, mindestens jährlich, zu überprüfen. [5]Die Bestellung des Wirtschaftsprüfers oder des vereidigten Buchprüfers zur Prüfung der Jahresrechnung des Gesundheitsfonds erfolgt durch die beim Bundesamt für Soziale Sicherung eingerichtete Prüfstelle im Einvernehmen mit dem Bundesministerium für Gesundheit und dem Bundesministerium der Finanzen. [6]Die Entlastung des Präsidenten oder der Präsidentin des Bundesamtes für Soziale Sicherung als Verwalter des Gesundheitsfonds erfolgt durch das Bundesministerium für Gesundheit im Einvernehmen mit dem Bundesministerium der Finanzen.

(4) [1]Das Bundesministerium für Gesundheit erarbeitet Empfehlungen für eine stabile, verlässliche und solidarische Finanzierung der gesetzlichen Krankenversicherung. [2]Hierbei soll insbesondere auch die Ausgabenseite der gesetzlichen Krankenversicherung betrachtet werden. [3]Die Empfehlungen des Bundesministeriums für Gesundheit werden bis zum 31. Mai 2023 vorgelegt. [4]Zudem erarbeitet das Bundesministerium für Gesundheit Empfehlungen zum Bürokratieabbau im Gesundheitswesen und Vorschläge für gesetzliche Vorgaben, die eine Offenlegung der Service- und Versorgungsqualität der Krankenkassen anhand von einheitlichen Mindestkriterien ermöglichen. [5]Diese sollen bis zum 30. September 2023 erarbeitet werden.

...

§ 223
Beitragspflicht, beitragspflichtige Einnahmen, Beitragsbemessungsgrenze

(1) Die Beiträge sind für jeden Kalendertag der Mitgliedschaft zu zahlen, soweit dieses Buch nichts Abweichendes bestimmt.

(2) [1]Die Beiträge werden nach den beitragspflichtigen Einnahmen der Mitglieder bemessen. [2]Für die Berechnung ist die Woche zu sieben, der Monat zu dreißig und das Jahr zu dreihundertsechzig Tagen anzusetzen.

(3) [1]Beitragspflichtige Einnahmen sind bis zu einem Betrag von einem Dreihundertsechzigstel der Jahresarbeitsentgeltgrenze nach § 6 Abs. 7 für den Kalendertag zu berücksichtigen (Beitragsbemessungsgrenze). [2]Einnahmen, die diesen Betrag übersteigen, bleiben außer Ansatz, soweit dieses Buch nichts Abweichendes bestimmt.

...

Zweiter Titel
Beitragspflichtige Einnahmen der Mitglieder

§ 226
Beitragspflichtige Einnahmen versicherungspflichtig Beschäftigter

(1) [1]Bei versicherungspflichtig Beschäftigten werden der Beitragsbemessung zugrunde gelegt

1. das Arbeitsentgelt aus einer versicherungspflichtigen Beschäftigung,
2. der Zahlbetrag der Rente der gesetzlichen Rentenversicherung,
3. der Zahlbetrag der der Rente vergleichbaren Einnahmen (Versorgungsbezüge),
4. das Arbeitseinkommen, soweit es neben einer Rente der gesetzlichen Rentenversicherung oder Versorgungsbezügen erzielt wird.

[2]Dem Arbeitsentgelt steht das Vorruhestandsgeld gleich. [3]Bei Auszubildenden, die in einer außerbetrieblichen Einrichtung im Rahmen eines Berufsausbildungsvertrages nach dem Berufsbildungsgesetz ausgebildet werden, steht die Ausbildungsvergütung dem Arbeitsentgelt gleich.

(2) [1]Die nach Absatz 1 Satz 1 Nr. 3 und 4 zu bemessenden Beiträge sind nur zu entrichten, wenn die monatlichen beitragspflichtigen Einnahmen nach Absatz 1 Satz 1 Nr. 3 und 4 insgesamt ein Zwanzigstel der monatlichen Bezugsgröße nach § 18 des Vierten Buches übersteigen. [2]Überschreiten die monatlichen beitragspflichtigen Einnahmen nach Absatz 1 Satz 1 Nummer 3 und 4 insgesamt ein Zwanzigstel der monatlichen Bezugsgröße nach § 18 des Vierten Buches, ist von den monatlichen beitragspflichtigen Einnahmen nach § 229 Absatz 1 Satz 1 Nummer 5 ein Freibetrag in Höhe von einem Zwanzigstel der monatlichen Bezugsgröße nach § 18 des Vierten Buches abzuziehen; der abzuziehende Freibetrag ist der Höhe nach begrenzt auf die monatlichen beitragspflichtigen Einnahmen nach § 229 Absatz 1 Satz 1 Nummer 5; bis zum 31. Dezember 2020 ist § 27 Absatz 1 des Vierten Buches nicht anzuwenden. [3]Für die Beitragsbemessung nach dem Arbeitseinkommen nach Absatz 1 Satz 1 Nummer 4 gilt § 240 Absatz 1 Satz 1 und Absatz 4a entsprechend.

(3) Für Schwangere, deren Mitgliedschaft nach § 192 Abs. 2 erhalten bleibt, gelten die Bestimmungen der Satzung.

(4) Bei Arbeitnehmerinnen und Arbeitnehmern, die gegen ein monatliches Arbeitsentgelt bis zum oberen Grenzbetrag des Übergangsbereichs (§ 20 Absatz 2 des Vierten Buches) mehr als geringfügig beschäftigt sind, bestimmt sich die beitragspflichtige Einnahme nach § 20 Absatz 2a Satz 1 des Vierten Buches.

(5) Für Personen, für die § 7 Absatz 2 Anwendung findet, bestimmt sich die beitragspflichtige Einnahme nach § 134 des Vierten Buches.

...

§ 229
Versorgungsbezüge als beitragspflichtige Einnahmen[1,2]

(1) [1]Als der Rente vergleichbare Einnahmen (Versorgungsbezüge) gelten, soweit sie wegen einer Einschränkung der Erwerbsfähigkeit oder zur Alters- oder Hinterbliebenenversorgung erzielt werden,

1. Versorgungsbezüge aus einem öffentlich-rechtlichen Dienstverhältnis oder aus einem Arbeitsverhältnis mit Anspruch auf Versorgung nach beamtenrechtlichen Vorschriften oder Grundsätzen; außer Betracht bleiben
   a) lediglich übergangsweise gewährte Bezüge,
   b) unfallbedingte Leistungen und Leistungen der Beschädigtenversorgung,
   c) bei einer Unfallversorgung ein Betrag von 20 vom Hundert des Zahlbetrags und
   d) bei einer erhöhten Unfallversorgung der Unterschiedsbetrag zum Zahlbetrag der Normalversorgung, mindestens 20 vom Hundert des Zahlbetrags der erhöhten Unfallversorgung,
2. Bezüge aus der Versorgung der Abgeordneten, Parlamentarischen Staatssekretäre und Minister,
3. Renten der Versicherungs- und Versorgungseinrichtungen, die für Angehörige bestimmter Berufe errichtet sind,
4. Renten und Landabgaberenten nach dem Gesetz über die Alterssicherung der Landwirte mit Ausnahme einer Übergangshilfe,
5. Renten der betrieblichen Altersversorgung einschließlich der Zusatzversorgung im öffentlichen Dienst und der hüttenknappschaftlichen Zusatzversorgung; außer Betracht bleiben Leistungen aus Altersvorsorgevermögen im Sinne des § 92 des Einkommensteuergesetzes sowie Leistungen, die der Versicherte nach dem Ende des Arbeitsverhältnisses als alleiniger Versicherungsnehmer aus nicht durch den Arbeitgeber finanzierten Beiträgen erworben hat.

[2]Satz 1 gilt auch, wenn Leistungen dieser Art aus dem Ausland oder von einer zwischenstaatlichen oder überstaatlichen Einrichtung bezogen werden. [3]Tritt an die Stelle der Versorgungsbezüge eine nicht regelmäßig wiederkehrende Leistung, oder ist eine solche Leistung vor Eintritt des Versicherungsfalls vereinbart oder zugesagt worden, gilt ein Einhundertzwanzigstel der Leistung als monatlicher Zahlbetrag der Versorgungsbezüge, längstens jedoch für einhundertzwanzig Monate.

---

1 **Anm. d. Verlages**: Gemäß Art. 32 G vom 12.12.2019 (BGBl. I S. 2652) werden mit Wirkung vom 1.1.2024 in Absatz 1 Nummer 1 Buchstabe b die Wörter „der Beschädigtenversorgung“ durch die Wörter „Entschädigungszahlungen nach dem Vierzehnten Buch“ ersetzt.

2 **Anm. d. Verlages**: Gemäß Art. 38 G vom 20.8.2021 (BGBl. I S. 3932) wird Absatz 1 Nummer 1 Buchstabe b mit Wirkung vom 1.1.2025 wie folgt gefasst:
„b) unfallbedingte Leistungen, Entschädigungszahlungen nach dem Vierzehnten Buch und der Ausgleich für gesundheitliche Schädigungsfolgen nach dem Soldatenentschädigungsgesetz und die Ausgleichszahlung nach § 43 Absatz 1 des Soldatenentschädigungsgesetzes,“.

(2) Für Nachzahlungen von Versorgungsbezügen gilt § 228 Abs. 2 entsprechend.

...

§ 237
Beitragspflichtige Einnahmen versicherungspflichtiger Rentner

[1]Bei Versicherungspflichtigen nach § 5 Absatz 1 Nummer 11b sind die dort genannten Leistungen bis zum Erreichen der Altersgrenzen des § 10 Absatz 2 beitragsfrei. [2]Dies gilt entsprechend für die Waisenrente nach § 15 des Gesetzes über die Alterssicherung der Landwirte. [3]§ 226 Abs. 2 und die §§ 228, 229 und 231 gelten entsprechend.

...

Dritter Titel
Beitragssätze, Zusatzbeitrag

...

§ 242a
Durchschnittlicher Zusatzbeitragssatz

(1) Der durchschnittliche Zusatzbeitragssatz ergibt sich aus der Differenz zwischen den voraussichtlichen jährlichen Ausgaben der Krankenkassen und den voraussichtlichen jährlichen Einnahmen des Gesundheitsfonds, die für die Zuweisungen nach den §§ 266 und 270 zur Verfügung stehen, geteilt durch die voraussichtlichen jährlichen beitragspflichtigen Einnahmen der Mitglieder aller Krankenkassen, multipliziert mit 100.

(2) Das Bundesministerium für Gesundheit legt nach Auswertung der Ergebnisse des Schätzerkreises nach § 220 Absatz 2 die Höhe des durchschnittlichen Zusatzbeitragssatzes für das Folgejahr fest und gibt diesen Wert in Prozent jeweils bis zum 1. November eines Kalenderjahres im Bundesanzeiger bekannt.

§ 242b

(aufgehoben)

...

§ 248
Beitragssatz aus Versorgungsbezügen und Arbeitseinkommen

[1]Bei Versicherungspflichtigen gilt für die Bemessung der Beiträge aus Versorgungsbezügen und Arbeitseinkommen der allgemeine Beitragssatz. [2]Abweichend von Satz 1 gilt bei Versicherungspflichtigen für die Bemessung der Beiträge aus Versorgungsbezügen nach § 229 Absatz 1 Satz 1 Nummer 4 die Hälfte des allgemeinen Beitragssatzes und abweichend von § 242 Absatz 1 Satz 2 die Hälfte des kassenindividuellen Zusatzbeitragssatzes. [3]Veränderungen des Zusatzbeitragssatzes gelten für Versorgungsbezüge nach § 229 in den Fällen des § 256 Absatz 1 Satz 1 jeweils vom ersten Tag des zweiten auf die Veränderung folgenden Kalendermonats an.

...

11.
Sozialgesetzbuch (SGB)
– Sechstes Buch (VI) –
Gesetzliche Rentenversicherung

i.d.F. der Bek. vom 19.2.2002 (BGBl. I S. 754, ber. S. 1404, ber. S. 3384),
zuletzt geändert durch Art. 13 G vom 2.3.2023 (BGBl. 2023 I Nr. 56 vom 8.3.2023)

– Auszug –

...

Zweites Kapitel
Leistungen

...

Zweiter Abschnitt
Renten

...

Zweiter Unterabschnitt
Anspruchsvoraussetzungen für einzelne Renten

Erster Titel
Renten wegen Alters

§ 35
Regelaltersrente

[1]Versicherte haben Anspruch auf Regelaltersrente, wenn sie

1. die Regelaltersgrenze erreicht und
2. die allgemeine Wartezeit erfüllt

haben. [2]Die Regelaltersgrenze wird mit Vollendung des 67. Lebensjahres erreicht.

§ 36
Altersrente für langjährig Versicherte

[1]Versicherte haben Anspruch auf Altersrente für langjährig Versicherte, wenn sie

1. das 67. Lebensjahr vollendet und
2. die Wartezeit von 35 Jahren erfüllt

haben. [2]Die vorzeitige Inanspruchnahme dieser Altersrente ist nach Vollendung des 63. Lebensjahres möglich.

§ 37
Altersrente für schwerbehinderte Menschen

[1]Versicherte haben Anspruch auf Altersrente für schwerbehinderte Menschen, wenn sie

1. das 65. Lebensjahr vollendet haben,
2. bei Beginn der Altersrente als schwerbehinderte Menschen (§ 2 Abs. 2 Neuntes Buch) anerkannt sind und
3. die Wartezeit von 35 Jahren erfüllt haben.

[2]Die vorzeitige Inanspruchnahme dieser Altersrente ist nach Vollendung des 62. Lebensjahres möglich.

§ 38
Altersrente für besonders langjährig Versicherte

Versicherte haben Anspruch auf Altersrente für besonders langjährig Versicherte, wenn sie

1. das 65. Lebensjahr vollendet und
2. die Wartezeit von 45 Jahren erfüllt

haben.

§ 39

(weggefallen)

§ 40
Altersrente für langjährig unter Tage beschäftigte Bergleute

Versicherte haben Anspruch auf Altersrente für langjährig unter Tage beschäftigte Bergleute, wenn sie

1. das 62. Lebensjahr vollendet und
2. die Wartezeit von 25 Jahren erfüllt

haben.

§ 41
Altersrente und Kündigungsschutz

[1]Der Anspruch des Versicherten auf eine Rente wegen Alters ist nicht als ein Grund anzusehen, der die Kündigung eines Arbeitsverhältnisses durch den Arbeitgeber nach dem Kündigungsschutzgesetz bedingen kann. [2]Eine Vereinbarung, die die Beendigung des Arbeitsverhältnisses eines Arbeitnehmers ohne Kündigung zu einem Zeitpunkt vorsieht, zu dem der Arbeitnehmer vor Erreichen der Regelaltersgrenze eine Rente wegen Alters beantragen kann, gilt dem Arbeitnehmer gegenüber als auf das Erreichen der Regelaltersgrenze abgeschlossen, es sei denn, dass die Vereinbarung innerhalb der

letzten drei Jahre vor diesem Zeitpunkt abgeschlossen oder von dem Arbeitnehmer innerhalb der letzten drei Jahre vor diesem Zeitpunkt bestätigt worden ist. [3]Sieht eine Vereinbarung die Beendigung des Arbeitsverhältnisses mit dem Erreichen der Regelaltersgrenze vor, können die Arbeitsvertragsparteien durch Vereinbarung während des Arbeitsverhältnisses den Beendigungszeitpunkt, gegebenenfalls auch mehrfach, hinausschieben.

§ 42
Vollrente und Teilrente

(1) Versicherte können eine Rente wegen Alters in voller Höhe (Vollrente) oder als Teilrente in Höhe von mindestens 10 Prozent der Vollrente in Anspruch nehmen.

(2) *(weggefallen)*

(3) [1]Versicherte, die wegen der beabsichtigten Inanspruchnahme einer Teilrente ihre Arbeitsleistung einschränken wollen, können von ihrem Arbeitgeber verlangen, dass er mit ihnen die Möglichkeiten einer solchen Einschränkung erörtert. [2]Macht der Versicherte hierzu für seinen Arbeitsbereich Vorschläge, hat der Arbeitgeber zu diesen Vorschlägen Stellung zu nehmen.

...

Vierter Unterabschnitt
Zusammentreffen von Renten und von Einkommen

...

§ 97
Einkommensanrechnung auf Renten wegen Todes

(1) [1]Einkommen (§ 18a des Vierten Buches) von Berechtigten, das mit einer Witwenrente, Witwerrente oder Erziehungsrente zusammentrifft, wird hierauf angerechnet. [2]Dies gilt nicht bei Witwenrenten oder Witwerrenten, solange deren Rentenartfaktor mindestens 1,0 beträgt.

(2) [1]Anrechenbar ist das Einkommen, das monatlich das 26,4fache des aktuellen Rentenwerts übersteigt. [2]Das nicht anrechenbare Einkommen erhöht sich um das 5,6fache des aktuellen Rentenwerts für jedes Kind des Berechtigten, das Anspruch auf Waisenrente hat oder nur deshalb nicht hat, weil es nicht ein Kind des Verstorbenen ist. [3]Von dem danach verbleibenden anrechenbaren Einkommen werden 40 vom Hundert angerechnet. [4]Führt das Einkommen auch zur Kürzung oder zum Wegfall einer vergleichbaren Rente in einem Mitgliedstaat der Europäischen Union, einem Vertragsstaat des Abkommens über den Europäischen Wirtschaftsraum oder der Schweiz, ist der anrechenbare Betrag mit dem Teil zu berücksichtigen, der dem Verhältnis entspricht, in dem die Entgeltpunkte für Zeiten im Inland zu den Entgeltpunkten für alle in einem Mitgliedstaat der Europäischen Union, einem Vertragsstaat des Abkommens über den Europäischen Wirtschaftsraum und der Schweiz zurückgelegten Zeiten stehen.

(3) [1]Für die Einkommensanrechnung ist bei Anspruch auf mehrere Renten folgende Rangfolge maßgebend:

1. *(aufgehoben)*
2. Witwenrente oder Witwerrente,
3. Witwenrente oder Witwerrente nach dem vorletzten Ehegatten.

[2]Die Einkommensanrechnung auf eine Hinterbliebenenrente aus der Unfallversicherung hat Vorrang vor der Einkommensanrechnung auf eine entsprechende Rente wegen Todes. [3]Das auf eine Hinterbliebenenrente anzurechnende Einkommen mindert sich um den Betrag, der bereits zu einer Einkommensanrechnung auf eine vorrangige Hinterbliebenenrente geführt hat.

(4) Trifft eine Erziehungsrente mit einer Hinterbliebenenrente zusammen, ist der Einkommensanrechnung auf die Hinterbliebenenrente das Einkommen zugrunde zu legen, das sich nach Durchführung der Einkommensanrechnung auf die Erziehungsrente ergibt.

§ 98
Reihenfolge bei der Anwendung von Berechnungsvorschriften

[1]Für die Berechnung einer Rente, deren Leistung sich aufgrund eines Versorgungsausgleichs, eines Rentensplittings, eines Aufenthalts von Berechtigten im Ausland oder aufgrund eines Zusammentreffens mit Renten oder mit sonstigem Einkommen erhöht, mindert oder entfällt, sind, soweit nichts anderes bestimmt ist, die entsprechenden Vorschriften in folgender Reihenfolge anzuwenden:

1. Versorgungsausgleich und Rentensplitting,
2. Leistungen an Berechtigte im Ausland,
3. Aufteilung von Witwenrenten oder Witwerrenten auf mehrere Berechtigte,
4. Waisenrente und andere Leistungen an Waisen,

4a. Einkommensanrechnung beim Zuschlag an Entgeltpunkten für langjährige Versicherung,

5. Rente und Leistungen aus der Unfallversicherung,
6. Witwenrente und Witwerrente nach dem vorletzten Ehegatten und Ansprüche infolge Auflösung der letzten Ehe,
7. *(weggefallen)*

7a. Renten wegen verminderter Erwerbsfähigkeit und Hinzuverdienst,

8. Einkommensanrechnung auf Renten wegen Todes,
9. mehrere Rentenansprüche.

[2]Einkommen, das bei der Berechnung einer Rente aufgrund einer Regelung über das Zusammentreffen von Renten und von Einkommen bereits berücksichtigt wurde,

wird bei der Berechnung dieser Rente aufgrund einer weiteren solchen Regelung nicht nochmals berücksichtigt.

...

Fünftes Kapitel
Sonderregelungen

...

Erster Abschnitt
Ergänzungen für Sonderfälle

Vierter Unterabschnitt
Anspruchsvoraussetzungen für einzelne Renten

§ 235
Regelaltersrente

(1) [1]Versicherte, die vor dem 1. Januar 1964 geboren sind, haben Anspruch auf Regelaltersrente, wenn sie

1. die Regelaltersgrenze erreicht und
2. die allgemeine Wartezeit erfüllt

haben. [2]Die Regelaltersgrenze wird frühestens mit Vollendung des 65. Lebensjahres erreicht.

(2) [1]Versicherte, die vor dem 1. Januar 1947 geboren sind, erreichen die Regelaltersgrenze mit Vollendung des 65. Lebensjahres. [2]Für Versicherte, die nach dem 31. Dezember 1946 geboren sind, wird die Regelaltersgrenze wie folgt angehoben:

Versicherte Geburtsjahr	Anhebung um Monate	auf Alter	
		Jahr	Monat
1947	1	65	1
1948	2	65	2
1949	3	65	3
1950	4	65	4
1951	5	65	5
1952	6	65	6
1953	7	65	7
1954	8	65	8
1955	9	65	9
1956	10	65	10

Versicherte Geburtsjahr	Anhebung um Monate	auf Alter	
		Jahr	Monat
1957	11	65	11
1958	12	66	0
1959	14	66	2
1960	16	66	4
1961	18	66	6
1962	20	66	8
1963	22	66	10.

[3]Für Versicherte, die

1. vor dem 1. Januar 1955 geboren sind und vor dem 1. Januar 2007 Altersteilzeitarbeit im Sinne der §§ 2 und 3 Abs. 1 Nr. 1 des Altersteilzeitgesetzes vereinbart haben oder
2. Anpassungsgeld für entlassene Arbeitnehmer des Bergbaus bezogen haben,

wird die Regelaltersgrenze nicht angehoben.

§ 236
Altersrente für langjährig Versicherte

(1) [1]Versicherte, die vor dem 1. Januar 1964 geboren sind, haben frühestens Anspruch auf Altersrente für langjährig Versicherte, wenn sie

1. das 65. Lebensjahr vollendet und
2. die Wartezeit von 35 Jahren erfüllt

haben. [2]Die vorzeitige Inanspruchnahme dieser Altersgrenze ist nach Vollendung des 63. Lebensjahres möglich.

(2) [1]Versicherte, die vor dem 1. Januar 1949 geboren sind, haben Anspruch auf diese Altersrente nach Vollendung des 65. Lebensjahres. [2]Für Versicherte, die nach dem 31. Dezember 1948 geboren sind, wird die Altersgrenze von 65 Jahren wie folgt angehoben:

Versicherte Geburtsjahr Geburtsmonat	Anhebung um Monate	auf Alter	
		Jahr	Monat
1949			
Januar	1	65	1
Februar	2	65	2

Versicherte Geburtsjahr Geburtsmonat	Anhebung um Monate	auf Alter	
		Jahr	Monat
März – Dezember	3	65	3
1950	4	65	4
1951	5	65	5
1952	6	65	6
1953	7	65	7
1954	8	65	8
1955	9	65	9
1956	10	65	10
1957	11	65	11
1958	12	66	0
1959	14	66	2
1960	16	66	4
1961	18	66	6
1962	20	66	8
1963	22	66	10

[3]Für Versicherte, die

1. vor dem 1. Januar 1955 geboren sind und vor dem 1. Januar 2007 Altersteilzeitarbeit im Sinne der §§ 2 und 3 Abs. 1 Nr. 1 des Altersteilzeitgesetzes vereinbart haben oder
2. Anpassungsgeld für entlassene Arbeitnehmer des Bergbaus bezogen haben,

wird die Altersgrenze von 65 Jahren nicht angehoben.

(3) Für Versicherte, die

1. nach dem 31. Dezember 1947 geboren sind und
2. entweder
   a) vor dem 1. Januar 1955 geboren sind und vor dem 1. Januar 2007 Altersteilzeitarbeit im Sinne der §§ 2 und 3 Abs. 1 Nr. 1 des Altersteilzeitgesetzes vereinbart haben

   oder

   b) Anpassungsgeld für entlassene Arbeitnehmer des Bergbaus bezogen haben,

bestimmt sich die Altersgrenze für die vorzeitige Inanspruchnahme wie folgt:

Versicherte Geburtsjahr Geburtsmonat	Vorzeitige Inanspruchnahme möglich ab Alter	
	Jahr	Monat
1948		
Januar - Februar	62	11
März - April	62	10
Mai - Juni	62	9
Juli - August	62	8
September - Oktober	62	7
November - Dezember	62	6
1949		
Januar - Februar	62	5
März - April	62	4
Mai - Juni	62	3
Juli - August	62	2
September - Oktober	62	1
November - Dezember	62	0
1950 - 1963	62	0

§ 236a
Altersrente für schwerbehinderte Menschen

(1) [1]Versicherte, die vor dem 1. Januar 1964 geboren sind, haben frühestens Anspruch auf Altersrente für schwerbehinderte Menschen, wenn sie

1. das 63. Lebensjahr vollendet haben,
2. bei Beginn der Altersrente als schwerbehinderte Menschen (§ 2 Abs. 2 Neuntes Buch) anerkannt sind und
3. die Wartezeit von 35 Jahren erfüllt haben.

[2]Die vorzeitige Inanspruchnahme dieser Altersgrenze ist frühestens nach Vollendung des 60. Lebensjahres möglich.

(2) [1]Versicherte, die vor dem 1. Januar 1952 geboren sind, haben Anspruch auf diese Altersrente nach Vollendung des 63. Lebensjahres; für sie ist die vorzeitige Inanspruchnahme nach Vollendung des 60. Lebensjahres möglich. [2]Für Versicherte, die nach dem 31. Dezember 1951 geboren sind, werden die Altersgrenze von 63. Jahren und die Altersgrenze für die vorzeitige Inanspruchnahme wie folgt angehoben:

Versicherte Geburtsjahr Geburtsmonat	Anhebung um Monate	auf Alter		vorzeitige Inanspruchnahme möglich ab Alter	
		Jahr	Monat	Jahr	Monat
1952					
Januar	1	63	1	60	1
Februar	2	63	2	60	2
März	3	63	3	60	3
April	4	63	4	60	4
Mai	5	63	5	60	5
Juni - Dezember	6	63	6	60	6
1953	7	63	7	60	7
1954	8	63	8	60	8
1955	9	63	9	60	9
1956	10	63	10	60	10
1957	11	63	11	60	11
1958	12	64	0	61	0
1959	14	64	2	61	2
1960	16	64	4	61	4
1961	18	64	6	61	6
1962	20	64	8	61	8
1963	22	64	10	61	10

[3]Für Versicherte, die

1. vor dem 1. Januar 2007 als schwerbehinderte Menschen (§ 2 Abs. 2 Neuntes Buch) anerkannt waren und
2. entweder
   a) vor dem 1. Januar 1955 geboren sind und vor dem 1. Januar 2007 Altersteilzeitarbeit im Sinne der §§ 2 und 3 Abs. 1 Nr. 1 des Altersteilzeitgesetzes vereinbart haben

   oder

   b) Anpassungsgeld für entlassene Arbeitnehmer des Bergbaus bezogen haben,

werden die Altersgrenzen nicht angehoben.

(3) Versicherte, die vor dem 1. Januar 1951 geboren sind, haben unter den Voraussetzungen nach Absatz 1 Satz 1 Nr. 1 und 3 auch Anspruch auf diese Altersrente, wenn sie bei Beginn der Altersrente berufsunfähig oder erwerbsunfähig nach dem am 31. Dezember 2000 geltenden Recht sind.

(4) Versicherte, die vor dem 17. November 1950 geboren sind und am 16. November 2000 schwerbehindert (§ 2 Abs. 2 Neuntes Buch), berufsunfähig oder erwerbsunfähig nach dem am 31. Dezember 2000 geltenden Recht waren, haben Anspruch auf diese Altersrente, wenn sie

1. das 60. Lebensjahr vollendet haben,
2. bei Beginn der Altersrente
   a) als schwerbehinderte Menschen (§ 2 Abs. 2 Neuntes Buch) anerkannt oder
   b) berufsunfähig oder erwerbsunfähig nach dem am 31. Dezember 2000 geltenden Recht sind und
3. die Wartezeit von 35 Jahren erfüllt haben.

...

§ 244
Anrechenbare Zeiten

(1) Sind auf die Wartezeit von 35 Jahren eine pauschale Anrechnungszeit und Berücksichtigungszeiten wegen Kindererziehung anzurechnen, die vor dem Ende der Gesamtzeit für die Ermittlung der pauschalen Anrechnungszeit liegen, darf die Anzahl an Monaten mit solchen Zeiten nicht die Gesamtlücke für die Ermittlung der pauschalen Anrechnungszeit überschreiten.

(2) Auf die Wartezeit von 15 Jahren werden Kalendermonate mit Beitragszeiten und Ersatzzeiten angerechnet.

(3) [1]Auf die Wartezeit von 45 Jahren werden Zeiten des Bezugs von Arbeitslosenhilfe und Arbeitslosengeld II nicht angerechnet. [2]Zeiten vor dem 1. Januar 2001, für die der Bezug von Leistungen nach § 51 Absatz 3a Nummer 3 Buchstabe a mit Ausnahme der Arbeitslosenhilfe oder nach Buchstabe b glaubhaft gemacht ist, werden auf die Wartezeit von 45 Jahren angerechnet. [3]Als Mittel der Glaubhaftmachung können auch Versicherungen an Eides statt zugelassen werden. [4]Der Träger der Rentenversicherung ist für die Abnahme eidesstattlicher Versicherungen zuständig.

(4) Auf die Wartezeit von 25 Jahren werden auch Anrechnungszeiten wegen des Bezugs von Anpassungsgeld für entlassene Arbeitnehmer des Bergbaus angerechnet, wenn zuletzt vor Beginn dieser Leistung eine Beschäftigung unter Tage ausgeübt worden ist.

(5) [1]Grundrentenzeiten nach § 76g Absatz 2 sind auch Kalendermonate mit Zeiten vor dem 1. Januar 1984, für die der Bezug von Leistungen nach § 51 Absatz 3a Nummer 3 Buchstabe b glaubhaft gemacht ist. [2]Absatz 3 Satz 3 und 4 gilt entsprechend. [3]Zeiten des Bezugs von Arbeitslosenhilfe und Arbeitslosengeld II sind keine Grundrentenzeiten.

...

§ 249
Beitragszeiten wegen Kindererziehung

(1) Die Kindererziehungszeit für ein vor dem 1. Januar 1992 geborenes Kind endet 30 Kalendermonate nach Ablauf des Monats der Geburt.

(2) [1]Bei der Anrechnung einer Kindererziehungszeit steht der Erziehung im Inland die Erziehung im jeweiligen Geltungsbereich der Reichsversicherungsgesetze gleich. [2]Dies gilt nicht, wenn Beitragszeiten während desselben Zeitraums aufgrund einer Versicherungslastregelung mit einem anderen Staat nicht in die Versicherungslast der Bundesrepublik Deutschland fallen würden.

(3) *(aufgehoben)*

(4) Ein Elternteil ist von der Anrechnung einer Kindererziehungszeit ausgeschlossen, wenn er vor dem 1. Januar 1921 geboren ist.

(5) Für die Feststellung der Tatsachen, die für die Anrechnung von Kindererziehungszeiten vor dem 1. Januar 1986 erheblich sind, genügt es, wenn sie glaubhaft gemacht sind.

(6) Ist die Mutter vor dem 1. Januar 1986 gestorben, wird die Kindererziehungszeit insgesamt dem Vater zugeordnet.

(7) [1]Bei Folgerenten, die die Voraussetzungen nach § 88 Absatz 1 oder 2 erfüllen und für die ein Zuschlag an persönlichen Entgeltpunkten nach § 307d Absatz 1 Satz 1 zu berücksichtigen ist, endet die Kindererziehungszeit für ein vor dem 1. Januar 1992 geborenes Kind zwölf Kalendermonate nach Ablauf des Monats der Geburt. [2]Die Kindererziehungszeit endet 24 Kalendermonate nach Ablauf des Monats der Geburt, wenn ausschließlich ein Zuschlag an persönlichen Entgeltpunkten nach § 307d Absatz 1 Satz 3 oder ein Zuschlag an persönlichen Entgeltpunkten nach § 307d Absatz 1a zu berücksichtigen ist. [3]Eine Kindererziehungszeit wird für den maßgeblichen Zeitraum, für den ein Zuschlag an persönlichen Entgeltpunkten nach § 307d Absatz 5 berücksichtigt wurde, nicht angerechnet.

(8) [1]Die Anrechnung einer Kindererziehungszeit nach Absatz 1 ist ausgeschlossen

1. ab dem 13. bis zum 24. Kalendermonat nach Ablauf des Monats der Geburt, wenn für die versicherte Person für dasselbe Kind ein Zuschlag an persönlichen Entgeltpunkten nach § 307d Absatz 1 Satz 1 zu berücksichtigen ist,
2. ab dem 25. bis zum 30. Kalendermonat nach Ablauf des Monats der Geburt, wenn für die versicherte Person für dasselbe Kind ein Zuschlag an persönlichen Entgeltpunkten nach § 307d Absatz 1 Satz 3 oder nach § 307d Absatz 1a zu berücksichtigen ist.

[2]Satz 1 gilt entsprechend, wenn für andere Versicherte oder Hinterbliebene für dasselbe Kind ein Zuschlag an persönlichen Entgeltpunkten für den maßgeblichen Zeitraum zu berücksichtigen ist oder zu berücksichtigen war.

12. Verordnung über die sozialversicherungsrechtliche Beurteilung von Zuwendungen des Arbeitgebers als Arbeitsentgelt (Sozialversicherungsentgeltverordnung – SvEV)[1]

vom 21.12.2006 (BGBl. I S. 3385),
zuletzt geändert durch Art. 1 V vom 16.12.2022 (BGBl. I S. 2431)

– Auszug –

§ 1
Dem sozialversicherungspflichtigen Arbeitsentgelt nicht zuzurechnende Zuwendungen

(1) [1]Dem Arbeitsentgelt sind nicht zuzurechnen:

1. einmalige Einnahmen, laufende Zulagen, Zuschläge, Zuschüsse sowie ähnliche Einnahmen, die zusätzlich zu Löhnen oder Gehältern gewährt werden, soweit sie lohnsteuerfrei sind; dies gilt nicht für Sonntags-, Feiertags- und Nachtarbeitszuschläge, soweit das Entgelt, auf dem sie berechnet werden, mehr als 25 Euro für jede Stunde beträgt, und nicht für Vermögensbeteiligungen nach § 19a Absatz Satz 1 des Einkommensteuergesetzes,
2. sonstige Bezüge nach § 40 Abs. 1 Satz 1 Nr. 1 des Einkommensteuergesetzes, die nicht einmalig gezahltes Arbeitsentgelt nach § 23a des Vierten Buches Sozialgesetzbuch sind,
3. Einnahmen nach § 40 Abs. 2 des Einkommensteuergesetzes,
4. Beiträge nach § 40b des Einkommensteuergesetzes in der am 31. Dezember 2004 geltenden Fassung, die zusätzlich zu Löhnen und Gehältern gewährt werden; dies gilt auch für darin enthaltene Beträge, die aus einer Entgeltumwandlung (§ 1 Abs. 2 Nr. 3 des Betriebsrentengesetzes) stammen,

4a. Zuwendungen nach § 3 Nr. 56 und § 40b des Einkommensteuergesetzes, die zusätzlich zu Löhnen und Gehältern gewährt werden und für die Satz 3 und 4 nichts Abweichendes bestimmen,

5. Beträge nach § 10 des Entgeltfortzahlungsgesetzes,
6. Zuschüsse zum Mutterschaftsgeld nach § 20 des Mutterschutzgesetzes,
7. in den Fällen des § 3 Abs. 3 der vom Arbeitgeber insoweit übernommene Teil des Gesamtsozialversicherungsbeitrags,

---

1 Diese Verordnung wurde verkündet als Artikel 1 der Verordnung zur Neuordnung der Regelungen über die sozialversicherungsrechtliche Beurteilung von Zuwendungen des Arbeitgebers als Arbeitsentgelt und ist am 1.1.2007 in Kraft getreten.

8. Zuschüsse des Arbeitgebers zum Kurzarbeitergeld und Saison-Kurzarbeitergeld, soweit sie zusammen mit dem Kurzarbeitergeld 80 Prozent des Unterschiedsbetrages zwischen dem Sollentgelt und dem Ist-Entgelt nach § 106 des Dritten Buches Sozialgesetzbuch nicht übersteigen,
9. steuerfreie Zuwendungen an Pensionskassen, Pensionsfonds oder Direktversicherungen nach § 3 Nr. 63 Satz 1 und 2 sowie § 100 Absatz 6 Satz 1 des Einkommensteuergesetzes im Kalenderjahr bis zur Höhe von insgesamt 4 Prozent der Beitragsbemessungsgrenze in der allgemeinen Rentenversicherung; dies gilt auch für darin enthaltene Beträge, die aus einer Entgeltumwandlung (§ 1 Abs. 2 Nr. 3 des Betriebsrentengesetzes) stammen,
10. Leistungen eines Arbeitgebers oder einer Unterstützungskasse an einen Pensionsfonds zur Übernahme bestehender Versorgungsverpflichtungen oder Versorgungsanwartschaften durch den Pensionsfonds, soweit diese nach § 3 Nr. 66 des Einkommensteuergesetzes steuerfrei sind,
11. steuerlich nicht belastete Zuwendungen des Beschäftigten zugunsten von durch Naturkatastrophen im Inland Geschädigten aus Arbeitsentgelt einschließlich Wertguthaben,
12. Sonderzahlungen nach § 19 Absatz 1 Satz 1 Nummer 3 Satz 2 bis 4 des Einkommensteuergesetzes der Arbeitgeber zur Deckung eines finanziellen Fehlbetrages an die Einrichtungen, für die Satz 3 gilt,
13. Sachprämien nach § 37a des Einkommensteuergesetzes,
14. Zuwendungen nach § 37b Abs. 1 des Einkommensteuergesetzes, soweit die Zuwendungen an Arbeitnehmer eines Dritten erbracht werden und diese Arbeitnehmer nicht Arbeitnehmer eines mit dem Zuwendenden verbundenen Unternehmens sind,
15. vom Arbeitgeber getragene oder übernommene Studiengebühren für ein Studium des Beschäftigten, soweit sie steuerrechtlich kein Arbeitslohn sind,
16. steuerfreie Aufwandsentschädigungen und die in § 3 Nummer 26 und 26a des Einkommensteuergesetzes genannten steuerfreien Einnahmen.

²Dem Arbeitsentgelt sind die in Satz 1 Nummer 1 bis 4a, 9 bis 11, 13, 15 und 16 genannten Einnahmen, Zuwendungen und Leistungen nur dann nicht zuzurechnen, soweit diese vom Arbeitgeber oder von einem Dritten mit der Entgeltabrechnung für den jeweiligen Abrechnungszeitraum lohnsteuerfrei belassen oder pauschal besteuert werden. ³Die Summe der in Satz 1 Nr. 4a genannten Zuwendungen nach § 3 Nr. 56 und § 40b des Einkommensteuergesetzes, die vom Arbeitgeber oder von einem Dritten mit der Entgeltabrechnung für den jeweiligen Abrechnungszeitraum lohnsteuerfrei belassen oder pauschal besteuert werden, höchstens jedoch monatlich 100 Euro, sind bis zur Höhe von 2,5 Prozent des für ihre Bemessung maßgebenden Entgelts dem Arbeitsentgelt zuzurechnen, wenn die Versorgungsregelung mindestens bis zum 31. Dezember 2000 vor der Anwendung etwaiger Nettobegrenzungsregelungen eine allgemein erreichbare Gesamtversorgung von mindestens 75 Prozent des gesamtver-

sorgungsfähigen Entgelts und nach dem Eintritt des Versorgungsfalles eine Anpassung nach Maßgabe der Entwicklung der Arbeitsentgelte im Bereich der entsprechenden Versorgungsregelung oder gesetzlicher Versorgungsbezüge vorsieht; die dem Arbeitsentgelt zuzurechnenden Beiträge und Zuwendungen vermindern sich um monatlich 13,30 Euro. [4]Satz 3 gilt mit der Maßgabe, dass die Zuwendungen nach § 3 Nr. 56 und § 40b des Einkommensteuergesetzes dem Arbeitsentgelt insoweit zugerechnet werden, als sie in der Summe monatlich 100 Euro übersteigen.

...

13.
Gesetz zur Entwicklung und Einführung einer Digitalen Rentenübersicht (Rentenübersichtsgesetz – RentÜG)

vom 11.2.2021 (BGBl. I S. 154)

§ 1
Zweck

[1]Die Digitale Rentenübersicht dient der Verbesserung des Kenntnisstandes der Bürgerinnen und Bürger über ihre jeweilige Altersvorsorge und enthält Informationen insbesondere über deren Höhe. [2]Die Informationen sollen verlässlich, verständlich und möglichst vergleichbar sein.

§ 2
Begriffsbestimmungen

Für dieses Gesetz gelten die folgenden Begriffsbestimmungen:

1. Altersvorsorgeprodukte: alle Versicherungen, Zusagen und Verträge, auf deren Grundlage Leistungen der gesetzlichen, betrieblichen oder privaten Altersvorsorge in der Zukunft erbracht werden; dabei
   a) sind zur gesetzlichen Altersvorsorge die gesetzliche Rentenversicherung, die Alterssicherung der Landwirte, die berufsständische Versorgung und die Versorgung der Beamten, Richter und Soldaten zu zählen,
   b) ist betriebliche Altersvorsorge als betriebliche Altersversorgung im Sinne des § 1 des Betriebsrentengesetzes zu verstehen und
   c) sind zur privaten Altersvorsorge insbesondere die nach den §§ 5 und 5a des Altersvorsorgeverträge-Zertifizierungsgesetzes zertifizierten Altersvorsorge- und Basisrentenverträge zu zählen sowie private Lebensversicherungsverträge, die einmalige oder wiederkehrende Erlebensfallleistungen mit rentennahem Beginn des Leistungsbezugs erbringen,
2. Vorsorgeeinrichtungen: alle Anbieter, Träger oder Stellen, die gesetzliche, betriebliche oder private Altersvorsorgeprodukte anbieten,
3. Standmitteilungen: alle Renteninformationen oder vergleichbare Informationen, die Vorsorgeeinrichtungen ihren Kundinnen und Kunden regelmäßig zur Verfügung stellen, um über die Höhe der Altersvorsorgeansprüche zu informieren,
4. erreichte Altersvorsorgeansprüche: die bis zum Stichtag der Standmitteilung erworbenen Ansprüche aus Altersvorsorgeprodukten (Altersvorsorgeansprüche) bei Beginn des Leistungsbezugs oder bei Ablauf des Vertrages unter der Annahme, dass keine weiteren Ansprüche erworben werden,

5. erreichbare Altersvorsorgeansprüche: die Altersvorsorgeansprüche bei Beginn des Leistungsbezugs oder bei Ablauf des Vertrages unter der Annahme, dass bis dahin weitere Ansprüche erworben werden,
6. garantierte Werte: die erreichten oder erreichbaren Altersvorsorgeansprüche, die nach geltendem Recht mindestens entstanden sind oder entstehen werden oder vertraglich zugesichert sind,
7. prognostizierte Werte: die erreichten oder erreichbaren Altersvorsorgeansprüche, die sich unter Zugrundelegung einer realistischen Einschätzung der künftigen Entwicklung ergeben können,
8. Identifikationsnummer: die einer natürlichen Person vom Bundeszentralamt für Steuern nach § 139b der Abgabenordnung zugeteilte Identifikationsnummer.

§ 3
Zentrale Stelle für die Digitale Rentenübersicht

(1) Es wird eine Zentrale Stelle für die Digitale Rentenübersicht errichtet, die ein elektronisches Portal betreibt, über das die Digitale Rentenübersicht abgerufen werden kann.

(2) [1]Die Digitale Rentenübersicht enthält Informationen über die individuellen Altersvorsorgeansprüche in der gesetzlichen, betrieblichen und privaten Altersvorsorge der oder des Nutzenden. [2]Dafür werden von der Zentralen Stelle für die Digitale Rentenübersicht die nach § 5 Absatz 1 von den Vorsorgeeinrichtungen übermittelten Informationen zusammengestellt und zu einem Gesamtüberblick nach § 5 Absatz 3 zusammengeführt. [3]Die Digitale Rentenübersicht wird den Nutzenden in einem elektronischen Format zur Verfügung gestellt, das ihnen die Weiterverarbeitung ermöglicht.

(3) [1]Die Informationen in der Digitalen Rentenübersicht sollen von der Zentralen Stelle für die Digitale Rentenübersicht klar, prägnant, verständlich und schlüssig dargestellt werden. [2]Die Darstellung soll möglichst übersichtlich und nutzerfreundlich sein. [3]Die Zentrale Stelle für die Digitale Rentenübersicht hat sowohl für die Digitale Rentenübersicht als auch für das elektronische Portal die jeweils geltenden Vorgaben zur Barrierefreiheit nach dem Behindertengleichstellungsgesetz, insbesondere die §§ 4 und 12a des Behindertengleichstellungsgesetzes, sowie die auf Grundlage des Behindertengleichstellungsgesetzes erlassenen Rechtsverordnungen zur Barrierefreiheit, insbesondere die Barrierefreie-Informationstechnik-Verordnung, zu beachten.

(4) [1]Die Zentrale Stelle für die Digitale Rentenübersicht erteilt Bürgerinnen und Bürgern Auskunft zu ihren Verfahren und zur Zusammenführung der Informationen. [2]Sie erteilt keine Auskünfte über die Altersvorsorgeansprüche aus den einzelnen Altersvorsorgeprodukten der jeweiligen Vorsorgeeinrichtungen. [3]Die Zentrale Stelle für die Digitale Rentenübersicht erteilt Vorsorgeeinrichtungen Auskunft über die Anwendung dieses Gesetzes.

§ 4
Grundsätze der Digitalen Rentenübersicht

(1) [1]Bürgerinnen und Bürger können die Digitale Rentenübersicht über das Portal der Zentralen Stelle für die Digitale Rentenübersicht abfragen. [2]Die Digitale Rentenübersicht wird den Nutzenden von der Zentralen Stelle für die Digitale Rentenübersicht ausschließlich elektronisch zur Verfügung gestellt.

(2) [1]Die Zentrale Stelle für die Digitale Rentenübersicht fragt nach Abfrage der oder des Nutzenden die in § 5 Absatz 1 genannten Informationen bei den angebundenen Vorsorgeeinrichtungen unter Angabe der Identifikationsnummer der oder des Nutzenden an. [2]Sind bei der Vorsorgeeinrichtung die in § 5 Absatz 1 genannten Daten zu der oder dem Nutzenden gespeichert und kann die Vorsorgeeinrichtung eine Zuordnung der oder des Nutzenden anhand der Identifikationsnummer vornehmen, werden die in § 5 Absatz 1 genannten Daten unter Angabe der Identifikationsnummer der Zentralen Stelle für die Digitale Rentenübersicht übermittelt. [3]Sind bei der Vorsorgeeinrichtung keine Daten nach § 5 Absatz 1 vorhanden oder kann sie eine eindeutige Zuordnung der Anfrage nicht vornehmen, meldet die Vorsorgeeinrichtung dies unter Angabe der Identifikationsnummer der Zentralen Stelle für die Digitale Rentenübersicht. [4]In diesem Fall hat die Vorsorgeeinrichtung die mit der Anfrage durch die Zentrale Stelle für die Digitale Rentenübersicht übermittelten personenbezogenen Daten unmittelbar nach Beantwortung der Anfrage zu löschen, soweit die Vorsorgeeinrichtung diese Daten nicht bereits in einem anderen Zusammenhang rechtmäßig erhoben hat.

§ 5
Inhalte der Digitalen Rentenübersicht

(1) Auf Anfrage der Zentralen Stelle für die Digitale Rentenübersicht nach § 4 Absatz 2 übermitteln die angebundenen Vorsorgeeinrichtungen die folgenden Informationen zu den Altersvorsorgeprodukten der Nutzenden:

1. die letzte verfügbare Standmitteilung,
2. allgemeine Angaben zur Vorsorgeeinrichtung, für Rückfragen zum jeweiligen Altersvorsorgeanspruch insbesondere Kontaktinformationen der Vorsorgeeinrichtung sowie das bei der Vorsorgeeinrichtung verwendete Kennzeichen der Kundin oder des Kunden,
3. allgemeine Angaben zum Altersvorsorgeprodukt, insbesondere Angaben zur Bezeichnung, zur Art, zur Zuordnung zur gesetzlichen, betrieblichen oder privaten Altersvorsorge, zur Art der Auszahlung der Leistung sowie zum Zeitpunkt der Leistungsgewährung sowie den Stichtag der Angaben,
4. wertmäßige Angaben zu den erreichten und erreichbaren Altersvorsorgeansprüchen, differenziert nach der Art der Auszahlung als Einmalbetrag oder laufende Rente sowie differenziert nach garantierten und prognostizierten Werten, soweit diese in den Standmitteilungen ausgewiesen werden,

5. weitere Angaben zum Leistungsumfang, insbesondere, ob das Altersvorsorgeprodukt eine Invaliditäts- oder Hinterbliebenenabsicherung oder beides umfasst, ob auf die Leistungen nach jeweils geltender Rechtslage Steuern oder Sozialabgaben oder beides zu entrichten sind und ob die Leistungen in der Rentenbezugsphase angepasst werden.

(2) [1]Die Standmitteilung nach Absatz 1 Nummer 1 ist in einem geeigneten Dokumentenformat, die Daten nach Absatz 1 Nummer 2 bis 5 sind in einem standardisierten Datensatz zu übermitteln, die jeweils von der Zentralen Stelle für die Digitale Rentenübersicht vorgegeben werden. [2]Die wertmäßigen Angaben müssen stets mit denen in der Standmitteilung nach Absatz 1 Nummer 1 übereinstimmen.

(3) [1]Die Zentrale Stelle für die Digitale Rentenübersicht fasst wertmäßige Angaben der Altersvorsorgeansprüche zu einem Gesamtüberblick zusammen. [2]Der Gesamtüberblick soll den Nutzenden ermöglichen, die insgesamt erreichten und erreichbaren individuellen Altersvorsorgeansprüche einzuschätzen.

(4) [1]Aus der Zusammenfassung von erreichten und erreichbaren Werten in einem Gesamtüberblick können keine Ansprüche gegen die Vorsorgeeinrichtungen oder die Zentrale Stelle für die Digitale Rentenübersicht abgeleitet werden. [2]In der Darstellung für Nutzende ist in deutlicher Form darauf hinzuweisen, dass sowohl aus den Angaben zu den erreichten und erreichbaren Werten der einzelnen Altersvorsorgeprodukte als auch aus dem dargestellten Gesamtüberblick keine Ansprüche abgeleitet werden können und die tatsächliche Höhe der Altersvorsorgeansprüche abweichen kann.

§ 6
Entwicklung und erste Betriebsphase

(1) Die Zentrale Stelle für die Digitale Rentenübersicht entwickelt unter Beachtung der Vorgaben dieses Gesetzes die inhaltliche und technische Ausgestaltung des Portals und der Digitalen Rentenübersicht.

(2) Die Digitale Rentenübersicht wird in einer ersten Betriebsphase von der Zentralen Stelle für die Digitale Rentenübersicht mit freiwillig angebundenen Vorsorgeeinrichtungen und freiwillig teilnehmenden Nutzenden erprobt und evaluiert.

(3) [1]Die erste Betriebsphase soll 21 Monate nach Inkrafttreten dieses Gesetzes beginnen und nach zwölf Monaten enden. [2]Vor Abschluss der ersten Betriebsphase legt die Zentrale Stelle für die Digitale Rentenübersicht dem Steuerungsgremium nach § 9 einen Evaluierungsbericht über die Erfahrungen und Ergebnisse der ersten Betriebsphase vor.

§ 7
Anbindung der Vorsorgeeinrichtungen

(1) [1]Vorsorgeeinrichtungen können sich freiwillig an die Zentrale Stelle für die Digitale Rentenübersicht anbinden. [2]Die Zentrale Stelle für die Digitale Rentenübersicht lehnt eine Anbindung ab, wenn die anbindungswillige Stelle keine Vorsorgeeinrichtung im Sinne des § 2 Nummer 2 ist. [3]Ist eine Vorsorgeeinrichtung durch eine uni-

onsrechtliche oder bundesrechtliche Regelung oder durch eine auf Grund einer solchen Regelung erlassenen Verordnung verpflichtet, mindestens jährlich Standmitteilungen zu übermitteln, so ist sie ab dem Stichtag, der in der auf Grund des § 13 Absatz 3 erlassenen Verordnung festgelegt wird, auch verpflichtet, sich an die Zentrale Stelle für die Digitale Rentenübersicht anzubinden. [4]Die dem Landesrecht unterliegenden Vorsorgeeinrichtungen der Versorgung von Beamten und Richtern sowie der berufsständischen Versorgungswerke entscheiden vorbehaltlich anderweitiger landesrechtlicher Regelungen selbstständig über eine Anbindung an die Zentrale Stelle für die Digitale Rentenübersicht.

(2) [1]Die Anbindung der Vorsorgeeinrichtungen dient der Anfrage von Informationen durch die Zentrale Stelle für die Digitale Rentenübersicht und der Übermittlung der in § 5 Absatz 1 genannten Informationen durch die Vorsorgeeinrichtungen an die Zentrale Stelle für die Digitale Rentenübersicht. [2]Die Vorsorgeeinrichtungen können Dritte mit der Anbindung nach Absatz 1 und der Übermittlung nach § 4 Absatz 2 an die Zentrale Stelle für die Digitale Rentenübersicht beauftragen.

(3) Die Kosten, die den Vorsorgeeinrichtungen durch die Anbindung und die Übermittlung von Informationen an die Zentrale Stelle für die Digitale Rentenübersicht entstehen, werden diesen nicht erstattet.

§ 8
Gestaltung der Zentralen Stelle für die Digitale Rentenübersicht

(1) Die Zentrale Stelle für die Digitale Rentenübersicht wird bei der Deutschen Rentenversicherung Bund eingerichtet.

(2) [1]Der Bund erstattet der Deutschen Rentenversicherung Bund die Verwaltungsaufwendungen für die Erfüllung der Aufgaben nach diesem Gesetz, soweit sie erforderlich sind. [2]Das Nähere, insbesondere die Höhe der Verwaltungskostenerstattung, wird durch Verwaltungsvereinbarung zwischen dem Bundesministerium für Arbeit und Soziales und der Deutschen Rentenversicherung Bund geregelt.

(3) [1]Die Zentrale Stelle für die Digitale Rentenübersicht steht unter Rechtsaufsicht des Bundesministeriums für Arbeit und Soziales. [2]Das Bundesministerium für Arbeit und Soziales kann die Aufsicht ganz oder teilweise dem Bundesamt für Soziale Sicherung übertragen. [3]Die Vorschriften über die Selbstverwaltung der Träger der Sozialversicherung finden keine Anwendung in Bezug auf die inhaltliche Ausgestaltung der Digitalen Rentenübersicht.

§ 9
Steuerungsgremium

(1) [1]Bei der Zentralen Stelle für die Digitale Rentenübersicht wird ein Steuerungsgremium gebildet. [2]Das Steuerungsgremium hat, ungeachtet der in den Sätzen 3 bis 5 geregelten Befugnisse, grundsätzlich die Aufgabe, die Zentrale Stelle für die Digitale Rentenübersicht bei der Erfüllung ihrer Aufgaben zu unterstützen und zu beraten. [3]Die Zentrale Stelle für die Digitale Rentenübersicht entscheidet über die grundlegenden Fragen der inhaltlichen Ausgestaltung der Digitalen Rentenübersicht und die

Darstellung im Portal im Einvernehmen mit dem Steuerungsgremium auf Vorlage der Zentralen Stelle für die Digitale Rentenübersicht. [4]Dies gilt auch für die grundlegende inhaltliche Weiterentwicklung. [5]Entscheidungen über die technische Ausgestaltung der Datensätze und der Schnittstellen trifft die Zentrale Stelle für die Digitale Rentenübersicht im Benehmen mit dem Steuerungsgremium.

(2) Das Steuerungsgremium setzt sich aus Vertreterinnen und Vertretern der gesetzlichen, betrieblichen und privaten Altersvorsorge, der Verbraucherschutzorganisationen sowie des Bundesministeriums für Arbeit und Soziales und des Bundesministeriums der Finanzen zusammen.

§ 10
Fachbeiräte

[1]Zu ihrer weiteren Unterstützung und Beratung kann die Zentrale Stelle für die Digitale Rentenübersicht Fachbeiräte einsetzen. [2]Zu bestimmten Fragestellungen setzt die Zentrale Stelle für die Digitale Rentenübersicht auf Beschluss des Steuerungsgremiums Fachbeiräte ein.

§ 11
Verarbeitung der Identifikationsnummer

[1]Die angebundenen Vorsorgeeinrichtungen sind berechtigt, die Identifikationsnummern bei ihren Kundinnen und Kunden zu erheben. [2]Nur die angebundenen Träger der gesetzlichen Rentenversicherung, der Alterssicherung der Landwirte und die berufsständischen Versorgungseinrichtungen können nach § 22a Absatz 2 Satz 10 des Einkommensteuergesetzes die Identifikationsnummern ihrer Kundinnen und Kunden erheben. [3]Die angebundenen Vorsorgeeinrichtungen sind berechtigt, eine rechtmäßig erhobene Identifikationsnummer ihrer Kundinnen und Kunden zur Durchführung dieses Gesetzes zu verarbeiten, auch wenn sie zu einem anderen Zweck erhoben wurde. [4]Entsprechendes gilt für die Datenstelle der Rentenversicherung sowie für die mit der Anbindung und Übermittlung nach § 4 Absatz 2 an die Zentrale Stelle für die Digitale Rentenübersicht beauftragten Dritten.

§ 12
Datenschutz

(1) Die Nutzung des Portals erfordert eine sichere elektronische Authentifizierung der oder des Nutzenden nach dem jeweils aktuellen Stand der Technik.

(2) [1]Die Zentrale Stelle für die Digitale Rentenübersicht darf mit Einwilligung der Nutzenden deren personenbezogene Daten einschließlich deren Identifikationsnummern verarbeiten, soweit dies zur Erfüllung ihrer Aufgaben nach diesem Gesetz erforderlich ist. [2]Die Zentrale Stelle für die Digitale Rentenübersicht holt vor Durchführung der Anfragen bei den Vorsorgeeinrichtungen von den authentifizierten Nutzenden die Einwilligung ein, dass die personenbezogenen Daten einschließlich der Identifikationsnummer für die Zwecke der Anfrage nach § 5 Absatz 1 verarbeitet werden dürfen.

(3) [1]Die Zentrale Stelle für die Digitale Rentenübersicht bietet den Nutzenden nach abschließender Bearbeitung einer Abfrage die Möglichkeit zur freiwilligen Speicherung ihrer Daten in Nutzerkonten an. [2]Die Nutzenden sind darauf in geeigneter Weise hinzuweisen. [3]Verzichtet der oder die Nutzende auf ein solches Nutzerkonto, sind die Daten zu löschen.

§ 13
Verordnungsermächtigung

(1) Das Bundesministerium für Arbeit und Soziales wird ermächtigt, im Einvernehmen mit dem Bundesministerium der Finanzen durch Rechtsverordnung ohne Zustimmung des Bundesrates Näheres zu regeln

1. zum Inhalt und Umfang der in § 3 bestimmten Aufgaben der Zentralen Stelle für die Digitale Rentenübersicht,
2. zum Verfahren für die Authentifizierung der Nutzenden nach § 12 Absatz 1.

(2) Die Bundesregierung wird ermächtigt, durch Rechtsverordnung ohne Zustimmung des Bundesrates Näheres zu regeln

1. zum Verfahren der Anbindung der Vorsorgeeinrichtungen an die Zentrale Stelle für die Digitale Rentenübersicht nach § 7,
2. zum Verfahren der Anfragen der Zentralen Stelle für die Digitale Rentenübersicht bei den Vorsorgeeinrichtungen und der Übermittlung der Daten nach § 5 Absatz 1, insbesondere zu Schnittstellen, technischen Regeln, Aufzeichnungs-, Aufbewahrungs-, Bescheinigungs- sowie Anzeige- und Mitteilungspflichten der Vorsorgeeinrichtungen,
3. zum Datenaustausch zwischen der Zentralen Stelle für die Digitale Rentenübersicht und den Vorsorgeeinrichtungen nach diesem Gesetz, insbesondere zum Inhalt und Aufbau der für die Durchführung des Verfahrens zu übermittelnden Datensätze,
4. zur Konkretisierung der Begriffsbestimmungen nach § 2 und zur Konkretisierung des Inhalts der Digitalen Rentenübersicht nach § 5,
5. zu den Aufgaben, der Zusammensetzung, der Berufung und den Rechten und Pflichten der Mitglieder, der Amtsdauer und dem Verfahren für Beschlüsse des Steuerungsgremiums nach § 9.

(3) [1]Die Bundesregierung wird ermächtigt, durch Rechtsverordnung ohne Zustimmung des Bundesrates den Stichtag für die verpflichtende Anbindung nach § 7 Absatz 1 Satz 3 festzulegen. [2]Es sollen Übergangsfristen gewährt werden.

II.
Steuerrecht

1.
Einkommensteuergesetz
(EStG)

i.d.F. der Bek. vom 8.10.2009 (BGBl. I S. 3366, ber. S. 3862),
zuletzt geändert durch Art. 8 Abs. 3 G vom 20.12.2022 (BGBl. I S. 2730)

– Auszug –

…

II. Einkommen

…

2. Steuerfreie Einnahmen

§ 3

[1]Steuerfrei sind

…

55. der in den Fällen des § 4 Absatz 2 Nummer 2 und Absatz 3 des Betriebsrentengesetzes vom 19. Dezember 1974 (BGBl. I S. 3610), das zuletzt durch Artikel 8 des Gesetzes vom 5. Juli 2004 (BGBl. I S. 1427) geändert worden ist, in der jeweils geltenden Fassung geleistete Übertragungswert nach § 4 Absatz 5 des Betriebsrentengesetzes, wenn die betriebliche Altersversorgung beim ehemaligen und neuen Arbeitgeber über einen Pensionsfonds, eine Pensionskasse oder ein Unternehmen der Lebensversicherung durchgeführt wird; dies gilt auch, wenn eine Versorgungsanwartschaft aus einer betrieblichen Altersversorgung aufgrund vertraglicher Vereinbarung ohne Fristerfordernis unverfallbar ist. [2]Satz 1 gilt auch, wenn der Übertragungswert vom ehemaligen Arbeitgeber oder von einer Unterstützungskasse an den neuen Arbeitgeber oder eine andere Unterstützungskasse geleistet wird. [3]Die Leistungen des neuen Arbeitgebers, der Unterstützungskasse, des Pensionsfonds, der Pensionskasse oder des Unternehmens der Lebensversicherung aufgrund des Betrages nach Satz 1 und 2 gehören zu den Einkünften, zu denen die Leistungen gehören würden, wenn die Übertragung nach § 4 Absatz 2 Nummer 2 und Absatz 3 des Betriebsrentengesetzes nicht stattgefunden hätte;

55a. die nach § 10 des Versorgungsausgleichsgesetzes vom 3. April 2009 (BGBl. I S. 700) in der jeweils geltenden Fassung (interne Teilung) durchgeführte Übertragung von Anrechten für die ausgleichsberechtigte Person zu Lasten von Anrechten der ausgleichspflichtigen Person. [2]Die Leistungen aus diesen Anrechten gehören bei der ausgleichsberechtigten Person zu den Einkünften, zu denen die Leistungen bei der ausgleichspflichtigen Person gehören würden, wenn die interne Teilung nicht stattgefunden hätte;

55b. der nach § 14 des Versorgungsausgleichsgesetzes (externe Teilung) geleistete Ausgleichswert zur Begründung von Anrechten für die ausgleichsberechtigte Person zu Lasten von Anrechten der ausgleichspflichtigen Person, soweit Leistungen aus diesen Anrechten zu steuerpflichtigen Einkünften nach den §§ 19, 20 und 22 führen würden. [2]Satz 1 gilt nicht, soweit Leistungen, die auf dem begründeten Anrecht beruhen, bei der ausgleichsberechtigten Person zu Einkünften nach § 20 Absatz 1 Nummer 6 oder § 22 Nummer 1 Satz 3 Buchstabe a Doppelbuchstabe bb führen würden. [3]Der Versorgungsträger der ausgleichspflichtigen Person hat den Versorgungsträger der ausgleichsberechtigten Person über die für die Besteuerung der Leistungen erforderlichen Grundlagen zu informieren. [4]Dies gilt nicht, wenn der Versorgungsträger der ausgleichsberechtigten Person die Grundlagen bereits kennt oder aus den bei ihm vorhandenen Daten feststellen kann und dieser Umstand dem Versorgungsträger der ausgleichspflichtigen Person mitgeteilt worden ist;

55c. Übertragungen von Altersvorsorgevermögen im Sinne des § 92 auf einen anderen auf den Namen des Steuerpflichtigen lautenden Altersvorsorgevertrag (§ 1 Absatz 1 Satz 1 Nummer 10 Buchstabe b des Altersvorsorgeverträge-Zertifizierungsgesetzes), soweit die Leistungen zu steuerpflichtigen Einkünften nach § 22 Nummer 5 führen würden. [2]Dies gilt entsprechend

a) wenn Anwartschaften aus einer betrieblichen Altersversorgung, die über einen Pensionsfonds, eine Pensionskasse oder ein Unternehmen der Lebensversicherung (Direktversicherung) durchgeführt wird, lediglich auf einen anderen Träger einer betrieblichen Altersversorgung in Form eines Pensionsfonds, einer Pensionskasse oder eines Unternehmens der Lebensversicherung (Direktversicherung) übertragen werden, soweit keine Zahlungen unmittelbar an den Arbeitnehmer erfolgen,

b) wenn Anwartschaften der betrieblichen Altersversorgung abgefunden werden, soweit das Altersvorsorgevermögen zugunsten eines auf den Namen des Steuerpflichtigen lautenden Altersvorsorgevertrages geleistet wird,

c) wenn im Fall des Todes des Steuerpflichtigen das Altersvorsorgevermögen auf einen auf den Namen des Ehegatten lautenden Altersvorsorgevertrag übertragen wird, wenn die Ehegatten im Zeitpunkt des Todes des Zulageberechtigten nicht dauernd getrennt gelebt haben (§ 26 Absatz 1) und ihren Wohnsitz oder gewöhnlichen Aufenthalt in einem Mitgliedstaat der Europäischen Union oder einem Staat hatten, auf den das Abkommen über den Europäischen Wirtschaftsraum anwendbar ist;

55d. Übertragungen von Anrechten aus einem nach § 5a Altersvorsorgeverträge-Zertifizierungsgesetz zertifizierten Vertrag auf einen anderen auf den Namen des

Steuerpflichtigen lautenden nach § 5a Altersvorsorgeverträge-Zertifizierungsgesetz zertifizierten Vertrag;

55e. die aufgrund eines Abkommens mit einer zwischen- oder überstaatlichen Einrichtung übertragenen Werte von Anrechten auf Altersversorgung, soweit diese zur Begründung von Anrechten auf Altersversorgung bei einer zwischen- oder überstaatlichen Einrichtung dienen. [2]Die Leistungen aufgrund des Betrags nach Satz 1 gehören zu den Einkünften, zu denen die Leistungen gehören, die die übernehmende Versorgungseinrichtung im Übrigen erbringt;

56. Zuwendungen des Arbeitgebers nach § 19 Absatz 1 Satz 1 Nummer 3 Satz 1 aus dem ersten Dienstverhältnis an eine Pensionskasse zum Aufbau einer nicht kapitalgedeckten betrieblichen Altersversorgung, bei der eine Auszahlung der zugesagten Alters-, Invaliditäts- oder Hinterbliebenenversorgung entsprechend § 82 Absatz 2 Satz 2 vorgesehen ist, soweit diese Zuwendungen im Kalenderjahr 2 Prozent der Beitragsbemessungsgrenze in der allgemeinen Rentenversicherung nicht übersteigen. [2]Der in Satz 1 genannte Höchstbetrag erhöht sich ab 1. Januar 2020 auf 3 Prozent und ab 1. Januar 2025 auf 4 Prozent der Beitragsbemessungsgrenze in der allgemeinen Rentenversicherung. [3]Die Beträge nach den Sätzen 1 und 2 sind jeweils um die nach § 3 Nummer 63 Satz 1, 3 oder Satz 4 steuerfreien Beträge zu mindern;

...

63. Beiträge des Arbeitgebers aus dem ersten Dienstverhältnis an einen Pensionsfonds, eine Pensionskasse oder für eine Direktversicherung zum Aufbau einer kapitalgedeckten betrieblichen Altersversorgung, bei der eine Auszahlung der zugesagten Alters-, Invaliditäts- oder Hinterbliebenenversorgungsleistungen entsprechend § 82 Absatz 2 Satz 2 vorgesehen ist, soweit die Beiträge im Kalenderjahr 8 Prozent der Beitragsbemessungsgrenze in der allgemeinen Rentenversicherung nicht übersteigen. [2]Dies gilt nicht, soweit der Arbeitnehmer nach § 1a Absatz 3 des Betriebsrentengesetzes verlangt hat, dass die Voraussetzungen für eine Förderung nach § 10a oder Abschnitt XI erfüllt werden. [3]Aus Anlass der Beendigung des Dienstverhältnisses geleistete Beiträge im Sinne des Satzes 1 sind steuerfrei, soweit sie 4 Prozent der Beitragsbemessungsgrenze in der allgemeinen Rentenversicherung, vervielfältigt mit der Anzahl der Kalenderjahre, in denen das Dienstverhältnis des Arbeitnehmers zu dem Arbeitgeber bestanden hat, höchstens jedoch zehn Kalenderjahre, nicht übersteigen. [4]Beiträge im Sinne des Satzes 1, die für Kalenderjahre nachgezahlt werden, in denen das erste Dienstverhältnis ruhte und vom Arbeitgeber im Inland kein steuerpflichtiger Arbeitslohn bezogen wurde, sind steuerfrei, soweit sie 8 Prozent der Beitragsbemessungsgrenze in der allgemeinen Rentenversicherung, vervielfältigt mit der Anzahl dieser Kalenderjahre, höchstens jedoch zehn Kalenderjahre, nicht übersteigen;

63a. Sicherungsbeiträge des Arbeitgebers nach § 23 Absatz 1 des Betriebsrentengesetzes, soweit sie nicht unmittelbar dem einzelnen Arbeitnehmer gutgeschrieben oder zugerechnet werden;

...

65. a) Beiträge des Trägers der Insolvenzsicherung (§ 14 des Betriebsrentengesetzes) zugunsten eines Versorgungsberechtigten und seiner Hinterbliebenen an ein Unternehmen der Lebensversicherung zur Ablösung von Verpflichtungen, die der Träger der Insolvenzsicherung im Sicherungsfall gegenüber dem Versorgungsberechtigten und seinen Hinterbliebenen hat,

b) Leistungen zur Übernahme von Versorgungsleistungen oder unverfallbaren Versorgungsanwartschaften durch eine Pensionskasse oder ein Unternehmen der Lebensversicherung in den in § 4 Absatz 4 des Betriebsrentengesetzes bezeichneten Fällen,

c) der Erwerb von Ansprüchen durch den Arbeitnehmer gegenüber einem Dritten im Falle der Eröffnung des Insolvenzverfahrens oder in den Fällen des § 7 Absatz 1 Satz 4 des Betriebsrentengesetzes, soweit der Dritte neben dem Arbeitgeber für die Erfüllung von Ansprüchen aufgrund bestehender Versorgungsverpflichtungen oder Versorgungsanwartschaften gegenüber dem Arbeitnehmer und dessen Hinterbliebenen einsteht; dies gilt entsprechend, wenn der Dritte für Wertguthaben aus einer Vereinbarung über die Altersteilzeit nach dem Altersteilzeitgesetz vom 23. Juli 1996 (BGBl. I S. 1078), zuletzt geändert durch Artikel 234 der Verordnung vom 31. Oktober 2006 (BGBl. I S. 2407), in der jeweils geltenden Fassung oder aufgrund von Wertguthaben aus einem Arbeitszeitkonto in den im ersten Halbsatz genannten Fällen für den Arbeitgeber einsteht und

d) der Erwerb von Ansprüchen durch den Arbeitnehmer im Zusammenhang mit dem Eintritt in die Versicherung nach § 8 Absatz 2 des Betriebsrentengesetzes.

²In den Fällen nach Buchstabe a, b und c gehören die Leistungen der Pensionskasse, des Unternehmens der Lebensversicherung oder des Dritten zu den Einkünften, zu denen jene Leistungen gehören würden, die ohne Eintritt eines Falles nach Buchstabe a, b und c zu erbringen wären. ³Soweit sie zu den Einkünften aus nichtselbstständiger Arbeit im Sinne des § 19 gehören, ist von ihnen Lohnsteuer einzubehalten. ⁴Für die Erhebung der Lohnsteuer gelten die Pensionskasse, das Unternehmen der Lebensversicherung oder der Dritte als Arbeitgeber und der Leistungsempfänger als Arbeitnehmer. ⁵Im Fall des Buchstaben d gehören die Versorgungsleistungen des Unternehmens der Lebensversicherung oder der Pensionskasse, soweit sie auf Beiträgen beruhen, die bis zum Eintritt des Arbeitnehmers in die Versicherung geleistet wurden, zu den sonstigen Einkünften im Sinne des § 22 Nummer 5 Satz 1; soweit der Arbeitnehmer in den Fällen des § 8 Absatz 2 des Betriebsrentengesetzes die Versicherung mit eigenen Beiträgen fortgesetzt hat, sind die auf diesen Beiträgen beruhenden Versorgungsleistungen sonstige Einkünfte im Sinne des § 22 Nummer 5 Satz 1 oder Satz 2;

66. Leistungen eines Arbeitgebers oder einer Unterstützungskasse an einen Pensionsfonds zur Übernahme bestehender Versorgungsverpflichtungen oder Versorgungsanwartschaften durch den Pensionsfonds, wenn ein Antrag nach § 4d Absatz 3 oder § 4e Absatz 3 gestellt worden ist;

…

3. Gewinn

§ 4
Gewinnbegriff im Allgemeinen

(1) [1]Gewinn ist der Unterschiedsbetrag zwischen dem Betriebsvermögen am Schluss des Wirtschaftsjahres und dem Betriebsvermögen am Schluss des vorangegangenen Wirtschaftsjahres, vermehrt um den Wert der Entnahmen und vermindert um den Wert der Einlagen. [2]Entnahmen sind alle Wirtschaftsgüter (Barentnahmen, Waren, Erzeugnisse, Nutzungen und Leistungen), die der Steuerpflichtige dem Betrieb für sich, für seinen Haushalt oder für andere betriebsfremde Zwecke im Laufe des Wirtschaftsjahres entnommen hat. [3]Einer Entnahme für betriebsfremde Zwecke steht der Ausschluss oder die Beschränkung des Besteuerungsrechts der Bundesrepublik Deutschland hinsichtlich des Gewinns aus der Veräußerung oder der Nutzung eines Wirtschaftsguts gleich; dies gilt auf Antrag auch in den Fällen, in denen die Beschränkung des Besteuerungsrechts der Bundesrepublik Deutschland hinsichtlich des Gewinns aus der Veräußerung eines Wirtschaftsguts entfällt und in einem anderen Staat eine Besteuerung auf Grund des Ausschlusses oder der Beschränkung des Besteuerungsrechts dieses Staates hinsichtlich des Gewinns aus der Veräußerung des Wirtschaftsguts erfolgt. [4]Ein Ausschluss oder eine Beschränkung des Besteuerungsrechts hinsichtlich des Gewinns aus der Veräußerung eines Wirtschaftsguts liegt insbesondere vor, wenn ein bisher einer inländischen Betriebsstätte des Steuerpflichtigen zuzuordnendes Wirtschaftsgut einer ausländischen Betriebsstätte zuzuordnen ist. [5]Satz 3 gilt nicht für Anteile an einer Europäischen Gesellschaft oder Europäischen Genossenschaft in den Fällen

1. einer Sitzverlegung der Europäischen Gesellschaft nach Artikel 8 der Verordnung (EG) Nr. 2157/2001 des Rates vom 8. Oktober 2001 über das Statut der Europäischen Gesellschaft (SE) (ABl. EG Nr. L 294 S. 1), zuletzt geändert durch die Verordnung (EG) Nr. 885/2004 des Rates vom 26. April 2004 (ABl. EU Nr. L 168 S. 1), und
2. einer Sitzverlegung der Europäischen Genossenschaft nach Artikel 7 der Verordnung (EG) Nr. 1435/2003 des Rates vom 22. Juli 2003 über das Statut der Europäischen Genossenschaft (SCE) (ABl. EU Nr. L 207 S. 1).

[6]Ein Wirtschaftsgut wird nicht dadurch entnommen, dass der Steuerpflichtige zur Gewinnermittlung nach § 13a übergeht. [7]Eine Änderung der Nutzung eines Wirtschaftsguts, die bei Gewinnermittlung nach Satz 1 keine Entnahme ist, ist auch bei Gewinnermittlung nach § 13a keine Entnahme. [8]Einlagen sind alle Wirtschaftsgüter (Bareinzahlungen und sonstige Wirtschaftsgüter), die der Steuerpflichtige dem Betrieb im Laufe des Wirtschaftsjahres zugeführt hat; einer Einlage steht die Begründung des Besteuerungsrechts der Bundesrepublik Deutschland hinsichtlich des Gewinns aus der Veräußerung eines Wirtschaftsguts gleich. [9]In den Fällen des Satzes 3 zweiter Halbsatz gilt das Wirtschaftsgut als unmittelbar nach der Entnahme wieder eingelegt. [10]Bei der Ermittlung des Gewinns sind die Vorschriften über die Betriebsausgaben, über die Bewertung und über die Absetzung für Abnutzung oder Substanzverringerung zu befolgen.

(2) [1]Der Steuerpflichtige darf die Vermögensübersicht (Bilanz) auch nach ihrer Einreichung beim Finanzamt ändern, soweit sie den Grundsätzen ordnungsmäßiger Buchführung unter Befolgung der Vorschriften dieses Gesetzes nicht entspricht; diese Änderung ist nicht zulässig, wenn die Vermögensübersicht (Bilanz) einer Steuerfestsetzung zugrunde liegt, die nicht mehr aufgehoben oder geändert werden kann. [2]Darüber hinaus ist eine Änderung der Vermögensübersicht (Bilanz) nur zulässig, wenn sie in einem engen zeitlichen und sachlichen Zusammenhang mit einer Änderung nach Satz 1 steht und soweit die Auswirkung der Änderung nach Satz 1 auf den Gewinn reicht.

(3) [1]Steuerpflichtige, die nicht aufgrund gesetzlicher Vorschriften verpflichtet sind, Bücher zu führen und regelmäßig Abschlüsse zu machen, und die auch keine Bücher führen und keine Abschlüsse machen, können als Gewinn den Überschuss der Betriebseinnahmen über die Betriebsausgaben ansetzen. [2]Hierbei scheiden Betriebseinnahmen und Betriebsausgaben aus, die im Namen und für Rechnung eines anderen vereinnahmt und verausgabt werden (durchlaufende Posten). [3]Die Vorschriften über die Bewertungsfreiheit für geringwertige Wirtschaftsgüter (§ 6 Absatz 2), die Bildung eines Sammelpostens (§ 6 Absatz 2a) und über die Absetzung für Abnutzung oder Substanzverringerung sind zu befolgen. [4]Die Anschaffungs- oder Herstellungskosten für nicht abnutzbare Wirtschaftsgüter des Anlagevermögens, für Anteile an Kapitalgesellschaften, für Wertpapiere und vergleichbare nicht verbriefte Forderungen und Rechte, für Grund und Boden sowie Gebäude des Umlaufvermögens sind erst im Zeitpunkt des Zuflusses des Veräußerungserlöses oder bei Entnahme im Zeitpunkt der Entnahme als Betriebsausgaben zu berücksichtigen. [5]Die Wirtschaftsgüter des Anlagevermögens und Wirtschaftsgüter des Umlaufvermögens im Sinne des Satzes 4 sind unter Angabe des Tages der Anschaffung oder Herstellung und der Anschaffungs- oder Herstellungskosten oder des an deren Stelle getretenen Werts in besondere, laufend zu führende Verzeichnisse aufzunehmen.

(4) Betriebsausgaben sind die Aufwendungen, die durch den Betrieb veranlasst sind.

...

§ 4b
Direktversicherung

[1]Der Versicherungsanspruch aus einer Direktversicherung, die von einem Steuerpflichtigen aus betrieblichem Anlass abgeschlossen wird, ist dem Betriebsvermögen des Steuerpflichtigen nicht zuzurechnen, soweit am Schluss des Wirtschaftsjahres hinsichtlich der Leistungen des Versicherers die Person, auf deren Leben die Lebensversicherung abgeschlossen ist, oder ihre Hinterbliebenen bezugsberechtigt sind. [2]Das gilt auch, wenn der Steuerpflichtige die Ansprüche aus dem Versicherungsvertrag abgetreten oder beliehen hat, sofern er sich der bezugsberechtigten Person gegenüber schriftlich verpflichtet, sie bei Eintritt des Versicherungsfalls so zu stellen, als ob die Abtretung oder Beleihung nicht erfolgt wäre.

§ 4c
Zuwendungen an Pensionskassen

(1) [1]Zuwendungen an eine Pensionskasse dürfen von dem Unternehmen, das die Zuwendungen leistet (Trägerunternehmen), als Betriebsausgaben abgezogen werden, soweit sie auf einer in der Satzung oder im Geschäftsplan der Kasse festgelegten Verpflichtung oder auf einer Anordnung der Versicherungsaufsichtsbehörde beruhen oder der Abdeckung von Fehlbeträgen bei der Kasse dienen. [2]Soweit die allgemeinen Versicherungsbedingungen und die fachlichen Geschäftsunterlagen im Sinne des § 219 Absatz 3 Nummer 1 Buchstabe b Versicherungsaufsichtsgesetzes nicht zum Geschäftsplan gehören, gelten diese als Teil des Geschäftsplans.

(2) Zuwendungen im Sinne des Absatzes 1 dürfen als Betriebsausgaben nicht abgezogen werden, soweit die Leistungen der Kasse, wenn sie vom Trägerunternehmen unmittelbar erbracht würden, bei diesem nicht betrieblich veranlasst wären.

§ 4d
Zuwendungen an Unterstützungskassen

(1) [1]Zuwendungen an eine Unterstützungskasse dürfen von dem Unternehmen, das die Zuwendungen leistet (Trägerunternehmen), als Betriebsausgaben abgezogen werden, soweit die Leistungen der Kasse, wenn sie vom Trägerunternehmen unmittelbar erbracht würden, bei diesem betrieblich veranlasst wären und sie die folgenden Beträge nicht übersteigen:

1. bei Unterstützungskassen, die lebenslänglich laufende Leistungen gewähren:

   a) das Deckungskapital für die laufenden Leistungen nach der dem Gesetz als Anlage 1 beigefügten Tabelle. [2]Leistungsempfänger ist jeder ehemalige Arbeitnehmer des Trägerunternehmens, der von der Unterstützungskasse Leistungen erhält; soweit die Kasse Hinterbliebenenversorgung gewährt, ist Leistungsempfänger der Hinterbliebene eines ehemaligen Arbeitnehmers des Trägerunternehmens, der von der Kasse Leistungen erhält. [3]Dem ehemaligen Arbeitnehmer stehen andere Personen gleich, denen Leistungen der Alters-, Invaliditäts- oder Hinterbliebenenversorgung aus Anlass ihrer ehemaligen Tätigkeit für das Trägerunternehmen zugesagt worden sind;

   b) in jedem Wirtschaftsjahr für jeden Leistungsanwärter,

      aa) wenn die Kasse nur Invaliditätsversorgung oder nur Hinterbliebenenversorgung gewährt, jeweils 6 Prozent,

      bb) wenn die Kasse Altersversorgung mit oder ohne Einschluss von Invaliditätsversorgung oder Hinterbliebenenversorgung gewährt, 25 Prozent

   der jährlichen Versorgungsleistungen, die der Leistungsanwärter oder, wenn nur Hinterbliebenenversorgung gewährt wird, dessen Hinterbliebene nach den Verhältnissen am Schluss des Wirtschaftsjahres der Zuwendung im letzten Zeitpunkt der Anwartschaft, spätestens zum Zeitpunkt des Erreichens der Regelaltersgrenze der gesetzlichen Rentenversicherung erhalten können. [2]Leistungsanwärter ist jeder Arbeitnehmer oder ehemalige Arbeitnehmer des Trägerunternehmens, der von der Unterstützungskasse schriftlich zugesagte Leistungen erhalten kann und am Schluss des Wirtschaftsjahres, in dem die Zuwendung erfolgt,

aa) bei erstmals nach dem 31. Dezember 2017 zugesagten Leistungen das 23. Lebensjahr vollendet hat,

bb) bei erstmals nach dem 31. Dezember 2008 und vor dem 1. Januar 2018 zugesagten Leistungen das 27. Lebensjahr vollendet hat oder

cc) bei erstmals vor dem 1. Januar 2009 zugesagten Leistungen das 28. Lebensjahr vollendet hat;

soweit die Kasse nur Hinterbliebenenversorgung gewährt, gilt als Leistungsanwärter jeder Arbeitnehmer oder ehemalige Arbeitnehmer des Trägerunternehmens, der am Schluss des Wirtschaftsjahres, in dem die Zuwendung erfolgt, das nach dem ersten Halbsatz maßgebende Lebensjahr vollendet hat und dessen Hinterbliebene die Hinterbliebenenversorgung erhalten können. [3]Das Trägerunternehmen kann bei der Berechnung nach Satz 1 statt des dort maßgebenden Betrages den Durchschnittsbetrag der von der Kasse im Wirtschaftsjahr an Leistungsempfänger im Sinne des Buchstabens a Satz 2 gewährten Leistungen zugrunde legen. [4]In diesem Fall sind Leistungsanwärter im Sinne des Satzes 2 nur die Arbeitnehmer oder ehemaligen Arbeitnehmer des Trägerunternehmens, die am Schluss des Wirtschaftsjahres, in dem die Zuwendung erfolgt, das 50. Lebensjahr vollendet haben. [5]Dem Arbeitnehmer oder ehemaligen Arbeitnehmer als Leistungsanwärter stehen andere Personen gleich, denen schriftlich Leistungen der Alters, Invaliditäts- oder Hinterbliebenenversorgung aus Anlass ihrer Tätigkeit für das Trägerunternehmen zugesagt worden sind;

c) den Betrag des Beitrages, den die Kasse an einen Versicherer zahlt, soweit sie sich die Mittel für ihre Versorgungsleistungen, die der Leistungsanwärter oder Leistungsempfänger nach den Verhältnissen am Schluss des Wirtschaftsjahres der Zuwendung erhalten kann, durch Abschluss einer Versicherung verschafft. [2]Bei Versicherungen für einen Leistungsanwärter ist der Abzug des Beitrages nur zulässig, wenn der Leistungsanwärter die in Buchstabe b Satz 2 und 5 genannten Voraussetzungen erfüllt, die Versicherung für die Dauer bis zu dem Zeitpunkt abgeschlossen ist, für den erstmals Leistungen der Altersversorgung vorgesehen sind, mindestens jedoch bis zu dem Zeitpunkt, an dem der Leistungsanwärter das 55. Lebensjahr vollendet hat, und während dieser Zeit jährlich Beiträge gezahlt werden, die der Höhe nach gleich bleiben oder steigen. [3]Das Gleiche gilt für Leistungsanwärter, die das nach Buchstabe b Satz 2 jeweils maßgebende Kalenderjahr noch nicht vollendet haben, für Leistungen der Invaliditäts- oder Hinterbliebenenversorgung, für Leistungen der Altersversorgung unter der Voraussetzung, dass die Leistungsanwartschaft bereits unverfallbar ist. [4]Ein Abzug ist ausgeschlossen, wenn die Ansprüche aus der Versicherung der Sicherung eines Darlehens dienen. [5]Liegen die Voraussetzungen der Sätze 1 bis 4 vor, sind die Zuwendungen nach den Buchstaben a und b in dem

Verhältnis zu vermindern, in dem die Leistungen der Kasse durch die Versicherung gedeckt sind;

d) den Betrag, den die Kasse einem Leistungsanwärter im Sinne des Buchstabens b Satz 2 und 5 vor Eintritt des Versorgungsfalls als Abfindung für künftige Versorgungsleistungen gewährt, den Übertragungswert nach § 4 Absatz 5 des Betriebsrentengesetzes oder den Betrag, den sie an einen anderen Versorgungsträger zahlt, der eine ihr obliegende Versorgungsverpflichtung übernommen hat.

[2]Zuwendungen dürfen nicht als Betriebsausgaben abgezogen werden, wenn das Vermögen der Kasse ohne Berücksichtigung künftiger Versorgungsleistungen am Schluss des Wirtschaftsjahres das zulässige Kassenvermögen übersteigt. [3]Bei der Ermittlung des Vermögens der Kasse ist am Schluss des Wirtschaftsjahres vorhandener Grundbesitz mit 200 Prozent der Einheitswerte anzusetzen, die zu dem Feststellungszeitpunkt maßgebend sind, der dem Schluss des Wirtschaftsjahres folgt; Ansprüche aus einer Versicherung sind mit dem Wert des geschäftsplanmäßigen Deckungskapitals zuzüglich der Guthaben aus Beitragsrückerstattung am Schluss des Wirtschaftsjahres anzusetzen, und das übrige Vermögen ist mit dem gemeinen Wert am Schluss des Wirtschaftsjahres zu bewerten. [4]Zulässiges Kassenvermögen ist die Summe aus dem Deckungskapital für alle am Schluss des Wirtschaftsjahres laufenden Leistungen nach der dem Gesetz als Anlage 1 beigefügten Tabelle für Leistungsempfänger im Sinne des Satzes 1 Buchstabe a und dem Achtfachen der nach Satz 1 Buchstabe b abzugsfähigen Zuwendungen. [5]Soweit sich die Kasse die Mittel für ihre Leistungen durch Abschluss einer Versicherung verschafft, ist, wenn die Voraussetzungen für den Abzug des Beitrages nach Satz 1 Buchstabe c erfüllt sind, zulässiges Kassenvermögen der Wert des geschäftsplanmäßigen Deckungskapitals aus der Versicherung am Schluss des Wirtschaftsjahres; in diesem Fall ist das zulässige Kassenvermögen nach Satz 4 in dem Verhältnis zu vermindern, in dem die Leistungen der Kasse durch die Versicherung gedeckt sind. [6]Soweit die Berechnung des Deckungskapitals nicht zum Geschäftsplan gehört, tritt an die Stelle des geschäftsplanmäßigen Deckungskapitals der nach § 169 Absatz 3 und 4 des Versicherungsvertragsgesetzes berechnete Wert, beim zulässigen Kassenvermögen ohne Berücksichtigung des Guthabens aus Beitragsrückerstattung. [7]Gewährt eine Unterstützungskasse an Stelle von lebenslänglich laufenden Leistungen eine einmalige Kapitalleistung, so gelten 10 Prozent der Kapitalleistung als Jahresbetrag einer lebenslänglich laufenden Leistung;

2. bei Kassen, die keine lebenslänglich laufenden Leistungen gewähren, für jedes Wirtschaftsjahr 0,2 Prozent der Lohn- und Gehaltssumme des Trägerunternehmens, mindestens jedoch den Betrag der von der Kasse in einem Wirtschaftsjahr erbrachten Leistungen, soweit dieser Betrag höher ist als die in den vorangegangenen fünf Wirtschaftsjahren vorgenommenen Zuwendungen abzüglich der in dem gleichen Zeitraum erbrachten Leistungen. [2]Diese Zuwendungen dürfen nicht als Betriebsausgaben abgezogen werden, wenn das Vermögen der Kasse am Schluss des Wirtschaftsjahres das zulässige Kassenvermögen übersteigt. [3]Als zulässiges Kassenvermögen kann 1 Prozent der durchschnittlichen Lohn- und Gehaltssumme der letzten drei Jahre angesetzt werden. [4]Hat die Kasse bereits zehn Wirtschaftsjah-

re bestanden, darf das zulässige Kassenvermögen zusätzlich die Summe der in den letzten zehn Wirtschaftsjahren gewährten Leistungen nicht übersteigen. [5]Für die Bewertung des Vermögens der Kasse gilt Nummer 1 Satz 3 entsprechend. [6]Bei der Berechnung der Lohn- und Gehaltssumme des Trägerunternehmens sind Löhne und Gehälter von Personen, die von der Kasse keine nicht lebenslänglich laufenden Leistungen erhalten können, auszuscheiden.

[2]Gewährt eine Kasse lebenslänglich laufende und nicht lebenslänglich laufende Leistungen, so gilt Satz 1 Nummer 1 und 2 nebeneinander. [3]Leistet ein Trägerunternehmen Zuwendungen an mehrere Unterstützungskassen, so sind diese Kassen bei der Anwendung der Nummern 1 und 2 als Einheit zu behandeln.

(2) [1]Zuwendungen im Sinne des Absatzes 1 sind von dem Trägerunternehmen in dem Wirtschaftsjahr als Betriebsausgaben abzuziehen, in dem sie geleistet werden. [2]Zuwendungen, die bis zum Ablauf eines Monats nach Aufstellung oder Feststellung der Bilanz des Trägerunternehmens für den Schluss eines Wirtschaftsjahres geleistet werden, können von dem Trägerunternehmen noch für das abgelaufene Wirtschaftsjahr durch eine Rückstellung gewinnmindernd berücksichtigt werden. [3]Übersteigen die in einem Wirtschaftsjahr geleisteten Zuwendungen die nach Absatz 1 abzugsfähigen Beträge, so können die übersteigenden Beträge im Wege der Rechnungsabgrenzung auf die folgenden drei Wirtschaftsjahre vorgetragen und im Rahmen der für diese Wirtschaftsjahre abzugsfähigen Beträge als Betriebsausgaben behandelt werden. [4]§ 5 Absatz 1 Satz 2 ist nicht anzuwenden.

(3) [1]Abweichend von Absatz 1 Satz 1 Nummer 1 Satz 1 Buchstabe d und Absatz 2 können auf Antrag die insgesamt erforderlichen Zuwendungen an die Unterstützungskasse für den Betrag, den die Kasse an einen Pensionsfonds zahlt, der eine ihr obliegende Versorgungsverpflichtung ganz oder teilweise übernommen hat, nicht im Wirtschaftsjahr der Zuwendung, sondern erst in den dem Wirtschaftsjahr der Zuwendung folgenden zehn Wirtschaftsjahren gleichmäßig verteilt als Betriebsausgaben abgezogen werden. [2]Der Antrag ist unwiderruflich; der jeweilige Rechtsnachfolger ist an den Antrag gebunden.

§ 4e
Beiträge an Pensionsfonds

(1) Beiträge an einen Pensionsfonds im Sinne des § 236 des Versicherungsaufsichtsgesetzes dürfen von dem Unternehmen, das die Beiträge leistet (Trägerunternehmen), als Betriebsausgaben abgezogen werden, soweit sie auf einer festgelegten Verpflichtung beruhen oder der Abdeckung von Fehlbeträgen bei dem Fonds dienen.

(2) Beiträge im Sinne des Absatzes 1 dürfen als Betriebsausgaben nicht abgezogen werden, soweit die Leistungen des Fonds, wenn sie vom Trägerunternehmen unmittelbar erbracht würden, bei diesem nicht betrieblich veranlasst wären.

(3) [1]Der Steuerpflichtige kann auf Antrag die insgesamt erforderlichen Leistungen an einen Pensionsfonds zur teilweisen oder vollständigen Übernahme einer bestehenden Versorgungsverpflichtung oder Versorgungsanwartschaft durch den Pensionsfonds erst in den dem Wirtschaftsjahr der Übertragung folgenden zehn Wirtschaftsjahren

gleichmäßig verteilt als Betriebsausgaben abziehen. [2]Der Antrag ist unwiderruflich; der jeweilige Rechtsnachfolger ist an den Antrag gebunden. [3]Ist eine Pensionsrückstellung nach § 6a gewinnerhöhend aufzulösen, ist Satz 1 mit der Maßgabe anzuwenden, dass die Leistungen an den Pensionsfonds im Wirtschaftsjahr der Übertragung in Höhe der aufgelösten Rückstellung als Betriebsausgaben abgezogen werden können; der die aufgelöste Rückstellung übersteigende Betrag ist in den dem Wirtschaftsjahr der Übertragung folgenden zehn Wirtschaftsjahren gleichmäßig verteilt als Betriebsausgaben abzuziehen. [4]Satz 3 gilt entsprechend, wenn es im Zuge der Leistungen des Arbeitgebers an den Pensionsfonds zu Vermögensübertragungen einer Unterstützungskasse an den Arbeitgeber kommt.

§ 4f
Verpflichtungsübernahmen, Schuldbeitritte und Erfüllungsübernahmen

(1) [1]Werden Verpflichtungen übertragen, die beim ursprünglich Verpflichteten Ansatzverboten, -beschränkungen oder Bewertungsvorbehalten unterlegen haben, ist der sich aus diesem Vorgang ergebende Aufwand im Wirtschaftsjahr der Schuldübernahme und den nachfolgenden 14 Jahren gleichmäßig verteilt als Betriebsausgabe abziehbar. [2]Ist auf Grund der Übertragung einer Verpflichtung ein Passivposten gewinnerhöhend aufzulösen, ist Satz 1 mit der Maßgabe anzuwenden, dass der sich ergebende Aufwand im Wirtschaftsjahr der Schuldübernahme in Höhe des aufgelösten Passivpostens als Betriebsausgabe abzuziehen ist; der den aufgelösten Passivposten übersteigende Betrag ist in dem Wirtschaftsjahr der Schuldübernahme und den nachfolgenden 14 Wirtschaftsjahren gleichmäßig verteilt als Betriebsausgabe abzuziehen. [3]Eine Verteilung des sich ergebenden Aufwands unterbleibt, wenn die Schuldübernahme im Rahmen einer Veräußerung oder Aufgabe des ganzen Betriebes oder des gesamten Mitunternehmeranteils im Sinne der §§ 14, 16 Absatz 1, 3 und 3a sowie des § 18 Absatz 3 erfolgt; dies gilt auch, wenn ein Arbeitnehmer unter Mitnahme seiner erworbenen Pensionsansprüche zu einem neuen Arbeitgeber wechselt oder wenn der Betrieb am Schluss des vorangehenden Wirtschaftsjahres die Gewinngrenze des § 7g Absatz 1 Satz 2 Nummer 1 nicht überschreitet. [4]Erfolgt die Schuldübernahme in dem Fall einer Teilbetriebsveräußerung oder -aufgabe im Sinne der §§ 14, 16 Absatz 1, 3 und 3a sowie des § 18 Absatz 3, ist ein Veräußerungs- oder Aufgabeverlust um den Aufwand im Sinne des Satzes 1 zu vermindern, soweit dieser den Verlust begründet oder erhöht hat. [5]Entsprechendes gilt für den einen aufgelösten Passivposten übersteigenden Betrag im Sinne des Satzes 2. [6]Für den hinzugerechneten Aufwand gelten Satz 2 zweiter Halbsatz und Satz 3 entsprechend. [7]Der jeweilige Rechtsnachfolger des ursprünglichen Verpflichteten ist an die Aufwandsverteilung nach den Sätzen 1 bis 6 gebunden.

(2) Wurde für Verpflichtungen im Sinne des Absatzes 1 ein Schuldbeitritt oder eine Erfüllungsübernahme mit ganzer oder teilweiser Schuldfreistellung vereinbart, gilt für die vom Freistellungsberechtigten an den Freistellungsverpflichteten erbrachten Leistungen Absatz 1 Satz 1, 2 und 7 entsprechend.

…

§ 5
Gewinn bei Kaufleuten und bei bestimmten anderen Gewerbetreibenden

(1) [1]Bei Gewerbetreibenden, die aufgrund gesetzlicher Vorschriften verpflichtet sind, Bücher zu führen und regelmäßig Abschlüsse zu machen, oder die ohne eine solche Verpflichtung Bücher führen und regelmäßig Abschlüsse machen, ist für den Schluss des Wirtschaftsjahres das Betriebsvermögen anzusetzen (§ 4 Absatz 1 Satz 1), das nach den handelsrechtlichen Grundsätzen ordnungsmäßiger Buchführung auszuweisen ist, es sei denn, im Rahmen der Ausübung eines steuerlichen Wahlrechts wird oder wurde ein anderer Ansatz gewählt. [2]Voraussetzung für die Ausübung steuerlicher Wahlrechte ist, dass die Wirtschaftsgüter, die nicht mit dem handelsrechtlich maßgeblichen Wert in der steuerlichen Gewinnermittlung ausgewiesen werden, in besondere, laufend zu führende Verzeichnisse aufgenommen werden. [3]In den Verzeichnissen sind der Tag der Anschaffung oder Herstellung, die Anschaffungs- oder Herstellungskosten, die Vorschrift des ausgeübten steuerlichen Wahlrechts und die vorgenommenen Abschreibungen nachzuweisen.

(1a) [1]Posten der Aktivseite dürfen nicht mit Posten der Passivseite verrechnet werden. [2]Die Ergebnisse der in der handelsrechtlichen Rechnungslegung zur Absicherung finanzwirtschaftlicher Risiken gebildeten Bewertungseinheiten sind auch für die steuerliche Gewinnermittlung maßgeblich.

...

(5) [1]Als Rechnungsabgrenzungsposten sind nur anzusetzen

1. auf der Aktivseite Ausgaben vor dem Abschlussstichtag, soweit sie Aufwand für eine bestimmte Zeit nach diesem Tag darstellen;
2. auf der Passivseite Einnahmen vor dem Abschlussstichtag, soweit sie Ertrag für eine bestimmte Zeit nach diesem Tag darstellen.

[2]Der Ansatz eines Rechnungsabgrenzungspostens kann unterbleiben, wenn die jeweilige Ausgabe oder Einnahme im Sinne des Satzes 1 den Betrag des § 6 Absatz 2 Satz 1 nicht übersteigt; das Wahlrecht ist einheitlich für alle Ausgaben und Einnahmen im Sinne des Satzes 1 auszuüben. [3]Auf der Aktivseite sind ferner anzusetzen

1. als Aufwand berücksichtigte Zölle und Verbrauchsteuern, soweit sie auf am Abschlussstichtag auszuweisende Wirtschaftsgüter des Vorratsvermögens entfallen,
2. als Aufwand berücksichtigte Umsatzsteuer auf am Abschlussstichtag auszuweisende Anzahlungen.

(6) Die Vorschriften über die Entnahmen und die Einlagen, über die Zulässigkeit der Bilanzänderung, über die Betriebsausgaben, über die Bewertung und über die Absetzung für Abnutzung oder Substanzverringerung sind zu befolgen.

(7) [1]Übernommene Verpflichtungen, die beim ursprünglich Verpflichteten Ansatzverboten, -beschränkungen oder Bewertungsvorbehalten unterlegen haben, sind zu den auf die Übernahme folgenden Abschlussstichtagen bei dem Übernehmer und dessen Rechtsnachfolger so zu bilanzieren, wie sie beim ursprünglich Verpflichteten ohne

Übernahme zu bilanzieren wären. ²Dies gilt in Fällen des Schuldbeitritts oder der Erfüllungsübernahme mit vollständiger oder teilweiser Schuldfreistellung für die sich aus diesem Rechtsgeschäft ergebenden Verpflichtungen sinngemäß. ³Satz 1 ist für den Erwerb eines Mitunternehmeranteils entsprechend anzuwenden. ⁴Wird eine Pensionsverpflichtung unter gleichzeitiger Übernahme von Vermögenswerten gegenüber einem Arbeitnehmer übernommen, der bisher in einem anderen Unternehmen tätig war, ist Satz 1 mit der Maßgabe anzuwenden, dass bei der Ermittlung des Teilwertes der Verpflichtung der Jahresbetrag nach § 6a Absatz 3 Satz 2 Nummer 1 so zu bemessen ist, dass zu Beginn des Wirtschaftsjahres der Übernahme der Barwert der Jahresbeträge zusammen mit den übernommenen Vermögenswerten gleich dem Barwert der künftigen Pensionsleistungen ist; dabei darf sich kein negativer Jahresbetrag ergeben. ⁵Für einen Gewinn, der sich aus der Anwendung der Sätze 1 bis 3 ergibt, kann jeweils in Höhe von vierzehn Fünfzehntel eine gewinnmindernde Rücklage gebildet werden, die in den folgenden 14 Wirtschaftsjahren jeweils mit mindestens einem Vierzehntel gewinnerhöhend aufzulösen ist (Auflösungszeitraum). ⁶Besteht eine Verpflichtung, für die eine Rücklage gebildet wurde, bereits vor Ablauf des maßgebenden Auflösungszeitraums nicht mehr, ist die insoweit verbleibende Rücklage erhöhend aufzulösen.

§ 6
Bewertung

(1) Für die Bewertung der einzelnen Wirtschaftsgüter, die nach § 4 Absatz 1 oder nach § 5 als Betriebsvermögen anzusetzen sind, gilt das Folgende:

1. Wirtschaftsgüter des Anlagevermögens, die der Abnutzung unterliegen, sind mit den Anschaffungs- oder Herstellungskosten oder dem an deren Stelle tretenden Wert, vermindert um die Absetzungen für Abnutzung, erhöhte Absetzungen, Sonderabschreibungen, Abzüge nach § 6b und ähnliche Abzüge, anzusetzen. ²Ist der Teilwert aufgrund einer voraussichtlich dauernden Wertminderung niedriger, so kann dieser angesetzt werden. ³Teilwert ist der Betrag, den ein Erwerber des ganzen Betriebs im Rahmen des Gesamtkaufpreises für das einzelne Wirtschaftsgut ansetzen würde; dabei ist davon auszugehen, dass der Erwerber den Betrieb fortführt. ⁴Wirtschaftsgüter, die bereits am Schluss des vorangegangenen Wirtschaftsjahres zum Anlagevermögen des Steuerpflichtigen gehört haben, sind in den folgenden Wirtschaftsjahren gemäß Satz 1 anzusetzen, es sei denn, der Steuerpflichtige weist nach, dass ein niedrigerer Teilwert nach Satz 2 angesetzt werden kann.

...

2. Andere als die in Nummer 1 bezeichneten Wirtschaftsgüter des Betriebs (Grund und Boden, Beteiligungen, Umlaufvermögen) sind mit den Anschaffungs- oder Herstellungskosten oder dem an deren Stelle tretenden Wert, vermindert um Abzüge nach § 6b und ähnliche Abzüge, anzusetzen. ²Ist der Teilwert (Nummer 1 Satz 3) aufgrund einer voraussichtlich dauernden Wertminderung niedriger, so kann dieser angesetzt werden. ³Nummer 1 Satz 4 gilt entsprechend.

...

3a. Rückstellungen sind höchstens insbesondere unter Berücksichtigung folgender Grundsätze anzusetzen:

...

e) Rückstellungen für Verpflichtungen sind mit einem Zinssatz von 5,5 Prozent abzuzinsen; ausgenommen von der Abzinsung sind Rückstellungen für Verpflichtungen, deren Laufzeit am Bilanzstichtag weniger als zwölf Monate beträgt, und Rückstellungen für Verpflichtungen, die verzinslich sind oder auf einer Anzahlung oder Vorausleistung beruhen. [2]Für die Abzinsung von Rückstellungen für Sachleistungsverpflichtungen ist der Zeitraum bis zum Beginn der Erfüllung maßgebend. [3]Für die Abzinsung von Rückstellungen für die Verpflichtung, ein Kernkraftwerk stillzulegen, ist der sich aus Buchstabe d Satz 3 ergebende Zeitraum maßgebend; und

f) bei der Bewertung sind die Wertverhältnisse am Bilanzstichtag maßgebend; künftige Preis- und Kostensteigerungen dürfen nicht berücksichtigt werden.

...

§ 6a
Pensionsrückstellung

(1) Für eine Pensionsverpflichtung darf eine Rückstellung (Pensionsrückstellung) nur gebildet werden, wenn und soweit

1. der Pensionsberechtigte einen Rechtsanspruch auf einmalige oder laufende Pensionsleistungen hat,

2. die Pensionszusage keine Pensionsleistungen in Abhängigkeit von künftigen gewinnabhängigen Bezügen vorsieht und keinen Vorbehalt enthält, dass die Pensionsanwartschaft oder die Pensionsleistung gemindert oder entzogen werden kann, oder ein solcher Vorbehalt sich nur auf Tatbestände erstreckt, bei deren Vorliegen nach allgemeinen Rechtsgrundsätzen unter Beachtung billigen Ermessens eine Minderung oder ein Entzug der Pensionsanwartschaft oder der Pensionsleistung zulässig ist, und

3. die Pensionszusage schriftlich erteilt ist; die Pensionszusage muss eindeutige Angaben zu Art, Form, Voraussetzungen und Höhe der in Aussicht gestellten künftigen Leistungen enthalten.

(2) Eine Pensionsrückstellung darf erstmals gebildet werden

1. vor Eintritt des Versorgungsfalls für das Wirtschaftsjahr, in dem die Pensionszusage erteilt wird, frühestens jedoch für das Wirtschaftsjahr, bis zu dessen Mitte der Pensionsberechtigte bei
   a) erstmals nach dem 31. Dezember 2017 zugesagten Pensionsleistungen das 23. Lebensjahr vollendet,
   b) erstmals nach dem 31. Dezember 2008 und vor dem 1. Januar 2018 zugesagten Pensionsleistungen das 27. Lebensjahr vollendet,
   c) erstmals nach dem 31. Dezember 2000 und vor dem 1. Januar 2009 zugesagten Pensionsleistungen das 28. Lebensjahr vollendet,
   d) erstmals vor dem 1. Januar 2001 zugesagten Pensionsleistungen das 30. Lebensjahr vollendet

   oder bei nach dem 31. Dezember 2000 vereinbarten Entgeltumwandlungen im Sinne von § 1 Absatz 2 des Betriebsrentengesetzes für das Wirtschaftsjahr, in dessen Verlauf die Pensionsanwartschaft gemäß den Vorschriften des Betriebsrentengesetzes unverfallbar wird,
2. nach Eintritt des Versorgungsfalls für das Wirtschaftsjahr, in dem der Versorgungsfall eintritt.

(3) [1]Eine Pensionsrückstellung darf höchstens mit dem Teilwert der Pensionsverpflichtung angesetzt werden. [2]Als Teilwert einer Pensionsverpflichtung gilt

1. vor Beendigung des Dienstverhältnisses des Pensionsberechtigten der Barwert der künftigen Pensionsleistungen am Schluss des Wirtschaftsjahres abzüglich des sich auf denselben Zeitpunkt ergebenden Barwertes betragsmäßig gleich bleibender Jahresbeträge, bei einer Entgeltumwandlung im Sinne des § 1 Absatz 2 des Betriebsrentengesetzes mindestens jedoch der Barwert der gemäß den Vorschriften des Betriebsrentengesetzes unverfallbaren künftigen Pensionsleistungen am Schluss des Wirtschaftsjahres. [2]Die Jahresbeträge sind so zu bemessen, dass am Beginn des Wirtschaftsjahres, in dem das Dienstverhältnis begonnen hat, ihr Barwert gleich dem Barwert der künftigen Pensionsleistungen ist; die künftigen Pensionsleistungen sind dabei mit dem Betrag anzusetzen, der sich nach den Verhältnissen am Bilanzstichtag ergibt. [3]Es sind die Jahresbeträge zugrunde zu legen, die vom Beginn des Wirtschaftsjahres, in dem das Dienstverhältnis begonnen hat, bis zu dem in der Pensionszusage vorgesehenen Zeitpunkt des Eintritts des Versorgungsfalls rechnungsmäßig aufzubringen sind. [4]Erhöhungen oder Verminderungen der Pensionsleistungen nach dem Schluss des Wirtschaftsjahres, die hinsichtlich des Zeitpunktes ihres Wirksamwerdens oder ihres Umfangs ungewiss sind, sind bei der Berechnung des Barwertes der künftigen Pensionsleistungen und der Jahresbeträge erst zu berücksichtigen, wenn sie eingetreten sind. [5]Wird die Pensionszusage erst nach dem Beginn des Dienstverhältnisses erteilt, so ist die Zwischenzeit für die Berechnung der Jahresbeträge nur insoweit als Wartezeit zu behandeln, als sie in der Pensionszusage als solche bestimmt ist. [6]Hat das Dienstverhältnis schon vor der

Vollendung des nach Absatz 2 Nummer 1 maßgebenden Lebensjahres des Pensionsberechtigten bestanden, gilt es als zu Beginn des Wirtschaftsjahres begonnen, bis zu dessen Mitte der Pensionsberechtigte das nach Absatz 2 Nummer 1 maßgebende Lebensjahr vollendet; bei nach dem 31. Dezember 2000 vereinbarten Entgeltumwandlungen im Sinne von § 1 Absatz 2 des Betriebsrentengesetzes gilt für davor liegende Wirtschaftsjahre als Teilwert der Barwert der gemäß den Vorschriften des Betriebsrentengesetzes unverfallbaren künftigen Pensionsleistungen am Schluss des Wirtschaftsjahres;

2. nach Beendigung des Dienstverhältnisses des Pensionsberechtigten unter Aufrechterhaltung seiner Pensionsanwartschaft oder nach Eintritt des Versorgungsfalls der Barwert der künftigen Pensionsleistungen am Schluss des Wirtschaftsjahres; Nummer 1 Satz 4 gilt sinngemäß.

[3]Bei der Berechnung des Teilwertes der Pensionsverpflichtung sind ein Rechnungszinsfuß von 6 Prozent und die anerkannten Regeln der Versicherungsmathematik anzuwenden.

(4) [1]Eine Pensionsrückstellung darf in einem Wirtschaftsjahr höchstens um den Unterschied zwischen dem Teilwert der Pensionsverpflichtung am Schluss des Wirtschaftsjahres und am Schluss des vorangegangenen Wirtschaftsjahres erhöht werden. [2]Soweit der Unterschiedsbetrag auf der erstmaligen Anwendung neuer oder geänderter biometrischer Rechnungsgrundlagen beruht, kann er nur auf mindestens drei Wirtschaftsjahre gleichmäßig verteilt der Pensionsrückstellung zugeführt werden; Entsprechendes gilt beim Wechsel auf andere biometrische Rechnungsgrundlagen. [3]In dem Wirtschaftsjahr, in dem mit der Bildung einer Pensionsrückstellung frühestens begonnen werden darf (Erstjahr), darf die Rückstellung bis zur Höhe des Teilwertes der Pensionsverpflichtung am Schluss des Wirtschaftsjahres gebildet werden; diese Rückstellung kann auf das Erstjahr und die beiden folgenden Wirtschaftsjahre gleichmäßig verteilt werden. [4]Erhöht sich in einem Wirtschaftsjahr gegenüber dem vorangegangenen Wirtschaftsjahr der Barwert der künftigen Pensionsleistungen um mehr als 25 Prozent, so kann die für dieses Wirtschaftsjahr zulässige Erhöhung der Pensionsrückstellung auf dieses Wirtschaftsjahr und die beiden folgenden Wirtschaftsjahre gleichmäßig verteilt werden. [5]Am Schluss des Wirtschaftsjahres, in dem das Dienstverhältnis des Pensionsberechtigten unter Aufrechterhaltung seiner Pensionsanwartschaft endet oder der Versorgungsfall eintritt, darf die Pensionsrückstellung stets bis zur Höhe des Teilwertes der Pensionsverpflichtung gebildet werden; die für dieses Wirtschaftsjahr zulässige Erhöhung der Pensionsrückstellung kann auf dieses Wirtschaftsjahr und die beiden folgenden Wirtschaftsjahre gleichmäßig verteilt werden. [6]Satz 2 gilt in den Fällen der Sätze 3 bis 5 entsprechend.

(5) Die Absätze 3 und 4 gelten entsprechend, wenn der Pensionsberechtigte zu dem Pensionsverpflichteten in einem anderen Rechtsverhältnis als einem Dienstverhältnis steht.

...

4. Überschuss der Einnahmen über die Werbungskosten

...

§ 9a
Pauschbeträge für Werbungskosten

[1]Für Werbungskosten sind bei der Ermittlung der Einkünfte die folgenden Pauschbeträge abzuziehen, wenn nicht höhere Werbungskosten nachgewiesen werden:

1. a) von den Einnahmen aus nichtselbstständiger Arbeit vorbehaltlich Buchstabe b:

   ein Arbeitnehmer-Pauschbetrag von 1 230 Euro;

   b) von den Einnahmen aus nichtselbstständiger Arbeit, soweit es sich um Versorgungsbezüge im Sinne des § 19 Absatz 2 handelt:

   ein Pauschbetrag von 102 Euro;

2. *(weggefallen)*

3. von den Einnahmen im Sinne des § 22 Nummer 1, 1a und 5:

   ein Pauschbetrag von insgesamt 102 Euro.

[2]Der Pauschbetrag nach Satz 1 Nummer 1 Buchstabe b darf nur bis zur Höhe der um den Versorgungsfreibetrag einschließlich des Zuschlags zum Versorgungsfreibetrag (§ 19 Absatz 2) geminderten Einnahmen, die Pauschbeträge nach Satz 1 Nummer 1 Buchstabe a und Nummer 3 dürfen nur bis zur Höhe der Einnahmen abgezogen werden.

...

5. Sonderausgaben

§ 10

(1) Sonderausgaben sind die folgenden Aufwendungen, wenn sie weder Betriebsausgaben noch Werbungskosten sind oder wie Betriebsausgaben oder Werbungskosten behandelt werden:

1. *(weggefallen)*

1a. *(weggefallen)*

1b. *(weggefallen)*

2. a) Beiträge zu den gesetzlichen Rentenversicherungen oder zur landwirtschaftlichen Alterskasse sowie zu berufsständischen Versorgungseinrichtungen, die den gesetzlichen Rentenversicherungen vergleichbare Leistungen erbringen;

   b) Beiträge des Steuerpflichtigen

      aa) zum Aufbau einer eigenen kapitalgedeckten Altersversorgung, wenn der Vertrag nur die Zahlung einer monatlichen, auf das Leben des Steuerpflichtigen bezogenen lebenslangen Leibrente nicht vor Vollendung des 62. Lebensjahres oder zusätzlich die ergänzende Absicherung des Eintritts der Berufsunfähigkeit (Berufsunfähigkeitsrente), der verminderten Erwerbsfähigkeit (Erwerbsminderungsrente) oder von Hinterbliebenen (Hinterbliebenenrente) vorsieht. [2]Hinterbliebene in diesem Sinne sind der Ehegatte des Steuerpflichtigen und die Kinder, für die er Anspruch auf Kindergeld oder auf einen Freibetrag nach § 32 Absatz 6 hat. [3]Der Anspruch auf Waisenrente darf längstens für den Zeitraum bestehen, in dem der Rentenberechtigte die Voraussetzungen für die Berücksichtigung als Kind im Sinne des § 32 erfüllt;

bb) für seine Absicherung gegen den Eintritt der Berufsunfähigkeit oder der verminderten Erwerbsfähigkeit (Versicherungsfall), wenn der Vertrag nur die Zahlung einer monatlichen, auf das Leben des Steuerpflichtigen bezogenen lebenslangen Leibrente für einen Versicherungsfall vorsieht, der bis zur Vollendung des 67. Lebensjahres eingetreten ist. [2]Der Vertrag kann die Beendigung der Rentenzahlung wegen eines medizinisch begründeten Wegfalls der Berufsunfähigkeit oder der verminderten Erwerbsfähigkeit vorsehen. [3]Die Höhe der zugesagten Rente kann vom Alter des Steuerpflichtigen bei Eintritt des Versicherungsfalls abhängig gemacht werden, wenn der Steuerpflichtige das 55. Lebensjahr vollendet hat.

[2]Die Ansprüche nach Buchstabe b dürfen nicht vererblich, nicht übertragbar, nicht beleihbar, nicht veräußerbar und nicht kapitalisierbar sein. [3]Anbieter und Steuerpflichtiger können vereinbaren, dass bis zu zwölf Monatsleistungen in einer Auszahlung zusammengefasst werden oder eine Kleinbetragsrente im Sinne von § 93 Absatz 3 Satz 2 abgefunden wird. [4]Bei der Berechnung der Kleinbetragsrente sind alle bei einem Anbieter bestehenden Verträge des Steuerpflichtigen jeweils nach Buchstabe b Doppelbuchstabe aa oder Doppelbuchstabe bb zusammenzurechnen. [5]Neben den genannten Auszahlungsformen darf kein weiterer Anspruch auf Auszahlungen bestehen. [6]Zu den Beiträgen nach den Buchstaben a und b ist der nach § 3 Nummer 62 steuerfreie Arbeitgeberanteil zur gesetzlichen Rentenversicherung und ein diesem gleichgestellter steuerfreier Zuschuss des Arbeitgebers hinzuzurechnen. [7]Beiträge nach § 168 Absatz 1 Nummer 1b oder 1c oder nach § 172 Absatz 3 oder 3a des Sechsten Buches Sozialgesetzbuch werden abweichend von Satz 2 nur auf Antrag des Steuerpflichtigen hinzugerechnet;

3. Beiträge zu

a) Krankenversicherungen, soweit diese zur Erlangung eines durch das Zwölfte Buch Sozialgesetzbuch bestimmten sozialhilfegleichen Versorgungsniveaus erforderlich sind und sofern auf die Leistungen ein Anspruch besteht. [2]Für Beiträge zur gesetzlichen Krankenversicherung sind dies die nach dem Dritten Titel des Ersten Abschnitts des Achten Kapitels des Fünften Buches Sozialgesetzbuch oder die nach dem Sechsten Abschnitt des Zweiten Gesetzes über die Krankenversicherung der Landwirte festgesetzten Beiträge; Voraussetzung für die Berücksichtigung beim Steuerpflichtigen ist die Angabe der erteilten Identifikationsnummer (§ 139b der Abgabenordnung) des Kindes in der Einkommensteuererklärung des Steuerpflichtigen. [3]Für Beiträge zu einer privaten Krankenversicherung sind dies die Beitragsanteile, die auf Vertragsleistungen entfallen, die, mit Ausnahme der auf das Krankengeld entfallenden Beitragsanteile, in Art, Umfang und Höhe den Leistungen nach dem Dritten Kapitel des Fünften Buches Sozialgesetzbuch vergleichbar sind; § 158 Absatz 2 des Versicherungsaufsichtsgesetzes gilt entsprechend. [4]Wenn sich aus den Krankenversicherungsbeiträgen nach Satz 2 ein Anspruch auf Krankengeld oder ein Anspruch auf eine Leistung, die anstelle von Krankengeld gewährt wird, ergeben kann, ist der jeweilige Beitrag um 4 Prozent zu vermindern;

...

(2) [1]Voraussetzung für den Abzug der in Absatz 1 Nummer 2, 3 und 3a bezeichneten Beträge (Vorsorgeaufwendungen) ist, dass sie

1. nicht in unmittelbarem wirtschaftlichen Zusammenhang mit steuerfreien Einnahmen stehen; ungeachtet dessen sind Vorsorgeaufwendungen im Sinne des Absatzes 1 Nummer 2, 3 und 3a zu berücksichtigen, soweit

   a) sie in unmittelbarem wirtschaftlichen Zusammenhang mit in einem Mitgliedstaat der Europäischen Union oder einem Vertragsstaat des Abkommens über den Europäischen Wirtschaftsraum oder in der Schweizerischen Eidgenossenschaft erzielten Einnahmen aus nichtselbstständiger Tätigkeit stehen,

   b) diese Einnahmen nach einem Abkommen zur Vermeidung der Doppelbesteuerung im Inland steuerfrei sind und

   c) der Beschäftigungsstaat keinerlei steuerliche Berücksichtigung von Vorsorgeaufwendungen im Rahmen der Besteuerung dieser Einnahmen zulässt;

   steuerfreie Zuschüsse zu einer Kranken- oder Pflegeversicherung stehen insgesamt in unmittelbarem wirtschaftlichen Zusammenhang mit den Vorsorgeaufwendungen im Sinne des Absatzes 1 Nummer 3,

2. geleistet werden an

   a) Versicherungsunternehmen,

      aa) die ihren Sitz oder ihre Geschäftsleitung in einem Mitgliedstaat der Europäischen Union oder einem anderen Vertragsstaat des Europäischen Wirtschaftsraums haben und das Versicherungsgeschäft im Inland betreiben dürfen, oder

      bb) denen die Erlaubnis zum Geschäftsbetrieb im Inland erteilt ist.

   [2]Darüber hinaus werden Beiträge nur berücksichtigt, wenn es sich um Beträge im Sinne des Absatzes 1 Nummer 3 Satz 1 Buchstabe a an eine Einrichtung handelt, die eine anderweitige Absicherung im Krankheitsfall im Sinne des § 5 Absatz 1 Nummer 13 des Fünften Buches Sozialgesetzbuch oder eine der Beihilfe oder freien Heilfürsorge vergleichbare Absicherung im Sinne des § 193 Absatz 3 Satz 2 Nummer 2 des Versicherungsvertragsgesetzes gewährt. [3]Dies gilt entsprechend, wenn ein Steuerpflichtiger, der weder seinen Wohnsitz noch sei-

nen gewöhnlichen Aufenthalt im Inland hat, mit den Beiträgen einen Versicherungsschutz im Sinne des Absatzes 1 Nummer 3 Satz 1 erwirbt,

b) berufsständische Versorgungseinrichtungen,

c) einen Sozialversicherungsträger oder

d) einen Anbieter im Sinne des § 80.

[2]Vorsorgeaufwendungen nach Absatz 1 Nummer 2 Buchstabe b werden nur berücksichtigt, wenn

1. die Beiträge zugunsten eines Vertrags geleistet wurden, der nach § 5a des Altersvorsorgeverträge-Zertifizierungsgesetzes zertifiziert ist, wobei die Zertifizierung Grundlagenbescheid im Sinne des § 171 Absatz 10 der Abgabenordnung ist, und
2. der Steuerpflichtige gegenüber dem Anbieter in die Datenübermittlung nach Absatz 2a eingewilligt hat.

[3]Vorsorgeaufwendungen nach Absatz 1 Nummer 3 werden nur berücksichtigt, wenn der Steuerpflichtige gegenüber dem Versicherungsunternehmen, dem Träger der gesetzlichen Kranken- und Pflegeversicherung, der Künstlersozialkasse oder einer Einrichtung im Sinne des Satzes 1 Nummer 2 Buchstabe a Satz 2 in die Datenübermittlung nach Absatz 2a eingewilligt hat; die Einwilligung gilt für alle sich aus dem Versicherungsverhältnis ergebenden Zahlungsverpflichtungen als erteilt, wenn die Beiträge mit der elektronischen Lohnsteuerbescheinigung (§ 41b Absatz 1 Satz 2) oder der Rentenbezugsmitteilung (§ 22a Absatz 1 Satz 1 Nummer 5) übermittelt werden.

(2a) [1]Der Steuerpflichtige hat in die Datenübermittlung nach Absatz 2 gegenüber der mitteilungspflichtigen Stelle schriftlich einzuwilligen, spätestens bis zum Ablauf des zweiten Kalenderjahres, das auf das Beitragsjahr (Kalenderjahr, in dem die Beiträge geleistet worden sind) folgt; mitteilungspflichtige Stelle ist bei Vorsorgeaufwendungen nach Absatz 1 Nummer 2 Buchstabe b der Anbieter, bei Vorsorgeaufwendungen nach Absatz 1 Nummer 3 das Versicherungsunternehmen, der Träger der gesetzlichen Kranken- und Pflegeversicherung, die Künstlersozialkasse oder eine Einrichtung im Sinne des Absatzes 2 Satz 1 Nummer 2 Buchstabe a Satz 2. [2]Die Einwilligung gilt auch für die folgenden Beitragsjahre, es sei denn, der Steuerpflichtige widerruft diese schriftlich gegenüber der mitteilungspflichtigen Stelle. [3]Der Widerruf muss vor Beginn des Beitragsjahres, für das die Einwilligung erstmals nicht mehr gelten soll, der mitteilungspflichtigen Stelle vorliegen. [4]Die mitteilungspflichtige Stelle hat bei Vorliegen einer Einwilligung

1. nach Absatz 2 Satz 2 Nummer 2 die Höhe der im jeweiligen Beitragsjahr geleisteten Beiträge nach Absatz 1 Nummer 2 Buchstabe b und die Zertifizierungsnummer an die zentrale Stelle (§ 81) zu übermitteln,
2. nach Absatz 2 Satz 3 die Höhe der im jeweiligen Beitragsjahr geleisteten und erstatteten Beiträge nach Absatz 1 Nummer 3 sowie die in § 93c Absatz 1 Nummer 2 Buchstabe c der Abgabenordnung genannten Daten mit der Maßgabe, dass insoweit als Steuerpflichtiger die versicherte Person gilt, an die zentrale Stelle (§ 81) zu übermitteln; sind Versicherungsnehmer und versicherte Person nicht identisch,

sind zusätzlich die Identifikationsnummer und der Tag der Geburt des Versicherungsnehmers anzugeben,

jeweils unter Angabe der Vertrags- oder Versicherungsdaten sowie des Datums der Einwilligung, soweit diese Daten nicht mit der elektronischen Lohnsteuerbescheinigung oder der Rentenbezugsmitteilung zu übermitteln sind. [5]§ 22a Absatz 2 gilt entsprechend. [6]Wird die Einwilligung nach Ablauf des Beitragsjahres abgegeben, sind die Daten bis zum Ende des folgenden Kalendervierteljahres zu übermitteln. [7]Bei einer Übermittlung von Daten bei Vorliegen der Einwilligung nach Absatz 2 Satz 2 Nummer 2 finden § 72a Absatz 4 und § 93c Absatz 4 der Abgabenordnung keine Anwendung. [8]Bei einer Übermittlung von Daten bei Vorliegen der Einwilligung nach Absatz 2 Satz 3 gilt Folgendes:

1. für § 72a Absatz 4 und § 93c Absatz 4 der Abgabenordnung gilt abweichend von der dort bestimmten Zuständigkeit das Bundeszentralamt für Steuern als zuständige Finanzbehörde,
2. wird in den Fällen des § 72a Absatz 4 der Abgabenordnung eine unzutreffende Höhe der Beiträge übermittelt, ist die entgangene Steuer mit 30 Prozent des zu hoch ausgewiesenen Betrags anzusetzen.

(3) [1]Vorsorgeaufwendungen nach Absatz 1 Nummer 2 sind bis zu dem Höchstbeitrag zur knappschaftlichen Rentenversicherung, aufgerundet auf einen vollen Betrag in Euro, zu berücksichtigen. [2]Bei zusammenveranlagten Ehegatten verdoppelt sich der Höchstbetrag. [3]Der Höchstbetrag nach Satz 1 oder 2 ist bei Steuerpflichtigen, die

1. Arbeitnehmer sind und die während des ganzen oder eines Teils des Kalenderjahres
   a) in der gesetzlichen Rentenversicherung versicherungsfrei oder auf Antrag des Arbeitgebers von der Versicherungspflicht befreit waren und denen für den Fall ihres Ausscheidens aus der Beschäftigung aufgrund des Beschäftigungsverhältnisses eine lebenslängliche Versorgung oder an deren Stelle eine Abfindung zusteht oder die in der gesetzlichen Rentenversicherung nachzuversichern sind oder
   b) nicht der gesetzlichen Rentenversicherungspflicht unterliegen, eine Berufstätigkeit ausgeübt und im Zusammenhang damit aufgrund vertraglicher Vereinbarungen Anwartschaftsrechte auf eine Altersversorgung erworben haben, oder
2. Einkünfte im Sinne des § 22 Nummer 4 erzielen und die ganz oder teilweise ohne eigene Beitragsleistungen einen Anspruch auf Altersversorgung erwerben,

um den Betrag zu kürzen, der, bezogen auf die Einnahmen aus der Tätigkeit, die die Zugehörigkeit zum genannten Personenkreis begründen, dem Gesamtbeitrag (Arbeitgeber- und Arbeitnehmeranteil) zur allgemeinen Rentenversicherung entspricht. [4]Im Kalenderjahr 2013 sind 76 Prozent der nach den Sätzen 1 bis 3 ermittelten Vorsorgeaufwendungen anzusetzen. [5]Der sich danach ergebende Betrag, vermindert um den nach § 3 Nummer 62 steuerfreien Arbeitgeberanteil zur gesetzlichen Rentenversicherung und einen diesem gleichgestellten steuerfreien Zuschuss des Arbeitgebers, ist als

Sonderausgabe abziehbar. [6]Der Prozentsatz in Satz 4 erhöht sich in den folgenden Kalenderjahren bis zum Kalenderjahr 2022 um je 2 Prozentpunkte je Kalenderjahr; ab dem Kalenderjahr 2023 beträgt er 100 Prozent. [7]Beiträge nach § 168 Absatz 1 Nummer 1b oder 1c oder nach § 172 Absatz 3 oder 3a des Sechsten Buches Sozialgesetzbuch vermindern den abziehbaren Betrag nach Satz 7 nur, wenn der Steuerpflichtige die Hinzurechnung dieser Beiträge zu den Vorsorgeaufwendungen nach Absatz 1 Nummer 2 Satz 7 beantragt hat.

(4) [1]Vorsorgeaufwendungen im Sinne des Absatzes 1 Nummer 3 und 3a können je Kalenderjahr insgesamt bis 2 800 Euro abgezogen werden. [2]Der Höchstbetrag beträgt 1 900 Euro bei Steuerpflichtigen, die ganz oder teilweise ohne eigene Aufwendungen einen Anspruch auf vollständige oder teilweise Erstattung oder Übernahme von Krankheitskosten haben oder für deren Krankenversicherung Leistungen im Sinne des § 3 Nummer 9, 14, 57 oder 62 erbracht werden. [3]Bei zusammen veranlagten Ehegatten bestimmt sich der gemeinsame Höchstbetrag aus der Summe der jedem Ehegatten unter den Voraussetzungen von Satz 1 und 2 zustehenden Höchstbeträge. [4]Übersteigen die Vorsorgeaufwendungen im Sinne des Absatzes 1 Nummer 3 die nach den Sätzen 1 bis 3 zu berücksichtigenden Vorsorgeaufwendungen, sind diese abzuziehen und ein Abzug von Vorsorgeaufwendungen im Sinne des Absatzes 1 Nummer 3a scheidet aus.

(4a) [1]Ist in den Kalenderjahren 2013 bis 2019 der Abzug der Vorsorgeaufwendungen nach Absatz 1 Nummer 2 Buchstabe a, Absatz 1 Nummer 3 und Nummer 3a in der für das Kalenderjahr 2004 geltenden Fassung des § 10 Absatz 3 mit folgenden Höchstbeträgen für den Vorwegabzug

Kalenderjahr	Vorwegabzug für den Steuerpflichtigen	Vorwegabzug im Falle der Zusammenveranlagung von Ehegatten
2013	2 100	4 200
2014	1 800	3 600
2015	1 500	3 000
2016	1 200	2 400
2017	900	1 800
2018	600	1 200
2019	300	600

zuzüglich des Erhöhungsbetrags nach Satz 3 günstiger, ist der sich danach ergebende Betrag anstelle des Abzugs nach Absatz 3 und 4 anzusetzen. [2]Mindestens ist bei Anwendung des Satzes 1 der Betrag anzusetzen, der sich ergeben würde, wenn zusätzlich noch die Vorsorgeaufwendungen nach Absatz 1 Nummer 2 Buchstabe b in die Günstigerprüfung einbezogen werden würden; der Erhöhungsbetrag nach Satz 3 ist nicht hinzuzurechnen. [3]Erhöhungsbetrag sind die Beiträge nach Absatz 1 Nummer 2 Buchstabe b, soweit sie nicht den um die Beiträge nach Absatz 1 Nummer 2 Buchstabe a und den nach § 3 Nummer 62 steuerfreien Arbeitgeberanteil zur gesetzlichen Rentenversicherung und einen diesem gleichgestellten steuerfreien Zuschuss verminderten Höchstbetrag nach Absatz 3 Satz 1 bis 3 überschreiten; Absatz 3 Satz 4 und 6 gilt entsprechend.

...

§ 10a
Zusätzliche Altersvorsorge

(1) [1]In der inländischen gesetzlichen Rentenversicherung Pflichtversicherte können Altersvorsorgebeiträge (§ 82) zuzüglich der dafür nach Abschnitt XI zustehenden Zulage jährlich bis zu 2 100 Euro als Sonderausgaben abziehen; das Gleiche gilt für

1. Empfänger von inländischer Besoldung nach dem Bundesbesoldungsgesetz oder einem Landesbesoldungsgesetz,
2. Empfänger von Amtsbezügen aus einem inländischen Amtsverhältnis, deren Versorgungsrecht die entsprechende Anwendung des § 69e Absatz 3 und 4 des Beamtenversorgungsgesetzes vorsieht,
3. die nach § 5 Absatz 1 Satz 1 Nummer 2 und 3 des Sechsten Buches Sozialgesetzbuch versicherungsfrei Beschäftigten, die nach § 6 Absatz 1 Satz 1 Nummer 2 oder nach § 230 Absatz 2 Satz 2 des Sechsten Buches Sozialgesetzbuch von der Versicherungspflicht befreiten Beschäftigten, deren Versorgungsrecht die entsprechende Anwendung des § 69e Absatz 3 und 4 des Beamtenversorgungsgesetzes vorsieht,
4. Beamte, Richter, Berufssoldaten und Soldaten auf Zeit, die ohne Besoldung beurlaubt sind, für die Zeit einer Beschäftigung, wenn während der Beurlaubung die Gewährleistung einer Versorgungsanwartschaft unter den Voraussetzungen des § 5 Absatz 1 Satz 1 des Sechsten Buches Sozialgesetzbuch auf diese Beschäftigung erstreckt wird und
5. Steuerpflichtige im Sinne der Nummern 1 bis 4, die beurlaubt sind und deshalb keine Besoldung, Amtsbezüge oder Entgelt erhalten, sofern sie eine Anrechnung von Kindererziehungszeiten nach § 56 des Sechsten Buches Sozialgesetzbuch in Anspruch nehmen könnten, wenn die Versicherungsfreiheit in der inländischen gesetzlichen Rentenversicherung nicht bestehen würde,

wenn sie spätestens bis zum Ablauf des Beitragsjahres (§ 88) gegenüber der zuständigen Stelle (§ 81a) schriftlich eingewilligt haben, dass diese der zentralen Stelle (§ 81) jährlich mitteilt, dass der Steuerpflichtige zum begünstigten Personenkreis gehört, dass die zuständige Stelle der zentralen Stelle die für die Ermittlung des Mindesteigenbeitrags (§ 86) und die Gewährung der Kinderzulage (§ 85) erforderlichen Daten übermittelt und die zentrale Stelle diese Daten für das Zulageverfahren verwenden darf. [2]Bei der Erteilung der Einwilligung ist der Steuerpflichtige darauf hinzuweisen, dass er die Einwilligung vor Beginn des Kalenderjahres, für das sie erstmals nicht mehr gelten soll, gegenüber der zuständigen Stelle widerrufen kann. [3]Versicherungspflichtige nach dem Gesetz über die Alterssicherung der Landwirte stehen Pflichtversicherten gleich; dies gilt auch für Personen, die

1. eine Anrechnungszeit nach § 58 Absatz 1 Nummer 3 oder Nummer 6 des Sechsten Buches Sozialgesetzbuch in der gesetzlichen Rentenversicherung erhalten und
2. unmittelbar vor einer Anrechnungszeit nach § 58 Absatz 1 Nummer 3 oder Nummer 6 des Sechsten Buches Sozialgesetzbuch einer der im ersten Halbsatz, in Satz 1 oder in Satz 4 genannten begünstigten Personengruppen angehörten.

[4]Die Sätze 1 und 2 gelten entsprechend für Steuerpflichtige, die nicht zum begünstigten Personenkreis nach Satz 1 oder 3 gehören und eine Rente wegen voller Erwerbsminderung oder Erwerbsunfähigkeit oder eine Versorgung wegen Dienstunfähigkeit aus einem der in Satz 1 oder 3 genannten Alterssicherungssysteme beziehen, wenn unmittelbar vor dem Bezug der entsprechenden Leistungen der Leistungsbezieher einer der in Satz 1 oder 3 genannten begünstigten Personengruppen angehörte; dies gilt nicht, wenn der Steuerpflichtige das 67. Lebensjahr vollendet hat. [5]Bei der Ermittlung der dem Steuerpflichtigen zustehenden Zulage nach Satz 1 bleibt die Erhöhung der Grundzulage nach § 84 Satz 2 außer Betracht.

(1a) [1]Steuerpflichtige, die eine Kinderzulage für ein Kind beantragen, das im Beitragsjahr sein viertes Lebensjahr noch nicht vollendet hat und für das gegenüber dem Steuerpflichtigen oder seinem Ehegatten Kindergeld festgesetzt worden ist, stehen einem in der inländischen gesetzlichen Rentenversicherung Pflichtversicherten gleich, wenn eine Anrechnung von Kindererziehungszeiten nach § 56 des Sechsten Buches Sozialgesetzbuch nur auf Grund eines fehlenden oder noch nicht beschiedenen Antrags auf Berücksichtigung von Kindererziehungszeiten bislang nicht erfolgt ist. [2]Voraussetzung ist, dass der Steuerpflichtige spätestens am Tag nach der Vollendung des vierten Lebensjahres des Kindes die Kindererziehungszeiten beim zuständigen Träger der gesetzlichen Rentenversicherung beantragt. [3]Werden die Kindererziehungszeiten vom Träger der gesetzlichen Rentenversicherung nicht anerkannt, entfällt rückwirkend die Förderberechtigung nach Satz 1. [4]Wurde das Kind am 1. Januar geboren, gilt Satz 1 mit der Maßgabe, dass das fünfte Lebensjahr noch nicht vollendet sein darf.

(1b) [1]Sofern eine Zulagennummer (§ 90 Absatz 1 Satz 2) durch die zentrale Stelle oder eine Versicherungsnummer nach § 147 des Sechsten Buches Sozialgesetzbuch noch nicht vergeben ist, haben die in Absatz 1 Satz 1 Nummer 1 bis 5 genannten Steuerpflichtigen über die zuständige Stelle eine Zulagenummer bei der zentralen Stelle zu beantragen. [2]Für Empfänger einer Versorgung im Sinne des Absatzes 1 Satz 4 gilt Satz 1 entsprechend.

(2) [1]Ist der Sonderausgabenabzug nach Absatz 1 für den Steuerpflichtigen günstiger als der Anspruch auf die Zulage nach Abschnitt XI, erhöht sich die unter Berücksichtigung des Sonderausgabenabzugs ermittelte tarifliche Einkommensteuer um den Anspruch auf Zulage. [2]In den anderen Fällen scheidet der Sonderausgabenabzug aus. [3]Die Günstigerprüfung wird von Amts wegen vorgenommen.

(2a) [1]Der Sonderausgabenabzug setzt voraus, dass der Steuerpflichtige gegenüber dem Anbieter als mitteilungspflichtige Stelle in die Datenübermittlung nach Absatz 5 Satz 1 eingewilligt hat. [2]§ 10 Absatz 2a Satz 1 bis Satz 3 gilt entsprechend. [3]In den Fällen des Absatzes 3 Satz 2 und 5 ist die Einwilligung nach Satz 1 von beiden Ehegatten abzugeben. [4]Hat der Zulageberechtigte den Anbieter nach § 89 Absatz 1a bevollmächtigt oder liegt dem Anbieter ein Zulageantrag nach § 89 Absatz 1 vor, gilt die Einwilligung nach Satz 1 für das jeweilige Beitragsjahr als erteilt.

(3) [1]Der Abzugsbetrag nach Absatz 1 steht im Fall der Veranlagung von Ehegatten nach § 26 Absatz 1 jedem Ehegatten unter den Voraussetzungen des Absatzes 1 gesondert zu. [2]Gehört nur ein Ehegatte zu dem nach Absatz 1 begünstigten Personenkreis und ist der andere Ehegatte nach § 79 Satz 2 zulageberechtigt, sind bei dem nach Absatz 1 abzugsberechtigten Ehegatten die von beiden Ehegatten geleisteten Altersvorsorgebeiträge und die dafür zustehenden Zulagen bei der Anwendung der Absätze 1 und 2 zu berücksichtigen. [3]Der Höchstbetrag nach Absatz 1 Satz 1 erhöht sich in den Fällen des Satzes 2 um 60 Euro. [4]Dabei sind die von dem Ehegatten, der zu dem nach Absatz 1 begünstigten Personenkreis gehört, geleisteten Altersvorsorgebeiträge vorrangig zu berücksichtigen, jedoch mindestens 60 Euro der von dem anderen Ehegatten geleisteten Altersvorsorgebeiträge. [5]Gehören beide Ehegatten zu dem nach Absatz 1 begünstigten Personenkreis und liegt ein Fall der Veranlagung nach § 26 Absatz 1 vor, ist bei der Günstigerprüfung nach Absatz 2 der Anspruch auf Zulage beider Ehegatten anzusetzen.

(4) [1]Im Fall des Absatzes 2 Satz 1 stellt das Finanzamt die über den Zulageanspruch nach Abschnitt XI hinausgehende Steuerermäßigung gesondert fest und teilt diese der zentralen Stelle (§ 81) mit; § 10d Absatz 4 Satz 3 bis 5 gilt entsprechend. [2]Sind Altersvorsorgebeiträge zugunsten von mehreren Verträgen geleistet worden, erfolgt die Zurechnung im Verhältnis der nach Absatz 1 berücksichtigten Altersvorsorgebeiträge. [3]Ehegatten ist der nach Satz 1 festzustellende Betrag auch im Falle der Zusammenveranlagung jeweils getrennt zuzurechnen; die Zurechnung erfolgt im Verhältnis der nach Absatz 1 berücksichtigten Altersvorsorgebeiträge. [4]Werden Altersvorsorgebeiträge nach Absatz 3 Satz 2 berücksichtigt, die der nach § 79 Satz 2 zulageberechtigte Ehegatte zugunsten eines auf seinen Namen lautenden Vertrages geleistet hat, ist die hierauf entfallende Steuerermäßigung dem Vertrag zuzurechnen, zu dessen Gunsten die Altersvorsorgebeiträge geleistet wurden. [5]Die Übermittlung an die zentrale Stelle erfolgt unter Angabe der Vertragsnummer und der Identifikationsnummer (§ 139b der Abgabenordnung) sowie der Zulage- oder Versicherungsnummer nach § 147 des Sechsten Buches Sozialgesetzbuch.

(5) [1]Nach Maßgabe des § 93c der Abgabenordnung hat die mitteilungspflichtige Stelle bei Vorliegen einer Einwilligung nach Absatz 2a neben den nach § 93c Absatz 1 der Abgabenordnung erforderlichen Angaben auch die Höhe der im jeweiligen Beitragsjahr zu berücksichtigenden Altersvorsorgebeiträge an die zentrale Stelle zu übermitteln, und zwar unter Angabe

1. der Vertragsdaten,
2. des Datums der Einwilligung nach Absatz 2a sowie
3. der Zulage- oder der Versicherungsnummer nach § 147 des Sechsten Buches Sozialgesetzbuch.

[2]§ 10 Absatz 2a Satz 6 und § 22a Absatz 2 gelten entsprechend. [3]Die Übermittlung muss auch dann erfolgen, wenn im Fall der mittelbaren Zulageberechtigung keine Al-

tersvorsorgebeiträge geleistet worden sind. [4]§ 72a Absatz 4 der Abgabenordnung findet keine Anwendung. [5]Die übrigen Voraussetzungen für den Sonderausgabenabzug nach den Absätzen 1 bis 3 werden im Wege der Datenerhebung und des automatisierten Datenabgleichs nach § 91 überprüft. [6]Erfolgt eine Datenübermittlung nach Satz 1 und wurde noch keine Zulagenummer (§ 90 Absatz 1 Satz 2) durch die zentrale Stelle oder keine Versicherungsnummer nach § 147 des Sechsten Buches Sozialgesetzbuch vergeben, gilt § 90 Absatz 1 Satz 2 und 3 entsprechend.

(6) [1]Für die Anwendung der Absätze 1 bis 5 stehen den in der inländischen gesetzlichen Rentenversicherung Pflichtversicherten nach Absatz 1 Satz 1 die Pflichtmitglieder in einem ausländischen gesetzlichen Alterssicherungssystem gleich, wenn diese Pflichtmitgliedschaft

1. mit einer Pflichtmitgliedschaft in einem inländischen Alterssicherungssystem nach Absatz 1 Satz 1 oder 3 vergleichbar ist und
2. vor dem 1. Januar 2010 begründet wurde.

[2]Für die Anwendung der Absätze 1 bis 5 stehen den Steuerpflichtigen nach Absatz 1 Satz 4 die Personen gleich,

1. die aus einem ausländischen gesetzlichen Alterssicherungssystem eine Leistung erhalten, die den in Absatz 1 Satz 4 genannten Leistungen vergleichbar ist,
2. die unmittelbar vor dem Bezug der entsprechenden Leistung nach Satz 1 oder Absatz 1 Satz 1 oder 3 begünstigt waren und
3. die noch nicht das 67. Lebensjahr vollendet haben.

[3]Als Altersvorsorgebeiträge (§ 82) sind bei den in Satz 1 oder 2 genannten Personen nur diejenigen Beiträge zu berücksichtigen, die vom Abzugsberechtigten zugunsten seines vor dem 1. Januar 2010 abgeschlossenen Vertrags geleistet wurden. [4]Endet die unbeschränkte Steuerpflicht eines Zulageberechtigten im Sinne des Satzes 1 oder 2 durch Aufgabe des inländischen Wohnsitzes oder gewöhnlichen Aufenthalts und wird die Person nicht nach § 1 Absatz 3 als unbeschränkt einkommensteuerpflichtig behandelt, so gelten die §§ 93 und 94 entsprechend; § 99 Absatz 1 in der am 31. Dezember 2008 geltenden Fassung ist anzuwenden.

(7) Soweit nichts anderes bestimmt ist, sind die Regelungen des § 10a und des Abschnitts XI in der für das jeweilige Beitragsjahr geltenden Fassung anzuwenden.

...

7. Nicht abzugsfähige Ausgaben

§ 12

Soweit in § 10 Absatz 1 Nummer 1, 2 bis 5, 7 und 9, den §§ 10a, 10b und den §§ 33 bis 33b nichts anderes bestimmt ist, dürfen weder bei den einzelnen Einkunftsarten noch vom Gesamtbetrag der Einkünfte abgezogen werden

1. die für den Haushalt des Steuerpflichtigen und für den Unterhalt seiner Familienangehörigen aufgewendeten Beträge. [2]Dazu gehören auch die Aufwendungen für die Lebensführung, die die wirtschaftliche oder gesellschaftliche Stellung des Steuerpflichtigen mit sich bringt, auch wenn sie zur Förderung des Berufs oder der Tätigkeit des Steuerpflichtigen erfolgen;

...

8. Die einzelnen Einkunftsarten

...

b) Gewerbebetrieb (§ 2 Absatz 1 Satz 1 Nummer 2)

§ 15
Einkünfte aus Gewerbebetrieb

(1) [1]Einkünfte aus Gewerbebetrieb sind

1. Einkünfte aus gewerblichen Unternehmen. [2]Dazu gehören auch Einkünfte aus gewerblicher Bodenbewirtschaftung, z. B. aus Bergbauunternehmen und aus Betrieben zur Gewinnung von Torf, Steinen und Erden, soweit sie nicht land- oder forstwirtschaftliche Nebenbetriebe sind;

2. die Gewinnanteile der Gesellschafter einer Offenen Handelsgesellschaft, einer Kommanditgesellschaft und einer anderen Gesellschaft, bei der der Gesellschafter als Unternehmer (Mitunternehmer) des Betriebs anzusehen ist, und die Vergütungen, die der Gesellschafter von der Gesellschaft für seine Tätigkeit im Dienst der Gesellschaft oder für die Hingabe von Darlehen oder für die Überlassung von Wirtschaftsgütern bezogen hat. [2]Der mittelbar über eine oder mehrere Personengesellschaften beteiligte Gesellschafter steht dem unmittelbar beteiligten Gesellschafter gleich; er ist als Mitunternehmer des Betriebs der Gesellschaft anzusehen, an der er mittelbar beteiligt ist, wenn er und die Personengesellschaften, die seine Beteiligung vermitteln, jeweils als Mitunternehmer der Betriebe der Personengesellschaften anzusehen sind, an denen sie unmittelbar beteiligt sind;

...

[2]Satz 1 Nummer 2 und 3 gilt auch für Vergütungen, die als nachträgliche Einkünfte (§ 24 Nummer 2) bezogen werden. [3]§ 13 Absatz 5 gilt entsprechend, sofern das Grundstück im Veranlagungszeitraum 1986 zu einem gewerblichen Betriebsvermögen gehört hat.

...

d) Nichtselbstständige Arbeit (§ 2 Absatz 1 Satz 1 Nummer 4)

§ 19

(1) [1]Zu den Einkünften aus nichtselbstständiger Arbeit gehören

1. Gehälter, Löhne, Gratifikationen, Tantiemen und andere Bezüge und Vorteile für eine Beschäftigung im öffentlichen oder privaten Dienst;

1a. Zuwendungen des Arbeitgebers an seinen Arbeitnehmer und dessen Begleitpersonen anlässlich von Veranstaltungen auf betrieblicher Ebene mit gesellschaftlichem Charakter (Betriebsveranstaltung). [2]Zuwendungen im Sinne des Satzes 1 sind alle Aufwendungen des Arbeitgebers einschließlich Umsatzsteuer unabhängig davon, ob sie einzelnen Arbeitnehmern individuell zurechenbar sind oder ob es sich um einen rechnerischen Anteil an den Kosten der Betriebsveranstaltung handelt, die der Arbeitgeber gegenüber Dritten für den äußeren Rahmen der Betriebsveranstaltung aufwendet. [3]Soweit solche Zuwendungen den Betrag von 110 Euro je Betriebsveranstaltung und teilnehmenden Arbeitnehmer nicht übersteigen, gehören sie nicht zu den Einkünften aus nichtselbstständiger Arbeit, wenn die Teilnahme an der Betriebsveranstaltung allen Angehörigen des Betriebs oder eines Betriebsteils offensteht. [4]Satz 3 gilt für bis zu zwei Betriebsveranstaltungen jährlich. [5]Die Zuwendungen im Sinne des Satzes 1 sind abweichend von § 8 Absatz 2 mit den anteilig auf den Arbeitnehmer und dessen Begleitpersonen entfallenden Aufwendungen des Arbeitgebers im Sinne des Satzes 2 anzusetzen;

2. Wartegelder, Ruhegelder, Witwen- und Waisengelder und andere Bezüge und Vorteile aus früheren Dienstleistungen, auch soweit sie von Arbeitgebern ausgleichspflichtiger Personen an ausgleichsberechtigte Personen infolge einer nach § 10 oder § 14 des Versorgungsausgleichsgesetzes durchgeführten Teilung geleistet werden;

3. laufende Beiträge und laufende Zuwendungen des Arbeitgebers aus einem bestehenden Dienstverhältnis an einen Pensionsfonds, eine Pensionskasse oder für eine Direktversicherung für eine betriebliche Altersversorgung. [2]Zu den Einkünften aus nichtselbstständiger Arbeit gehören auch Sonderzahlungen, die der Arbeitgeber neben den laufenden Beiträgen und Zuwendungen an eine solche Versorgungseinrichtung leistet, mit Ausnahme der Zahlungen des Arbeitgebers

   a) zur erstmaligen Bereitstellung der Kapitalausstattung zur Erfüllung der Solvabilitätskapitalanforderung nach den §§ 89, 213, 234g oder 238 des Versicherungsaufsichtsgesetzes,

   b) zur Wiederherstellung einer angemessenen Kapitalausstattung nach unvorhersehbaren Verlusten oder zur Finanzierung der Verstärkung der Rechnungsgrundlagen aufgrund einer unvorhersehbaren und nicht nur vorübergehenden Änderung der Verhältnisse, wobei die Sonderzahlungen nicht zu einer Absenkung des laufenden Beitrags führen oder durch die Absenkung des laufenden Beitrags Sonderzahlungen ausgelöst werden dürfen,

c) in der Rentenbezugszeit nach § 236 Absatz 2 des Versicherungsaufsichtsgesetzes oder

d) in Form von Sanierungsgeldern;

Sonderzahlungen des Arbeitgebers sind insbesondere Zahlungen an eine Pensionskasse anlässlich

a) seines Ausscheidens aus einer nicht im Wege der Kapitaldeckung finanzierten betrieblichen Altersversorgung oder

b) des Wechsels von einer nicht im Wege der Kapitaldeckung zu einer anderen nicht im Wege der Kapitaldeckung finanzierten betrieblichen Altersversorgung.

[3]Von Sonderzahlungen im Sinne des Satzes 2 zweiter Halbsatz Buchstabe b ist bei laufenden und wiederkehrenden Zahlungen entsprechend dem periodischen Bedarf nur auszugehen, soweit die Bemessung der Zahlungsverpflichtungen des Arbeitgebers in das Versorgungssystem nach dem Wechsel die Bemessung der Zahlungsverpflichtung zum Zeitpunkt des Wechsels übersteigt. [4]Sanierungsgelder sind Sonderzahlungen des Arbeitgebers an eine Pensionskasse anlässlich der Systemumstellung einer nicht im Wege der Kapitaldeckung finanzierten betrieblichen Altersversorgung auf der Finanzierungs- oder Leistungsseite, die der Finanzierung der zum Zeitpunkt der Umstellung bestehenden Versorgungsverpflichtungen oder Versorgungsanwartschaften dienen; bei laufenden und wiederkehrenden Zahlungen entsprechend dem periodischen Bedarf ist nur von Sanierungsgeldern auszugehen, soweit die Bemessung der Zahlungsverpflichtungen des Arbeitgebers in das Versorgungssystem nach der Systemumstellung die Bemessung der Zahlungsverpflichtung zum Zeitpunkt der Systemumstellung übersteigt.

[2]Es ist gleichgültig, ob es sich um laufende oder um einmalige Bezüge handelt und ob ein Rechtsanspruch auf sie besteht.

(2) [1]Von Versorgungsbezügen bleiben ein nach einem Prozentsatz ermittelter, auf einen Höchstbetrag begrenzter Betrag (Versorgungsfreibetrag) und ein Zuschlag zum Versorgungsfreibetrag steuerfrei. [2]Versorgungsbezüge sind

1. das Ruhegehalt, Witwen- oder Waisengeld, der Unterhaltsbeitrag oder ein gleichartiger Bezug

   a) aufgrund beamtenrechtlicher oder entsprechender gesetzlicher Vorschriften,

   b) nach beamtenrechtlichen Grundsätzen von Körperschaften, Anstalten oder Stiftungen des öffentlichen Rechts oder öffentlich-rechtlichen Verbänden von Körperschaften

   oder

2. in anderen Fällen Bezüge und Vorteile aus früheren Dienstleistungen wegen Erreichens einer Altersgrenze, verminderter Erwerbsfähigkeit oder Hinterbliebenenbezüge; Bezüge wegen Erreichens einer Altersgrenze gelten erst dann als Versorgungs-

bezüge, wenn der Steuerpflichtige das 63. Lebensjahr oder, wenn er schwerbehindert ist, das 60. Lebensjahr vollendet hat.

[3]Der maßgebende Prozentsatz, der Höchstbetrag des Versorgungsfreibetrags und der Zuschlag zum Versorgungsfreibetrag sind der nachstehenden Tabelle zu entnehmen:

Jahr des Versorgungsbeginns	Versorgungsfreibetrag		Zuschlag zum Versorgungsfreibetrag in Euro
	in % der Versorgungsbezüge	Höchstbetrag in Euro	
bis 2005	40,0	3 000	900
ab 2006	38,4	2 880	864
2007	36,8	2 760	828
2008	35,2	2 640	792
2009	33,6	2 520	756
2010	32,0	2 400	720
2011	30,4	2 280	684
2012	28,8	2 160	648
2013	27,2	2 040	612
2014	25,6	1 920	576
2015	24,0	1 800	540
2016	22,4	1 680	504
2017	20,8	1 560	468
2018	19,2	1 440	432
2019	17,6	1 320	396
2020	16,0	1 200	360
2021	15,2	1 140	342
2022	14,4	1 080	324
2023	13,6	1 020	306
2024	12,8	960	288
2025	12,0	900	270
2026	11,2	840	252
2027	10,4	780	234
2028	9,6	720	216
2029	8,8	660	198

Jahr des Versorgungsbeginns	Versorgungsfreibetrag		Zuschlag zum Versorgungsfreibetrag in Euro
	in % der Versorgungsbezüge	Höchstbetrag in Euro	
2030	8,0	600	180
2031	7,2	540	162
2032	6,4	480	144
2033	5,6	420	126
2034	4,8	360	108
2035	4,0	300	90
2036	3,2	240	72
2037	2,4	180	54
2038	1,6	120	36
2039	0,8	60	18
2040	0,0	0	0

[4]Bemessungsgrundlage für den Versorgungsfreibetrag ist

a) bei Versorgungsbeginn vor 2005

das Zwölffache des Versorgungsbezugs für Januar 2005,

b) bei Versorgungsbeginn ab 2005

das Zwölffache des Versorgungsbezugs für den ersten vollen Monat,

jeweils zuzüglich voraussichtlicher Sonderzahlungen im Kalenderjahr, auf die zu diesem Zeitpunkt ein Rechtsanspruch besteht. [5]Der Zuschlag zum Versorgungsfreibetrag darf nur bis zur Höhe der um den Versorgungsfreibetrag geminderten Bemessungsgrundlage berücksichtigt werden. [6]Bei mehreren Versorgungsbezügen mit unterschiedlichem Bezugsbeginn bestimmen sich der insgesamt berücksichtigungsfähige Höchstbetrag des Versorgungsfreibetrags und der Zuschlag zum Versorgungsfreibetrag nach dem Jahr des Beginns des ersten Versorgungsbezugs. [7]Folgt ein Hinterbliebenenbezug einem Versorgungsbezug, bestimmen sich der Prozentsatz, der Höchstbetrag des Versorgungsfreibetrags und der Zuschlag zum Versorgungsfreibetrag für den Hinterbliebenenbezug nach dem Jahr des Beginns des Versorgungsbezugs. [8]Der nach den Sätzen 3 bis 7 berechnete Versorgungsfreibetrag und Zuschlag zum Versorgungsfreibetrag gelten für die gesamte Laufzeit des Versorgungsbezugs. [9]Regelmäßige Anpassungen des Versorgungsbezugs führen nicht zu einer Neuberechnung. [10]Abweichend hiervon sind der Versorgungsfreibetrag und der Zuschlag zum Versorgungsfreibetrag neu zu berechnen, wenn sich der Versorgungsbezug wegen Anwendung von Anrechnungs-, Ruhens-, Erhöhungs- oder Kürzungsregelungen erhöht oder vermindert. [11]In diesen Fällen sind die Sätze 3 bis 7 mit dem geänderten Versorgungsbezug als Bemessungsgrundlage im Sinne des Satzes 4 anzuwenden; im Kalenderjahr der Änderung sind der höchste Versorgungsfreibetrag und Zuschlag zum Versorgungsfreibetrag maßgebend. [12]Für jeden vollen Kalendermonat, für den keine Versorgungsbezüge gezahlt werden, ermäßigen sich der Versorgungsfreibetrag und der Zuschlag zum Versorgungsfreibetrag in diesem Kalenderjahr um je ein Zwölftel.

(3) [1]Die Energiepreispauschale nach dem Versorgungsrechtlichen Energiepreispauschalen-Gewährungsgesetz oder vergleichbare Leistungen zum Ausgleich gestiegener Energiepreise nach Landesrecht sind als Einnahmen nach Absatz 2 zu berücksichtigen. [2]Sie gelten nicht als Sonderzahlung im Sinne von Absatz 2 Satz 4, jedoch als regelmäßige Anpassung des Versorgungsbezugs im Sinne von Absatz 2 Satz 9. [3]Im Lohnsteuerabzugsverfahren sind die Energiepreispauschale und vergleichbare Leistungen bei der Berechnung einer Vorsorgepauschale nach § 39b Absatz 2 Satz 5 Nummer 3 Buchstabe b und c nicht zu berücksichtigen. [4]In den Fällen des Satzes 1 sind die §§ 3 und 24a nicht anzuwenden.

e) Kapitalvermögen (§ 2 Absatz 1 Satz 1 Nummer 5)

§ 20

(1) Zu den Einkünften aus Kapitalvermögen gehören

...

6. der Unterschiedsbetrag zwischen der Versicherungsleistung und der Summe der auf sie entrichteten Beiträge (Erträge) im Erlebensfall oder bei Rückkauf des Vertrags bei Rentenversicherungen mit Kapitalwahlrecht, soweit nicht die lebenslange Rentenzahlung gewählt und erbracht wird, und bei Kapitalversicherungen mit Sparanteil, wenn der Vertrag nach dem 31. Dezember 2004 abgeschlossen worden ist. [2]Wird die Versicherungsleistung nach Vollendung des 60. Lebensjahres des Steuerpflichtigen und nach Ablauf von zwölf Jahren seit dem Vertragsabschluss ausgezahlt, ist die Hälfte des Unterschiedsbetrags anzusetzen. [3]Bei entgeltlichem Erwerb des Anspruchs auf die Versicherungsleistung treten die Anschaffungskosten an die Stelle der vor dem Erwerb entrichteten Beiträge. [4]Die Sätze 1 bis 3 sind auf Erträge aus fondsgebundenen Lebensversicherungen, auf Erträge im Erlebensfall bei Rentenversicherungen ohne Kapitalwahlrecht, soweit keine lebenslange Rentenzahlung vereinbart und erbracht wird, und auf Erträge bei Rückkauf des Vertrages bei Rentenversicherungen ohne Kapitalwahlrecht entsprechend anzuwenden. [5]Ist in einem Versicherungsvertrag eine gesonderte Verwaltung von speziell für diesen Vertrag zusammengestellten Kapitalanlagen vereinbart, die nicht auf öffentlich vertriebene Investmentfondsanteile oder Anlagen, die die Entwicklung eines veröffentlichten Indexes abbilden, beschränkt ist, und kann der wirtschaftlich Berechtigte unmittelbar oder mittelbar über die Veräußerung der Vermögensgegenstände und die Wiederanlage der Erlöse bestimmen (vermögensverwaltender Versicherungsvertrag), sind die dem Versicherungsunternehmen zufließenden Erträge dem wirtschaftlich Berechtigten aus dem Versicherungsvertrag zuzurechnen; Sätze 1 bis 4 sind nicht anzuwenden. [6]Satz 2 ist nicht anzuwenden, wenn

a) in einem Kapitallebensversicherungsvertrag mit vereinbarter laufender Beitragszahlung in mindestens gleich bleibender Höhe bis zum Zeitpunkt des Erlebensfalls die vereinbarte Leistung bei Eintritt des versicherten Risikos weniger als 50 Prozent der Summe der für die gesamte Vertragsdauer zu zahlenden Beiträge beträgt und

b) bei einem Kapitallebensversicherungsvertrag die vereinbarte Leistung bei Eintritt des versicherten Risikos das Deckungskapital oder den Zeitwert der Versicherung spätestens fünf Jahre nach Vertragsabschluss nicht um mindestens zehn Prozent des Deckungskapitals, des Zeitwerts oder der Summe der gezahlten Beiträge übersteigt. [2]Dieser Prozentsatz darf bis zum Ende der Vertragslaufzeit in jährlich gleichen Schritten auf Null sinken.

[7]Hat der Steuerpflichtige Ansprüche aus einem von einer anderen Person abgeschlossenen Vertrag entgeltlich erworben, gehört zu den Einkünften aus Kapitalvermögen auch der Unterschiedsbetrag zwischen der Versicherungsleistung bei Eintritt eines versicherten Risikos und den Aufwendungen für den Erwerb und Erhalt des Versicherungsanspruches; insoweit findet Satz 2 keine Anwendung. [8]Satz 7 gilt nicht, wenn die versicherte Person den Versicherungsanspruch von einem Dritten erwirbt oder aus anderen Rechtsverhältnissen entstandene Abfindungs- und Ausgleichsansprüche arbeitsrechtlicher, erbrechtlicher oder familienrechtlicher Art durch Übertragung von Ansprüchen aus Versicherungsverträgen erfüllt werden. [9]Bei fondsgebundenen Lebensversicherungen sind 15 Prozent des Unterschiedsbetrages steuerfrei oder dürfen nicht bei der Ermittlung der Einkünfte abgezogen werden, soweit der Unterschiedsbetrag aus Investmenterträgen stammt;

...

g) Sonstige Einkünfte (§ 2 Absatz 1 Satz 1 Nummer 7)

§ 22
Arten der sonstigen Einkünfte

Sonstige Einkünfte sind

1. Einkünfte aus wiederkehrenden Bezügen, soweit sie nicht zu den in § 2 Absatz 1 Nummer 1 bis 6 bezeichneten Einkunftsarten gehören; § 15b ist sinngemäß anzuwenden. [2]Werden die Bezüge freiwillig oder aufgrund einer freiwillig begründeten Rechtspflicht oder einer gesetzlich unterhaltsberechtigten Person gewährt, so sind sie nicht dem Empfänger zuzurechnen; dem Empfänger sind dagegen zuzurechnen

   a) Bezüge, die von einer Körperschaft, Personenvereinigung oder Vermögensmasse außerhalb der Erfüllung steuerbegünstigter Zwecke im Sinne der §§ 52 bis 54 der Abgabenordnung gewährt werden, und

   b) Bezüge im Sinne des § 1 der Verordnung über die Steuerbegünstigung von Stiftungen, die an die Stelle von Familienfideikommissen getreten sind, in der im Bundesgesetzblatt Teil III, Gliederungsnummer 611-4-3, veröffentlichten bereinigten Fassung.

[3]Zu den in Satz 1 bezeichneten Einkünften gehören auch

a) Leibrenten und andere Leistungen,

aa) die aus den gesetzlichen Rentenversicherungen, der landwirtschaftlichen Alterskasse, den berufsständischen Versorgungseinrichtungen und aus Rentenversicherungen im Sinne des § 10 Absatz 1 Nummer 2 Buchstabe b erbracht werden, soweit sie jeweils der Besteuerung unterliegen. [2]Bemessungsgrundlage für den der Besteuerung unterliegenden Anteil ist der Jahresbetrag der Rente. [3]Der der Besteuerung unterliegende Anteil ist nach dem Jahr des Rentenbeginns und dem in diesem Jahr maßgebenden Prozentsatz aus der nachstehenden Tabelle zu entnehmen:

Jahr des Rentenbeginns		Besteuerungsanteil in %
bis	2005	50
ab	2006	52
	2007	54
	2008	56
	2009	58
	2010	60
	2011	62
	2012	64
	2013	66
	2014	68
	2015	70
	2016	72
	2017	74
	2018	76
	2019	78
	2020	80
	2021	81
	2022	82
	2023	83
	2024	84
	2025	85
	2026	86

Jahr des Rentenbeginns	Besteuerungsanteil in %
2027	87
2028	88
2029	89
2030	90
2031	91
2032	92
2033	93
2034	94
2035	95
2036	96
2037	97
2038	98
2039	99
2040	100

[4]Der Unterschiedsbetrag zwischen dem Jahresbetrag der Rente und dem der Besteuerung unterliegenden Anteil der Rente ist der steuerfreie Teil der Rente. [5]Dieser gilt ab dem Jahr, das dem Jahr des Rentenbeginns folgt, für die gesamte Laufzeit des Rentenbezugs. [6]Abweichend hiervon ist der steuerfreie Teil der Rente bei einer Veränderung des Jahresbetrags der Rente in dem Verhältnis anzupassen, in dem der veränderte Jahresbetrag der Rente zum Jahresbetrag der Rente steht, der der Ermittlung des steuerfreien Teils der Rente zugrunde liegt. [7]Regelmäßige Anpassungen des Jahresbetrags der Rente führen nicht zu einer Neuberechnung und bleiben bei einer Neuberechnung außer Betracht. [8]Folgen nach dem 31. Dezember 2004 Renten aus derselben Versicherung einander nach, gilt für die spätere Rente Satz 3 mit der Maßgabe, dass sich der Prozentsatz nach dem Jahr richtet, das sich ergibt, wenn die Laufzeit der vorhergehenden Renten von dem Jahr des Beginns der späteren Rente abgezogen wird; der Prozentsatz kann jedoch nicht niedriger bemessen werden als der für das Jahr 2005. [9]Verstirbt der Rentenempfänger, ist ihm die Rente für den Sterbemonat noch zuzurechnen;

bb) die nicht solche im Sinne des Doppelbuchstaben aa sind und bei denen in den einzelnen Bezügen Einkünfte aus Erträgen des Rentenrechts enthalten sind. [2]Dies gilt auf Antrag auch für Leibrenten und andere Leistungen, soweit diese auf bis zum 31. Dezember 2004 geleisteten Beiträgen beruhen, welche oberhalb des Betrags des Höchstbeitrags zur gesetzlichen Rentenversicherung gezahlt wurden; der Steuerpflichtige muss nachweisen, dass der Betrag des Höchstbeitrags mindestens zehn Jahre überschritten wurde; soweit hiervon im Versorgungsausgleich übertragene Rentenanwartschaften betroffen sind, gilt § 4 Absatz 1 und 2 des Versorgungsausgleichsgesetzes entsprechend. [3]Als Ertrag des Rentenrechts gilt für die gesamte Dauer des Rentenbezugs der Unterschiedsbetrag zwischen dem Jahresbetrag der Rente und dem Betrag, der sich bei gleichmäßiger Verteilung des Kapitalwerts der Rente auf ihre voraussichtliche Laufzeit ergibt; dabei ist der Kapitalwert nach dieser Laufzeit zu berechnen. [4]Der Ertrag des Rentenrechts (Ertragsanteil) ist aus der nachstehenden Tabelle zu entnehmen:

Bei Beginn der Rente vollendetes Lebensjahr des Rentenberechtigten	Ertragsanteil in %	Bei Beginn der Rente vollendetes Lebensjahr des Rentenberechtigten	Ertragsanteil in %
0 bis 1	59	51 bis 52	29
2 bis 3	58	53	28
4 bis 5	57	54	27
6 bis 8	56	55 bis 56	26
9 bis 10	55	57	25
11 bis 12	54	58	24
13 bis 14	53	59	23
15 bis 16	52	60 bis 61	22
17 bis 18	51	62	21
19 bis 20	50	63	20
21 bis 22	49	64	19
23 bis 24	48	65 bis 66	18
25 bis 26	47	67	17
27	46	68	16
28 bis 29	45	69 bis 70	15
30 bis 31	44	71	14
32	43	72 bis 73	13
33 bis 34	42	74	12
35	41	75	11
36 bis 37	40	76 bis 77	10
38	39	78 bis 79	9
39 bis 40	38	80	8

Bei Beginn der Rente vollendetes Lebensjahr des Rentenberechtigten	Ertragsanteil in %	Bei Beginn der Rente vollendetes Lebensjahr des Rentenberechtigten	Ertragsanteil in %
41	37	81 bis 82	7
42	36	83 bis 84	6
43 bis 44	35	85 bis 87	5
45	34	88 bis 91	4
46 bis 47	33	92 bis 93	3
48	32	94 bis 96	2
49	31	ab 97	1
50	30		

[5]Die Ermittlung des Ertrags aus Leibrenten, die vor dem 1. Januar 1955 zu laufen begonnen haben, und aus Renten, deren Dauer von der Lebenszeit mehrerer Personen oder einer anderen Person als des Rentenberechtigten abhängt, sowie aus Leibrenten, die auf eine bestimmte Zeit beschränkt sind, wird durch eine Rechtsverordnung bestimmt. [6]Doppelbuchstabe aa Satz 9 gilt entsprechend;

b) Einkünfte aus Zuschüssen und sonstigen Vorteilen, die als wiederkehrende Bezüge gewährt werden;

c) die Energiepreispauschale nach dem Rentenbeziehende-Energiepreispauschalengesetz;

...

4. Entschädigungen, Amtszulagen, Zuschüsse zu Kranken- und Pflegeversicherungsbeiträgen, Übergangsgelder, Überbrückungsgelder, Sterbegelder, Versorgungsabfindungen, Versorgungsbezüge, die aufgrund des Abgeordnetengesetzes oder des Europaabgeordnetengesetzes, sowie vergleichbare Bezüge, die aufgrund der entsprechenden Gesetze der Länder gezahlt werden, und die Entschädigungen, das Übergangsgeld, das Ruhegehalt und die Hinterbliebenenversorgung, die aufgrund des Abgeordnetenstatus des Europäischen Parlaments von der Europäischen Union gezahlt werden. [2]Werden zur Abgeltung des durch das Mandat veranlassten Aufwandes Aufwandsentschädigungen gezahlt, so dürfen die durch das Mandat veranlassten Aufwendungen nicht als Werbungskosten abgezogen werden. [3]Wahlkampfkosten zur Erlangung eines Mandats im Bundestag, im Europäischen Parlament oder im Parlament eines Landes dürfen nicht als Werbungskosten abgezogen werden. [4]Es gelten entsprechend

...

b) für Versorgungsbezüge § 19 Absatz 2 nur bezüglich des Versorgungsfreibetrags; beim Zusammentreffen mit Versorgungsbezügen im Sinne des § 19 Absatz 2 Satz 2 bleibt jedoch insgesamt höchstens ein Betrag in Höhe des Versorgungsfreibetrags nach § 19 Absatz 2 Satz 3 im Veranlagungszeitraum steuerfrei,

...

d) für die Gemeinschaftssteuer, die auf die Entschädigung, das Übergangsgeld, das Ruhegehalt und die Hinterbliebenenversorgung aufgrund des Abgeordnetenstatuts des Europäischen Parlaments von der Europäischen Union erhoben wird, § 34c Absatz 1; dabei sind die im ersten Halbsatz genannten Einkünfte für die entsprechende Anwendung des § 34c Absatz 1 wie ausländische Einkünfte und die Gemeinschaftssteuer wie eine der deutschen Einkommensteuer entsprechende ausländische Steuer zu behandeln;

5. Leistungen aus Altersvorsorgeverträgen, Pensionsfonds, Pensionskassen und Direktversicherungen. [2]Soweit die Leistungen nicht auf Beiträgen, auf die § 3 Nummer 63, 63a, § 10a, Abschnitt XI oder Abschnitt XII angewendet wurden, nicht auf Zulagen im Sinne des Abschnitts XI, nicht auf Zahlungen im Sinne des § 92a Absatz 2 Satz 4 Nummer 1 und des § 92a Absatz 3 Satz 9 Nummer 2, nicht auf steuerfreien Leistungen nach § 3 Nummer 66 und nicht auf Ansprüchen beruhen, die durch steuerfreie Zuwendungen nach § 3 Nummer 56 oder die durch die nach § 3 Nummer 55b Satz 1 oder § 3 Nummer 55c steuerfreie Leistung aus einem neu begründeten Anrecht erworben wurden,

   a) ist bei lebenslangen Renten sowie bei Berufsunfähigkeits-, Erwerbsminderungs- und Hinterbliebenenrenten Nummer 1 Satz 3 Buchstabe a entsprechend anzuwenden,

   b) ist bei Leistungen aus Versicherungsverträgen, Pensionsfonds, Pensionskassen und Direktversicherungen, die nicht solche nach Buchstabe a sind, § 20 Absatz 1 Nummer 6 in der jeweils für den Vertrag geltenden Fassung entsprechend anzuwenden,

   c) unterliegt bei anderen Leistungen der Unterschiedsbetrag zwischen der Leistung und der Summe der auf sie entrichteten Beiträge der Besteuerung; § 20 Absatz 1 Nummer 6 Satz 2 gilt entsprechend.

   [3]In den Fällen des § 93 Absatz 1 Satz 1 und 2 gilt das ausgezahlte geförderte Altersvorsorgevermögen nach Abzug der Zulagen im Sinne des Abschnitt XI als Leistung im Sinne des Satzes 2. [4]Als Leistung im Sinne des Satzes 1 gilt auch der Verminderungsbetrag nach § 92a Absatz 2 Satz 5 und der Auflösungsbetrag nach § 92a Absatz 3 Satz 5. [5]Der Auflösungsbetrag nach § 92a Absatz 2 Satz 6 wird zu 70 Prozent als Leistung nach Satz 1 erfasst. [6]Tritt nach dem Beginn der Auszahlungsphase zu Lebzeiten des Zulageberechtigten der Fall des § 92a Absatz 3 Satz 1 ein, dann ist

   a) innerhalb eines Zeitraums bis zum zehnten Jahr nach dem Beginn der Auszahlungsphase das Eineinhalbfache,

   b) innerhalb eines Zeitraums zwischen dem zehnten und 20. Jahr nach dem Beginn der Auszahlungsphase das Einfache des nach Satz 5 noch nicht erfassten Auflösungsbetrags als Leistung nach Satz 1 zu erfassen; § 92a Absatz 3 Satz 9 gilt entsprechend mit der Maßgabe, dass als noch nicht zurückgeführter Betrag im Wohnförderungskonto der noch nicht erfasste Auflösungsbetrag gilt. [7]Bei erstmaligem Bezug von Leistungen, in den Fällen des § 93 Absatz 1 sowie bei Änderung der im Kalenderjahr auszuzahlenden Leistung hat der Anbieter (§ 80) nach Ablauf des Kalenderjahres dem Steuerpflichtigen nach amtlich vorgeschriebenem Muster den Betrag der im abgelaufenen Kalenderjahr zugeflossenen Leistungen im Sinne der Sätze 1 bis 3 je gesondert mitzuteilen. [8]Werden dem Steuerpflichtigen Abschluss- und Vertriebskosten eines Altersvorsorgevertrages erstattet, gilt der Erstattungsbetrag als Leistung im Sinne des Satzes 1. [9]In den Fällen des § 3 Nummer 55a richtet sich die Zuordnung zu Satz 1 oder Satz 2 bei der ausgleichsberechtigten Person danach, wie eine nur auf die Ehezeit bezogene Zuordnung der sich aus dem übertragenen Anrecht ergebenden Leistung zu Satz 1 oder Satz 2 bei der ausgleichspflichtigen Person im Zeitpunkt der Übertragung ohne die Teilung vorzunehmen gewesen wäre. [10]Dies gilt sinngemäß in den Fällen des § 3 Nummer 55 und 55e. [11]Wird eine Versorgungsverpflichtung nach § 3 Nummer 66 auf einen Pensionsfonds übertragen und hat der Steuerpflichtige bereits vor dieser Übertragung Leistungen aufgrund dieser Versorgungsverpflichtung erhalten, so sind insoweit auf die Leistungen aus dem Pensionsfonds im Sinne des Satzes 1 die Beträge nach § 9a Satz 1 Nummer 1 und § 19 Absatz 2 entsprechend anzuwenden; § 9a Satz 1 Nummer 3 ist nicht anzuwenden. [12]Wird aufgrund einer internen Teilung nach § 10 des Versorgungsausgleichsgesetzes oder einer externen Teilung nach § 14 des Versorgungsausgleichsgesetzes ein Anrecht zugunsten der ausgleichsberechtigten Person begründet, so gilt dieser Vertrag insoweit zu dem gleichen Zeitpunkt als abgeschlossen wie der Vertrag der ausgleichspflichtigen Person, wenn die aus dem Vertrag der ausgleichspflichtigen Person ausgezahlten Leistungen zu einer Besteuerung nach Satz 2 führen. [13]Für Leistungen aus Altersvorsorgeverträgen nach § 93 Absatz 3 ist § 34 Absatz 1 entsprechend anzuwenden. [14]Soweit Begünstigungen, die mit denen in Satz 2 vergleichbar sind, bei der deutschen Besteuerung gewährt wurden, gelten die darauf beruhenden Leistungen ebenfalls als Leistung nach Satz 1. [15]§ 20 Absatz 1 Nummer 6 Satz 9 in der ab dem 27. Juli 2016 geltenden Fassung findet keine Anwendung. [16]Nummer 1 Satz 3 Buchstabe a Doppelbuchstabe aa Satz 9 gilt entsprechend.

§ 22a
Rentenbezugsmitteilungen an die zentrale Stelle[1]

(1) [1]Nach Maßgabe des § 93c der Abgabenordnung haben die Träger der gesetzlichen Rentenversicherung, die landwirtschaftliche Alterskasse, die berufsständischen Versor-

1 **Anm. d. Verlages**: Gemäß Art. 9 G vom 11.2.2021 (BGBl. I S. 154) werden mit Wirkung ab 1.10.2023 folgende Sätze an den Absatz 2 angefügt:
„*[10]Die Sätze 1 bis 9 gelten ab dem Stichtag, der in der Rechtsverordnung nach § 13 Absatz 3 des Rentenübersichtsgesetzes festgelegt wird, für die Träger der gesetzlichen Rentenversicherung, für die landwirtschaftliche Alterskasse und für die berufsständischen Versorgungseinrichtungen mit der Maßgabe, dass diese die Identifikationsnummer ihrer Versicherten zur Durchführung des Rentenübersichtsgesetzes bereits vor dem Leistungsbezug erheben können;*

gungseinrichtungen, die Pensionskassen, die Pensionsfonds, die Versicherungsunternehmen, die Unternehmen, die Verträge im Sinne des § 10 Absatz 1 Nummer 2 Buchstabe b anbieten, und die Anbieter im Sinne des § 80 als mitteilungspflichtige Stellen der zentralen Stelle (§ 81) unter Beachtung der im Bundessteuerblatt veröffentlichten Auslegungsvorschriften der Finanzverwaltung folgende Daten zu übermitteln (Rentenbezugsmitteilung):

1. die in § 93c Absatz 1 Nummer 2 Buchstabe c der Abgabenordnung genannten Daten mit der Maßgabe, dass der Leistungsempfänger als Steuerpflichtiger gilt. [2]Eine inländische Anschrift des Leistungsempfängers ist nicht zu übermitteln. [3]Ist der mitteilungspflichtigen Stelle eine ausländische Anschrift des Leistungsempfängers bekannt, ist diese anzugeben. [4]In diesen Fällen ist auch die Staatsangehörigkeit des Leistungsempfängers, soweit bekannt, mitzuteilen;
2. je gesondert den Betrag der Leibrenten und anderen Leistungen im Sinne des § 22 Nummer 1 Satz 3 Buchstabe a Doppelbuchstabe aa und bb Satz 4 sowie Doppelbuchstabe bb Satz 5 in Verbindung mit § 55 Absatz 2 der Einkommensteuer-Durchführungsverordnung sowie im Sinne des § 22 Nummer 5 Satz 1 bis 3. [2]Der im Betrag der Rente enthaltene Teil, der ausschließlich auf einer Anpassung der Rente beruht, ist gesondert mitzuteilen;
3. Zeitpunkt des Beginns und des Endes des jeweiligen Leistungsbezugs; folgen nach dem 31. Dezember 2004 Renten aus derselben Versicherung einander nach, so ist auch die Laufzeit der vorhergehenden Renten mitzuteilen;
4. die Beiträge im Sinne des § 10 Absatz 1 Nummer 3 Buchstabe a Satz 1 und 2 und Buchstabe b, soweit diese von der mitteilungspflichtigen Stelle an die Träger der gesetzlichen Kranken- und Pflegeversicherung abgeführt werden;
5. die dem Leistungsempfänger zustehenden Beitragszuschüsse nach § 106 des Sechsten Buches Sozialgesetzbuch;
6. ab dem 1. Januar 2017 ein gesondertes Merkmal und ab dem 1. Januar 2019 zwei gesonderte Merkmale für Verträge, auf denen gefördertes Altersvorsorgevermögen gebildet wurde; die zentrale Stelle ist in diesen Fällen berechtigt, die Daten dieser Rentenbezugsmitteilung im Zulagekonto zu speichern und zu verarbeiten;
7. ab dem 1. Januar 2019 die gesonderte Kennzeichnung einer Leistung aus einem Altersvorsorgevertrag nach § 93 Absatz 3;
8. ab dem 1. Januar 2022 die durch Steuerabzug gemäß § 50a Absatz 7 einbehaltenen Beträge.

---

in diesen Fällen teilt das Bundeszentralamt für Steuern der mitteilungspflichtigen Stelle auf deren Anfrage die Identifikationsnummer des Versicherten nur mit, wenn die von der anfragenden Stelle übermittelten Daten mit den nach § 139b Absatz 3 der Abgabenordnung beim Bundeszentralamt für Steuern gespeicherten Daten im maschinellen Datenabgleich übereinstimmen. [11]Wird im Rahmen einer Registermodernisierung ein gesondertes Erhebungsverfahren für die Erhebung der Identifikationsnummer eingerichtet, ist abweichend von Satz 10 das neu eingerichtete Erhebungsverfahren zu nutzen.“

[2]Die Träger der gesetzlichen Rentenversicherung und die landwirtschaftliche Alterskasse haben gesondert neben der nach Satz 1 zu übermittelnden Rentenbezugsmitteilung für Leistungsempfänger im Sinne des § 1 Absatz 2 des Rentenbeziehende-Energiepreispauschalengesetzes einmalig eine Rentenbezugsmitteilung nach Maßgabe des § 93c der Abgabenordnung mit den Daten nach Satz 1 Nummer 1 und 3 sowie den Betrag der Leistung nach § 1 Absatz 1 des Rentenbeziehende-Energiepreispauschalengesetzes zu übermitteln. [3]§ 72a Absatz 4 und § 93c Absatz 1 Nummer 3 der Abgabenordnung finden keine Anwendung.

(2) [1]Der Leistungsempfänger hat der mitteilungspflichtigen Stelle seine Identifikationsnummer sowie den Tag seiner Geburt mitzuteilen. [2]Teilt der Leistungsempfänger die Identifikationsnummer der mitteilungspflichtigen Stelle trotz Aufforderung nicht mit, übermittelt das Bundeszentralamt für Steuern der mitteilungspflichtigen Stelle auf deren Anfrage die Identifikationsnummer des Leistungsempfängers sowie, falls es sich bei der mitteilungspflichtigen Stelle um einen Träger der gesetzlichen Sozialversicherung handelt, auch den beim Bundeszentralamt für Steuern gespeicherten Tag der Geburt des Leistungsempfängers (§ 139b Absatz 3 Nummer 8 der Abgabenordnung), wenn dieser von dem in der Anfrage übermittelten Tag der Geburt abweicht und für die weitere Datenübermittlung benötigt wird; weitere Daten dürfen nicht übermittelt werden. [3]In der Anfrage dürfen nur die in § 139b Absatz 3 der Abgabenordnung genannten Daten des Leistungsempfängers angegeben werden, soweit sie der mitteilungspflichtigen Stelle bekannt sind. [4]Die Anfrage der mitteilungspflichtigen Stelle und die Antwort des Bundeszentralamtes für Steuern sind nach amtlich vorgeschriebenem Datensatz durch Datenfernübertragung über die zentrale Stelle zu übermitteln. [5]Die zentrale Stelle führt eine ausschließlich automatisierte Prüfung der ihr übermittelten Daten daraufhin durch, ob sie vollständig und schlüssig sind und ob das vorgeschriebene Datenformat verwendet worden ist. [6]Sie speichert die Daten des Leistungsempfängers nur für Zwecke dieser Prüfung bis zur Übermittlung an das Bundeszentralamt für Steuern oder an die mitteilungspflichtige Stelle. [7]Die Daten sind für die Übermittlung zwischen der zentralen Stelle und dem Bundeszentralamt für Steuern zu verschlüsseln. [8]Die mitteilungspflichtige Stelle darf die Identifikationsnummer sowie einen nach Satz 2 mitgeteilten Tag der Geburt nur verwenden, soweit dies für die Erfüllung der Mitteilungspflicht nach Absatz 1 Satz 1 erforderlich ist. [9]§ 93c der Abgabenordnung ist für das Verfahren nach den Sätzen 1 bis 8 nicht anzuwenden.

(3) Die mitteilungspflichtige Stelle hat den Leistungsempfänger jeweils darüber zu unterrichten, dass die Leistung der zentralen Stelle mitgeteilt wird.

(4) *(aufgehoben)*

(5) [1]Wird eine Rentenbezugsmitteilung nicht innerhalb der in § 93c Absatz 1 Nummer 1 der Abgabenordnung genannten Frist übermittelt, so ist für jeden angefangenen Monat, in dem die Rentenbezugsmitteilung noch aussteht, ein Betrag in Höhe von 10 Euro für jede ausstehende Rentenbezugsmitteilung an die zentrale Stelle zu entrichten (Verspätungsgeld). [2]Die Erhebung erfolgt durch die zentrale Stelle im Rahmen ihrer Prüfung nach § 93c Absatz 4 der Abgabenordnung. [3]Von der Erhebung ist abzusehen, soweit die Fristüberschreitung auf Gründen beruht, die die mitteilungs-

pflichtige Stelle nicht zu vertreten hat. [4]Das Handeln eines gesetzlichen Vertreters oder eines Erfüllungsgehilfen steht dem eigenen Handeln gleich. [5]Das von einer mitteilungspflichtigen Stelle zu entrichtende Verspätungsgeld darf 50 000 Euro für alle für einen Veranlagungszeitraum zu übermittelnden Rentenbezugsmitteilungen nicht übersteigen.

h) Gemeinsame Vorschriften

...

§ 24a
Altersentlastungsbetrag

[1]Der Altersentlastungsbetrag ist bis zu einem Höchstbetrag im Kalenderjahr ein nach einem Prozentsatz ermittelter Betrag des Arbeitslohns und der positiven Summe der Einkünfte, die nicht solche aus nichtselbstständiger Arbeit sind. [2]Bei der Bemessung des Betrags bleiben außer Betracht:

1. Versorgungsbezüge im Sinne des § 19 Absatz 2;
2. Einkünfte aus Leibrenten im Sinne des § 22 Nummer 1 Satz 3 Buchstabe a;
3. Einkünfte im Sinne des § 22 Nummer 4 Satz 4 Buchstabe b;
4. Einkünfte im Sinne des § 22 Nummer 5 Satz 1, soweit § 22 Nummer 5 Satz 11 anzuwenden ist;
5. Einkünfte im Sinne des § 22 Nummer 5 Satz 2 Buchstabe a.

[3]Der Altersentlastungsbetrag wird einem Steuerpflichtigen gewährt, der vor dem Beginn des Kalenderjahres, in dem er sein Einkommen bezogen hat, das 64. Lebensjahr vollendet hatte. [4]Im Fall der Zusammenveranlagung von Ehegatten zur Einkommensteuer sind die Sätze 1 bis 3 für jeden Ehegatten gesondert anzuwenden. [5]Der maßgebende Prozentsatz und der Höchstbetrag des Altersentlastungsbetrags sind der nachstehenden Tabelle zu entnehmen:

Das auf die Vollendung des 64. Lebensjahres folgende Kalenderjahr	Altersentlastungsbetrag	
	in % der Einkünfte	Höchstbetrag in Euro
2005	40,0	1 900
2006	38,4	1 824
2007	36,8	1 748
2008	35,2	1 672
2009	33,6	1 596
2010	32,0	1 520
2011	30,4	1 444
2012	28,8	1 368

Das auf die Vollendung des 64. Lebensjahres folgende Kalenderjahr	Altersentlastungsbetrag	
	in % der Einkünfte	Höchstbetrag in Euro
2013	27,2	1 292
2014	25,6	1 216
2015	24,0	1 140
2016	22,4	1 064
2017	20,8	988
2018	19,2	912
2019	17,6	836
2020	16,0	760
2021	15,2	722
2022	14,4	684
2023	13,6	646
2024	12,8	608
2025	12,0	570
2026	11,2	532
2027	10,4	494
2028	9,6	456
2029	8,8	418
2030	8,0	380
2031	7,2	342
2032	6,4	304
2033	5,6	266
2034	4,8	228
2035	4,0	190
2036	3,2	152
2037	2,4	114
2038	1,6	76
2039	0,8	38
2040	0,0	0

...

IV. Tarif

…

§ 32
Kinder, Freibeträge für Kinder

…

(3) Ein Kind wird in dem Kalendermonat, in dem es lebend geboren wurde, und in jedem folgenden Kalendermonat, zu dessen Beginn es das 18. Lebensjahr noch nicht vollendet hat, berücksichtigt.

(4) [1]Ein Kind, das das 18. Lebensjahr vollendet hat, wird berücksichtigt, wenn es

1. noch nicht das 21. Lebensjahr vollendet hat, nicht in einem Beschäftigungsverhältnis steht und bei einer Agentur für Arbeit im Inland als Arbeitsuchender gemeldet ist oder

2. noch nicht das 25. Lebensjahr vollendet hat und

   a) für einen Beruf ausgebildet wird oder

   b) sich in einer Übergangszeit von höchstens vier Monaten befindet, die zwischen zwei Ausbildungsabschnitten oder zwischen einem Ausbildungsabschnitt und der Ableistung des gesetzlichen Wehr- oder Zivildienstes, einer vom Wehr- oder Zivildienst befreienden Tätigkeit als Entwicklungshelfer oder als Dienstleistender im Ausland nach § 14b des Zivildienstgesetzes oder der Ableistung des freiwilligen Wehrdienstes nach § 58b des Soldatengesetzes oder der Ableistung eines freiwilligen Dienstes im Sinne des Buchstaben d liegt, oder

   c) eine Berufsausbildung mangels Ausbildungsplatzes nicht beginnen oder fortsetzen kann oder

   d) einen der folgenden freiwilligen Dienste leistet:

      aa) ein freiwilliges soziales Jahr im Sinne des Jugendfreiwilligendienstegesetzes,

      bb) ein freiwilliges ökologisches Jahr im Sinne des Jugendfreiwilligendienstegesetzes,

      cc) einen Bundesfreiwilligendienst im Sinne des Bundesfreiwilligendienstgesetzes,

      dd) eine Freiwilligentätigkeit im Rahmen des Europäischen Solidaritätskorps im Sinne der Verordnung (EU) 2021/888 des Europäischen Parlaments und des Rates vom 20. Mai 2021 zur Aufstellung des Programms für das Europäische Solidaritätskorps und zur Aufhebung der Verordnungen (EU) 2018/1475 und (EU) Nr. 375/2014 (ABl. L 202 vom 8.6.2021, S. 32),

      ee) einen anderen Dienst im Ausland im Sinne von § 5 des Bundesfreiwilligendienstgesetzes, ff) einen entwicklungspolitischen Freiwilligendienst „weltwärts“ im Sinne der Förderleitlinie des Bundesministeriums für wirtschaftliche Zusammenarbeit und Entwicklung vom 1. Januar 2016,

gg) einen Freiwilligendienst aller Generationen im Sinne von § 2 Absatz 1a des Siebten Buches Sozialgesetzbuch oder

hh) einen Internationalen Jugendfreiwilligendienst im Sinne der Richtlinie des Bundesministeriums für Familie, Senioren, Frauen und Jugend vom 4. Januar 2021 (GMBl S. 77) oder

3. wegen körperlicher, geistiger oder seelischer Behinderung außerstande ist, sich selbst zu unterhalten; Voraussetzung ist, dass die Behinderung vor Vollendung des 25. Lebensjahres eingetreten ist.

...

(5) [1]In den Fällen des Absatzes 4 Satz 1 Nummer 1 oder Nummer 2 Buchstabe a und b wird ein Kind, das

1. den gesetzlichen Grundwehrdienst oder Zivildienst geleistet hat, oder
2. sich an Stelle des gesetzlichen Grundwehrdienstes freiwillig für die Dauer von nicht mehr als drei Jahren zum Wehrdienst verpflichtet hat, oder
3. eine vom gesetzlichen Grundwehrdienst oder Zivildienst befreiende Tätigkeit als Entwicklungshelfer im Sinne des § 1 Absatz 1 des Entwicklungshelfer-Gesetzes ausgeübt hat,

für einen der Dauer dieser Dienste oder der Tätigkeit entsprechenden Zeitraum, höchstens für die Dauer des inländischen gesetzlichen Grundwehrdienstes oder bei anerkannten Kriegsdienstverweigerern für die Dauer des inländischen gesetzlichen Zivildienstes über das 21. oder 25. Lebensjahr hinaus berücksichtigt. [2]Wird der gesetzliche Grundwehrdienst oder Zivildienst in einem Mitgliedstaat der Europäischen Union oder einem Staat, auf den das Abkommen über den Europäischen Wirtschaftsraum Anwendung findet, geleistet, so ist die Dauer dieses Dienstes maßgebend. [3]Absatz 4 Satz 2 und 3 gilt entsprechend.

...

§ 34
Außerordentliche Einkünfte

(1) [1]Sind in dem zu versteuernden Einkommen außerordentliche Einkünfte enthalten, so ist die auf alle im Veranlagungszeitraum bezogenen außerordentlichen Einkünfte entfallende Einkommensteuer nach den Sätzen 2 bis 4 zu berechnen. [2]Die für die außerordentlichen Einkünfte anzusetzende Einkommensteuer beträgt das Fünffache des Unterschiedsbetrags zwischen der Einkommensteuer für das um diese Einkünfte verminderte zu versteuernde Einkommen (verbleibendes zu versteuerndes Einkommen) und der Einkommensteuer für das verbleibende zu versteuernde Einkommen zuzüglich eines Fünftels dieser Einkünfte. [3]Ist das verbleibende zu versteuernde

Einkommen negativ und das zu versteuernde Einkommen positiv, so beträgt die Einkommensteuer das Fünffache der auf ein Fünftel des zu versteuernden Einkommens entfallenden Einkommensteuer. [4]Die Sätze 1 bis 3 gelten nicht für außerordentliche Einkünfte im Sinne des Absatzes 2 Nummer 1, wenn der Steuerpflichtige auf diese Einkünfte ganz oder teilweise § 6b oder § 6c anwendet.

(2) Als außerordentliche Einkünfte kommen nur in Betracht:

1. Veräußerungsgewinne im Sinne der §§ 14, 14a Absatz 1, der §§ 16 und 18 Absatz 3 mit Ausnahme des steuerpflichtigen Teils der Veräußerungsgewinne, die nach § 3 Nummer 40 Buchstabe b in Verbindung mit § 3c Absatz 2 teilweise steuerbefreit sind;
2. Entschädigungen im Sinne des § 24 Nummer 1;
3. Nutzungsvergütungen und Zinsen im Sinne des § 24 Nummer 3, soweit sie für einen Zeitraum von mehr als drei Jahren nachgezahlt werden;
4. Vergütungen für mehrjährige Tätigkeiten; mehrjährig ist eine Tätigkeit, soweit sie sich über mindestens zwei Veranlagungszeiträume erstreckt und einen Zeitraum von mehr als zwölf Monaten umfasst.

...

VI. Steuererhebung

...

2. Steuerabzug vom Arbeitslohn (Lohnsteuer)

...

§ 40
Pauschalierung der Lohnsteuer in besonderen Fällen

(1) [1]Das Betriebsstättenfinanzamt (§ 41a Absatz 1 Satz 1 Nummer 1) kann auf Antrag des Arbeitgebers zulassen, dass die Lohnsteuer mit einem unter Berücksichtigung der Vorschriften des § 38a zu ermittelnden Pauschsteuersatz erhoben wird, soweit

1. von dem Arbeitgeber sonstige Bezüge in einer größeren Zahl von Fällen gewährt werden oder

...

(3) [1]Der Arbeitgeber hat die pauschale Lohnsteuer zu übernehmen. [2]Er ist Schuldner der pauschalen Lohnsteuer; auf den Arbeitnehmer abgewälzte pauschale Lohnsteuer gilt als zugeflossener Arbeitslohn und mindert nicht die Bemessungsgrundlage. [3]Der pauschal besteuerte Arbeitslohn und die pauschale Lohnsteuer bleiben bei einer Veranlagung zur Einkommensteuer und beim Lohnsteuer-Jahresausgleich außer Ansatz. [4]Die pauschale Lohnsteuer ist weder auf die Einkommensteuer noch auf die Jahreslohnsteuer anzurechnen.

...

§ 40b a.F.
Pauschalierung der Lohnsteuer bei bestimmten Zukunftssicherungsleistungen[1]

(1) [1]Der Arbeitgeber kann die Lohnsteuer von den Beiträgen für eine Direktversicherung des Arbeitnehmers und von den Zuwendungen an eine Pensionskasse mit einem Pauschsteuersatz von 20 vom Hundert der Beiträge und Zuwendungen erheben. [2]Die pauschale Erhebung der Lohnsteuer von Beiträgen für eine Direktversicherung ist nur zulässig, wenn die Versicherung nicht auf den Erlebensfall eines früheren als des 60. Lebensjahres abgeschlossen und eine vorzeitige Kündigung des Versicherungsvertrags durch den Arbeitnehmer ausgeschlossen worden ist.

(2) [1]Absatz 1 gilt nicht, soweit die zu besteuernden Beiträge und Zuwendungen des Arbeitgebers für den Arbeitnehmer 1752 Euro im Kalenderjahr übersteigen oder nicht aus seinem ersten Dienstverhältnis bezogen werden. [2]Sind mehrere Arbeitnehmer gemeinsam in einem Direktversicherungsvertrag oder in einer Pensionskasse versichert, so gilt als Beitrag oder Zuwendung für den einzelnen Arbeitnehmer der Teilbetrag, der sich bei einer Aufteilung der gesamten Beiträge oder der gesamten Zuwendungen durch die Zahl der begünstigten Arbeitnehmer ergibt, wenn dieser Teilbetrag 1752 Euro nicht übersteigt; hierbei sind Arbeitnehmer, für die Beiträge und Zuwendungen von mehr als 2148 Euro im Kalenderjahr geleistet werden, nicht einzubeziehen. [3]Für Beiträge und Zuwendungen, die der Arbeitgeber für den Arbeitnehmer aus Anlass der Beendigung des Dienstverhältnisses erbracht hat, vervielfältigt sich der Betrag von 1752 Euro mit der Anzahl der Kalenderjahre, in denen das Dienstverhältnis des Arbeitnehmers zu dem Arbeitgeber bestanden hat; in diesem Fall ist Satz 2 nicht anzuwenden. [4]Der vervielfältigte Betrag vermindert sich um die nach Absatz 1 pauschal besteuerten Beiträge und Zuwendungen, die der Arbeitgeber in dem Kalenderjahr, in dem das Dienstverhältnis beendet wird, und in den sechs vorangegangenen Kalenderjahren erbracht hat.

(3) Von den Beiträgen für eine Unfallversicherung des Arbeitnehmers kann der Arbeitgeber die Lohnsteuer mit einem Pauschsteuersatz von 20 vom Hundert der Beiträge erheben, wenn mehrere Arbeitnehmer gemeinsam in einem Unfallversicherungsvertrag versichert sind und der Teilbetrag, der sich bei einer Aufteilung der gesamten Beiträge nach Abzug der Versicherungsteuer durch die Zahl der begünstigten Arbeitnehmer ergibt, 62 Euro im Kalenderjahr nicht übersteigt.

(4) [1]§ 40 Abs. 3 ist anzuwenden. [2]Die Anwendung des § 40 Abs. 1 Satz 1 Nr. 1 auf Bezüge im Sinne des Absatzes 1 Satz 1 und des Absatzes 3 ist ausgeschlossen.

§ 40b
Pauschalierung der Lohnsteuer bei bestimmten Zukunftssicherungsleistungen

(1) Der Arbeitgeber kann die Lohnsteuer von den Zuwendungen zum Aufbau einer nicht kapitalgedeckten betrieblichen Altersversorgung an eine Pensionskasse mit einem Pauschsteuersatz von 20 Prozent der Zuwendungen erheben.

(2) [1]Absatz 1 gilt nicht, soweit die zu besteuernden Zuwendungen des Arbeitgebers für den Arbeitnehmer 1 752 Euro im Kalenderjahr übersteigen oder nicht aus seinem

1 Anm. d. Verlages: § 40b in der bis zum 31.12.2004 gültigen Fassung.

ersten Dienstverhältnis bezogen werden. [2]Sind mehrere Arbeitnehmer gemeinsam in der Pensionskasse versichert, so gilt als Zuwendung für den einzelnen Arbeitnehmer der Teilbetrag, der sich bei einer Aufteilung der gesamten Zuwendungen durch die Zahl der begünstigten Arbeitnehmer ergibt, wenn dieser Teilbetrag 1 752 Euro nicht übersteigt; hierbei sind Arbeitnehmer, für die Zuwendungen von mehr als 2 148 Euro im Kalenderjahr geleistet werden, nicht einzubeziehen. [3]Für Zuwendungen, die der Arbeitgeber für den Arbeitnehmer aus Anlass der Beendigung des Dienstverhältnisses erbracht hat, vervielfältigt sich der Betrag von 1 752 Euro mit der Anzahl der Kalenderjahre, in denen das Dienstverhältnis des Arbeitnehmers zu dem Arbeitgeber bestanden hat; in diesem Fall ist Satz 2 nicht anzuwenden. [4]Der vervielfältigte Betrag vermindert sich um die nach Absatz 1 pauschal besteuerten Zuwendungen, die der Arbeitgeber in dem Kalenderjahr, in dem das Dienstverhältnis beendet wird, und in den sechs vorangegangenen Kalenderjahren erbracht hat.

(3) Von den Beiträgen für eine Unfallversicherung des Arbeitnehmers kann der Arbeitgeber die Lohnsteuer mit einem Pauschsteuersatz von 20 Prozent der Beiträge erheben, wenn mehrere Arbeitnehmer gemeinsam in einem Unfallversicherungsvertrag versichert sind und der Teilbetrag, der sich bei einer Aufteilung der gesamten Beiträge nach Abzug der Versicherungsteuer durch die Zahl der begünstigten Arbeitnehmer ergibt, 62 Euro im Kalenderjahr nicht übersteigt.

(4) In den Fällen des § 19 Absatz 1 Satz 1 Nummer 3 Satz 2 hat der Arbeitgeber die Lohnsteuer mit einem Pauschsteuersatz in Höhe von 15 Prozent der Sonderzahlungen zu erheben.

(5) [1]§ 40 Absatz 3 ist anzuwenden. [2]Die Anwendung des § 40 Absatz 1 Satz 1 Nummer 1 auf Bezüge im Sinne des Absatzes 1, des Absatzes 3 und des Absatzes 4 ist ausgeschlossen.

...

IX. Sonstige Vorschriften, Bußgeld-, Ermächtigungs- und Schlussvorschriften

...

§ 52
Anwendungsvorschriften

(1) [1]Diese Fassung des Gesetzes ist, soweit in den folgenden Absätzen nichts anderes bestimmt ist, erstmals für den Veranlagungszeitraum 2023 anzuwenden. [2]Beim Steuerabzug vom Arbeitslohn gilt Satz 1 mit der Maßgabe, dass diese Fassung erstmals auf den laufenden Arbeitslohn anzuwenden ist, der für einen nach dem 31. Dezember 2022 endenden Lohnzahlungszeitraum gezahlt wird, und auf sonstige Bezüge, die nach dem 31. Dezember 2022 zufließen.[3]Beim Steuerabzug vom Kapitalertrag gilt Satz 1 mit der Maßgabe, dass diese Fassung des Gesetzes erstmals auf Kapitalerträge anzuwenden ist, die dem Gläubiger nach dem 31. Dezember 2022 zufließen.

...

(4) … [13]§ 3 Nummer 40a in der am 6. August 2004 geltenden Fassung ist auf Vergütungen im Sinne des § 18 Absatz 1 Nummer 4 anzuwenden, wenn die vermögensverwaltende Gesellschaft oder Gemeinschaft nach dem 31. März 2002 und vor dem 1. Januar 2009 gegründet worden ist oder soweit die Vergütungen in Zusammenhang mit der Veräußerung von Anteilen an Kapitalgesellschaften stehen, die nach dem 7. November 2003 und vor dem 1. Januar 2009 erworben worden sind. [14]§ 3 Nummer 40a in der am 19. August 2008 geltenden Fassung ist erstmals auf Vergütungen im Sinne des § 18 Absatz 1 Nummer 4 anzuwenden, wenn die vermögensverwaltende Gesellschaft oder Gemeinschaft nach dem 31. Dezember 2008 gegründet worden ist. [15]§ 3 Nummer 41 in der am 30. Juni 2021 geltenden Fassung ist letztmals für den Veranlagungszeitraum 2021 anzuwenden. [16]§ 3 Nummer 46 in der am 17. November 2016 geltenden Fassung ist erstmals anzuwenden auf Vorteile, die in einem nach dem 31. Dezember 2016 endenden Lohnzahlungszeitraum oder als sonstige Bezüge nach dem 31. Dezember 2016 zugewendet werden, und letztmals anzuwenden auf Vorteile, die in einem vor dem 1. Januar 2031 endenden Lohnzahlungszeitraum oder als sonstige Bezüge vor dem 1. Januar 2031 zugewendet werden. [17]§ 3 Nummer 60 in der am 13. August 2020 geltenden Fassung ist weiterhin anzuwenden für Anpassungsgelder an Arbeitnehmer im Steinkohlenbergbau bis zum Auslaufen dieser öffentlichen Mittel im Jahr 2027. [18]Der Höchstbetrag nach § 3 Nummer 63 Satz 1 verringert sich um Zuwendungen, auf die § 40b Absatz 1 und 2 Satz 1 und 2 in der am 31. Dezember 2004 geltenden Fassung angewendet wird …

…

(6) [1]§ 4 Absatz 1 Satz 3 in der Fassung des Artikels 1 des Gesetzes vom 25. Juni 2021 (BGBl. I S. 2035) ist erstmals für nach dem 31. Dezember 2019 endende Wirtschaftsjahre anzuwenden. [2]§ 4 Absatz 1 Satz 4 in der Fassung des Artikels 1 des Gesetzes vom 8. Dezember 2010 (BGBl. I S. 1768) gilt in allen Fällen, in denen § 4 Absatz 1 Satz 3 anzuwenden ist. [3]§ 4 Absatz 1 Satz 9 in der Fassung des Artikels 1 des Gesetzes vom 25. Juni 2021 (BGBl. I S. 2035) ist erstmals für nach dem 31. Dezember 2019 endende Wirtschaftsjahre anzuwenden. [4]§ 4 Absatz 3 Satz 4 ist nicht anzuwenden, soweit die Anschaffungs- oder Herstellungskosten vor dem 1. Januar 1971 als Betriebsausgaben abgesetzt worden sind. [5]§ 4 Absatz 3 Satz 4 und 5 in der Fassung des Artikels 1 des Gesetzes vom 28. April 2006 (BGBl. I S. 1095) ist erstmals für Wirtschaftsgüter anzuwenden, die nach dem 5. Mai 2006 angeschafft, hergestellt oder in das Betriebsvermögen eingelegt werden. [6]Die Anschaffungs- oder Herstellungskosten für nicht abnutzbare Wirtschaftsgüter des Anlagevermögens, die vor dem 5. Mai 2006 angeschafft, hergestellt oder in das Betriebsvermögen eingelegt wurden, sind erst im Zeitpunkt des Zuflusses des Veräußerungserlöses oder im Zeitpunkt der Entnahme als Betriebsausgaben zu berücksichtigen. [7]§ 4 Absatz 4a in der Fassung des Gesetzes vom 22. Dezember 1999 (BGBl. I S. 2601) ist erstmals für das Wirtschaftsjahr anzuwenden, das nach dem 31. Dezember 1998 endet. [8]Über- und Unterentnahmen vorangegangener Wirtschaftsjahre bleiben unberücksichtigt. [9]Bei vor dem 1. Januar 1999 eröffneten Betrieben sind im Fall der Betriebsaufgabe bei der Überführung von Wirtschaftsgütern aus dem Betriebsvermögen in das Privatvermögen die Buchwerte nicht als Entnahme anzusetzen; im Fall der Betriebsveräußerung ist nur der Veräußerungsgewinn als Entnahme anzusetzen. [10]§ 4 Absatz 5 Satz 1 Nummer 5 in der Fassung des

Artikels 1 des Gesetzes vom 20. Februar 2013 (BGBl. I S. 285) ist erstmals ab dem 1. Januar 2014 anzuwenden. [11]§ 4 Absatz 5 Satz 1 Nummer 6a in der Fassung des Artikels 1 des Gesetzes vom 20. Februar 2013 (BGBl. I S. 285) ist erstmals ab dem 1. Januar 2014 anzuwenden. [12]§ 4 Absatz 5 Satz 1 Nummer 6b und 6c in der Fassung des Artikels 1 des Gesetzes vom 16. Dezember 2022 (BGBl. I S. 2294) ist für nach dem 31. Dezember 2022 in der häuslichen Wohnung ausgeübte Tätigkeiten anzuwenden. [13]§ 4 Absatz 5 Satz 1 Nummer 8 in der Fassung des Artikels 1 des Gesetzes vom 12. Dezember 2019 (BGBl. I S. 2451) ist erstmals anzuwenden auf nach dem 31. Dezember 2018 festgesetzte Geldbußen, Ordnungsgelder und Verwarnungsgelder sowie auf nach dem 31. Dezember 2018 entstandene mit der Geldbuße, dem Ordnungsgeld oder dem Verwarnungsgeld zusammenhängende Aufwendungen. [14]§ 4 Absatz 5 Satz 1 Nummer 8a in der Fassung des Artikels 1 des Gesetzes vom 12. Dezember 2019 (BGBl. I S. 2451) ist erstmals anzuwenden auf nach dem 31. Dezember 2018 festgesetzte Zinsen im Sinne der Vorschrift. [15]§ 4 Absatz 10 in der Fassung des Artikels 2 des Gesetzes vom 12. Dezember 2019 (BGBl. I S. 2451) ist erstmals anzuwenden auf nach dem 31. Dezember 2019 durchgeführte Übernachtungen im Sinne der Vorschrift. [16]§ 4 Absatz 5 Satz 1 Nummer 6b Satz 4 in der Fassung des Artikels 1 des Gesetzes vom 21. Dezember 2020 (BGBl. I S. 3096) ist für nach dem 31. Dezember 2019 und vor dem 1. Januar 2023 in der häuslichen Wohnung ausgeübte Tätigkeiten anzuwenden.

(7) – *weggefallen* –

(8) [1]§ 4f in der Fassung des Gesetzes vom 18. Dezember 2013 (BGBl. I S. 4318) ist erstmals für Wirtschaftsjahre anzuwenden, die nach dem 28. November 2013 enden. [2]§ 4f Absatz 1 Satz 3 in der Fassung des Artikels 1 des Gesetzes vom 21. Dezember 2020 (BGBl. I S. 3096) ist erstmals für Wirtschaftsjahre anzuwenden, die nach dem 31. Dezember 2019 enden; bei nach § 4a vom Kalenderjahr abweichenden Wirtschaftsjahren ist § 4f Absatz 1 Satz 3 spätestens für Wirtschaftsjahre anzuwenden, die nach dem 17. Juli 2020 enden.

(9) [1]§ 5 Absatz 5 Satz 2 in der Fassung des Artikels 1 des Gesetzes vom 16. Dezember 2022 (BGBl. I S. 2294) ist erstmals für Wirtschaftsjahre anzuwenden, die nach dem 31. Dezember 2021 enden. [2]§ 5 Absatz 7 in der Fassung des Gesetzes vom 18. Dezember 2013 (BGBl. I S. 4318) ist erstmals für Wirtschaftsjahre anzuwenden, die nach dem 28. November 2013 enden. [3]Auf Antrag kann § 5 Absatz 7 auch für frühere Wirtschaftsjahre angewendet werden. [4]Bei Schuldübertragungen, Schuldbeitritten und Erfüllungsübernahmen, die vor dem 14. Dezember 2011 vereinbart wurden, ist § 5 Absatz 7 Satz 5 mit der Maßgabe anzuwenden, dass für einen Gewinn, der sich aus der Anwendung von § 5 Absatz 7 Satz 1 bis 3 ergibt, jeweils in Höhe von 19 Zwanzigsteln eine gewinnmindernde Rücklage gebildet werden kann, die in den folgenden 19 Wirtschaftsjahren jeweils mit mindestens einem Neunzehntel gewinnerhöhend aufzulösen ist.

…

(13) – *weggefallen* –

…

(18) [1]§ 10 Absatz 1a Nummer 2 in der am 1. Januar 2015 geltenden Fassung ist auf alle Versorgungsleistungen anzuwenden, die auf Vermögensübertragungen beruhen, die nach dem 31. Dezember 2007 vereinbart worden sind. [2]Für Versorgungsleistungen, die auf Vermögensübertragungen beruhen, die vor dem 1. Januar 2008 vereinbart worden sind, gilt dies nur, wenn das übertragene Vermögen nur deshalb einen ausreichenden Ertrag bringt, weil ersparte Aufwendungen, mit Ausnahme des Nutzungsvorteils eines vom Vermögensübernehmer zu eigenen Zwecken genutzten Grundstücks, zu den Erträgen des Vermögens gerechnet werden. [3]§ 10 Absatz 1 Nummer 5 in der am 1. Januar 2012 geltenden Fassung gilt auch für Kinder, die wegen einer vor dem 1. Januar 2007 in der Zeit ab Vollendung des 25. Lebensjahres und vor Vollendung des 27. Lebensjahres eingetretenen körperlichen, geistigen oder seelischen Behinderung außerstande sind, sich selbst zu unterhalten. [4]§ 10 Absatz 2 Satz 1 Nummer 1 in der Fassung des Artikels 1 des Gesetzes vom 21. Dezember 2020 (BGBl. I S. 3096) ist in allen offenen Fällen anzuwenden. [5]§ 10 Absatz 4b Satz 4 bis 6 in der am 30. Juni 2013 geltenden Fassung ist erstmals für die Übermittlung der Daten des Veranlagungszeitraums 2016 anzuwenden. [6]§ 10 Absatz 5 in der am 31. Dezember 2009 geltenden Fassung ist auf Beiträge zu Versicherungen im Sinne des § 10 Absatz 1 Nummer 2 Buchstabe b Doppelbuchstabe bb bis dd in der am 31. Dezember 2004 geltenden Fassung weiterhin anzuwenden, wenn die Laufzeit dieser Versicherungen vor dem 1. Januar 2005 begonnen hat und ein Versicherungsbeitrag bis zum 31. Dezember 2004 entrichtet wurde.

...

(26a) § 19 Absatz 1 Satz 1 Nummer 3 Satz 2 und 3 in der am 31. Dezember 2014 geltenden Fassung gilt für alle Zahlungen des Arbeitgebers nach dem 30. Dezember 2014.

...

(28) [1]Für die Anwendung des § 20 Absatz 1 Nummer 4 Satz 2 in der am 31. Dezember 2005 geltenden Fassung gilt Absatz 25 entsprechend. [2]Für die Anwendung von § 20 Absatz 1 Nummer 4 Satz 2 und Absatz 2b in der am 1. Januar 2007 geltenden Fassung gilt Absatz 25 entsprechend. [3]§ 20 Absatz 1 Nummer 6 in der Fassung des Gesetzes vom 7. September 1990 (BGBl. I S. 1898) ist erstmals auf nach dem 31. Dezember 1974 zugeflossene Zinsen aus Versicherungsverträgen anzuwenden, die nach dem 31. Dezember 1973 abgeschlossen worden sind. [4]§ 20 Absatz 1 Nummer 6 in der Fassung des Gesetzes vom 20. Dezember 1996 (BGBl. I S. 2049) ist erstmals auf Zinsen aus Versicherungsverträgen anzuwenden, bei denen die Ansprüche nach dem 31. Dezember 1996 entgeltlich erworben worden sind. [5]Für Kapitalerträge aus Versicherungsverträgen, die vor dem 1. Januar 2005 abgeschlossen worden sind, ist § 20 Absatz 1 Nummer 6 in der am 31. Dezember 2004 geltenden Fassung mit der Maßgabe weiterhin anzuwenden, dass in Satz 3 die Wörter „§ 10 Absatz 1 Nummer 2 Buchstabe b Satz 5“ durch die Wörter „§ 10 Absatz 1 Nummer 2 Buchstabe b Satz 6“ ersetzt werden. [6]§ 20 Absatz 1 Nummer 6 Satz 3 in der Fassung des Artikels 1 des Gesetzes vom 13. Dezember 2006 (BGBl. I S. 2878) ist erstmals anzuwenden auf Versicherungsleistungen im Erlebensfall bei Versicherungsverträgen, die nach dem 31. Dezember 2006 abgeschlossen werden, und auf Versicherungsleistungen bei Rück-

kauf eines Vertrages nach dem 31. Dezember 2006. [7]§ 20 Absatz 1 Nummer 6 Satz 2 ist für Vertragsabschlüsse nach dem 31. Dezember 2011 mit der Maßgabe anzuwenden, dass die Versicherungsleistung nach Vollendung des 62. Lebensjahres des Steuerpflichtigen ausgezahlt wird. [8]§ 20 Absatz 1 Nummer 6 Satz 6 in der Fassung des Artikels 1 des Gesetzes vom 19. Dezember 2008 (BGBl. I S. 2794) ist für alle Versicherungsverträge anzuwenden, die nach dem 31. März 2009 abgeschlossen werden oder bei denen die erstmalige Beitragsleistung nach dem 31. März 2009 erfolgt. [9]Wird auf Grund einer internen Teilung nach § 10 des Versorgungsausgleichsgesetzes oder einer externen Teilung nach § 14 des Versorgungsausgleichsgesetzes ein Anrecht in Form eines Versicherungsvertrags zugunsten der ausgleichsberechtigten Person begründet, so gilt dieser Vertrag insoweit zu dem gleichen Zeitpunkt als abgeschlossen wie derjenige der ausgleichspflichtigen Person. [10]§ 20 Absatz 1 Nummer 6 Satz 7 und 8 ist auf Versicherungsleistungen anzuwenden, die auf Grund eines nach dem 31. Dezember 2014 eingetretenen Versicherungsfalles ausgezahlt werden. …

…

(40) § 40b Absatz 1 und 2 in der am 31. Dezember 2004 geltenden Fassung ist weiter anzuwenden auf Beiträge für eine Direktversicherung des Arbeitnehmers und Zuwendungen an eine Pensionskasse, wenn vor dem 1. Januar 2018 mindestens ein Beitrag nach § 40b Absatz 1 und 2 in einer vor dem 1. Januar 2005 geltenden Fassung pauschal besteuert wurde.

…

XI. Altersvorsorgezulage

§ 79
Zulageberechtigte

[1]Die in § 10a Absatz 1 genannten Personen haben Anspruch auf eine Altersvorsorgezulage (Zulage). [2]Ist nur ein Ehegatte nach Satz 1 begünstigt, so ist auch der andere Ehegatte zulageberechtigt, wenn

1. beide Ehegatten nicht dauernd getrennt leben (§ 26 Absatz 1),
2. beide Ehegatten ihren Wohnsitz oder gewöhnlichen Aufenthalt in einem Mitgliedstaat der Europäischen Union oder einem Staat haben, auf den das Abkommen über den Europäischen Wirtschaftsraum anwendbar ist,
3. ein auf den Namen des anderen Ehegatten lautender Altersvorsorgevertrag besteht,
4. der andere Ehegatte zugunsten des Altersvorsorgevertrags nach Nummer 3 im jeweiligen Beitragsjahr mindestens 60 Euro geleistet hat und
5. die Auszahlungsphase des Altersvorsorgevertrags nach Nummer 3 noch nicht begonnen hat.

[3]Satz 1 gilt entsprechend für die in § 10a Absatz 6 Satz 1 und 2 genannten Personen, sofern sie unbeschränkt steuerpflichtig sind oder für das Beitragsjahr nach § 1 Absatz 3 als unbeschränkt steuerpflichtig behandelt werden.

§ 80
Anbieter

Anbieter im Sinne dieses Gesetzes sind Anbieter von Altersvorsorgeverträgen gemäß § 1 Absatz 2 des Altersvorsorgeverträge-Zertifizierungsgesetzes sowie die in § 82 Absatz 2 genannten Versorgungseinrichtungen.

§ 81
Zentrale Stelle

Zentrale Stelle im Sinne dieses Gesetzes ist die Deutsche Rentenversicherung Bund.

§ 81a
Zuständige Stelle

[1]Zuständige Stelle ist bei einem

1. Empfänger von Besoldung nach dem Bundesbesoldungsgesetz oder einem Landesbesoldungsgesetz die die Besoldung anordnende Stelle,
2. Empfänger von Amtsbezügen im Sinne des § 10a Absatz 1 Satz 1 Nummer 2 die die Amtsbezüge anordnende Stelle,
3. versicherungsfrei Beschäftigten sowie bei einem von der Versicherungspflicht befreiten Beschäftigten im Sinne des § 10a Absatz 1 Satz 1 Nummer 3 der die Versorgung gewährleistende Arbeitgeber der rentenversicherungsfreien Beschäftigung,
4. Beamten, Richter, Berufssoldaten und Soldaten auf Zeit im Sinne des § 10a Absatz 1 Satz 1 Nummer 4 der zur Zahlung des Arbeitsentgelts verpflichtete Arbeitgeber und
5. Empfänger einer Versorgung im Sinne des § 10a Absatz 1 Satz 4 die die Versorgung anordnende Stelle.

[2]Für die in § 10a Absatz 1 Satz 1 Nummer 5 genannten Steuerpflichtigen gilt Satz 1 entsprechend.

§ 82
Altersvorsorgebeiträge

(1) [1]Geförderte Altersvorsorgebeiträge sind im Rahmen des in § 10a Absatz 1 Satz 1 genannten Höchstbetrags

1. Beiträge,
2. Tilgungsleistungen,

die der Zulageberechtigte (§ 79) bis zum Beginn der Auszahlungsphase zugunsten eines auf seinen Namen lautenden Vertrags leistet, der nach § 5 des Altersvorsorgeverträge-Zertifizierungsgesetzes zertifiziert ist (Altersvorsorgevertrag). [2]Die Zertifizierung ist Grundlagenbescheid im Sinne des § 171 Absatz 10 der Abgabenordnung. [3]Als Tilgungsleistungen gelten auch Beiträge, die vom Zulageberechtigten zugunsten eines auf seinen Namen lautenden Altersvorsorgevertrags im Sinne des § 1 Absatz 1a Satz 1 Nummer 3 des Altersvorsorgeverträge-Zertifizierungsgesetzes erbracht wurden und die zur Tilgung eines im Rahmen des Altersvorsorgevertrags abgeschlossenen Darlehens abgetreten wurden. [4]Im Fall der Übertragung von gefördertem Altersvorsorgevermögen nach § 1 Absatz 1 Satz 1 Nummer 10 Buchstabe b des Altersvorsorgeverträge-Zertifizierungsgesetzes in einen Altersvorsorgevertrag im Sinne des § 1 Absatz 1a Satz 1 Nummer 3 des Altersvorsorgeverträge-Zertifizierungsgesetzes gelten die Beiträge nach Satz 1 Nummer 1 ab dem Zeitpunkt der Übertragung als Tilgungsleistungen nach Satz 3; eine erneute Förderung nach § 10a oder Abschnitt XI erfolgt insoweit nicht. [5]Tilgungsleistungen nach den Sätzen 1 und 3 werden nur berücksichtigt, wenn das zugrunde liegende Darlehen für eine nach dem 31. Dezember 2007 vorgenommene wohnungswirtschaftliche Verwendung im Sinne des § 92a Absatz 1 Satz 1 eingesetzt wurde. [6]Bei einer Aufgabe der Selbstnutzung nach § 92a Absatz 3 Satz 1 gelten im Beitragsjahr der Aufgabe der Selbstnutzung auch die nach der Aufgabe der Selbstnutzung geleisteten Beiträge oder Tilgungsleistungen als Altersvorsorgebeiträge nach Satz 1. [7]Bei einer Reinvestition nach § 92a Absatz 3 Satz 9 Nummer 1 gelten im Beitragsjahr der Reinvestition auch die davor geleisteten Beiträge oder Tilgungsleistungen als Altersvorsorgebeiträge nach Satz 1. [8]Bei einem beruflich bedingten Umzug nach § 92a Absatz 4 gelten

1. im Beitragsjahr des Wegzugs auch die nach dem Wegzug und
2. im Beitragsjahr des Wiedereinzugs auch die vor dem Wiedereinzug

geleisteten Beiträge und Tilgungsleistungen als Altersvorsorgebeiträge nach Satz 1.

(2) [1]Zu den Altersvorsorgebeiträgen gehören auch

a) die aus dem individuell versteuerten Arbeitslohn des Arbeitnehmers geleisteten Beiträge an einen Pensionsfonds, eine Pensionskasse oder eine Direktversicherung zum Aufbau einer kapitalgedeckten betrieblichen Altersversorgung und
b) Beiträge des Arbeitnehmers und des ausgeschiedenen Arbeitnehmers, die dieser im Fall der zunächst durch Entgeltumwandlung (§ 1a des Betriebsrentengesetzes) finanzierten und nach § 3 Nummer 63 oder § 10a und diesem Abschnitt geförderten kapitalgedeckten betrieblichen Altersversorgung nach Maßgabe des § 1a Absatz 4, des § 1b Absatz 5 Satz 1 Nummer 2 und des § 22 Absatz 3 Nummer 1 Buchstabe a des Betriebsrentengesetzes selbst erbringt.

[2]Satz 1 gilt nur, wenn

1. a) vereinbart ist, dass die zugesagten Altersversorgungsleistungen als monatliche Leistungen in Form einer lebenslangen Leibrente oder als Ratenzahlungen im Rahmen eines Auszahlungsplans mit einer anschließenden Teilkapitalverrentung ab spätestens dem 85. Lebensjahr ausgezahlt werden und die Leistungen während der gesamten Auszahlungsphase gleich bleiben oder steigen; dabei können bis zu zwölf Monatsleistungen in einer Auszahlung zusammengefasst und bis zu 30 Prozent des zu Beginn der Auszahlungsphase zur Verfügung stehenden Kapitals außerhalb der monatlichen Leistungen ausgezahlt werden, und

b) ein vereinbartes Kapitalwahlrecht nicht oder nicht außerhalb des letzten Jahres vor dem vertraglich vorgesehenen Beginn der Altersversorgungsleistung ausgeübt wurde, oder

2. bei einer reinen Beitragszusage nach § 1 Absatz 2 Nummer 2a des Betriebsrentengesetzes der Pensionsfonds, die Pensionskasse oder die Direktversicherung eine lebenslange Zahlung als Altersversorgungsleistung zu erbringen hat.

[3]Die §§ 3 und 4 des Betriebsrentengesetzes stehen dem vorbehaltlich des § 93 nicht entgegen.

(3) Zu den Altersvorsorgebeiträgen gehören auch die Beitragsanteile, die zur Absicherung der verminderten Erwerbsfähigkeit des Zulageberechtigten und zur Hinterbliebenenversorgung verwendet werden, wenn in der Leistungsphase die Auszahlung in Form einer Rente erfolgt.

(4) Nicht zu den Altersvorsorgebeiträgen zählen

1. Aufwendungen, die vermögenswirksame Leistungen nach dem Fünften Vermögensbildungsgesetz in der jeweils geltenden Fassung darstellen,
2. prämienbegünstigte Aufwendungen nach dem Wohnungsbau-Prämiengesetz in der Fassung der Bekanntmachung vom 30. Oktober 1997 (BGBl. I S. 2678), zuletzt geändert durch Artikel 5 des Gesetzes vom 29. Juli 2008 (BGBl. I S. 1509), in der jeweils geltenden Fassung,
3. Aufwendungen, die im Rahmen des § 10 als Sonderausgaben geltend gemacht werden,
4. Zahlungen nach § 92a Absatz 2 Satz 4 Nummer 1 und Absatz 3 Satz 9 Nummer 2 oder
5. Übertragungen im Sinne des § 3 Nummer 55 bis 55c.

(5) [1]Der Zulageberechtigte kann für ein abgelaufenes Beitragsjahr bis zum Beitragsjahr 2011 Altersvorsorgebeiträge auf einen auf seinen Namen lautenden Altersvorsorgevertrag leisten, wenn

1. der Anbieter des Altersvorsorgevertrags davon Kenntnis erhält, in welcher Höhe und für welches Beitragsjahr die Altersvorsorgebeiträge berücksichtigt werden sollen,
2. in dem Beitragsjahr, für das die Altersvorsorgebeiträge berücksichtigt werden sollen, ein Altersvorsorgevertrag bestanden hat,
3. im fristgerechten Antrag auf Zulage für dieses Beitragsjahr eine Zulageberechtigung nach § 79 Satz 2 angegeben wurde, aber tatsächlich eine Zulageberechtigung nach § 79 Satz 1 vorliegt,
4. die Zahlung der Altersvorsorgebeiträge für abgelaufene Beitragsjahre bis zum Ablauf von zwei Jahren nach Erteilung der Bescheinigung nach § 92, mit der zuletzt Ermittlungsergebnisse für dieses Beitragsjahr bescheinigt wurden, längstens jedoch bis zum Beginn der Auszahlungsphase des Altersvorsorgevertrages erfolgt und

5. der Zulageberechtigte vom Anbieter in hervorgehobener Weise darüber informiert wurde oder dem Anbieter seine Kenntnis darüber versichert, dass die Leistungen aus diesen Altersvorsorgebeiträgen der vollen nachgelagerten Besteuerung nach § 22 Nummer 5 Satz 1 unterliegen.

[2]Wurden die Altersvorsorgebeiträge dem Altersvorsorgevertrag gutgeschrieben und sind die Voraussetzungen nach Satz 1 erfüllt, so hat der Anbieter der zentralen Stelle (§ 81) die entsprechenden Daten nach § 89 Absatz 2 Satz 1 für das zurückliegende Beitragsjahr nach einem mit der zentralen Stelle abgestimmten Verfahren mitzuteilen. [3]Die Beträge nach Satz 1 gelten für die Ermittlung der zu zahlenden Altersvorsorgezulage nach § 83 als Altersvorsorgebeiträge für das Beitragsjahr, für das sie gezahlt wurden. [4]Für die Anwendung des § 10a Absatz 1 Satz 1 sowie bei der Ermittlung der dem Steuerpflichtigen zustehenden Zulage im Rahmen des § 2 Absatz 6 und des § 10a sind die nach Satz 1 gezahlten Altersvorsorgebeiträge weder für das Beitragsjahr nach Satz 1 Nummer 2 noch für das Beitragsjahr der Zahlung zu berücksichtigen.

§ 83
Altersvorsorgezulage

In Abhängigkeit von den geleisteten Altersvorsorgebeiträgen wird eine Zulage gezahlt, die sich aus einer Grundzulage (§ 84) und einer Kinderzulage (§ 85) zusammensetzt.

§ 84
Grundzulage

[1]Jeder Zulageberechtigte erhält eine Grundzulage; diese beträgt ab dem Beitragsjahr 2018 jährlich 175 Euro. [2]Für Zulageberechtigte nach § 79 Satz 1, die zu Beginn des Beitragsjahres (§ 88) das 25. Lebensjahr noch nicht vollendet haben, erhöht sich die Grundzulage nach Satz 1 um einmalig 200 Euro. [3]Die Erhöhung nach Satz 2 ist für das erste nach dem 31. Dezember 2007 beginnende Beitragsjahr zu gewähren, für das eine Altersvorsorgezulage beantragt wird.

§ 85
Kinderzulage

(1) [1]Die Kinderzulage beträgt für jedes Kind, für das gegenüber dem Zulageberechtigten Kindergeld festgesetzt wird, jährlich 185 Euro. [2]Für ein nach dem 31. Dezember 2007 geborenes Kind erhöht sich die Kinderzulage nach Satz 1 auf 300 Euro. [3]Der Anspruch auf Kinderzulage entfällt für den Veranlagungszeitraum, für den das Kindergeld insgesamt zurückgefordert wird. [4]Erhalten mehrere Zulageberechtigte für dasselbe Kind Kindergeld, steht die Kinderzulage demjenigen zu, dem gegenüber für den ersten Anspruchszeitraum (§ 66 Absatz 2) im Kalenderjahr Kindergeld festgesetzt worden ist.

(2) [1]Bei Eltern verschiedenen Geschlechts, die miteinander verheiratet sind, nicht dauernd getrennt leben (§ 26 Absatz 1) und ihren Wohnsitz oder gewöhnlichen Aufenthalt in einem Mitgliedstaat der Europäischen Union oder einem Staat haben, auf den das Abkommen über den Europäischen Wirtschaftsraum (EWR-Abkommen) an-

wendbar ist, wird die Kinderzulage der Mutter zugeordnet, auf Antrag beider Eltern dem Vater. [2]Bei Eltern gleichen Geschlechts, die miteinander verheiratet sind oder eine Lebenspartnerschaft führen, nicht dauernd getrennt leben (§ 26 Absatz 1) und ihren Wohnsitz oder gewöhnlichen Aufenthalt in einem Mitgliedstaat der Europäischen Union oder einem Staat haben, auf den das EWR-Abkommen anwendbar ist, ist die Kinderzulage dem Elternteil zuzuordnen, dem gegenüber das Kindergeld festgesetzt wird, auf Antrag beider Eltern dem anderen Elternteil. [3]Der Antrag kann für ein abgelaufenes Beitragsjahr nicht zurückgenommen werden.

§ 86
Mindesteigenbeitrag

(1) [1]Die Zulage nach den §§ 84 und 85 wird gekürzt, wenn der Zulageberechtigte nicht den Mindesteigenbeitrag leistet. [2]Dieser beträgt jährlich 4 Prozent der Summe der in dem dem Kalenderjahr vorangegangenen Kalenderjahr

1. erzielten beitragspflichtigen Einnahmen im Sinne des Sechsten Buches Sozialgesetzbuch,
2. bezogenen Besoldung und Amtsbezüge,
3. in den Fällen des § 10a Absatz 1 Satz 1 Nummer 3 und Nummer 4 erzielten Einnahmen, die beitragspflichtig wären, wenn die Versicherungsfreiheit in der gesetzlichen Rentenversicherung nicht bestehen würde und
4. bezogenen Rente wegen voller Erwerbsminderung oder Erwerbsunfähigkeit oder bezogenen Versorgungsbezüge wegen Dienstunfähigkeit in den Fällen des § 10a Absatz 1 Satz 4,

jedoch nicht mehr als der in § 10a Absatz 1 Satz 1 genannte Höchstbetrag, vermindert um die Zulage nach den §§ 84 und 85; gehört der Ehegatte zum Personenkreis nach § 79 Satz 2, berechnet sich der Mindesteigenbeitrag des nach § 79 Satz 1 Begünstigten unter Berücksichtigung der den Ehegatten insgesamt zustehenden Zulagen. [3]Auslandsbezogene Bestandteile nach den §§ 52 ff. des Bundesbesoldungsgesetzes oder entsprechender Regelungen eines Landesbesoldungsgesetzes bleiben unberücksichtigt. [4]Als Sockelbetrag sind ab dem Jahr 2005 jährlich 60 Euro zu leisten. [5]Ist der Sockelbetrag höher als der Mindesteigenbeitrag nach Satz 2, so ist der Sockelbetrag als Mindesteigenbeitrag zu leisten. [6]Die Kürzung der Zulage ermittelt sich nach dem Verhältnis der Altersvorsorgebeiträge zum Mindesteigenbeitrag.

(2) [1]Ein nach § 79 Satz 2 begünstigter Ehegatte hat Anspruch auf eine ungekürzte Zulage, wenn der zum begünstigten Personenkreis nach § 79 Satz 1 gehörende Ehegatte seinen geförderten Mindesteigenbeitrag unter Berücksichtigung der den Ehegatten insgesamt zustehenden Zulagen erbracht hat. [2]Werden bei einer in der gesetzlichen Rentenversicherung pflichtversicherten Person beitragspflichtige Einnahmen zu Grunde gelegt, die höher sind als das tatsächlich erzielte Entgelt oder die Entgeltersatzleistung, ist das tatsächlich erzielte Entgelt oder der Zahlbetrag der Entgeltersatzleistung für die Berechnung des Mindesteigenbeitrags zu berücksichtigen. [3]Für die nicht erwerbsmäßig ausgeübte Pflegetätigkeit einer nach § 3 Satz 1 Nummer 1a des Sechsten Buches

Sozialgesetzbuch rentenversicherungspflichtigen Person ist für die Berechnung des Mindesteigenbeitrags ein tatsächlich erzieltes Entgelt von 0 Euro zu berücksichtigen.

(3) [1]Für Versicherungspflichtige nach dem Gesetz über die Alterssicherung der Landwirte ist Absatz 1 mit der Maßgabe anzuwenden, dass auch die Einkünfte aus Land- und Forstwirtschaft im Sinne des § 13 des zweiten dem Beitragsjahr vorangegangenen Veranlagungszeitraums als beitragspflichtige Einnahmen des vorangegangenen Kalenderjahres gelten. [2]Negative Einkünfte im Sinne des Satzes 1 bleiben unberücksichtigt, wenn weitere nach Absatz 1 oder Absatz 2 zu berücksichtigende Einnahmen erzielt werden.

(4) Wird nach Ablauf des Beitragsjahres festgestellt, dass die Voraussetzungen für die Gewährung einer Kinderzulage nicht vorgelegen haben, ändert sich dadurch die Berechnung des Mindesteigenbeitrags für dieses Beitragsjahr nicht.

(5) Bei den in § 10a Absatz 6 Satz 1 und 2 genannten Personen ist der Summe nach Absatz 1 Satz 2 die Summe folgender Einnahmen und Leistungen aus dem dem Kalenderjahr vorangegangenen Kalenderjahr hinzuzurechnen:

1. die erzielten Einnahmen aus der Tätigkeit, die die Zugehörigkeit zum Personenkreis des § 10a Absatz 6 Satz 1 begründet, und
2. die bezogenen Leistungen im Sinne des § 10a Absatz 6 Satz 2 Nummer 1.

§ 87
Zusammentreffen mehrerer Verträge

(1) [1]Zahlt der nach § 79 Satz 1 Zulageberechtigte Altersvorsorgebeiträge zugunsten mehrerer Verträge, so wird die Zulage nur für zwei dieser Verträge gewährt. [2]Der insgesamt nach § 86 zu leistende Mindesteigenbeitrag muss zugunsten dieser Verträge geleistet worden sein. [3]Die Zulage ist entsprechend dem Verhältnis der auf diese Verträge geleisteten Beiträge zu verteilen.

(2) [1]Der nach § 79 Satz 2 Zulageberechtigte kann die Zulage für das jeweilige Beitragsjahr nicht auf mehrere Altersvorsorgeverträge verteilen. [2]Es ist nur der Altersvorsorgevertrag begünstigt, für den zuerst die Zulage beantragt wird.

§ 88
Entstehung des Anspruchs auf Zulage

Der Anspruch auf die Zulage entsteht mit Ablauf des Kalenderjahres, in dem die Altersvorsorgebeiträge geleistet worden sind (Beitragsjahr).

§ 89
Antrag

(1) [1]Der Zulageberechtigte hat den Antrag auf Zulage nach amtlich vorgeschriebenem Vordruck bis zum Ablauf des zweiten Kalenderjahres, das auf das Beitragsjahr (§ 88) folgt, bei dem Anbieter seines Vertrages einzureichen. [2]Hat der Zulageberechtigte im Beitragsjahr Altersvorsorgebeiträge für mehrere Verträge gezahlt, so hat er mit dem

Zulageantrag zu bestimmen, auf welche Verträge die Zulage überwiesen werden soll. [3]Beantragt der Zulageberechtigte die Zulage für mehr als zwei Verträge, so wird die Zulage nur für die zwei Verträge mit den höchsten Altersvorsorgebeiträgen gewährt. [4]Sofern eine Zulagenummer (§ 90 Absatz 1 Satz 2) durch die zentrale Stelle (§ 81) oder eine Versicherungsnummer nach § 147 des Sechsten Buches Sozialgesetzbuch für den nach § 79 Satz 2 berechtigten Ehegatten noch nicht vergeben ist, hat dieser über seinen Anbieter eine Zulagenummer bei der zentralen Stelle zu beantragen. [5]Der Antragsteller ist verpflichtet, dem Anbieter unverzüglich eine Änderung der Verhältnisse mitzuteilen, die zu einer Minderung oder zum Wegfall des Zulageanspruchs führt.

(1a) [1]Der Zulageberechtigte kann den Anbieter seines Vertrages schriftlich bevollmächtigen, für ihn abweichend von Absatz 1 die Zulage für jedes Beitragsjahr zu beantragen. [2]Absatz 1 Satz 5 gilt mit Ausnahme der Mitteilung geänderter beitragspflichtiger Einnahmen entsprechend. [3]Ein Widerruf der Vollmacht ist bis zum Ablauf des Beitragsjahres, für das der Anbieter keinen Antrag auf Zulage stellen soll, gegenüber dem Anbieter zu erklären.

(2) [1]Der Anbieter ist verpflichtet,

a) die Vertragsdaten,

b) die Identifikationsnummer, die Versicherungsnummer nach § 147 des Sechsten Buches Sozialgesetzbuch, die Zulagenummer des Zulageberechtigten und dessen Ehegatten oder einen Antrag auf Vergabe einer Zulagenummer eines nach § 79 Satz 2 berechtigten Ehegatten,

c) die vom Zulageberechtigten mitgeteilten Angaben zur Ermittlung des Mindesteigenbeitrags (§ 86),

d) die Identifikationsnummer des Kindes sowie die weiteren für die Gewährung der Kinderzulage erforderlichen Daten,

e) die Höhe der geleisteten Altersvorsorgebeiträge und

f) das Vorliegen einer nach Absatz 1a erteilten Vollmacht

als die für die Ermittlung und Überprüfung des Zulageanspruchs und Durchführung des Zulageverfahrens erforderlichen Daten zu erfassen. [2]Er hat die Daten der bei ihm im Laufe eines Kalendervierteljahres eingegangenen Anträge bis zum Ende des folgenden Monats nach amtlich vorgeschriebenem Datensatz durch amtlich bestimmte Datenfernübertragung an die zentrale Stelle zu übermitteln. [3]Dies gilt auch im Fall des Absatzes 1 Satz 5. [4]§ 22a Absatz 2 gilt entsprechend.

(3) [1]Ist der Anbieter nach Absatz 1a Satz 1 bevollmächtigt worden, hat er der zentralen Stelle die nach Absatz 2 Satz 1 erforderlichen Angaben für jedes Kalenderjahr bis zum Ablauf des auf das Beitragsjahr folgenden Kalenderjahres zu übermitteln. [2]Liegt die Bevollmächtigung erst nach dem im Satz 1 genannten Meldetermin vor, hat der Anbieter die Angaben bis zum Ende des folgenden Kalendervierteljahres nach der Bevollmächtigung, spätestens jedoch bis zum Ablauf der in Absatz 1 Satz 1 genannten Antragsfrist, zu übermitteln. [3]Absatz 2 Satz 2 und 3 gilt sinngemäß.

§ 90
Verfahren[1]

(1) [1]Die zentrale Stelle ermittelt aufgrund der von ihr erhobenen oder der ihr übermittelten Daten, ob und in welcher Höhe ein Zulageanspruch besteht. [2]Soweit der zu-

---

1 **Anm. d. Verlages:** Gem. Art. 6 Nr. 6 G vom 16.12.2022 (BGBl. I S. 2294) wird § 90 ab 1.1.2024 wie folgt geändert:
a) Absatz 2 wird wie folgt geändert:
aa) In Satz 1 werden nach dem Wort „Kasse" die Wörter „nach erfolgter Berechnung nach Absatz 1 und Überprüfung nach § 91" eingefügt.
bb) In Satz 2 wird das Wort „Zulagenbescheid" durch das Wort *„Bescheid"* ersetzt.
b) Absatz Satz 3 wird wie folgt gefasst:
„(3) [1]Erkennt die zentrale Stelle bis zum Ende des zweiten auf die Ermittlung der Zulage folgenden Jahres nachträglich auf Grund neuer, berichtigter oder stornierter Daten, dass der Zulageanspruch ganz oder teilweise nicht besteht oder weggefallen ist, so hat sie zu Unrecht gutgeschriebene oder ausgezahlte Zulagen bis zum Ablauf eines Jahres nach der Erkenntnis zurückzufordern und dies dem Zulageberechtigten durch Bescheid nach Absatz 4 Satz 1 Nummer 2 und dem Anbieter durch Datensatz mitzuteilen."
c) Absatz 4 wird wie folgt gefasst:
„(4) [1]Eine Festsetzung der Zulage erfolgt
1. von Amts wegen, wenn die nach den vorliegenden Daten abschließend berechnete Zulage von der beantragten Zulage abweicht,
2. im Falle des Absatzes 3 von Amts wegen,
3. auf besonderen Antrag des Zulageberechtigten, sofern nicht bereits eine Festsetzung von Amts wegen erfolgt ist, oder
4. auf Anforderung des zuständigen Finanzamtes, wenn dessen Daten von den Daten der zentralen Stelle abweichen; eine gesonderte Festsetzung unterbleibt, wenn eine Festsetzung nach den Nummern 1 bis 3 bereits erfolgt ist, für das Beitragsjahr keine Zulage beantragt wurde oder die Frist nach Absatz 3 Satz 1 abgelaufen ist.
[2]Der Antrag nach Satz 1 Nummer 3 ist schriftlich oder elektronisch innerhalb eines Jahres vom Zulageberechtigten an die zentrale Stelle zu richten; die Frist beginnt mit der Erteilung der Bescheinigung nach § 92, die die Ermittlungsergebnisse für das Beitragsjahr enthält, für das eine Festsetzung der Zulage erfolgen soll. [3]Der Anbieter teilt auf Anforderung der zentralen Stelle nach amtlich vorgeschriebenem Datensatz durch amtlich bestimmte Datenfernübertragung das Datum der Erteilung der nach Satz 2 maßgebenden Bescheinigung nach § 92 mit. [4]Er hat auf Anforderung weitere ihm vorliegende, für die Festsetzung erforderliche Unterlagen beizufügen; eine ergänzende Stellungnahme kann beigefügt werden; dies kann auch elektronisch erfolgen, wenn sowohl der Anbieter als auch die zentrale Stelle mit diesem Verfahren einverstanden sind. [5]Die zentrale Stelle teilt die Festsetzung nach Satz 1 Nummer 3 auch dem Anbieter und die Festsetzung nach Satz 1 Nummer 4 auch dem Finanzamt mit; erfolgt keine Festsetzung nach Satz 1 Nummer 4, teilt dies die zentrale Stelle dem Finanzamt ebenfalls mit. [6]Im Übrigen gilt Absatz 3 entsprechend. [7]Satz 1 Nummer 1 gilt nicht, wenn der Datensatz nach § 89 Absatz 2 auf Grund von unzureichenden oder fehlerhaften Angaben des Zulageberechtigten abgewiesen sowie um eine Fehlermeldung ergänzt worden ist und die Angaben nicht innerhalb der Antragsfrist des § 89 Absatz 1 Satz 1 von dem Zulageberechtigten an den Anbieter nachgereicht werden."
d) In Absatz 5 werden jeweils die Wörter „des Festsetzungsverfahrens" durch die Wörter *„des Festsetzungsverfahrens oder Einspruchsverfahrens"* ersetzt.

ständige Träger der Rentenversicherung keine Versicherungsnummer vergeben hat, vergibt die zentrale Stelle zur Erfüllung der ihr nach diesem Abschnitt zugewiesenen Aufgaben eine Zulagenummer. [3]Die zentrale Stelle teilt im Falle eines Antrags nach § 10a Absatz 1b der zuständigen Stelle, im Falle eines Antrags nach § 89 Absatz 1 Satz 4 dem Anbieter die Zulagenummer mit; von dort wird sie an den Antragsteller weitergeleitet.

(2) [1]Die zentrale Stelle veranlasst die Auszahlung an den Anbieter zugunsten der Zulageberechtigten durch die zuständige Kasse. [2]Ein gesonderter Zulagenbescheid ergeht vorbehaltlich des Absatzes 4 nicht. [3]Der Anbieter hat die erhaltenen Zulagen unverzüglich den begünstigten Verträgen gutzuschreiben. [4]Zulagen, die nach Beginn der Auszahlungsphase für das Altersvorsorgevermögen von der zentralen Stelle an den Anbieter überwiesen werden, können vom Anbieter an den Anleger ausgezahlt werden. [5]Besteht kein Zulageanspruch, so teilt die zentrale Stelle dies dem Anbieter durch Datensatz mit. [6]Die zentrale Stelle teilt dem Anbieter die Altersvorsorgebeiträge im Sinne des § 82, auf die § 10a oder dieser Abschnitt angewendet wurde, durch Datensatz mit.

(3) [1]Erkennt die zentrale Stelle bis zum Ende des zweiten auf die Ermittlung der Zulage folgenden Jahres nachträglich, dass der Zulageanspruch ganz oder teilweise nicht besteht oder weggefallen ist, so hat sie zu Unrecht gutgeschriebene oder ausgezahlte Zulagen bis zum Ablauf eines Jahres nach der Erkenntnis zurückzufordern und dies dem Anbieter durch Datensatz mitzuteilen. [2]Bei bestehendem Vertragsverhältnis hat der Anbieter das Konto zu belasten. [3]Die ihm im Kalendervierteljahr mitgeteilten Rückforderungsbeträge hat er bis zum zehnten Tag des dem Kalendervierteljahr folgenden Monats in einem Betrag bei der zentralen Stelle anzumelden und an diese abzuführen. [4]Die Anmeldung nach Satz 3 ist nach amtlich vorgeschriebenem Vordruck abzugeben. [5]Sie gilt als Steueranmeldung im Sinne der Abgabenordnung. [6]Abweichend von Satz 1 gilt die Ausschlussfrist für den Personenkreis der Kindererziehenden nach § 10a Absatz 1a nicht; die zentrale Stelle hat die Zulage bis zur Vollendung des fünften Lebensjahres des Kindes, das für die Anerkennung der Förderberechtigung nach § 10a Absatz 1a maßgebend war, zurückzufordern, wenn die Kindererziehungszeiten bis zu diesem Zeitpunkt in der gesetzlichen Rentenversicherung nicht angerechnet wurden. [7]Hat der Zulageberechtigte die Kindererziehungszeiten innerhalb der in § 10a Absatz 1a genannten Frist beantragt, der zuständige Träger der gesetzlichen Rentenversicherung aber nicht innerhalb der Ausschlussfrist von Satz 6 oder 7 darüber abschließend beschieden, verlängert sich die Ausschlussfrist um drei Monate nach Kenntniserlangung der zentralen Stelle vom Erlass des Bescheides.

(3a) [1]Erfolgt nach der Durchführung einer versorgungsrechtlichen Teilung eine Rückforderung von zu Unrecht gezahlten Zulagen, setzt die zentrale Stelle den Rückforderungsbetrag nach Absatz 3 unter Anrechnung bereits vom Anbieter einbehaltener und abgeführter Beträge gegenüber dem Zulageberechtigten fest, soweit

1. das Guthaben auf dem Vertrag des Zulageberechtigten zur Zahlung des Rückforderungsbetrags nach § 90 Absatz 3 Satz 1 nicht ausreicht

   und

2. im Rückforderungsbetrag ein Zulagebetrag enthalten ist, der in der Ehe- oder Lebenspartnerschaftszeit ausgezahlt wurde.

[2]Erfolgt nach einer Inanspruchnahme eines Altersvorsorge-Eigenheimbetrags im Sinne des § 92a Absatz 1 oder während einer Darlehenstilgung bei Altersvorsorgeverträgen nach § 1 Absatz 1a des Altersvorsorgeverträge-Zertifizierungsgesetzes eine Rückforderung zu Unrecht gezahlter Zulagen, setzt die zentrale Stelle den Rückforderungsbetrag nach Absatz 3 unter Anrechnung bereits vom Anbieter einbehaltener und abgeführter Beträge gegenüber dem Zulageberechtigten fest, soweit das Guthaben auf dem Altersvorsorgevertrag des Zulageberechtigten zur Zahlung des Rückforderungsbetrags nicht ausreicht. [3]Der Anbieter hat in diesen Fällen der zentralen Stelle die nach Absatz 3 einbehaltenen und abgeführten Beträge nach amtlich vorgeschriebenem Datensatz durch amtlich bestimmte Datenfernübertragung mitzuteilen.

(4) [1]Eine Festsetzung der Zulage erfolgt nur auf besonderen Antrag des Zulageberechtigten. [2]Der Antrag ist schriftlich innerhalb eines Jahres vom Antragsteller an den Anbieter zu richten; die Frist beginnt mit der Erteilung der Bescheinigung nach § 92, die die Ermittlungsergebnisse für das Beitragsjahr enthält, für das eine Festsetzung der Zulage erfolgen soll. [3]Der Anbieter leitet den Antrag der zentralen Stelle zur Festsetzung zu. [4]Er hat dem Antrag eine Stellungnahme und die zur Festsetzung erforderlichen Unterlagen beizufügen. [5]Die zentrale Stelle teilt die Festsetzung auch dem Anbieter mit. [6]Im Übrigen gilt Absatz 3 entsprechend.

(5) [1]Im Rahmen des Festsetzungsverfahrens kann der Zulageberechtigte bis zum rechtskräftigen Abschluss des Festsetzungsverfahrens eine nicht fristgerecht abgegebene Einwilligung nach § 10a Absatz 1 Satz 1 Halbsatz 2 gegenüber der zuständigen Stelle nachholen. [2]Über die Nachholung hat er die zentrale Stelle unter Angabe des Datums der Erteilung der Einwilligung unmittelbar zu informieren. [3]Hat der Zulageberechtigte im Rahmen des Festsetzungsverfahrens eine wirksame Einwilligung gegenüber der zuständigen Stelle erteilt, wird er so gestellt, als hätte er die Einwilligung innerhalb der Frist nach § 10a Absatz 1 Satz 1 Halbsatz 2 wirksam gestellt.

§ 91
Datenerhebung und Datenabgleich[1]

(1) [1]Für die Berechnung und Überprüfung der Zulage sowie die Überprüfung des Vorliegens der Voraussetzungen des Sonderausgabenabzugs nach § 10a übermitteln die Träger der gesetzlichen Rentenversicherung, die landwirtschaftliche Alterskasse, die Bundesagentur für Arbeit, die Meldebehörden, die Familienkassen und die Finanzämter der zentralen Stelle auf Anforderung die bei ihnen vorhandenen Daten

1 **Anm. d. Verlages**: Gem. Art. 6 Nr. 7 G vom 16.12.2022 (BGBl. I S. 2294) wird § 91 Abs. 1 ab 1.1.2024 wie folgt geändert:
a) Satz 3 wird aufgehoben.
b) Folgender Satz 4 wird angefügt:
„[4]Ist die Zulage nach § 90 Absatz 4 von der zentralen Stelle unanfechtbar festgesetzt worden, sind diese gesondert festgesetzten Besteuerungsgrundlagen für das Finanzamt bindend und auch der gesonderten Feststellung nach § 10a Absatz 4 zu Grunde zu legen.“

nach § 89 Absatz 2 durch Datenfernübertragung; für Zwecke der Berechnung des Mindesteigenbeitrags für ein Beitragsjahr darf die zentrale Stelle bei den Trägern der gesetzlichen Rentenversicherung und der landwirtschaftlichen Alterskasse die bei ihnen vorhandenen Daten zu den beitragspflichtigen Einnahmen sowie in den Fällen des § 10a Absatz 1 Satz 4 zur Höhe der bezogenen Rente wegen voller Erwerbsminderung oder Erwerbsunfähigkeit erheben, sofern diese nicht vom Anbieter nach § 89 übermittelt worden sind. [2]Für Zwecke der Überprüfung nach Satz 1 darf die zentrale Stelle die ihr übermittelten Daten mit den ihr nach § 89 Absatz 2 übermittelten Daten automatisiert abgleichen. [3]Führt die Überprüfung zu einer Änderung der ermittelten oder festgesetzten Zulage, ist dies dem Anbieter mitzuteilen. [4]Ergibt die Überprüfung eine Abweichung von dem in der Steuerfestsetzung berücksichtigten Sonderausgabenabzug nach § 10a oder der gesonderten Feststellung nach § 10a Absatz 4, ist dies dem Finanzamt mitzuteilen; die Steuerfestsetzung oder die gesonderte Feststellung ist insoweit zu ändern.

(2) [1]Die zuständige Stelle hat der zentralen Stelle die Daten nach § 10a Absatz 1 Satz 1 zweiter Halbsatz bis zum 31. März des dem Beitragsjahr folgenden Kalenderjahres durch Datenfernübertragung zu übermitteln. [2]Liegt die Einwilligung nach § 10a Absatz 1 Satz 1 zweiter Halbsatz erst nach dem in Satz 1 genannten Meldetermin vor, hat die zuständige Stelle die Daten spätestens bis zum Ende des folgenden Kalendervierteljahres nach Erteilung der Einwilligung nach Maßgabe von Satz 1 zu übermitteln.

§ 92
Bescheinigung

[1]Der Anbieter hat dem Zulageberechtigten jährlich bis zum Ablauf des auf das Beitragsjahr folgenden Jahres eine Bescheinigung nach amtlich vorgeschriebenem Muster zu erteilen über

1. die Höhe der im abgelaufenen Beitragsjahr geleisteten Altersvorsorgebeiträge (Beiträge und Tilgungsleistungen),
2. die im abgelaufenen Beitragsjahr getroffenen, aufgehobenen oder geänderten Ermittlungsergebnisse (§ 90),
3. die Summe der bis zum Ende des abgelaufenen Beitragsjahres dem Vertrag gutgeschriebenen Zulagen,
4. die Summe der bis zum Ende des abgelaufenen Beitragsjahres geleisteten Altersvorsorgebeiträge (Beiträge und Tilgungsleistungen),
5. den Stand des Altersvorsorgevermögens,
6. den Stand des Wohnförderkontos (§ 92a Absatz 2 Satz 1), sofern er diesen von der zentralen Stelle mitgeteilt bekommen hat, und
7. die Bestätigung der durch den Anbieter erfolgten Datenübermittlung an die zentrale Stelle im Fall des § 10a Absatz 5 Satz 1.

[2]Einer jährlichen Bescheinigung bedarf es nicht, wenn zu Satz 1 Nummer 1, 2, 6 und 7 keine Angaben erforderlich sind und sich zu Satz 1 Nummer 3 bis 5 keine Änderungen gegenüber der zuletzt erteilten Bescheinigung ergeben. [3]Liegen die Voraussetzungen des Satzes 2 nur hinsichtlich der Angabe nach Satz 1 Nummer 6 nicht vor und wurde die Geschäftsbeziehung im Hinblick auf den jeweiligen Altersvorsorgevertrag zwischen Zulageberechtigtem und Anbieter beendet, weil

1. das angesparte Kapital vollständig aus dem Altersvorsorgevertrag entnommen wurde oder

2. das gewährte Darlehen vollständig getilgt wurde,

bedarf es keiner jährlichen Bescheinigung, wenn der Anbieter dem Zulageberechtigten in einer Bescheinigung im Sinne dieser Vorschrift Folgendes mitteilt: „Das Wohnförderkonto erhöht sich bis zum Beginn der Auszahlungsphase jährlich um 2 Prozent, solange Sie keine Zahlungen zur Minderung des Wohnförderkontos leisten.“ [4]Der Anbieter kann dem Zulageberechtigten mit dessen Einverständnis die Bescheinigung auch elektronisch bereitstellen.

§ 92a
Verwendung für eine selbst genutzte Wohnung[1]

(1) [1]Der Zulageberechtigte kann das in einem Altersvorsorgevertrag gebildete und nach § 10a oder nach diesem Abschnitt geförderte Kapital in vollem Umfang oder,

---

1 **Anm. d. Verlages**: Gem. Art. 6 Nr. 8 G vom 16.12.2022 (BGBl. I S. 2294) wird § 92a Abs. 1 Satz 1 Nr. 3 ab 1.1.2024 wie folgt gefasst:
„3. bis zum Beginn der Auszahlungsphase unmittelbar für die Finanzierung eines Umbaus oder der energetischen Sanierung einer Wohnung, wenn
- *a) das dafür entnommene Kapital*
  - *aa) mindestens 6 000 Euro beträgt und für einen innerhalb eines Zeitraums von drei Jahren nach der Anschaffung oder Herstellung der Wohnung vorgenommenen Umbau verwendet wird oder*
  - *bb) mindestens 20 000 Euro beträgt,*
- *b) das dafür entnommene Kapital*
  - *aa) zu mindestens 50 Prozent auf Maßnahmen entfällt, die die Vorgaben der DIN 18040 Teil 2, Ausgabe September 2011, soweit baustrukturell möglich, erfüllen, und der verbleibende Teil der Kosten der Reduzierung von Barrieren in oder an der Wohnung dient; die zweckgerechte Verwendung ist durch einen Sachverständigen zu bestätigen; oder*
  - *bb) auf energetische Maßnahmen im Sinne des § 35c Absatz 1 Satz 3 und 4 entfällt, die von einem Fachunternehmen ausgeführt werden; § 35c Absatz 1 Satz 6 und 7 gilt entsprechend; und*
- *c) der Zulageberechtigte oder ein Mitnutzer der Wohnung für die Umbaukosten weder eine Förderung durch Zuschüsse noch eine Steuerermäßigung nach den §§ 35a oder 35c in Anspruch nimmt oder nehmen wird noch die Berücksichtigung als Betriebsausgaben, Werbungskosten, Sonderausgaben oder außergewöhnliche Belastung nach § 33 beantragt hat oder beantragen wird und dies schriftlich bestätigt. [2]Diese Bestätigung ist bei der Antragstellung nach § 92b Absatz 1 Satz 1 gegenüber der zentralen Stelle abzugeben. [3]Bei der Inanspruchnahme eines Darlehens im Rahmen eines Altersvorsorgevertrags nach*

wenn das verbleibende geförderte Restkapital mindestens 3 000 Euro beträgt, teilweise wie folgt verwenden (Altersvorsorge-Eigenheimbetrag):

1. bis zum Beginn der Auszahlungsphase unmittelbar für die Anschaffung oder Herstellung einer Wohnung oder zur Tilgung eines zu diesem Zweck aufgenommenen Darlehens, wenn das dafür entnommene Kapital mindestens 3 000 Euro beträgt, oder

2. bis zum Beginn der Auszahlungsphase unmittelbar für den Erwerb von Pflicht-Geschäftsanteilen an einer eingetragenen Genossenschaft für die Selbstnutzung einer Genossenschaftswohnung oder zur Tilgung eines zu diesem Zweck aufgenommenen Darlehens, wenn das dafür entnommene Kapital mindestens 3 000 Euro beträgt, oder

3. bis zum Beginn der Auszahlungsphase unmittelbar für die Finanzierung eines Umbaus einer Wohnung, wenn

---

§ 1 Absatz 1a des Altersvorsorgeverträge-Zertifizierungsgesetzes hat der Zulageberechtigte die Bestätigung gegenüber seinem Anbieter abzugeben.
[2]Die DIN 18040 ist im Beuth-Verlag GmbH, Berlin und Köln, erschienen und beim Deutschen Patent- und Markenamt in München archivmäßig gesichert niedergelegt. [3]Die technischen Mindestanforderungen für die Reduzierung von Barrieren in oder an der Wohnung nach Satz 1 Nummer 3 Buchstabe b werden durch das Bundesministerium des Innern, für Bau und Heimat im Einvernehmen mit dem Bundesministerium der Finanzen festgelegt und im Bundesbaublatt veröffentlicht. [4]Sachverständige im Sinne dieser Vorschrift sind nach Landesrecht Bauvorlageberechtigte sowie nach § 91 Absatz 1 Nummer 8 der Handwerksordnung öffentlich bestellte und vereidigte Sachverständige, die für ein Sachgebiet bestellt sind, das die Barrierefreiheit und Barrierereduzierung in Wohngebäuden umfasst, und die eine besondere Sachkunde oder ergänzende Fortbildung auf diesem Gebiet nachweisen. [5]Eine nach Satz 1 begünstigte Wohnung ist
1. eine Wohnung in einem eigenen Haus oder
2. eine eigene Eigentumswohnung oder
3. eine Genossenschaftswohnung einer eingetragenen Genossenschaft,
wenn diese Wohnung in einem Mitgliedstaat der Europäischen Union oder in einem Staat, auf den das Abkommen über den Europäischen Wirtschaftsraum (EWR-Abkommen) anwendbar ist, belegen ist und die Hauptwohnung oder den Mittelpunkt der Lebensinteressen des Zulageberechtigten darstellt; dies gilt auch für eine im Vereinigten Königreich Großbritannien und Nordirland belegene Wohnung, die vor dem Zeitpunkt, ab dem das Vereinigte Königreich Großbritannien und Nordirland nicht mehr Mitgliedstaat der Europäischen Union ist und auch nicht wie ein solcher zu behandeln ist, bereits begünstigt war, soweit für diese Wohnung bereits vor diesem Zeitpunkt eine Verwendung nach Satz 1 erfolgt ist und keine erneute beantragt wird. [6]Einer Wohnung im Sinne des Satzes 5 steht ein eigentumsähnliches oder lebenslanges Dauerwohnrecht nach § 33 des Wohnungseigentumsgesetzes gleich, soweit Vereinbarungen nach § 39 des Wohnungseigentumsgesetzes getroffen werden. [7]Bei der Ermittlung des Restkapitals nach Satz 1 ist auf den Stand des geförderten Altersvorsorgevermögens zum Ablauf des Tages abzustellen, an dem die zentrale Stelle den Bescheid nach § 92b ausgestellt hat. [8]Der Altersvorsorge-Eigenheimbetrag gilt nicht als Leistung aus einem Altersvorsorgevertrag, die dem Zulageberechtigten im Zeitpunkt der Auszahlung zufließt."

a) das dafür entnommene Kapital

aa) mindestens 6 000 Euro beträgt und für einen innerhalb eines Zeitraums von drei Jahren nach der Anschaffung oder Herstellung der Wohnung vorgenommenen Umbau verwendet wird oder

bb) mindestens 20 000 Euro beträgt,

b) das dafür entnommene Kapital zu mindestens 50 Prozent auf Maßnahmen entfällt, die die Vorgaben der DIN 18040 Teil 2, Ausgabe September 2011, soweit baustrukturell möglich, erfüllen, und der verbleibende Teil der Kosten der Reduzierung von Barrieren in oder an der Wohnung dient; die zweckgerechte Verwendung ist durch einen Sachverständigen zu bestätigen; und

c) der Zulageberechtigte oder ein Mitnutzer der Wohnung für die Umbaukosten weder eine Förderung durch Zuschüsse noch eine Steuerermäßigung nach § 35a in Anspruch nimmt oder nehmen wird noch die Berücksichtigung als außergewöhnliche Belastung nach § 33 beantragt hat oder beantragen wird und dies schriftlich bestätigt. [2]Diese Bestätigung ist bei der Antragstellung nach § 92b Absatz 1 Satz 1 gegenüber der zentralen Stelle abzugeben. [3]Bei der Inanspruchnahme eines Darlehens im Rahmen eines Altersvorsorgevertrags nach § 1 Absatz 1a des Altersvorsorgeverträge-Zertifizierungsgesetzes hat der Zulageberechtigte die Bestätigung gegenüber seinem Anbieter abzugeben.

[2]Die DIN 18040 ist im Beuth-Verlag GmbH, Berlin und Köln, erschienen und beim Deutschen Patent- und Markenamt in München archivmäßig gesichert niedergelegt. [3]Die technischen Mindestanforderungen für die Reduzierung von Barrieren in oder an der Wohnung nach Satz 1 Nummer 3 Buchstabe b werden durch das Bundesministerium für des Innern, für Bau und Heimat im Einvernehmen mit dem Bundesministerium der Finanzen festgelegt und im Bundesbaublatt veröffentlicht. [4]Sachverständige im Sinne dieser Vorschrift sind nach Landesrecht Bauvorlageberechtigte sowie nach § 91 Absatz 1 Nummer 8 der Handwerksordnung öffentlich bestellte und vereidigte Sachverständige, die für ein Sachgebiet bestellt sind, das die Barrierefreiheit und Barrierereduzierung in Wohngebäuden umfasst, und die eine besondere Sachkunde oder ergänzende Fortbildung auf diesem Gebiet nachweisen. [5]Eine nach Satz 1 begünstigte Wohnung ist

1. eine Wohnung in einem eigenen Haus oder
2. eine eigene Eigentumswohnung oder
3. eine Genossenschaftswohnung einer eingetragenen Genossenschaft,

wenn diese Wohnung in einem Mitgliedstaat der Europäischen Union oder in einem Staat, auf den das Abkommen über den Europäischen Wirtschaftsraum (EWR-Abkommen) anwendbar ist, belegen ist und die Hauptwohnung oder den Mittelpunkt der Lebensinteressen des Zulageberechtigten darstellt; dies gilt auch für eine im Vereinigten Königreich Großbritannien und Nordirland belegene Wohnung, die vor dem Zeitpunkt, ab dem das Vereinigte Königreich Großbritannien und Nordirland nicht mehr Mitgliedstaat der Europäischen Union ist und auch nicht wie ein solcher zu behandeln ist, bereits begünstigt war, soweit für diese Wohnung bereits vor diesem Zeitpunkt eine Verwendung nach Satz 1 erfolgt ist und keine erneute beantragt wird. [6]Einer Wohnung im Sinne des Satzes 5 steht ein eigentumsähnliches oder lebenslanges Dauerwohnrecht nach § 33 des Wohnungseigentumsgesetzes gleich, soweit Vereinbarungen nach § 39 des Wohnungseigentumsgesetzes getroffen werden. [7]Bei der Ermittlung des Restkapitals nach Satz 1 ist auf den Stand des geförderten Altersvorsorgevermögens zum Ablauf des Tages abzustellen, an dem die zentrale Stelle den Bescheid nach § 92b ausgestellt hat. [8]Der Altersvorsorge-Eigenheimbetrag gilt nicht als Leistung aus einem Altersvorsorgevertrag, die dem Zulageberechtigten im Zeitpunkt der Auszahlung zufließt.

(2) [1]Der Altersvorsorge-Eigenheimbetrag, die Tilgungsleistungen im Sinne des § 82 Absatz 1 Satz 1 Nummer 2 und die hierfür gewährten Zulagen sind durch die zentrale Stelle in Bezug auf den zugrunde liegenden Altersvorsorgevertrag gesondert zu erfassen (Wohnförderkonto); die zentrale Stelle teilt für jeden Altersvorsorgevertrag, für den sie ein Wohnförderkonto (Altersvorsorgevertrag mit Wohnförderkonto) führt, dem Anbieter jährlich den Stand des Wohnförderkontos nach amtlich vorgeschriebenem Datensatz durch Datenfernübertragung mit. [2]Beiträge, die nach § 82 Absatz 1 Satz 3 wie Tilgungsleistungen behandelt wurden, sind im Zeitpunkt der unmittelbaren Darlehenstilgung einschließlich der zur Tilgung eingesetzten Zulagen und Erträge in das Wohnförderkonto aufzunehmen; zur Tilgung eingesetzte ungeförderte Beiträge einschließlich der darauf entfallenden Erträge fließen dem Zulageberechtigten in diesem Zeitpunkt zu. [3]Nach Ablauf eines Beitragsjahres, letztmals für das Beitragsjahr des Beginns der Auszahlungsphase, ist der sich aus dem Wohnförderkonto ergebende Gesamtbetrag um 2 Prozent zu erhöhen. [4]Das Wohnförderkonto ist zu vermindern um

1. Zahlungen des Zulageberechtigten auf einen auf seinen Namen lautenden zertifizierten Altersvorsorgevertrag nach § 1 Absatz 1 des Altersvorsorgeverträge-Zertifizierungsgesetzes bis zum Beginn der Auszahlungsphase zur Minderung der in das Wohnförderkonto eingestellten Beträge; der Anbieter, bei dem die Einzahlung erfolgt, hat die Einzahlung der zentralen Stelle nach amtlich vorgeschriebenem Datensatz durch Datenfernübertragung mitzuteilen; erfolgt die Einzahlung nicht auf den Altersvorsorgevertrag mit Wohnförderkonto, hat der Zulageberechtigte dem Anbieter, bei dem die Einzahlung erfolgt, die Vertragsdaten des Altersvorsorgevertrags mit Wohnförderkonto mitzuteilen; diese hat der Anbieter der zentralen Stelle zusätzlich mitzuteilen;

2. den Verminderungsbetrag nach Satz 5.

[5]Verminderungsbetrag ist der sich mit Ablauf des Kalenderjahres des Beginns der Auszahlungsphase ergebende Stand des Wohnförderkontos dividiert durch die Anzahl der Jahre bis zur Vollendung des 85. Lebensjahres des Zulageberechtigten; als Beginn der Auszahlungsphase gilt der vom Zulageberechtigten und Anbieter vereinbarte Zeitpunkt, der zwischen der Vollendung des 60. Lebensjahres und des 68. Lebensjahres des Zulageberechtigten liegen muss; ist ein Auszahlungszeitpunkt nicht vereinbart, so gilt die Vollendung des 67. Lebensjahres als Beginn der Auszahlungsphase; die Verschiebung des Beginns der Auszahlungsphase über das 68. Lebensjahr des Zulagebe-

rechtigten hinaus ist unschädlich, sofern es sich um eine Verschiebung im Zusammenhang mit der Abfindung einer Kleinbetragsrente aufgrund des § 1 Absatz 1 Satz 1 Nummer 4 Buchstabe a des Altersvorsorgeverträge-Zertifizierungsgesetzes handelt. [6]Anstelle einer Verminderung nach Satz 5 kann der Zulageberechtigte jederzeit in der Auszahlungsphase von der zentralen Stelle die Auflösung des Wohnförderkontos verlangen (Auflösungsbetrag). [7]Der Anbieter hat im Zeitpunkt der unmittelbaren Darlehenstilgung die Beträge nach Satz 2 erster Halbsatz und der Anbieter eines Altersvorsorgevertrags mit Wohnförderkonto hat zu Beginn der Auszahlungsphase den Zeitpunkt des Beginns der Auszahlungsphase der zentralen Stelle nach amtlich vorgeschriebenem Datensatz durch Datenfernübertragung spätestens bis zum Ablauf des zweiten Monats, der auf den Monat der unmittelbaren Darlehenstilgung oder des Beginns der Auszahlungsphase folgt, mitzuteilen. [8]Wird gefördertes Altersvorsorgevermögen nach § 93 Absatz 2 Satz 1 von einem Anbieter auf einen anderen auf den Namen des Zulageberechtigten lautenden Altersvorsorgevertrag vollständig übertragen und hat die zentrale Stelle für den bisherigen Altersvorsorgevertrag ein Wohnförderkonto geführt, so schließt sie das Wohnförderkonto des bisherigen Vertrags und führt es zu dem neuen Altersvorsorgevertrag fort. [9]Erfolgt eine Zahlung nach Satz 4 Nummer 1 oder nach Absatz 3 Satz 9 Nummer 2 auf einen anderen Altersvorsorgevertrag als auf den Altersvorsorgevertrag mit Wohnförderkonto, schließt die zentrale Stelle das Wohnförderkonto des bisherigen Vertrags und führt es ab dem Zeitpunkt der Einzahlung für den Altersvorsorgevertrag fort, auf den die Einzahlung erfolgt ist. [10]Die zentrale Stelle teilt die Schließung des Wohnförderkontos dem Anbieter des bisherigen Altersvorsorgevertrags mit Wohnförderkonto mit.

(2a) [1]Geht im Rahmen der Regelung von Scheidungsfolgen der Eigentumsanteil des Zulageberechtigten an der Wohnung im Sinne des Absatzes 1 Satz 5 ganz oder teilweise auf den anderen Ehegatten über, geht das Wohnförderkonto in Höhe des Anteils, der dem Verhältnis des übergegangenen Eigentumsanteils zum ursprünglichen Eigentumsanteil entspricht, mit allen Rechten und Pflichten auf den anderen Ehegatten über; dabei ist auf das Lebensalter des anderen Ehegatten abzustellen. [2]Hat der andere Ehegatte das Lebensalter für den vertraglich vereinbarten Beginn der Auszahlungsphase oder, soweit kein Beginn der Auszahlungsphase vereinbart wurde, das 67. Lebensjahr im Zeitpunkt des Übergangs des Wohnförderkontos bereits überschritten, so gilt als Beginn der Auszahlungsphase der Zeitpunkt des Übergangs des Wohnförderkontos. [3]Der Zulageberechtigte hat den Übergang des Eigentumsanteils der zentralen Stelle nachzuweisen. [4]Dazu hat er die für die Anlage eines Wohnförderkontos erforderlichen Daten des anderen Ehegatten mitzuteilen. [5]Die Sätze 1 bis 4 gelten entsprechend für Ehegatten, die im Zeitpunkt des Todes des Zulageberechtigten

1. nicht dauernd getrennt gelebt haben (§ 26 Absatz 1) und

2. ihren Wohnsitz oder gewöhnlichen Aufenthalt in einem Mitgliedstaat der Europäischen Union oder einem Staat hatten, auf den das Abkommen über den Europäischen Wirtschaftsraum anwendbar ist; dies gilt auch, wenn die Ehegatten ihren vor dem Zeitpunkt, ab dem das Vereinigte Königreich Großbritannien und Nordirland nicht mehr Mitgliedstaat der Europäischen Union ist und auch nicht wie ein solcher zu behandeln ist, begründeten Wohnsitz oder gewöhnlichen Aufenthalt

im Vereinigten Königreich Großbritannien und Nordirland hatten und der Altersvorsorgevertrag vor dem 23. Juni 2016 abgeschlossen worden ist.

(3) [1]Nutzt der Zulageberechtigte die Wohnung im Sinne des Absatzes 1 Satz 5, für die ein Altersvorsorge-Eigenheimbetrag verwendet oder für die eine Tilgungsförderung im Sinne des § 82 Absatz 1 in Anspruch genommen worden ist, nicht nur vorübergehend nicht mehr zu eigenen Wohnzwecken, hat er dies dem Anbieter, in der Auszahlungsphase der zentralen Stelle, unter Angabe des Zeitpunkts der Aufgabe der Selbstnutzung anzuzeigen. [2]Eine Aufgabe der Selbstnutzung liegt auch vor, soweit der Zulageberechtigte das Eigentum an der Wohnung aufgibt. [3]Die Anzeigepflicht gilt entsprechend für den Rechtsnachfolger der begünstigten Wohnung, wenn der Zulageberechtigte stirbt. [4]Die Anzeigepflicht entfällt, wenn das Wohnförderkonto vollständig zurückgeführt worden ist, es sei denn, es liegt ein Fall des § 22 Nummer 5 Satz 6 vor. [5]Im Fall des Satzes 1 gelten die im Wohnförderkonto erfassten Beträge als Leistungen aus einem Altersvorsorgevertrag, die dem Zulageberechtigten nach letztmaliger Erhöhung des Wohnförderkontos nach Absatz 2 Satz 3 zum Ende des Veranlagungszeitraums, in dem die Selbstnutzung aufgegeben wurde, zufließen; das Wohnförderkonto ist aufzulösen (Auflösungsbetrag). [6]Verstirbt der Zulageberechtigte, ist der Auflösungsbetrag ihm noch zuzurechnen. [7]Der Anbieter hat der zentralen Stelle den Zeitpunkt der Aufgabe nach amtlich vorgeschriebenem Datensatz durch Datenfernübertragung spätestens bis zum Ablauf des zweiten Monats, der auf den Monat der Anzeige des Zulageberechtigten folgt, mitzuteilen. [8]Wurde im Fall des Satzes 1 eine Tilgungsförderung nach § 82 Absatz 1 Satz 3 in Anspruch genommen und erfolgte keine Einstellung in das Wohnförderkonto nach Absatz 2 Satz 2, sind die Beiträge, die nach § 82 Absatz 1 Satz 3 wie Tilgungsleistungen behandelt wurden, sowie die darauf entfallenden Zulagen und Erträge in ein Wohnförderkonto aufzunehmen und anschließend die weiteren Regelungen dieses Absatzes anzuwenden; Absatz 2 Satz 2 zweiter Halbsatz und Satz 7 gilt entsprechend. [9]Die Sätze 5 bis 7 sowie § 20 sind nicht anzuwenden, wenn

1. der Zulageberechtigte einen Betrag in Höhe des noch nicht zurückgeführten Betrags im Wohnförderkonto innerhalb von zwei Jahren vor dem Veranlagungszeitraum und von fünf Jahren nach Ablauf des Veranlagungszeitraums, in dem er die Wohnung letztmals zu eigenen Wohnzwecken genutzt hat, für eine weitere Wohnung im Sinne des Absatzes 1 Satz 5 verwendet,
2. der Zulageberechtigte einen Betrag in Höhe des noch nicht zurückgeführten Betrags im Wohnförderkonto innerhalb eines Jahres nach Ablauf des Veranlagungszeitraums, in dem er die Wohnung letztmals zu eigenen Wohnzwecken genutzt hat, auf einen auf seinen Namen lautenden zertifizierten Altersvorsorgevertrag zahlt; Absatz 2 Satz 4 Nummer 1 ist entsprechend anzuwenden,
3. die Ehewohnung aufgrund einer richterlichen Entscheidung nach § 1361b des Bürgerlichen Gesetzbuchs oder nach der Verordnung über die Behandlung der Ehewohnung und des Hausrats dem anderen Ehegatten zugewiesen wird,
4. der Zulageberechtigte krankheits- oder pflegebedingt die Wohnung nicht mehr bewohnt, sofern er Eigentümer dieser Wohnung bleibt, sie ihm weiterhin zur Selbst-

nutzung zur Verfügung steht und sie nicht von Dritten, mit Ausnahme seines Ehegatten, genutzt wird oder

5. der Zulageberechtigte innerhalb von fünf Jahren nach Ablauf des Veranlagungszeitraums, in dem er die Wohnung letztmals zu eigenen Wohnzwecken genutzt hat, die Selbstnutzung dieser Wohnung wieder aufnimmt.

[10]Satz 9 Nummer 1 und 2 setzt voraus, dass der Zulageberechtigte dem Anbieter, in der Auszahlungsphase der zentralen Stelle, die fristgemäße Reinvestitionsabsicht im Rahmen der Anzeige nach Satz 1 und den Zeitpunkt der Reinvestition oder die Aufgabe der Reinvestitionsabsicht anzeigt; in den Fällen des Absatzes 2a und des Satzes 9 Nummer 3 gelten die Sätze 1 bis 9 entsprechend für den anderen, geschiedenen oder überlebenden Ehegatten, wenn er die Wohnung nicht nur vorübergehend nicht mehr zu eigenen Wohnzwecken nutzt. [11]Satz 5 ist mit der Maßgabe anzuwenden, dass der Eingang der Anzeige der aufgegebenen Reinvestitionsabsicht, spätestens jedoch der 1. Januar

1. des sechsten Jahres nach dem Jahr der Aufgabe der Selbstnutzung bei einer Reinvestitionsabsicht nach Satz 9 Nummer 1 oder
2. des zweiten Jahres nach dem Jahr der Aufgabe der Selbstnutzung bei einer Reinvestitionsabsicht nach Satz 9 Nummer 2

als Zeitpunkt der Aufgabe gilt. [12]Satz 9 Nummer 5 setzt voraus, dass bei einer beabsichtigten Wiederaufnahme der Selbstnutzung der Zulageberechtigte dem Anbieter, in der Auszahlungsphase der zentralen Stelle, die Absicht der fristgemäßen Wiederaufnahme der Selbstnutzung im Rahmen der Anzeige nach Satz 1 und den Zeitpunkt oder die Aufgabe der Reinvestitionsabsicht nach Satz 10 anzeigt. [13]Satz 10 zweiter Halbsatz und Satz 11 gelten für die Anzeige der Absicht der fristgemäßen Wiederaufnahme der Selbstnutzung entsprechend.

(4) [1]Absatz 3 sowie § 20 sind auf Antrag des Steuerpflichtigen nicht anzuwenden, wenn er

1. die Wohnung im Sinne des Absatzes 1 Satz 5 aufgrund eines beruflich bedingten Umzugs für die Dauer der beruflich bedingten Abwesenheit nicht selbst nutzt; wird während dieser Zeit mit einer anderen Person ein Nutzungsrecht für diese Wohnung vereinbart, ist diese Vereinbarung von vorneherein entsprechend zu befristen,
2. beabsichtigt, die Selbstnutzung wieder aufzunehmen und
3. die Selbstnutzung spätestens mit der Vollendung seines 67. Lebensjahres aufnimmt.

[2]Der Steuerpflichtige hat den Antrag bei der zentralen Stelle zu stellen und dabei die notwendigen Nachweise zu erbringen. [3]Die zentrale Stelle erteilt dem Steuerpflichtigen einen Bescheid über die Bewilligung des Antrags und informiert den Anbieter des Altersvorsorgevertrags mit Wohnförderkonto des Zulageberechtigten über die Bewilligung, eine Wiederaufnahme der Selbstnutzung nach einem beruflich bedingten Umzug und den Wegfall der Voraussetzungen nach diesem Absatz; die Information hat

nach amtlich vorgeschriebenem Datensatz durch Datenfernübertragung zu erfolgen. [4]Entfällt eine der in Satz 1 genannten Voraussetzungen, ist Absatz 3 mit der Maßgabe anzuwenden, dass bei einem Wegfall der Voraussetzung nach Satz 1 Nummer 1 als Zeitpunkt der Aufgabe der Zeitpunkt des Wegfalls der Voraussetzung und bei einem Wegfall der Voraussetzung nach Satz 1 Nummer 2 oder Nummer 3 der Eingang der Mitteilung des Steuerpflichtigen nach Absatz 3 als Zeitpunkt der Aufgabe gilt, spätestens jedoch die Vollendung des 67. Lebensjahres des Steuerpflichtigen.

§ 92b
Verfahren bei Verwendung für eine selbst genutzte Wohnung

(1) [1]Der Zulageberechtigte hat die Verwendung des Kapitals nach § 92a Absatz 1 Satz 1 spätestens zehn Monate vor dem Beginn der Auszahlungsphase des Altersvorsorgevertrags im Sinne des § 1 Absatz 1 Nummer 2 des Altersvorsorgeverträge-Zertifizierungsgesetzes bei der zentralen Stelle zu beantragen und dabei die notwendigen Nachweise zu erbringen. [2]Er hat zu bestimmen, aus welchen Altersvorsorgeverträgen der Altersvorsorge-Eigenheimbetrag ausgezahlt werden soll. [3]Die zentrale Stelle teilt dem Zulageberechtigten durch Bescheid und den Anbietern der in Satz 2 genannten Altersvorsorgeverträge nach amtlich vorgeschriebenem Datensatz durch Datenfernübertragung mit, bis zu welcher Höhe eine wohnungswirtschaftliche Verwendung im Sinne des § 92a Absatz 1 Satz 1 vorliegen kann.

(2) [1]Die Anbieter der in Absatz 1 Satz 2 genannten Altersvorsorgeverträge dürfen den Altersvorsorge-Eigenheimbetrag auszahlen, sobald sie die Mitteilung nach Absatz 1 Satz 3 erhalten haben. [2]Sie haben der zentralen Stelle nach amtlich vorgeschriebenem Datensatz durch Datenfernübertragung Folgendes spätestens bis zum Ablauf des zweiten Monats, der auf den Monat der Auszahlung folgt, anzuzeigen:

1. den Auszahlungszeitpunkt und den Auszahlungsbetrag,
2. die Summe der bis zum Auszahlungszeitpunkt dem Altersvorsorgevertrag gutgeschriebenen Zulagen,
3. die Summe der bis zum Auszahlungszeitpunkt geleisteten Altersvorsorgebeiträge und
4. den Stand des geförderten Altersvorsorgevermögens im Zeitpunkt der Auszahlung.

(3) [1]Die zentrale Stelle stellt zu Beginn der Auszahlungsphase und in den Fällen des § 92a Absatz 2a und 3 Satz 5 den Stand des Wohnförderkontos, soweit für die Besteuerung erforderlich, den Verminderungsbetrag und den Auflösungsbetrag von Amts wegen gesondert fest. [2]Die zentrale Stelle teilt die Feststellung dem Zulageberechtigten, in den Fällen des § 92a Absatz 2a Satz 1 auch dem anderen Ehegatten, durch Bescheid und dem Anbieter nach amtlich vorgeschriebenem Datensatz durch Datenfernübertragung mit. [3]Der Anbieter hat auf Anforderung der zentralen Stelle die zur Feststellung erforderlichen Unterlagen vorzulegen. [4]Auf Antrag des Zulageberechtigten stellt die zentrale Stelle den Stand des Wohnförderkontos gesondert fest. [5]§ 90 Absatz 4 Satz 2 bis 5 gilt entsprechend.

§ 93
Schädliche Verwendung

(1) [1]Wird gefördertes Altersvorsorgevermögen nicht unter den in § 1 Absatz 1 Satz 1 Nummer 4 und 10 Buchstabe c des Altersvorsorgeverträge-Zertifizierungsgesetzes oder § 1 Absatz 1 Satz 1 Nummer 4, 5 und 10 Buchstabe c des Altersvorsorgeverträge-Zertifizierungsgesetzes in der bis zum 31. Dezember 2004 geltenden Fassung genannten Voraussetzungen an den Zulageberechtigten ausgezahlt (schädliche Verwendung), sind die auf das ausgezahlte geförderte Altersvorsorgevermögen entfallenden Zulagen und die nach § 10a Absatz 4 gesondert festgestellten Beträge (Rückzahlungsbetrag) zurückzuzahlen. [2]Dies gilt auch bei einer Auszahlung nach Beginn der Auszahlungsphase (§ 1 Absatz 1 Satz 1 Nummer 2 des Altersvorsorgeverträge-Zertifizierungsgesetzes) und bei Auszahlungen im Falle des Todes des Zulageberechtigten. [3]Hat der Zulageberechtigte im Sinne des § 92a Absatz 2 Satz 4 Nummer 1 oder § 92a Absatz 3 Satz 9 Nummer 2 geleistet, dann handelt es sich bei dem hierauf beruhenden Altersvorsorgevermögen um gefördertes Altersvorsorgevermögen im Sinne des Satzes 1; der Rückzahlungsbetrag bestimmt sich insoweit nach der für die in das Wohnförderkonto eingestellten Beträge gewährten Förderung. [4]Eine Rückzahlungsverpflichtung besteht nicht für den Teil der Zulagen und der Steuerermäßigung,

a) der auf nach § 1 Absatz 1 Satz 1 Nummer 2 des Altersvorsorgeverträge-Zertifizierungsgesetzes angespartes gefördertes Altersvorsorgevermögen entfällt, wenn es in Form einer Hinterbliebenenrente an die dort genannten Hinterbliebenen ausgezahlt wird; dies gilt auch für Leistungen im Sinne des § 82 Absatz 3 an Hinterbliebene des Steuerpflichtigen;

b) der den Beitragsanteilen zuzuordnen ist, die für die zusätzliche Absicherung der verminderten Erwerbsfähigkeit und eine zusätzliche Hinterbliebenenabsicherung ohne Kapitalbildung verwendet worden sind;

c) der auf gefördertes Altersvorsorgevermögen entfällt, das im Falle des Todes des Zulageberechtigten auf einen auf den Namen des Ehegatten lautenden Altersvorsorgevertrag übertragen wird, wenn die Ehegatten im Zeitpunkt des Todes des Zulageberechtigten nicht dauernd getrennt gelebt haben (§ 26 Absatz 1) und ihren Wohnsitz oder gewöhnlichen Aufenthalt in einem Mitgliedstaat der Europäischen Union oder einem Staat hatten, auf den das Abkommen über den Europäischen Wirtschaftsraum (EWR-Abkommen) anwendbar ist; dies gilt auch, wenn die Ehegatten ihren vor dem Zeitpunkt, ab dem das Vereinigte Königreich Großbritannien und Nordirland nicht mehr Mitgliedstaat der Europäischen Union ist und auch nicht wie ein solcher zu behandeln ist, begründeten Wohnsitz oder gewöhnlichen Aufenthalt im Vereinigten Königreich Großbritannien und Nordirland hatten und der Vertrag vor dem 23. Juni 2016 abgeschlossen worden ist;

d) der auf den Altersvorsorge-Eigenheimbetrag entfällt.

(1a) [1]Eine schädliche Verwendung liegt nicht vor, wenn gefördertes Altersvorsorgevermögen aufgrund einer internen Teilung nach § 10 des Versorgungsausgleichsgesetzes oder aufgrund einer externen Teilung nach § 14 des Versorgungsausgleichsgesetzes auf einen zertifizierten Altersvorsorgevertrag oder eine nach § 82 Absatz 2 begünstigte betriebliche Altersversorgung übertragen wird; die auf das übertragene Anrecht entfallende steuerliche Förderung geht mit allen Rechten und Pflichten auf die ausgleichsberechtigte Person über. [2]Eine schädliche Verwendung liegt ebenfalls nicht vor, wenn gefördertes Altersvorsorgevermögen aufgrund einer externen Teilung nach § 14 des Versorgungsausgleichsgesetzes auf die Versorgungsausgleichskasse oder die gesetzliche Rentenversicherung übertragen wird; die Rechte und Pflichten der ausgleichspflichtigen Person aus der steuerlichen Förderung des übertragenen Anteils entfallen. [3]In den Fällen der Sätze 1 und 2 teilt die zentrale Stelle der ausgleichspflichtigen Person die Höhe der auf die Ehezeit im Sinne des § 3 Absatz 1 des Versorgungsausgleichsgesetzes oder die Lebenspartnerschaftszeit im Sinne des § 20 Absatz 2 des Lebenspartnerschaftsgesetzes entfallenden gesondert festgestellten Beträge nach § 10a Absatz 4 und die ermittelten Zulagen mit. [4]Die entsprechenden Beträge sind monatsweise zuzuordnen. [5]Die zentrale Stelle teilt die geänderte Zuordnung der gesondert festgestellten Beträge nach § 10a Absatz 4 sowie der ermittelten Zulagen der ausgleichspflichtigen und in den Fällen des Satzes 1 auch der ausgleichsberechtigten Person durch Feststellungsbescheid mit. [6]Nach Eintritt der Unanfechtbarkeit dieses Feststellungsbescheids informiert die zentrale Stelle den Anbieter durch einen Datensatz über die geänderte Zuordnung.

(2) [1]Die Übertragung von gefördertem Altersvorsorgevermögen auf einen anderen auf den Namen des Zulageberechtigten lautenden Altersvorsorgevertrag (§ 1 Absatz 1 Satz 1 Nummer 10 Buchstabe b des Altersvorsorgeverträge-Zertifizierungsgesetzes) stellt keine schädliche Verwendung dar. [2]Dies gilt sinngemäß in den Fällen des § 4 Absatz 2 und 3 des Betriebsrentengesetzes, wenn das geförderte Altersvorsorgevermögen auf eine der in § 82 Absatz 2 Buchstabe a genannten Einrichtungen der betrieblichen Altersversorgung zum Aufbau einer kapitalgedeckten betrieblichen Altersversorgung übertragen und eine lebenslange Altersversorgung entsprechend § 82 Absatz 2 Satz 2 vorgesehen ist wie auch in den Fällen einer Übertragung nach § 3 Nummer 55c Satz 2 Buchstabe a. [3]In den übrigen Fällen der Abfindung von Anwartschaften der betrieblichen Altersversorgung gilt dies, soweit das geförderte Altersvorsorgevermögen zugunsten eines auf den Namen des Zulageberechtigten lautenden Altersvorsorgevertrages geleistet wird. [4]Auch keine schädliche Verwendung sind der gesetzliche Forderungs- und Vermögensübergang nach § 9 des Betriebsrentengesetzes und die gesetzlich vorgesehene schuldbefreiende Übertragung nach § 8 Absatz 1 des Betriebsrentengesetzes.

(3) [1]Auszahlungen zur Abfindung einer Kleinbetragsrente zu Beginn der Auszahlungsphase oder im darauffolgenden Jahr gelten nicht als schädliche Verwendung. [2]Eine Kleinbetragsrente ist eine Rente, die bei gleichmäßiger Verrentung des gesamten zu Beginn der Auszahlungsphase zur Verfügung stehenden Kapitals eine monatliche Rente ergibt, die 1 Prozent der monatlichen Bezugsgröße nach § 18 des Vierten Buches Sozialgesetzbuch nicht übersteigt. [3]Bei der Berechnung dieses Betrags sind alle bei einem Anbieter bestehenden Verträge des Zulageberechtigten insgesamt zu berücksichtigen, auf die nach diesem Abschnitt geförderte Altersvorsorgebeiträge geleistet wurden. [4]Die Sätze 1 bis 3 gelten entsprechend, wenn

1. nach dem Beginn der Auszahlungsphase ein Versorgungsausgleich durchgeführt wird und
2. sich dadurch die Rente verringert.

(4) [1]Wird bei einem einheitlichen Vertrag nach § 1 Absatz 1a Satz 1 Nummer 2 zweiter Halbsatz des Altersvorsorgeverträge-Zertifizierungsgesetzes das Darlehen nicht wohnungswirtschaftlich im Sinne des § 92a Absatz 1 Satz 1 verwendet, liegt zum Zeitpunkt der Darlehensauszahlung eine schädliche Verwendung des geförderten Altersvorsorgevermögens vor, es sei denn, das geförderte Altersvorsorgevermögen wird innerhalb eines Jahres nach Ablauf des Veranlagungszeitraums, in dem das Darlehen ausgezahlt wurde, auf einen anderen zertifizierten Altersvorsorgevertrag übertragen, der auf den Namen des Zulageberechtigten lautet. [2]Der Zulageberechtigte hat dem Anbieter die Absicht zur Kapitalübertragung, den Zeitpunkt der Kapitalübertragung bis zum Zeitpunkt der Darlehensauszahlung und die Aufgabe der Absicht zur Kapitalübertragung mitzuteilen. [3]Wird die Absicht zur Kapitalübertragung aufgegeben, tritt die schädliche Verwendung zu dem Zeitpunkt ein, zu dem die Mitteilung des Zulageberechtigten hierzu beim Anbieter eingeht, spätestens aber am 1. Januar des zweiten Jahres nach dem Jahr, in dem das Darlehen ausgezahlt wurde.

§ 94
Verfahren bei schädlicher Verwendung

(1) [1]In den Fällen des § 93 Absatz 1 hat der Anbieter der zentralen Stelle vor der Auszahlung des geförderten Altersvorsorgevermögens die schädliche Verwendung nach amtlich vorgeschriebenem Datensatz durch amtlich bestimmte Datenfernübertragung anzuzeigen. [2]Die zentrale Stelle ermittelt den Rückzahlungsbetrag und teilt diesen dem Anbieter durch Datensatz mit. [3]Der Anbieter hat den Rückzahlungsbetrag einzubehalten, mit der nächsten Anmeldung nach § 90 Absatz 3 anzumelden und an die zentrale Stelle abzuführen. [4]Der Anbieter hat die einbehaltenen und abgeführten Beträge der zentralen Stelle nach amtlich vorgeschriebenem Datensatz durch amtlich bestimmte Datenfernübertragung mitzuteilen und diese Beträge dem Zulageberechtigten zu bescheinigen. [5]In den Fällen des § 93 Absatz 3 gilt Satz 1 entsprechend.

(2) [1]Eine Festsetzung des Rückzahlungsbetrags erfolgt durch die zentrale Stelle auf besonderen Antrag des Zulageberechtigten oder sofern die Rückzahlung nach Absatz 1 ganz oder teilweise nicht möglich oder nicht erfolgt ist. [2]§ 90 Absatz 4 Satz 2 bis 6 gilt entsprechend; § 90 Absatz 4 Satz 5 gilt nicht, wenn die Geschäftsbeziehung im Hinblick auf den jeweiligen Altersvorsorgevertrag zwischen dem Zulageberechtigten und dem Anbieter beendet wurde. [3]Im Rückforderungsbescheid sind auf den Rückzahlungsbetrag die vom Anbieter bereits einbehaltenen und abgeführten Beträge nach Maßgabe der Bescheinigung nach Absatz 1 Satz 4 anzurechnen. [4]Der Zulageberechtigte hat den verbleibenden Rückzahlungsbetrag innerhalb eines Monats nach Bekanntgabe des Rückforderungsbescheids an die zuständige Kasse zu entrichten. [5]Die Frist für die Festsetzung des Rückzahlungsbetrags beträgt vier Jahre und beginnt mit Ablauf des Kalenderjahres, in dem die Auszahlung im Sinne des § 93 Absatz 1 erfolgt ist.

(3) [1]Sofern der zentralen Stelle für den Zulageberechtigten im Zeitpunkt der schädlichen Verwendung eine Meldung nach § 118 Absatz 1a des Zwölften Buches Sozialgesetzbuch zum erstmaligen Bezug von Hilfe zum Lebensunterhalt und von Grundsicherung im Alter und bei Erwerbsminderung vorliegt, teilt die zentrale Stelle zum Zeitpunkt der Mitteilung nach Absatz 1 Satz 2 der Datenstelle der Rentenversicherungsträger als Vermittlungsstelle die schädliche Verwendung durch Datenfernübertragung mit. [2]Dies gilt nicht, wenn das Ausscheiden aus diesem Hilfebezug nach § 118 Absatz 1a des Zwölften Buches Sozialgesetzbuch angezeigt wurde.

§ 95
Sonderfälle der Rückzahlung

[1]Die §§ 93 und 94 gelten entsprechend, wenn sich der Wohnsitz oder gewöhnliche Aufenthalt des Zulageberechtigten ab Beginn der Auszahlungsphase außerhalb der Mitgliedstaaten der Europäischen Union und der Staaten befindet, auf die das Abkommen über den Europäischen Wirtschaftsraum (EWR-Abkommen) anwendbar ist, oder wenn der Zulageberechtigte ungeachtet eines Wohnsitzes oder gewöhnlichen Aufenthaltes in einem dieser Staaten nach einem Abkommen zur Vermeidung der Doppelbesteuerung mit einem dritten Staat als außerhalb des Hoheitsgebiets dieser Staaten ansässig gilt. [2]Satz 1 gilt nicht, sofern sich der Wohnsitz oder gewöhnliche Aufenthalt des Zulageberechtigten bereits seit dem 22. Juni 2016 ununterbrochen im Vereinigten Königreich Großbritannien und Nordirland befindet und der Vertrag vor dem 23. Juni 2016 abgeschlossen worden ist.

§ 96
Anwendung der Abgabenordnung, allgemeine Vorschriften

(1) [1]Auf die Zulagen und die Rückzahlungsbeträge sind die für Steuervergütungen geltenden Vorschriften der Abgabenordnung entsprechend anzuwenden. [2]Dies gilt nicht für § 163 der Abgabenordnung.

(2) [1]Hat der Anbieter vorsätzlich oder grob fahrlässig

1. unrichtige oder unvollständige Daten übermittelt oder

2. Daten pflichtwidrig nicht übermittelt,

obwohl der Zulageberechtigte seiner Informationspflicht gegenüber dem Anbieter zutreffend und rechtzeitig nachgekommen ist, haftet der Anbieter für die entgangene Steuer und die zu Unrecht gewährte Steuervergünstigung. [2]Dies gilt auch, wenn im Verhältnis zum Zulageberechtigten Festsetzungsverjährung eingetreten ist. [3]Der Zulageberechtigte haftet als Gesamtschuldner neben dem Anbieter, wenn er weiß, dass der Anbieter unrichtige oder unvollständige Daten übermittelt oder Daten pflichtwidrig nicht übermittelt hat. [4]Für die Inanspruchnahme des Anbieters ist die zentrale Stelle zuständig.

(3) Die zentrale Stelle hat auf Anfrage des Anbieters Auskunft über die Anwendung des Abschnitts XI zu geben.

(4) [1]Die zentrale Stelle kann beim Anbieter ermitteln, ob er seine Pflichten erfüllt hat. [2]Die §§ 193 bis 203 der Abgabenordnung gelten sinngemäß. [3]Auf Verlangen der zentralen Stelle hat der Anbieter ihr Unterlagen, soweit sie im Ausland geführt und aufbewahrt werden, verfügbar zu machen.

(5) Der Anbieter erhält vom Bund oder den Ländern keinen Ersatz für die ihm aus diesem Verfahren entstehenden Kosten.

(6) [1]Der Anbieter darf die im Zulageverfahren bekannt gewordenen Verhältnisse der Beteiligten nur für das Verfahren verwerten. [2]Er darf sie ohne Zustimmung der Beteiligten nur offenbaren, soweit dies gesetzlich zugelassen ist.

(7) [1]Für die Zulage gelten die Strafvorschriften des § 370 Absatz 1 bis 4, der §§ 371, 375 Absatz 1 und des § 376 sowie die Bußgeldvorschriften der §§ 378, 379 Absatz 1 und 4 und der §§ 383 und 384 der Abgabenordnung entsprechend. [2]Für das Strafverfahren wegen einer Straftat nach Satz 1 sowie der Begünstigung einer Person, die eine solche Tat begangen hat, gelten die §§ 385 bis 408, für das Bußgeldverfahren wegen einer Ordnungswidrigkeit nach Satz 1 die §§ 409 bis 412 der Abgabenordnung entsprechend.

§ 97
Übertragbarkeit

[1]Das nach § 10a oder Abschnitt XI geförderte Altersvorsorgevermögen einschließlich seiner Erträge, die geförderten laufenden Altersvorsorgebeiträge und der Anspruch auf die Zulage sind nicht übertragbar. [2]§ 93 Absatz 1a und § 4 des Betriebsrentengesetzes bleiben unberührt.

§ 98
Rechtsweg

In öffentlich-rechtlichen Streitigkeiten über die aufgrund des Abschnitts XI ergehenden Verwaltungsakte ist der Finanzrechtsweg gegeben.

...

XII. Förderbetrag zur betrieblichen Altersversorgung

§ 100
Förderbetrag zur betrieblichen Altersversorgung

(1) [1]Arbeitgeber im Sinne des § 38 Absatz 1 dürfen vom Gesamtbetrag der einzubehaltenden Lohnsteuer für jeden Arbeitnehmer mit einem ersten Dienstverhältnis einen Teilbetrag des Arbeitgeberbeitrags zur kapitalgedeckten betrieblichen Altersversorgung (Förderbetrag) entnehmen und bei der nächsten Lohnsteuer-Anmeldung gesondert absetzen. [2]Übersteigt der insgesamt zu gewährende Förderbetrag den Betrag, der insgesamt an Lohnsteuer abzuführen ist, so wird der übersteigende Betrag dem Arbeitgeber auf Antrag von dem Finanzamt, an das die Lohnsteuer abzuführen ist, aus den Einnahmen der Lohnsteuer ersetzt.

(2) [1]Der Förderbetrag beträgt im Kalenderjahr 30 Prozent des zusätzlichen Arbeitgeberbeitrags nach Absatz 3, höchstens 288 Euro. [2]In Fällen, in denen der Arbeitgeber bereits im Jahr 2016 einen zusätzlichen Arbeitgeberbeitrag an einen Pensionsfonds, eine Pensionskasse oder für eine Direktversicherung geleistet hat, ist der jeweilige Förderbetrag auf den Betrag beschränkt, den der Arbeitgeber darüber hinaus leistet.

(3) Voraussetzung für die Inanspruchnahme des Förderbetrags nach den Absätzen 1 und 2 ist, dass

1. der Arbeitslohn des Arbeitnehmers im Lohnzahlungszeitraum, für den der Förderbetrag geltend gemacht wird, im Inland dem Lohnsteuerabzug unterliegt;
2. der Arbeitgeber für den Arbeitnehmer zusätzlich zum ohnehin geschuldeten Arbeitslohn im Kalenderjahr mindestens einen Betrag in Höhe von 240 Euro an einen Pensionsfonds, eine Pensionskasse oder für eine Direktversicherung zahlt;
3. im Zeitpunkt der Beitragsleistung der laufende Arbeitslohn (§ 39b Absatz 2 Satz 1 und 2), der pauschal besteuerte Arbeitslohn (§ 40a Absatz 1 und 3) oder das pauschal besteuerte Arbeitsentgelt (§ 40a Absatz 2 und 2a) nicht mehr beträgt als
   a) 85,84 Euro bei einem täglichen Lohnzahlungszeitraum,
   b) 600,84 Euro bei einem wöchentlichen Lohnzahlungszeitraum,
   c) 2 575 Euro bei einem monatlichen Lohnzahlungszeitraum oder
   d) 30 900 Euro bei einem jährlichen Lohnzahlungszeitraum;
4. eine Auszahlung der zugesagten Alters-, Invaliditäts- oder Hinterbliebenenversorgungsleistungen entsprechend § 82 Absatz 2 Satz 2 vorgesehen ist;
5. sichergestellt ist, dass von den Beiträgen jeweils derselbe prozentuale Anteil zur Deckung der Vertriebskosten herangezogen wird; der Prozentsatz kann angepasst werden, wenn die Kalkulationsgrundlagen geändert werden, darf die ursprüngliche Höhe aber nicht überschreiten.

(4) [1]Für die Inanspruchnahme des Förderbetrags sind die Verhältnisse im Zeitpunkt der Beitragsleistung maßgeblich; spätere Änderungen der Verhältnisse sind unbeachtlich. [2]Abweichend davon sind die für den Arbeitnehmer nach Absatz 1 geltend gemachten Förderbeträge zurückzugewähren, wenn eine Anwartschaft auf Leistungen aus einer nach Absatz 1 geförderten betrieblichen Altersversorgung später verfällt und sich daraus eine Rückzahlung an den Arbeitgeber ergibt. [3]Der Förderbetrag ist nur zurückzugewähren, soweit er auf den Rückzahlungsbetrag entfällt. [4]Der Förderbetrag ist in der Lohnsteuer-Anmeldung für den Lohnzahlungszeitraum, in dem die Rückzahlung zufließt, der an das Betriebsstättenfinanzamt abzuführenden Lohnsteuer hinzuzurechnen.

(5) Für den Förderbetrag gelten entsprechend:

1. die §§ 41, 41a, 42e, 42f und 42g,
2. die für Steuervergütungen geltenden Vorschriften der Abgabenordnung mit Ausnahme des § 163 der Abgabenordnung und

3. die §§ 195 bis 203 der Abgabenordnung, die Strafvorschriften des § 370 Absatz 1 bis 4, der §§ 371, 375 Absatz 1 und des § 376, die Bußgeldvorschriften der §§ 378, 379 Absatz 1 und 4 und der §§ 383 und 384 der Abgabenordnung, die §§ 385 bis 408 für das Strafverfahren und die §§ 409 bis 412 der Abgabenordnung für das Bußgeldverfahren.

(6) [1]Der Arbeitgeberbeitrag im Sinne des Absatzes 3 Nummer 2 ist steuerfrei, soweit er im Kalenderjahr 960 Euro nicht übersteigt. [2]Die Steuerfreistellung des § 3 Nummer 63 bleibt hiervon unberührt.

Anlage 1 (zu § 4d Absatz 1)
Tabelle für die Errechnung des Deckungskapitals für lebenslänglich laufende Leistungen von Unterstützungskassen

Erreichtes Alter des Leistungsempfängers (Jahre)	Die Jahresbeiträge der laufenden Leistungen sind zu vervielfachen bei Leistungen	
	an männliche Leistungsempfänger mit	an weibliche Leistungsempfänger mit
1	2	3
bis 26	11	17
27 bis 29	12	17
30	13	17
31 bis 35	13	16
36 bis 39	14	16
40 bis 46	14	15
47 und 48	14	14
49 bis 52	13	14
53 bis 56	13	13
57 und 58	13	12
59 und 60	12	12
61 bis 63	12	11
64	11	11
65 bis 67	11	10
68 bis 71	10	9
72 bis 74	9	8
75 bis 77	8	7
78	8	6
79 bis 81	7	6
82 bis 84	6	5
85 bis 87	5	4
88	4	4
89 und 90	4	3
91 bis 93	3	3
94	3	2
95 und älter	2	2

2.
Allgemeine Verwaltungsvorschrift zur Anwendung des Einkommensteuerrechts (Einkommensteuer-Richtlinien 2005 – EStR 2005)

vom 16.12.2005 (BStBl. I Sondernummer 1, S. 3),
zuletzt geändert durch EStÄR 2012 vom 25.3.2013 (BStBl. I S. 276)

– Auszug –

Einführung

(1) Die Einkommensteuer-Richtlinien in der geänderten Fassung (Einkommmensteuer-Änderungsrichtlinien 2012 – EStÄR 2012) sind Weisungen an die Finanzbehörden zur einheitlichen Anwendung des Einkommensteuerrechts, zur Vermeidung unbilliger Härten und zur Verwaltungsvereinfachung.

(2) Die EStÄR 2012 sind für die Veranlagung zur Einkommensteuer ab dem VZ 2012 anzuwenden. Die EStÄR 2012 sind auch für frühere VZ anzuwenden, soweit sie lediglich eine Erläuterung der Rechtslage darstellen.

(3) Anordnungen, die mit den nachstehenden Richtlinien im Widerspruch stehen, sind nicht mehr anzuwenden.

(4) Diesen Richtlinien liegt, soweit im Einzelnen keine andere Fassung angegeben ist, das Einkommensteuergesetz i.d.F. der Bekanntmachung vom 8.10.2009 (BGBl. I S. 3366, 3862), zuletzt geändert durch Artikel 1 des Gesetzes zur Änderung und Vereinfachung der Unternehmensbesteuerung und des steuerlichen Reisekostenrechts vom 20.2.2013 (BGBl. I S. 285), zu Grunde.

(5) Die Anordnungen, die in den Vorschriften über den Steuerabzug vom Arbeitslohn (Lohnsteuer) und in den dazu ergangenen Lohnsteuer-Richtlinien über die Ermittlung der Einkünfte aus nichtselbstständiger Arbeit enthalten sind, gelten entsprechend auch für die Veranlagung zur Einkommensteuer.

...

Zu § 4 EStG

...

R 4.4 Bilanzberichtigung und Bilanzänderung

Bilanzberichtigung

(1) [1]Ist ein Ansatz in der Bilanz unrichtig, kann der Stpfl. nach § 4 Abs. 2 Satz 1 EStG den Fehler durch eine entsprechende Mitteilung an das Finanzamt berichtigen (Bilanzberichtigung). [2]Ein Ansatz in der Bilanz ist unrichtig, wenn er unzulässig ist, d. h., wenn er gegen zwingende Vorschriften des Einkommensteuerrechts oder des Handels-

rechts oder gegen die einkommensteuerrechtlich zu beachtenden handelsrechtlichen Grundsätze ordnungsmäßiger Buchführung verstößt. [3]Eine Bilanzberichtigung ist unzulässig, wenn der Bilanzansatz im Zeitpunkt der Bilanzaufstellung subjektiv richtig ist. [4]Subjektiv richtig ist jede der im Zeitpunkt der Bilanzaufstellung der kaufmännischen Sorgfalt entsprechende Bilanzierung. [5]Entspricht ein Bilanzansatz im Zeitpunkt der Bilanzaufstellung den Grundsätzen höchstrichterlicher Rechtsprechung, wird dieser durch eine Änderung der Rechtsprechung nicht unrichtig. [6]Hat der Stpfl. entsprechend der im Zeitpunkt der Bilanzaufstellung bestehenden Verwaltungsauffassung bilanziert, hält er aber einen davon abweichenden Ansatz für richtig, ist eine Bilanzberichtigung bei einer Änderung der Verwaltungsauffassung aufgrund höchstrichterlicher Rechtsprechung zulässig, wenn er durch Zusätze oder Vermerke bei der Aufstellung der Bilanz dokumentiert hat, dass er einen von der Verwaltungsauffassung abweichenden Ansatz begehrt. [7]Die Dokumentation ist zusammen mit der Steuererklärung beim Finanzamt einzureichen. [8]Soweit keine steuerlichen Ansatz- oder Bewertungsvorbehalte gelten, ist ein von der Handelsbilanz abweichender Ansatz in der Steuerbilanz als ausreichende Dokumentation anzusehen. [9]Soweit eine Bilanzberichtigung nicht möglich ist, ist der falsche Bilanzansatz grundsätzlich in der Schlussbilanz des ersten Jahres, dessen Veranlagung geändert werden kann, erfolgswirksam richtig zu stellen. [10]Bei Land- und Forstwirten mit vom Kalenderjahr abweichendem Wirtschaftsjahr müssen beide Veranlagungen, denen die Schlussbilanz zugrunde liegt (> § 4a Abs. 2 Nr. 1 EStG), geändert werden können.

Bilanzänderung

(2) [1]Wenn steuerrechtlich, in den Fällen des § 5 EStG auch handelsrechtlich, verschiedene Ansätze für die Bewertung eines Wirtschaftsgutes zulässig sind und der Stpfl. demgemäß zwischen mehreren Wertansätzen wählen kann, trifft er durch die Einreichung der Steuererklärung an das Finanzamt seine Entscheidung. [2]Eine Änderung dieser Entscheidung zugunsten eines anderen zulässigen Ansatzes ist eine Bilanzänderung. [3]Eine Bilanzänderung liegt nicht vor, wenn sich einem Stpfl. erst nach Einreichung der Bilanz die Möglichkeit eröffnet, erstmalig sein Wahlrecht auszuüben. [4]Eine Bilanzänderung ist zulässig, wenn sie in einem engen zeitlichen und sachlichen Zusammenhang mit einer Bilanzberichtigung steht und soweit die Auswirkung der Bilanzberichtigung auf den Gewinn reicht. [5]Ein enger zeitlicher und sachlicher Zusammenhang zwischen Bilanzberichtigung und Bilanzänderung setzt voraus, dass sich beide Maßnahmen auf dieselbe Bilanz beziehen und die Bilanzänderung unverzüglich nach der Bilanzberichtigung vorgenommen wird. [6]Bei einer Mitunternehmerschaft beziehen sich beide Maßnahmen auf die Bilanz der Mitunternehmerschaft (Gesamthandsbilanz, Ergänzungsbilanz und Sonderbilanz); beispielsweise kann eine Bilanzberichtigung in der Gesamthandsbilanz eine Bilanzänderung in der Ergänzungsbilanz oder Sonderbilanz des Mitunternehmers oder der Mitunternehmer zulassen.

Bilanzansatz

(3) *(aufgehoben)*

R 4.5 Einnahmenüberschussrechnung

...

Leibrenten

(4) [1]Erwirbt ein Stpfl. mit Gewinnermittlung nach § 4 Abs. 3 EStG ein Wirtschaftsgut des Anlagevermögens oder des Umlaufvermögens i. S. d. § 4 Abs. 3 Satz 4 EStG gegen eine Leibrente, ergeben sich die Anschaffungskosten für dieses Wirtschaftsgut aus dem Barwert der Leibrentenverpflichtung. [2]Die einzelnen Rentenzahlungen sind in Höhe ihres Zinsanteiles Betriebsausgaben. [3]Der Zinsanteil ergibt sich aus dem Unterschiedsbetrag zwischen den Rentenzahlungen einerseits und dem jährlichen Rückgang des Barwerts der Leibrentenverpflichtung andererseits. [4]Aus Vereinfachungsgründen ist es nicht zu beanstanden, wenn die einzelnen Rentenzahlungen in voller Höhe mit dem Barwert der ursprünglichen Rentenverpflichtung verrechnet werden; sobald die Summe der Rentenzahlungen diesen Wert übersteigt, sind die darüber hinausgehenden Rentenzahlungen in vollem Umfang als Betriebsausgabe abzusetzen. [5]Bei vorzeitigem Fortfall der Rentenverpflichtung ist der Betrag als Betriebseinnahme anzusetzen, der nach Abzug aller bis zum Fortfall geleisteten Rentenzahlungen von dem ursprünglichen Barwert verbleibt. [6]Erwirbt ein Stpfl. mit Gewinnermittlung nach § 4 Abs. 3 EStG Wirtschaftsgüter des Umlaufvermögens – mit Ausnahme der in § 4 Abs. 3 Satz 4 EStG aufgeführten Wirtschaftsgüter – gegen eine Leibrente, stellen die Rentenzahlungen zum Zeitpunkt ihrer Verausgabung in voller Höhe Betriebsausgaben dar. [7]Der Fortfall einer solchen Leibrentenverpflichtung führt nicht zu einer Betriebseinnahme.

R 4.8 Rechtsverhältnisse zwischen Angehörigen

Arbeitsverhältnisse zwischen Ehegatten

(1) Arbeitsverhältnisse zwischen Ehegatten können steuerrechtlich nur anerkannt werden, wenn sie ernsthaft vereinbart und entsprechend der Vereinbarung tatsächlich durchgeführt werden.

Arbeitsverhältnisse mit Personengesellschaften

(2) [1]Für die einkommensteuerrechtliche Beurteilung des Arbeitsverhältnisses eines Ehegatten mit einer Personengesellschaft, die von dem anderen Ehegatten aufgrund seiner wirtschaftlichen Machtstellung beherrscht wird, z. B. in der Regel bei einer Beteiligung zu mehr als 50 %, gelten die Grundsätze für die steuerliche Anerkennung von Ehegattenarbeitsverhältnissen im Allgemeinen entsprechend. [2]Beherrscht der Mitunternehmer-Ehegatte die Personengesellschaft nicht, kann allgemein davon ausgegangen werden, dass der mitarbeitende Ehegatte in der Gesellschaft die gleiche Stellung wie ein fremder Arbeitnehmer hat und das Arbeitsverhältnis deshalb steuerrechtlich anzuerkennen ist.

Arbeitsverhältnisse zwischen Eltern und Kindern

(3) [1]Für die bürgerlich-rechtliche Wirksamkeit eines Arbeits- oder Ausbildungsvertrages mit einem minderjährigen Kind ist die Bestellung eines Ergänzungspflegers nicht

erforderlich. [2]>Arbeitsverhältnisse mit Kindern unter 15 Jahren verstoßen jedoch im Allgemeinen gegen das >Jugendarbeitsschutzgesetz; sie sind nichtig und können deshalb auch steuerrechtlich nicht anerkannt werden. [3]Die Gewährung freier Wohnung und Verpflegung kann als Teil der Arbeitsvergütung zu behandeln sein, wenn die Leistungen auf arbeitsvertraglichen Vereinbarungen beruhen.

...

Zu § 4b EStG

R 4b Direktversicherung

Begriff

(1) [1]Eine Direktversicherung ist eine Lebensversicherung auf das Leben des Arbeitnehmers, die durch den Arbeitgeber abgeschlossen worden ist und bei der der Arbeitnehmer oder seine Hinterbliebenen hinsichtlich der Leistungen des Versicherers ganz oder teilweise bezugsberechtigt sind (>§ 1b Abs. 2 Satz 1 Betriebsrentengesetz). [2]Dasselbe gilt für eine Lebensversicherung auf das Leben des Arbeitnehmers, die nach Abschluss durch den Arbeitnehmer vom Arbeitgeber übernommen worden ist. [3]Dagegen liegt begrifflich keine Direktversicherung vor, wenn der Arbeitgeber für den Ehegatten eines verstorbenen früheren Arbeitnehmers eine Lebensversicherung abschließt. [4]Als Versorgungsleistungen können Leistungen der Alters-, Invaliditäts- oder Hinterbliebenenversorgung in Betracht kommen. [5]Es ist gleichgültig, ob es sich um Kapitalversicherungen – einschließlich Risikoversicherungen –, Rentenversicherungen oder fondsgebundene Lebensversicherungen handelt und welche >Laufzeit vereinbart wird. [6]Unfallversicherungen sind keine Lebensversicherungen, auch wenn bei Unfall mit Todesfolge eine Leistung vorgesehen ist. [7]Dagegen gehören Unfallzusatzversicherungen und Berufsunfähigkeitszusatzversicherungen, die im Zusammenhang mit Lebensversicherungen abgeschlossen werden, sowie selbstständige Berufsunfähigkeitsversicherungen und Unfallversicherungen mit Prämienrückgewähr, bei denen der Arbeitnehmer Anspruch auf die Prämienrückgewähr hat, zu den Direktversicherungen.

(2) [1]Die Bezugsberechtigung des Arbeitnehmers oder seiner Hinterbliebenen muss vom Versicherungsnehmer (Arbeitgeber) der Versicherungsgesellschaft gegenüber erklärt werden (§ 159 VVG). [2]Die Bezugsberechtigung kann widerruflich oder unwiderruflich sein; bei widerruflicher Bezugsberechtigung sind die Bedingungen eines Widerrufes steuerlich unbeachtlich. [3]Unbeachtlich ist auch, ob die Anwartschaft des Arbeitnehmers arbeitsrechtlich bereits unverfallbar ist.

Behandlung bei der Gewinnermittlung

(3) [1]Die Beiträge zu Direktversicherungen sind sofort abziehbare Betriebsausgaben. [2]Eine Aktivierung der Ansprüche aus der Direktversicherung kommt beim Arbeitgeber vorbehaltlich Satz 5 erst in Betracht, wenn eine der in § 4b EStG genannten Voraussetzungen weggefallen ist, z. B. wenn der Arbeitgeber von einem Widerrufsrecht Gebrauch gemacht hat. [3]In diesen Fällen ist der Anspruch grundsätzlich mit dem geschäftsplanmäßigen Deckungskapital der Versicherungsgesellschaft zu aktivieren zuzüglich eines etwa vorhandenen Guthabens aus Beitragsrückerstattungen; soweit die

Berechnung des Deckungskapitals nicht zum Geschäftsplan gehört, tritt an die Stelle des geschäftsplanmäßigen Deckungskapitals der nach § 169 Abs. 4 VVG berechnete Zeitwert. [4]Die Sätze 1 bis 3 gelten auch für Versicherungen gegen Einmalprämie; bei diesen Versicherungen kommt eine Aktivierung auch nicht unter dem Gesichtspunkt der Rechnungsabgrenzung in Betracht, da sie keinen Aufwand für eine „bestimmte Zeit" (§ 5 Abs. 5 Satz 1 Nr. 1 EStG) darstellen. [5]Sind der Arbeitnehmer oder seine Hinterbliebenen nur für bestimmte Versicherungsfälle oder nur hinsichtlich eines Teiles der Versicherungsleistungen bezugsberechtigt, sind die Ansprüche aus der Direktversicherung insoweit zu aktivieren, als der Arbeitgeber bezugsberechtigt ist.

(4) [1]Die Verpflichtungserklärung des Arbeitgebers nach § 4b Satz 2 EStG muss an dem Bilanzstichtag schriftlich vorliegen, an dem die Ansprüche aus dem Versicherungsvertrag ganz oder zum Teil abgetreten oder beliehen sind. [2]Liegt diese Erklärung nicht vor, sind die Ansprüche aus dem Versicherungsvertrag dem Arbeitgeber zuzurechnen.

Sonderfälle

(5) Die Absätze 1 bis 4 gelten entsprechend für Personen, die nicht Arbeitnehmer sind, für die jedoch aus Anlass ihrer Tätigkeit für das Unternehmen Direktversicherungen abgeschlossen worden sind (§ 17 Abs. 1 Satz 2 Betriebsrentengesetz), z. B. Handelsvertreter und Zwischenmeister.

Zu § 4c EStG

R 4c Zuwendungen an Pensionskassen

Pensionskassen

(1) Als Pensionskassen sind sowohl rechtsfähige Versorgungseinrichtungen i. S. d. § 1b Abs. 3 Satz 1 Betriebsrentengesetz als auch rechtlich unselbstständige Zusatzversorgungseinrichtungen des öffentlichen Dienstes i. S. d. § 18 Betriebsrentengesetz anzusehen, die den Leistungsberechtigten (Arbeitnehmer und Personen i. S. d. § 17 Abs. 1 Satz 2 Betriebsrentengesetz sowie deren Hinterbliebene) auf ihre Leistungen einen Rechtsanspruch gewähren.

Zuwendungen

(2) [1]Der Betriebsausgabenabzug kommt sowohl für laufende als auch für einmalige Zuwendungen in Betracht. [2]Zuwendungen an eine Pensionskasse sind auch abziehbar, wenn die Kasse ihren Sitz oder ihre Geschäftsleitung im Ausland hat.

(3) [1]Zuwendungen zur Abdeckung von Fehlbeträgen sind auch dann abziehbar, wenn sie nicht auf einer entsprechenden Anordnung der Versicherungsaufsichtsbehörde beruhen. [2]Für die Frage, ob und in welcher Höhe ein Fehlbetrag vorliegt, ist das Vermögen der Kasse nach den handelsrechtlichen Grundsätzen ordnungsmäßiger Buchführung unter Berücksichtigung des von der Versicherungsaufsichtsbehörde genehmigten Geschäftsplans bzw. der in § 4c Abs. 1 Satz 2 EStG genannten Unterlagen an-

zusetzen. [3]Für Pensionskassen mit Sitz oder Geschäftsleitung im Ausland sind die für inländische Pensionskassen geltenden Grundsätze anzuwenden.

(4) [1]Zuwendungen an die Kasse dürfen als Betriebsausgaben nicht abgezogen werden, soweit die Leistungen der Kasse, wenn sie vom Trägerunternehmen unmittelbar erbracht würden, bei diesem nicht betrieblich veranlasst wären. [2]Nicht betrieblich veranlasst sind z. B. Leistungen der Kasse an den Inhaber (Unternehmer, Mitunternehmer) des Trägerunternehmens oder seine Angehörigen. [3]Für Angehörige gilt das Verbot nicht, soweit die Zuwendungen im Rahmen eines steuerlich anzuerkennenden Arbeitsverhältnisses gemacht werden (>R 4.8). [4]Die allgemeinen Gewinnermittlungsgrundsätze bleiben durch § 4c Abs. 2 EStG unberührt; auch bei nicht unter das Abzugsverbot fallenden Zuwendungen ist daher zu prüfen, ob sie nach allgemeinen Bilanzierungsgrundsätzen zu aktivieren sind, z. B. bei Zuwendungen, die eine Gesellschaft für ein Tochterunternehmen erbringt.

(5) [1]Für Zuwendungen, die vom Trägerunternehmen nach dem Bilanzstichtag geleistet werden, ist bereits zum Bilanzstichtag ein Passivposten zu bilden, sofern zu diesem Zeitpunkt eine entsprechende Verpflichtung besteht (Bestimmung in der Satzung oder im Geschäftsplan der Kasse, Anordnung der Aufsichtsbehörde). [2]Werden Fehlbeträge der Kasse abgedeckt, ohne dass hierzu eine Verpflichtung des Trägerunternehmens besteht, kann in sinngemäßer Anwendung des § 4d Abs. 2 EStG zum Bilanzstichtag eine Rückstellung gebildet werden, wenn innerhalb eines Monats nach Aufstellung oder Feststellung der Bilanz des Trägerunternehmens die Zuwendung geleistet oder die Abdeckung des Fehlbetrags verbindlich zugesagt wird.

Zu § 4d EStG

R 4d Zuwendungen an Unterstützungskassen

Unterstützungskasse

(1) [1]Für die Höhe der abziehbaren Zuwendungen an die >Unterstützungskasse kommt es nicht darauf an, ob die Kasse von der Körperschaftsteuer befreit ist oder nicht. [2]Wegen der Zuwendungen an Unterstützungskassen bei Bildung von Pensionsrückstellungen für die gleichen Versorgungsleistungen an denselben Empfängerkreis >R 6a Abs. 15.

Leistungsarten

(2) [1]Bei den von der Kasse aus Anlass einer Tätigkeit für das Trägerunternehmen erbrachten Leistungen muss es sich um Leistungen der Alters-, Invaliditäts- oder Hinterbliebenenversorgung oder um Leistungen bei Arbeitslosigkeit oder zur Hilfe in sonstigen Notlagen handeln. [2]Für die Frage, ob Leistungen der betrieblichen Altersversorgung vorliegen, ist ausschließlich § 1 Betriebsrentengesetz maßgebend. [3]Werden Leistungen in Aussicht gestellt, die mit denen einer Kapitallebensversicherung mit steigender Todesfallleistung vergleichbar sind, müssen diese nicht die in den LStR geforderten Voraussetzungen an den Mindesttodesfallschutz erfüllen. [4]Der Bezug von Leistungen der Altersversorgung setzt mindestens die Vollendung des 60. Lebensjahres voraus; nur in berufsspezifischen Ausnahmefällen kann eine niedrigere Altersgrenze

zwischen 55 und 60 in Betracht kommen. [5]Für Zusagen, die nach dem 31.12.2011 erteilt werden, tritt an die Stelle des 60. Lebensjahres regelmäßig das 62. Lebensjahr. [6]Für andere als die vorgenannten Leistungen sind Zuwendungen im Sinne von § 4d EStG durch das Trägerunternehmen mit steuerlicher Wirkung nicht möglich. [7]Zu den lebenslänglich laufenden Leistungen gehören alle laufenden (wiederkehrenden) Leistungen, soweit sie nicht von vornherein nur für eine bestimmte Anzahl von Jahren oder bis zu einem bestimmten Lebensalter des Leistungsberechtigten vorgesehen sind. [8]Vorbehalte, nach denen Leistungen an den überlebenden Ehegatten bei einer Wiederverheiratung oder Invaliditätsrenten bei einer Wiederaufnahme einer Arbeitstätigkeit wegfallen, berühren die Eigenschaft der Renten als lebenslänglich laufende Leistung nicht. [9]Dasselbe gilt, wenn eine Invaliditätsrente bei Erreichen einer bestimmten Altersgrenze von einer Altersrente der Unterstützungskasse abgelöst wird. [10]Keine lebenslänglich laufenden Leistungen sind z. B. Überbrückungszahlungen für eine bestimmte Zeit, Waisenrenten, abgekürzte Invaliditätsrenten und zeitlich von vornherein begrenzte Leistungen an den überlebenden Ehegatten.

Zuwendungen zum Deckungskapital

(3) [1]Das Deckungskapital für die bereits laufenden Leistungen (§ 4d Abs. 1 Satz 1 Nr. 1 Satz 1 Buchstabe a EStG) kann der Kasse sofort bei Beginn der Leistungen oder, solange der Leistungsempfänger lebt, in einem späteren Wirtschaftsjahr in einem Betrag oder verteilt auf mehrere Wirtschaftsjahre zugewendet werden. [2]Mithin kann

1. das Deckungskapital für eine Rente an einen früheren Arbeitnehmer in dem Zeitraum, in dem der frühere Arbeitnehmer Leistungsempfänger ist,
2. das Deckungskapital für eine Rente an den überlebenden Ehegatten in dem Zeitraum, in dem dieser Leistungsempfänger ist, und
3. das Deckungskapital für eine Rente im Falle der Ehescheidung oder der Aufhebung einer eingetragenen Lebenspartnerschaft an den Ausgleichsberechtigten nach dem VersAusglG in dem Zeitraum, in dem dieser Leistungsempfänger ist,

zugewendet werden. [3]Das Deckungskapital für die Rente an den überlebenden Ehegatten kann selbst dann ungeschmälert zugewendet werden, wenn das Deckungskapital für die Rente an den früheren Arbeitnehmer bereits voll zugewendet war. [4]Auf die Anrechnung des im Deckungskapital für die Rente an den früheren Arbeitnehmer enthaltenen Anteiles für die Anwartschaft auf Rente an den überlebenden Ehegatten wird aus Praktikabilitätsgründen verzichtet. [5]Das für die Zuwendungen maßgebende Deckungskapital ist jeweils nach dem erreichten Alter des Leistungsempfängers zu Beginn der Leistungen oder zum Zeitpunkt der Leistungserhöhung und nach der Höhe der Jahresbeträge dieser Leistungen zu berechnen; das Alter des Leistungsberechtigten ist nach dem bürgerlichen Recht (§ 187 Abs. 2 Satz 2, § 188 Abs. 2 BGB) zu bestimmen. [6]Bei den am 1.1.1975 bereits laufenden Leistungen ist für die Bemessung weiterer Zuwendungen auf das Deckungskapital von der als Anlage 1 dem Einkommensteuergesetz beigefügten Tabelle und von dem Lebensalter auszugehen, das der Berechtigte am 1.1.1975 erreicht hat; auf das so ermittelte Deckungskapital sind die früheren Zuwendungen zum Deckungskapital anzurechnen. [7]Lässt sich in den Fällen, in denen ein

Trägerunternehmen die nach dem Zuwendungsgesetz (ZuwG) vom 26.3.1952 (BGBl. I S. 206) höchstzulässigen Jahreszuwendungen nicht ausgeschöpft und die Zuwendungen nicht nach den im ZuwG aufgeführten Kategorien gegliedert hat, nicht mehr feststellen, welcher Teil dieser Zuwendungen auf das Deckungskapital vorgenommen wurde, kann das Trägerunternehmen die Gliederung der früheren Zuwendungen nach eigener Entscheidung vornehmen.

Zuwendungen zum Reservepolster

(4) [1]Für die Ermittlung der Höhe der zulässigen Zuwendungen zum Reservepolster nach § 4d Abs. 1 Satz 1 Nr. 1 Satz 1 Buchstabe b EStG besteht ein Wahlrecht. [2]Das Trägerunternehmen kann entweder von den jährlichen Versorgungsleistungen ausgehen, welche die jeweils begünstigten Leistungsanwärter im letzten Zeitpunkt der Anwartschaft, spätestens im Zeitpunkt des Erreichens der Regelaltersgrenze der gesetzlichen Rentenversicherung (§§ 35 und 235 SGB VI), nach dem Leistungsplan der Kasse erhalten können (Grundsatzregelung). [3]Stattdessen kann auch vom Durchschnittsbetrag der von der Kasse im Wirtschaftsjahr tatsächlich gewährten lebenslänglich laufenden Leistungen ausgegangen werden (Sonderregelung). [4]Das Trägerunternehmen hat in dem Wirtschaftsjahr, ab dem dieses Wahlrecht besteht bzw. in dem erstmals Leistungen über eine Unterstützungskasse zugesagt werden, zu entscheiden, ob die Ermittlung der Höhe der Zuwendungen zum Reservepolster nach der Grundsatzregelung oder der Sonderregelung erfolgen soll. [5]An die getroffene Wahl ist es grundsätzlich fünf Wirtschaftsjahre lang gebunden. [6]Die für das Wirtschaftsjahr zulässigen Zuwendungen zum Reservepolster ergeben sich, wenn auf den jeweils ermittelten Betrag die nach § 4d Abs. 1 Satz 1 Nr. 1 Satz 1 Buchstabe b Satz 1 EStG maßgebenden Prozentsätze angewandt werden; im Falle der Sonderregelung ist das Ergebnis mit der Anzahl der berücksichtigungsfähigen Leistungsanwärter zu vervielfältigen. [7]Wird die Zuwendungshöhe nach der Grundsatzregelung berechnet, sind die dem einzelnen Leistungsanwärter jeweils schriftlich zugesagten erreichbaren Leistungen nach den Verhältnissen am Ende des Wirtschaftsjahres der Kasse maßgebend. [8]Änderungen, die erst nach dem Bilanzstichtag wirksam werden, sind nur zu berücksichtigen, wenn sie am Bilanzstichtag bereits feststehen. [9]Die Leistungen sind jeweils bezogen auf die einzelnen zulässigen Zuwendungssätze getrennt zu erfassen, wobei im Falle des § 4d Abs. 1 Satz 1 Nr. 1 Satz 1 Buchstabe b Satz 1 Doppelbuchstabe aa EStG jeweils gesondert die Leistungen der Invaliditätsversorgung bzw. Hinterbliebenenversorgung und im Falle des Doppelbuchstabens bb die Leistungen der Altersversorgung zu berücksichtigen sind. [10]Wird die Zuwendungshöhe nach der Sonderregelung berechnet, ist vom Durchschnittsbetrag der von der Kasse in ihrem Wirtschaftsjahr tatsächlich gewährten lebenslänglich laufenden Leistungen auszugehen. [11]Zur Vereinfachung kann statt einer genaueren Berechnung als Durchschnittsbetrag der Betrag angenommen werden, der sich ergibt, wenn die Summe der im Wirtschaftsjahr der Kasse tatsächlich gezahlten lebenslänglich laufenden Leistungen durch die Zahl der am Ende ihres Wirtschaftsjahres vorhandenen berücksichtigungsfähigen Leistungsempfänger geteilt wird. [12]Auf diesen Durchschnittsbetrag sind die Zuwendungssätze von jeweils 25 %, 12 % oder 6 % anzuwenden.

Leistungsanwärter

(5) [1]Der Kreis der Leistungsanwärter umfasst grundsätzlich alle Arbeitnehmer und ehemaligen Arbeitnehmer des Trägerunternehmens, die von der Unterstützungskasse schriftlich zugesagte Leistungen erhalten können, soweit sie nicht bereits Empfänger lebenslänglich laufender Leistungen sind. [2]Bei Zusagen von Hinterbliebenenversorgung ohne Altersversorgung gilt die Person als Leistungsanwärter, bei deren Ableben die Hinterbliebenenversorgung einsetzt; hierbei ist nicht zu prüfen, ob Angehörige vorhanden sind, die Anspruch auf eine Versorgung haben. [3]Angehörige des Unternehmers oder von Mitunternehmern des Trägerunternehmens dürfen nur als Leistungsanwärter berücksichtigt werden, soweit ein steuerlich anzuerkennendes Arbeitsverhältnis (>R 4.8) vorliegt. [4]Personen, die mit einer unverfallbaren Anwartschaft aus dem Trägerunternehmen ausgeschieden sind, gehören unter den vorstehenden Voraussetzungen zu den Leistungsanwärtern, solange die Kasse mit einer späteren Inanspruchnahme zu rechnen hat; sofern der Kasse nicht bereits vorher bekannt ist, dass Leistungen nicht zu gewähren sind, braucht bei diesen Personen die Frage, ob die Kasse mit einer Inanspruchnahme zu rechnen hat, erst nach Erreichen der Altersgrenze geprüft zu werden. [5]Personen, bei denen bis zum Ablauf des auf das Erreichen der Altersgrenze folgenden Wirtschaftsjahres nicht feststeht, dass die Kasse mit einer Inanspruchnahme zu rechnen hat, gehören vom Ende dieses Wirtschaftsjahres an nicht mehr zu den Leistungsanwärtern.

Rückgedeckte Unterstützungskasse

Allgemeines

(6) [1]Soweit die Unterstützungskasse die einem Leistungsempfänger oder einem Leistungsanwärter zugesagten Leistungen ganz oder teilweise durch den Abschluss einer Versicherung abgesichert hat, liegt eine rückgedeckte Unterstützungskasse vor. [2]Ist der Betriebsausgabenabzug nach § 4d Abs. 1 Satz 1 Nr. 1 Satz 1 Buchstabe c EStG ausgeschlossen, können die Zuwendungen im Rahmen des § 4d Abs. 1 Satz 1 Nr. 1 Satz 1 Buchstabe a und b EStG abgezogen werden. [3]Die Voraussetzungen für den Betriebsausgabenabzug nach § 4d Abs. 1 Satz 1 Nr. 1 Satz 1 Buchstabe c EStG sind auch dann erfüllt, wenn die Unterstützungskasse ihre Ansprüche aus von ihr abgeschlossenen Rückdeckungsversicherungsverträgen an die begünstigten Arbeitnehmer verpfändet, denen sie Leistungen in Aussicht gestellt hat.

Zuwendungen für Leistungsempfänger

(7) [1]Werden die zugesagten Leistungen erst nach Eintritt des Versorgungsfalles rückgedeckt, können hierfür Einmalprämien mit steuerlicher Wirkung zugewendet werden. [2]§ 4d Abs. 1 Satz 1 Nr. 1 Satz 1 Buchstabe c Satz 2 bis 4 EStG ist nicht anzuwenden.

Zuwendungen für Leistungsanwärter

(8) [1]Das Trägerunternehmen kann den für den einzelnen Leistungsanwärter an die Kasse zugewendeten Betrag der Versicherungsprämie nur als Betriebsausgaben geltend

machen, wenn die Unterstützungskasse laufende Prämien zu entrichten hat. [2]Dies ist bei Zusagen einer Altersversorgung der Fall, wenn es sich um eine Versicherung handelt, bei der in jedem Jahr zwischen Vertragsabschluss und Zeitpunkt, für den erstmals Leistungen der Altersversorgung vorgesehen sind, Prämien zu zahlen sind. [3]Der Zeitpunkt, für den erstmals Leistungen der Altersversorgung vorgesehen sind, darf nicht vor Vollendung des 55. Lebensjahres des begünstigten Leistungsanwärters liegen. [4]Werden Leistungen der Invaliditäts- oder Hinterbliebenenversorgung rückversichert, muss die abgeschlossene Versicherung eine Mindestlaufzeit bis zu dem Zeitpunkt haben, in dem der Leistungsanwärter sein 55. Lebensjahr vollendet. [5]Eine Versicherung mit kürzerer Laufzeit ist nur begünstigt, wenn feststeht, dass im Anschluss an die Laufzeit des Versicherungsvertrages eine Zusage auf Altersversorgung besteht; ist diese rückgedeckt, müssen die Voraussetzungen der Sätze 2 und 3 erfüllt sein. [6]Der Abzug der Zuwendungen als Betriebsausgabe ist in dem Wirtschaftsjahr ausgeschlossen, in dem die Kasse zu irgendeinem Zeitpunkt die Ansprüche aus der Versicherung zur Sicherung eines Darlehens verwendet. [7]Soweit einem Leistungsanwärter vor Vollendung des 28. Lebensjahres (bei erstmaliger Zusage vor dem 1.1.2001: des 30. Lebensjahres, bei erstmaliger Zusage nach dem 31.12.2008: des 27. Lebensjahres) Zusagen mit vertraglicher Unverfallbarkeit gewährt werden, können hierfür laufende Prämien als Zuwendungen nur berücksichtigt werden, wenn die Bestimmungen der vertraglichen Unverfallbarkeit mindestens den Berechnungsvorschriften des § 2 Betriebsrentengesetz entsprechen.

Kürzung der als Betriebsausgabe abzugsfähigen Prämien

(9) [1]Laufende Prämien sind bezogen auf die notwendige und vereinbarte Versicherungssumme nur begünstigt, wenn sie der Höhe nach entweder gleich bleiben oder steigen. [2]Eine gleich bleibende Prämie liegt in diesen Fällen auch vor, wenn die von der Unterstützungskasse jährlich zu zahlende Prämie mit Gewinngutschriften aus dem Versicherungsvertrag verrechnet wird. [3]In diesen Fällen kann der Kasse nur der verbleibende Restbetrag steuerbegünstigt zugewendet werden. [4]Entsprechendes gilt, wenn die Gewinngutschriften durch die Kasse nicht mit fälligen Prämien verrechnet und auch nicht zur Erhöhung der Rückdeckungsquote hinsichtlich der bestehenden Zusage verwendet werden. [5]Beruht die Verminderung der Beiträge auf einer Änderung der Versorgungszusage und sind die Prämien nach der Vertragsänderung mindestens in konstanter Höhe bis zum Eintritt des Versorgungsfalles zu zahlen, sind die Zuwendungen weiterhin als Betriebsausgaben abzugsfähig; Entsprechendes gilt bei der Änderung von Entgeltumwandlungsvereinbarungen. [6]Eine Änderung der Versorgungszusage liegt auch dann vor, wenn der Arbeitgeber auf Verlangen des Arbeitnehmers eine Entgeltumwandlung im Wege einer vertraglichen Vereinbarung reduziert. [7]Dies gilt unabhängig davon, aus welchem Grund die Gehaltsumwandlung vermindert wird. [8]Sinkende Beiträge an eine rückgedeckte Unterstützungskasse führen auch dann (ausnahmsweise) nicht zu einer Versagung des Betriebsausgabenabzuges, wenn sich die Beitragsminderung aus gesetzlich vorgegebenen Faktoren ergibt (z. B. aus der Erhöhung der Beitragsbemessungsgrenzen in der gesetzlichen Rentenversicherung) und die Prämienzahlungen nach der Minderung mindestens in konstanter Höhe bis zum Eintritt des Versorgungsfalles zu leisten sind.

Nachweispflicht

(10) Das Trägerunternehmen hat die Voraussetzungen des § 4d Abs. 1 Satz 1 Nr. 1 Satz 1 Buchstabe c EStG im Jahr der Zuwendung nachzuweisen.

Zuwendungen für nicht lebenslänglich laufende Leistungen

(11) (unbesetzt)

Lohn- und Gehaltssumme

(12) [1]Zur Lohn- und Gehaltssumme i. S. d. § 4d Abs. 1 Satz 1 Nr. 2 EStG gehören alle Arbeitslöhne i. S. d. § 19 Abs. 1 Satz 1 Nr. 1 EStG, soweit sie nicht von der Einkommensteuer befreit sind. [2]Zuschläge für Mehrarbeit und für Sonntags-, Feiertags- und Nachtarbeit gehören zur Lohn- und Gehaltssumme, auch soweit sie steuerbefreit sind. [3]Wegen der Vergütungen an Personen, die nicht Arbeitnehmer sind, >Absatz 15.

Kassenvermögen der Unterstützungskasse

(13) [1]Zuwendungen an eine Unterstützungskasse sind beim Trägerunternehmen nur abziehbar, soweit am Schluss des Wirtschaftsjahres der Kasse das tatsächliche Kassenvermögen nicht höher ist als das zulässige Kassenvermögen (§ 4d Abs. 1 Satz 1 Nr. 1 Satz 2 bis 7 und Nr. 2 Satz 2 bis 6 EStG). [2]Dabei ist die Unterstützungskasse bei der Ermittlung ihres zulässigen Kassenvermögens nicht an die Bewertungsmethode gebunden, die das Trägerunternehmen bei der Ermittlung des Dotierungsrahmens zum Reservepolster (>Absatz 4) angewandt hat. [3]Weicht das Wirtschaftsjahr der Kasse von dem des Trägerunternehmens ab, ist für die Frage, ob das tatsächliche Kassenvermögen das zulässige Kassenvermögen übersteigt, das Wirtschaftsjahr der Kasse maßgebend, das vor dem Ende des Wirtschaftsjahres des Trägerunternehmens endet. [4]Bei Kassen, die sowohl lebenslänglich laufende als auch nicht lebenslänglich laufende Leistungen gewähren, ist sowohl das tatsächliche als auch das zulässige Kassenvermögen für beide Gruppen von Leistungen gemeinsam festzustellen.

Sonderfälle

(14) [1]Bei Konzern- und Gruppenkassen ist die Bemessungsgrundlage für die Zuwendungen zum Reservepolster für jedes Trägerunternehmen gesondert nach den bei diesen Unternehmen vorliegenden Tatbeständen zu errechnen. [2]Die auf das einzelne Trägerunternehmen entfallenden Teile des tatsächlichen und zulässigen Kassenvermögens sind ebenfalls jeweils getrennt festzustellen.

(15) [1]Bei der Berechnung der Zuwendungen können neben den Arbeitnehmern auch Personen berücksichtigt werden, die nicht Arbeitnehmer sind, z. B. Handelsvertreter, wenn ihnen nach der Satzung der Unterstützungskasse Leistungen aus Anlass ihrer Tätigkeit für ein Trägerunternehmen zugesagt worden sind (§ 17 Abs. 1 Satz 2 Betriebsrentengesetz). [2]Die Provisionszahlungen oder sonstigen Entgelte an diese Personen sind zur Lohn- und Gehaltssumme i. S. d. § 4d Abs. 1 Satz 1 Nr. 2 EStG zu rechnen.

Zu § 5 EStG

...

R 5.7 Rückstellungen

Bilanzieller Ansatz von Rückstellungen

(1) [1]Die nach den handelsrechtlichen Grundsätzen ordnungsmäßiger Buchführung gem. § 249 HGB anzusetzenden Rückstellungen sind auch in der steuerlichen Gewinnermittlung (Steuerbilanz) zu bilden, soweit eine betriebliche Veranlassung besteht und steuerliche Sondervorschriften, z. B. § 5 Abs. 2a, 3, 4, 4a, 4b und 6 und § 6a EStG, nicht entgegenstehen. [2]Ungeachtet des Abzugsverbotes des § 4 Abs. 5b EStG ist in der Steuerbilanz eine Gewerbesteuerrückstellung zu bilden; dadurch verursachte Gewinnauswirkungen sind außerbilanziell zu neutralisieren.

...

Zu § 6a EStG

R 6a Rückstellungen für Pensionsverpflichtungen

Zulässigkeit von Pensionsrückstellungen

(1) [1]Nach § 249 HGB müssen für unmittelbare Pensionszusagen Rückstellungen in der Handelsbilanz gebildet werden. [2]Entsprechend dem Grundsatz der Maßgeblichkeit der Handelsbilanz hat die handelsrechtliche Passivierungspflicht die Passivierungspflicht für Pensionszusagen in der Steuerbilanz dem Grunde, aber nicht der Höhe nach zur Folge, wenn die Voraussetzungen des § 6a Abs. 1 und 2 EStG vorliegen. [3]Für laufende Pensionen und Anwartschaften auf Pensionen, die vor dem 1.1.1987 rechtsverbindlich zugesagt worden sind (Altzusagen), gilt nach Artikel 28 des Einführungsgesetzes zum HGB in der durch Gesetz vom 19.12.1985 (BGBl. I S. 2355, BStBl. 1986 I S. 94) geänderten Fassung weiterhin das handels- und steuerrechtliche Passivierungswahlrecht; insoweit sind die Anweisungen in Abschnitt 41 EStR 1984 mit Ausnahme des Absatzes 24 Satz 5 und 6 weiter anzuwenden. [4]Für die Frage, wann eine Pension oder eine Anwartschaft auf eine Pension rechtsverbindlich zugesagt worden ist, ist die erstmalige, zu einem Rechtsanspruch führende arbeitsrechtliche Verpflichtungserklärung maßgebend. [5]Für Pensionsverpflichtungen, für die der Berechtigte einen Rechtsanspruch aufgrund einer unmittelbaren Zusage nach dem 31.12.1986 erworben hat (>Neuzusagen), gelten die folgenden Absätze.

Rechtsverbindliche Verpflichtung

(2) [1]Eine rechtsverbindliche Pensionsverpflichtung ist z. B. gegeben, wenn sie auf Einzelvertrag, Gesamtzusage (Pensionsordnung), Betriebsvereinbarung, Tarifvertrag oder Besoldungsordnung beruht. [2]Bei Pensionsverpflichtungen, die nicht auf Einzelvertrag beruhen, ist eine besondere Verpflichtungserklärung gegenüber dem einzelnen Berechtigten nicht erforderlich. [3]Ob eine rechtsverbindliche Pensionsverpflichtung vorliegt, ist nach arbeitsrechtlichen Grundsätzen zu beurteilen. [4]Für ausländische Arbeit-

nehmer sind Pensionsrückstellungen unter den gleichen Voraussetzungen zu bilden wie für inländische Arbeitnehmer.

Schädlicher Vorbehalt

(3) [1]Ein schädlicher Vorbehalt i. S. d. § 6a Abs. 1 Nr. 2 EStG liegt vor, wenn der Arbeitgeber die Pensionszusage nach freiem Belieben, d. h. nach seinen eigenen Interessen ohne Berücksichtigung der Interessen des Pensionsberechtigten widerrufen kann. [2]Ein Widerruf nach freiem Belieben ist nach dem Urteil des Bundesarbeitsgerichtes (BAG) vom 14.12.1956 (BStBl. 1959 I S. 258) gegenüber einem noch aktiven Arbeitnehmer im Allgemeinen zulässig, wenn die Pensionszusage eine der folgenden Formeln

„freiwillig und ohne Rechtsanspruch",

„jederzeitiger Widerruf vorbehalten",

„ein Rechtsanspruch auf die Leistungen besteht nicht",

„die Leistungen sind unverbindlich"

oder ähnliche Formulierungen enthält, sofern nicht besondere Umstände eine andere Auslegung rechtfertigen. [3]Solche besonderen Umstände liegen nicht schon dann vor, wenn das Unternehmen in der Vergangenheit tatsächlich Pensionszahlungen geleistet oder eine Rückdeckungsversicherung abgeschlossen hat oder Dritten gegenüber eine Verpflichtung zur Zahlung von Pensionen eingegangen ist oder wenn die unter den oben bezeichneten Vorbehalten gegebene Pensionszusage die weitere Bestimmung enthält, dass der Widerruf nur nach „billigem Ermessen" ausgeübt werden darf oder dass im Falle eines Widerrufes die gebildeten Rückstellungen dem Versorgungszweck zu erhalten sind. [4]Vorbehalte der oben bezeichneten Art in einer Pensionszusage schließen danach die Bildung von Rückstellungen für Pensionsanwartschaften aus. [5]Befindet sich der Arbeitnehmer bereits im Ruhestand oder steht er unmittelbar davor, ist der Widerruf von Pensionszusagen, die unter den oben bezeichneten Vorbehalten erteilt worden sind, nach dem BAG-Urteil vom 14.12.1956 nicht mehr nach freiem Belieben, sondern nur noch nach billigem Ermessen (>Absatz 4) zulässig. [6]Enthält eine Pensionszusage die oben bezeichneten allgemeinen Widerrufsvorbehalte, ist die Rückstellungsbildung vorzunehmen, sobald der Arbeitnehmer in den Ruhestand tritt; dies gilt auch hinsichtlich einer etwa zugesagten Hinterbliebenenversorgung.

Unschädlicher Vorbehalt

(4) [1]Ein unschädlicher Vorbehalt i. S. d. § 6a Abs. 1 Nr. 2 EStG liegt vor, wenn der Arbeitgeber den Widerruf der Pensionszusage bei geänderten Verhältnissen nur nach billigem Ermessen (§ 315 BGB), d. h. unter verständiger Abwägung der berechtigten Interessen des Pensionsberechtigten einerseits und des Unternehmens andererseits aussprechen kann. [2]Das gilt in der Regel für die Vorbehalte, die eine Anpassung der zugesagten Pensionen an nicht voraussehbare künftige Entwicklungen oder Ereignisse, insbesondere bei einer wesentlichen Verschlechterung der wirtschaftlichen Lage

des Unternehmens, einer wesentlichen Änderung der Sozialversicherungsverhältnisse oder der Vorschriften über die steuerliche Behandlung der Pensionsverpflichtungen oder bei einer Treupflichtverletzung des Arbeitnehmers vorsehen. [3]Danach sind z. B. die folgenden Vorbehalte als unschädlich anzusehen:

1. als allgemeiner Vorbehalt:

   „Die Firma behält sich vor, die Leistungen zu kürzen oder einzustellen, wenn die bei Erteilung der Pensionszusage maßgebenden Verhältnisse sich nachhaltig so wesentlich geändert haben, dass der Firma die Aufrechterhaltung der zugesagten Leistungen auch unter objektiver Beachtung der Belange des Pensionsberechtigten nicht mehr zugemutet werden kann“;

2. als spezielle Vorbehalte:

   „Die Firma behält sich vor, die zugesagten Leistungen zu kürzen oder einzustellen, wenn

   a) die wirtschaftliche Lage des Unternehmens sich nachhaltig so wesentlich verschlechtert hat, dass ihm eine Aufrechterhaltung der zugesagten Leistungen nicht mehr zugemutet werden kann, oder

   b) der Personenkreis, die Beiträge, die Leistungen oder das Pensionierungsalter bei der gesetzlichen Sozialversicherung oder anderen Versorgungseinrichtungen mit Rechtsanspruch sich wesentlich ändern, oder

   c) die rechtliche, insbesondere die steuerrechtliche Behandlung der Aufwendungen, die zur planmäßigen Finanzierung der Versorgungsleistungen von der Firma gemacht werden oder gemacht worden sind, sich so wesentlich ändert, dass der Firma die Aufrechterhaltung der zugesagten Leistungen nicht mehr zugemutet werden kann, oder

   d) der Pensionsberechtigte Handlungen begeht, die in grober Weise gegen Treu und Glauben verstoßen oder zu einer fristlosen Entlassung berechtigen würden“,

oder inhaltlich ähnliche Formulierungen. [4]Hat der Arbeitnehmer die Möglichkeit, anstelle einer bisher zugesagten Altersversorgung eine Erhöhung seiner laufenden Bezüge zu verlangen, liegt hierin kein schädlicher Vorbehalt.

Vorbehalt (Sonderfälle)

(5) [1]In besonderen Vorbehalten werden oft bestimmte wirtschaftliche Tatbestände bezeichnet, bei deren Eintritt die zugesagten Pensionsleistungen gekürzt oder eingestellt werden können. [2]Es wird z. B. vereinbart, dass die Pensionen gekürzt oder eingestellt werden können, wenn der Umsatz, der Gewinn oder das Kapital eine bestimmte Grenze unterschreiten oder wenn mehrere Verlustjahre vorliegen oder wenn die Pensionsleistungen einen bestimmten Prozentsatz der Lohn- und Gehaltssumme überschreiten. [3]Diese Vorbehalte sind nur dann als unschädlich anzusehen, wenn sie in dem Sinne ergänzt werden, es müsse bei den bezeichneten Tatbeständen eine so erhebliche und nachhaltige Beeinträchtigung der Wirtschaftslage des Unternehmens vorliegen, dass es dem Unternehmen nicht mehr zumutbar ist, die Pensionszusage

aufrechtzuerhalten, oder dass es aus unternehmerischer Verantwortung geboten erscheint, die Versorgungsleistungen einzuschränken oder einzustellen.

(6) [1]Der Vorbehalt, dass der Pensionsanspruch erlischt, wenn das Unternehmen veräußert wird oder aus anderen Gründen ein Wechsel des Unternehmers eintritt (sog. Inhaberklausel), ist steuerlich schädlich. [2]Entsprechendes gilt für Vorbehalte oder Vereinbarungen, nach denen die Haftung aus einer Pensionszusage auf das Betriebsvermögen beschränkt wird, es sei denn, es gilt eine gesetzliche Haftungsbeschränkung für alle Verpflichtungen gleichermaßen, wie z. B. bei Kapitalgesellschaften.

Schriftform

(7) [1]Für die nach § 6a Abs. 1 Nr. 3 EStG vorgeschriebene Schriftform kommt jede schriftliche Festlegung in Betracht, aus der sich der Pensionsanspruch nach Art und Höhe ergibt, z. B. Einzelvertrag, Gesamtzusage (Pensionsordnung), Betriebsvereinbarung, Tarifvertrag, Gerichtsurteil. [2]Bei Gesamtzusagen ist eine schriftliche Bekanntmachung in geeigneter Form nachzuweisen, z. B. durch ein Protokoll über den Aushang im Betrieb. [3]Die Schriftform muss am Bilanzstichtag vorliegen. [4]Für Pensionsverpflichtungen, die auf betrieblicher Übung oder auf dem >Grundsatz der Gleichbehandlung beruhen, kann wegen der fehlenden Schriftform keine Rückstellung gebildet werden; dies gilt auch dann, wenn arbeitsrechtlich (§ 1b Abs. 1 Satz 4 Betriebsrentengesetz) eine unverfallbare Anwartschaft besteht, es sei denn, dem Arbeitnehmer ist beim Ausscheiden eine schriftliche Auskunft nach § 4a Betriebsrentengesetz erteilt worden. [5]Pensionsrückstellungen müssen insoweit vorgenommen werden, als sich die Versorgungsleistungen aus der schriftlichen Festlegung dem Grunde und der Höhe nach ergeben. [6]Zahlungsbelege allein stellen keine solche Festlegung dar.

Beherrschende Gesellschafter-Geschäftsführer von Kapitalgesellschaften

(8) [1]Für die Bildung von Pensionsrückstellungen für beherrschende Gesellschafter-Geschäftsführer von Kapitalgesellschaften ist zu unterstellen, dass die Jahresbeträge nach § 6a Abs. 3 Satz 2 Nr. 1 Satz 3 EStG vom Beginn des Dienstverhältnisses, frühestens vom nach Absatz 10 Satz 3 maßgebenden Alter, bis zur vertraglich vorgesehenen Altersgrenze, mindestens jedoch bis zum folgenden geburtsjahrabhängigen Pensionsalter aufzubringen sind:

für Geburtsjahrgänge	Pensionsalter
bis 1952	65
ab 1953 bis 1961	66
ab 1962	67

[2]Als Beginn des Dienstverhältnisses gilt der Eintritt in das Unternehmen als Arbeitnehmer. [3]Das gilt auch dann, wenn der Geschäftsführer die Pensionszusage erst nach Erlangung der beherrschenden Stellung erhalten hat. [4]Absatz 11 Satz 1, 3 bis 6, 8, 9 und 13 bis 15 ist nicht anzuwenden. [5]Für anerkannt schwerbehinderte Menschen kann geburtsjahrabhängig eine vertragliche Altersgrenze wie folgt zugrunde gelegt werden:

für Geburtsjahrgänge	Pensionsalter
bis 1952	60
ab 1953 bis 1961	61
ab 1962	62

Ehegatten-Arbeitsverhältnisse

(9) (unbesetzt)

Höhe der Pensionsrückstellung

(10) [1]Als Beginn des Dienstverhältnisses ist ein früherer Zeitpunkt als der tatsächliche Dienstantritt zugrunde zu legen (sog. Vordienstzeiten), wenn aufgrund gesetzlicher Vorschriften Zeiten außerhalb des Dienstverhältnisses als Zeiten der Betriebszugehörigkeit gelten, z. B. § 8 Abs. 3 des Soldatenversorgungsgesetzes, § 6 Abs. 2 des Arbeitsplatzschutzgesetzes. [2]Bei der Ermittlung des Teilwertes einer Pensionsverpflichtung sind folgende Mindestalter zu beachten:

Erteilung der Pensionszusage	maßgebendes Mindestalter
vor dem 1.1.2001	30
nach dem 31.12.2000 und vor dem 1.1.2009	28
nach dem 31.12.2008	27

[3]Ergibt sich durch die Anrechnung von Vordienstzeiten ein fiktiver Dienstbeginn, der vor der Vollendung des nach Satz 2 maßgebenden Lebensjahres des Berechtigten liegt, gilt das Dienstverhältnis als zu Beginn des Wirtschaftsjahres begonnen, bis zu dessen Mitte der Berechtigte dieses Lebensjahr vollendet (>§ 6a Abs. 3 Satz 2 Nr. 1 letzter Satz EStG).

(11) [1]Bei der Ermittlung des Teilwertes der Pensionsanwartschaft ist das vertraglich vereinbarte Pensionsalter zugrunde zu legen (Grundsatz). [2]Der Stpfl. kann für alle oder für einzelne Pensionsverpflichtungen von einem höheren Pensionsalter ausgehen, sofern mit einer Beschäftigung des Arbeitnehmers bis zu diesem Alter gerechnet werden kann (erstes Wahlrecht). [3]Bei der Ermittlung des Teilwertes der Pensionsanwartschaft nach § 6a Abs. 3 EStG kann mit Rücksicht auf § 6 Betriebsrentengesetz anstelle des vertraglichen Pensionsalters nach Satz 1 für alle oder für einzelne Pensionsverpflichtungen als Zeitpunkt des Eintritts des Versorgungsfalles der Zeitpunkt der frühestmöglichen Inanspruchnahme der vorzeitigen Altersrente aus der gesetzlichen Rentenversicherung angenommen werden (zweites Wahlrecht). [4]Voraussetzung für die Ausübung des zweiten Wahlrechtes ist, dass in der Pensionszusage festgelegt ist, in welcher Höhe Versorgungsleistungen von diesem Zeitpunkt an gewährt werden. [5]Bei der Ausübung des zweiten Wahlrechtes braucht nicht geprüft zu werden, ob ein Arbeitnehmer die sozialversicherungsrechtlichen Voraussetzungen für die vorzeitige Inanspruchnahme der Altersrente erfüllen wird. [6]Das zweite Wahlrecht kann unabhängig von der Wahl des Pensionsalters für die Berechnung der unverfallbaren Versorgungsanwartschaften nach § 2 Betriebsrentengesetz ausgeübt werden. [7]Das erste Wahlrecht ist in der Bilanz des Wirtschaftsjahres auszuüben, in dem mit der Bildung

der Pensionsrückstellung begonnen wird. [8]Das zweite Wahlrecht ist in der Bilanz des Wirtschaftsjahres auszuüben, in dem die Festlegung nach Satz 4 getroffen worden ist. [9]Hat der Stpfl. das zweite Wahlrecht ausgeübt und ändert sich danach der Zeitpunkt der frühestmöglichen Inanspruchnahme der vorzeitigen Altersrente aus der gesetzlichen Rentenversicherung (z. B. Beendigung des Arbeitsverhältnisses), ist die Änderung zum Ende des betreffenden Wirtschaftsjahres zu berücksichtigen; ist in diesem Wirtschaftsjahr die Festlegung nach Satz 4 für den neuen Zeitpunkt nicht getroffen worden, ist das vertragliche Pensionsalter nach Satz 1 bei der Ermittlung des Teilwertes der Pensionsanwartschaft zugrunde zu legen. [10]Die gegenüber einem Berechtigten getroffene Wahl gilt einheitlich für die gesamte Pensionsverpflichtung, einschließlich einer etwaigen Entgeltumwandlung im Sinne von § 1 Abs. 2 Betriebsrentengesetz. [11]Der Rückstellungsbildung kann nur die Pensionsleistung zugrunde gelegt werden, die zusagegemäß bis zu dem Pensionsalter erreichbar ist, für das sich der Stpfl. bei Ausübung der Wahlrechte entscheidet. [12]Setzt der Arbeitnehmer nach Erreichen dieses Alters seine Tätigkeit fort und erhöht sich dadurch sein Ruhegehaltsanspruch, ist der Rückstellung in dem betreffenden Wirtschaftsjahr der Unterschiedsbetrag zwischen der nach den vorstehenden Sätzen höchstzulässigen Rückstellung (Soll-Rückstellung) und dem versicherungsmathematischen Barwert der um den Erhöhungsbetrag vermehrten Pensionsleistungen zuzuführen. [13]Hat der Stpfl. bei der Ermittlung des Teilwertes einer Pensionsanwartschaft bereits bisher vom zweiten Wahlrecht Gebrauch gemacht, ist er bei einer Änderung des frühestmöglichen Pensionsalters aufgrund einer gesetzlichen Neuregelung auch künftig an diese Entscheidung gebunden; Satz 4 ist zu beachten. [14]Für die sich wegen der Änderung des frühestmöglichen Pensionsalters ergebende Änderung der Teilwerte der Pensionsanwartschaft gilt das Nachholverbot, das sich aus § 6a Abs. 4 EStG herleitet, nicht. [15]Liegen die in Satz 4 genannten Voraussetzungen für die Anwendung des zweiten Wahlrechtes am Bilanzstichtag nicht vor, ist das vertragliche Pensionsalter nach Satz 1 bei der Ermittlung des Teilwertes der Pensionsanwartschaft zugrunde zu legen.

Entgeltumwandlungen

(12) [1]Für Pensionsverpflichtungen, die auf nach dem 31.12.2000 vereinbarten Entgeltumwandlungen im Sinne von § 1 Abs. 2 Betriebsrentengesetz beruhen, ist vor Vollendung des 28. Lebensjahres (für nach dem 31.12.2008 erstmals erteilte Pensionszusagen: des 27. Lebensjahres) des Pensionsberechtigten eine Rückstellung in Höhe des Barwerts der nach den §§ 1 und 2 Betriebsrentengesetz unverfallbaren künftigen Pensionsleistungen zu bilden (§ 6a Abs. 2 Nr. 1 zweite Alternative und § 6a Abs. 3 Satz 2 Nr. 1 Satz 6 zweiter Halbsatz EStG); nach Vollendung des 28. Lebensjahres (für nach dem 31.12.2008 erstmals erteilte Pensionszusagen: des 27. Lebensjahres) des Pensionsberechtigten ist für diese Pensionsverpflichtungen für die Ermittlung des Teilwertes nach § 6a Abs. 3 Satz 2 Nr. 1 Satz 1 EStG eine Vergleichsrechnung erforderlich. [2]Dabei sind der Wert nach § 6a Abs. 3 Satz 2 Nr. 1 Satz 1 erster Halbsatz EStG und der Barwert der unverfallbaren künftigen Pensionsleistungen zu berechnen; der höhere Wert ist anzusetzen. [3]Bei der Vergleichsrechnung sind die für einen Berechtigten nach dem 31.12.2000 vereinbarten Entgeltumwandlungen als Einheit zu behan-

deln. [4]Die Regelungen des Satzes 1 gelten nicht für Pensionsverpflichtungen, soweit sie aufgrund einer vertraglichen Vereinbarung unverfallbar sind.

Arbeitgeberwechsel

(13) Übernimmt ein Stpfl. in einem Wirtschaftsjahr eine Pensionsverpflichtung gegenüber einem Arbeitnehmer, der bisher in einem anderen Unternehmen tätig gewesen ist, unter gleichzeitiger Übernahme von Vermögenswerten, ist bei der Ermittlung des Teilwertes der Verpflichtung der Jahresbetrag i. S. d. § 6a Abs. 3 Satz 2 Nr. 1 EStG so zu bemessen, dass zu Beginn des Wirtschaftsjahres der Übernahme der Barwert der Jahresbeträge zusammen mit den übernommenen Vermögenswerten gleich dem Barwert der künftigen Pensionsleistungen ist; dabei darf sich kein negativer Jahresbetrag ergeben.

Berücksichtigung von Renten aus der gesetzlichen Rentenversicherung

(14) Sieht die Pensionszusage vor, dass die Höhe der betrieblichen Rente in bestimmter Weise von der Höhe der Renten aus der gesetzlichen Rentenversicherung abhängt, darf die Pensionsrückstellung in diesen Fällen nur auf der Grundlage der von dem Unternehmen nach Berücksichtigung der Renten aus der gesetzlichen Rentenversicherung tatsächlich noch selbst zu zahlenden Beträge berechnet werden.

Doppelfinanzierung

(15) [1]Wenn die gleichen Versorgungsleistungen an denselben Empfängerkreis sowohl über eine Pensions- oder Unterstützungskasse oder einen Pensionsfonds als auch über Pensionsrückstellungen finanziert werden sollen, ist die Bildung einer Pensionsrückstellung nicht zulässig. [2]Eine schädliche Überschneidung liegt dagegen nicht vor, wenn es sich um verschiedene Versorgungsleistungen handelt, z. B. bei der Finanzierung der Invaliditäts-Renten über Pensions- oder Unterstützungskassen und der Altersrenten über Pensionsrückstellungen oder der Finanzierung rechtsverbindlich zugesagter Leistungen über Rückstellungen und darüber hinausgehender freiwilliger Leistungen über eine Unterstützungskasse.

Handelsvertreter

(16) [1]Sagt der Unternehmer dem selbstständigen Handelsvertreter eine Pension zu, muss sich der Handelsvertreter die versprochene Versorgung nach § 89b Abs. 1 Satz 1 Nr. 3 HGB auf seinen Ausgleichsanspruch anrechnen lassen. [2]Die Pensionsverpflichtung des Unternehmers wird also durch die Ausgleichsverpflichtung nicht gemindert, es sei denn, es ist etwas anderes vereinbart.

Stichtagsprinzip

(17) [1]Für die Bildung der Pensionsrückstellung sind die Verhältnisse am Bilanzstichtag maßgebend. [2]Änderungen der Bemessungsgrundlagen, die erst nach dem Bilanzstichtag wirksam werden, sind zu berücksichtigen, wenn sie am Bilanzstichtag bereits feststehen. [3]Danach sind Erhöhungen von Anwartschaften und laufenden Renten, die

nach dem Bilanzstichtag eintreten, in die Rückstellungsberechnung zum Bilanzstichtag einzubeziehen, wenn sowohl ihr Ausmaß als auch der Zeitpunkt ihres Eintritts am Bilanzstichtag feststehen. [4]Wird die Höhe der Pension z. B. von Bezugsgrößen der gesetzlichen Rentenversicherungen beeinflusst, sind künftige Änderungen dieser Bezugsgrößen, die am Bilanzstichtag bereits feststehen, z. B. die ab 1.1. des Folgejahres geltende Beitragsbemessungsgrenze, bei der Berechnung der Pensionsrückstellung zum Bilanzstichtag zu berücksichtigen. [5]Die für das Folgejahr geltenden Bezugsgrößen stehen in dem Zeitpunkt fest, in dem die jeweilige Sozialversicherungs-Rechengrößenverordnung im Bundesgesetzblatt verkündet wird.

Inventurerleichterung

(18) [1]Die Pensionsverpflichtungen sind grundsätzlich aufgrund einer körperlichen Bestandsaufnahme (Feststellung der pensionsberechtigten Personen und der Höhe ihrer Pensionsansprüche) für den Bilanzstichtag zu ermitteln. [2]In Anwendung von § 241 Abs. 3 HGB kann der für die Berechnung der Pensionsrückstellungen maßgebende Personenstand auch auf einen Tag (Inventurstichtag) innerhalb von drei Monaten vor oder zwei Monaten nach dem Bilanzstichtag aufgenommen werden, wenn sichergestellt ist, dass die Pensionsverpflichtungen für den Bilanzstichtag ordnungsgemäß bewertet werden können. [3]Es ist nicht zu beanstanden, wenn im Falle der Vorverlegung der Bestandsaufnahme bei der Berechnung der Pensionsrückstellungen wie folgt verfahren wird:

1. Die für den Inventurstichtag festgestellten Pensionsverpflichtungen sind bei der Berechnung der Pensionsrückstellungen für den Bilanzstichtag mit ihrem Wert vom Bilanzstichtag anzusetzen.

2. Aus Vereinfachungsgründen können bei der Berechnung der Pensionsrückstellungen für den Bilanzstichtag die folgenden Veränderungen der Pensionsverpflichtungen, die in der Zeit vom Inventurstichtag bis zum Bilanzstichtag eintreten, unberücksichtigt bleiben:

   a) Veränderungen, die auf biologischen Ursachen, z. B. Tod, Invalidität, beruhen;

   b) Veränderungen durch normale Zu- oder Abgänge von pensionsberechtigten Personen oder durch Übergang in eine andere Gehalts- oder Pensionsgruppe, z. B. Beförderung. [2]Außergewöhnliche Veränderungen, z. B. Stilllegung oder Eröffnung eines Teilbetriebs, bei Massenentlassungen oder bei einer wesentlichen Erweiterung des Kreises der pensionsberechtigten Personen, sind bei der Rückstellungsberechnung für den Bilanzstichtag zu berücksichtigen.

   [2]Allgemeine Leistungsänderungen für eine Gruppe von Verpflichtungen, die nicht unter Satz 1 Buchstabe a oder b fallen, sind bei der Rückstellungsberechnung für den Bilanzstichtag mindestens näherungsweise zu berücksichtigen; für den folgenden Bilanzstichtag ist der sich dann ergebende tatsächliche Wert anzusetzen.

3. Soweit Veränderungen der Pensionsverpflichtungen nach Nummer 2 bei der Berechnung der Rückstellungen für den Bilanzstichtag unberücksichtigt bleiben, sind sie zum nächsten Bilanzstichtag bis zur steuerlich zulässigen Höhe zu berücksichtigen.

4. Werden werterhöhende Umstände, die nach Nummer 2 bei der Berechnung der Rückstellungen für den Bilanzstichtag unberücksichtigt bleiben können, dennoch in die Rückstellungsberechnung einbezogen, sind bei der Rückstellungsberechnung auch wertmindernde Umstände, die nach Nummer 2 außer Betracht bleiben können, zu berücksichtigen.
5. [1]Die Nummern 2 bis 4 gelten nicht, wenn bei einem Stpfl. am Inventurstichtag nicht mehr als 20 Pensionsberechtigte vorhanden sind. [2]Sie gelten ferner nicht für Vorstandsmitglieder und Geschäftsführer von Kapitalgesellschaften.

Ausscheiden eines Anwärters

(19) [1]Die Rückstellung für Pensionsverpflichtungen gegenüber einer Person, die mit einer unverfallbaren Versorgungsanwartschaft ausgeschieden ist, ist beizubehalten, solange das Unternehmen mit einer späteren Inanspruchnahme zu rechnen hat. [2]Sofern dem Unternehmen nicht bereits vorher bekannt ist, dass Leistungen nicht zu gewähren sind, braucht die Frage, ob mit einer Inanspruchnahme zu rechnen ist, erst nach Erreichen der vertraglich vereinbarten Altersgrenze geprüft zu werden. [3]Steht bis zum Ende des Wirtschaftsjahres, das auf das Wirtschaftsjahr des Erreichens der Altersgrenze folgt, die spätere Inanspruchnahme nicht fest, ist die Rückstellung zu diesem Zeitpunkt aufzulösen.

Zuführung zur Pensionsrückstellung

(20) Nach § 249 HGB i. V. m. § 6a Abs. 4 EStG muss in einem Wirtschaftsjahr der Rückstellung der Unterschiedsbetrag zwischen dem Teilwert am Schluss des Wirtschaftsjahres und dem Teilwert am Schluss des vorangegangenen Wirtschaftsjahres zugeführt werden.

Auflösung der Pensionsrückstellung

(21) [1]Auflösungen oder Teilauflösungen in der Steuerbilanz sind nur insoweit zulässig, als sich die Höhe der Pensionsverpflichtung gemindert hat. [2]Wird die Pensionszusage widerrufen (> Absätze 3 bis 6), ist die Pensionsrückstellung in der nächstfolgenden Bilanz gewinnerhöhend aufzulösen und ist erst wieder zu passivieren, wenn die Zusage mit unschädlichen Vorbehalten wieder in Kraft gesetzt wird (z. B. durch rechtskräftiges Urteil oder Vergleich). [3]Ist die Rückstellung ganz oder teilweise aufgelöst worden, ohne dass sich die Pensionsverpflichtung entsprechend geändert hat, ist die Steuerbilanz insoweit unrichtig. [4]Dieser Fehler ist im Wege der Bilanzberichtigung (>R 4.4) zu korrigieren. [5]Dabei ist die Rückstellung in Höhe des Betrags anzusetzen, der nicht hätte aufgelöst werden dürfen, höchstens jedoch mit dem Teilwert der Pensionsverpflichtung.

(22) [1]Nach dem Zeitpunkt des vertraglich vorgesehenen Eintritts des Versorgungsfalles oder eines gewählten früheren Zeitpunktes (>zweites Wahlrecht, Absatz 11 Satz 3) ist die Pensionsrückstellung in jedem Wirtschaftsjahr in Höhe des Unterschiedsbetrags zwischen dem versicherungsmathematischen Barwert der künftigen Pensionsleistungen am Schluss des Wirtschaftsjahres und der am Schluss des vorangegangenen

Wirtschaftsjahres passivierten Pensionsrückstellung gewinnerhöhend aufzulösen; die laufenden Pensionsleistungen sind dabei als Betriebsausgaben abzusetzen. [2]Eine Pensionsrückstellung ist auch dann in Höhe des Unterschiedsbetrages nach Satz 1 aufzulösen, wenn der Pensionsberechtigte nach dem Zeitpunkt des vertraglich vorgesehenen Eintritts des Versorgungsfalles noch weiter gegen Entgelt tätig bleibt („technischer Rentner"), es sei denn, dass bereits die Bildung der Rückstellung auf die Zeit bis zu dem voraussichtlichen Ende der Beschäftigung des Arbeitnehmers verteilt worden ist (>Absatz 11). [3]Ist für ein Wirtschaftsjahr, das nach dem Zeitpunkt des vertraglich vorgesehenen Eintritts des Versorgungsfalles endet, die am Schluss des vorangegangenen Wirtschaftsjahres ausgewiesene Rückstellung niedriger als der versicherungsmathematische Barwert der künftigen Pensionsleistungen am Schluss des Wirtschaftsjahres, darf die Rückstellung erst von dem Wirtschaftsjahr ab aufgelöst werden, in dem der Barwert der künftigen Pensionsleistungen am Schluss des Wirtschaftsjahres niedriger ist als der am Schluss des vorangegangenen Wirtschaftsjahres ausgewiesene Betrag der Rückstellung. [4]In dem Wirtschaftsjahr, in dem eine bereits laufende Pensionsleistung herabgesetzt wird oder eine Hinterbliebenenrente beginnt, darf eine bisher ausgewiesene Rückstellung, die höher ist als der Barwert, nur bis zur Höhe dieses Barwerts aufgelöst werden.

Rückdeckungsversicherung

(23) [1]Eine aufschiebend bedingte Abtretung des Rückdeckungsanspruchs an den pensionsberechtigten Arbeitnehmer für den Fall, dass der Pensionsanspruch durch bestimmte Ereignisse gefährdet wird, z. B. bei Insolvenz des Unternehmens, wird – soweit er nicht im Insolvenzfall nach § 9 Abs. 2 Betriebsrentengesetz auf den Träger der Insolvenzsicherung übergeht – erst wirksam, wenn die Bedingung eintritt (§ 158 Abs. 1 BGB). [2]Die Rückdeckungsversicherung behält deshalb bis zum Eintritt der Bedingung ihren bisherigen Charakter bei. [3]Wird durch Eintritt der Bedingung die Abtretung an den Arbeitnehmer wirksam, wird die bisherige Rückdeckungsversicherung zu einer Direktversicherung.

...

Artikel 2
Anwendung der Einkommensteuer-Richtlinien 2005

Die Einkommensteuer-Richtlinien 2005 in der Fassung vom 16.12.2005 (BStBl I Sondernummer 1/2005) unter Berücksichtigung der Einkommensteuer-Änderungsrichtlinien 2008 (EStÄR 2008) vom 18.12.2008 (BStBl I S. 1017) sind mit den Abweichungen, die sich aus der Änderung von Rechtsvorschriften für die Zeit bis zum 31.12.2011 ergeben, letztmals für die Veranlagung zur Einkommensteuer des VZ 2011 weiter anzuwenden.

3.
Verordnung zur Durchführung der steuerlichen Vorschriften des Einkommensteuergesetzes zur Altersvorsorge und zum Rentenbezugsmitteilungsverfahren sowie zum weiteren Datenaustausch mit der zentralen Stelle (Altersvorsorge-Durchführungsverordnung – AltvDV)

i.d.F. der Bek. vom 28.2.2005 (BGBl. I S. 487),
zuletzt geändert durch Art. 10 V vom 19.12.2022 (BGBl. I S. 2432)

– Auszug –

...

Abschnitt 2
Vorschriften zur Altersvorsorge nach § 10a oder Abschnitt XI des Einkommensteuergesetzes

Unterabschnitt 1
Mitteilungs- und Anzeigepflichten

§ 6
Mitteilungspflichten des Arbeitgebers

(1) [1]Der Arbeitgeber hat der Versorgungseinrichtung (Pensionsfonds, Pensionskasse, Direktversicherung), die für ihn die betriebliche Altersversorgung durchführt, spätestens zwei Monate nach Ablauf des Kalenderjahres oder nach Beendigung des Dienstverhältnisses im Laufe des Kalenderjahres mitzuteilen, in welcher Höhe die für den einzelnen Arbeitnehmer geleisteten Beiträge individuell besteuert wurden. [2] Die Mitteilungspflicht des Arbeitgebers kann durch einen Auftragnehmer wahrgenommen werden.

(2) Eine Mitteilung nach Absatz 1 kann unterbleiben, wenn die Versorgungseinrichtung dem Arbeitgeber mitgeteilt hat, dass

1. sie die Höhe der individuell besteuerten Beiträge bereits kennt oder aus den bei ihr vorhandenen Daten feststellen kann, oder
2. eine Förderung nach § 10a oder Abschnitt XI des Einkommensteuergesetzes nicht möglich ist.

(3) Der Arbeitnehmer kann gegenüber der Versorgungseinrichtung für die individuell besteuerten Beiträge insgesamt auf die Förderung nach § 10a oder Abschnitt XI des Einkommensteuergesetzes verzichten; der Verzicht kann für die Zukunft widerrufen werden.

(4) Soweit eine Mitteilung nach Absatz 1 unterblieben ist und die Voraussetzungen des Absatzes 2 Nr. 1 nicht vorliegen oder der Arbeitnehmer nach Absatz 3 verzichtet

hat, hat die Versorgungseinrichtung davon auszugehen, dass es sich nicht um Altersvorsorgebeiträge im Sinne des § 82 Abs. 2 des Einkommensteuergesetzes handelt.

§ 7
Besondere Mitteilungspflichten der zuständigen Stelle

(1) [1]Beantragt ein Steuerpflichtiger, der zu dem in § 10a Abs. 1 Satz 1 zweiter Halbsatz des Einkommensteuergesetzes bezeichneten Personenkreis gehört, über die für ihn zuständige Stelle (§ 81a des Einkommensteuergesetzes) eine Zulagenummer (§ 10a Abs. 1a des Einkommensteuergesetzes), übermittelt die zuständige Stelle die Angaben des Steuerpflichtigen an die zentrale Stelle. [2]Für Empfänger einer Versorgung im Sinne des § 10a Abs. 1 Satz 4 des Einkommensteuergesetzes gilt Satz 1 entsprechend.

(2) [1]Hat der Steuerpflichtige die nach § 10a Abs. 1 Satz 1 zweiter Halbsatz des Einkommensteuergesetzes erforderliche Einwilligung erteilt, hat die zuständige Stelle die Zugehörigkeit des Steuerpflichtigen zum begünstigten Personenkreis für das Beitragsjahr zu bestätigen und die für die Ermittlung des Mindesteigenbeitrags und für die Gewährung der Kinderzulage erforderlichen Daten an die zentrale Stelle zu übermitteln. [2]Sind für ein Beitragsjahr oder für das vorangegangene Kalenderjahr mehrere zuständige Stellen nach § 91 Abs. 2 des Einkommensteuergesetzes zur Meldung der Daten nach § 10a Abs. 1 Satz 1 zweiter Halbsatz des Einkommensteuergesetzes verpflichtet, meldet jede zuständige Stelle die Daten für den Zeitraum, für den jeweils das Beschäftigungs-, Amts- oder Dienstverhältnis bestand und auf den sich jeweils die zu übermittelnden Daten beziehen. [3]Gehört der Steuerpflichtige im Beitragsjahr nicht mehr zum berechtigten Personenkreis im Sinne des § 10a Abs. 1 Satz 1 zweiter Halbsatz des Einkommensteuergesetzes oder ist er nicht mehr Empfänger einer Versorgung im Sinne des § 10a Abs. 1 Satz 4 des Einkommensteuergesetzes oder hat er im Beitragsjahr erstmalig einen Altersvorsorgevertrag (§ 82 Abs. 1 des Einkommensteuergesetzes) abgeschlossen, hat die zuständige Stelle die für die Ermittlung des Mindesteigenbeitrags erforderlichen Daten an die zentrale Stelle zu übermitteln, wenn ihr eine Einwilligung des Steuerpflichtigen vorliegt. [4]Sind die zuständige Stelle und die Familienkasse verschiedenen juristischen Personen zugeordnet, entfällt die Meldung der kinderbezogenen Daten nach Satz 1. [5]In den anderen Fällen kann eine Übermittlung der Kinderdaten durch die zuständige Stelle entfallen, wenn sichergestellt ist, dass die Familienkasse die für die Gewährung der Kinderzulage erforderlichen Daten an die zentrale Stelle übermittelt oder ein Datenabgleich (§ 91 Abs. 1 Satz 1 erster Halbsatz des Einkommensteuergesetzes) erfolgt.

(3) Hat die zuständige Stelle die für die Gewährung der Kinderzulage erforderlichen Daten an die zentrale Stelle übermittelt (§ 91 Abs. 2 des Einkommensteuergesetzes) und wird für diesen gemeldeten Zeitraum das Kindergeld insgesamt zurückgefordert, hat die zuständige Stelle dies der zentralen Stelle bis zum 31. März des Kalenderjahres, das dem Kalenderjahr der Rückforderung folgt, mitzuteilen.

§ 8

(weggefallen)

§ 9
Besondere Mitteilungspflicht der Familienkasse

Hat die zuständige Familienkasse der zentralen Stelle die Daten für die Gewährung der Kinderzulage übermittelt und wird für diesen gemeldeten Zeitraum das Kindergeld insgesamt zurückgefordert, hat die Familienkasse dies der zentralen Stelle unverzüglich mitzuteilen.

§ 10
Besondere Mitteilungspflichten des Anbieters

(1) [1]Der Anbieter hat die vom Antragsteller im Zulageantrag anzugebenden Daten sowie die Mitteilungen nach § 89 Abs. 1 Satz 5 des Einkommensteuergesetzes zu erfassen und an die zentrale Stelle zu übermitteln. [2]Erfolgt eine Datenübermittlung nach § 89 Abs. 3 des Einkommensteuergesetzes, gilt Satz 1 entsprechend.

(2) [1]Der Anbieter hat einen ihm bekannt gewordenen Tatbestand des § 95 des Einkommensteuergesetzes der zentralen Stelle mitzuteilen. [2]Wenn dem Anbieter ausschließlich eine Anschrift des Zulageberechtigten außerhalb der Mitgliedstaaten der Europäischen Union und der Staaten, auf die das Abkommen über den Europäischen Wirtschaftsraum (EWR-Abkommen) anwendbar ist, bekannt ist, teilt er dies der zentralen Stelle mit.

(3) Der Anbieter hat der zentralen Stelle die Zahlung des nach § 90 Abs. 3 Satz 3 des Einkommensteuergesetzes abzuführenden Rückforderungsbetrages und des nach § 94 Abs. 1 Satz 3 des Einkommensteuergesetzes abzuführenden Rückzahlungsbetrages, jeweils bezogen auf den Zulageberechtigten, sowie die Zahlung von ihm geschuldeter Verspätungs- oder Säumniszuschläge mitzuteilen.

(4) [1]Der Zulageberechtigte kann gegenüber seinem Anbieter erklären, dass er eine steuerliche Berücksichtigung seiner an den Anbieter entrichteten Altersvorsorgebeiträge für den jeweiligen Vertrag bei der Ermittlung der abziehbaren Sonderausgaben nach § 10a des Einkommensteuergesetzes durch die Finanzbehörden nicht beabsichtigt. [2]Liegt dem Anbieter eine Erklärung nach Satz 1 vor, hat er ab dem 1. Januar 2022 ein gesondertes Merkmal in der Meldung nach § 10a Absatz 5 des Einkommensteuergesetzes aufzunehmen. [3]Die Erklärung gilt ab dem Veranlagungsjahr, das dem Jahr folgt, in welchem die Erklärung gegenüber dem Anbieter abgegeben wird. [4]Die Erklärung kann widerrufen werden; Satz 3 gilt entsprechend. [5]Wird die Erklärung im Jahr des Vertragsabschlusses abgegeben, so gilt sie abweichend von Satz 3 schon für das Jahr des Vertragsabschlusses.

§ 11
Anbieterwechsel

(1) [1]Im Fall der Übertragung von Altersvorsorgevermögen nach § 1 Abs. 1 Satz 1 Nr. 10 Buchstabe b des Altersvorsorgeverträge-Zertifizierungsgesetzes sowie in den Fällen des § 93 Abs. 1 Satz 4 Buchstabe c, Abs. 1a Satz 1 oder Abs. 2 Satz 2 und 3 des Einkommensteuergesetzes hat der Anbieter des bisherigen Vertrags dem Anbieter des neuen Vertrags die in § 92 des Einkommensteuergesetzes genannten Daten einschließ-

lich der auf den Zeitpunkt der Übertragung fortgeschriebenen Beträge im Sinne des § 19 Abs. 1 und 2 mitzuteilen. [2]Dies gilt auch bei einer Übertragung von ausschließlich ungefördertem Altersvorsorgevermögen, die mit einer Übertragung nach § 93 Absatz 1a Satz 1 des Einkommensteuergesetzes vergleichbar ist. [3]Bei der Übermittlung hat er die bisherige Vertragsnummer, die Zertifizierungsnummer und die Anbieternummer anzugeben. [4]Der Anbieter des bisherigen Vertrags kann die Mitteilung nach Satz 1 über die zentrale Stelle dem Anbieter des neuen Vertrags durch Datensatz übermitteln. [5]Die zentrale Stelle leitet die Mitteilung ohne inhaltliche Prüfung an den Anbieter des neuen Vertrags. [6]Der Anbieter des bisherigen Vertrags hat den Anbieter des neuen Vertrags über eine Abweisung eines Datensatzes nach § 12 Abs. 1 Satz 3 oder 4 unverzüglich zu unterrichten.

(2) Wird das Altersvorsorgevermögen im laufenden Beitragsjahr vollständig auf einen neuen Anbieter übertragen, ist dieser Anbieter zur Ausstellung der Bescheinigung nach § 92 des Einkommensteuergesetzes sowie zur Übermittlung der Daten nach § 10a Abs. 5 des Einkommensteuergesetzes an die zentrale Stelle für das gesamte Beitragsjahr verpflichtet.

(3) [1]Bei Übertragungen von Altersvorsorgevermögen nach Absatz 1 Satz 1 oder Satz 2 haben der Anbieter des bisherigen Vertrags sowie der Anbieter des neuen Vertrags die Übertragung der zentralen Stelle mitzuteilen. [2]Bei einer Übertragung von gefördertem Altersvorsorgevermögen nach § 82 Absatz 1 Satz 4 des Einkommensteuergesetzes hat der Anbieter des neuen Vertrags dies der zentralen Stelle ergänzend mitzuteilen. [3]Bei einer Übertragung von Altersvorsorgevermögen nach § 93 Absatz 1a Satz 2 des Einkommensteuergesetzes oder bei einer Übertragung von ausschließlich ungefördertem Altersvorsorgevermögen, die mit einer Übertragung nach § 93 Absatz 1a Satz 2 des Einkommensteuergesetzes vergleichbar ist, hat der Anbieter des bisherigen Vertrags die Übertragung der zentralen Stelle mitzuteilen. [4]Bei einer Übertragung nach § 93 Absatz 1a Satz 1 oder Satz 2 des Einkommensteuergesetzes oder bei einer Übertragung von ausschließlich ungefördertem Altersvorsorgevermögen, die mit einer Übertragung nach § 93 Absatz 1a Satz 1 oder Satz 2 des Einkommensteuergesetzes vergleichbar ist, hat der Anbieter des bisherigen Vertrags der zentralen Stelle außerdem die vom Familiengericht angegebene Ehezeit oder die Lebenspartnerschaftszeit mitzuteilen.

(4) [1]Wird Altersvorsorgevermögen aufgrund vertraglicher Vereinbarung nur teilweise auf einen anderen Vertrag übertragen, gehen Zulagen, Beiträge und Erträge anteilig auf den neuen Vertrag über. [2]Die Absätze 1 und 3 gelten entsprechend.

§ 12
Besondere Mitteilungspflichten der zentralen Stelle gegenüber dem Anbieter

(1) [1]Die zentrale Stelle hat dem Anbieter das Ermittlungsergebnis (§ 90 Abs. 1 Satz 1 des Einkommensteuergesetzes) mitzuteilen. [2]Die Mitteilung steht unter dem Vorbehalt der Nachprüfung (§ 164 der Abgabenordnung). [3]Das Ermittlungsergebnis kann auch durch Abweisung des nach § 89 Abs. 2 des Einkommensteuergesetzes übermittelten Datensatzes, der um eine in dem vom Bundesministerium der Finanzen veröffentlichten Fehlerkatalog besonders gekennzeichnete Fehlermeldung ergänzt wird, übermittelt

werden. [4]Ist der Datensatz nach § 89 Abs. 2 des Einkommensteuergesetzes aufgrund von unzureichenden oder fehlerhaften Angaben des Zulageberechtigten abgewiesen sowie um eine Fehlermeldung ergänzt worden und werden die Angaben innerhalb der Antragsfrist des § 89 Abs. 1 Satz 1 des Einkommensteuergesetzes von dem Zulageberechtigten an den Anbieter nicht nachgereicht, gilt auch diese Abweisung des Datensatzes als Übermittlung des Ermittlungsergebnisses.

(2) [1]Die zentrale Stelle hat dem Anbieter die Auszahlung der Zulage nach § 90 Abs. 2 Satz 1 des Einkommensteuergesetzes und § 15, jeweils bezogen auf den Zulageberechtigten, mitzuteilen. [2]Mit Zugang der Mitteilung nach Satz 1 entfällt der Vorbehalt der Nachprüfung der Mitteilung nach Absatz 1 Satz 2. [3]Die zentrale Stelle kann eine Mahnung (§ 259 der Abgabenordnung) nach amtlich vorgeschriebenem Datensatz an den Anbieter übermitteln.

(3) *(aufgehoben)*

§ 13
Anzeigepflichten des Zulageberechtigten

Liegt ein Tatbestand des § 95 des Einkommensteuergesetzes vor, hat der Zulageberechtigte dies dem Anbieter ab Beginn der Auszahlungsphase anzuzeigen.

Unterabschnitt 2
Ermittlung, Festsetzung, Auszahlung, Rückforderung und Rückzahlung der Zulagen

§ 14
Nachweis der Rentenversicherungspflicht und der Höhe der maßgebenden Einnahmen

(1) [1]Weichen die Angaben des Zulageberechtigten zur Rentenversicherungspflicht oder zu den beitragspflichtigen Einnahmen oder zu der bezogenen Rente wegen voller Erwerbsminderung oder Erwerbsunfähigkeit im Sinne des Sechsten Buches Sozialgesetzbuch – Gesetzliche Rentenversicherung – in der Fassung der Bekanntmachung vom 19. Februar 2002 (BGBl. I S. 754, 1404, 3384), zuletzt geändert durch Artikel 5 des Gesetzes vom 23. Juli 2002 (BGBl. I S. 2787), in der jeweils geltenden Fassung von den nach § 91 Abs. 1 Satz 1 des Einkommensteuergesetzes übermittelten Angaben des zuständigen Sozialversicherungsträgers ab, sind für den Nachweis der Rentenversicherungspflicht oder die Berechnung des Mindesteigenbeitrags die Angaben des zuständigen Sozialversicherungsträgers maßgebend. [2]Für die von der landwirtschaftlichen Alterskasse übermittelten Angaben gilt Satz 1 entsprechend. [3]Wird abweichend vom tatsächlich erzielten Entgelt oder vom Zahlbetrag der Entgeltersatzleistung ein höherer Betrag als beitragspflichtige Einnahmen im Sinne des § 86 Abs. 1 Satz 2 Nr. 1 des Einkommensteuergesetzes berücksichtigt und stimmen der vom Zulageberechtigten angegebene und der bei dem zuständigen Sozialversicherungsträger ermittelte Zeitraum überein, ist Satz 1 insoweit nicht anzuwenden. [4]Im Festsetzungsverfahren ist dem Zulageberechtigten Gelegenheit zu geben, eine Klärung mit dem Sozialversicherungsträger herbeizuführen.

(2) Liegt der zentralen Stelle eine Bestätigung der zuständigen Stelle über die Zugehörigkeit des Zulageberechtigten zu dem in § 10a Abs. 1 Satz 1 Nr. 1 bis 5 und Satz 4 des Einkommensteuergesetzes genannten Personenkreis vor, gilt Absatz 1 entsprechend.

§ 15
Auszahlung der Zulage

[1]Die Zulagen werden jeweils am 15. der Monate Februar, Mai, August und November eines Jahres zur Zahlung angewiesen. [2]Zum jeweiligen Auszahlungstermin werden angewiesen:

a) Zulagen, die bis zum Ablauf des dem Auszahlungstermin vorangegangenen Kalendervierteljahres über den Anbieter beantragt worden sind und von der zentralen Stelle bis zum Ablauf des dem Auszahlungstermin vorangehenden Kalendermonats ermittelt wurden,

b) Erhöhungen von Zulagen, die bis zum Ablauf des dem Auszahlungstermin vorangehenden Kalendervierteljahres ermittelt oder festgesetzt wurden.

§ 16
Kleinbetragsgrenze für Rückforderungen gegenüber dem Zulageberechtigten

Ein Rückzahlungsbetrag nach § 94 Absatz 2 des Einkommensteuergesetzes, der nicht über den Anbieter zurückgefordert werden kann, wird nur festgesetzt, wenn die Rückforderung mindestens 25 Euro beträgt.

§ 17
Vollstreckung von Bescheiden über Forderungen der zentralen Stelle

[1]Bescheide über Forderungen der zentralen Stelle werden von den Hauptzollämtern vollstreckt. [2]Zuständig ist das Hauptzollamt, in dessen Vollstreckungsbezirk der Schuldner oder die Schuldnerin einen Wohnsitz oder gewöhnlichen Aufenthalt hat. [3]Mangelt es an einem Wohnsitz oder gewöhnlichen Aufenthalt im Inland, ist das Hauptzollamt Potsdam zuständig. [4]Über die Niederschlagung (§ 261 der Abgabenordnung) entscheidet die zentrale Stelle.

Unterabschnitt 3
Bescheinigungs-, Aufzeichnungs- und Aufbewahrungspflichten

§ 18
Erteilung der Anbieterbescheinigungen

(1) Werden Bescheinigungen nach § 22 Nr. 5 Satz 7, § 92 oder § 94 Abs. 1 Satz 4 des Einkommensteuergesetzes mit Hilfe automatischer Einrichtungen erstellt, können Unterschrift und Namenswiedergabe des Anbieters oder des Vertretungsberechtigten fehlen.

(2) [1]Wird die Bescheinigung nach § 92 oder § 94 Abs. 1 Satz 4 des Einkommensteuergesetzes durch die Post übermittelt, ist das Datum der Aufgabe zur Post auf der Be-

scheinigung anzugeben. [2]Für die Berechnung der Frist nach § 90 Abs. 4 Satz 2 des Einkommensteuergesetzes ist § 122 Abs. 2 und 2a der Abgabenordnung sinngemäß anzuwenden.

§ 19
Aufzeichnungs- und Aufbewahrungspflichten

(1) [1]Der Anbieter nach § 1 Abs. 2 des Altersvorsorgeverträge-Zertifizierungsgesetzes hat für jedes Kalenderjahr Aufzeichnungen zu führen über

1. Namen und Anschrift des Anlegers,
2. Vertragsnummer und Vertragsdatum,
3. Altersvorsorgebeiträge, auf die § 10a oder Abschnitt XI des Einkommensteuergesetzes angewendet wurde,
4. dem Vertrag gutgeschriebene Zulagen,
5. dem Vertrag insgesamt gutgeschriebene Erträge,
6. Beiträge, auf die § 10a oder Abschnitt XI des Einkommensteuergesetzes nicht angewendet wurde,
7. Beiträge und Zulagen, die zur Absicherung der verminderten Erwerbsfähigkeit verwendet wurden,
8. Beiträge und Zulagen, die zur Hinterbliebenenabsicherung im Sinne des § 1 Abs. 1 Satz 1 Nr. 2 des Altersvorsorgeverträge-Zertifizierungsgesetzes oder § 1 Abs. 1 Satz 1 Nr. 6 des Altersvorsorgeverträge-Zertifizierungsgesetzes in der bis zum 31. Dezember 2004 geltenden Fassung verwendet wurden, und
9. die im Wohnförderkonto (§ 92a Abs. 2 Satz 1 des Einkommensteuergesetzes) zu berücksichtigenden Beiträge.

[2]Werden zugunsten des Altersvorsorgevertrags auch nicht geförderte Beiträge geleistet, sind die Erträge anteilig den geförderten und den nicht geförderten Beiträgen zuzuordnen und entsprechend aufzuzeichnen. [3]Die auf den 31. Dezember des jeweiligen Kalenderjahres fortgeschriebenen Beträge sind gesondert aufzuzeichnen.

(2) [1]Für einen Anbieter nach § 80 zweite Alternative des Einkommensteuergesetzes gilt Absatz 1 sinngemäß. [2]Darüber hinaus hat er Aufzeichnungen zu führen über

1. Beiträge, auf die § 3 Nr. 63 des Einkommensteuergesetzes angewendet wurde; hierzu gehören auch die Beiträge im Sinne des § 5 Abs. 3 Satz 2 der Lohnsteuer-Durchführungsverordnung,
2. Beiträge, auf die § 40b des Einkommensteuergesetzes in der am 31. Dezember 2004 geltenden Fassung angewendet wurde, und
3. Leistungen, auf die § 3 Nr. 66 des Einkommensteuergesetzes angewendet wurde.

(3) [1]Für die Aufbewahrung der Aufzeichnungen nach den Absätzen 1 und 2, der Mitteilungen nach § 5 Abs. 2 der Lohnsteuer-Durchführungsverordnung und des Antrags

auf Altersvorsorgezulage oder der einer Antragstellung nach § 89 Abs. 3 des Einkommensteuergesetzes zugrunde liegenden Unterlagen gilt § 147 Abs. 3 der Abgabenordnung entsprechend. [2]Die Unterlagen sind spätestens am Ende des zehnten Kalenderjahres zu löschen oder zu vernichten, das auf die Mitteilung nach § 22 Nr. 5 Satz 7 des Einkommensteuergesetzes folgt. [3]Satz 2 gilt nicht, soweit die Löschung oder Vernichtung schutzwürdige Interessen des Anlegers oder die Wahrnehmung von Aufgaben oder berechtigten Interessen des Anbieters beeinträchtigen würde.

(3a) Unterlagen über die Auszahlung des Altersvorsorge-Eigenheimbetrages im Sinne des § 92a Absatz 1 Satz 1 des Einkommensteuergesetzes sowie Unterlagen, die eine wohnungswirtschaftliche Verwendung im Sinne des § 92a Absatz 1 Satz 1 des Einkommensteuergesetzes nach dem 31. Dezember 2007 eines Darlehens im Sinne des § 1 Absatz 1a des Altersvorsorgeverträge-Zertifizierungsgesetzes nachweisen, sind für die Dauer von zehn Jahren nach der Auflösung oder der Schließung des für den Altersvorsorgevertrag geführten Wohnförderkontos (§ 92a Absatz 2 Satz 1 des Einkommensteuergesetzes) aufzubewahren.

(4) [1]Nach Absatz 3 Satz 1 und Absatz 3a aufzubewahrende schriftliche Unterlagen können als Wiedergabe auf einem Bild- oder anderen dauerhaften Datenträger aufbewahrt werden, wenn sichergestellt ist, dass

1. die Wiedergabe während der Dauer der Aufbewahrungsfrist verfügbar bleibt und innerhalb angemessener Zeit lesbar gemacht werden kann und
2. die lesbar gemachte Wiedergabe mit der schriftlichen Unterlage bildlich und inhaltlich übereinstimmt.

[2]Das Vorliegen der Voraussetzung nach Satz 1 Nr. 2 ist vor der Vernichtung der schriftlichen Unterlage zu dokumentieren.

(5) Sonstige Vorschriften über Aufzeichnungs- und Aufbewahrungspflichten bleiben unberührt.

(6) Der Anbieter hat der zentralen Stelle auf Anforderung den Inhalt der Aufzeichnungen mitzuteilen und die für die Überprüfung der Zulage erforderlichen Unterlagen zur Verfügung zu stellen.

Abschnitt 3
Vorschriften zu Rentenbezugsmitteilungen

§ 20

(aufgehoben)

§ 20a
Vollstreckung von Bescheiden über Forderungen der zentralen Stelle

§ 17 gilt für Bescheide über Forderungen der zentralen Stelle im Rahmen des Rentenbezugsmitteilungsverfahrens nach § 22a des Einkommensteuergesetzes entsprechend.

§ 21
Erprobung des Verfahrens

(1) Die zentrale Stelle kann bei den mitteilungspflichtigen Stellen Daten nach § 22a Abs. 1 Satz 1 des Einkommensteuergesetzes erheben zum Zweck der Erprobung

1. des Verfahrens der Datenübermittlung von den mitteilungspflichtigen Stellen an die zentrale Stelle,
2. der bei der zentralen Stelle einzusetzenden Programme,
3. der Weiterleitung an die Finanzverwaltung und
4. der Weiterverarbeitung der Daten in der Finanzverwaltung.

(2) Das Bundeszentralamt für Steuern kann bei den mitteilungspflichtigen Stellen Daten nach § 22a Abs. 2 Satz 3 des Einkommensteuergesetzes in Verbindung mit § 139b Abs. 3 der Abgabenordnung erheben zum Zweck der Erprobung

1. des Verfahrens der Datenübermittlung von den mitteilungspflichtigen Stellen an das Bundeszentralamt für Steuern,
2. des Verfahrens der Datenübermittlung von dem Bundeszentralamt für Steuern an die mitteilungspflichtigen Stellen,
3. der vom Bundeszentralamt für Steuern und der zentralen Stelle einzusetzenden Programme, mit denen den mitteilungspflichtigen Stellen die Daten zur Verfügung gestellt werden.

(3) Die Datenübermittlung erfolgt durch Datenfernübertragung; § 4 Abs. 1 gilt entsprechend.

(4) [1]Die Daten dürfen nur für die in Absatz 1 und 2 genannten Zwecke verwendet werden. [2]Sie sind unmittelbar nach Beendigung der Erprobung, spätestens am 31. Dezember 2009, zu löschen.

Abschnitt 4
Vorschriften zum weiteren Datenaustausch mit der zentralen Stelle

§ 22

(aufgehoben)

§ 23
Erprobung des Verfahrens

§ 21 Absatz 1 dieser Verordnung gilt für die Erprobung des Verfahrens nach § 10 Absatz 2a und 4b des Einkommensteuergesetzes entsprechend mit der Maßgabe, dass die zentrale Stelle bei den mitteilungspflichtigen Stellen die Daten nach § 10 Absatz 2a des Einkommensteuergesetzes erheben kann.

…

4.
Gesetz über die Zertifizierung von Altersvorsorge- und Basisrentenverträgen (Altersvorsorgeverträge-Zertifizierungsgesetz – AltZertG)[1]

vom 26.6.2001 (BGBl. I S. 1310, 1322),
zuletzt geändert durch Art. 5 G vom 9.6.2021 (BGBl. I S. 1666)

§ 1
Begriffsbestimmungen zum Altersvorsorgevertrag

(1) [1]Ein Altersvorsorgevertrag im Sinne dieses Gesetzes liegt vor, wenn zwischen dem Anbieter und einer natürlichen Person (Vertragspartner) eine Vereinbarung in deutscher Sprache geschlossen wird,

1. *(weggefallen)*
2. die für den Vertragspartner eine lebenslange und unabhängig vom Geschlecht berechnete Altersversorgung vorsieht, die nicht vor Vollendung des 62. Lebensjahres oder einer vor Vollendung des 62. Lebensjahres beginnenden Leistung aus einem gesetzlichen Alterssicherungssystem des Vertragspartners (Beginn der Auszahlungsphase) gezahlt werden darf; Leistungen aus einer ergänzenden Absicherung der verminderten Erwerbsfähigkeit oder Dienstunfähigkeit und einer zusätzlichen Absicherung der Hinterbliebenen können vereinbart werden; Hinterbliebene in diesem Sinne sind der Ehegatte, der Lebenspartner und die Kinder, für die dem Vertragspartner zum Zeitpunkt des Eintritts des Versorgungsfalles ein Anspruch auf Kindergeld oder ein Freibetrag nach § 32 Abs. 6 des Einkommensteuergesetzes zugestanden hätte; der Anspruch auf Waisenrente oder Waisengeld darf längstens für den Zeitraum bestehen, in dem der Rentenberechtigte die Voraussetzungen für die Berücksichtigung als Kind im Sinne des § 32 des Einkommensteuergesetzes erfüllt;
3. in welcher der Anbieter zusagt, dass zu Beginn der Auszahlungsphase zumindest die eingezahlten Altersvorsorgebeiträge für die Auszahlungsphase zur Verfügung stehen und für die Leistungserbringung genutzt werden; sofern Beitragsanteile zur Absicherung der verminderten Erwerbsfähigkeit oder Dienstunfähigkeit oder zur Hinterbliebenenversorgung verwendet werden, sind bis zu 20 Prozent der Gesamtbeiträge in diesem Zusammenhang nicht zu berücksichtigen; das gilt auch für den Fall, dass das gebildete Kapital zu Beginn der Auszahlungsphase nach Nummer 10 Buchstabe b auf einen anderen Altersvorsorgevertrag übertragen wird;

---

1 Dieses Gesetz wurde verkündet als Artikel 7 des Altersvermögensgesetzes und ist am 1.8.2001 in Kraft getreten.

4. die monatliche Leistungen für den Vertragspartner in Form einer

   a) lebenslangen Leibrente oder Ratenzahlungen im Rahmen eines Auszahlungsplans mit einer anschließenden Teilkapitalverrentung ab spätestens dem 85. Lebensjahr vorsieht; die Leistungen müssen während der gesamten Auszahlungsphase gleich bleiben oder steigen; Anbieter und Vertragspartner können vereinbaren, dass bis zu zwölf Monatsleistungen in einer Auszahlung zusammengefasst werden oder eine Kleinbetragsrente nach § 93 Abs. 3 des Einkommensteuergesetzes abgefunden wird, wenn die Vereinbarungen vorsehen, dass der Vertragspartner bis vier Wochen nach der Mitteilung des Anbieters darüber, dass die Auszahlung in Form einer Kleinbetragsrentenabfindung erfolgen wird, den Beginn der Auszahlungsphase auf den 1. Januar des darauffolgenden Jahres verschieben kann; bis zu 30 Prozent des zu Beginn der Auszahlungsphase zur Verfügung stehenden Kapitals kann an den Vertragspartner außerhalb der monatlichen Leistungen ausgezahlt werden; die gesonderte Auszahlung der in der Auszahlungsphase anfallenden Zinsen und Erträge ist zulässig;

   b) lebenslangen Verminderung des monatlichen Nutzungsentgelts für eine vom Vertragspartner selbst genutzte Genossenschaftswohnung vorsieht oder eine zeitlich befristete Verminderung mit einer anschließenden Teilkapitalverrentung ab spätestens dem 85. Lebensjahr vorsieht; die Leistungen müssen während der gesamten Auszahlungsphase gleich bleiben oder steigen; die Ansparleistung muss in diesem Fall durch die Einzahlung auf weitere Geschäftsanteile an einer eingetragenen Genossenschaft erfolgen; die weiteren Geschäftsanteile gelten mit Beginn der Auszahlungsphase als gekündigt; Buchstabe a Teilsatz 3 bis 5 gilt entsprechend;

5. die einen Erwerb weiterer Geschäftsanteile an einer eingetragenen Genossenschaft nur zulässt, wenn der Vertragspartner im Zeitpunkt des Abschlusses des Altersvorsorgevertrags sowie in den neun Monaten davor eine Genossenschaftswohnung des Anbieters durchgehend selbst genutzt hat und bei Erwerb weiterer Geschäftsanteile an einer eingetragenen Genossenschaft vorsieht, dass

   a) im Fall der Aufgabe der Selbstnutzung der Genossenschaftswohnung, des Ausschlusses, des Ausscheidens des Mitglieds oder der Auflösung der Genossenschaft die Möglichkeit eingeräumt wird, dass mindestens die eingezahlten Altersvorsorgebeiträge und die gutgeschriebenen Erträge auf einen vom Vertragspartner zu bestimmenden Altervorsorgevertrag übertragen werden, und

   b) die auf die weiteren Geschäftsanteile entfallenden Erträge nicht ausgezahlt, sondern für den Erwerb weiterer Geschäftsanteile verwendet werden;

6. und 7. *(weggefallen)*

8. die vorsieht, dass die angesetzten Abschluss- und Vertriebskosten gleichmäßig mindestens auf die ersten fünf Vertragsjahre verteilt werden, soweit sie nicht als Prozentsatz von den Altersvorsorgebeiträgen abgezogen werden;

9. *(weggefallen)*

10. die dem Vertragspartner bis zum Beginn der Auszahlungsphase einen Anspruch gewährt,
    a) den Vertrag ruhen zu lassen,
    b) den Vertrag mit einer Frist von drei Monaten zum Ende eines Kalendervierteljahres oder zum Beginn der Auszahlungsphase zu kündigen, um das gebildete Kapital auf einen anderen auf seinen Namen lautenden Altersvorsorgevertrag mit einer Vertragsgestaltung nach diesem Absatz desselben oder eines anderen Anbieters übertragen zu lassen, oder
    c) mit einer Frist von drei Monaten zum Ende eines Kalendervierteljahres eine Auszahlung des gebildeten Kapitals für eine Verwendung im Sinne des § 92a des Einkommensteuergesetzes zu verlangen;

    soweit es sich um den Erwerb weiterer Geschäftsanteile an einer Genossenschaft handelt, gilt der erste Halbsatz mit der Maßgabe, dass die weiteren Geschäftsanteile mit einer Frist von drei Monaten zum Ende des Geschäftsjahres gekündigt werden können und die Auszahlung des auf die weiteren Geschäftsanteile entfallenden Geschäftsguthabens binnen sechs Monaten nach Wirksamwerden der Kündigung verlangt werden kann;
11. die im Fall der Verminderung des monatlichen Nutzungsentgelts für eine vom Vertragspartner selbst genutzte Genossenschaftswohnung dem Vertragspartner bei Aufgabe der Selbstnutzung der Genossenschaftswohnung in der Auszahlungsphase einen Anspruch gewährt, den Vertrag mit einer Frist von nicht mehr als drei Monaten zum Ende des Geschäftsjahres zu kündigen, um spätestens binnen sechs Monaten nach Wirksamwerden der Kündigung das noch nicht verbrauchte Kapital auf einen anderen auf seinen Namen lautenden Altersvorsorgevertrag desselben oder eines anderen Anbieters übertragen zu lassen.

[2]Ein Altersvorsorgevertrag im Sinne dieses Gesetzes kann zwischen dem Anbieter und dem Vertragspartner auch auf Grundlage einer rahmenvertraglichen Vereinbarung mit einer Vereinigung geschlossen werden, wenn der begünstigte Personenkreis die Voraussetzungen des § 10a des Einkommensteuergesetzes erfüllt. [3]Bei einer Übertragung des nach Satz 1 Nummer 10 Buchstabe b gekündigten Kapitals ist es unzulässig, dass der Anbieter des bisherigen Altersvorsorgevertrags dem Vertragspartner Kosten in Höhe von mehr als 150 Euro in Rechnung stellt. [4]Bei der Berechnung der Abschluss- und Vertriebskosten sind vom Anbieter des neuen Altersvorsorgevertrags maximal 50 Prozent des übertragenen, im Zeitpunkt der Übertragung nach § 10a oder Abschnitt XI des Einkommensteuergesetzes geförderten Kapitals zu berücksichtigen.

(1a) [1]Als Altersvorsorgevertrag gilt auch ein Vertrag,

1. der für den Vertragspartner einen Rechtsanspruch auf Gewährung eines Darlehens vorsieht,
2. der dem Vertragspartner einen Rechtsanspruch auf Gewährung eines Darlehens einräumt, sowie der darauf beruhende Darlehensvertrag; der Vertrag kann auch

mit einer Vertragsgestaltung nach Absatz 1 zu einem einheitlichen Vertrag zusammengefasst werden,

3. der dem Vertragspartner einen Rechtsanspruch auf Gewährung eines Darlehens einräumt und bei dem unwiderruflich vereinbart wird, dass dieses Darlehen durch Altersvorsorgevermögen getilgt wird, welches in einem Altersvorsorgevertrag nach Absatz 1 oder Nummer 2 gebildet wird; beide Vertragsbestandteile (Darlehensvertrag und Altersvorsorgevertrag nach Absatz 1 oder Nummer 2) gelten als einheitlicher Vertrag.

[2]Das Darlehen ist für eine wohnungswirtschaftliche Verwendung im Sinne des § 92a Abs. 1 Satz 1 des Einkommensteuergesetzes einzusetzen und ist spätestens bis zur Vollendung des 68. Lebensjahres des Vertragspartners zu tilgen. [3]Absatz 1 Satz 1 Nr. 8 gilt entsprechend.

(2) [1]Anbieter eines Altersvorsorgevertrags im Sinne dieses Gesetzes sind

1. mit Sitz im Inland:
   a) Lebensversicherungsunternehmen, soweit ihnen hierfür eine Erlaubnis nach dem Versicherungsaufsichtsgesetz vom 1. April 2015 (BGBl. I S. 434), in der jeweils geltenden Fassung erteilt worden ist,
   b) Kreditinstitute, die eine Erlaubnis zum Betreiben des Einlagengeschäfts im Sinne des § 1 Abs. 1 Satz 2 Nr. 1 des Kreditwesengesetzes haben,
   c) Bausparkassen im Sinne des Gesetzes über Bausparkassen in der Fassung der Bekanntmachung vom 15. Februar 1991 (BGBl. I S. 454), zuletzt geändert durch Artikel 13a Nr. 3 des Gesetzes vom 16. Juli 2007 (BGBl. I S. 1330), in der jeweils geltenden Fassung,
   d) externe Kapitalverwaltungsgesellschaften im Sinne des § 17 Absatz 2 Nummer 1 des Kapitalanlagegesetzbuchs;
2. mit Sitz in einem anderen Staat des Europäischen Wirtschaftsraums:
   a) Lebensversicherungsunternehmen im Sinne der Richtlinie 2009/138/EG des Europäischen Parlaments und des Rates vom 25. November 2009 betreffend die Aufnahme und Ausübung der Versicherungs- und der Rückversicherungstätigkeit (Solvabilität II) (ABl. L 335 vom 17.12.2009, S. 1), die zuletzt durch die Richtlinie 2014/51/EU (ABl. L 153 vom 22.5.2014, S. 1) geändert worden ist, in der jeweils geltenden Fassung, soweit sie nach § 61 Absatz 2 und 3 des Versicherungsaufsichtsgesetzes entsprechende Geschäfte im Inland betreiben dürfen,
   b) Kreditinstitute im Sinne der Richtlinie 2006/48/EG des Europäischen Parlaments und des Rates vom 14. Juni 2006 über die Aufnahme und Ausübung der Tätigkeit der Kreditinstitute (ABl. EU Nr. L 177 S. 1), zuletzt geändert durch die Richtlinie 2007/64/EG des Europäischen Parlaments und des Rates vom 13. November 2007 (ABl. EU Nr. L 319 S. 1), soweit sie nach § 53b Abs. 1 Satz 1 des Kreditwesengesetzes entsprechende Geschäfte im Inland betreiben dürfen,

c) Verwaltungs- oder Investmentgesellschaften im Sinne der Richtlinie 85/611/EWG des Rates vom 20. Dezember 1985 zur Koordinierung der Rechts- und Verwaltungsvorschriften betreffend bestimmte Organismen für gemeinsame Anlagen in Wertpapieren (OGAW) (ABl. EG Nr. L 375 S. 3), zuletzt geändert durch die Richtlinie 2005/1/EG des Europäischen Parlaments und des Rates vom 9. März 2005 (ABl. EU Nr. L 79 S. 9);

3. mit Sitz außerhalb des Europäischen Wirtschaftsraums, soweit die Zweigstellen die Voraussetzungen des § 67 des Versicherungsaufsichtsgesetzes oder des § 53, auch in Verbindung mit § 53c, des Kreditwesengesetzes erfüllen, inländische Zweigstellen von Lebensversicherungsunternehmen oder Kreditinstituten, die eine Erlaubnis zum Betreiben des Einlagengeschäfts im Sinne von § 1 Abs. 1 Satz 2 Nr. 1 des Kreditwesengesetzes haben;

4. in das Genossenschaftsregister eingetragene Genossenschaften,

   a) bei denen nach einer gutachterlichen Äußerung des Prüfungsverbands, von dem die Genossenschaft geprüft wird, keine Feststellungen zur Einschränkung der Ordnungsmäßigkeit der Geschäftsführung zu treffen sind, keine Tatsachen vorliegen, die den Bestand der Genossenschaft gefährden oder ihre Entwicklung wesentlich beeinträchtigen könnten und keine Anhaltspunkte dafür vorliegen, dass die von der Genossenschaft abgeschlossenen Altersvorsorgeverträge nicht ordnungsgemäß erfüllt werden,

   b) die entweder eine Erlaubnis nach dem Kreditwesengesetz besitzen oder wenn sie Leistungen nach Absatz 1 Satz 1 Nr. 4 Buchstabe b anbieten, deren Satzungszweck ist, ihren Mitgliedern Wohnraum zur Verfügung zu stellen, und die Erfüllung der Verpflichtungen nach Absatz 1 Satz 1 Nr. 3 und 10 durch eine Versicherung bei einem im Geltungsbereich dieses Gesetzes zum Geschäftsbetrieb befugten Versicherungsunternehmen oder durch ein Zahlungsversprechen eines im Geltungsbereich dieses Gesetzes zum Geschäftsbetrieb befugten Kreditinstituts oder durch eine Sicherung nach § 7d Satz 5 gesichert ist; die Sicherung kann auf 20 000 Euro pro Vertrag begrenzt werden; und

   c) deren Satzung zum einen eine Beteiligung mit mehreren Geschäftsanteilen erlaubt und zum anderen für Mitglieder, die weitere Geschäftsanteile zum Zwecke der Durchführung eines Altersvorsorgevertrages angeschafft haben, hinsichtlich dieser weiteren Geschäftsanteile keine Verpflichtung zu Nachschüssen zur Insolvenzmasse oder zu weiteren Einzahlungen nach § 87a Abs. 2 des Genossenschaftsgesetzes oder zur Verlustzuschreibung im Sinne des § 19 Absatz 1 des Genossenschaftsgesetzes sowie keine längere Kündigungsfrist als die des § 65 Abs. 2 Satz 1 des Genossenschaftsgesetzes und keine abweichenden Regelungen für die Auszahlung des Auseinandersetzungsguthabens im Sinne des § 73 Abs. 4 des Genossenschaftsgesetzes vorsieht; das Vorliegen dieser Voraussetzungen ist durch den Prüfungsverband, von dem die Genossenschaft geprüft wird, zu bestätigen.

[2]Finanzdienstleistungsinstitute, Wertpapierinstitute sowie Kreditinstitute mit Sitz im Inland, die keine Erlaubnis zum Betreiben des Einlagengeschäftes im Sinne des § 1

Abs. 1 Satz 2 Nr. 1 des Kreditwesengesetzes haben, und Wertpapierdienstleistungsunternehmen im Sinne der Richtlinie 2004/39/EG des Europäischen Parlaments und des Rates vom 21. April 2004 über Märkte für Finanzinstrumente, zur Änderung der Richtlinien 85/611/EWG und 93/6/EWG des Rates und der Richtlinie 2000/12/EG des Europäischen Parlaments und des Rates und zur Aufhebung der Richtlinie 93/22/EWG des Rates (ABl. EU Nr. L 145 S. 1, 2005 Nr. L 45 S. 18), zuletzt geändert durch die Richtlinie 2007/44/EG des Europäischen Parlaments und des Rates vom 5. September 2007 (ABl. EU Nr. L 247 S. 1) mit Sitz in einem anderen Staat des Europäischen Wirtschaftsraums können Anbieter sein, wenn sie

1. nach ihrem Erlaubnisumfang nicht unter die Ausnahmeregelungen nach § 2 Abs. 7, 7a oder 8 des Kreditwesengesetzes fallen oder im Fall von Wertpapierdienstleistungsunternehmen vergleichbaren Einschränkungen der Solvenzaufsicht in dem anderen Staat des Europäischen Wirtschaftsraums unterliegen,
2. ein Anfangskapital im Sinne des Artikels 4 Absatz 1 Nummer 51 der Verordnung (EU) Nr. 575/2013 des Europäischen Parlaments und des Rates vom 26. Juni 2013 über Aufsichtsanforderungen an Kreditinstitute und Wertpapierfirmen und zur Änderung der Verordnung (EU) Nr. 646/2012 (ABl. L 176 vom 27.6.2013, S. 1) (Anfangskapital) in Höhe von mindestens 730 000 Euro nachweisen und
3. nach den Bedingungen des Altersvorsorgevertrages die Gelder nur anlegen bei Kreditinstituten im Sinne des Satzes 1.

(3) [1]Die Zertifizierung eines Altersvorsorgevertrages nach diesem Gesetz ist die Feststellung, dass die Vertragsbedingungen des Altersvorsorgevertrages dem Absatz 1, 1a oder beiden Absätzen sowie dem § 2a entsprechen und der Anbieter den Anforderungen des Absatzes 2 entspricht. [2]Eine Zertifizierung im Sinne des § 4 Abs. 2 Satz 1 stellt ausschließlich die Übereinstimmung des Vertrages mit den Anforderungen des Absatzes 1 oder 1a oder beiden sowie des § 2a fest.

(4) *(aufgehoben)*

(5) [1]Gebildetes Kapital im Sinne dieses Gesetzes ist

a) bei Versicherungsverträgen das nach den anerkannten Regeln der Versicherungsmathematik mit den Rechnungsgrundlagen der Beitragskalkulation berechnete Deckungskapital der Versicherung zuzüglich bereits zugeteilter Überschussanteile, des übertragungsfähigen Werts aus Schlussüberschussanteilen sowie der nach § 153 Abs. 1 und 3 des Versicherungsvertragsgesetzes zuzuteilenden Bewertungsreserven, § 169 Abs. 6 des Versicherungsvertragsgesetzes gilt entsprechend; bei fondsgebundenen Versicherungen und anderen Versicherungen, die Leistungen der in § 124 Absatz 2 des Versicherungsaufsichtsgesetzes bezeichneten Art vorsehen, abweichend hiervon die Summe aus dem vorhandenen Wert der Anteilseinheiten und der im sonstigen Vermögen angelegten verzinsten Beitrags- und Zulagenteile, abzüglich der tariflichen Kosten, zuzüglich zugeteilter Überschussanteile, des übertragungsfähigen Werts aus Schlussüberschussanteilen und der nach § 153 Abs. 1 und 3 des Versicherungsvertragsgesetzes zuzuteilenden Bewertungsreserven,

b) bei Investmentsparverträgen der Wert der Fondsanteile zum Stichtag,

c) bei Sparverträgen der Wert des Guthabens einschließlich der bis zum Stichtag entstandenen, aber noch nicht fälligen Zinsen,

d) bei Geschäftsanteilen an einer Genossenschaft der jeweilige Anschaffungspreis; bei Verträgen nach Absatz 1a Satz 1 Nummer 3 jeweils abzüglich des Darlehens, soweit es noch nicht getilgt ist.

[2]Abzüge, soweit sie nicht in diesem Gesetz vorgesehen sind, sind nicht zulässig. [3]In Bezug auf § 2a Satz 1 Nummer 1 Buchstabe b ist nur das für die Leistungserbringung unwiderruflich zugeteilte Kapital zu berücksichtigen.

§ 2
Begriffsbestimmungen zum Basisrentenvertrag

(1) [1]Ein Basisrentenvertrag im Sinne dieses Gesetzes liegt vor, wenn zwischen dem Anbieter und einer natürlichen Person (Vertragspartner) eine Vereinbarung in deutscher Sprache geschlossen wird, die die Voraussetzungen des § 10 Absatz 1 Nummer 2 Buchstabe b Doppelbuchstabe aa des Einkommensteuergesetzes erfüllt. [2]Dies gilt entsprechend, wenn zum Aufbau einer kapitalgedeckten betrieblichen Altersversorgung eine Vereinbarung, die die Anforderungen des § 10 Absatz 1 Nummer 2 Buchstabe b Doppelbuchstabe aa des Einkommensteuergesetzes erfüllt, zwischen dem Anbieter und dem Arbeitgeber zugunsten des Arbeitnehmers geschlossen wird.

(1a) Ein Basisrentenvertrag im Sinne dieses Gesetzes liegt auch vor, wenn zwischen dem Anbieter und einer natürlichen Person (Vertragspartner) eine Vereinbarung in deutscher Sprache geschlossen wird, die die Voraussetzungen des § 10 Absatz 1 Nummer 2 Buchstabe b Doppelbuchstabe bb des Einkommensteuergesetzes erfüllt und bei der vorgesehen ist, dass der Anbieter

1. eine teilweise Erwerbsminderung anerkennt, wenn ärztlich prognostiziert wird, dass der Vertragspartner wegen Krankheit, Körperverletzung oder Behinderung voraussichtlich für mindestens zwölf Monate außerstande ist, unter den üblichen Bedingungen des allgemeinen Arbeitsmarktes mindestens sechs Stunden täglich erwerbstätig zu sein oder eine volle Erwerbsminderung anerkennt, wenn ärztlich prognostiziert wird, dass der Vertragspartner wegen Krankheit, Körperverletzung oder Behinderung voraussichtlich für mindestens zwölf Monate außerstande ist, unter den üblichen Bedingungen des allgemeinen Arbeitsmarktes mindestens drei Stunden täglich erwerbstätig zu sein; die versicherte Leistung ist bei einer teilweisen Erwerbsminderung mindestens zur Hälfte und bei voller Erwerbsminderung in voller Höhe zu erbringen;

2. von dem Kalendermonat an leistet, zu dessen Beginn die teilweise oder volle Erwerbsminderung eingetreten ist, wenn die Leistung bis zum Ende des 36. Kalendermonats nach Ablauf des Monats des Eintritts der teilweisen oder vollen Erwerbsminderung beantragt wird; wird der Antrag zu einem späteren Zeitpunkt gestellt, ist die Leistung ab dem Kalendermonat zu gewähren, der 36 Monate vor dem Monat der Beantragung liegt;

3. auf Antrag des Vertragspartners die Beiträge für die Absicherung der teilweisen oder vollen Erwerbsminderung ab dem Zeitpunkt der Geltendmachung der Ansprüche auf eine teilweise oder volle Erwerbsminderung bis zur endgültigen Entscheidung über die Leistungspflicht zinslos und ohne andere Auflagen stundet;
4. für die Absicherung der teilweisen oder vollen Erwerbsminderung auf das Kündigungsrecht nach § 19 Absatz 3 Satz 2 und das Abänderungsrecht nach § 19 Absatz 4 des Versicherungsvertragsgesetzes verzichtet, wenn der Vertragspartner seine Anzeigepflicht schuldlos verletzt hat; und
5. die medizinische Mitwirkungspflicht des Vertragspartners zur Feststellung und nach der Feststellung der teilweisen oder vollen Erwerbsminderung auf zumutbare und medizinisch indizierte ärztliche Untersuchungs- und Behandlungsleistungen beschränkt.

(2) Anbieter eines Basisrentenvertrags im Sinne dieses Gesetzes sind die Anbieter im Sinne des § 1 Abs. 2, einschließlich der Pensionskassen im Sinne des § 232 Versicherungsaufsichtsgesetzes, sowie der Pensionsfonds im Sinne des § 236 Versicherungsaufsichtsgesetzes.

(3) [1]Die Zertifizierung eines Basisrentenvertrages nach diesem Gesetz ist die Feststellung, dass die Vertragsbedingungen des Basisrentenvertrages dem Absatz 1 oder dem Absatz 1a sowie dem § 2a entsprechen und der Anbieter den Anforderungen des § 2 Abs. 2 entspricht. [2]Eine Zertifizierung im Sinne des § 4 Abs. 2 Satz 1 stellt ausschließlich die Übereinstimmung des Vertrages mit den Anforderungen des Absatzes 1 oder des Absatzes 1a sowie dem § 2a fest.

(4) *(aufgehoben)*

§ 2a
Kostenstruktur

[1]Ein Altersvorsorgevertrag oder ein Basisrentenvertrag darf ausschließlich die nachfolgend genannten Kostenarten vorsehen:

1. Abschluss- und Vertriebskosten sowie Verwaltungskosten nebeneinander in den folgenden Formen:
   a) als jährlich oder monatlich anfallende Kosten in Euro;
   b) als Prozentsatz des gebildeten Kapitals;
   c) als Prozentsatz der vereinbarten Bausparsumme oder des vereinbarten Darlehensbetrags;
   d) als Prozentsatz der eingezahlten oder vereinbarten Beiträge oder Tilgungsleistungen;
   e) als Prozentsatz des Stands des Wohnförderkontos;
   f) ab Beginn der Auszahlungsphase als Prozentsatz der gezahlten Leistung;

2. folgende anlassbezogene Kosten:
   a) für eine Vertragskündigung mit Vertragswechsel oder Auszahlung;
   b) für eine Verwendung des gebildeten Kapitals im Sinne des § 92a des Einkommensteuergesetzes;
   c) für Aufgaben im Zusammenhang mit dem Versorgungsausgleich des Vertragspartners.

[2]Von Satz 1 bleiben unberührt

1. gesetzliche Schadenersatzansprüche,
2. bei Altersvorsorgeverträgen in Form eines Darlehens und bei Altersvorsorgeverträgen im Sinne des § 1 Absatz 1a Satz 1 Nummer 3 die Kosten und die Gebühren nach § 6 Absatz 4 der Preisangabenverordnung, sowie
3. Steuern, die der Anbieter für den Anleger einzubehalten und abzuführen hat.

[3]§ 125 des Investmentgesetzes ist für Altersvorsorgeverträge nicht anzuwenden.

§ 3
Zertifizierungsstelle, Aufgaben

(1) Zertifizierungsstelle ist das Bundeszentralamt für Steuern.

(2) [1]Die Zertifizierungsstelle entscheidet durch Verwaltungsakt über die Zertifizierung sowie über die Rücknahme und den Widerruf der Zertifizierung. [2]Sie legt ein Simulationsverfahren fest, das für einen Altersvorsorgevertrag oder einen Basisrentenvertrag festlegt, in welche Chancen-Risiko-Klasse dieser einzuordnen ist. [3]Auf Antrag eines Anbieters führt sie Berechnungen dieses Verfahrens bezogen auf Tarife eines Altersvorsorge- oder Basisrentenvertrags durch.

(3) Die Zertifizierungsstelle prüft nicht, ob ein Altersvorsorge- oder ein Basisrentenvertrag wirtschaftlich tragfähig und die Zusage des Anbieters erfüllbar ist und ob die Vertragsbedingungen zivilrechtlich wirksam sind.

(4) Die Zertifizierungsstelle nimmt die ihr nach diesem Gesetz zugewiesenen Aufgaben nur im öffentlichen Interesse wahr.

§ 3a
Produktinformationsstelle Altersvorsorge

(1) [1]Das Bundesministerium der Finanzen wird ermächtigt, die Aufgaben nach § 3 Absatz 2 Satz 2 und 3 einer juristischen Person des Privatrechts (Produktinformationsstelle Altersvorsorge) im Wege der Beleihung ganz oder teilweise zu übertragen. [2]Sie untersteht nicht den Weisungen des Bundesministeriums der Finanzen. [3]Verletzt sie in Ausübung der ihr aufgrund dieses Gesetzes übertragenen Aufgaben Pflichten, die ihr einem Dritten gegenüber obliegen, so haftet allein sie. [4]Die Produktinformationsstelle Altersvorsorge haftet nur für Vorsatz oder grobe Fahrlässigkeit. [5]§ 9 gilt entsprechend.

(2) [1]Die Produktinformationsstelle Altersvorsorge darf nicht mit Gewinnerzielungsabsicht tätig werden und muss die Gewähr für die Erfüllung der ihr aufgrund dieses Gesetzes übertragenen Aufgaben bieten. [2]Sie ist von der Körperschaftsteuer und Gewerbesteuer befreit. [3]Satzung oder Gesellschaftsvertrag der Produktinformationsstelle Altersvorsorge sowie deren Änderungen bedürfen der Genehmigung durch das Bundesministerium der Finanzen. [4]Die Personen, die nach Gesetz oder Satzung zur Geschäftsführung und Vertretung der Produktinformationsstelle Altersvorsorge bestellt sind, müssen zuverlässig und zur Wahrnehmung ihrer Aufgaben fachlich geeignet sein.

(3) [1]Die Produktinformationsstelle Altersvorsorge darf Gebühren auf der Grundlage einer Gebührensatzung erheben, um die ihr entstehenden Verwaltungskosten zu decken. [2]Die Gebührensatzung bedarf der Genehmigung des Bundesministeriums der Finanzen.

§ 4
Antrag, Ergänzungsanforderungen, Ergänzungsanzeigen, Ausschlussfristen

(1) [1]Die Zertifizierung erfolgt auf Antrag des Anbieters. [2]Mit dem Antrag sind vorzulegen:

1. Unterlagen, die belegen, dass die Vertragsbedingungen nach § 1 Abs. 3 oder § 2 Abs. 3 zertifizierbar sind;
2. eine Bescheinigung der zuständigen Aufsichtsbehörde über den Umfang der Erlaubnis und bei Unternehmen im Sinne des § 1 Absatz 2 Satz 2 zusätzlich über den Umfang der Aufsicht und die Höhe des Anfangskapitals (§ 1 Absatz 2 Satz 2 Nr. 1 und 2); bei einem Anbieter im Sinne des § 1 Abs. 2 Satz 1 Nr. 4 sind anstelle der Bescheinigung ein Registerauszug, die Satzung und die gutachterliche Äußerung des Prüfungsverbands nach § 1 Abs. 2 Satz 1 Nr. 4 beizufügen.

(2) [1]Auf Antrag eines Spitzenverbandes der in § 1 Abs. 2 genannten Anbieter kann die Zertifizierung eines ausschließlich als Muster verwendbaren Vertrages erfolgen. [2]Mit dem Antrag sind die Unterlagen vorzulegen, die belegen, dass die Vertragsbedingungen des Mustervertrags nach § 1 Abs. 3 oder § 2 Abs. 3 zertifizierbar sind.

(3) [1]Ein Spitzenverband der in § 1 Abs. 2 genannten Anbieter kann als Bevollmächtigter seiner Mitgliedsunternehmen für diese die Anträge nach Absatz 1 stellen. [2]Von der Vorlage der Unterlagen nach

1. Absatz 1 Satz 2 Nr. 1 kann abgesehen werden, wenn es sich bei dem Vertrag um einen bereits zertifizierten Mustervertrag nach Absatz 2 handelt;
2. Absatz 1 Satz 2 Nr. 2 kann abgesehen werden, wenn der Spitzenverband schriftlich versichert, dass ihm für sein Mitgliedsunternehmen die dort genannte Bescheinigung vorliegt.

[3]Der Bevollmächtigte hat auf Verlangen der Zertifizierungsstelle seine Vollmacht schriftlich nachzuweisen sowie die Unterlagen nach Absatz 1 Satz 2 Nr. 1 und 2 vorzulegen.

(4) Die Gebühr nach § 12 ist bei Stellung des Antrags zu entrichten.

(5) [1]Fehlende Angaben oder Unterlagen fordert die Zertifizierungsstelle innerhalb von drei Monaten als Ergänzungsanzeige an (Ergänzungsanforderung). [2]Innerhalb von drei Monaten nach Zugang der Ergänzungsanforderung ist die Ergänzungsanzeige der Zertifizierungsstelle zu erstatten; andernfalls lehnt die Zertifizierungsstelle den Zertifizierungsantrag ab. [3]Die Frist nach Satz 2 ist eine Ausschlussfrist.

§ 5
Zertifizierung von Altersvorsorgeverträgen

Die Zertifizierungsstelle erteilt die Zertifizierung nach § 1 Abs. 3, wenn ihr die nach diesem Gesetz erforderlichen Angaben und Unterlagen vorliegen sowie die Vertragsbedingungen des Altersvorsorgevertrags dem § 1 Absatz 1, 1a oder beiden Absätzen sowie dem § 2a entsprechen und der Anbieter den Anforderungen des § 1 Absatz 2 entspricht.

§ 5a
Zertifizierung von Basisrentenverträgen

Die Zertifizierungsstelle erteilt die Zertifizierung nach § 2 Abs. 3, wenn ihr die nach diesem Gesetz erforderlichen Angaben und Unterlagen vorliegen sowie die Vertragsbedingungen des Basisrentenvertrags dem § 2 Absatz 1 oder Absatz 1a sowie dem § 2a entsprechen und der Anbieter den Anforderungen des § 2 Absatz 2 entspricht.

§ 6
Rechtsverordnung

[1]Zum Schutz der Verbraucher, insbesondere zur besseren Vergleichbarkeit der Produkte sowie zur Vereinheitlichung des Verfahrens, kann das Bundesministerium der Finanzen im Einvernehmen mit dem Bundesministerium für Arbeit und Soziales und dem Bundesministerium für Justiz und für Verbraucherschutz durch Rechtsverordnung, die nicht der Zustimmung des Bundesrates bedarf, nähere Bestimmungen über das Zertifizierungsverfahren und zu Art, Inhalt, Umfang und Darstellung von Produktinformationsblättern und Informationspflichten gemäß den §§ 7 bis 7c treffen. [2]Das Bundesministerium der Finanzen kann die Ermächtigung durch Rechtsverordnung, die nicht der Zustimmung des Bundesrates bedarf, auf das Bundeszentralamt für Steuern übertragen.

§ 7
Informationspflichten im Produktinformationsblatt

(1) [1]Der Anbieter eines Altersvorsorge- oder Basisrentenvertrags hat den Vertragspartner rechtzeitig durch ein individuelles Produktinformationsblatt zu informieren, spätestens jedoch, bevor dieser seine Vertragserklärung abgibt. [2]Das individuelle Produktinformationsblatt muss folgende Angaben enthalten:

1. die Produktbezeichnung;
2. die Benennung des Produkttyps und eine kurze Produktbeschreibung;

3. die Zertifizierungsnummer;
4. bei Altersvorsorgeverträgen die Empfehlung, vor Abschluss des Vertrags die Förderberechtigung zu prüfen;
5. den vollständigen Namen des Anbieters nach § 1 Absatz 2 oder § 2 Absatz 2;
6. die wesentlichen Bestandteile des Vertrags;
7. die auf Wahrscheinlichkeitsrechnungen beruhende Einordnung in Chancen-Risiko-Klassen;
8. bei Altersvorsorgeverträgen in Form eines Darlehens und bei Altersvorsorgeverträgen im Sinne des § 1 Absatz 1a Nummer 3 die Angabe des Nettodarlehensbetrags, der Gesamtkosten, ausgedrückt als jährlicher Prozentsatz des Nettodarlehensbetrags nach § 6 Absatz 1 der Preisangabenverordnung und, des Gesamtdarlehensbetrags;
9. eine Aufstellung der Kosten nach § 2a Satz 1 Nummer 1 Buchstabe a bis f sowie § 2a Satz 1 Nummer 2 Buchstabe a bis c, getrennt für jeden Gliederungspunkt; soweit die Angaben zu § 2a Satz 1 Nummer 1 Buchstabe f noch nicht feststehen, muss ein Hinweis hierauf erfolgen. Auf Kosten nach § 2a Satz 2, die vertragstypisch sind, muss hingewiesen werden. Kosten nach § 2a Satz 1, die im individuellen Produktinformationsblatt nicht ausgewiesen sind oder auf die nicht hingewiesen wurde, sind vom Vertragspartner nicht geschuldet;
10. Angaben zum Preis-Leistungs-Verhältnis;
11. bei Basisrentenverträgen nach § 10 Absatz 1 Nummer 2 Buchstabe b Doppelbuchstabe bb des Einkommensteuergesetzes die garantierte monatliche Leistung;
12. einen Hinweis auf die einschlägige Einrichtung der Insolvenzsicherung und den Umfang des insoweit gewährten Schutzes;
13. Informationen zum Anbieterwechsel und zur Kündigung des Vertrags;
14. Hinweise zu den Möglichkeiten und Folgen einer Beitragsfreistellung oder Tilgungsaussetzung und
15. den Stand des Produktinformationsblatts.

[3]Sieht der Vertrag eine ergänzende Absicherung der Berufsunfähigkeit, der verminderten Erwerbsfähigkeit oder Dienstunfähigkeit oder eine zusätzliche Absicherung von Hinterbliebenen vor, muss das individuelle Produktinformationsblatt zusätzlich folgende Angaben enthalten:

1. den Beginn, das Ende und den Umfang der ergänzenden Absicherung;
2. Hinweise zu den Folgen unterbliebener oder verspäteter Beitragszahlungen und
3. Angaben zu Leistungsausschlüssen und zu Obliegenheiten.

[4]Satz 2 Nummer 7 und 10 bis 13 gilt nicht für

1. Altersvorsorgeverträge in Form eines Darlehens oder für Altersvorsorgeverträge im Sinne des § 1 Absatz 1a Nummer 3 und

2. die Darlehenskomponente eines Altersvorsorgevertrags nach § 1 Absatz 1a Satz 1 Nummer 2.

[5]Satz 2 Nummer 7, 8, 10 und 13 gilt nicht für Basisrentenverträge nach § 10 Absatz 1 Nummer 2 Buchstabe b Doppelbuchstabe bb des Einkommensteuergesetzes. [6]Die nach diesem Absatz notwendigen Kostenangaben treten bei Versicherungsverträgen an die Stelle der Kostenangaben gemäß § 2 Absatz 1 Nummer 1 und 2 der VVG-Informationspflichtenverordnung. [7]Erfolgt der Vertragsabschluss nicht zeitnah zur Information durch das individuelle Produktinformationsblatt, muss der Anbieter den Vertragspartner nur auf dessen Antrag oder bei einer zwischenzeitlichen Änderung der im Produktinformationsblatt ausgewiesenen Kosten durch ein neues individuelles Produktinformationsblatt informieren.

(2) [1]Das individuelle Informationsblatt zu Versicherungsprodukten ersetzt das Produktinformationsblatt nach § 4 der VVG-Informationspflichtenverordnung in der jeweils geltenden Fassung. [2]Eine Modellrechnung nach § 154 des Versicherungsvertragsgesetzes ist für zertifizierte Altersvorsorgeverträge und für zertifizierte Basisrentenverträge nicht durchzuführen. [3]Diese darf dem individuellen Produktinformationsblatt auch nicht zusätzlich beigefügt werden. [4]Der rechtzeitige Zugang des individuellen Produktinformationsblatts muss nachgewiesen werden können. [5]Das Produktinformationsblatt ist dem Vertragspartner kostenlos bereitzustellen.

(3) [1]Erfüllt der Anbieter seine Verpflichtungen nach Absatz 1 nicht, nicht richtig, nicht vollständig, nicht in der vorgeschriebenen Weise oder nicht rechtzeitig, kann der Vertragspartner innerhalb von zwei Jahren nach der Abgabe der Vertragserklärung vom Vertrag zurücktreten. [2]Der Rücktritt ist innerhalb von drei Monaten ab Erlangung der Kenntnis vom Rücktrittsgrund zu erklären. [3]Der Anbieter hat dem Vertragspartner bei einem Rücktritt mindestens einen Geldbetrag in Höhe der auf den Vertrag eingezahlten Beiträge und Altersvorsorgezulagen zu zahlen. [4]Auf die Beiträge und Altersvorsorgezulagen hat der Anbieter dem Vertragspartner Zinsen in Höhe des gesetzlichen Zinssatzes nach § 246 des Bürgerlichen Gesetzbuchs zu zahlen. [5]Die Verzinsung beginnt an dem Tag, an dem die Beiträge oder die Zulagen dem Anbieter zufließen. [6]§ 8 des Versicherungsvertragsgesetzes bleibt unberührt.

(4) [1]Der Anbieter hat für jeden auf der Basis eines zertifizierten Altersvorsorge- oder Basisrentenvertragsmusters vertriebenen Tarif vor dem erstmaligen Vertrieb eines darauf beruhenden Altersvorsorge- oder Basisrentenvertrags für unterstellte Vertragslaufzeiten von 12, 20, 30 und 40 Jahren, soweit es die vertraglich vorgesehene Laufzeit zulässt, jeweils ein Muster-Produktionsinformationsblatt nach Satz 2 zu erstellen. [2]Dieses Muster-Produktinformationsblatt hat nach Art, Inhalt, Umfang und Darstellung dem individuellen Produktinformationsblatt nach Absatz 1 mit der Maßgabe zu entsprechen, dass den Informationen statt der individuellen Werte Musterdaten zugrunde zu legen sind. [3]Entspricht ein Muster-Produktinformationsblatt nicht mehr den gesetzlichen Vorgaben, muss es geändert werden. [4]Ein Muster-Produktinformationsblatt ist erst mit der öffentlichen Zugänglichmachuung auf der Internetseite des Anbieters erstellt oder geändert. [5]Die öffentliche Zugänglichmachung ist der Zertifizierungsstelle formlos anzuzeigen. [6]Die Einzelheiten der Veröffentlichung regelt ein

Schreiben des Bundesministeriums der Finanzen, das im Bundessteuerblatt veröffentlicht wird.

(5) Die §§ 297 bis 299, 301 und 303 des Kapitalanlagengesetzbuches bleiben unberührt.

(6) [1]Die Absätze 1 bis 4 gelten nicht für Verträge, deren Auszahlungsphase unmittelbar nach der Einzahlung eines Einmalbetrags beginnt. [2]Sie gelten auch nicht für Altersvorsorge- und Basisrentenverträge, die abgeschlossen werden, um Anrechte aufgrund einer internen Teilung nach § 10 des Versorgungsausgleichsgesetzes zu übertragen.

§ 7a
Jährliche Informationspflicht

(1) [1]Der Anbieter eines Altersvorsorge- oder Basisrentenvertrags ist verpflichtet, den Vertragspartner jährlich bis zum Ablauf des auf das Beitragsjahr folgenden Jahres schriftlich über folgende Punkte zu informieren:

1. die Verwendung der eingezahlten Beiträge;
2. die Höhe des gebildeten Kapitals;
3. die im abgelaufenen Beitragsjahr angefallenen tatsächlichen Kosten;
4. die erwirtschafteten Erträge;
5. bis zum Beginn der Auszahlungsphase das nach Abzug der Kosten zu Beginn der Auszahlungsphase voraussichtlich zur Verfügung stehende Kapital; für die Berechnung sind die in der Vergangenheit tatsächlich gezahlten Beiträge und die in dem vor Vertragsabschluss zur Verfügung gestellten individuellen Produktinformationsblatt genannten Wertentwicklungen nach § 7 Absatz 1 Satz 2 Nummer 10 zugrunde zu legen; bei Altersvorsorge- und Basisrentenverträgen, die abgeschlossen wurden, um Anrechte aufgrund einer internen Teilung nach § 10 des Versorgungsausgleichsgesetzes zu übertragen, sind die in dem vor Vertragsabschluss zur Verfügung gestellten individuellen Produktinformationsblatt der ausgleichspflichtigen Person genannten Wertentwicklungen nach § 7 Absatz 1 Satz 2 Nummer 10 zugrunde zu legen.

[2]Im Rahmen der jährlichen Informationspflicht muss der Anbieter eines Altersvorsorge- oder Basisrentenvertrags auch darüber schriftlich informieren, ob und wie ethische, soziale und ökologische Belange bei der Verwendung der eingezahlten Beiträge berücksichtigt werden. [3]Der Anbieter kann dem Vertragspartner mit dessen Einverständnis die Informationen nach den Sätzen 1 und 2 elektronisch bereitstellen.

(2) [1]Absatz 1 Nummer 2, 4 und 5 gilt nicht

1. für Basisrentenverträge nach § 10 Absatz 1 Nummer 2 Buchstabe b Doppelbuchstabe bb des Einkommensteuergesetzes,
2. für Altersvorsorgeverträge in Form eines Darlehens,

3. für Altersvorsorgeverträge im Sinne des § 1 Absatz 1a Nummer 3 oder,
4. sofern bereits eine Zuteilung des Bausparvertrags erfolgt ist.

[2]Absatz 1 Satz 1 Nummer 5 gilt nicht für Verträge, die vor dem in § 14 Absatz 6 Satz 2 genannten Anwendungszeitpunkt abgeschlossen wurden.

§ 7b
Information vor der Auszahlungsphase des Altersvorsorgevertrags

(1) [1]Sind aus einem Altersvorsorgevertrag Leistungen nach § 1 Absatz 1 Satz 1 Nummer 4 zu erbringen, hat ein Anbieter von Altersvorsorgeverträgen den Vertragspartner frühestens zwei Jahre vor Beginn der vertraglich vereinbarten Auszahlungsphase schriftlich über folgende Punkte zu informieren:

1. die Form und Höhe der vorgesehenen Auszahlungen einschließlich Aussagen zu einer Dynamisierung der monatlichen Leistungen sowie
2. die in der Auszahlungsphase anfallenden Kosten; Kosten nach § 2a Satz 1, die im Rahmen dieser Information nicht ausgewiesen sind oder auf die nicht hingewiesen wurde, sind vom Vertragspartner nicht geschuldet.

[2]Ist kein Beginn der Auszahlungsphase vereinbart, so gilt für Altersvorsorgeverträge, die nach dem 31. Dezember 2011 abgeschlossen wurden, die Vollendung des 62. Lebensjahres als Beginn der Auszahlungsphase, im Übrigen die Vollendung des 60. Lebensjahres. [3]Der Vertragspartner ist dann vom Anbieter im Rahmen der Mitteilung nach Satz 1 darüber zu informieren, dass ein tatsächlicher Beginn der Auszahlungsphase nicht vereinbart wurde. [4]Sofern ein Anbieter von Altersvorsorgeverträgen bereit ist, nach § 1 Absatz 1 Satz 1 Nummer 10 Buchstabe b übertragenes Altersvorsorgevermögen anzunehmen, muss er dem Anleger auf Verlangen die Information nach Satz 1 und gegebenenfalls Satz 3 zur Verfügung stellen, wenn bis zum Beginn der Auszahlungsphase weniger als zwei Jahre verbleiben. [5]Dieser Information sind der vom Anleger angegebene Übertragungswert und Übertragungszeitpunkt zugrunde zu legen. [6]Der Anbieter kann dem Vertragspartner mit dessen Einverständnis die Informationen nach den Sätzen 1 und 3 elektronisch bereitstellen.

(2) [1]Die Information durch den Anbieter muss spätestens drei Monate vor Beginn der vertraglich vereinbarten Auszahlungsphase erfolgen. [2]Sofern ein Anbieter von Altersvorsorgeverträgen den Vertragspartner nicht spätestens neun Monate vor Beginn der vertraglich vereinbarten Auszahlungsphase gemäß Absatz 1 informiert, hat der Vertragspartner das Recht, den Altersvorsorgevertrag zum Beginn der Auszahlungsphase bis spätestens drei Monate vor dem Beginn zu kündigen, um das gebildete Kapital nach § 1 Absatz 1 Satz 1 Nummer 10 Buchstabe b übertragen zu lassen. [3]Erfolgt sie später als sechs Monate vor Beginn der Auszahlungsphase, hat der Vertragspartner das Recht, den Altersvorsorgevertrag zum Beginn der Auszahlungsphase mit einer Frist von 14 Tagen zu kündigen, um das gebildete Kapital nach § 1 Absatz 1 Satz 1 Nummer 10 Buchstabe b übertragen zu lassen. [4]Absatz 1 Satz 2 und 3 gilt entsprechend. [5]Abweichend von den Sätzen 1 bis 4 muss die Information für Verträge, die längstens drei Monate vor Beginn der vertraglich vereinbarten Auszahlungsphase be-

ginnen, spätestens zu Beginn der vertraglich vereinbarten Auszahlungsphase erfolgen. [6]Die vertraglich vereinbarten Kündigungsfristen bleiben in diesen Fällen unberührt.

(3) [1]Erfüllt ein Anbieter seine Verpflichtungen nach Absatz 1 oder 2 nicht, nicht richtig, nicht vollständig, nicht in der vorgeschriebenen Weise oder nicht rechtzeitig, kann der Vertragspartner innerhalb eines Jahres nach Beginn der Auszahlungsphase vom Anbieter verlangen, unter Anrechnung der an ihn schon geleisteten Zahlungen so gestellt zu werden, wie er zu Beginn der Auszahlungsphase gestanden hat. [2]Er kann die Übertragung des so errechneten Kapitals nach § 1 Absatz 1 Satz 1 Nummer 10 Buchstabe b verlangen. [3]Der Anbieter des bisherigen Altersvorsorgevertrags darf dann vom Vertragspartner keine Kosten für die Übertragung des Kapitals verlangen. [4]Das nach Satz 1 errechnete Kapital ist ab Beginn der Auszahlungsphase bis zu dessen Übertragung auf den anderen Altersvorsorgevertrag in Höhe des gesetzlichen Zinssatzes nach § 246 des Bürgerlichen Gesetzbuchs zu verzinsen.

§ 7c
Kostenänderung

[1]Ein Anbieter hat dem Vertragspartner eine Änderung der Kosten, die im individuellen Produktinformationsblatt nach § 7 Absatz 1 Satz 1 ausgewiesen sind, nach Maßgabe der Sätze 2 bis 7 anzuzeigen; nicht angezeigte Kosten nach § 2a Satz 1 sind vom Vertragspartner nicht geschuldet. [2]Die Anzeige einer Kostenänderung hat mit einer Frist von vier Monaten zum Ende eines Kalendervierteljahres, bevor die Kostenänderung wirksam werden soll, zu erfolgen. [3]Bei einer Kostenänderung vor Beginn der Auszahlungsphase hat der Anbieter dazu dem Vertragspartner ein angepasstes individuelles Produktinformationsblatt oder ein Blatt, das mindestens die Angaben nach § 7 Absatz 1 Satz 2 Nummer 1, 9, 10 und 13 enthält, zur Verfügung zu stellen. [4]Den Berechnungen für die Angaben nach § 7 Absatz 1 Satz 2 Nummer 10 und 13 sind die Wertentwicklungen zugrunde zu legen, die den Berechnungen im vor Vertragsabschluss zur Verfügung gestellten individuellen Produktinformationsblatt zugrunde gelegen haben; bei Altersvorsorge- und Basisrentenverträgen, die abgeschlossen wurden, um Anrechte aufgrund einer internen Teilung nach § 10 des Versorgungsausgleichsgesetzes zu übertragen, sind die Wertentwicklungen zugrunde zu legen, die den Berechnungen im vor Vertragsabschluss zur Verfügung gestellten individuellen Produktinformationsblatt der ausgleichspflichtigen Person zugrunde gelegen haben. [5]Bei Altersvorsorgeverträgen in Form eines Darlehens oder Altersvorsorgeverträgen im Sinne des § 1 Absatz 1a Nummer 3 treten an die Stelle der verkürzten Angaben nach Satz 2 zweite Alternative die Angaben nach § 7 Absatz 1 Satz 2 Nummer 1, 8 und 9. [6]Bei Basisrentenverträgen nach § 10 Absatz 1 Nummer 2 Buchstabe b Doppelbuchstabe bb des Einkommensteuergesetzes treten an die Stelle der verkürzten Angaben nach Satz 2 zweite Alternative die Angaben nach § 7 Absatz 1 Satz 2 Nummer 1, 9 und 11. [7]Ab dem Beginn der Auszahlungsphase sind dem Vertragspartner Kostenänderungen auf einem gesonderten Blatt auszuweisen.

§ 7d
Sicherung bei Genossenschaften

[1]Zur Erfüllung ihrer Verpflichtung aus § 1 Absatz 2 Satz 1 Nummer 4 Buchstabe b hat die Genossenschaft dem Vertragspartner einen unmittelbaren Anspruch gegen den Sicherungsgeber zu verschaffen und durch Übergabe einer von diesem oder auf dessen Veranlassung ausgestellten Bestätigung (Sicherungsschein) nachzuweisen. [2]Auf eine betragsmäßige Begrenzung der Sicherung ist in hervorgehobener Weise hinzuweisen. [3]Der Sicherungsgeber kann sich gegenüber einem Vertragspartner, dem ein Sicherungsschein ausgehändigt worden ist, weder auf Einwendungen aus dem Sicherungsvertrag noch darauf berufen, dass der Sicherungsschein erst nach Beendigung des Sicherungsvertrags ausgestellt worden ist. [4]Bei Aushändigung eines Sicherungsscheins nach Satz 3 geht der Anspruch des Vertragspartners gegen die Genossenschaft auf den Sicherungsgeber über, soweit dieser den Forderungen des Vertragspartners nachkommt. [5]Die Sicherung kann auch in anderer Weise erfolgen, wenn dadurch ein vergleichbares Sicherungsniveau erreicht wird.

§ 7e
Widerrufsrecht

[1]Dem Vertragspartner steht bei einem nach diesem Gesetz zertifizierten Vertrag, unbeschadet anderer Regelungen, ein Widerrufsrecht nach § 355 des Bürgerlichen Gesetzbuchs zu. [2]Steht dem Verbraucher zugleich nach Maßgabe anderer Vorschriften ein Widerrufsrecht nach § 355 des Bürgerlichen Gesetzbuchs oder nach anderen Vorschriften zu, ist das Widerrufsrecht nach Satz 1 ausgeschlossen.

§ 7f
Prüfkompetenz

Die Zertifizierungsstelle kann anlassunabhängig prüfen, ob der Anbieter eines Altersvorsorgevertrags oder eines Basisrentenvertrags seine Pflichten nach § 7 erfüllt hat.

§ 8
Rücknahme, Widerruf und Verzicht

(1) [1]Die Zertifizierungsstelle kann den Antrag auf Zertifizierung eines Altersvorsorgevertrages ablehnen oder die Zertifizierung eines Altersvorsorgevertrages gegenüber dem Anbieter widerrufen, wenn Tatsachen die Annahme rechtfertigen, dass der Anbieter die für die Beachtung der Vorschriften dieses Gesetzes sowie der §§ 10a, 22 Nr. 5, § 22a und des Abschnitts XI des Einkommensteuergesetzes erforderliche Zuverlässigkeit nicht besitzt. [2]Die Zertifizierungsstelle kann den Antrag auf Zertifizierung eines Basisrentenvertrages ablehnen oder die Zertifizierung eines Basisrentenvertrages gegenüber dem Anbieter widerrufen, wenn Tatsachen die Annahme rechtfertigen, dass der Anbieter die für die Beachtung der Vorschriften dieses Gesetzes sowie der §§ 10 und 22a des Einkommensteuergesetzes erforderliche Zuverlässigkeit nicht besitzt. [3]Die Zertifizierungsstelle hat die Zertifizierung gegenüber dem Anbieter zu widerrufen, wenn der Anbieter die Voraussetzungen des § 1 Absatz 2 oder des § 236 des Versicherungsaufsichtsgesetzes nicht mehr erfüllt. [4]Die Aufhebung der Zertifizierung

nach den allgemeinen Verfahrensvorschriften der Abgabenordnung bleibt unberührt. [5]Bei einem Anbieter im Sinne des § 1 Abs. 2 Satz 1 Nr. 4 (Genossenschaften) ist der Prüfungsverband, von dem die Genossenschaft geprüft wird, verpflichtet, die Zertifizierungsstelle zu unterrichten, soweit er im Rahmen einer Prüfung nach § 53 Abs. 1 des Genossenschaftsgesetzes Tatsachen im Sinne des Satzes 1 oder einen Widerrufsgrund im Sinne des Satzes 2 feststellt oder dem Prüfungsverband anderweitig bekannt werden oder ihm bekannt wird, dass die Satzung der Genossenschaft in der Weise geändert werden soll oder geändert wurde, dass die Voraussetzungen des § 1 Absatz 2 Satz 1 Nummer 4 Buchstabe b nicht mehr erfüllt werden. [6]Satz 4 gilt entsprechend für die nach § 81 des Genossenschaftsgesetzes zuständige oberste Landesbehörde.

(2) Der Anbieter kann auf die Zertifizierung unbeschadet seiner vertraglichen Verpflichtungen für die Zukunft durch schriftliche Erklärung gegenüber der Zertifizierungsstelle verzichten.

(3) Der Anbieter ist verpflichtet, den Vertragspartner, mit dem er einen Altersvorsorgevertrag oder einen Basisrentenvertrag abgeschlossen hat, über Rücknahme oder Widerruf der Zertifizierung unverzüglich zu unterrichten.

(4) [1]Die Zertifizierungsbehörde unterrichtet die zentrale Stelle im Sinne des § 81 des Einkommensteuergesetzes unverzüglich über Rücknahme oder Widerruf der Zertifizierung eines Altersvorsorgevertrages oder über den Verzicht auf die Zertifizierung eines Altersvorsorgevertrages. [2]Die Zertifizierungsstelle unterrichtet die obersten Finanzbehörden der Länder unverzüglich über Rücknahme oder Widerruf der Zertifizierung eines Basisrentenvertrages oder über den Verzicht auf die Zertifizierung eines Basisrentenvertrages. [3]Dabei ist auch mitzuteilen, ab welchem Zeitpunkt Rücknahme, Widerruf oder Verzicht wirksam sind. [4]Im Fall einer Antragsablehnung oder eines Widerrufs nach Absatz 1 Satz 1 ist die für den Anbieter zuständige Aufsichtsbehörde sowie bei einem Anbieter im Sinne des § 1 Abs. 2 Satz 1 Nr. 4 der Prüfungsverband, von dem die Genossenschaft geprüft wird, zu unterrichten. [5]Ein Anbieter im Sinne des § 1 Abs. 2 Satz 1 Nr. 4 muss die Zertifizierungsstelle unterrichten, wenn in Zukunft ein anderer als der bisherige Prüfungsverband die Prüfung nach § 53 Abs. 1 des Genossenschaftsgesetzes vornehmen wird.

(5) *(weggefallen)*

§ 9
Rechtsbehelf und sofortige Vollziehung

[1]Einspruch und Klage richten sich nach den Vorschriften der Abgabenordnung und der Finanzgerichtsordnung. [2]Sie haben keine aufschiebende Wirkung.

§ 10
Veröffentlichung

[1]Die Zertifizierungsstelle macht die Zertifizierung sowie den Widerruf, die Rücknahme oder den Verzicht durch eine Veröffentlichung des Namens und der Anschrift des Anbieters und dessen Zertifizierungsnummer im Bundessteuerblatt bekannt. [2]Das

Gleiche gilt sinngemäß für die Zertifizierung von Verträgen im Sinne des § 4 Abs. 2 Satz 1.

§ 11
Verschwiegenheitspflicht und Datenschutz

(1) [1]Die bei der Zertifizierungsbehörde beschäftigten oder von ihr beauftragten Personen dürfen bei ihrer Tätigkeit erhaltene vertrauliche Informationen nicht unbefugt offenbaren oder verwerten, auch wenn sie nicht mehr im Dienst sind oder ihre Tätigkeit beendet ist (Schweigepflicht). [2]Dies gilt auch für andere Personen, die durch dienstliche Berichterstattung Kenntnis von den in Satz 1 bezeichneten Tatsachen erhalten.

(2) [1]Ein unbefugtes Offenbaren oder Verwerten im Sinne des Absatzes 1 liegt insbesondere nicht vor, wenn Tatsachen weitergegeben werden an

1. kraft Gesetzes oder im öffentlichen Auftrag mit der Überwachung oder Prüfung von Versicherungsunternehmen, Kreditinstituten, Finanzdienstleistungsinstituten, Wertpapierinstitute, Investmentgesellschaften, Genossenschaften oder Bausparkassen betraute Stellen sowie von diesen beauftragte Personen,
2. andere Finanzbehörden oder
3. den Prüfungsverband, der die Genossenschaft prüft, bei einem Anbieter im Sinne des § 1 Abs. 2 Satz 1 Nr. 4,

soweit diese Stellen die Informationen zur Erfüllung ihrer Aufgaben benötigen. [2]Für die bei diesen Stellen beschäftigten Personen gilt die Verschwiegenheitspflicht nach Absatz 1 Satz 1 entsprechend.

(3) *(aufgehoben)*

(4) Sofern personenbezogene Daten verarbeitet werden, gelten vorbehaltlich des Rechts der Europäischen Union, insbesondere der Verordnung (EU) 2016/679 des Europäischen Parlaments und des Rates vom 27. April 2016 zum Schutz natürlicher Personen bei der Verarbeitung personenbezogener Daten, zum freien Datenverkehr und zur Aufhebung der Richtlinie 95/46/EG (Datenschutz-Grundverordnung) (ABl. L 119 vom 4.5.2016, S. 1; L 314 vom 22.11.2016, S. 72; L 127 vom 23.5.2018, S. 2) in der jeweils geltenden Fassung, die Vorschriften der Abgabenordnung.

§ 12
Gebühren

(1) [1]Die Zertifizierungsstelle erhebt für die Bearbeitung eines Antrags, einen Altersvorsorgevertrag oder einen Basisrentenvertrag zu zertifizieren, Gebühren in Höhe von 5 000 Euro. [2]Für Anbieter, die ihrem Antrag nach § 4 Absatz 1 einen zertifizierten Vertrag eines Spitzenverbands zugrunde legen, beträgt die Gebühr 500 Euro, wenn

1. der Vertrag des Anbieters hinsichtlich der Anforderungen des § 1 Absatz 1 oder Absatz 1a oder des § 2 Absatz 1 oder Absatz 1a sowie des § 2a von dem zertifizierten Muster in Reihenfolge und Inhalt nicht abweicht und

2. der Anbieter bei seinem Antrag zusätzlich die Zertifizierungsstelle mit ihrer Postanschrift, die Zertifizierungsnummer und das Datum, zu dem die Zertifizierung wirksam geworden ist, mitteilt.

[3]Für Anträge nach § 4 Abs. 3 Satz 1 und 2 beträgt die Gebühr 250 Euro.

(2) [1]Die Gebühr ist durch schriftlichen Bescheid gegenüber dem Antragsteller festzusetzen; Bekanntgabevollmachten sind zu beachten. [2]Der Antragsteller hat die Gebühr innerhalb eines Monats nach Bekanntgabe dieses Bescheides zu entrichten. [3]Auf die Gebühr sind die Vorschriften der Abgabenordnung sinngemäß anzuwenden. [4]Die Gebührenfestsetzung kann nach den §§ 129 bis 131 der Abgabenordnung korrigiert werden. [5]Gegen die Gebührenfestsetzung ist der Einspruch gegeben.

§ 13
Bußgeldvorschriften

(1) Ordnungswidrig handelt, wer vorsätzlich oder fahrlässig

1. entgegen § 7 Absatz 1 Satz 1, § 7a Absatz 1 oder § 7b Absatz 1 Satz 1, jeweils auch in Verbindung mit einer Rechtsverordnung nach § 6 Satz 1, eine Information nicht, nicht richtig, nicht vollständig, nicht in der vorgeschriebenen Weise oder nicht rechtzeitig gibt,
2. entgegen § 7 Absatz 4 Satz 1, auch in Verbindung mit einer Rechtsverordnung nach § 6 Satz 1, ein Muster-Produktinformationsblatt nicht, nicht richtig, nicht vollständig, nicht in der vorgeschriebenen Weise oder nicht rechtzeitig erstellt oder
3. entgegen § 7c Satz 1 erster Halbsatz, auch in Verbindung mit einer Rechtsverordnung nach § 6 Satz 1, eine Anzeige nicht, nicht richtig, nicht vollständig, nicht in der vorgeschriebenen Weise oder nicht rechtzeitig erstattet.

(2) Die Ordnungswidrigkeit kann in den Fällen des Absatzes 1 Nummer 2 mit einer Geldbuße bis zu zehntausend Euro und in den übrigen Fällen mit einer Geldbuße bis zu fünftausend Euro geahndet werden.

(3) Verwaltungsbehörde im Sinne des § 36 Abs. 1 Nr. 1 des Gesetzes über Ordnungswidrigkeiten ist die Zertifizierungsstelle.

§ 14
Übergangsvorschrift

(1) [1]Für Verträge, die nach § 5 in der am 31. Dezember 2004 geltenden Fassung zertifiziert wurden und die alle die in Artikel 7 Nr. 1 des Gesetzes vom 5. Juli 2004 (BGBl. I S. 1427) enthaltenen Änderungen insgesamt bis zum 31. Dezember 2005 nachvollziehen, ist eine erneute Zertifizierung des Vertrags nicht erforderlich. [2]Satz 1 gilt ohne zeitliche Beschränkung entsprechend, soweit der Anbieter unter Beibehaltung der vertraglichen Ausgestaltung nach § 1 Abs. 1 Satz 1 Nr. 8 in der bis 31. Dezember 2004 geltenden Fassung mit seinen Bestandskunden die einvernehmliche Übernahme der in Artikel 7 Nr. 1 Buchstabe a Doppelbuchstabe aa bis cc und ee des Gesetzes vom 5. Ju-

li 2004 (BGBl. I S. 1427) enthaltenen Änderungen ganz oder teilweise vereinbart. [3]Die Änderung des Vertrags ist der Zertifizierungsstelle gegenüber schriftlich anzuzeigen.

(2) [1]Für Altersvorsorgeverträge, die vor dem 1. Januar 2012 abgeschlossen worden sind, ist § 1 Absatz 1 Satz 1 Nummer 2 mit der Maßgabe anzuwenden, dass die Vereinbarung für den Vertragspartner eine lebenslange und unabhängig vom Geschlecht berechnete Altersversorgung vorsieht, die nicht vor Vollendung des 60. Lebensjahres oder einer vor Vollendung des 60. Lebensjahres beginnenden Leistung aus einem gesetzlichen Alterssicherungssystem des Vertragspartners (Beginn der Auszahlungsphase) gezahlt werden darf. [2]Die übrigen in § 1 Absatz 1 Satz 1 genannten Voraussetzungen bleiben unberührt. [3]Für Verträge, die nach § 5 in der am 31. Dezember 2011 geltenden Fassung zertifiziert wurden und die die Anhebung der Altersgrenze vom 60. auf das 62. Lebensjahr bis zum 31. Dezember 2012 nachvollziehen, ist eine erneute Zertifizierung des Vertrags nicht erforderlich. [4]Satz 3 gilt entsprechend, soweit die Anhebung der Altersgrenze vom 60. auf das 62. Lebensjahr einzelvertraglich oder durch Vertragsänderung mit dem Kunden vereinbart wird. [5]Absatz 1 Satz 3 gilt entsprechend.

(2a) [1]Für Verträge, die nach den §§ 5 oder 5a in der am 31. Dezember 2012 geltenden Fassung zertifiziert wurden und in denen allein die Änderungen der Zertifizierungsvoraussetzungen durch Artikel 2 des Gesetzes vom 24. Juni 2013 (BGBl. I S. 1667) nachvollzogen werden, ist keine erneute Zertifizierung erforderlich. [2]Absatz 1 Satz 3 gilt entsprechend. [3]Geht bis zum Ablauf des Tages vor dem in Absatz 6 Satz 2 genannten Anwendungszeitpunkt keine Änderungsanzeige bei der Zertifizierungsstelle ein, gilt dies als Verzicht des Anbieters auf die Zertifizierung im Sinne des § 8 Absatz 2 ab dem in Absatz 6 Satz 2 genannten Anwendungszeitpunkt.

(2b) [1]Für Verträge, die nach § 5 oder § 5a bis zum 23. Juli 2014 zertifiziert wurden und in denen allein die Änderungen durch Artikel 1 des Gesetzes vom 15. Juli 2013 (BGBl. I S. 2397) und durch Artikel 5 Nummer 1 des Gesetzes vom 18. Juli 2014 (BGBl. I S. 1042) aufgenommen werden, ist keine erneute Zertifizierung erforderlich. [2]Absatz 1 Satz 3 gilt entsprechend.

(2c) [1]Für Verträge, die nach § 5 in der am 31. Dezember 2017 geltenden Fassung zertifiziert wurden und in denen allein die Änderungen nach Artikel 14 Nummer 1 Buchstabe a des Gesetzes vom 17. August 2017 (BGBl. I S. 3214) nachvollzogen werden, ist keine erneute Zertifizierung erforderlich. [2]Absatz 1 Satz 3 gilt entsprechend.

(3) [1]Die Zertifizierung für Verträge, deren Vertragsgestaltung sich auf die in Artikel 2 Nr. 1 Buchstabe a bis c des Gesetzes vom 29. Juli 2008 (BGBl. I S. 1509) vorgenommenen Änderungen beziehen, kann frühestens zum 1. November 2008 erteilt werden. [2]Bis zu dem Zeitpunkt, der sich aus Satz 1 ergibt, können Zertifizierungen auf Grundlage des bis zum 31. Dezember 2007 geltenden Rechts erteilt werden. [3]Verträge, die nach § 4 Abs. 1, 2 oder Abs. 3 in Verbindung mit § 5 in der am 31. Dezember 2007 geltenden Fassung zertifiziert wurden, können um die Regelungen in Artikel 2 Nr. 1 Buchstabe b des Gesetzes vom 29. Juli 2008 (BGBl. I S. 1509) ergänzt werden. [4]Die Gebühren für die Zertifizierung nach Satz 3 richten sich nach § 12 Satz 3. [5]Die durch Artikel 2 Nr. 1 Buchstabe d des Gesetzes vom 29. Juli 2008 (BGBl. I

S. 1509) geänderten jährlichen Informationspflichten sind erstmals für nach dem 31. Dezember 2008 beginnende Beitragsjahre anzuwenden.

(4) Für Altersvorsorgeverträge, die bis zum 31. Dezember 2009 nach § 4 Abs. 1 zertifiziert werden, gilt § 1 Abs. 1 Satz 1 Nr. 10 Buchstabe b und c mit der Maßgabe, dass Bausparkassen im Sinne des Gesetzes über Bausparkassen jeweils eine Frist von nicht mehr als sechs Monaten zum Monatsende vereinbaren können.

(5) [1]Bis zum 30. Juni 2010 ist abweichend von § 3 Abs. 1 Zertifizierungsstelle die Bundesanstalt für Finanzdienstleistungsaufsicht. [2]Ab dem 1. Juli 2010 sind auf Verwaltungsverfahren nach diesem Gesetz die Vorschriften der Abgabenordnung anzuwenden. [3]Auf am 30. Juni 2010 anhängige Verfahren bleiben weiterhin die Vorschriften des Verwaltungsverfahrensgesetzes anwendbar. [4]Dies gilt auch für zu diesem Zeitpunkt anhängige Rechtsbehelfe.

(6) [1]Die Änderungen des Artikels 2 Nummer 1 bis 3, 6 und 7, 11 bis 13 Buchstabe a und b des Gesetzes vom 24. Juni 2013 (BGBl. I S. 1667) sind erstmals am 1. Januar 2014 anzuwenden. [2]Die Änderungen des Artikels 2 Nummer 9 und 10 des Gesetzes vom 24. Juni 2013 (BGBl. I S. 1667) sind erstmals am ersten Tag des 18. auf die Verkündung einer Verordnung im Sinne des § 6 Satz 1 folgenden Kalendermonats anzuwenden. [3]§ 7 Absatz 1 Satz 2 Nummer 9 und § 7c gelten nicht für Verträge, die vor dem in Satz 2 genannten Anwendungszeitpunkt abgeschlossen wurden.

5.
Körperschaftsteuergesetz (KStG)

i.d.F. der Bek. vom 15.10.2002 (BGBl. I S. 4144),
zuletzt geändert durch Art. 9 G vom 16.12.2022 (BGBl. I S. 2294)

– Auszug –

…

Erster Teil
Steuerpflicht

§ 1
Unbeschränkte Steuerpflicht

(1) Unbeschränkt körperschaftsteuerpflichtig sind die folgenden Körperschaften, Personenvereinigungen und Vermögensmassen, die ihre Geschäftsleitung oder ihren Sitz im Inland haben:

1. Kapitalgesellschaften (insbesondere Europäische Gesellschaften, Aktiengesellschaften, Kommanditgesellschaften auf Aktien, Gesellschaften mit beschränkter Haftung) einschließlich optierender Gesellschaften im Sinne des § 1a;
2. Genossenschaften einschließlich der Europäischen Genossenschaften;
3. Versicherungs- und Pensionsfondsvereine auf Gegenseitigkeit;
4. sonstige juristische Personen des privaten Rechts;
5. nichtrechtsfähige Vereine, Anstalten, Stiftungen und andere Zweckvermögen des privaten Rechts;
6. Betriebe gewerblicher Art von juristischen Personen des öffentlichen Rechts.

(2) Die unbeschränkte Körperschaftsteuerpflicht erstreckt sich auf sämtliche Einkünfte.

(3) Zum Inland im Sinne dieses Gesetzes gehört auch der der Bundesrepublik Deutschland zustehende Anteil

1. an der ausschließlichen Wirtschaftszone, soweit dort
   a) die lebenden und nicht lebenden natürlichen Ressourcen der Gewässer über dem Meeresboden, des Meeresbodens und seines Untergrunds erforscht, ausgebeutet, erhalten oder bewirtschaft werden,
   b) andere Tätigkeiten zur wirtschaftlichen Erforschung oder Ausbeutung der ausschließlichen Wirtschaftszone ausgeübt werden, wie beispielsweise die Energieerzeugung aus Wasser, Strömung und Wind oder

c) künstliche Inseln errichtet oder genutzt werden und Anlagen und Bauwerke für die in den Buchstaben a und b genannten Zwecke errichtet oder genutzt werden, und

2. am Festlandsockel, soweit dort

a) dessen natürliche Ressourcen erforscht oder ausgebeutet werden; natürliche Ressourcen in diesem Sine sind die mineralischen und sonstigen nicht lebenden Ressourcen des Meeresbodens und seines Untergrunds sowie die zu den sesshaften Arten gehörenden Lebewesen, die im nutzbaren Stadium entweder unbeweglich auf oder unter dem Meeresboden verbleiben oder sich nur in ständigem körperlichen Kontakt mit dem Meeresboden oder seinem Untergrund fortbewegen können; oder

b) künstliche Inseln errichtet oder genutzt werden und Anlagen und Bauwerke für die in Buchstabe a genannten Zwecke errichtet oder genutzt werden.

...

§ 5
Befreiungen

(1) [1]Von der Körperschaftsteuer sind befreit

...

3. rechtsfähige Pensions-, Sterbe- und Krankenkassen, die den Personen, denen die Leistungen der Kasse zugute kommen oder zugute kommen sollen (Leistungsempfängern), einen Rechtsanspruch gewähren, und rechtsfähige Unterstützungskassen, die den Leistungsempfängern keinen Rechtsanspruch gewähren,

   a) wenn sich die Kasse beschränkt

      aa) auf Zugehörige oder frühere Zugehörige einzelner oder mehrerer wirtschaftlicher Geschäftsbetriebe oder

      bb) auf Zugehörige oder frühere Zugehörige der Spitzenverbände der freien Wohlfahrtspflege (Arbeiterwohlfahrt-Bundesverband e. V., Deutscher Caritasverband e. V., Deutscher Paritätischer Wohlfahrtsverband e. V., Deutsches Rotes Kreuz, Diakonisches Werk – Innere Mission und Hilfswerk der Evangelischen Kirche in Deutschland sowie Zentralwohlfahrtsstelle der Juden in Deutschland e. V.) einschließlich ihrer Untergliederungen, Einrichtungen und Anstalten und sonstiger gemeinnütziger Wohlfahrtsverbände oder

      cc) auf Arbeitnehmer sonstiger Körperschaften, Personenvereinigungen und Vermögensmassen im Sinne der §§ 1 und 2; den Arbeitnehmern stehen Personen, die sich in einem arbeitnehmerähnlichen Verhältnis befinden, gleich;

   zu den Zugehörigen oder Arbeitnehmern rechnen jeweils auch deren Angehörige;

b) wenn sichergestellt ist, dass der Betrieb der Kasse nach dem Geschäftsplan und nach Art und Höhe der Leistungen eine soziale Einrichtung darstellt. [2]Diese Voraussetzung ist bei Unterstützungskassen, die Leistungen von Fall zu Fall gewähren, nur gegeben, wenn sich diese Leistungen mit Ausnahme des Sterbegeldes auf Fälle der Not oder Arbeitslosigkeit beschränken;

c) wenn vorbehaltlich des § 6 die ausschließliche und unmittelbare Verwendung des Vermögens und der Einkünfte der Kasse nach der Satzung und der tatsächlichen Geschäftsführung für die Zwecke der Kasse dauernd gesichert ist;

d) wenn bei Pensions-, Sterbe- und Krankenkassen am Schluss des Wirtschaftsjahrs, zu dem der Wert der Deckungsrückstellung versicherungsmathematisch zu berechnen ist, das nach den handelsrechtlichen Grundsätzen ordnungsmäßiger Buchführung unter Berücksichtigung des Geschäftsplans sowie der allgemeinen Versicherungsbedingungen und der fachlichen Geschäftsunterlagen im Sinne des § 219 Absatz 3 Nummer 1 des Versicherungsaufsichtsgesetzes auszuweisende Vermögen nicht höher ist als bei einem Versicherungsverein auf Gegenseitigkeit die Verlustrücklage und bei einer Kasse anderer Rechtsform der dieser Rücklage entsprechende Teil des Vermögens. [2]Bei der Ermittlung des Vermögens ist eine Rückstellung für Beitragsrückerstattung nur insoweit abziehbar, als den Leistungsempfängern ein Anspruch auf die Überschussbeteiligung zusteht. [3]Übersteigt das Vermögen der Kasse den bezeichneten Betrag, so ist die Kasse nach Maßgabe des § 6 Abs. 1 bis 4 steuerpflichtig; und

e) wenn bei Unterstützungskassen am Schluss des Wirtschaftsjahrs das Vermögen ohne Berücksichtigung künftiger Versorgungsleistungen nicht höher ist als das um 25 Prozent erhöhte zulässige Kassenvermögen. [2]Für die Ermittlung des tatsächlichen und des zulässigen Kassenvermögens gilt § 4d des Einkommensteuergesetzes. [3]Übersteigt das Vermögen der Kasse den in Satz 1 bezeichneten Betrag, so ist die Kasse nach Maßgabe des § 6 Abs. 5 steuerpflichtig;

4. kleinere Versicherungsvereine auf Gegenseitigkeit im Sinne des § 210 des Versicherungsaufsichtsgesetzes, wenn

   a) ihre Beitragseinnahmen im Durchschnitt der letzten drei Wirtschaftsjahre einschließlich des im Veranlagungszeitraum endenden Wirtschaftsjahrs die durch Rechtsverordnung festzusetzenden Jahresbeträge nicht überstiegen haben oder

   b) sich ihr Geschäftsbetrieb auf die Sterbegeldversicherung beschränkt und die Versicherungsvereine nach dem Geschäftsplan sowie nach Art und Höhe der Leistungen soziale Einrichtungen darstellen;

…

8. öffentlich-rechtliche Versicherungs- und Versorgungseinrichtungen von Berufsgruppen, deren Angehörige aufgrund einer durch Gesetz angeordneten oder auf Gesetz beruhenden Verpflichtung Mitglieder dieser Einrichtung sind, wenn die Satzung der Einrichtung die Zahlung keiner höheren jährlichen Beiträge zulässt als das Zwölffache der Beiträge, die sich bei einer Beitragsbemessungsgrundlage

in Höhe der doppelten monatlichen Beitragsbemessungsgrenze in der allgemeinen Rentenversicherung ergeben würden. [2]Ermöglicht die Satzung der Einrichtung nur Pflichtmitgliedschaften sowie freiwillige Mitgliedschaften, die unmittelbar an eine Pflichtmitgliedschaft anschließen, so steht dies der Steuerbefreiung nicht entgegen, wenn die Satzung die Zahlung keiner höheren jährlichen Beiträge zulässt als das Fünfzehnfache der Beiträge, die sich bei einer Beitragsbemessungsgrundlage in Höhe der doppelten monatlichen Beitragsbemessungsgrenze in der allgemeinen Rentenversicherung ergeben würden;

...

15. der Pensions-Sicherungs-Verein Versicherungsverein auf Gegenseitigkeit,

    a) wenn er mit Erlaubnis der Versicherungsaufsichtsbehörde ausschließlich die Aufgaben des Trägers der Insolvenzsicherung wahrnimmt, die sich aus dem Gesetz zur Verbesserung der betrieblichen Altersversorgung vom 19. Dezember 1974 (BGBl. I S. 3610) ergeben, und

    b) wenn seine Leistungen nach dem Kreis der Empfänger sowie nach Art und Höhe den in den §§ 7 bis 9, 17 und 30 des Gesetzes zur Verbesserung der betrieblichen Altersversorgung bezeichneten Rahmen nicht überschreiten;

...

22. gemeinsame Einrichtungen der Tarifvertragsparteien im Sinne des § 4 Abs. 2 des Tarifvertragsgesetzes vom 25. August 1969 (BGBl. I S. 1323), die satzungsmäßige Beiträge auf der Grundlage des § 186a des Arbeitsförderungsgesetzes vom 25. Juni 1969 (BGBl. I S. 582) oder tarifvertraglicher Vereinbarungen erheben und Leistungen ausschließlich an die tarifgebundenen Arbeitnehmer des Gewerbezweigs oder an deren Hinterbliebene erbringen, wenn sie dabei zu nicht steuerbegünstigten Betrieben derselben oder ähnlicher Art nicht in größerem Umfang in Wettbewerb treten, als es bei Erfüllung ihrer begünstigten Aufgaben unvermeidlich ist. [2]Wird ein wirtschaftlicher Geschäftsbetrieb unterhalten, dessen Tätigkeit nicht ausschließlich auf die Erfüllung der begünstigten Tätigkeiten gerichtet ist, ist die Steuerbefreiung insoweit ausgeschlossen;

...

(2) Die Befreiungen nach Absatz 1 und nach anderen Gesetzen als dem Körperschaftsteuergesetz gelten nicht

1. für inländische Einkünfte, die dem Steuerabzug vollständig oder teilweise unterliegen; Entsprechendes gilt für die in § 32 Abs. 3 Satz 1 zweiter Halbsatz genannten Einkünfte,

2. für beschränkt Steuerpflichtige im Sinne des § 2 Nr. 1, es sei denn, es handelt sich um Steuerpflichtige im Sinne des Absatzes 1 Nr. 9, die nach den Rechtsvorschriften eines Mitgliedstaats der Europäischen Union oder nach den Rechtsvorschriften eines Staates, auf den das Abkommen über den Europäischen Wirtschaftsraum vom 3. Januar 1994 (ABl. EG Nr. L 1 S. 3), zuletzt geändert durch den Beschluss des Gemeinsamen EWR-Ausschusses Nr. 91/2007 vom 6. Juli 2007 (ABl. EU Nr. L 328

S. 40), in der jeweiligen Fassung Anwendung findet, gegründete Gesellschaften im Sinne des Artikels 54 des Vertrags über die Arbeitsweise der Europäischen Union oder des Artikels 34 des Abkommens über den Europäischen Wirtschaftsraum sind, deren Sitz und Ort der Geschäftsleitung sich innerhalb des Hoheitsgebiets eines dieser Staaten befindet, und mit diesen Staaten ein Amtshilfeabkommen besteht,

3. soweit § 38 Abs. 2 anzuwenden ist.

§ 6
Einschränkung der Befreiung von Pensions-, Sterbe-, Kranken- und Unterstützungskassen

(1) Übersteigt am Schluss des Wirtschaftsjahrs, zu dem der Wert der Deckungsrückstellung versicherungsmathematisch zu berechnen ist, das Vermögen einer Pensions-, Sterbe- oder Krankenkasse im Sinne des § 5 Abs. 1 Nr. 3 den in Buchstabe d dieser Vorschrift bezeichneten Betrag, so ist die Kasse steuerpflichtig, soweit ihr Einkommen anteilig auf das übersteigende Vermögen entfällt.

(2) Die Steuerpflicht entfällt mit Wirkung für die Vergangenheit, soweit das übersteigende Vermögen innerhalb von 18 Monaten nach dem Schluss des Wirtschaftsjahrs, für das es festgestellt worden ist, mit Zustimmung der Versicherungsaufsichtsbehörde zur Leistungserhöhung, zur Auszahlung an das Trägerunternehmen, zur Verrechnung mit Zuwendungen des Trägerunternehmens, zur gleichmäßigen Herabsetzung künftiger Zuwendungen des Trägerunternehmens oder zur Verminderung der Beiträge der Leistungsempfänger verwendet wird.

(3) Wird das übersteigende Vermögen nicht in der in Absatz 2 bezeichneten Weise verwendet, so erstreckt sich die Steuerpflicht auch auf die folgenden Kalenderjahre, für die der Wert der Deckungsrückstellung nicht versicherungsmathematisch zu berechnen ist.

(4) [1]Bei der Ermittlung des Einkommens der Kasse sind Beitragsrückerstattungen oder sonstige Vermögensübertragungen an das Trägerunternehmen außer in den Fällen des Absatzes 2 nicht abziehbar. [2]Das Gleiche gilt für Zuführungen zu einer Rückstellung für Beitragsrückerstattung, soweit den Leistungsempfängern ein Anspruch auf die Überschussbeteiligung nicht zusteht.

(5) [1]Übersteigt am Schluss des Wirtschaftsjahrs das Vermögen einer Unterstützungskasse im Sinne des § 5 Abs. 1 Nr. 3 den in Buchstabe e dieser Vorschrift bezeichneten Betrag, so ist die Kasse steuerpflichtig, soweit ihr Einkommen anteilig auf das übersteigende Vermögen entfällt. [2]Bei der Ermittlung des Einkommens sind Zuwendungen des Trägerunternehmens nicht erhöhend und Versorgungsleistungen der Kasse sowie Vermögensübertragungen an das Trägerunternehmen nicht mindernd zu berücksichtigen.

(5a) [1]Unterstützungskassen in der Rechtsform der Kapitalgesellschaft können bis zum 31. Dezember 2016 auf amtlich vorgeschriebenem Vordruck einen positiven Zuwendungsbetrag erklären. [2]Dieser errechnet sich aus den Zuwendungen des Trägerunternehmens in den Veranlagungszeiträumen 2006 bis 2015 abzüglich der Versorgungsleistungen in diesem Zeitraum, soweit diese Zuwendungen und diese Versorgungsleistungen in dem steuerpflichtigen Teil des Einkommens der Kasse nach Absatz 5 Satz 1 enthalten waren. [3]Dabei gelten Versorgungsleistungen in den Veranlagungszeiträumen 2006 bis 2015 als vornehmlich aus Zuwendungen des Trägerunternehmens in diesem Zeitraum erbracht. [4]Ab dem Veranlagungszeitraum 2016 mindert sich das steuerpflichtige Einkommen der Kasse in Höhe des zum Schluss des vorherigen Veranlagungszeitraums festgestellten Betrags nach Satz 6; es mindert sich höchstens um einen Betrag in Höhe der im Wirtschaftsjahr getätigten Versorgungsleistungen. [5]Durch die Minderung darf das Einkommen nicht negativ werden. [6]Gesondert festzustellen sind,

1. der Zuwendungsbetrag auf den 31. Dezember 2015 und
2. der zum 31. Dezember des jeweiligen Folgejahres verbleibende Zuwendungsbetrag, der sich ergibt, wenn vom zum Schluss des Vorjahres festgestellten Betrag der Betrag abgezogen wird, um den sich das steuerpflichtige Einkommen im laufenden Veranlagungszeitraum nach den Sätzen 4 und 5 gemindert hat.

(6) [1]Auf den Teil des Vermögens einer Pensions-, Sterbe-, Kranken- oder Unterstützungskasse, der am Schluss des Wirtschaftsjahrs den in § 5 Abs. 1 Nr. 3 Buchstabe d oder e bezeichneten Betrag übersteigt, ist Buchstabe c dieser Vorschrift nicht anzuwenden. [2]Bei Unterstützungskassen gilt dies auch, soweit das Vermögen vor dem Schluss des Wirtschaftsjahrs den in § 5 Abs. 1 Nr. 3 Buchstabe e bezeichneten Betrag übersteigt.

§ 6a
Einkommensermittlung bei voll steuerpflichtigen Unterstützungskassen

Bei Unterstützungskassen, die voll steuerpflichtig sind, ist § 6 Absatz 5 Satz 2 und Absatz 5a entsprechend anzuwenden.

Zweiter Teil
Einkommen

Erstes Kapitel
Allgemeine Vorschriften

§ 7
Grundlagen der Besteuerung

(1) Die Körperschaftsteuer bemisst sich nach dem zu versteuernden Einkommen.

(2) Zu versteuerndes Einkommen ist das Einkommen im Sinne des § 8 Abs. 1, vermindert um die Freibeträge der §§ 24 und 25.

(3) [1]Die Körperschaftsteuer ist eine Jahressteuer. [2]Die Grundlagen für ihre Festsetzung sind jeweils für ein Kalenderjahr zu ermitteln. [3]Besteht die unbeschränkte oder beschränkte Steuerpflicht nicht während eines ganzen Kalenderjahrs, so tritt an die Stelle des Kalenderjahrs der Zeitraum der jeweiligen Steuerpflicht.

(4) [1]Bei Steuerpflichtigen, die verpflichtet sind, Bücher nach den Vorschriften des Handelsgesetzbuchs zu führen, ist der Gewinn nach dem Wirtschaftsjahr zu ermitteln, für das sie regelmäßig Abschlüsse machen. [2]Weicht bei diesen Steuerpflichtigen das Wirtschaftsjahr, für das sie regelmäßig Abschlüsse machen, vom Kalenderjahr ab, so gilt der Gewinn aus Gewerbebetrieb als in dem Kalenderjahr bezogen, in dem das Wirtschaftsjahr endet. [3]Die Umstellung des Wirtschaftsjahrs auf einen vom Kalenderjahr abweichenden Zeitraum ist steuerlich nur wirksam, wenn sie im Einvernehmen mit dem Finanzamt vorgenommen wird.

§ 8
Ermittlung des Einkommens

(1) [1]Was als Einkommen gilt und wie das Einkommen zu ermitteln ist, bestimmt sich nach den Vorschriften des Einkommensteuergesetzes und dieses Gesetzes. [2]Bei Betrieben gewerblicher Art im Sinne des § 4 sind die Absicht, Gewinn zu erzielen, und die Beteiligung am allgemeinen wirtschaftlichen Verkehr nicht erforderlich. [3]Bei den inländischen öffentlich-rechtlichen Rundfunkanstalten beträgt das Einkommen aus dem Geschäft der Veranstaltung von Werbesendungen 16 Prozent der Entgelte (§ 10 Abs. 1 des Umsatzsteuergesetzes) aus Werbesendungen. [4]Bei Körperschaften im Sinne des § 1 Absatz 1 mit Sitz im Ausland, deren Ort der Geschäftsleitung im Inland belegen ist und die nach inländischem Gesellschaftsrecht mangels Rechtsfähigkeit nicht als juristische Person zu behandeln sind, sind Leistungen und Leistungsversprechen zwischen der Körperschaft und Personen, die aus dieser Körperschaft Einkünfte im Sinne des § 20 Absatz 1 Nummer 1 und 9 des Einkommensteuergesetzes erzielen, für Zwecke der Durchführung der Besteuerung mit Ertragsteuern wie Leistungen und Leistungsversprechen zwischen einer rechtsfähigen Körperschaft und deren Anteilseignern zu behandeln.

(2) Bei unbeschränkt Steuerpflichtigen im Sinne des § 1 Abs. 1 Nr. 1 bis 3 sind alle Einkünfte als Einkünfte aus Gewerbebetrieb zu behandeln.

(3) [1]Für die Ermittlung des Einkommens ist es ohne Bedeutung, ob das Einkommen verteilt wird. [2]Auch verdeckte Gewinnausschüttungen sowie Ausschüttungen jeder Art auf Genussrechte, mit denen das Recht auf Beteiligung am Gewinn und am Liquidationserlös der Kapitalgesellschaft verbunden ist, mindern das Einkommen nicht. [3]Verdeckte Einlagen erhöhen das Einkommen nicht. [4]Das Einkommen erhöht sich, soweit eine verdeckte Einlage das Einkommen des Gesellschafters gemindert hat. [5]Satz 4 gilt auch für eine verdeckte Einlage, die auf einer verdeckten Gewinnausschüttung einer dem Gesellschafter nahestehenden Person beruht und bei der Besteuerung des Gesellschafters nicht berücksichtigt wurde, es sei denn, die verdeckte Gewinnausschüttung hat bei der leistenden Körperschaft das Einkommen nicht gemindert. [6]In den Fällen des Satzes 5 erhöht die verdeckte Einlage nicht die Anschaffungskosten der Beteiligung.

(4) *(aufgehoben)*

(5) Bei Personenvereinigungen bleiben für die Ermittlung des Einkommens Beiträge, die aufgrund der Satzung von den Mitgliedern lediglich in ihrer Eigenschaft als Mitglieder erhoben werden, außer Ansatz.

(6) Besteht das Einkommen nur aus Einkünften, von denen lediglich ein Steuerabzug vorzunehmen ist, so ist ein Abzug von Betriebsausgaben oder Werbungskosten nicht zulässig.

...

Drittes Kapitel
Sondervorschriften für Versicherungen und Pensionsfonds

...

§ 21
Beitragsrückerstattungen

(1) [1]Aufwendungen für Beitragsrückerstattungen und Direktgutschriften, die für das selbst abgeschlossene Geschäft gewährt werden, sind abziehbar

1. in dem nach Art der Lebensversicherung betriebenen Geschäft bis zu einem Höchstbetrag, der sich auf Grundlage des nach handelsrechtlichen Vorschriften ermittelten Jahresergebnisses für das selbst abgeschlossene Geschäft ohne Berücksichtigung eines Gewinnabführungsvertrages ermittelt. [2]Diese Grundlage erhöht sich um die für Beitragsrückerstattungen und Direktgutschriften aufgewendeten Beträge, soweit die Beträge das Jahresergebnis gemindert haben. [3]Sie mindert sich um den Nettoertrag des Eigenkapitals am Beginn des Wirtschaftsjahrs. [4]Als Eigenkapital gilt das nach den Vorschriften der aufgrund des § 39 des Versicherungsaufsichtsgesetzes erlassenen Verordnungen über die Berichterstattung von Versicherungsunternehmen zu ermittelnde Eigenkapital zuzüglich 10 Prozent des ungebundenen Teils der Rückstellung für Beitragsrückerstattung. [5]Als Nettoertrag gilt 70 Prozent der Differenz zwischen Erträgen und Aufwendungen aus Kapitalanlagen, die anteilig auf das Eigenkapital entfallen. [6]Dabei sind die Kapitalanlagen auszusondern, bei denen das Anlagerisiko nicht vom Versicherungsunternehmen getragen wird. [7]Als Höchstbetrag mindestens abziehbar sind die Aufwendungen, die aufgrund gesetzlicher Vorschriften zu gewähren sind. [8]Die Sätze 1 bis 7 sind für Pensionsfonds entsprechend anzuwenden,

2. in den übrigen Versicherungsgeschäften aufgrund des versicherungstechnischen Überschusses bis zur Höhe des Überschusses, der sich aus den Beitragseinnahmen nach Abzug aller anteiligen abziehbaren und nichtabziehbaren Betriebsausgaben einschließlich der Versicherungsleistungen, Rückstellungen und Rechnungsabgrenzungsposten ergibt. [2]Der Berechnung des Überschusses sind die auf das Wirtschaftsjahr entfallenden Beitragseinnahmen und Betriebsausgaben des einzelnen Versicherungszweiges aus dem selbst abgeschlossenen Geschäft für eigene Rechnung zugrunde zu legen.

[2]Der nach Satz 1 Nummer 1 für den Abzug maßgebliche Betrag ist in dem Verhältnis abziehbar, wie die für die Beitragsrückerstattung maßgeblichen Überschüsse am Kapitalanlageergebnis im Geltungsbereich dieses Gesetzes dem Grunde nach steuerpflichtig und nicht steuerbefreit sind. [3]Ist maßgeblicher Betrag der sich nach Satz 1 Nummer 1 Satz 7 ergebende Betrag, ist Satz 2 nur für Aufwendungen aus dem Kapitalanlageergebnis anzuwenden.

(2) § 6 Absatz 1 Nummer 3a des Einkommensteuergesetzes ist nicht anzuwenden.

§ 21a
Deckungsrückstellungen

(1) [1]§ 6 Abs. 1 Nr. 3a Buchstabe e des Einkommensteuergesetzes ist von Versicherungsunternehmen und Pensionsfonds mit der Maßgabe anzuwenden, dass Deckungsrückstellungen im Sinne des § 341f des Handelsgesetzbuchs mit dem sich für die zugrunde liegenden Verträge aus der Bestimmung in Verbindung mit § 25 der Verordnung über die Rechnungslegung von Versicherungsunternehmen oder in Verbindung mit der aufgrund des § 240 Satz 1 Nummer 10 des Versicherungsaufsichtsgesetzes erlassenen Rechtsverordnung ergebenden Höchstzinssatz oder einem niedrigeren zulässigerweise verwendeten Zinssatz abgezinst werden können. [2]Für die von Schaden- und Unfallversicherungsunternehmen gebildeten Renten-Deckungsrückstellungen kann der Höchstzinssatz, der sich aufgrund der nach § 217 Satz 1 Nummer 7 des Versicherungsaufsichtsgesetzes erlassenen Rechtsverordnung ergibt, oder ein niedrigerer zulässigerweise verwendeter Zinssatz zugrunde gelegt werden.

(2) Soweit die in Absatz 1 genannten versicherungsrechtlichen Bestimmungen auf Versicherungsunternehmen mit Sitz in einem anderen Mitgliedstaat der Europäischen Union oder in einem anderen Vertragsstaat des EWR-Abkommens keine Anwendung finden, können diese entsprechend verfahren.

...

Fünfter Teil
Ermächtigungs- und Schlussvorschriften

§ 34
Schlussvorschriften

(1) Diese Fassung des Gesetzes gilt, soweit in den folgenden Absätzen nichts anderes bestimmt ist, erstmals für den Veranlagungszeitraum 2020.

...

(8) [1]§ 21 Absatz 2 Satz 2 Nummer 1 ist für die Veranlagungszeiträume 2016 bis 2018 in der folgenden Fassung anzuwenden:

„1. die Zuführungen innerhalb des am Bilanzstichtag endenden Wirtschaftsjahrs und der vier vorangegangenen Wirtschaftsjahre. [2]Der Betrag nach Satz 1 darf nicht niedriger sein als der Betrag, der sich ergeben würde, wenn das am 13. Dezember 2010 geltende Recht weiter anzuwenden wäre.“

[2]§ 21 in der Fassung des Artikels 7 des Gesetzes vom 11. Dezember 2018 (BGBl. I S. 2338) ist anzuwenden:

1. erstmals für den Veranlagungszeitraum 2019;
2. auf bis zum 30. Juni 2019 zu stellenden, unwiderruflichen Antrag bereits für den Veranlagungszeitraum 2018. Der Antrag nach Satz 1 kann nur gestellt werden, wenn es im Veranlagungszeitraum 2018 sonst zu einer Auflösung der Rückstellung für Beitragsrückerstattung nach § 21 Absatz 2 Satz 2 in der zum 31. Dezember 2017 geltenden Fassung kommen würde.

...

6.
Körperschaftsteuer-Durchführungsverordnung 1994 (KStDV 1994)

i.d.F. der Bek. vom 22.2.1996 (BGBl. I S. 365),
zuletzt geändert durch Art. 2 Abs. 11 G vom 1.4.2015 (BGBl. I S. 434)

Zu § 5 Abs. 1 Nr. 3 des Gesetzes

§ 1
Allgemeines

Rechtsfähige Pensions-, Sterbe-, Kranken- und Unterstützungskassen sind nur dann eine soziale Einrichtung im Sinne des § 5 Abs. 1 Nr. 3 Buchstabe b des Gesetzes, wenn sie die folgenden Voraussetzungen erfüllen:

1. Die Leistungsempfänger dürfen sich in der Mehrzahl nicht aus dem Unternehmer oder dessen Angehörigen und bei Gesellschaften in der Mehrzahl nicht aus den Gesellschaftern oder deren Angehörigen zusammensetzen.
2. Bei Auflösung der Kasse darf ihr Vermögen vorbehaltlich der Regelung in § 6 des Gesetzes satzungsmäßig nur den Leistungsempfängern oder deren Angehörigen zugute kommen oder für ausschließlich gemeinnützige oder mildtätige Zwecke verwendet werden.
3. Außerdem müssen bei Kassen mit Rechtsanspruch der Leistungsempfänger die Voraussetzungen des § 2, bei Kassen ohne Rechtsanspruch der Leistungsempfänger die Voraussetzungen des § 3 erfüllt sein.

§ 2
Kassen mit Rechtsanspruch der Leistungsempfänger

(1) Bei rechtsfähigen Pensions- oder Sterbekassen, die den Leistungsempfängern einen Rechtsanspruch gewähren, dürfen die jeweils erreichten Rechtsansprüche der Leistungsempfänger vorbehaltlich des Absatzes 2 die folgenden Beträge nicht übersteigen:

als Pension	25 769 Euro	jährlich,
als Witwengeld	17 179 Euro	jährlich,
als Waisengeld	5 154 Euro	jährlich für jede Halbwaise,
	10 308 Euro	jährlich für jede Vollwaise,
als Sterbegeld	7 669 Euro	als Gesamtleistung.

(2) [1]Die jeweils erreichten Rechtsansprüche, mit Ausnahme des Anspruchs auf Sterbegeld, dürfen in nicht mehr als 12 vom Hundert aller Fälle auf höhere als die in Absatz 1 bezeichneten Beträge gerichtet sein. [2]Dies gilt in nicht mehr als 4 vom Hundert aller Fälle uneingeschränkt. [3]Im Übrigen dürfen die jeweils erreichten Rechtsansprüche die folgenden Beträge nicht übersteigen:

als Pension	38 654 Euro	jährlich,
als Witwengeld	25 769 Euro	jährlich,
als Waisengeld	7 731 Euro	jährlich für jede Halbwaise,
	15 461 Euro	jährlich für jede Vollwaise.

§ 3
Kassen ohne Rechtsanspruch der Leistungsempfänger

Rechtsfähige Unterstützungskassen, die den Leistungsempfängern keinen Rechtsanspruch gewähren, müssen die folgenden Voraussetzungen erfüllen:

1. Die Leistungsempfänger dürfen zu laufenden Beiträgen oder zu sonstigen Zuschüssen nicht verpflichtet sein.
2. Den Leistungsempfängern oder den Arbeitnehmervertretungen des Betriebs oder der Dienststelle muss satzungsgemäß und tatsächlich das Recht zustehen, an der Verwaltung sämtlicher Beträge, die der Kasse zufließen, beratend mitzuwirken.
3. Die laufenden Leistungen und das Sterbegeld dürfen die in § 2 bezeichneten Beträge nicht übersteigen.

Zu § 5 Abs. 1 Nr. 4 des Gesetzes

§ 4
Kleinere Versicherungsvereine

Kleinere Versicherungsvereine auf Gegenseitigkeit im Sinne des § 210 des Versicherungsaufsichtsgesetzes sind von der Körperschaftsteuer befreit, wenn

1. ihre Beitragseinnahmen im Durchschnitt der letzten drei Wirtschaftsjahre einschließlich des im Veranlagungszeitraum endenden Wirtschaftsjahrs die folgenden Jahresbeträge nicht überstiegen haben:
   a) 797 615 Euro bei Versicherungsvereinen, die die Lebensversicherung oder die Krankenversicherung betreiben,
   b) 306 775 Euro bei allen übrigen Versicherungsvereinen, oder
2. sich ihr Geschäftsbetrieb auf die Sterbegeldversicherung beschränkt und sie im Übrigen die Voraussetzungen des § 1 erfüllen.

Zu § 26 Abs. 3 des Gesetzes

§ 5

(aufgehoben)

Schlussvorschrift

§ 6
Anwendungszeitraum

Die Körperschaftsteuer-Durchführungsverordnung in der am 1. Januar 2016 geltenden Fassung ist erstmals für den Veranlagungszeitraum 2016 anzuwenden.

§ 7
Inkrafttreten

(weggefallen)

7.
Allgemeine Verwaltungsvorschrift zur Anwendung des Körperschaftsteuerrechts (Körperschaftsteuer-Richtlinien 2022 – KStR 2022)

vom 13.4.2022 (BStBl. I Sondernummer 1, S. 2)

– Auszug –

...

Einführung

Nach Artikel 108 Absatz 7 des Grundgesetzes erlässt die Bundesregierung folgende Allgemeine Verwaltungsvorschrift:

(1) [1]Die Körperschaftsteuer-Richtlinien 2022 (KStR 2022) behandeln Anwendungs- und Auslegungsfragen von allgemeiner Bedeutung, um eine einheitliche Anwendung des Körperschaftsteuerrechts durch die Behörden der Finanzverwaltung sicherzustellen. [2]Sie geben außerdem zur Vermeidung unbilliger Härten und aus Gründen der Verwaltungsvereinfachung Anweisungen an die Finanzämter, wie in bestimmten Fällen verfahren werden soll.

(2) Die Körperschaftsteuer-Richtlinien 2022 gelten, soweit sich aus ihnen nichts anderes ergibt, vom VZ 2022 an.

(3) Anordnungen, die mit den nachstehenden Richtlinien im Widerspruch stehen, sind nicht mehr anzuwenden.

(4) Diese Allgemeine Verwaltungsvorschrift tritt am Tag nach ihrer Veröffentlichung in Kraft.

...

R 5.2 Allgemeines zu Pensions-, Sterbe-, Kranken- und Unterstützungskassen

(1) [1]Als Pensionskassen sind sowohl die in § 1b Abs. 3 Satz 1 BetrAVG als solche bezeichneten rechtsfähigen Versorgungseinrichtungen als auch rechtlich unselbstständige Zusatzversorgungseinrichtungen des öffentlichen Dienstes i. S. d. § 18 BetrAVG anzusehen, die den Leistungsberechtigten (Arbeitnehmer und Personen i. S. d. § 17 Abs. 1 Satz 2 BetrAVG sowie deren Hinterbliebene) auf ihre Leistungen einen Rechtsanspruch gewähren. [2]Bei Sterbekassen handelt es sich um Einrichtungen, welche die Versicherung auf den Todesfall unter Gewährung eines Rechtsanspruchs auf die Leistung betreiben. [3]Krankenkassen fallen unter die Vorschrift, wenn sie das Versicherungsgeschäft betriebsbezogen wahrnehmen. [4]Eine Unterstützungskasse ist eine rechtsfähige Versorgungseinrichtung, die auf ihre Leistungen keinen Rechtsanspruch gewährt (§ 1b Abs. 4 BetrAVG).

(2) Für die Steuerbefreiung genügt es, wenn die Voraussetzungen des § 5 Abs. 1 Nr. 3 Buchstabe d KStG am Ende des VZ erfüllt sind.

(3) [1]Die Art der Anlage oder Nutzung des Kassenvermögens darf nicht dazu führen, dass die Kasse sich durch die mit der Vermögensverwaltung verbundene Tätigkeit selbst einen weiteren satzungsgemäß nicht bestimmten Zweck gibt. [2]Kassen, die als Bauherr auftreten, werden körperschaftsteuerpflichtig, wenn sie sich durch diese Tätigkeit einen neuen Zweck setzen.

R 5.3 Leistungsempfänger bei Pensions-, Sterbe-, Kranken- und Unterstützungskassen

(1) [1]Steuerbefreite Kassen müssen sich auf Zugehörige oder frühere Zugehörige einzelner oder mehrerer wirtschaftlicher Geschäftsbetriebe oder der Spitzenverbände der freien Wohlfahrtspflege einschließlich deren Untergliederungen, Einrichtungen und Anstalten und sonstiger gemeinnütziger Wohlfahrtsverbände oder auf Arbeitnehmer sonstiger Körperschaften, Personenvereinigungen oder Vermögensmassen beschränken. [2]Unter dem Begriff der Zugehörigen sind einerseits Arbeitnehmer und die in einem arbeitnehmerähnlichen Verhältnis stehenden Personen zu verstehen, andererseits aber auch solche Personen, für die der Betrieb durch ihre soziale Abhängigkeit oder eine sonstige enge Bindung als Mittelpunkt der Berufstätigkeit anzusehen ist (z. B. Unternehmer und Gesellschafter). [3]Frühere Zugehörige müssen die Zugehörigkeit zu der Kasse durch ihre Tätigkeit in den betreffenden Betrieben oder Verbänden erworben haben. [4]Es ist nicht notwendig, dass die Kasse schon während der Zeit der Tätigkeit des Betriebsangehörigen bestanden hat. [5]Als arbeitnehmerähnliches Verhältnis ist i. d. R. ein Verhältnis von einer gewissen Dauer bei gleichzeitiger sozialer Abhängigkeit, ohne dass Lohnsteuerpflicht besteht, anzusehen. [6]Arbeitnehmer, die über den Zeitpunkt der Pensionierung hinaus im Betrieb beschäftigt werden, sind Zugehörige i. S. d. Gesetzes.

(2) Nach § 1 Nr. 1 KStDV darf die Mehrzahl der Personen, denen die Leistungen der Kasse zugutekommen sollen (Leistungsempfänger), sich nicht aus dem Unternehmer oder dessen Angehörigen und bei Gesellschaften nicht aus den Gesellschaftern oder deren Angehörigen zusammensetzen.

(3) [1]Der Pensions- oder Unterstützungskasse eines inländischen Unternehmens geht die Steuerfreiheit nicht dadurch verloren, dass zu ihren Leistungsempfängern Arbeitnehmer gehören, die das inländische Unternehmen zur Beschäftigung bei seinen ausländischen Tochtergesellschaften oder Betriebsstätten abgeordnet hat. [2]Auch die Mitgliedschaft anderer, auch ausländischer, Arbeitnehmer der ausländischen Tochtergesellschaften oder Betriebsstätten des inländischen Unternehmens ist für die Kasse steuerunschädlich, wenn für diese Arbeitnehmer von der ausländischen Tochtergesellschaft oder Betriebsstätte entsprechende Beiträge (Zuwendungen) an die Kasse des inländischen Unternehmens abgeführt werden.

(4) Bei Unterstützungskassen muss den Leistungsempfängern oder den Arbeitnehmervertretungen des Betriebs oder der Dienststelle satzungsgemäß und tatsächlich das Recht zustehen, an der Verwaltung sämtlicher Beträge, die der Kasse zufließen, beratend mitzuwirken.

R 5.4 Vermögensbindung bei Pensions-, Sterbe-, Kranken- und Unterstützungskassen

(1) [1]Bei Kassen, deren Vermögen bei ihrer Auflösung vorbehaltlich der Regelung in § 6 KStG satzungsgemäß für ausschließlich gemeinnützige oder mildtätige Zwecke zu verwenden ist, gilt § 61 Abs. 1 AO sinngemäß. [2]Bei einer Unterstützungskasse in der Rechtsform einer privatrechtlichen Stiftung ist es nicht zu beanstanden, wenn die Stiftung in ihre Verfassung die Bestimmung aufnimmt, dass das Stiftungskapital ungeschmälert zu erhalten ist, um dadurch zu verhindern, dass sie neben ihren Erträgen und den Zuwendungen vom Trägerunternehmen auch ihr Vermögen uneingeschränkt zur Erbringung ihrer laufenden Leistungen einsetzen muss. [3]In einer solchen Bestimmung ist kein Verstoß gegen das Erfordernis der dauernden Vermögenssicherung für Zwecke der Kasse zu erblicken. [4]Durch die satzungsgemäß abgesicherte Vermögensbindung ist nämlich gewährleistet, dass das Stiftungsvermögen im Falle der Auflösung der Stiftung nicht an den Stifter zurückfließt, sondern nur den Leistungsempfängern oder deren Angehörigen zugutekommt oder für ausschließlich gemeinnützige oder mildtätige Zwecke zu verwenden ist.

(2) [1]Bei einer Darlehensgewährung der Unterstützungskasse an das Trägerunternehmen muss gewährleistet sein, dass die wirtschaftliche Leistungsfähigkeit des Betriebs in ausreichendem Maße für die Sicherheit der Mittel bürgt. [2]Ist diese Voraussetzung nicht gegeben, müssen die Mittel der Kasse in angemessener Frist aus dem Betrieb ausgesondert und in anderer Weise angelegt werden.

(3) [1]Nach § 1b Abs. 4 BetrAVG wird ein aus dem Betrieb vor Eintritt des Versorgungsfalles ausscheidender Arbeitnehmer, der seine betriebliche Altersversorgung von der Unterstützungskasse des Betriebs erhalten sollte, bei Erfüllung der Voraussetzungen hinsichtlich der Leistungen so gestellt, wie wenn er weiterhin zum Kreis der Begünstigten der Unterstützungskasse des Betriebs gehören würde. [2]Bei Eintritt des Versorgungsfalles hat die Unterstützungskasse dem früheren Arbeitnehmer und seinen Hinterbliebenen mindestens den nach § 2 Abs. 1 BetrAVG berechneten Teil der Versorgung zu gewähren (§ 2 Abs. 4 BetrAVG) oder den gem. § 2 Abs. 5a BetrAVG berechneten Teil der Versorgung bei ab dem 1.1.2001 erteilten Versorgungszusagen. [3]Diese Verpflichtung zur Gewährung von Leistungen an den vorzeitig ausgeschiedenen Arbeitnehmer bei Eintritt des Versorgungsfalles (§ 2 Abs. 4 BetrAVG) kann von der Unterstützungskasse wie folgt abgelöst werden:

1. Unter den Voraussetzungen des § 3 Abs. 2 bis 5 BetrAVG können nach § 2 BetrAVG unverfallbare Anwartschaften abgefunden werden. [2]Soweit unverfallbare Anwartschaften über den gesetzlichen Umfang hinaus vertraglich zugesichert wurden, ist eine Abfindung zulässig.
2. Unter den Voraussetzungen des § 4 Abs. 2, 4 und 5 BetrAVG kann die Verpflichtung von jedem Unternehmen, bei dem der ausgeschiedene Arbeitnehmer beschäftigt wird, von einem Pensionsfonds, von einer Pensionskasse, von einem Unternehmen der Lebensversicherung oder einem öffentlich-rechtlichen Versorgungsträger übernommen werden.

[4]Vermögensübertragungen im Zusammenhang mit diesen Maßnahmen verstoßen nicht gegen die Voraussetzungen des § 5 Abs. 1 Nr. 3 Buchstabe c KStG.

(4) [1]Der Grundsatz der ausschließlichen und unmittelbaren Verwendung des Vermögens und der Einkünfte der Unterstützungskasse für die Zwecke der Kasse gilt nach § 6 Abs. 6 KStG nicht für den Teil des Vermögens, der am Schluss des Wj. den in § 5 Abs. 1 Nr. 3 Buchstabe e KStG bezeichneten Betrag übersteigt. [2]Auch für den Fall, dass ein Unternehmen den Arbeitnehmern, die bisher von der Unterstützungskasse versorgt werden sollten, eine Pensionszusage erteilt oder bisher von der Unterstützungskasse gewährte Leistungen von Fall zu Fall aufgrund einer entsprechenden Betriebsvereinbarung übernimmt, oder wenn eine Unterstützungskasse durch Änderung des Leistungsplans die Versorgungsleistungen einschränkt, gelten die Grundsätze des Satzes 1 nur für den überdotierten Teil des gesamten Kassenvermögens der Unterstützungskasse. [3]Insoweit ist eine Übertragung von Vermögen einer Unterstützungskasse auf das Trägerunternehmen zulässig. [4]Werden Versorgungsleistungen einer Unterstützungskasse durch Satzungsbeschluss in vollem Umfang ersatzlos aufgehoben, d. h., liegt kein Fall des Satzes 2 vor, entfällt die Steuerfreiheit der Kasse auch mit Wirkung für die Vergangenheit, soweit Steuerbescheide nach den Vorschriften der AO noch änderbar sind.

R 5.5 Leistungsbegrenzung

(1) [1]Bei der Prüfung, ob die erreichten Rechtsansprüche der Leistungsempfänger in nicht mehr als 12 % aller Fälle auf höhere als die in § 2 Abs. 1 KStDV bezeichneten Beträge gerichtet sind (§ 2 Abs. 2 KStDV), ist von den aufgrund der Satzung, des Geschäftsplans oder des Leistungsplans insgesamt bestehenden Rechtsansprüchen, also von den laufenden tatsächlich gewährten Leistungen und den Anwartschaften auszugehen. [2]Dabei ist jede in § 2 KStDV genannte einzelne Leistungsgruppe (Pensionen, Witwengelder, Waisengelder und Sterbegelder) für sich zu betrachten. [3]Nur bei Beschränkung auf die Höchstbeträge kann die Kasse als Sozialeinrichtung anerkannt werden.

(2) [1]Unterstützungskassen sind als Kassen ohne Rechtsanspruch der Leistungsempfänger zur Aufstellung eines Geschäftsplans i. S. d. VAG nicht verpflichtet. [2]Unterstützungskassen dürfen auch laufende Leistungen, z. B. zur Altersversorgung, gewähren, wenn die Voraussetzungen des § 5 Abs. 1 Nr. 3 Buchstabe b KStG und des § 3 Nr. 3 KStDV erfüllt sind. [3]Dabei dürfen Altersrenten, Witwengeld, Waisengeld und Sterbegeld ohne Rücksicht auf die wirtschaftlichen Verhältnisse des Leistungsempfängers gewährt werden. [4]Die laufenden Leistungen und das Sterbegeld dürfen die in § 2 KStDV bezeichneten Beträge nicht übersteigen. [5]Dagegen hat eine Unterstützungskasse, die jedem Zugehörigen eines Betriebs ohne Rücksicht auf seine wirtschaftlichen Verhältnisse einmalige Zuwendungen macht, keinen Anspruch auf die Steuerbefreiung. [6]Leistungsempfänger i. S. d. Vorschrift sind nach § 5 Abs. 1 Nr. 3 KStG die Personen, denen die Leistungen der Kasse zugutekommen oder zugutekommen sollen, also auch die Leistungsanwärter. [7]Daher gilt die Begrenzung der laufenden Leistungen nach § 3 Nr. 3 KStDV für die tatsächlich gezahlten Renten und die sich aus dem Leistungsplan ergebenden tatsächlichen Rentenanwartschaften. [8]Die Rentenanwartschaften sind mit den jeweils erreichten Beträgen anzusetzen.

(3) [1]Eine steuerbefreite Pensionskasse oder Unterstützungskasse kann anstelle einer laufenden Rente auch eine Kapitalabfindung zahlen. [2]Voraussetzung ist, dass die zu kapitalisierende Rente sich in den Grenzen der Höchstbeträge der §§ 2 und 3 KStDV hält und der Leistungsempfänger durch die Kapitalisierung nicht mehr erhält, als er insgesamt erhalten würde, wenn die laufende Rente gezahlt würde. [3]Der Berechnung der Kapitalabfindung darf daher nur ein Zinsfuß zugrunde gelegt werden, der auf die Dauer gesehen dem durchschnittlichen Zinsfuß entspricht. [4]Bei der Prüfung, ob sich die kapitalisierte Rente in den Grenzen der vorgenannten Höchstbeträge hält, ist von einem Zinssatz von 5,5 % auszugehen. [5]Im Übrigen ist die Kapitalabfindung nach den sonst steuerlich anerkannten Rechnungsgrundlagen zu berechnen.

R 5.6 Kleinere Versicherungsvereine

Hat ein Mitglied einer Sterbekasse mit der Kasse mehrere Versicherungsverträge für sich selbst abgeschlossen, sind die für das Mitglied aufgrund dieser Versicherungsverträge in Betracht kommenden Versicherungsleistungen bei der Ermittlung der Gesamtleistung i. S. d. § 4 Nr. 2 KStDV zusammenzurechnen.

...

R 5.18 Steuerbefreiung außerhalb des Körperschaftsteuergesetzes

Von der Körperschaftsteuer sind aufgrund anderer Gesetze u. a. befreit:

1. Inländische Investmentfonds und Spezial-Investmentfonds nach § 6 Abs. 2 Satz 1 InvStG und § 29 Abs. 1 InvStG, soweit es sich nicht um inländische Beteiligungseinnahmen, inländische Immobilienerträge und sonstige inländische Einkünfte handelt (§ 6 Absatz 2 Satz 2 InvStG),
2. Ausgleichskassen und gemeinsame Einrichtungen der Tarifvertragsparteien nach § 12 Abs. 3 des Vorruhestandsgesetzes vom 13.4.1984 (BGBl. I S. 601, BStBl I S. 332) in der jeweils geltenden Fassung.

R 6 Einschränkung der Befreiung von Pensions-, Sterbe-, Kranken- und Unterstützungskassen

Allgemeines

(1) [1]§ 6 KStG regelt die teilweise Steuerpflicht überdotierter Pensions-, Sterbe-, Kranken- und Unterstützungskassen. [2]Steuerpflichtig ist der Teil des Einkommens, der auf das den zulässigen Betrag übersteigende Vermögen entfällt.

Pensions-, Sterbe- und Krankenkassen

(2) [1]Bei Pensions-, Sterbe- und Krankenkassen ist das zulässige Vermögen nach § 5 Abs. 1 Nr. 3 Buchstabe d KStG zu errechnen. [2]Es entspricht bei einer in der Rechtsform des VVaG betriebenen Kasse dem Betrag der Verlustrücklage nach § 37 VAG. [3]Maßgebend ist der Soll-Betrag der Verlustrücklage. [4]Soll-Betrag der Verlustrücklage ist der in der Satzung bestimmte und von der Versicherungsaufsichtsbehörde genehmigte Mindestbetrag der Verlustrücklage i. S. d. § 37 VAG. [5]Diese Rücklage dient zur

Deckung eines außergewöhnlichen Verlustes aus dem Geschäftsbetrieb. [6]Zu anderen Zwecken, z. B. zu Zahlungen an das Trägerunternehmen, darf die Rücklage nicht verwendet werden. [7]Wird die Kasse nicht in der Rechtsform eines VVaG betrieben, tritt an die Stelle der Verlustrücklage i. S. v. § 37 VAG der dieser Rücklage entsprechende Teil des Vermögens, der zur Deckung eines Verlustes dient. [8]Ist die Ansammlung von Reserven nicht vorgeschrieben, wie z. B. bei öffentlich-rechtlichen Unternehmen, ist i. d. R. darauf abzustellen, ob die Satzung eine der Verlustrücklage des § 37 VAG entsprechende Rücklagenbildung vorsieht.

(3) [1]Nach dem Wortlaut des § 5 Abs. 1 Nr. 3 Buchstabe d KStG ist bei der Prüfung der Überdotierung einer Pensionskasse das Vermögen zugrunde zu legen, das sich nach den handelsrechtlichen Grundsätzen ordnungsmäßiger Buchführung unter Berücksichtigung des Geschäftsplans sowie der allgemeinen Versicherungsbedingungen und der fachlichen Geschäftsunterlagen i. S. d. § 5 Abs. 3 Nr. 2 Halbsatz 2 VAG ergibt. [2]Die Bindung an die handelsrechtlichen Grundsätze gilt aber nicht uneingeschränkt. [3]Eine handelsrechtlich zulässigerweise gebildete Rückstellung für Beitragsrückerstattung darf nur insoweit berücksichtigt werden, als den Leistungsempfängern ein Anspruch auf die Überschussbeteiligung zusteht. [4]Der Rückstellung für Beitragsrückerstattung gleichzusetzen ist die Rückstellung für satzungsgemäße Überschussbeteiligung, wenn durch Satzung, geschäftsplanmäßige Erklärung oder Beschluss des zuständigen Organs festgelegt ist, dass die Überschüsse in vollem Umfang den Leistungsempfängern und Mitgliedern der Kasse zustehen. [5]Dabei kommt es nicht darauf an, welche Form der Beitragsrückerstattung gewählt wird. [6]Handelt es sich bei den Anspruchsberechtigten um die Leistungsempfänger der Kasse, gilt hinsichtlich der Verwendungsfrist der Rückstellung für Beitragsrückerstattung die für Lebensversicherungsunternehmen getroffene Regelung (§ 21 Abs. 2 KStG in der vor Inkrafttreten des Artikel 7 des Gesetzes zur Vermeidung von Umsatzsteuerausfällen beim Handel mit Waren im Internet und zur Änderung weiterer steuerlicher Vorschriften vom 11. Dezember 2018, BGBl. I S. 2338, geltenden Fassung) entsprechend. [7]Soweit jedoch das Trägerunternehmen anspruchsberechtigt ist, müssen die Mittel der Beitragsrückerstattung innerhalb der in § 6 Abs. 2 KStG genannten Frist verwendet werden.

(4) [1]Über die Überdotierung einer Pensions-, Sterbe- und Krankenkasse i. S. d. § 5 Abs. 1 Nr. 3 KStG ist nach steuerlichen Gesichtspunkten zu entscheiden. [2]Eine Bindung der Finanzbehörden an Entscheidungen der Versicherungsaufsichtsbehörde besteht nicht. [3]Der Geschäftsplan sowie die allgemeinen Versicherungsbedingungen und die fachlichen Geschäftsunterlagen i. S. d. § 5 Abs. 3 Nr. 2 Halbsatz 2 VAG dienen lediglich als Grundlage für die Prüfung der Überdotierung. [4]Die Prüfung, ob eine Pensions-, Sterbe- und Krankenkasse wegen Überdotierung teilweise steuerpflichtig ist, hat zu den Bilanzstichtagen zu erfolgen, zu denen der Wert der Deckungsrückstellung versicherungsmathematisch zu berechnen ist oder freiwillig berechnet wird. [5]Die teilweise Steuerpflicht beginnt und endet vorbehaltlich des § 6 Abs. 2 KStG nur zu den Bilanzstichtagen, zu denen eine versicherungsmathematische Berechnung durchgeführt worden ist. [6]Tritt die Steuerpflicht z. B. für einen Zeitraum von drei Jahren ein, bleibt während dieser Zeit der Aufteilungsschlüssel unverändert, d. h. das Einkommen ist zwar für jedes Jahr gesondert nach den allgemeinen Vorschriften unter

Berücksichtigung des § 6 Abs. 4 KStG zu ermitteln, jedoch nach dem unveränderten Verhältnis in den steuerfreien und den steuerpflichtigen Anteil aufzuteilen.

Unterstützungskassen

(5) [1]Bei Unterstützungskassen ist das Vermögen nach § 5 Abs. 1 Nr. 3 Buchstabe e KStG zu errechnen. [2]Im Gegensatz zu den Pensionskassen ist bei der Ermittlung nicht von handelsrechtlichen Bewertungsmaßstäben auszugehen. [3]Im Einzelnen sind anzusetzen:

a) der Grundbesitz mit 200 % des Einheitswerts (§ 4d Abs. 1 Satz 1 Nr. 1 Satz 3 EStG), der zu dem Feststellungszeitpunkt maßgebend ist, der auf den Schluss des Wj. folgt,

b) der noch nicht fällige Anspruch aus einer Versicherung mit dem Wert des geschäftsplanmäßigen Deckungskapitals zuzüglich des Guthabens aus Beitragsrückerstattung am Schluss des Wj.; soweit die Berechnung des Deckungskapitals nicht zum Geschäftsplan gehört, tritt an die Stelle des geschäftsplanmäßigen Deckungskapitals der nach § 169 Abs. 3 des VVG berechnete Rückkaufswert bzw. der nach § 169 Abs. 4 VVG berechnete Zeitwert,

c) das übrige Vermögen mit dem gemeinen Wert am Schluss des Wj.

(6) [1]Abweichend von der Regelung für Pensionskassen ist für Unterstützungskassen ein rückwirkender Wegfall der Steuerpflicht nicht vorgesehen. [2]Die teilweise Steuerpflicht ist nach Ablauf jedes Jahres zu prüfen. [3]Sie besteht deshalb jeweils nur für ein Jahr. [4]Die teilweise Steuerpflicht kann jedoch nach § 6 Abs. 6 Satz 2 KStG von vornherein z. B. durch entsprechende Rückübertragung von Deckungsmitteln auf das Trägerunternehmen vermieden werden.

…

R 8.4 Zuwendungen an Pensions- und Unterstützungskassen

(unbesetzt)

R 8.5 Verdeckte Gewinnausschüttungen

Grundsätze der verdeckten Gewinnausschüttung

(1) [1]Eine vGA i. S. d. § 8 Abs. 3 Satz 2 KStG ist eine Vermögensminderung oder verhinderte Vermögensmehrung, die durch das Gesellschaftsverhältnis veranlasst ist, sich auf die Höhe des Unterschiedsbetrags i. S. d. § 4 Abs. 1 Satz 1 EStG auswirkt und nicht auf einem den gesellschaftsrechtlichen Vorschriften entsprechenden Gewinnverteilungsbeschluss beruht. [2]Bei nicht buchführungspflichtigen Körperschaften ist auf die Einkünfte abzustellen. [3]Eine >Veranlassung durch das Gesellschaftsverhältnis ist auch dann gegeben, wenn die Vermögensminderung oder verhinderte Vermögensmehrung bei der Körperschaft zugunsten einer >nahestehenden Person erfolgt.

(2) [1]Im Verhältnis zwischen Gesellschaft und beherrschendem Gesellschafter ist eine Veranlassung durch das Gesellschaftsverhältnis i. d. R. auch dann anzunehmen, wenn

es an einer zivilrechtlich wirksamen, klaren, eindeutigen und im Voraus abgeschlossenen Vereinbarung darüber fehlt, ob und in welcher Höhe ein Entgelt für eine Leistung des Gesellschafters zu zahlen ist, oder wenn nicht einer klaren Vereinbarung entsprechend verfahren wird. [2]Die beherrschende Stellung muss im Zeitpunkt der Vereinbarung oder des Vollzugs der Vermögensminderung oder verhinderten Vermögensmehrung vorliegen.

R 8.6 Wert der verdeckten Gewinnausschüttungen, Beweislast, Rückgängigmachung

Löst eine vGA Umsatzsteuer oder nicht abziehbare Vorsteuer aus, ist diese bei der Gewinnermittlung nicht zusätzlich nach § 10 Nr. 2 KStG hinzuzurechnen.

R 8.7 Rückstellungen für Pensionszusagen an Gesellschafter-Geschäftsführer von Kapitalgesellschaften

[1]Bei Pensionsverpflichtungen ist in einem ersten Schritt zu prüfen, ob und in welchem Umfang eine Rückstellung gebildet werden darf. [2]Ist eine Pensionszusage bereits zivilrechtlich unwirksam, ist die Pensionsrückstellung in der Handelsbilanz erfolgswirksam aufzulösen, dies ist maßgeblich für die steuerrechtliche Gewinnermittlung. [3]Daneben müssen die Voraussetzungen des § 6a EStG erfüllt sein; sind sie nicht erfüllt, ist die Pensionsrückstellung insoweit innerhalb der steuerrechtlichen Gewinnermittlung erfolgswirksam aufzulösen. [4]Die Regelungen in R 6a EStR sind für den Ansatz der Pensionsrückstellungen in der steuerrechtlichen Gewinnermittlung dem Grunde und der Höhe nach zu berücksichtigen. [5]Ist die Pensionsrückstellung dem Grunde und der Höhe nach zutreffend bilanziert, ist in einem zweiten Schritt zu prüfen, ob und inwieweit die Pensionsverpflichtung auf einer vGA beruht. [6]Bei dieser Prüfung sind insbesondere die Aspekte >Ernsthaftigkeit, >Erdienbarkeit und >Angemessenheit zu prüfen.

R 8.8 Tantiemen

(unbesetzt)

R 8.9 Verdeckte Einlage

(1) Eine verdeckte Einlage i. S. d. § 8 Abs. 3 Satz 3 KStG liegt vor, wenn ein Gesellschafter oder eine ihm >nahestehende Person der Körperschaft außerhalb der gesellschaftsrechtlichen Einlagen einen >einlagefähigen Vermögensvorteil zuwendet und diese Zuwendung durch das Gesellschaftsverhältnis veranlasst ist.

(2) § 4 Abs. 1 Satz 1, § 6 Abs. 1 Nr. 5 EStG finden gem. § 8 Abs. 1 KStG auch auf Kapitalgesellschaften Anwendung, obwohl hier Einlegender und Empfänger der Einlage verschiedene Rechtsträger sind (finaler Einlagebegriff).

(3) [1]Voraussetzung für die Annahme einer verdeckten Einlage ist stets, dass die Zuwendung des Gesellschafters oder einer ihm >nahestehenden Person durch das Gesellschaftsverhältnis veranlasst ist. [2]Eine Veranlassung durch das Gesellschaftsverhältnis ist nur dann gegeben, wenn ein Nichtgesellschafter bei Anwendung der Sorgfalt ei-

nes ordentlichen Kaufmanns den Vermögensvorteil der Gesellschaft nicht eingeräumt hätte, was grundsätzlich durch Fremdvergleich festzustellen ist.

(4) [1]Die Bewertung verdeckter Einlagen hat grundsätzlich mit dem Teilwert zu erfolgen (§ 8 Abs. 1 KStG i. V. m. § 6 Abs. 1 Nr. 5 und Abs. 6 EStG). [2]§ 6 Abs. 1 Nr. 5 Satz 1 Buchstabe b EStG findet keine Anwendung, weil die verdeckte Einlage von Anteilen an einer Kapitalgesellschaft i. S. d. § 17 Abs. 1 Satz 1 EStG in eine Kapitalgesellschaft gem. § 17 Abs. 1 Satz 2 EStG beim Einlegenden einer Veräußerung gleichgestellt wird und es somit bei ihm zum Einlagezeitpunkt zu einer Besteuerung der stillen Reserven kommt. [3]Entsprechendes gilt in Fällen des § 20 Abs. 2 Satz 2 EStG und § 2 Abs. 13 InvStG für § 6 Abs. 1 Nr. 5 Satz 1 Buchstabe c EStG. [4]§ 6 Abs. 1 Nr. 5 Satz 1 Buchstabe a EStG ist in den Fällen zu beachten, in denen das eingelegte Wirtschaftsgut innerhalb der letzten drei Jahre vor dem Zeitpunkt der Zuführung angeschafft oder hergestellt worden ist, es sich aber nicht um eine verdeckte Einlage in eine Kapitalgesellschaft gem. § 23 Abs. 1 Satz 1 oder § 20 Abs. 2 Satz 2 EStG handelt, die als Veräußerung gilt und folglich im Einlagezeitpunkt ebenfalls zu einer Besteuerung der stillen Reserven führt.

(5) [1]Für die Qualifizierung von Leistungen als verdeckte Einlagen sind die Umstände maßgebend, die bestanden, als der Verpflichtete seine Zusage auf die Leistung gegeben hat. [2]Ändern sich diese Umstände durch das Ausscheiden nicht, dann sind die Leistungen auch nach dem Ausscheiden des bisherigen Gesellschafters weiterhin als verdeckte Einlagen zu qualifizieren.

R 8.10 Verluste bei Körperschaften

(unbesetzt)

R 8.11 Mitgliedsbeiträge

(1) [1]Mitgliedsbeiträge i. S. v. § 8 Abs. 5 KStG sind Beiträge, die die Mitglieder einer Personenvereinigung lediglich in ihrer Eigenschaft als Mitglieder nach der Satzung zu entrichten haben. [2]Sie dürfen der Personenvereinigung nicht für die Wahrnehmung besonderer geschäftlicher Interessen oder für Leistungen zugunsten ihrer Mitglieder zufließen. [3]Der Beurteilung als echter Mitgliedsbeitrag steht es entgegen, wenn die Beitragshöhe von der tatsächlichen Inanspruchnahme für Leistungen durch die Mitglieder abhängt.

(2) [1]Mitgliedsbeiträge, die aufgrund der Satzung erhoben werden, bleiben bei der Ermittlung des Einkommens von unbeschränkt oder beschränkt körperschaftsteuerpflichtigen Personenvereinigungen außer Ansatz (§ 8 Abs. 5 KStG). [2]Es genügt, dass eine der folgenden Voraussetzungen erfüllt ist:

1. Die Satzung bestimmt Art und Höhe der Mitgliedsbeiträge.
2. Die Satzung sieht einen bestimmten Berechnungsmaßstab vor.
3. Die Satzung bezeichnet ein Organ, das die Beiträge der Höhe nach erkennbar festsetzt.

[3]Bei den nicht zur Führung von Büchern verpflichteten Personenvereinigungen zählen echte Mitgliedsbeiträge bereits mangels Zurechenbarkeit zu einer Einkunftsart nicht zu den steuerpflichtigen Einkünften. [4]Das gilt auch für die mit ihnen in Verbindung stehenden Ausgaben, die mithin regelmäßig dem ideellen Bereich der Körperschaft zuzurechnen sind und demzufolge die steuerpflichtigen Einkünfte nicht mindern.

(3) [1]Dient eine Personenvereinigung auch der wirtschaftlichen Förderung der Einzelmitglieder, sind die Beiträge an diese Vereinigung insoweit keine Mitgliedsbeiträge i. S. v. § 8 Abs. 5 KStG, sondern pauschalierte Gegenleistungen für die Förderung durch die Vereinigung, und zwar auch dann, wenn die Vereinigung keinen wirtschaftlichen Geschäftsbetrieb ausübt. [2]In diesem Fall sind die Mitgliederbeiträge durch Schätzung in einen steuerfreien Teil (reine Mitgliedsbeiträge) und in einen steuerpflichtigen Teil (pauschalierte Gegenleistungen) aufzuteilen.

(4) [1]Bei Versicherungsunternehmen ist § 8 Abs. 5 KStG auf Leistungen der Mitglieder, die ein Entgelt für die Übernahme der Versicherung darstellen, nicht anzuwenden. [2]Bei >VVaG können jedoch steuerfreie Mitgliedsbeiträge in Betracht kommen, z. B. Eintrittsgelder unter besonderen Voraussetzungen.

…

R 11 Liquidationsbesteuerung

(1) [1]Der Zeitraum der Abwicklung beginnt mit der Auflösung. [2]Der Besteuerungszeitraum beginnt mit dem Wj., in das die Auflösung fällt. [3]Erfolgt die Auflösung im Laufe eines Wj., so kann ein Rumpfwirtschaftsjahr gebildet werden. [4]Dieses Wahlrecht besteht nicht bei Eröffnung eines Insolvenzverfahrens (§ 155 Abs. 2 Satz 1 InsO). [5]Das Rumpfwirtschaftsjahr reicht vom Schluss des vorangegangenen Wj. bis zur Auflösung. [6]Es ist nicht in den Abwicklungszeitraum einzubeziehen. [7]Bei einer Überschreitung des Dreijahreszeitraums sind die danach beginnenden weiteren Besteuerungszeiträume grundsätzlich jeweils auf ein Jahr begrenzt.

(2) [1]Die Steuerpflicht endet erst, wenn die Liquidation rechtsgültig abgeschlossen ist. [2]Zum rechtsgültigen Abschluss der Liquidation gehört bei Kapitalgesellschaften auch der Ablauf des >Sperrjahres. [3]Auch wenn die Kapitalgesellschaft vor Ablauf des Sperrjahres ihr Gesellschaftsvermögen vollständig ausgeschüttet hat, ist sie damit noch nicht erloschen. [4]Die Löschung im Handelsregister ist für sich allein ohne Bedeutung.

(3) [1]Wird der Abwicklungszeitraum in mehrere Besteuerungszeiträume unterteilt (§ 11 Abs. 1 Satz 2 KStG), ist die besondere Gewinnermittlung nach § 11 Abs. 2 KStG nur für den letzten Besteuerungszeitraum vorzunehmen. [2]Dabei ist das Abwicklungs-Anfangsvermögen aus der Bilanz zum Schluss des letzten vorangegangenen Besteuerungszeitraums abzuleiten. [3]Für die vorangehenden Besteuerungszeiträume ist die Gewinnermittlung nach allgemeinen Grundsätzen durchzuführen. [4]Auf den Schluss jedes Besteuerungszeitraums ist eine Steuerbilanz zu erstellen.

(4) Bei den Körperschaftsteuer-Veranlagungen für Besteuerungszeiträume innerhalb des Abwicklungszeitraums handelt es sich nicht um bloße Zwischenveranlagungen,

die nach Ablauf des Liquidationszeitraums durch eine Veranlagung für den gesamten Liquidationszeitraum zu ersetzen sind.

...

R 24 Freibetrag für bestimmte Körperschaften

(1) [1]§ 24 KStG findet Anwendung bei steuerpflichtigen Körperschaften, Personenvereinigungen und Vermögensmassen, deren Leistungen bei den Empfängern nicht zu den Einnahmen i. S. d. § 20 Abs. 1 Nr. 1 und 2 EStG gehören, es sei denn, dass sie den Freibetrag nach § 25 KStG beanspruchen können. [2]Die Regelung des § 24 KStG gilt auch in den Fällen einer teilweisen Steuerpflicht, z. B. bei:

1. JPöR mit ihren BgA, Versicherungsvereinen auf Gegenseitigkeit, Stiftungen.
2. Gemeinnützigen Körperschaften i. S. d. § 5 Abs. 1 Nr. 9 KStG mit steuerpflichtigen wirtschaftlichen Geschäftsbetrieben, außer wenn sie die Rechtsform einer Kapitalgesellschaft, einer Genossenschaft oder eines wirtschaftlichen Vereins haben, der Mitgliedschaftsrechte gewährt, die einer kapitalmäßigen Beteiligung gleichstehen.
3. Steuerbefreiten Pensions- oder Unterstützungskassen, die die Rechtsform eines Vereins oder einer Stiftung haben und wegen Überdotierung teilweise zu besteuern sind (§ 5 Abs. 1 Nr. 3 i. V. m. § 6 KStG). [2]Obwohl es sich zumindest bei einer Pensionskasse um einen wirtschaftlichen Verein handelt, kommt hier ein Freibetrag in Betracht, weil sie keine mitgliedschaftlichen Rechte gewährt, die einer kapitalmäßigen Beteiligung gleichstehen.

[3]Wegen der Anwendung der Freibetragsregelung des § 24 KStG auf das Einkommen eines Berufsverbands und der Nichtanwendung auf die Bemessungsgrundlage für die besondere Körperschaftsteuer i. S. d. § 5 Abs. 1 Nr. 5 Satz 4 KStG >R 5.7 Abs. 7. [4]Ausgeschlossen ist die Anwendung des Freibetrags nach § 24 KStG z. B. in den Fällen von:

1. Gemeinnützigen Körperschaften i. S. d. § 5 Abs. 1 Nr. 9 KStG mit steuerpflichtigen wirtschaftlichen Geschäftsbetrieben, wenn sie die Rechtsform einer Kapitalgesellschaft haben.
2. Steuerbefreiten Pensions- oder Unterstützungskassen, die die Rechtsform einer Kapitalgesellschaft haben und wegen Überdotierung teilweise zu besteuern sind (§ 5 Abs. 1 Nr. 3 i. V. m. § 6 KStG).
3. Vermietungsgenossenschaften oder Siedlungsunternehmen mit teilweiser Steuerpflicht (§ 5 Abs. 1 Nr. 10 und 12 KStG). [2]Das gilt auch, wenn diese Unternehmen in der Rechtsform eines Vereins betrieben werden, da es sich um einen wirtschaftlichen Verein handelt, der seinen Mitgliedern beteiligungsähnliche Rechte gewährt.

(2) [1]Körperschaften, Personenvereinigungen und Vermögensmassen i. S. d. Absatzes 1, deren Einkommen den Freibetrag von 5 000 Euro nicht übersteigt, sind nicht zu veranlagen (NV-Fall) und haben Anspruch auf Erteilung einer NV-Bescheinigung. [2]Das gilt auch für die Fälle der >R 31 Abs. 1.

...

R 26 Steuerermäßigung bei ausländischen Einkünften

(1) [1]Bei der Steueranrechnung nach § 26 KStG, die keinen Antrag voraussetzt, handelt es sich um die Anrechnung ausländischer Steuern vom Einkommen, zu denen eine unbeschränkt steuerpflichtige Körperschaft, Personenvereinigung oder Vermögensmasse im Ausland herangezogen wurde oder die für ihre Rechnung einbehalten worden sind, auf die deutsche Körperschaftsteuer. [2]Für die Ermittlung der auf die ausländischen Einkünfte entfallenden deutschen Körperschaftsteuer ist die Tarifbelastung vor Abzug der anzurechnenden ausländischen Steuern zugrunde zu legen; die Summe der Einkünfte ist entsprechend dem in >R 7.1 enthaltenen Berechnungsschema zu ermitteln. [3]Zur direkten Steueranrechnung bei beschränkter Steuerpflicht >Absatz 4.

(2) Die Pauschalierung der anzurechnenden Körperschaftsteuer nach dem Pauschalierungserlass vom 10.4.1984 (BStBl I S. 252) ist nicht zulässig.

(3) [1]Stammen Einkünfte aus einem ausländischen Staat, mit dem ein DBA besteht, kann eine Steueranrechnung (§ 26 Abs. 1 KStG) oder ein wahlweiser Abzug der ausländischen Steuern bei der Ermittlung der Einkünfte nur unter Beachtung der Vorschriften des maßgeblichen DBA vorgenommen werden. [2]Ggfs. kann auch die Anrechnung fiktiver Steuerbeträge in Betracht kommen. [3]Sieht ein DBA nur die Anrechnung ausländischer Steuern vor, kann dennoch auf Antrag das nach innerstaatlichem Recht eingeräumte Wahlrecht eines Abzugs der ausländischen Steuern bei der Ermittlung der Einkünfte beansprucht werden. [4]Das Wahlrecht muss für die gesamten Einkünfte aus einem ausländischen Staat einheitlich ausgeübt werden. [5]Über den Rahmen bestehender DBA hinaus kann eine Anrechnung oder ein Abzug ausländischer Steuern in Betracht kommen, wenn das DBA die Doppelbesteuerung nicht beseitigt oder sich nicht auf die fragliche Steuer vom Einkommen dieses Staates bezieht. [6]Bei negativen ausländischen Einkünften i. S. d. § 2a EStG aus einem ausländischen Staat, mit dem ein DBA besteht, ist auf Antrag anstelle einer im DBA vorgesehenen Anrechnung ein Abzug der ausländischen Steuern entsprechend § 34c Abs. 2 EStG möglich.

(4) Sind Körperschaften, Personenvereinigungen und Vermögensmassen beschränkt steuerpflichtig (§ 2 Nr. 1 KStG), ist nach § 26 Abs. 1 KStG i. V. m. § 50 Abs. 3 EStG unter den dort genannten Voraussetzungen die direkte Steueranrechnung (§ 34c Abs. 1 EStG) oder der Steuerabzug (§ 34c Abs. 2 und 3 EStG) möglich.

...

8. Lohnsteuer-Durchführungsverordnung 1990 (LStDV 1990)

i.d.F. der Bek. vom 10.10.1989 (BGBl. I S. 1848),
zuletzt geändert durch Art. 2 V vom 25.6.2020 (BGBl. I S. 1495)

– Auszug –

§ 1 Arbeitnehmer, Arbeitgeber

(1) [1]Arbeitnehmer sind Personen, die in öffentlichem oder privatem Dienst angestellt oder beschäftigt sind oder waren und die aus diesem Dienstverhältnis oder einem früheren Dienstverhältnis Arbeitslohn beziehen. [2]Arbeitnehmer sind auch die Rechtsnachfolger dieser Personen, soweit sie Arbeitslohn aus dem früheren Dienstverhältnis ihres Rechtsvorgängers beziehen.

(2) [1]Ein Dienstverhältnis (Absatz 1) liegt vor, wenn der Angestellte (Beschäftigte) dem Arbeitgeber (öffentliche Körperschaft, Unternehmer, Haushaltsvorstand) seine Arbeitskraft schuldet. [2]Dies ist der Fall, wenn die tätige Person in der Betätigung ihres geschäftlichen Willens unter der Leitung des Arbeitgebers steht oder im geschäftlichen Organismus des Arbeitgebers dessen Weisungen zu folgen verpflichtet ist.

(3) Arbeitnehmer ist nicht, wer Lieferungen und sonstige Leistungen innerhalb der von ihm selbstständig ausgeübten gewerblichen oder beruflichen Tätigkeit im Inland gegen Entgelt ausführt, soweit es sich um die Entgelte für diese Lieferungen und sonstigen Leistungen handelt.

...

§ 5 Besondere Aufzeichnungs- und Mitteilungspflichten im Rahmen der betrieblichen Altersversorgung

(1) Der Arbeitgeber hat bei der Durchführung einer kapitalgedeckten betrieblichen Altersversorgung über eine Pensionskasse oder eine Direktversicherung im Fall des § 52 Absatz 40 des Einkommensteuergesetzes aufzuzeichnen, dass vor dem 1. Januar 2018 mindestens ein Beitrag nach § 40b Absatz 1 und 2 des Einkommensteuergesetzes in einer vor dem 1. Januar 2005 geltenden Fassung pauschal besteuert wurde.

(2) [1]Der Arbeitgeber hat der Versorgungseinrichtung (Pensionsfonds, Pensionskasse, Direktversicherung), die für ihn die betriebliche Altersversorgung durchführt, spätestens zwei Monate nach Ablauf des Kalenderjahres oder nach Beendigung des Dienstverhältnisses im Laufe des Kalenderjahres die für den einzelnen Arbeitnehmer geleisteten und

1. nach § 3 Nummer 56 und 63 sowie nach § 100 Absatz 6 Satz 1 des Einkommensteuergesetzes steuerfrei belassenen,

2. nach § 40b des Einkommensteuergesetzes in der am 31. Dezember 2004 geltenden Fassung pauschal besteuerten oder
3. individuell besteuerten

Beiträge mitzuteilen. [2]Ferner hat der Arbeitgeber oder die Unterstützungskasse die nach § 3 Nr. 66 des Einkommensteuergesetzes steuerfrei belassenen Leistungen mitzuteilen. [3]Die Mitteilungspflicht des Arbeitgebers oder der Unterstützungskasse kann durch einen Auftragnehmer wahrgenommen werden.

(3) [1]Eine Mitteilung nach Absatz 2 kann unterbleiben, wenn die Versorgungseinrichtung die steuerliche Behandlung der für den einzelnen Arbeitnehmer im Kalenderjahr geleisteten Beiträge bereits kennt oder aus den bei ihr vorhandenen Daten feststellen kann, und dieser Umstand dem Arbeitgeber mitgeteilt worden ist. [2]Unterbleibt die Mitteilung des Arbeitgebers, ohne dass ihm eine entsprechende Mitteilung der Versorgungseinrichtung vorliegt, so hat die Versorgungseinrichtung davon auszugehen, dass es sich insgesamt bis zu den in § 3 Nr. 56 oder 63 des Einkommensteuergesetzes genannten Höchstbeträgen um steuerbegünstigte Beiträge handelt, die in der Auszahlungsphase als Leistungen im Sinne von § 22 Nr. 5 Satz 1 des Einkommensteuergesetzes zu besteuern sind.

...

§ 8
Anwendungszeitraum

(1) Die Vorschriften dieser Verordnung in der Fassung des Artikels 2 des Gesetzes vom 13. Dezember 2006 (BGBl. I S. 2878) sind erstmals anzuwenden auf laufenden Arbeitslohn, der für einen nach dem 31. Dezember 2006 endenden Lohnzahlungszeitraum gezahlt wird, und auf sonstige Bezüge, die nach dem 31. Dezember 2006 zufließen.

...

9.
Allgemeine Verwaltungsvorschrift zur Besteuerung des Arbeitslohns 2023 (Lohnsteuer-Richtlinien 2023 – LStR 2023)

vom 5.12.2022 (BStBl. I Sondernummer 2/2022)

– Auszug –

...

Zu § 3 Nr. 65 EStG

R 3.65 Insolvenzsicherung (§ 3 Nr. 65 EStG)

(1) [1]Die Steuerbefreiung gilt für etwaige Beiträge des Trägers der Insolvenzsicherung an ein Lebensversicherungsunternehmen zur Versicherung seiner Verpflichtungen im Sicherungsfall (§ 8 Abs. 1 BetrAVG). [2]Sie gilt auch für die Übertragung von Direktzusagen oder für Zusagen, die von einer Unterstützungskasse erbracht werden sollen, wenn die Betriebstätigkeit eingestellt und das Unternehmen liquidiert wird (§ 4 Abs. 4 BetrAVG). [3]Im Falle der Liquidation einer Kapitalgesellschaft greift die Steuerbefreiung auch bei der Übertragung von Versorgungszusagen, die an Gesellschafter-Geschäftsführer gegeben worden sind; dies gilt auch dann, wenn es sich um Versorgungszusagen an beherrschende Gesellschafter-Geschäftsführer handelt. [4]Die Sätze 2 und 3 gelten nicht bei einer Betriebsveräußerung, wenn das Unternehmen vom Erwerber fortgeführt wird.

(2) [1]Die Mittel für die Durchführung der Insolvenzsicherung werden aufgrund öffentlich-rechtlicher Verpflichtung durch Beiträge aller Arbeitgeber aufgebracht, die Leistungen der betrieblichen Altersversorgung unmittelbar zugesagt haben oder eine betriebliche Altersversorgung über eine Unterstützungskasse, eine Direktversicherung, einen Pensionsfonds oder eine Pensionskasse durchführen (§ 10 BetrAVG). [2]Die Beiträge an den Träger der Insolvenzsicherung gehören damit als Ausgaben des Arbeitgebers für die Zukunftssicherung des Arbeitnehmers, die aufgrund gesetzlicher Verpflichtung geleistet werden, zu den steuerfreien Einnahmen i. S. d. § 3 Nr. 62 EStG.

(3) [1]Durch die Insolvenzsicherung der betrieblichen Altersversorgung werden nicht neue oder höhere Ansprüche geschaffen, sondern nur bereits vorhandene Ansprüche gegen Insolvenz geschützt. [2]Die in Insolvenzfällen zu erbringenden Versorgungsleistungen des Trägers der Insolvenzsicherung bzw. bei Rückversicherung der Pensionskasse oder des Lebensversicherungsunternehmens behalten deshalb ihren steuerlichen Charakter, als wäre der Insolvenzfall nicht eingetreten. [3]Das bedeutet z. B., dass Versorgungsleistungen an einen Arbeitnehmer, die auf einer Pensionszusage beruhen oder die über eine Unterstützungskasse durchgeführt werden sollten, auch nach Eintritt des Insolvenzfalles und Übernahme der Leistungen durch ein Versicherungsunternehmen zu den Einnahmen aus nichtselbständiger Arbeit gehören.

(4) In den Fällen der Übertragung oder Umwandlung einer Rückdeckungsversicherung (>R 40b.1 Abs. 3) ist § 3 Nr. 65 Satz 1 Buchst. c EStG nicht anwendbar, aber ggf. § 3 Nr. 65 Satz 1 Buchst. d EStG.

...

Zu § 40b EStG

R 40b.1 Pauschalierung der Lohnsteuer bei Beiträgen zu Direktversicherungen und Pensionskassen für Versorgungszusagen, die vor dem 1. Januar 2005 erteilt wurden

Direktversicherung

(1) [1]Eine Direktversicherung ist eine Lebensversicherung auf das Leben des Arbeitnehmers, die durch den Arbeitgeber bei einem inländischen oder ausländischen Versicherungsunternehmen abgeschlossen worden ist und bei der der Arbeitnehmer oder seine Hinterbliebenen hinsichtlich der Versorgungsleistungen des Versicherers ganz oder teilweise bezugsberechtigt sind (>§ 1b Abs. 2 Satz 1 BetrAVG). [2]Dasselbe gilt für eine Lebensversicherung auf das Leben des Arbeitnehmers, die nach Abschluss durch den Arbeitnehmer vom Arbeitgeber übernommen worden ist. [3]Der Abschluss einer Lebensversicherung durch eine mit dem Arbeitgeber verbundene Konzerngesellschaft schließt die Anerkennung als Direktversicherung nicht aus, wenn der Anspruch auf die Versicherungsleistungen durch das Dienstverhältnis veranlasst ist und der Arbeitgeber die Beitragslast trägt. [4]Als Versorgungsleistungen können Leistungen der Alters-, Invaliditäts- oder Hinterbliebenenversorgung in Betracht kommen.

(2) [1]Es ist grundsätzlich gleichgültig, ob es sich um Kapitalversicherungen einschließlich Risikoversicherungen, um Rentenversicherungen oder fondsgebundene Lebensversicherungen handelt. [2]Kapitallebensversicherungen mit steigender Todesfallleistung sind als Direktversicherung anzuerkennen, wenn zu Beginn der Versicherung eine Todesfallleistung von mindestens 10% der Kapitalleistung im Erlebensfall vereinbart und der Versicherungsvertrag vor dem 1.8.1994 abgeschlossen worden ist. [3]Bei einer nach dem 31.7.1994 abgeschlossenen Kapitallebensversicherung ist Voraussetzung für die Anerkennung, dass die Todesfallleistung über die gesamte Versicherungsdauer mindestens 50% der für den Erlebensfall vereinbarten Kapitalleistung beträgt. [4]Eine nach dem 31.12.1996 abgeschlossene Kapitallebensversicherung ist als Direktversicherung anzuerkennen, wenn die Todesfallleistung während der gesamten Laufzeit des Versicherungsvertrags mindestens 60% der Summe der Beiträge beträgt, die nach dem Versicherungsvertrag für die gesamte Vertragsdauer zu zahlen sind. [5]Kapitalversicherungen mit einer Vertragsdauer von weniger als 5 Jahren können nicht anerkannt werden, es sei denn, dass sie im Rahmen einer Gruppenversicherung nach dem arbeitsrechtlichen Grundsatz der Gleichbehandlung abgeschlossen worden sind. [6]Dasselbe gilt für Rentenversicherungen mit Kapitalwahlrecht, bei denen das Wahlrecht innerhalb von 5 Jahren nach Vertragsabschluss wirksam werden kann, und für Beitragserhöhungen bei bereits bestehenden Kapitalversicherungen mit einer Restlaufzeit von weniger als 5 Jahren; aus Billigkeitsgründen können Beitragserhöhungen anerkannt werden, wenn sie im Zusammenhang mit der Anhebung der Pauschalierungsgrenzen

durch das Steuer-Euroglättungsgesetz erfolgt sind. [7]Unfallversicherungen sind keine Lebensversicherungen, auch wenn bei Unfall mit Todesfolge eine Leistung vorgesehen ist. [8]Dagegen gehören Unfallzusatzversicherungen und Berufsunfähigkeitszusatzversicherungen, die im Zusammenhang mit Lebensversicherungen abgeschlossen werden, sowie selbstständige Berufsunfähigkeitsversicherungen und Unfallversicherungen mit Prämienrückgewähr, bei denen der Arbeitnehmer Anspruch auf die Prämienrückgewähr hat, zu den Direktversicherungen. [9]Die Bezugsberechtigung des Arbeitnehmers oder seiner Hinterbliebenen muss vom Versicherungsnehmer (Arbeitgeber) der Versicherungsgesellschaft gegenüber erklärt werden (>§ 159 des Versicherungsvertragsgesetzes – VVG). [10]Die Bezugsberechtigung kann widerruflich oder unwiderruflich sein; bei widerruflicher Bezugsberechtigung sind die Bedingungen eines Widerrufs steuerlich unbeachtlich. [11]Unbeachtlich ist auch, ob die Anwartschaft des Arbeitnehmers arbeitsrechtlich bereits unverfallbar ist.

Rückdeckungsversicherung

(3) [1]Für die Abgrenzung zwischen einer Direktversicherung und einer Rückdeckungsversicherung, die vom Arbeitgeber abgeschlossen wird und die nur dazu dient, dem Arbeitgeber die Mittel zur Leistung einer dem Arbeitnehmer zugesagten Versorgung zu verschaffen, sind regelmäßig die zwischen Arbeitgeber und Arbeitnehmer getroffenen Vereinbarungen (Innenverhältnis) maßgebend und nicht die Abreden zwischen Arbeitgeber und Versicherungsunternehmen (Außenverhältnis). [2]Deshalb kann eine Rückdeckungsversicherung steuerlich grundsätzlich nur anerkannt werden, wenn die nachstehenden Voraussetzungen sämtlich erfüllt sind:

1. Der Arbeitgeber hat dem Arbeitnehmer eine Versorgung aus eigenen Mitteln zugesagt, z. B. eine Werkspension.
2. Zur Gewährleistung der Mittel für diese Versorgung hat der Arbeitgeber eine Versicherung abgeschlossen, zu der der Arbeitnehmer keine eigenen Beiträge i. S. d. § 2 Abs. 2 Nr. 2 Satz 2 LStDV leistet.
3. [1]Nur der Arbeitgeber, nicht aber der Arbeitnehmer erlangt Ansprüche gegen die Versicherung. [2]Unschädlich ist jedoch die Verpfändung der Ansprüche aus der Rückdeckungsversicherung an den Arbeitnehmer, weil dieser bei einer Verpfändung gegenwärtig keine Rechte erwirbt, die ihm einen Zugriff auf die Versicherung und die darin angesammelten Werte ermöglichen. [3]Entsprechendes gilt für eine aufschiebend bedingte Abtretung des Rückdeckungsanspruchs, da die Abtretung rechtlich erst wirksam wird, wenn die Bedingung eintritt (§ 158 Abs. 1 BGB), und für die Abtretung des Rückdeckungsanspruchs zahlungshalber im Falle der Liquidation oder der Vollstreckung in die Versicherungsansprüche durch Dritte.

[3]Wird ein Anspruch aus einer Rückdeckungsversicherung ohne Entgelt auf den Arbeitnehmer übertragen oder eine bestehende Rückdeckungsversicherung in eine Direktversicherung umgewandelt, fließt dem Arbeitnehmer im Zeitpunkt der Übertragung bzw. Umwandlung ein lohnsteuerpflichtiger geldwerter Vorteil zu, der grundsätzlich dem geschäftsplanmäßigen Deckungskapital zuzüglich einer bis zu diesem Zeitpunkt zugeteilten Überschussbeteiligung i. S. d. § 153 VVG der Versicherung ent-

spricht; § 3 Nr. 65 Satz 1 Buchstabe c EStG ist nicht anwendbar. [4]Entsprechendes gilt, wenn eine aufschiebend bedingte Abtretung rechtswirksam wird (>Satz 2 Nr. 3).

Pensionskasse

(4) [1]Als Pensionskassen sind sowohl rechtsfähige Versorgungseinrichtungen i. S. d. § 1b Abs. 3 Satz 1 BetrAVG als auch nicht rechtsfähige Zusatzversorgungseinrichtungen des öffentlichen Dienstes i. S. d. § 18 BetrAVG anzusehen, die den Leistungsberechtigten, insbesondere Arbeitnehmern und deren Hinterbliebenen, auf ihre Versorgungsleistungen einen Rechtsanspruch gewähren. [2]Es ist gleichgültig, ob die Kasse ihren Sitz oder ihre Geschäftsleitung innerhalb oder außerhalb des Geltungsbereichs des Einkommensteuergesetzes hat. [3]Absatz 1 Satz 4 gilt sinngemäß.

Barlohnkürzung

(5) Für die Lohnsteuerpauschalierung nach § 40b EStG kommt es nicht darauf an, ob die Beiträge oder Zuwendungen zusätzlich zum ohnehin geschuldeten Arbeitslohn oder auf Grund einer Vereinbarung mit dem Arbeitnehmer durch Herabsetzung des individuell zu besteuernden Arbeitslohns erbracht werden.

Voraussetzungen der Pauschalierung

(6) [1]Die Lohnsteuerpauschalierung setzt bei Beiträgen für eine Direktversicherung voraus, dass

1. die Versicherung nicht auf den Erlebensfall eines früheren als des 60. Lebensjahrs des Arbeitnehmers abgeschlossen,
2. die Abtretung oder Beleihung eines dem Arbeitnehmer eingeräumten unwiderruflichen Bezugsrechts in dem Versicherungsvertrag ausgeschlossen und
3. eine vorzeitige Kündigung des Versicherungsvertrags durch den Arbeitnehmer ausgeschlossen

worden ist. [2]Der Versicherungsvertrag darf keine Regelung enthalten, nach der die Versicherungsleistung für den Erlebensfall vor Ablauf des 59. Lebensjahres fällig werden könnte. [3]Lässt der Versicherungsvertrag z. B. die Möglichkeit zu, Gewinnanteile zur Abkürzung der Versicherungsdauer zu verwenden, so muss die Laufzeitverkürzung bis zur Vollendung des 59. Lebensjahrs begrenzt sein. [4]Der Ausschluss einer vorzeitigen Kündigung des Versicherungsvertrags ist anzunehmen, wenn in dem Versicherungsvertrag zwischen dem Arbeitgeber als Versicherungsnehmer und dem Versicherer folgende Vereinbarung getroffen worden ist:

„Es wird unwiderruflich vereinbart, dass während der Dauer des Dienstverhältnisses eine Übertragung der Versicherungsnehmer-Eigenschaft und eine Abtretung von Rechten aus diesem Vertrag auf den versicherten Arbeitnehmer bis zu dem Zeitpunkt, in dem der versicherte Arbeitnehmer sein 59. Lebensjahr vollendet, insoweit ausgeschlossen ist, als die Beiträge vom Versicherungsnehmer (Arbeitgeber) entrichtet worden sind.“

[5]Wird anlässlich der Beendigung des Dienstverhältnisses die Direktversicherung auf den ausscheidenden Arbeitnehmer übertragen, bleibt die Pauschalierung der Direkt-

versicherungsbeiträge in der Vergangenheit hiervon unberührt. [6]Das gilt unabhängig davon, ob der Arbeitnehmer den Direktversicherungsvertrag auf einen neuen Arbeitgeber überträgt, selbst fortführt oder kündigt. [7]Es ist nicht Voraussetzung, dass die Zukunftssicherungsleistungen in einer größeren Zahl von Fällen erbracht werden.

Bemessungsgrundlage der pauschalen Lohnsteuer

(7) [1]Die pauschale Lohnsteuer bemisst sich grundsätzlich nach den tatsächlichen Leistungen, die der Arbeitgeber für den einzelnen Arbeitnehmer erbringt. [2]Bei einer Verrechnung des Tarifbeitrags mit Überschussanteilen stellt deshalb der ermäßigte Beitrag die Bemessungsgrundlage für die pauschale Lohnsteuer dar. [3]Wird für mehrere Arbeitnehmer gemeinsam eine pauschale Leistung erbracht, bei der der Teil, der auf den einzelnen Arbeitnehmer entfällt, nicht festgestellt werden kann, ist dem einzelnen Arbeitnehmer der Teil der Leistung zuzurechnen, der sich bei einer Aufteilung der Leistung nach der Zahl der begünstigten Arbeitnehmer ergibt (>§ 2 Abs. 2 Nr. 3 Satz 3 LStDV). [4]Werden Leistungen des Arbeitgebers für die tarifvertragliche Zusatzversorgung der Arbeitnehmer mit einem Prozentsatz der Bruttolohnsumme des Betriebs erbracht, ist die Arbeitgeberleistung Bemessungsgrundlage der pauschalen Lohnsteuer. [5]Für die Feststellung der Pauschalierungsgrenze (>Absatz 8) bei zusätzlichen pauschal besteuerbaren Leistungen für einzelne Arbeitnehmer ist die Arbeitgeberleistung auf die Zahl der durch die tarifvertragliche Zusatzversorgung begünstigten Arbeitnehmer aufzuteilen.

Pauschalierungsgrenze

(8) [1]Die Pauschalierungsgrenze von 1752 Euro nach § 40b Abs. 2 Satz 1 EStG i.d.F. am 31.12.2004 kann auch in den Fällen voll ausgeschöpft werden, in denen feststeht, dass dem Arbeitnehmer bereits aus einem vorangegangenen Dienstverhältnis im selben Kalenderjahr pauschal besteuerte Zukunftssicherungsleistungen zugeflossen sind. [2]Soweit pauschal besteuerbare Leistungen den Grenzbetrag von 1752 Euro überschreiten, müssen sie dem normalen Lohnsteuerabzug unterworfen werden.

Durchschnittsberechnung

(9) [1]Wenn mehrere Arbeitnehmer gemeinsam in einem Direktversicherungsvertrag oder in einer Pensionskasse versichert sind, ist für die Feststellung der Pauschalierungsgrenze eine Durchschnittsberechnung anzustellen. [2]Ein gemeinsamer Direktversicherungsvertrag liegt außer bei einer Gruppenversicherung auch dann vor, wenn in einem Rahmenvertrag mit einem oder mehreren Versicherern sowohl die versicherten Personen als auch die versicherten Wagnisse bezeichnet werden und die Einzelheiten in Zusatzvereinbarungen geregelt sind. [3]Ein Rahmenvertrag, der z. B. nur den Beitragseinzug und die Beitragsabrechnung regelt, stellt keinen gemeinsamen Direktversicherungsvertrag dar. [4]Bei der Durchschnittsberechnung bleiben Beiträge des Arbeitgebers unberücksichtigt, die nach § 3 Nr. 63 EStG steuerfrei sind oder wegen der Ausübung des Wahlrechts nach § 3 Nr. 63 Satz 2 zweite Alternative EStG individuell besteuert werden. [5]Im Übrigen ist wie folgt zu verfahren:

1. [1]Sind in der Direktversicherung oder in der Pensionskasse Arbeitnehmer versichert, für die pauschal besteuerbare Leistungen von jeweils insgesamt mehr als 2148 Euro (§ 40b Abs. 2 Satz 2 EStG i.d.F. am 31.12.2004) jährlich erbracht werden, scheiden die Leistungen für diese Arbeitnehmer aus der Durchschnittsberechnung aus. [2]Das gilt z. B. auch dann, wenn mehrere Direktversicherungsverträge bestehen und die Beitragsanteile für den einzelnen Arbeitnehmer insgesamt 2148 Euro übersteigen. [3]Die Erhebung der Lohnsteuer auf diese Leistungen richtet sich nach Absatz 8 Satz 2.

2. [1]Die Leistungen für die übrigen Arbeitnehmer sind zusammenzurechnen und durch die Zahl der Arbeitnehmer zu teilen, für die sie erbracht worden sind. [2]Bei einem konzernumfassenden gemeinsamen Direktversicherungsvertrag ist der Durchschnittsbetrag durch Aufteilung der Beitragszahlungen des Arbeitgebers auf die Zahl seiner begünstigten Arbeitnehmer festzustellen; es ist nicht zulässig, den Durchschnittsbetrag durch Aufteilung des Konzernbeitrags auf alle Arbeitnehmer des Konzerns zu ermitteln.

   a) [1]Übersteigt der so ermittelte Durchschnittsbetrag nicht 1752 Euro, ist dieser für jeden Arbeitnehmer der Pauschalbesteuerung zugrunde zu legen. [2]Werden für den einzelnen Arbeitnehmer noch weitere pauschal besteuerbare Leistungen erbracht, so dürfen aber insgesamt nur 1752 Euro pauschal besteuert werden; im Übrigen gilt Absatz 8 Satz 2.

   b) [1]Übersteigt der Durchschnittsbetrag 1752 Euro, kommt er als Bemessungsgrundlage für die Pauschalbesteuerung nicht in Betracht. [2]Der Pauschalbesteuerung sind die tatsächlichen Leistungen zugrunde zu legen, soweit sie für den einzelnen Arbeitnehmer 1752 Euro nicht übersteigen; im Übrigen gilt Absatz 8 Satz 2.

3. [1]Ist ein Arbeitnehmer

   a) in mehreren Direktversicherungsverträgen gemeinsam mit anderen Arbeitnehmern,

   b) in mehreren Pensionskassen oder

   c) in Direktversicherungsverträgen gemeinsam mit anderen Arbeitnehmern und in Pensionskassen

   versichert, ist jeweils der Durchschnittsbetrag aus der Summe der Beiträge für mehrere Direktversicherungen, aus der Summe der Zuwendungen an mehrere Pensionskassen oder aus der Summe der Beiträge zu Direktversicherungen und der Zuwendungen an Pensionskassen zu ermitteln. [2]In diese gemeinsame Durchschnittsbildung dürfen jedoch solche Verträge nicht einbezogen werden, bei denen wegen der 2148-Euro-Grenze (>Nummer 1) nur noch ein Arbeitnehmer übrig bleibt; in diesen Fällen liegt eine gemeinsame Versicherung, die in die Durchschnittsberechnung einzubeziehen ist, nicht vor.

(10) Werden die pauschal besteuerbaren Leistungen nicht in einem Jahresbetrag erbracht, gilt Folgendes:

1. Die Einbeziehung der auf den einzelnen Arbeitnehmer entfallenden Leistungen in die Durchschnittsberechnung nach § 40b Abs. 2 Satz 2 EStG entfällt von dem Zeitpunkt an, in dem sich ergibt, dass die Leistungen für diesen Arbeitnehmer voraussichtlich insgesamt 2148 Euro im Kalenderjahr übersteigen werden.
2. Die Lohnsteuerpauschalierung auf der Grundlage des Durchschnittsbetrags entfällt von dem Zeitpunkt an, in dem sich ergibt, dass der Durchschnittsbetrag voraussichtlich 1752 Euro im Kalenderjahr übersteigen wird.
3. [1]Die Pauschalierungsgrenze von 1752 Euro ist jeweils insoweit zu vermindern, als sie bei der Pauschalbesteuerung von früheren Leistungen im selben Kalenderjahr bereits ausgeschöpft worden ist. [2]Werden die Leistungen laufend erbracht, so darf die Pauschalierungsgrenze mit dem auf den jeweiligen Lohnzahlungszeitraum entfallenden Anteil berücksichtigt werden.

Vervielfältigungsregelung

(11) [1]Die Vervielfältigung der Pauschalierungsgrenze nach § 40b Abs. 2 Satz 3 EStG steht in Zusammenhang mit der Beendigung des Dienstverhältnisses; ein solcher Zusammenhang ist insbesondere dann zu vermuten, wenn der Direktversicherungsbeitrag innerhalb von 3 Monaten vor dem Auflösungszeitpunkt geleistet wird. [2]Die Vervielfältigungsregelung gilt auch bei der Umwandlung von Arbeitslohn (>Absatz 5); nach Auflösung des Dienstverhältnisses kann sie ohne zeitliche Beschränkung angewendet werden, wenn die Umwandlung spätestens bis zum Zeitpunkt der Auflösung des Dienstverhältnisses vereinbart wird. [3]Die Gründe, aus denen das Dienstverhältnis beendet wird, sind für die Vervielfältigung der Pauschalierungsgrenze unerheblich. [4]Die Vervielfältigungsregelung kann daher auch in den Fällen angewendet werden, in denen ein Arbeitnehmer wegen Erreichens der Altersgrenze aus dem Dienstverhältnis ausscheidet. [5]Auf die vervielfältigte Pauschalierungsgrenze sind die für den einzelnen Arbeitnehmer in dem Kalenderjahr, in dem das Dienstverhältnis beendet wird, und in den sechs vorangegangenen Kalenderjahren tatsächlich entrichteten Beiträge und Zuwendungen anzurechnen, die nach § 40b Abs. 1 EStG pauschal besteuert wurden. [6]Dazu gehören auch die 1752 Euro übersteigenden personenbezogenen Beiträge, wenn sie nach § 40b Abs. 2 Satz 2 EStG in die Bemessungsgrundlage für die Pauschsteuer einbezogen worden sind. [7]Ist bei Pauschalzuweisungen ein personenbezogener Beitrag nicht feststellbar, so ist als tatsächlicher Beitrag für den einzelnen Arbeitnehmer der Durchschnittsbetrag aus der Pauschalzuweisung anzunehmen.

Rückzahlung pauschal besteuerbarer Leistungen

(12) (unbesetzt)

(13) [1]Eine Arbeitslohnrückzahlung (negative Einnahme) ist anzunehmen, wenn der Arbeitnehmer sein Bezugsrecht aus einer Direktversicherung (z. B. bei vorzeitigem Ausscheiden aus dem Dienstverhältnis) ganz oder teilweise ersatzlos verliert und das Versicherungsunternehmen als Arbeitslohn versteuerte Beiträge an den Arbeitgeber zurückzahlt. [2]Zahlungen des Arbeitnehmers zum Wiedererwerb des verlorenen Be-

zugsrechts sind der Vermögenssphäre zuzurechnen; sie stellen keine Arbeitslohnrückzahlung dar.

(14) [1]Sind nach Absatz 13 Arbeitslohnrückzahlungen aus pauschal versteuerten Beitragsleistungen anzunehmen, mindern sie die gleichzeitig (im selben Kalenderjahr) anfallenden pauschal besteuerbaren Beitragsleistungen des Arbeitgebers. [2]Übersteigen in einem Kalenderjahr die Arbeitslohnrückzahlungen betragsmäßig die Beitragsleistungen des Arbeitgebers, ist eine Minderung der Beitragsleistungen im selben Kalenderjahr nur bis auf Null möglich. [3]Eine Minderung von Beitragsleistungen des Arbeitgebers aus den Vorjahren ist nicht möglich. [4]Der Arbeitnehmer kann negative Einnahmen aus pauschal versteuerten Beitragsleistungen nicht geltend machen.

(15) [1]Wenn Arbeitslohnrückzahlungen nach Absatz 13 aus teilweise individuell und teilweise pauschal versteuerten Beitragsleistungen herrühren, ist der Betrag entsprechend aufzuteilen. [2]Dabei kann aus Vereinfachungsgründen das Verhältnis zugrunde gelegt werden, das sich nach den Beitragsleistungen in den vorangegangenen fünf Kalenderjahren ergibt. [3]Maßgebend sind die tatsächlichen Beitragsleistungen; § 40b Abs. 2 Satz 2 EStG ist nicht anzuwenden. [4]Die lohnsteuerliche Berücksichtigung der dem Arbeitnehmer zuzurechnenden Arbeitslohnzahlung richtet sich nach folgenden Grundsätzen:

1. Besteht im Zeitpunkt der Arbeitslohnrückzahlung noch das Dienstverhältnis zu dem Arbeitgeber, der die Versicherungsbeiträge geleistet hat, kann der Arbeitgeber die Arbeitslohnrückzahlung mit dem Arbeitslohn des Kalenderjahres der Rückzahlung verrechnen und den so verminderten Arbeitslohn der Lohnsteuer unterwerfen.

2. [1]Soweit der Arbeitgeber von der vorstehenden Möglichkeit nicht Gebrauch macht oder machen kann, kann der Arbeitnehmer die Arbeitslohnrückzahlung wie Werbungskosten – ohne Anrechnung des maßgebenden Pauschbetrags für Werbungskosten nach § 9a Satz 1 Nr. 1 EStG – als Freibetrag (>§ 39a EStG) bilden lassen oder bei der Veranlagung zur Einkommensteuer geltend machen. [2]Erzielt der Arbeitnehmer durch die Arbeitslohnrückzahlung bei seinen Einkünften aus nichtselbstständiger Arbeit einen Verlust, kann er diesen mit Einkünften aus anderen Einkunftsarten ausgleichen oder unter den Voraussetzungen des § 10d EStG den Verlustabzug beanspruchen.

(16) Die Absätze 13 bis 15 gelten für Zuwendungen an Pensionskassen sinngemäß.

…

10. Bewertungsgesetz (BewG)

i. d. F. der Bek. vom 1.2.1991 (BGBl. I S. 230),
zuletzt geändert durch Art. 20 G vom 16.12.2022 (BGBl. I S. 2294)

– Auszug –

Erster Teil Allgemeine Bewertungsvorschriften

...

§ 9 Bewertungsgrundsatz, gemeiner Wert

(1) Bei Bewertungen ist, soweit nichts anderes vorgeschrieben ist, der gemeine Wert zugrunde zu legen.

(2) [1]Der gemeine Wert wird durch den Preis bestimmt, der im gewöhnlichen Geschäftsverkehr nach der Beschaffenheit des Wirtschaftsgutes bei einer Veräußerung zu erzielen wäre. [2]Dabei sind alle Umstände, die den Preis beeinflussen, zu berücksichtigen. [3]Ungewöhnliche oder persönliche Verhältnisse sind nicht zu berücksichtigen.

(3) [1]Als persönliche Verhältnisse sind auch Verfügungsbeschränkungen anzusehen, die in der Person des Steuerpflichtigen oder eines Rechtsvorgängers begründet sind. [2]Das gilt insbesondere für Verfügungsbeschränkungen, die auf letztwilligen Anordnungen beruhen.

§ 10 Begriff des Teilwerts

[1]Wirtschaftsgüter, die einem Unternehmen dienen, sind, soweit nichts anderes vorgeschrieben ist, mit dem Teilwert anzusetzen. [2]Teilwert ist der Betrag, den ein Erwerber des ganzen Unternehmens im Rahmen des Gesamtkaufpreises für das einzelne Wirtschaftsgut ansetzen würde. [3]Dabei ist davon auszugehen, dass der Erwerber das Unternehmen fortführt.

...

11.
Gewerbesteuergesetz (GewStG)

i.d.F. der Bek. vom 15.10.2002 (BGBl. I S. 4167),
zuletzt geändert durch Art. 10 G vom 16.12.2022 (BGBl. I S. 2294)

– Auszug –

Abschnitt I
Allgemeines

…

§ 2
Steuergegenstand

(1) [1]Der Gewerbesteuer unterliegt jeder stehende Gewerbebetrieb, soweit er im Inland betrieben wird. [2]Unter Gewerbebetrieb ist ein gewerbliches Unternehmen im Sinne des Einkommensteuergesetzes zu verstehen. [3]Im Inland betrieben wird ein Gewerbebetrieb, soweit für ihn im Inland oder auf einem in einem inländischen Schiffsregister eingetragenen Kauffahrteischiff eine Betriebsstätte unterhalten wird.

(2) [1]Als Gewerbebetrieb gilt stets und in vollem Umfang die Tätigkeit der Kapitalgesellschaften (insbesondere Europäische Gesellschaften, Aktiengesellschaften, Kommanditgesellschaften auf Aktien, Gesellschaften mit beschränkter Haftung), Genossenschaften einschließlich Europäischer Genossenschaften sowie der Versicherungs- und Pensionsfondsvereine auf Gegenseitigkeit. [2]Ist eine Kapitalgesellschaft Organgesellschaft im Sinne der § 14 oder § 17 des Körperschaftsteuergesetzes, so gilt sie als Betriebsstätte des Organträgers.

…

§ 3
Befreiungen

Von der Gewerbesteuer sind befreit

…

9. rechtsfähige Pensions-, Sterbe-, Kranken- und Unterstützungskassen im Sinne des § 5 Abs. 1 Nr. 3 des Körperschaftsteuergesetzes, soweit sie die für eine Befreiung von der Körperschaftsteuer erforderlichen Voraussetzungen erfüllen;

…

19. der Pensions-Sicherungs-Verein Versicherungsverein auf Gegenseitigkeit, wenn er die für eine Befreiung von der Körperschaftsteuer erforderlichen Voraussetzungen erfüllt;

…

§ 5
Steuerschuldner

(1) [1]Steuerschuldner ist der Unternehmer. [2]Als Unternehmer gilt der, für dessen Rechnung das Gewerbe betrieben wird. [3]Ist die Tätigkeit einer Personengesellschaft Gewerbebetrieb, so ist Steuerschuldner die Gesellschaft. [4]Wird das Gewerbe in der Rechtsform einer Europäischen wirtschaftlichen Interessenvereinigung mit Sitz im Geltungsbereich der Verordnung (EWG) Nr. 2137/85 des Rates vom 25. Juli 1985 über die Schaffung einer Europäischen wirtschaftlichen Interessenvereinigung (EWIV) – ABl. L 199 vom 31.7.1985, S. 1 – betrieben, sind abweichend von Satz 3 die Mitglieder Gesamtschuldner.

...

12.
Steuerliche Förderung der betrieblichen Altersversorgung

BMF-Schreiben vom 12.8.2021 – IV C 5 – S 2333/19/10008:71 –
(BStBl. I S. 1050),
zuletzt geändert durch das Schreiben des BMF vom 18.3.2022 –
IV C 5 – S 2333/19/10008 :026[1] –

Vor dem Hintergrund insbesondere der Änderungen durch das Gesetz zur Vermeidung von Umsatzsteuerausfällen beim Handel mit Waren im Internet und zur Änderung weiterer steuerlicher Vorschriften vom 11. Dezember 2018 (BGBl. I S. 2338, BStBl. I S. 1377) sowie das Grundrentengesetz vom 12. August 2020 (BGBl. I S. 1879, BStBl. 2021 I S. 4) nehme ich unter Bezugnahme auf das Ergebnis der Erörterungen mit den obersten Finanzbehörden der Länder zur steuerlichen Förderung der betrieblichen Altersversorgung wie folgt Stellung:

I. Allgemeines

Betriebliche Altersversorgung liegt vor, wenn dem Arbeitnehmer aus Anlass seines Arbeitsverhältnisses vom Arbeitgeber Leistungen oder Beiträge zur Absicherung mindestens eines biometrischen Risikos (Alter, Tod, Invalidität) zugesagt werden und Ansprüche auf diese Leistungen erst mit dem Eintritt des biologischen Ereignisses fällig werden (§ 1 des Betriebsrentengesetzes – BetrAVG –). Die Zusage des Arbeitgebers muss somit einem im Betriebsrentengesetz geregelten Versorgungszweck dienen, die Leistungspflicht nach dem Inhalt der Zusage durch ein im Gesetz genanntes biologisches Ereignis ausgelöst werden und durch die vorgesehene Leistung ein im Gesetz angesprochenes biometrisches Risiko teilweise übernommen werden (BAG-Urteil vom 16. März 2010 – 3 AZR 594/09, Rn. 23 ff. –). Werden mehrere biometrische Risiken abgesichert, ist aus steuerrechtlicher Sicht die gesamte Vereinbarung/Zusage nur dann als betriebliche Altersversorgung anzuerkennen, wenn für alle Risiken die Vorgaben der Rn. 1 bis 7 beachtet werden. Keine betriebliche Altersversorgung in diesem Sinne liegt vor, wenn vereinbart ist, dass ohne Eintritt eines biometrischen Risikos die Auszahlung an beliebige Dritte (z. B. die Erben) erfolgt. Dies gilt für alle Auszahlungsformen (z. B. lebenslange Rente, Auszahlungsplan mit Restkapitalverrentung, Einmalkapitalauszahlung und ratenweise Auszahlung). Als Durchführungswege der betrieblichen Altersversorgung kommen die Direktzusage (§ 1 Abs. 1 Satz 2 BetrAVG), die Unterstützungskasse (§ 1b Abs. 4 BetrAVG), die Direktversicherung (§ 1b Abs. 2 BetrAVG), die Pensionskasse (§ 1b Abs. 3 BetrAVG, § 232 des Versicherungsaufsichtsgesetzes – VAG) oder der Pensionsfonds (§ 1b Abs. 3 BetrAVG, § 236 VAG) in Betracht. 1

Nicht um betriebliche Altersversorgung handelt es sich, wenn der Arbeitgeber oder eine Versorgungseinrichtung dem nicht bei ihm beschäftigten Ehegatten eines Arbeitnehmers eigene Versorgungsleistungen zur Absicherung seiner biometrischen Risiken 2

1 Die Änderungen gegenüber dem BMF-Schreiben vom 12. August 2021 (a. a. O.) sind durch Fettdruck hervorgehoben.

(Alter, Tod, Invalidität) verspricht, da hier keine Versorgungszusage aus Anlass eines Arbeitsverhältnisses zwischen dem Arbeitgeber und dem Ehegatten vorliegt (§ 1 BetrAVG). Dies gilt entsprechend für Lebenspartner nach dem Lebenspartnerschaftsgesetz sowie für nichteheliche Lebensgefährtinnen und Lebensgefährten.

3 Das biologische Ereignis ist bei der Altersversorgung das altersbedingte Ausscheiden aus dem Erwerbsleben, bei der Hinterbliebenenversorgung der Tod des Arbeitnehmers und bei der Invaliditätsversorgung der Invaliditätseintritt, ohne dass es auf den Invaliditätsgrad ankommt. Als Untergrenze für betriebliche Altersversorgungsleistungen bei altersbedingtem Ausscheiden aus dem Erwerbsleben gilt im Regelfall das 60. Lebensjahr. In Ausnahmefällen können betriebliche Altersversorgungsleistungen auch schon vor dem 60. Lebensjahr gewährt werden, so z. B. bei Berufsgruppen wie Piloten, bei denen schon vor dem 60. Lebensjahr Versorgungsleistungen üblich sind. Ob solche Ausnahmefälle (berufsspezifische Besonderheiten) vorliegen, ergibt sich aus Gesetz, Tarifvertrag oder Betriebsvereinbarung. Erreicht der Arbeitnehmer im Zeitpunkt der Auszahlung das 60. Lebensjahr, hat aber seine berufliche Tätigkeit noch nicht beendet, so ist **dies unschädlich**. Zur bilanzsteuerrechtlichen Berücksichtigung von Versorgungsleistungen, die ohne die Voraussetzung des Ausscheidens aus dem Dienstverhältnis gewährt werden, siehe BMF-Schreiben vom 18. September 2017 (BStBl. I S. 1293). Für Versorgungszusagen, die nach dem 31. Dezember 2011 erteilt werden, tritt an die Stelle des 60. Lebensjahres regelmäßig das 62. Lebensjahr (siehe auch BT-Drucksache 16/3794 vom 12. Dezember 2006, S. 31, unter „IV. Zusätzliche Altersvorsorge" zum RV-Altersgrenzenanpassungsgesetz vom 20. April 2007, BGBl. I S. 554). Bei der für die steuerrechtliche Beurteilung maßgeblichen Frage, zu welchem Zeitpunkt eine Versorgungszusage erteilt wurde, ist grundsätzlich die zu einem Rechtsanspruch führende arbeitsrechtliche bzw. betriebsrentenrechtliche Verpflichtungserklärung des Arbeitgebers maßgebend (z. B. Einzelvertrag, Betriebsvereinbarung oder Tarifvertrag). Entscheidend ist danach nicht, wann Mittel an die Versorgungseinrichtung fließen. Bei kollektiven, rein arbeitgeberfinanzierten Versorgungsregelungen ist die Zusage daher in der Regel mit Abschluss der Versorgungsregelung bzw. mit Beginn des Dienstverhältnisses des Arbeitnehmers erteilt. Ist die erste Dotierung durch den Arbeitgeber erst nach Ablauf einer von vornherein arbeitsrechtlich festgelegten Wartezeit vorgesehen, so wird der Zusagezeitpunkt dadurch nicht verändert. Im Fall der ganz oder teilweise durch Entgeltumwandlung finanzierten Zusage gilt diese regelmäßig mit Abschluss der erstmaligen Gehaltsänderungsvereinbarung (vgl. auch Rn. 9 ff.) als erteilt. Liegen zwischen der Gehaltsänderungsvereinbarung und der erstmaligen Herabsetzung des Arbeitslohns mehr als 12 Monate, gilt die Versorgungszusage erst im Zeitpunkt der erstmaligen Herabsetzung als erteilt.

3a Bei Eintritt einer Erwerbsminderung, Erwerbsunfähigkeit oder Berufsunfähigkeit wird das biometrische Risiko der Invalidität grundsätzlich erfüllt; die Versicherung dieser Risiken erfüllt die Voraussetzungen des Betriebsrentengesetzes. Dies gilt auch dann, wenn der Leistungsfall nicht zusätzlich daran geknüpft ist, dass der Arbeitnehmer tatsächlich durch den Eintritt des Invaliditätsgrades in seiner Berufsausübung beeinträchtigt ist. Eine solche Einschränkung lässt sich § 1 Abs. 1 Satz 1 BetrAVG nicht entnehmen. Es steht dem Arbeitgeber aber frei, in seiner Versorgungszusage und entsprechend in den versicherungsvertraglichen Vereinbarungen den Leistungsfall in diesem Sinne einzuschränken.

Eine Grundfähigkeitenversicherung dient ebenfalls der Absicherung des biometrischen Risikos „Invalidität", da der Verlust einer Grundfähigkeit zum Eintritt eines Invaliditätsgrades führt. Auch eine Grundfähigkeitenversicherung erfüllt daher die Voraussetzungen des Betriebsrentengesetzes. 3b

Demgegenüber stellt die Versicherung des Risikos einer Arbeitsunfähigkeit, auch wenn es sich um eine längerfristige handelt, keine Absicherung des biometrischen Risikos „Invalidität" dar und dient folglich nicht einer betrieblichen Altersversorgung. 3c

Ist in den Durchführungswegen Direktversicherung, Pensionskasse und Pensionsfonds eine Beitragsfreistellung für bestimmte Zeiten – wie etwa Zeiten der Arbeitsunfähigkeit und Zeiten, in der ein Arbeitnehmer Krankengeld erhält – vereinbart, ist dies betriebsrentenrechtlich unbedenklich und steht der steuerlichen Anerkennung als betriebliche Altersversorgung somit nicht entgegen. 3d

Eine Hinterbliebenenversorgung im steuerlichen Sinne darf nur Leistungen an die Witwe/den Witwer der Arbeitnehmerin/des Arbeitnehmers, die Kinder im Sinne des § 32 Abs. 3, 4 Satz 1 Nr. 1 bis 3 und Abs. 5 EStG, den früheren Ehegatten oder die Lebensgefährtin/den Lebensgefährten vorsehen. Der Arbeitgeber hat bei Erteilung oder Änderung der Versorgungszusage zu prüfen, ob die Versorgungsvereinbarung insoweit generell diese Voraussetzungen erfüllt; ob im Einzelfall Hinterbliebene in diesem Sinne vorhanden sind, ist letztlich vom Arbeitgeber/Versorgungsträger erst im Zeitpunkt der Auszahlung der Hinterbliebenenleistung zu prüfen. Als Kind kann auch ein im Haushalt des Arbeitnehmers auf Dauer aufgenommenes Kind begünstigt werden, welches in einem Obhuts- und Pflegeverhältnis zu ihm steht und nicht die Voraussetzungen des § 32 EStG zu ihm erfüllt (Pflegekind/Stiefkind und faktisches Stiefkind). Dabei ist es – anders als bei der Gewährung von staatlichen Leistungen – unerheblich, ob noch ein Obhuts- und Pflegeverhältnis zu einem leiblichen Elternteil des Kindes besteht, der ggf. ebenfalls im Haushalt des Arbeitnehmers lebt. Es muss jedoch spätestens zu Beginn der Auszahlungsphase der Hinterbliebenenleistung eine schriftliche Versicherung des Arbeitnehmers vorliegen, in der, neben der geforderten namentlichen Benennung des Pflegekindes/Stiefkindes und faktischen Stiefkindes, bestätigt wird, dass ein entsprechendes Kindschaftsverhältnis besteht. Entsprechendes gilt, wenn ein Enkelkind auf Dauer im Haushalt der Großeltern aufgenommen und versorgt wird. Bei Versorgungszusagen, die vor dem 1. Januar 2007 erteilt wurden, sind für das Vorliegen einer begünstigten Hinterbliebenenversorgung die Altersgrenzen des § 32 EStG in der bis zum 31. Dezember 2006 geltenden Fassung (27. Lebensjahr) maßgebend. Der Begriff des/der Lebensgefährten/in ist als Oberbegriff zu verstehen, der auch die gleichgeschlechtliche Lebenspartnerschaft mit erfasst. Ob eine gleichgeschlechtliche Lebenspartnerschaft eingetragen wurde oder nicht, ist dabei zunächst unerheblich. Für Partner einer eingetragenen Lebenspartnerschaft besteht allerdings die Besonderheit, dass sie einander nach § 5 Lebenspartnerschaftsgesetz zum Unterhalt verpflichtet sind. Insoweit liegt eine mit der zivilrechtlichen Ehe vergleichbare Partnerschaft vor. Handelt es sich dagegen um eine andere Form der nicht ehelichen 4

Lebensgemeinschaft, muss anhand der im BMF-Schreiben vom 25. Juli 2002 (BStBl. I S. 706) genannten Voraussetzungen geprüft werden, ob diese als Hinterbliebenenversorgung anerkannt werden kann. Ausreichend ist dabei regelmäßig, dass spätestens zu Beginn der Auszahlungsphase der Hinterbliebenenleistung eine Versicherung des Arbeitnehmers in Textform vorliegt, in der neben der geforderten namentlichen Benennung des/der Lebensgefährten/in bestätigt wird, dass eine gemeinsame Haushaltsführung besteht.

5 Die Möglichkeit, andere als die in Rn. 4 genannten Personen als Begünstigte für den Fall des Todes des Arbeitnehmers zu benennen, führt steuerrechtlich dazu, dass es sich nicht mehr um eine Hinterbliebenenversorgung handelt, sondern von einer Vererblichkeit der Anwartschaften auszugehen ist. Gleiches gilt, wenn z. B. bei einer vereinbarten Rentengarantiezeit die Auszahlung auch an andere als die in Rn. 4 genannten Personen möglich ist. Ist die Auszahlung der garantierten Leistungen nach dem Tod des Berechtigten hingegen ausschließlich an Hinterbliebene im engeren Sinne (Rn. 4) möglich, ist eine vereinbarte Rentengarantiezeit ausnahmsweise unschädlich. Ein Wahlrecht des Arbeitnehmers zur Einmal- oder Teilkapitalauszahlung ist in diesem Fall nicht zulässig. Es handelt sich vielmehr nur dann um unschädliche Zahlungen nach dem Tod des Berechtigten, wenn die garantierte Rente in unveränderter Höhe (einschließlich Dynamisierungen) an die versorgungsberechtigten Hinterbliebenen im engeren Sinne weitergezahlt wird. Dabei ist zu beachten, dass die Zahlungen einerseits durch die garantierte Zeit und andererseits durch das Vorhandensein von entsprechenden Hinterbliebenen begrenzt werden. Die Zusammenfassung von bis zu zwölf Monatsleistungen in einer Auszahlung sowie die gesonderte Auszahlung der zukünftig in der Auszahlungsphase anfallenden Zinsen und Erträge sind dabei unschädlich. Im Fall der Witwe/des Witwers oder der Lebensgefährtin/des Lebensgefährten wird dabei nicht beanstandet, wenn anstelle der Zahlung der garantierten Rentenleistung in unveränderter Höhe das im Zeitpunkt des Todes des Berechtigten noch vorhandene „Restkapital" ausnahmsweise lebenslang verrentet wird. Die Möglichkeit, ein einmaliges angemessenes Sterbegeld an andere Personen als die in Rn. 4 genannten Hinterbliebenen auszuzahlen, führt nicht zur Versagung der Anerkennung als betriebliche Altersversorgung; bei Auszahlung ist das Sterbegeld gem. § 19 EStG oder § 22 Nr. 5 EStG zu besteuern (vgl. Rn. 145 ff.). Im Fall der Pauschalbesteuerung von Beiträgen für eine Direktversicherung nach § 40b EStG in der am 31. Dezember 2004 geltenden Fassung (§ 40b EStG a. F.) ist es ebenfalls unschädlich, wenn eine beliebige Person als Bezugsberechtigte für den Fall des Todes des Arbeitnehmers benannt wird. Zur bilanzsteuerrechtlichen Berücksichtigung von vererblichen Versorgungsanwartschaften und Versorgungsleistungen siehe Rn. 11 des BMF-Schreibens vom 18. September 2017 (BStBl. I S. 1293).

6 Keine betriebliche Altersversorgung liegt vor, wenn zwischen Arbeitnehmer und Arbeitgeber die Vererblichkeit von Anwartschaften vereinbart ist. Auch Vereinbarungen, nach denen Arbeitslohn gutgeschrieben und ohne Abdeckung eines biometrischen Risikos zu einem späteren Zeitpunkt (z. B. bei Ausscheiden aus dem Dienstverhältnis) ggf. mit Wertsteigerung ausgezahlt wird, sind nicht dem Bereich der betrieblichen Altersversorgung zuzuordnen. Gleiches gilt, wenn von vornherein eine Abfindung der

Versorgungsanwartschaft, z. B. zu einem bestimmten Zeitpunkt oder bei Vorliegen bestimmter Voraussetzungen, vereinbart ist und dadurch nicht mehr von der Absicherung eines biometrischen Risikos ausgegangen werden kann. Demgegenüber führt allein die Möglichkeit einer Beitragserstattung einschließlich der gutgeschriebenen Erträge bzw. einer entsprechenden Abfindung für den Fall des Ausscheidens aus dem Dienstverhältnis vor Erreichen der gesetzlichen Unverfallbarkeit und/oder für den Fall des Todes vor Ablauf einer arbeitsrechtlich vereinbarten Wartezeit sowie der Abfindung einer Witwenrente/Witwerrente für den Fall der Wiederheirat noch nicht zur Versagung der Anerkennung als betriebliche Altersversorgung. Ebenfalls unschädlich für das Vorliegen von betrieblicher Altersversorgung ist die Abfindung vertraglich unverfallbarer Anwartschaften; dies gilt sowohl bei Beendigung als auch während des bestehenden Arbeitsverhältnisses. Zu den steuerlichen Folgen im Auszahlungsfall siehe Rn. 145 ff.

Bei Versorgungszusagen, die vor dem 1. Januar 2005 erteilt wurden, ist es nicht zu be- 7
anstanden, wenn in den Versorgungsordnungen in Abweichung von den Rn. 1 ff. die Möglichkeit einer Elternrente oder der Beitragserstattung einschließlich der gutgeschriebenen Erträge an die in Rn. 4 genannten Personen im Fall des Versterbens vor Erreichen der Altersgrenze und in Abweichung von Rn. 34 lediglich für die zugesagte Altersversorgung, nicht aber für die Hinterbliebenen- oder Invaliditätsversorgung die Auszahlung in Form einer Rente oder eines Auszahlungsplans vorgesehen ist. Dagegen sind Versorgungszusagen, die nach dem 31. Dezember 2004 auf Grund von Versorgungsordnungen erteilt werden, die die Voraussetzungen dieses Schreibens nicht erfüllen, aus steuerlicher Sicht nicht mehr als betriebliche Altersversorgung anzuerkennen; eine steuerliche Förderung ist hierfür nicht mehr möglich. Im Fall der nach § 40b EStG a. F. pauschal besteuerten (Alt-)Direktversicherungen gilt nach Rn. 5 weiterhin keine Begrenzung bezüglich des Kreises der Bezugsberechtigten.

II. Lohnsteuerliche Behandlung von Zusagen auf Leistungen der betrieblichen Altersversorgung

1. Allgemeines

Der Zeitpunkt des Zuflusses von Arbeitslohn richtet sich bei einer durch Beiträge des 8
Arbeitgebers (einschließlich Entgeltumwandlung oder anderer Finanzierungsanteile des Arbeitnehmers, vgl. Rn. 26) finanzierten betrieblichen Altersversorgung nach dem Durchführungsweg der betrieblichen Altersversorgung (vgl. auch R 40b.1 LStR zur Abgrenzung). Bei der Versorgung über eine Direktversicherung, eine Pensionskasse oder einen Pensionsfonds liegt Zufluss von Arbeitslohn im Zeitpunkt der Zahlung der Beiträge durch den Arbeitgeber an die entsprechende Versorgungseinrichtung vor. Erfolgt die Beitragszahlung durch den Arbeitgeber vor „Versicherungsbeginn", liegt ein Zufluss von Arbeitslohn jedoch erst im Zeitpunkt des „Versicherungsbeginns" vor. Die Einbehaltung der Lohnsteuer richtet sich nach § 38a Abs. 1 und 3 EStG (vgl. auch R 39b.2, 39b.5 und 39b.6 LStR). Bei der Versorgung über eine Direktzusage oder Unterstützungskasse fließt der Arbeitslohn erst im Zeitpunkt der Zahlung der Altersversorgungsleistungen an den Arbeitnehmer zu.

2. Entgeltumwandlung zugunsten betrieblicher Altersversorgung

9 Um durch Entgeltumwandlung finanzierte betriebliche Altersversorgung handelt es sich, wenn Arbeitgeber und Arbeitnehmer vereinbaren, künftige Arbeitslohnansprüche zugunsten einer betrieblichen Altersversorgung herabzusetzen (Umwandlung in eine wertgleiche Anwartschaft auf Versorgungsleistungen – Entgeltumwandlung –, § 1 Abs. 2 Nr. 3 BetrAVG).

10 Davon zu unterscheiden sind die eigenen Beiträge des Arbeitnehmers, zu deren Leistung er auf Grund einer eigenen vertraglichen Vereinbarung mit der Versorgungseinrichtung originär selbst verpflichtet ist. Diese eigenen Beiträge des Arbeitnehmers zur betrieblichen Altersversorgung werden aus dem bereits zugeflossenen und versteuerten Arbeitsentgelt geleistet (vgl. auch Rn. 26).

11 Eine Herabsetzung von Arbeitslohnansprüchen zugunsten betrieblicher Altersversorgung ist steuerlich als Entgeltumwandlung auch dann anzuerkennen, wenn die in § 1 Abs. 2 Nr. 3 BetrAVG geforderte Wertgleichheit außerhalb versicherungsmathematischer Grundsätze berechnet wird. Entscheidend ist allein, dass die Versorgungsleistung zur Absicherung mindestens eines biometrischen Risikos (Alter, Tod, Invalidität) zugesagt und erst bei Eintritt des biologischen Ereignisses fällig wird.

12 Die Herabsetzung von Arbeitslohn (laufender Arbeitslohn, Einmal- und Sonderzahlungen) zugunsten der betrieblichen Altersversorgung wird aus Vereinfachungsgründen grundsätzlich auch dann als Entgeltumwandlung steuerlich anerkannt, wenn die Gehaltsänderungsvereinbarung bereits erdiente, aber noch nicht fällig gewordene Anteile umfasst. Dies gilt auch, wenn eine Einmal- oder Sonderzahlung einen Zeitraum von mehr als einem Jahr betrifft.

13 Bei einer Herabsetzung laufenden Arbeitslohns zugunsten einer betrieblichen Altersversorgung hindert es die Annahme einer Entgeltumwandlung nicht, wenn der bisherige ungekürzte Arbeitslohn weiterhin Bemessungsgrundlage für künftige Erhöhungen des Arbeitslohns oder andere Arbeitgeberleistungen (wie z. B. Weihnachtsgeld, Tantieme, Jubiläumszuwendungen, betriebliche Altersversorgung) bleibt, die Gehaltsminderung zeitlich begrenzt oder vereinbart wird, dass der Arbeitnehmer oder der Arbeitgeber sie für künftigen Arbeitslohn einseitig ändern können.

3. Behandlung laufender Zuwendungen und Sonderzahlungen des Arbeitgebers an einen Pensionsfonds, eine Pensionskasse oder für eine Direktversicherung (§ 19 Abs. 1 Satz 1 Nr. 3 EStG)

a) Sonderzahlungen und Sanierungsgelder an umlagefinanzierte Pensionskassen

14 Laufende Zuwendungen sind regelmäßig fortlaufend geleistete Zahlungen des Arbeitgebers für eine betriebliche Altersversorgung an eine Pensionskasse, die nicht im Kapitaldeckungsverfahren, sondern im Umlageverfahren finanziert wird. Hierzu gehören insbesondere Umlagen an die Versorgungsanstalt des Bundes und der Länder – VBL – bzw. an eine kommunale Zusatzversorgungskasse.

Sonderzahlungen des Arbeitgebers sind insbesondere Zahlungen, die an die Stelle der bei regulärem Verlauf zu entrichtenden laufenden Zuwendungen treten oder neben laufenden Beiträgen oder Zuwendungen entrichtet werden und zur Finanzierung des nicht kapitalgedeckten Versorgungssystems dienen. Hierzu gehören beispielsweise Zahlungen, die der Arbeitgeber anlässlich seines Ausscheidens aus einem umlagefinanzierten Versorgungssystem, des Wechsels von einem umlagefinanzierten zu einem anderen umlagefinanzierten Versorgungssystem oder der Zusammenlegung zweier nicht kapitalgedeckter Versorgungssysteme zu leisten hat. Keine Sonderzahlungen des Arbeitgebers sind hingegen Zahlungen, die der Arbeitgeber wirtschaftlich nicht trägt, sondern die mittels Entgeltumwandlung finanziert, als Eigenanteil des Arbeitnehmers oder Ähnliches erbracht werden. 15

Beispiel zum Wechsel der Zusatzversorgungskasse (ZVK): 16

Die ZVK A wird auf die ZVK B überführt. Der Umlagesatz der ZVK A betrug bis zur Überführung 6 % vom zusatzversorgungspflichtigen Entgelt. Die ZVK B erhebt nur 4 % vom zusatzversorgungspflichtigen Entgelt. Der Arbeitgeber zahlt nach der Überführung auf die ZVK B für seine Arbeitnehmer zusätzlich zu den 4 % Umlage einen festgelegten Betrag, durch den die Differenz bei der Umlagenhöhe (6 % zu 4 % vom zusatzversorgungspflichtigen Entgelt) ausgeglichen wird.

Bei dem Differenzbetrag, den der Arbeitgeber nach der Überführung auf die ZVK B zusätzlich leisten muss, handelt es sich um eine steuerpflichtige Sonderzahlung gem. § 19 Abs. 1 Satz 1 Nr. 3 Satz 2 Halbsatz 2 Buchstabe b EStG, die mit 15 % gem. § 40b Abs. 4 EStG pauschal zu besteuern ist (vgl. Rn. 84).

Zu den nicht zu besteuernden Sanierungsgeldern gehören die Sonderzahlungen des Arbeitgebers, die er anlässlich der Umstellung der Finanzierung des Versorgungssystems von der Umlagefinanzierung auf die Kapitaldeckung für die bis zur Umstellung bereits entstandenen Versorgungsverpflichtungen oder -anwartschaften noch zu leisten hat. Gleiches gilt für die Zahlungen, die der Arbeitgeber im Fall der Umstellung auf der Leistungsseite für diese vor Umstellung bereits entstandenen Versorgungsverpflichtungen und -anwartschaften in das Versorgungssystem leistet. Davon ist z. B. auszugehen, wenn 17

- eine deutliche Trennung zwischen bereits entstandenen und neu entstehenden Versorgungsverpflichtungen sowie -anwartschaften sichtbar wird (vgl. auch Rn. 19a),
- der finanzielle Fehlbedarf zum Zeitpunkt der Umstellung hinsichtlich der bereits entstandenen Versorgungsverpflichtungen sowie -anwartschaften ermittelt wird und
- dieser Betrag ausschließlich vom Arbeitgeber als Zuschuss geleistet wird.

Solange ein zusätzlicher Finanzierungsbedarf in Form von Sanierungsgeldern besteht, ist kein Raum für eine Reduzierung von Umlagen. Bei sinkendem Finanzierungsbedarf reduzieren sich vielmehr zunächst die nicht zu besteuernden Sanierungsgelder. Dies betrifft auch Fälle, in denen laufende Umlagezahlungen vorübergehend ausgesetzt werden.

18 **Beispiel zum Sanierungsgeld:**

Die ZVK A stellt ihre betriebliche Altersversorgung auf der Finanzierungs- und Leistungsseite um. Bis zur Systemumstellung betrug die Umlage 6,2 % vom zusatzversorgungspflichtigen Entgelt. Nach der Systemumstellung beträgt die Zahlung insgesamt 7,7 % vom zusatzversorgungspflichtigen Entgelt. Davon werden 4 % zugunsten der nun im Kapitaldeckungsverfahren finanzierten Neuanwartschaften und 3,7 % für die weiterhin im Umlageverfahren finanzierten Anwartschaften einschließlich eines Sanierungsgeldes geleistet.

Die Ermittlung des nicht zu besteuernden Sanierungsgeldes erfolgt nach § 19 Abs. 1 Satz 1 Nr. 3 Satz 4 Halbsatz 2 EStG. Ein solches, nicht zu besteuerndes Sanierungsgeld liegt nur vor, soweit der bisherige Umlagesatz überstiegen wird.

Zahlungen nach der Systemumstellung insgesamt	7,7 %
Zahlungen vor der Systemumstellung	6,2 %
nicht zu besteuerndes Sanierungsgeld	1,5 %

Ermittlung der weiterhin nach § 19 Abs. 1 Satz 1 Nr. 3 Satz 1 EStG grundsätzlich zu besteuernden Umlagezahlung:

nach der Systemumstellung geleistete Zahlung für das Umlageverfahren einschließlich des Sanierungsgeldes	3,7 %
nicht zu besteuerndes Sanierungsgeld	1,5 %
grundsätzlich zu besteuernde Umlagezahlung	2,2 %

18a Eine Differenzrechnung nach § 19 Abs. 1 Satz 1 Nr. 3 Satz 4 Halbsatz 2 EStG entfällt, wenn es an laufenden und wiederkehrenden Zahlungen entsprechend dem periodischen Bedarf fehlt, also das zu erbringende Sanierungsgeld als Gesamtfehlbetrag feststeht und lediglich ratierlich getilgt wird.

b) Sonstige Sonderzahlungen des Arbeitgebers

19 Nicht zu besteuernder Arbeitslohn nach § 19 Abs. 1 Satz 1 Nr. 3 Satz 2 Halbsatz 1 Buchstabe b EStG sind Sonderzahlungen des Arbeitgebers an eine externe Versorgungseinrichtung (Pensionsfonds, Pensionskasse oder Direktversicherung), die neben den laufenden Beiträgen und Zuwendungen erbracht werden und

- der Wiederherstellung einer angemessenen Kapitalausstattung nach unvorhersehbaren Verlusten oder
- der Finanzierung der Verstärkung der Rechnungsgrundlagen auf Grund einer unvorhersehbaren und nicht nur vorübergehenden Änderung der Verhältnisse dienen.

Dabei dürfen die Sonderzahlungen nicht zu einer Absenkung des laufenden Beitrags führen oder durch eine Absenkung des laufenden Beitrags ausgelöst werden.

Die vorstehenden Voraussetzungen sind insbesondere beim Vorliegen folgender Sachverhalte dem Grunde nach erfüllt:

- Einbruch am Kapitalmarkt,
- Anstieg der Invaliditätsfälle,
- gestiegene Lebenserwartung,

– Niedrigzinsumfeld,

– Satzungsänderungen nach § 234 Abs. 7 VAG.

Werden zwei Abrechnungsverbände eines Versorgungswerks einschließlich des gesamten Verpflichtungs- und Vermögensbestandes unter gleichzeitiger Umstellung des Finanzierungssystems in einen gemeinsamen Abrechnungsverband zusammengefasst und von den Beteiligten künftig gemeinschaftlich mittels laufender Pflichtbeiträge finanziert, können erforderliche Angleichungsbeträge auf Grund unterschiedlicher Deckungslücken als Sonderzahlungen im Sinne des § 19 Abs. 1 Satz 1 Nr. 3 Satz 2 Halbsatz 1 Buchstabe b EStG anzusehen sein. Durch die Zusammenfassung der bisher getrennten Abrechnungsverbände besteht aber keine Möglichkeit mehr, nicht steuerbare Sanierungsgelder im Sinne des § 19 Abs. 1 Satz 1 Nr. 3 Satz 2 Halbsatz 1 Buchstabe d EStG zu erheben (Aufgabe des Trennungsprinzips zwischen Altverpflichtungen und neu erworbenen Anwartschaften; siehe Rn. 17). Nach der Zusammenfassung der Abrechnungsverbände und Umstellung des Finanzierungssystems kommt eine erneute Anwendung des § 19 Abs. 1 Satz 1 Nr. 3 Satz 2 Halbsatz 1 Buchstabe b EStG nur noch für mögliche, sich (später) neu ergebende Änderungen der Verhältnisse in Betracht. 19a

Um steuerpflichtigen Arbeitslohn handelt es sich hingegen bei Sonderzahlungen, die der Arbeitgeber an eine externe Versorgungseinrichtung der betrieblichen Altersversorgung erbringt 20

– wegen Verlusten aus Einzelgeschäften oder

– bei Fehlbeträgen, die durch früher gesetzte Risiken verursacht worden sind (z. B. Kalkulationsfehler, Insolvenzrisiken).

Die konkrete Höhe der nicht als Arbeitslohn zu besteuernden Sonderzahlungen des Arbeitgebers ist im jeweiligen Einzelfall unter Beachtung der versicherungsaufsichtsrechtlichen Vorgaben durch einen Aktuar festzustellen. 21

Für die Anwendung des § 19 Abs. 1 Satz 1 Nr. 3 Satz 2 Halbsatz 1 Buchstabe b EStG ist es unerheblich, ob es sich bei der Sonderzahlung des Arbeitgebers um eine einmalige Kapitalzahlung oder um eine regelmäßige Zahlung (z. B. einen satzungsmäßig vorgesehenen Sonderzuschlag) neben den laufenden Beiträgen und Zuwendungen handelt. 22

Die Bildung eines Gründungsstocks im Sinne des § 178 Abs. 5 VAG stellt grundsätzlich keine Sonderzahlung im Sinne des § 19 Abs. 1 Satz 1 Nr. 3 Satz 2 EStG dar, weil es sich um Darlehensmittel handelt. Entfällt der Darlehenscharakter des Gründungsstocks im Nachhinein, z. B. weil auf die Rückzahlung verzichtet wird oder das Darlehen als uneinbringlich anzusehen ist, liegt zu diesem Zeitpunkt eine Sonderzahlung vor. Die Sonderzahlung gehört nicht zum Arbeitslohn, soweit nach den vertraglichen Vereinbarungen die Bereitstellung und der Abruf der Darlehensmittel den unter § 19 Abs. 1 Satz 1 Nr. 3 Satz 2 Halbsatz 1 EStG bezeichneten Zwecken diente. 22a

4. Steuerfreiheit nach § 3 Nr. 63 EStG

a) Steuerfreiheit nach § 3 Nr. 63 Satz 1 EStG

aa) Begünstigter Personenkreis

23 Zu dem, durch § 3 Nr. 63 EStG begünstigten Personenkreis gehören alle Arbeitnehmer (§ 1 LStDV), unabhängig davon, ob sie in der gesetzlichen Rentenversicherung pflichtversichert sind oder nicht (z. B. beherrschende Gesellschafter-Geschäftsführer, geringfügig Beschäftigte, in einem berufsständischen Versorgungswerk Versicherte).

24 Die Steuerfreiheit setzt lediglich ein bestehendes erstes Dienstverhältnis voraus. Diese Voraussetzung kann auch erfüllt sein, wenn es sich um ein weiterbestehendes Dienstverhältnis ohne Anspruch auf Arbeitslohn (z. B. während der Elternzeit, der Pflegezeit, des Bezugs von Kurzarbeiter- oder Krankengeld) oder ein geringfügiges Beschäftigungsverhältnis oder eine Aushilfstätigkeit handelt, bei der die Möglichkeit der Pauschalbesteuerung nach § 40a EStG in Anspruch genommen wird. In diesen Fällen ist, da die elektronischen Lohnsteuerabzugsmerkmale (ELStAM-Daten) nicht abgerufen werden, mittels Erklärung des Arbeitnehmers zu dokumentieren, dass es sich um ein erstes Dienstverhältnis handelt. Die Steuerfreiheit ist nicht bei Arbeitnehmern zulässig, bei denen der Arbeitgeber den Lohnsteuerabzug nach der Steuerklasse VI vornimmt.

bb) Begünstigte Aufwendungen

25 Zu den nach § 3 Nr. 63 EStG begünstigten Aufwendungen gehören nur Beiträge an Pensionsfonds, Pensionskassen und Direktversicherungen, die zum Aufbau einer betrieblichen Altersversorgung (Rn. 1 ff.) im Kapitaldeckungsverfahren erhoben werden. Für Umlagen, die vom Arbeitgeber an eine Versorgungseinrichtung entrichtet werden, kommt die Steuerfreiheit nach § 3 Nr. 63 EStG dagegen nicht in Betracht (siehe aber § 3 Nr. 56 EStG, Rn. 76 ff.). Werden sowohl Umlagen als auch Beiträge im Kapitaldeckungsverfahren erhoben, gehören Letztere nur dann zu den begünstigten Aufwendungen, wenn eine getrennte Verwaltung und Abrechnung beider Vermögensmassen erfolgt (Trennungsprinzip).

26 Steuerfrei sind nur Beiträge des Arbeitgebers. Das sind diejenigen Beiträge, die vom Arbeitgeber als Versicherungsnehmer (bzw. im Fall des § 21 Abs. 4 BetrAVG von einer gemeinsamen Einrichtung nach § 4 des Tarifvertragsgesetzes) selbst geschuldet und an die Versorgungseinrichtung geleistet werden. Von Beiträgen des Arbeitgebers ist auch auszugehen, wenn der jeweilige Arbeitgeber nicht Versicherungsnehmer, sondern gegenüber der Versorgungseinrichtung lediglich Beitragsschuldner ist. Dazu gehören

– die Beiträge des Arbeitgebers, die zusätzlich zum ohnehin geschuldeten Arbeitslohn erbracht werden (rein arbeitgeberfinanzierte Beiträge), sowie

– alle im Gesamtversicherungsbeitrag des Arbeitgebers enthaltenen Finanzierungsanteile des Arbeitnehmers (BFH-Urteil vom 9. Dezember 2010 – VI R 57/08 –, BStBl. 2011 II S. 978) wie z. B.

- eine Eigenbeteiligung des Arbeitnehmers oder
- die mittels Entgeltumwandlung finanzierten Beiträge (vgl. Rn. 9 ff.), einschließlich der Leistungen des Arbeitgebers im Sinne des § 1a Abs. 1a und § 23 Abs. 2 BetrAVG[1], die er als Ausgleich für die ersparten Sozialversicherungsbeiträge in Folge einer Entgeltumwandlung erbringt. Im Fall der Finanzierung der Beiträge durch eine Entgeltumwandlung ist die Beachtung des Mindestbetrags gem. § 1a BetrAVG für die Inanspruchnahme der Steuerfreiheit nicht erforderlich.

Beiträge des Arbeitnehmers, zu deren Leistung er auf Grund einer eigenen vertraglichen Vereinbarung mit der Versorgungseinrichtung originär selbst verpflichtet ist (sog. eigene Beiträge des Arbeitnehmers), sind dagegen vom Anwendungsbereich des § 3 Nr. 63 EStG ausgeschlossen, auch wenn sie vom Arbeitgeber an die Versorgungseinrichtung abgeführt werden.

Macht ein Arbeitnehmer (z. B. auf Grund eines entsprechenden Tarifvertrags) von der Möglichkeit Gebrauch, zusätzliche vermögenwirksame Leistungen des Arbeitgebers für den Aufbau einer betrieblichen Altersversorgung über die Durchführungswege Pensionsfonds, Pensionskasse oder Direktversicherung im Rahmen einer Entgeltumwandlung zu verwenden, fallen diese Beiträge in den Anwendungsbereich des § 3 Nr. 63 EStG. Dies gilt auch für in diesem Zusammenhang gewährte Erhöhungsbeträge des Arbeitgebers (z. B. erhöhter Beitrag zur betrieblichen Altersversorgung i. H. v. 26 € statt vermögenswirksamer Leistungen i. H. v. 6,65 €) und für Erhöhungsbeträge des Arbeitgebers, die von einer zusätzlichen Entgeltumwandlung abhängen (z. B. erhöhter Beitrag zur betrieblichen Altersversorgung i. H. v. 50 €, wenn der Arbeitnehmer 13 € seines Arbeitslohns umwandelt). 26a

---

1 Das Bundesministerium für Arbeit und Soziales weist in diesem Zusammenhang auf Folgendes hin:
§ 1a Abs. 1a und § 23 Abs. 2 BetrAVG sehen ausdrücklich vor, dass der Arbeitgeberzuschuss nur zu leisten ist, „soweit der Arbeitgeber durch die Entgeltumwandlung Sozialversicherungsbeiträge einspart". Ist das nicht der Fall, etwa wenn Entgelt oberhalb einer Beitragsbemessungsgrenze umgewandelt wird, ist insoweit auch kein Arbeitgeberzuschuss fällig. Wird Entgelt bspw. im Bereich zwischen der Beitragsbemessungsgrenze in der gesetzlichen Krankenversicherung und der Beitragsbemessungsgrenze in der gesetzlichen Rentenversicherung umgewandelt, kann der Arbeitgeber „spitz" abrechnen, er kann aber auch 15 % des umgewandelten Beitrags an die Versorgungseinrichtung weiterleiten. Wie die Weiterleitung des Arbeitgeberzuschusses an die Versorgungseinrichtung technisch umgesetzt wird, obliegt den Beteiligten. So kann der Arbeitgeberzuschuss zusätzlich zu dem vereinbarten Entgeltumwandlungsbetrag an die Versorgungseinrichtung weitergeleitet werden. Sofern die Versorgungeinrichtung nicht bereit ist, den Vertrag entsprechend anzupassen, kommt der Neuabschluss eines Vertrages nur für den Arbeitgeberzuschuss in Betracht. Denkbar ist aber auch z. B. eine Vereinbarung zwischen Arbeitgeber und Arbeitnehmer, wonach der an die Versorgungseinrichtung abzuführende Betrag gleich bleibt und künftig neben einem entsprechend verminderten umgewandelten Entgelt den Arbeitgeberzuschuss enthält.

27 Die Steuerfreiheit nach § 3 Nr. 63 EStG kann nur dann in Anspruch genommen werden, wenn der vom Arbeitgeber zur Finanzierung der zugesagten Versorgungsleistung gezahlte Beitrag nach bestimmten individuellen Kriterien dem einzelnen Arbeitnehmer zugeordnet wird. Allein die Verteilung eines vom Arbeitgeber gezahlten Gesamtbeitrags nach der Anzahl der begünstigten Arbeitnehmer genügt hingegen für die Anwendung des § 3 Nr. 63 EStG nicht. Für die Anwendung des § 3 Nr. 63 EStG ist nicht Voraussetzung, dass sich die Höhe der zugesagten Versorgungsleistung an der Höhe des eingezahlten Beitrags des Arbeitgebers orientiert, da der Arbeitgeber nach § 1 BetrAVG nicht nur eine reine Beitragszusage, eine Beitragszusage mit Mindestleistung oder eine beitragsorientierte Leistungszusage, sondern auch eine Leistungszusage erteilen kann.

28 Maßgeblich für die betragsmäßige Begrenzung der Steuerfreiheit auf 8 % der Beitragsbemessungsgrenze (BBG) in der allgemeinen Rentenversicherung ist auch bei einer Beschäftigung in den neuen Ländern oder Berlin (Ost) die in dem Kalenderjahr gültige Beitragsbemessungsgrenze (West). Bei dem Höchstbetrag des § 3 Nr. 63 Satz 1 EStG handelt es sich um einen Jahresbetrag. Eine zeitanteilige Kürzung des Höchstbetrags ist daher nicht vorzunehmen, wenn das Arbeitsverhältnis nicht während des ganzen Jahres besteht oder nicht für das ganze Jahr Beiträge gezahlt werden. Der Höchstbetrag kann erneut in Anspruch genommen werden, wenn der Arbeitnehmer ihn in einem vorangegangenen Dienstverhältnis bereits ausgeschöpft hat. Im Fall der Gesamtrechtsnachfolge und des Betriebsübergangs nach § 613a BGB kommt dies dagegen nicht in Betracht.

29 Soweit die Beiträge den steuerfreien Höchstbetrag (8 % der Beitragsbemessungsgrenze in der allgemeinen Rentenversicherung [West] abzüglich der tatsächlich nach § 40b EStG a. F. pauschal besteuerten Beiträge; vgl. Rn. 85 ff.) übersteigen, sind sie individuell zu besteuern. Für die individuell besteuerten Beiträge kann eine Förderung durch Sonderausgabenabzug nach § 10a und Zulage nach Abschnitt XI EStG in Betracht kommen (vgl. Rn. 66 ff.). Zur Übergangsregelung des § 52 Abs. 4 Satz 16 f. EStG siehe Rn. 85 ff.

30 Bei monatlicher Zahlung der Beiträge bestehen keine Bedenken, wenn der Höchstbetrag in gleichmäßige monatliche Teilbeträge aufgeteilt wird. Stellt der Arbeitgeber vor Ablauf des Kalenderjahres, z. B. bei Beendigung des Dienstverhältnisses fest, dass die Steuerfreiheit im Rahmen der monatlichen Teilbeträge nicht in vollem Umfang ausgeschöpft worden ist oder werden kann, muss eine ggf. vorgenommene Besteuerung der Beiträge rückgängig gemacht (spätester Zeitpunkt hierfür ist die Übermittlung oder Erteilung der Lohnsteuerbescheinigung) oder der monatliche Teilbetrag künftig so geändert werden, dass der Höchstbetrag ausgeschöpft wird.

31 Rein arbeitgeberfinanzierte Beiträge sind steuerfrei, soweit sie den Höchstbetrag (8 % der Beitragsbemessungsgrenze in der allgemeinen Rentenversicherung [West] abzüglich der tatsächlich nach § 40b EStG a. F. pauschal besteuerten Beiträge; vgl. Rn. 85 ff.) nicht übersteigen. Der steuerfreie Höchstbetrag wird zunächst durch diese Beiträge ausgefüllt. Soweit der steuerfreie Höchstbetrag dadurch nicht ausgeschöpft worden ist, sind die verbleibenden, auf den verschiedenen Finanzierungsanteilen des

Arbeitnehmers beruhenden Beiträge des Arbeitgebers zu berücksichtigen (vgl. Rn. 26; Leistungen des Arbeitgebers im Sinne des § 1a Abs. 1a und § 23 Abs. 2 BetrAVG, die er als Ausgleich für die ersparten Sozialversicherungsbeiträge infolge einer Entgeltumwandlung erbringt, sind dabei Teil der Entgeltumwandlung).

Beispiel: 32

Steuerfreier Höchstbetrag (8 % BBG in der allgemeinen Rentenversicherung [West], 85.200 € für 2021)	6.816 €
abzgl. tatsächlich pauschal besteuerte Beiträge (angenommen Höchstbetrag)	./. 1.752 €
verbleiben als steuerfreies Volumen	= 5.064 €
abzüglich rein arbeitgeberfinanzierte Beiträge (angenommen)	./. 3.000 €
verbleiben als steuerfreies Volumen für Entgeltumwandlung	= 2.064 €

Die Anwendung der Pauschalbesteuerung nach § 40b EStG a. F. für Beiträge an Pensionskassen und für Direktversicherungen (siehe Rn. 85 ff.) ist nicht erst nach Übersteigen des steuerfreien Höchstbetrages von 8 % möglich, sondern mindert das maximal steuerfreie Volumen (§ 52 Abs. 4 Satz 16 EStG). 33

cc) Begünstigte Auszahlungsformen

Voraussetzung für die Steuerfreiheit ist, dass die Auszahlung der zugesagten Alters-, Invaliditäts- oder Hinterbliebenenversorgungsleistungen entsprechend der in § 82 Abs. 2 Satz 2 EStG genannten Auszahlungsformen vorgesehen ist. Zu den begünstigten Auszahlungsformen siehe im Einzelnen die Ausführungen unter Rn. 68. Allein die Möglichkeit, anstelle dieser Auszahlungsformen eine Einmalkapitalauszahlung (100 % des zu Beginn der Auszahlungsphase zur Verfügung stehenden Kapitals) zu wählen, steht der Steuerfreiheit noch nicht entgegen; hieran wird ungeachtet des BFH-Urteils vom 20. September 2016 – X R 23/15 – (BStBl. 2017 II S. 347) festgehalten. Entscheidet sich der Arbeitnehmer zugunsten einer Einmalkapitalauszahlung, so sind von diesem Zeitpunkt an die Voraussetzungen des § 3 Nr. 63 EStG nicht mehr erfüllt und die Beitragsleistungen zu besteuern. Erfolgt die Ausübung des Wahlrechts innerhalb des letzten Jahres vor dem altersbedingten Ausscheiden aus dem Erwerbsleben, so ist es aus Vereinfachungsgründen nicht zu beanstanden, wenn die Beitragsleistungen weiterhin nach § 3 Nr. 63 EStG steuerfrei belassen werden. Für die Berechnung der Jahresfrist ist dabei auf das im Zeitpunkt der Ausübung des Wahlrechts vertraglich vorgesehene Ausscheiden aus dem Erwerbsleben (vertraglich vorgesehener Beginn der Altersversorgungsleistung) abzustellen. Bei Auszahlung oder anderweitiger wirtschaftlicher Verfügung ist der Einmalkapitalbetrag gem. § 22 Nr. 5 EStG zu besteuern (siehe dazu Rn. 148 ff.). 34

dd) Sonstiges

Eine Steuerfreiheit der Beiträge kommt nicht in Betracht, soweit es sich hierbei nicht um Arbeitslohn im Rahmen eines Dienstverhältnisses, sondern um eine verdeckte Gewinnausschüttung im Sinne des § 8 Abs. 3 Satz 2 KStG handelt. Die allgemeinen Grundsätze zur Abgrenzung zwischen verdeckter Gewinnausschüttung und Arbeitslohn sind hierbei zu beachten. 35

36 Bei Beiträgen an ausländische betriebliche Altersversorgungssysteme ist zu entscheiden, ob das ausländische Altersversorgungssystem mit einem Durchführungsweg der betrieblichen Altersversorgung nach dem deutschen Betriebsrentengesetz vergleichbar ist bzw. einem der Durchführungswege als vergleichbar zugeordnet werden kann. Entsprechende Beiträge sind steuerfrei nach § 3 Nr. 63 EStG, wenn

– das ausländische betriebliche Altersversorgungssystem vergleichbar mit dem Pensionsfonds, der Pensionskasse oder der Direktversicherung ist und

– auch die weiteren wesentlichen Kriterien für die steuerliche Anerkennung einer betrieblichen Altersversorgung im Inland erfüllt werden (u. a. Absicherung mindestens eines biometrischen Risikos – vgl. Rn. 1 –, enger Hinterbliebenenbegriff – vgl. Rn. 4 –, keine Vererblichkeit – vgl. Rn. 6 –, begünstigte Auszahlungsformen – vgl. Rn. 34 i. V. m. Rn. 68) und

– die ausländische Versorgungseinrichtung in vergleichbarer Weise den für inländische Versorgungseinrichtungen maßgeblichen Aufbewahrungs-, Mitteilungs- und Bescheinigungspflichten nach dem Einkommensteuergesetz und der Altersvorsorge-Durchführungsverordnung zur Sicherstellung der Besteuerung der Versorgungsleistungen im Wesentlichen nachkommt.

37 Darüber hinaus kann sich die unmittelbare Anwendbarkeit des § 3 Nr. 63 EStG aus einer völkerrechtlichen Vereinbarung ergeben (z. B. Nr. 16 des Protokolls zum Doppelbesteuerungsabkommens [DBA] USA).

38 In Entsendungsfällen hat für die Beiträge des Arbeitgebers zur kapitalgedeckten betrieblichen Altersversorgung die Regelung des § 3 Nr. 63 EStG gegenüber den Regelungen eines DBA Vorrang.

39 Unter den Voraussetzungen der Rn. 23 bis 35 sind auch die vom Arbeitgeber zusätzlich zum ohnehin geschuldeten Arbeitslohn erbrachten Beiträge an eine Zusatzversorgungskasse (wie z. B. zur Versorgungsanstalt der deutschen Bühnen – VddB –, zur Versorgungsanstalt der deutschen Kulturorchester – VddKO – oder zum Zusatzversorgungswerk für Arbeitnehmer in der Land- und Forstwirtschaft – ZLF –), die er nach der jeweiligen Satzung der Versorgungseinrichtung als Pflichtbeiträge für die Altersversorgung seiner Arbeitnehmer zusätzlich zu den nach § 3 Nr. 62 EStG steuerfreien Beiträgen zur gesetzlichen Rentenversicherung zu erbringen hat, ebenfalls im Rahmen des § 3 Nr. 63 EStG steuerfrei. Die Steuerfreiheit nach § 3 Nr. 62 Satz 1 EStG kommt für diese Beiträge nicht in Betracht. Die Steuerbefreiung des § 3 Nr. 63 (und auch Nr. 56) EStG ist nicht nur der Höhe, sondern dem Grunde nach vorrangig anzuwenden; die Steuerbefreiung nach § 3 Nr. 62 EStG ist bei Vorliegen von Zukunftssicherungsleistungen im Sinne des § 3 Nr. 63 (und auch Nr. 56) EstG daher auch dann ausgeschlossen, wenn die Höchstbeträge des § 3 Nr. 63 (und Nr. 56) EStG bereits voll ausgeschöpft werden.

b) Ausschluss der Steuerfreiheit nach § 3 Nr. 63 Satz 2 EStG

aa) Personenkreis

Auf die Steuerfreiheit können grundsätzlich nur Arbeitnehmer verzichten, die in der gesetzlichen Rentenversicherung pflichtversichert sind (§§ 1a, 17 Abs. 1 Satz 3 BetrAVG). Alle anderen Arbeitnehmer können von dieser Möglichkeit nur dann Gebrauch machen, wenn der Arbeitgeber zustimmt. 40

bb) Höhe und Zeitpunkt der Ausübung des Wahlrechts

Soweit der Arbeitnehmer einen Anspruch auf Entgeltumwandlung nach § 1a BetrAVG hat oder andere Finanzierungsanteile (vgl. Rn. 26) zur betrieblichen Altersversorgung erbringt, ist eine individuelle Besteuerung dieser Beiträge auf Verlangen des Arbeitnehmers durchzuführen; die Beiträge sind dabei gleichrangig zu behandeln. **In Höhe des Verzichts auf die Steuerfreiheit mindert sich das steuerfreie Dotierungsvolumen des § 3 Nr. 63 Satz 1 EStG. Wird kein Verzicht erklärt, kann das steuerfreie Dotierungsvolumen in vollem Umfang genutzt und für die darüber hinaus geleisteten, individuell zu besteuernden Beiträge die Förderung durch den Sonderausgabenabzug nach § 10a EStG und Zulage nach Abschnitt XI EStG (s. Rn. 66 ff.) beansprucht werden.** Der Arbeitnehmer kann sein Verlangen nach individueller Besteuerung (Verzicht auf die Steuerfreiheit) betragsmäßig oder prozentual begrenzen. 41

Beispiel: 41a

Der in der gesetzlichen Rentenversicherung pflichtversicherte Arbeitnehmer hat in 2021 eine Versorgungszusage im Durchführungsweg der Pensionskasse. Die Beiträge betragen 8 % der BBG in der allgemeinen Rentenversicherung (West). Die Beiträge werden vollständig durch Entgeltumwandlung finanziert. Der Arbeitnehmer verlangt vom Arbeitgeber, die Beiträge zur Pensionskasse individuell zu besteuern, um die Förderung durch Sonderausgabenabzug nach § 10a EStG und Zulagen nach Abschnitt XI EStG (vgl. Rn. 66 ff.) zu erhalten; eine Begrenzung hinsichtlich der Höhe der individuell zu besteuernden Beiträge nimmt der Arbeitnehmer nicht vor.

Die Beiträge zur Pensionskasse sind i. H. v. 4 % der BBG (West) individuell zu besteuern und darüber hinaus nach § 3 Nr. 63 Satz 1 EStG steuerfrei zu behandeln. Der Arbeitnehmer kann eine individuelle Besteuerung nach § 3 Nr. 63 Satz 2 EStG i. V. m. § 1a Abs. 3 BetrAVG nur verlangen, soweit er einen Anspruch auf Entgeltumwandlung hat. Dieser Anspruch beträgt höchstens 4 % der BBG (West), § 1a Abs. 1 Satz 1 BetrAVG.

In allen anderen Fällen der Entgeltumwandlung (z. B. Entgeltumwandlungsvereinbarung aus dem Jahr 2001 oder früher) ist die individuelle Besteuerung der Beiträge hingegen nur auf Grund einvernehmlicher Vereinbarung zwischen Arbeitgeber und Arbeitnehmer möglich. Bei rein arbeitgeberfinanzierten Beiträgen kann auf die Steuerfreiheit nicht verzichtet werden (vgl. Rn. 31). 41b

Die Ausübung des Wahlrechts nach § 3 Nr. 63 Satz 2 EStG muss bis zu dem Zeitpunkt erfolgen, zu dem die entsprechende Gehaltsänderungsvereinbarung steuerlich noch anzuerkennen ist (vgl. Rn. 12). Eine nachträgliche Änderung der steuerlichen Behandlung der im Wege der Entgeltumwandlung finanzierten Beiträge ist nicht zulässig. 42

c) Vervielfältigungsregelung nach § 3 Nr. 63 Satz 3 EStG

43 Beiträge an einen Pensionsfonds, eine Pensionskasse oder für eine Direktversicherung, die der Arbeitgeber aus Anlass der Beendigung des Dienstverhältnisses leistet, können im Rahmen des § 3 Nr. 63 Satz 3 EStG – zusätzlich zu den Beiträgen nach § 3 Nr. 63 Satz 1 EStG – steuerfrei belassen werden. Ein Zusammenhang mit der Beendigung des Dienstverhältnisses ist insbesondere dann zu vermuten, wenn der Beitrag innerhalb von drei Monaten vor dem Beendigungs-/Auflösungszeitpunkt geleistet wird. Die Vervielfältigungsregelung kann auch nach Beendigung des Dienstverhältnisses angewendet werden, wenn die Beitragsleistung oder Entgeltumwandlung spätestens bis zum Zeitpunkt der Beendigung des Dienstverhältnisses vereinbart wird.

44 Die Höhe der Steuerfreiheit ist begrenzt auf den Betrag, der sich ergibt aus 4 % der Beitragsbemessungsgrenze in der allgemeinen Rentenversicherung (West) vervielfältigt mit der Anzahl der Kalenderjahre, in denen das Dienstverhältnis des Arbeitnehmers zu dem Arbeitgeber bestanden hat, höchstens zehn Kalenderjahre.

45 Die Vervielfältigungsregelung steht jedem Arbeitnehmer aus demselben Dienstverhältnis insgesamt nur einmal zu. Werden die Beiträge statt als Einmalbeitrag in Teilbeträgen geleistet, sind diese so lange steuerfrei, bis der für den Arbeitnehmer maßgebende Höchstbetrag ausgeschöpft ist. Eine Anwendung der Vervielfältigungsregelung des § 3 Nr. 63 Satz 3 EStG ist nicht möglich, soweit die Vervielfältigungsregelung des § 40b Abs. 2 Satz 3 und 4 EStG a. F. auf die Beiträge, die der Arbeitgeber aus Anlass der Beendigung des Dienstverhältnisses leistet, angewendet wird (vgl. Rn. 94 f.). Die hiernach pauschal besteuerten Beiträge und Zuwendungen sind folglich auf das steuerfreie Volumen anzurechnen.

d) Nachholung der Steuerfreiheit nach § 3 Nr. 63 Satz 4 EStG

46 Beiträge im Sinne des § 3 Nr. 63 Satz 1 EStG, die für Kalenderjahre nachgezahlt werden, in denen das erste Dienstverhältnis ruhte, vom Arbeitgeber im Inland kein steuerpflichtiger Arbeitslohn bezogen wurde und in diesen Zeiten keine Beiträge im Sinne des § 3 Nr. 63 Satz 1 EStG geleistet wurden, sind steuerfrei, soweit sie 8 % der Beitragsbemessungsgrenze in der allgemeinen Rentenversicherung (West), vervielfältigt mit der Anzahl dieser Kalenderjahre, höchstens jedoch zehn Kalenderjahre, nicht übersteigen. Eine Nachzahlung kommt beispielsweise in Betracht für Zeiten einer Entsendung ins Ausland, während der Elternzeit oder eines Sabbatjahres. Für die Berechnung des maximalen steuerfreien Volumens wird auf die Beitragsbemessungsgrenze des Jahres der Nachzahlung abgestellt und diese mit der Anzahl der zu berücksichtigenden Jahre multipliziert.

47 Im Zeitraum des Ruhens und im Zeitpunkt der Nachzahlung muss ein erstes Dienstverhältnis vorliegen (§ 3 Nr. 63 Satz 4 EStG). Der Nachweis, dass ein erstes Dienstverhältnis vorliegt, ist vom Arbeitgeber zu führen. Dieser kann z. B. über die abgerufenen ELStAM-Daten, eine Bescheinigung für den Lohnsteuerabzug oder eine schriftliche Bestätigung des Arbeitnehmers erfolgen (siehe dazu auch Rn. 24).

Die Nachholungsregelung ist eine Jahres-Regelung, d. h., es sind nur solche Kalenderjahre zu berücksichtigen, in denen vom 1. Januar bis zum 31. Dezember vom Arbeitgeber im Inland kein steuerpflichtiger Arbeitslohn bezogen wurde. Berücksichtigt werden dabei auch Kalenderjahre vor 2018, sofern die Nachzahlung ab dem 1. Januar 2018 erfolgt. Arbeitslöhne aus anderen Dienstverhältnissen (Steuerklasse VI oder pauschal besteuert) bleiben unberücksichtigt. 48

Die Nachholung muss im Zusammenhang mit dem Ruhen des Dienstverhältnisses stehen. Von einem solchen Zusammenhang kann ausgegangen werden, wenn die Beiträge spätestens bis zum Ende des Kalenderjahres, das auf das Ende der Ruhensphase folgt, nachgezahlt werden. Die Nachholung kann in einem Betrag oder in mehreren Teilbeträgen erfolgen. Bei Teilbeträgen gilt die Beitragsbemessungsgrenze des Jahres der ersten Teilzahlung. In dem Kalenderjahr, in dem die Ruhensphase endet und in dem darauffolgenden Jahr können die Steuerbefreiungen nach § 3 Nr. 63 Satz 1 und 4 EStG nebeneinander in Anspruch genommen werden. 49

Übersteigen die nachgezahlten Beiträge das steuerfreie Volumen nach § 3 Nr. 63 Satz 4 EStG, können die übersteigenden Beiträge nach § 3 Nr. 63 Satz 1 EStG steuerfrei belassen werden, soweit der Höchstbetrag nach § 3 Nr. 63 Satz 1 EStG durch die laufenden Beiträge für das entsprechende Kalenderjahr noch nicht verbraucht ist. Für Beiträge an eine Pensionskasse oder für eine Direktversicherung kommt ggf. auch die Pauschalbesteuerung nach § 40b Abs. 1 und Abs. 2 Satz 1 und 2 EStG a. F. in Betracht, sofern die Voraussetzungen für die Anwendung des § 40b EStG a. F. vorliegen (vgl. Rn. 85 bis 99). 50

5. Steuerfreiheit für Sicherungsbeiträge des Arbeitgebers nach § 3 Nr. 63a EStG

§ 3 Nr. 63a EStG gilt für Zusatzbeiträge des Arbeitgebers im Sinne des § 23 Abs. 1 BetrAVG, die den einzelnen Arbeitnehmern nicht unmittelbar gutgeschrieben oder zugerechnet, sondern zunächst zur Absicherung der reinen Beitragszusage genutzt werden. Diese Zusatzbeiträge bleiben im Zeitpunkt der Dotierung/Leistung des Arbeitgebers an die Versorgungseinrichtung steuerfrei. Soweit aus den nach § 3 Nr. 63a EStG steuerfreien Beiträgen dem Arbeitnehmer später Versorgungsleistungen oder andere Vorteile zufließen, sind diese vollständig nach § 22 Nr. 5 Satz 1 EStG zu besteuern (vgl. Rn. 148 ff.). 51

Für Zusatzbeiträge des Arbeitgebers, die den einzelnen Arbeitnehmern direkt gutgeschrieben bzw. zugerechnet werden, gelten hingegen die gleichen steuerlichen Regelungen wie für die übrigen Beiträge des Arbeitgebers im Rahmen des Kapitaldeckungsverfahrens an einen Pensionsfonds, eine Pensionskasse oder für eine Direktversicherung zum Aufbau einer betrieblichen Altersversorgung (z. B. Steuerfreiheit nach § 3 Nr. 63 EStG, Förderung nach § 10a/Abschnitt XI EStG beim Arbeitnehmer). 52

6. Steuerfreiheit nach § 3 Nr. 65 EStG

Die sich aus § 3 Nr. 65 Satz 2 bis 4 EStG ergebenden Rechtsfolgen treten auch dann ein, wenn die Auszahlungen unmittelbar vom Träger der Insolvenzsicherung an den Versorgungsberechtigten oder seine Hinterbliebenen vorgenommen werden. In die- 53 sem Fall ist der Träger der Insolvenzsicherung Dritter im Sinne des § 3 Nr. 65 Satz 4 EStG und daher zum Lohnsteuereinbehalt verpflichtet.

54 Nach § 8 **Abs.** 2 BetrAVG hat der Arbeitnehmer im Insolvenzfall des Arbeitgebers das Recht, in eine für ihn abgeschlossene Rückdeckungsversicherung des Arbeitgebers oder der Unterstützungskasse als Versicherungsnehmer einzutreten und die Versicherung mit eigenen Beiträgen fortzusetzen. Macht der Arbeitnehmer von diesem Recht Gebrauch und tritt in die Versicherung ein, ist der Erwerb der Ansprüche aus der Rückdeckungsversicherung steuerfrei nach § 3 Nr. 65 Satz 1 Buchstabe d EStG. Die späteren Versorgungsleistungen aus der Rückdeckungsversicherung, in die der Arbeitnehmer nach § 3 Nr. 65 Satz 1 Buchstabe d EStG eingetreten ist, gehören insgesamt zu den sonstigen Einkünften nach § 22 Nr. 5 Satz 1 EStG (§ 3 Nr. 65 Satz 5 Halbsatz 1 EStG). Das Versicherungsunternehmen muss keinen Lohnsteuerabzug durchführen, sondern lediglich – wie sonst auch – die Rentenbezugsmitteilung an die zentrale Stelle übermitteln (§ 22a EStG). Dies gilt auch für beherrschende Gesellschafter-Geschäftsführer einer GmbH.

55 Führt der Arbeitnehmer die nach § 8 **Abs.** 2 BetrAVG übernommene Rückdeckungsversicherung mit eigenen Beiträgen fort, sind die auf diesen Beiträgen beruhenden Versorgungsleistungen nach § 22 Nr. 5 Satz 1 oder 2 EStG zu versteuern (§ 3 Nr. 65 Satz 5 Halbsatz 2 EStG). Die Leistungen, die auf geförderten Beiträgen beruhen, sind nach § 22 Nr. 5 Satz 1 EStG voll zu versteuern. Die Leistungen, die auf nicht geförderten Beiträgen beruhen, sind nach § 22 Nr. 5 Satz 2 Buchstabe a EStG entweder mit dem Ertragsanteil (lebenslange Rentenleistungen sowie Berufsunfähigkeits-, Erwerbsminderungs- und Hinterbliebenenrenten) oder ggf. nach § 22 Nr. 5 Satz 2 Buchstabe b i. V. m. § 20 Abs. 1 Nr. 6 EStG (Kapitalleistungen) zu versteuern.

7. Steuerfreiheit nach § 3 Nr. 66 EStG

56 Voraussetzung für die Steuerfreiheit nach § 3 Nr. 66 EStG ist, dass vom Arbeitgeber ein Antrag nach § 4d Abs. 3 oder § 4e Abs. 3 EStG gestellt worden ist. Die Steuerfreiheit nach § 3 Nr. 66 EStG gilt auch dann, wenn beim übertragenden Unternehmen keine Zuwendungen im Sinne des § 4d Abs. 3 EStG oder Leistungen im Sinne des § 4e Abs. 3 EStG im Zusammenhang mit der Übernahme einer Versorgungsverpflichtung durch einen Pensionsfonds anfallen. Bei einer entgeltlichen Übertragung von Versorgungsanwartschaften aktiver Beschäftigter kommt die Anwendung von § 3 Nr. 66 EStG nur für Zahlungen an den Pensionsfonds in Betracht, die für die bis zum Zeitpunkt der Übertragung bereits erdienten Versorgungsanwartschaften geleistet werden (sog. „Past-Service“); Zahlungen an den Pensionsfonds für zukünftig noch zu erdienende Anwartschaften (sog. „Future-Service“) sind ausschließlich in dem begrenzten Rahmen des § 3 Nr. 63 EStG lohnsteuerfrei; zu weiteren Einzelheiten, insbesondere zur Abgrenzung von „Past-“ und „Future-Service“, siehe BMF-Schreiben vom 26. Oktober 2006 (BStBl. I S. 709) und vom 10. Juli 2015 (BStBl. I S. 544). Erfolgt im Rahmen eines Gesamtplans zunächst eine nach § 3 Nr. 66 EStG begünstigte Übertragung der erdienten Anwartschaften auf einen Pensionsfonds und werden anschließend regelmäßig wiederkehrend (z. B. jährlich) die dann neu erdienten Anwartschaften auf den Pensionsfonds übertragen, sind die weiteren Übertragungen auf den

Pensionsfonds nicht nach § 3 Nr. 66 EStG begünstigt, sondern nur im Rahmen des § 3 Nr. 63 EStG steuerfrei. Bei der Auslagerung des „Past-Services" ohne Einbeziehung des „Future-Services" und einer sich anschließenden zweiten Auslagerung der in der Zwischenzeit angesammelten Versorgungsanwartschaften bei Renteneintritt handelt es sich nicht um einen steuerschädlichen Gesamtplan. Hinsichtlich des durch die Steuerbefreiungsvorschrift begünstigten Personenkreises vgl. Rn. 23.

8. Steuerfreiheit nach § 3 Nr. 55 EStG

Gem. § 4 Abs. 2 Nr. 2 BetrAVG kann nach Beendigung des Arbeitsverhältnisses im Einvernehmen des ehemaligen mit dem neuen Arbeitgeber sowie dem Arbeitnehmer der Wert der vom Arbeitnehmer erworbenen Altersversorgung (Übertragungswert nach § 4 Abs. 5 BetrAVG) auf den neuen Arbeitgeber übertragen werden, wenn dieser eine wertgleiche Zusage erteilt. § 4 Abs. 3 BetrAVG gibt dem Arbeitnehmer für Versorgungszusagen, die nach dem 31. Dezember 2004 erteilt werden, das Recht, innerhalb eines Jahres nach Beendigung des Arbeitsverhältnisses von seinem ehemaligen Arbeitgeber zu verlangen, dass der Übertragungswert auf den neuen Arbeitgeber übertragen wird, wenn die betriebliche Altersversorgung beim ehemaligen Arbeitgeber über einen Pensionsfonds, eine Pensionskasse oder eine Direktversicherung durchgeführt worden ist und der Übertragungswert die im Zeitpunkt der Übertragung maßgebliche Beitragsbemessungsgrenze in der allgemeinen Rentenversicherung (West) nicht übersteigt. 57

Die Anwendung der Steuerbefreiungsvorschrift des § 3 Nr. 55 EStG setzt auf Grund des Verweises auf die Vorschriften des Betriebsrentengesetzes die Beendigung des bisherigen Dienstverhältnisses und ein anderes Dienstverhältnis voraus. Die Übernahme der Versorgungszusage durch einen Arbeitgeber, bei dem der Arbeitnehmer bereits beschäftigt ist, ist betriebsrentenrechtlich unschädlich und steht daher der Anwendung der Steuerbefreiungsvorschrift nicht entgegen. § 3 Nr. 55 EStG und Rn. 57 gelten entsprechend für Arbeitnehmer, die nicht in der gesetzlichen Rentenversicherung pflichtversichert sind (z. B. beherrschende Gesellschafter-Geschäftsführer oder geringfügig Beschäftigte). 58

Die Steuerfreiheit gilt sowohl für Versorgungszusagen, die gesetzlich unverfallbar sind, als auch für Versorgungszusagen, die auf Grund vertraglicher Vereinbarungen mit oder ohne Fristerfordernis unverfallbar sind (§ 3 Nr. 55 Satz 1 Halbsatz 2 EStG). 59

Der geleistete Übertragungswert ist nach § 3 Nr. 55 Satz 1 EStG steuerfrei, wenn die betriebliche Altersversorgung sowohl beim ehemaligen Arbeitgeber als auch beim neuen Arbeitgeber über einen Pensionsfonds, eine Pensionskasse oder eine Direktversicherung durchgeführt wird. Es ist nicht Voraussetzung, dass beide Arbeitgeber auch den gleichen Durchführungsweg gewählt haben. Um eine Rückabwicklung der steuerlichen Behandlung der Beitragsleistungen an einen Pensionsfonds, eine Pensionskasse oder eine Direktversicherung vor der Übertragung (Steuerfreiheit nach § 3 Nr. 63, 66 EStG, individuelle Besteuerung, Besteuerung nach § 40b EStG) zu verhindern, bestimmt § 3 Nr. 55 Satz 3 EStG, dass die auf dem Übertragungsbetrag beruhenden Versorgungsleistungen weiterhin zu den Einkünften gehören, zu denen sie gehört hätten, 60 wenn eine Übertragung nach § 4 BetrAVG nicht stattgefunden hätte. Der Übertragungswert ist gem. § 3 Nr. 55 Satz 2 EStG auch steuerfrei, wenn er vom ehemaligen Arbeitgeber oder von einer Unterstützungskasse an den neuen Arbeitgeber oder an eine andere Unterstützungskasse geleistet wird.

61 Die Steuerfreiheit des § 3 Nr. 55 EStG kommt jedoch nicht in Betracht, wenn die betriebliche Altersversorgung beim ehemaligen Arbeitgeber als Direktzusage oder mittels einer Unterstützungskasse ausgestaltet war, während sie beim neuen Arbeitgeber über einen Pensionsfonds, eine Pensionskasse oder eine Direktversicherung abgewickelt wird. Dies gilt auch für den umgekehrten Fall. Ebenso kommt die Steuerfreiheit nach § 3 Nr. 55 EStG bei einem Betriebsübergang nach § 613a BGB nicht in Betracht, da in einem solchen Fall die Regelung des § 4 BetrAVG keine Anwendung findet.

62 Wird die betriebliche Altersversorgung sowohl beim alten als auch beim neuen Arbeitgeber über einen Pensionsfonds, eine Pensionskasse oder eine Direktversicherung abgewickelt, liegt im Fall der Übernahme der Versorgungszusage nach § 4 Abs. 2 Nr. 1 BetrAVG lediglich ein Schuldnerwechsel und damit für den Arbeitnehmer kein lohnsteuerlich relevanter Vorgang vor. Entsprechendes gilt im Fall der Übernahme der Versorgungszusage nach § 4 Abs. 2 Nr. 1 BetrAVG, wenn die betriebliche Altersversorgung sowohl beim alten als auch beim neuen Arbeitgeber über eine Direktzusage oder Unterstützungskasse durchgeführt wird.

9. Steuerfreiheit nach § 3 Nr. 55c Satz 2 Buchstabe a EStG

63 Steuerfrei nach § 3 Nr. 55c Satz 2 Buchstabe a EStG ist die bei einem fortbestehenden Dienstverhältnis vorgenommene Übertragung von Anwartschaften aus einer betrieblichen Altersversorgung, die über einen Pensionsfonds, eine Pensionskasse oder ein Unternehmen der Lebensversicherung (Direktversicherung) durchgeführt wird, wenn die Anwartschaft lediglich auf einen anderen Träger einer betrieblichen Altersversorgung in Form eines Pensionsfonds, einer Pensionskasse oder eines Unternehmens der Lebensversicherung (Direktversicherung) übertragen wird. Dies gilt nicht für Zahlungen, die unmittelbar an den Arbeitnehmer erfolgen. Kommt es im Zusammenhang mit der Übertragung auf Grund rechtlicher Vorgaben des aufnehmenden Versorgungsträgers (z. B. abweichendes Tarifwerk der aufnehmenden Pensionskasse, andere Rechnungsgrundlagen, anderer Rechnungszins) zwingend zu Änderungen der Rahmenbedingungen der zugesagten betrieblichen Altersversorgung (z. B. Beitragsanpassung, Ausschluss einer Hinterbliebenenabsicherung), steht dies der Anwendung von § 3 Nr. 55c Satz 2 Buchstabe a EStG nicht entgegen. Soweit danach § 3 Nr. 55c Satz 2 Buchstabe a EStG anwendbar ist, führen diese Änderungen nicht zu einem neuen Vertrag (§ 20 Abs. 1 Nr. 6 EStG).

10. Übernahme von Pensionsverpflichtungen gegen Entgelt durch Beitritt eines Dritten in eine Pensionsverpflichtung (Schuldbeitritt) oder Ausgliederung/Abspaltung von Pensionsverpflichtungen

Bei der Übernahme von Pensionsverpflichtungen gegen Entgelt durch Beitritt eines Dritten in eine Pensionsverpflichtung (Schuldbeitritt) oder durch Ausgliederung von Pensionsverpflichtungen – ohne inhaltliche Veränderung der Zusage – handelt es sich weiterhin um eine Direktzusage des Arbeitgebers. Aus lohnsteuerlicher Sicht bleibt es folglich bei den für eine Direktzusage geltenden steuerlichen Regelungen, d. h., es liegen erst bei Auszahlung der Versorgungsleistungen – durch den Dritten bzw. durch die Pensionsgesellschaft anstelle des Arbeitgebers – Einkünfte im Sinne des § 19 EStG vor. Der Lohnsteuerabzug kann in diesem Fall mit Zustimmung des Finanzamts anstelle vom Arbeitgeber auch von dem Dritten bzw. der Pensionsgesellschaft vorgenommen werden (§ 38 Abs. 3a Satz 2 EStG). Die vorstehenden Ausführungen gelten entsprechend, wenn es sich nach dem Umwandlungsgesetz nicht um eine Ausgliederung, sondern um eine Abspaltung handelt. 64

Zu den lohnsteuerlichen Folgerungen der Übernahme der Pensionszusage eines beherrschenden Gesellschafter-Geschäftsführers gegen eine Ablösungszahlung und zum Wechsel des Durchführungswegs siehe aber BMF-Schreiben vom 4. Juli 2017 (BStBl. I S. 883). 65

11. Förderung durch Sonderausgabenabzug nach § 10a EStG und Zulage nach Abschnitt XI EStG

Zahlungen des Arbeitgebers im Rahmen der betrieblichen Altersversorgung an einen Pensionsfonds, eine Pensionskasse oder eine Direktversicherung können als Altersvorsorgebeiträge durch Sonderausgabenabzug nach § 10a EStG und Zulage nach Abschnitt XI EStG gefördert werden (§ 82 Abs. 2 EStG). Die zeitliche Zuordnung der Altersvorsorgebeiträge im Sinne des § 82 Abs. 2 EStG richtet sich grundsätzlich nach den für die Zuordnung des Arbeitslohns geltenden Vorschriften (§ 38a Abs. 3 EStG; R 39b.2, 39b.5 und 39b.6 LStR). 66

Um Beiträge im Rahmen der betrieblichen Altersversorgung handelt es sich nur, wenn die Beiträge für eine vom Arbeitgeber aus Anlass des Arbeitsverhältnisses zugesagte Versorgungsleistung erbracht werden (§ 1 BetrAVG). Dies gilt unabhängig davon, ob die Beiträge 67

- ausschließlich vom Arbeitgeber finanziert werden,
- auf einer Entgeltumwandlung beruhen,
- andere im Gesamtversicherungsbeitrag des Arbeitgebers enthaltene Finanzierungsanteile des Arbeitnehmers sind (BFH-Urteil vom 9. Dezember 2010 – VI R 57/08 –, BStBl. 2011 II S. 978) oder
- eigene Beiträge des Arbeitnehmers sind, die er aus seinem bereits zugeflossenen und versteuerten Arbeitsentgelt zur Finanzierung der betrieblichen Altersversorgung leistet.

Im Übrigen sind die Rn. 2 ff. zu beachten.

68 Voraussetzung für die steuerliche Förderung ist neben der individuellen Besteuerung der Beiträge, dass gem. § 82 Abs. 2 Satz 2 Nr. 1 EStG

- eine Vereinbarung vorliegt, nach der die zugesagten Altersversorgungsleistungen als monatliche Leistungen in Form einer lebenslangen Leibrente oder als Ratenzahlungen im Rahmen eines Auszahlungsplans mit einer anschließenden Teilkapitalverrentung ab spätestens dem 85. Lebensjahr ausgezahlt werden und die Leistungen während der gesamten Auszahlungsphase gleich bleiben oder steigen; dabei können bis zu zwölf Monatsleistungen in einer Auszahlung zusammengefasst und bis zu 30 % des zu Beginn der Auszahlungsphase zur Verfügung stehenden Kapitals außerhalb der monatlichen Leistungen ausgezahlt werden, und
- ein vereinbartes Kapitalwahlrecht nicht oder nicht außerhalb des letzten Jahres vor dem vertraglich vorgesehenen Beginn der Altersversorgungsleistung ausgeübt wurde.

Bei einer reinen Beitragszusage (§ 1 Abs. 2 Nr. 2a BetrAVG) muss vereinbart sein, dass der Pensionsfonds, die Pensionskasse oder die Direktversicherung eine lebenslange Zahlung als Altersversorgungsleistung zu erbringen hat (§ 82 Abs. 2 Satz 2 Nr. 2 EStG).

Im Hinblick auf die entfallende Versorgungsbedürftigkeit z. B. für den Fall der Vollendung des 25. Lebensjahres der Kinder (siehe auch Rn. 4; bei Versorgungszusagen, die vor dem 1. Januar 2007 erteilt wurden, ist grundsätzlich das 27. Lebensjahr maßgebend), der Wiederheirat der verwitweten Person, dem Ende der Erwerbsminderung durch Wegfall der Voraussetzungen für den Bezug (insbesondere bei Verbesserung der Gesundheitssituation oder Erreichen der Altersgrenze) ist es nicht zu beanstanden, wenn eine Rente oder ein Auszahlungsplan zeitlich befristet ist.

Die zu Beginn der Auszahlungsphase zu treffende Entscheidung hinsichtlich einer Entnahme bis zu 30 % des zur Verfügung stehenden Kapitals erfolgt pro Vertrag (Rn. 210 des BMF-Schreibens vom 21. Dezember 2017, BStBl. 2018 I S. 93, geändert durch das BMF-Schreiben vom 17. Februar 2020, BStBl. I S. 213). Die ausgezahlten Leistungen unterliegen – unabhängig von der Entscheidung bezüglich einer Teilkapitalentnahme – der Besteuerung nach § 22 Nr. 5 EStG. Allein die Möglichkeit, anstelle der o. g. Auszahlungsformen eine Einmalkapitalauszahlung (100 % des zu Beginn der Auszahlungsphase zur Verfügung stehenden Kapitals) zu wählen, steht der Förderung noch nicht entgegen. Die Möglichkeit, eine Einmalkapitalauszahlung anstelle einer Rente oder eines Auszahlungsplans zu wählen, gilt nicht nur für Altersversorgungsleistungen, sondern auch für Invaliditäts- oder Hinterbliebenenversorgungsleistungen. Entscheidet sich der Arbeitnehmer zugunsten einer Einmalkapitalauszahlung, so sind von diesem Zeitpunkt an die Voraussetzungen des § 10a und Abschnitts XI EStG nicht mehr erfüllt und die Beitragsleistungen können nicht mehr gefördert werden. Erfolgt die Ausübung des Wahlrechts innerhalb des letzten Jahres vor dem altersbedingten Ausscheiden aus dem Erwerbsleben, so ist es aus Vereinfachungsgründen nicht zu beanstanden, wenn die Beitragsleistungen weiterhin nach § 10a/Abschnitt XI EStG gefördert werden. Für die Berechnung der Jahresfrist ist dabei auf das im Zeitpunkt der Ausübung des Wahlrechts vertraglich vorgesehene Ausscheiden aus dem Erwerbsleben (vertraglich vorgesehener Beginn der Altersversorgungsleistung) abzustellen. Da die Auszahlungsphase bei der Hinterbliebenenleistung erst mit dem Zeitpunkt des Todes des ursprünglich Berechtigten beginnt, ist es in diesem Fall aus steuerlicher Sicht nicht zu beanstanden, wenn das Wahlrecht zu diesem Zeitpunkt ausgeübt wird. Bei Auszahlung des Einmalkapitalbetrags handelt es sich um eine schädliche Verwendung im Sinne des § 93 EStG (vgl. Rn. 167 f.), soweit sie auf steuerlich gefördertem Altersvorsorgevermögen beruht. Zur Anwendung des § 34 EStG (der sog. Fünftelungsregelung) auf diese Zahlungen siehe Rn. 149.

Die aus bereits zugeflossenem Arbeitslohn des Arbeitnehmers geleisteten Beiträge an 69
einen Pensionsfonds, eine Pensionskasse oder eine Direktversicherung zum Aufbau einer kapitalgedeckten betrieblichen Altersversorgung, bei der eine Auszahlung der zugesagten Altersversorgungsleistung entsprechend § 82 Abs. 2 Satz 2 EStG vorgesehen ist, zählen auch dann zu den Altersvorsorgebeiträgen im Sinne des § 82 Abs. 2 EStG, wenn der Arbeitslohn auf Grund eines DBA nicht in Deutschland, sondern in einem anderen Land der inländischen individuellen Besteuerung vergleichbar versteuert wird.

Beitragsleistungen, die aus nach § 40a EStG pauschal versteuertem Arbeitslohn er- 70
bracht werden, gehören nicht zu den Altersvorsorgebeiträgen nach § 82 Abs. 2 Satz 1 Buchstabe a EStG.

Altersvorsorgebeiträge im Sinne des § 82 Abs. 2 EStG sind auch die Beiträge des ehe- 71
maligen Arbeitnehmers, die dieser im Fall einer zunächst ganz oder teilweise durch Entgeltumwandlung finanzierten und nach § 3 Nr. 63 oder § 10a/Abschnitt XI EStG geförderten betrieblichen Altersversorgung nach der Beendigung des Arbeitsverhältnisses nach Maßgabe des § 1b Abs. 5 Satz 1 Nr. 2 BetrAVG selbst erbringt. Dies gilt entsprechend in den Fällen der Finanzierung durch eigene Beiträge des Arbeitnehmers (vgl. Rn. 26).

Die vom Steuerpflichtigen nach Maßgabe des § 1b Abs. 5 Satz 1 Nr. 2 BetrAVG selbst 72
zu erbringenden Beiträge müssen nicht aus individuell versteuertem Arbeitslohn stammen (z. B. Finanzierung aus steuerfreiem Arbeitslosengeld). Gleiches gilt, soweit der Arbeitnehmer trotz eines weiter bestehenden Arbeitsverhältnisses keinen Anspruch auf Arbeitslohn mehr hat und die Beiträge nun selbst erbringt (z. B. während der Schutzfristen des § 3 Abs. 2 und § 6 Abs. 1 des Mutterschutzgesetzes, der Elternzeit, des Bezugs von Kurzarbeiter- oder Krankengeld oder auch § 1a Abs. 4 BetrAVG) oder auf Grund einer gesetzlichen Verpflichtung Beiträge zur betrieblichen Altersversorgung entrichtet werden (z. B. nach §§ 14a und 14b des Arbeitsplatzschutzgesetzes).

Voraussetzung für die Förderung durch Sonderausgabenabzug nach § 10a EStG und 73
Zulage nach Abschnitt XI EStG ist in den Fällen der Rn. 71 f., dass der Steuerpflichtige zum begünstigten Personenkreis gehört. Die zeitliche Zuordnung dieser Altersvorsorgebeiträge richtet sich grundsätzlich nach § 11 Abs. 2 EStG.

74 Zu den begünstigten Altersvorsorgebeiträgen gehören nur Beiträge, die zum Aufbau einer betrieblichen Altersversorgung im Kapitaldeckungsverfahren erhoben werden. Für Umlagen, die an eine Versorgungseinrichtung gezahlt werden, kommt die Förderung dagegen nicht in Betracht. Werden sowohl Umlagen als auch Beiträge im Kapitaldeckungsverfahren erhoben, gehören Letztere nur dann zu den begünstigten Aufwendungen, wenn eine getrennte Verwaltung und Abrechnung beider Vermögensmassen erfolgt (Trennungsprinzip).

75 Die Versorgungseinrichtung hat dem Zulageberechtigten jährlich eine Bescheinigung zu erteilen (§ 92 EStG). Diese Bescheinigung muss u. a. den Stand des Altersvorsorgevermögens ausweisen (§ 92 Nr. 5 EStG). Altersvorsorgevermögen kann immer nur dann vorliegen, wenn sich der Steuerpflichtige bewusst für die Förderung nach § 10a EStG und Abschnitt XI EStG entschieden hat. Dies ist dann der Fall, wenn der Steuerpflichtige seiner Versorgungseinrichtung in der Vergangenheit mitgeteilt hat oder mit Wirkung für die Zukunft mitteilt, dass er diese Förderung in Anspruch nehmen möchte und die Versorgungseinrichtung daraufhin ihre Pflichten als Anbieter nach § 80 EStG wahrnimmt. Als bewusste Entscheidung für die steuerliche Förderung wird auch angesehen, wenn Altersvorsorgebeiträge gem. § 82 Abs. 2 EStG geleistet wurden, (ausschließlich) eine Einwilligung zur Datenübermittlung nach § 10a Abs. 2a Satz 1 EStG in der Fassung vom 17. August 2017 vorliegt und diese vom Zulageberechtigten nicht wirksam widerrufen wurde. Ein Zulagenantrag muss nicht gestellt werden. Bei einer Leistungszusage (§ 1 Abs. 1 Satz 2 Halbsatz 2 BetrAVG) und einer beitragsorientierten Leistungszusage (§ 1 Abs. 2 Nr. 1 BetrAVG) kann stattdessen der Barwert der erdienten Anwartschaft bescheinigt werden.

12. Steuerfreiheit nach § 3 Nr. 56 EStG

a) Begünstigter Personenkreis

76 Die Rn. 23 f. gelten entsprechend.

b) Begünstigte Aufwendungen

77 Zu den nach § 3 Nr. 56 EStG begünstigten Aufwendungen gehören nur laufende Zuwendungen des Arbeitgebers für eine betriebliche Altersversorgung an eine Pensionskasse, die nicht im Kapitaldeckungsverfahren, sondern im Umlageverfahren finanziert wird (wie z. B. Umlagen an die Versorgungsanstalt des Bundes und der Länder – VBL – bzw. an eine kommunale oder kirchliche Zusatzversorgungskasse). Soweit diese Zuwendungen nicht nach § 3 Nr. 56 EStG steuerfrei bleiben, können sie individuell oder nach § 40b Abs. 1 und 2 EStG pauschal besteuert werden. Im Übrigen gelten die Rn. 27 f. und die Rn. 30 bis 34 entsprechend. Danach sind z. B. der Arbeitnehmereigenanteil an einer Umlage und die sog. eigenen Beiträge des Arbeitnehmers nicht steuerfrei nach § 3 Nr. 56 EStG.

78 Werden von der Versorgungseinrichtung sowohl Zuwendungen/Umlagen als auch Beiträge im Kapitaldeckungsverfahren erhoben, ist § 3 Nr. 56 EStG auch auf die im Kapitaldeckungsverfahren erhobenen Beiträge anwendbar, wenn eine getrennte Ver-

waltung und Abrechnung beider Vermögensmassen (Trennungsprinzip, Rn. 25) nicht erfolgt.

Erfolgt eine getrennte Verwaltung und Abrechnung beider Vermögensmassen, ist die Steuerfreiheit nach § 3 Nr. 63 EStG für die im Kapitaldeckungsverfahren erhobenen Beiträge vorrangig zu berücksichtigen. Dies gilt unabhängig davon, ob diese Beiträge rein arbeitgeberfinanziert sind, auf einer Entgeltumwandlung oder anderen im Gesamtversicherungsbeitrag des Arbeitgebers enthaltenen Finanzierungsanteilen des Arbeitnehmers beruhen. Die nach § 3 Nr. 63 EStG steuerfreien Beträge mindern den Höchstbetrag des § 3 Nr. 56 EStG (§ 3 Nr. 56 Satz 3 EStG). Zuwendungen nach § 3 Nr. 56 EStG sind daher nur steuerfrei, soweit die nach § 3 Nr. 63 EStG steuerfreien Beiträge den Höchstbetrag des § 3 Nr. 56 EStG unterschreiten. Eine Minderung nach § 3 Nr. 56 Satz 3 EStG ist immer nur in dem jeweiligen Dienstverhältnis vorzunehmen; die Steuerfreistellung nach § 3 Nr. 56 EStG bleibt somit unberührt, wenn z. B. erst in einem späteren ersten Dienstverhältnis Beiträge nach § 3 Nr. 63 EStG steuerfrei bleiben. 79

Beispiel: 80

Arbeitgeber A zahlt in 2021 an seine Zusatzversorgungskasse einen Betrag i. H. v.:

- 1 200 € (12 × 100 €) zugunsten einer getrennt verwalteten und abgerechneten kapitalgedeckten betrieblichen Altersversorgung und
- 1 680 € (12 × 140 €) zugunsten einer umlagefinanzierten betrieblichen Altersversorgung.

Der Beitrag i. H. v. 1 200 € ist steuerfrei gem. § 3 Nr. 63 EStG, denn der entsprechende Höchstbetrag wird nicht überschritten.

Von der Umlage sind (bei einer BBG in der allgemeinen Rentenversicherung [West] für 2021 i. H. v. 85 200 €) 1 356 € steuerfrei gem. § 3 Nr. 56 Satz 1 und 3 EStG (grundsätzlich 1 680 €, aber maximal 3 % der BBG in der allgemeinen Rentenversicherung [West] i. H. v. 2 556 € abzüglich 1 200 €). Die verbleibende Umlage i. H. v. 324 € (1 680 € abzüglich 1 356 €) ist individuell oder gem. § 40b Abs. 1 und 2 EStG pauschal zu besteuern.

Es bestehen keine Bedenken gegen eine auf das Kalenderjahr bezogene Betrachtung hinsichtlich der gem. § 3 Nr. 56 Satz 3 EStG vorzunehmenden Verrechnung, wenn sowohl nach § 3 Nr. 63 EStG steuerfreie Beiträge als auch nach § 3 Nr. 56 EStG steuerfreie Zuwendungen erbracht werden sollen. Stellt der Arbeitgeber vor Übermittlung der elektronischen Lohnsteuerbescheinigung fest (z. B. wegen einer erst im Laufe des Kalenderjahres vereinbarten nach § 3 Nr. 63 EStG steuerfreien Entgeltumwandlung aus einer Sonderzuwendung), dass die ursprüngliche Betrachtung nicht mehr zutreffend ist, hat er eine Korrektur vorzunehmen. 81

Beispiel: 82

Arbeitgeber A zahlt ab dem 1. Januar 2021 monatlich an eine Zusatzversorgungskasse 220 € zugunsten einer umlagefinanzierten betrieblichen Altersversorgung; nach § 3 Nr. 63 EStG steuerfreie Beiträge werden nicht entrichtet. Aus dem Dezembergehalt (Gehaltszahlung 15. Dezember 2021) wandelt der Arbeitnehmer einen Betrag i. H. v. 240 € zugunsten einer kapitalgedeckten betrieblichen Altersversorgung um (wobei die Mitteilung an den Arbeitgeber am 6. Dezember 2021 erfolgt).

Der Beitrag i. H. v. 240 € ist vorrangig steuerfrei nach § 3 Nr. 63 EStG.

Von der Umlage wurde bisher ein Betrag i. H. v. 2 343 € (= 11 × 213 € [3 % der BBG für 2021 in der allgemeinen Rentenversicherung [West] i. H. v. 85 200 € = 2 556 €, verteilt auf 12 Monate]) nach § 3 Nr. 56 EStG steuerfrei belassen.

Im Monat Dezember ist die steuerliche Behandlung der Umlagezahlung zu korrigieren, denn nur ein Betrag i. H. v. 2 316 € (2 556 € abzüglich 240 €) kann maximal im Kalenderjahr steuerfrei nach § 3 Nr. 56 EStG gezahlt werden. Ein Betrag i. H. v. 27 € (2 343 € abzüglich 2 316 €) ist noch individuell oder pauschal zu besteuern. Der Arbeitgeber kann wahlweise den Lohnsteuerabzug der Monate Januar bis November 2021 korrigieren oder im Dezember 2021 den Betrag als sonstigen Bezug behandeln. Der Beitrag zugunsten der umlagefinanzierten betrieblichen Altersversorgung für den Monat Dezember 2021 i. H. v. 220 € ist vollständig individuell oder pauschal zu besteuern.

13. Anwendung des § 40b EStG in der geltenden Fassung

83 § 40b EStG erfasst nur noch Zuwendungen des Arbeitgebers für eine betriebliche Altersversorgung an eine Pensionskasse, die nicht im Kapitaldeckungsverfahren, sondern im Umlageverfahren finanziert wird (wie z. B. Umlagen an die Versorgungsanstalt des Bundes und der Länder – VBL – bzw. an eine kommunale oder kirchliche Zusatzversorgungskasse). Werden für den Arbeitnehmer solche Zuwendungen laufend geleistet, bleiben diese zunächst im Rahmen des § 3 Nr. 56 EStG steuerfrei. Die den Rahmen des § 3 Nr. 56 EStG übersteigenden Zuwendungen können dann nach § 40b Abs. 1 und 2 EStG pauschal besteuert werden (zur Anwendung der Pauschalbesteuerung nach § 40b EStG a. F. für den Bereich der kapitalgedeckten betrieblichen Altersversorgung vgl. Rn. 85 ff.). Werden von einer Versorgungseinrichtung sowohl Umlagen als auch Beiträge im Kapitaldeckungsverfahren erhoben, ist § 40b EStG auch auf die im Kapitaldeckungsverfahren erhobenen Beiträge anwendbar, wenn eine getrennte Verwaltung und Abrechnung beider Vermögensmassen (Trennungsprinzip, Rn. 25) nicht erfolgt.

84 Zuwendungen des Arbeitgebers im Sinne des § 19 Abs. 1 Satz 1 Nr. 3 Satz 2 EStG an eine Pensionskasse sind in voller Höhe pauschal nach § 40b Abs. 4 EStG mit 15 % zu besteuern. Dazu gehören z. B. Gegenwertzahlungen und Zahlungen im Erstattungsmodell nach § 23a und § 23c der Satzung der Versorgungsanstalt des Bundes und der Länder – VBL – oder nach § 15a und § 15b der AKA-Mustersatzung für die kommunalen und kirchlichen Zusatzversorgungskassen. Für die Anwendung des § 40b Abs. 4 EStG ist es unerheblich, wenn an die Versorgungseinrichtung keine weiteren laufenden Beiträge oder Zuwendungen geleistet werden.

14. Übergangsregelungen § 52 Abs. 4 Satz 16 f. und Abs. 40 EStG zur Anwendung des § 3 Nr. 63 EStG sowie des § 40b EStG a. F.

a) Mindestens eine pauschal besteuerte Beitragsleistung vor dem 1. Januar 2018

Für die weitere Anwendung von § 40b Abs. 1 und 2 EStG a. F. über § 52 Abs. 40 EStG ist als grundlegende personenbezogene Voraussetzung zunächst entscheidend, ob vor dem 1. Januar 2018 mindestens ein Beitrag des Arbeitgebers zum Aufbau einer kapitalgedeckten Altersversorgung an eine Pensionskasse oder Direktversicherung rechtmäßig nach § 40b Abs. 1 und 2 EStG a. F. pauschal besteuert wurde. Hierfür mussten die entsprechenden Beiträge auf Grund einer Versorgungszusage geleistet werden, die vor dem 1. Januar 2005 erteilt wurde. Für die Frage der zulässigen Anwendung der Pauschalbesteuerung vor 2018 sind daher die Regelungen in den Rn. 349 ff. des BMF-Schreibens vom 24. Juli 2013 (BStBl. I S. 1022), unter Berücksichtigung der Änderungen durch das BMF-Schreiben vom 13. Januar 2014 (BStBl. I S. 97) und das BMF-Schreiben vom 13. März 2014 (BStBl. I S. 554) weiter von Bedeutung. **Rz. 355 des BMF-Schreibens vom 24. Juli 2013 (a. a. O.) ist unbeachtlich, soweit die Regelungen dem BFH-Urteil vom 1. September 2021 – VI R 21/19 – (BStBl 2022 II S. nn) zur Abgrenzung von Alt- und Neuzusagen widersprechen.** 85

Wurde für einen Arbeitnehmer vor dem 1. Januar 2018 mindestens ein Beitrag rechtmäßig nach § 40b EStG a. F. pauschal besteuert, liegen für diesen Arbeitnehmer die persönlichen Voraussetzungen für die weitere Anwendung des § 40b EStG a. F. sein ganzes Leben lang vor. Vertragsänderungen (z. B. Beitragserhöhungen), Neuabschlüsse, Änderungen der Versorgungszusage, Arbeitgeberwechsel etc. sind unbeachtlich. Im Fall eines Arbeitgeberwechsels genügt es, wenn der Arbeitnehmer gegenüber dem neuen Arbeitgeber nachweist, dass vor dem 1. Januar 2018 mindestens ein Beitrag an eine Pensionskasse oder für eine Direktversicherung nach § 40b EStG a. F. pauschal besteuert wurde (beispielsweise durch eine Gehaltsabrechnung oder eine Bescheinigung eines Vorarbeitgebers bzw. des Versorgungsträgers). Der neue Arbeitgeber kann dann die in Betracht kommenden Beiträge zugunsten einer kapitalgedeckten Pensionskasse oder Direktversicherung im Sinne des R 40b.1 LStR ebenfalls weiterhin nach § 40b EStG a. F. pauschal besteuern. Übersteigen die Beiträge des Arbeitgebers den Pauschalierungshöchstbetrag von 1 752 €, sind diese unter den Voraussetzungen des § 3 Nr. 63 Satz 1 EStG i. V. m. § 52 Abs. 4 Satz 16 EStG steuerfrei (vgl. Rn. 31). Die Anwendung der Pauschalbesteuerung nach § 40b EStG a. F. für Beiträge an Pensionskassen und für Direktversicherungen ist somit nicht erst nach Übersteigen des steuerfreien Höchstbetrages von 8 % möglich, sondern mindert das maximal steuerfreie Volumen (§ 52 Abs. 4 Satz 16 EStG). 86

Beispiel 1: 87

Dem Arbeitnehmer A wurde vom Arbeitgeber B im Jahr 2003 eine Versorgungszusage über eine Pensionskasse und im Jahr 2013 in Form einer Direktversicherung erteilt. Die Beiträge für die Pensionskasse wurden – soweit sie die Steuerfreiheit nach § 3 Nr. 63 EStG überstiegen – bis zur Beendigung des Dienstverhältnisses am 30. Juni 2020 nach § 40b EStG a. F. pauschal besteuert. Die Beiträge für die Direktversicherung wurden aus individuell versteuertem Arbeitslohn geleistet. Nach einer Zeit der Arbeitslosigkeit (1. Juli 2020 bis 31. März 2021) nimmt A zum 1. April 2021 ein neues Beschäftigungsverhältnis beim Arbeitgeber C auf. C erteilt A eine neue Versorgungszusage über einen Pensionsfonds und übernimmt die Direktversicherung. A weist dem C nach, dass die Beiträge für die Pensionskasse in 2017 (damit vor dem 1. Januar 2018) nach § 40b EStG a. F. pauschal besteuert wurden (Vorlage einer Gehaltsabrechnung).

Arbeitgeber C kann die Beiträge für die Direktversicherung bis zur Höhe von maximal 1 752 € nach § 40b EStG a. F. pauschal besteuern. Der Zeitpunkt der Erteilung der Versorgungszusage für die Direktversicherung ist ohne Bedeutung. Die Beiträge an den Pensionsfonds sind nach Maßgabe des § 3 Nr. 63 EStG steuerfrei.

88 **Beispiel 2:**

Dem Arbeitnehmer A wurde vom Arbeitgeber B im Jahr 2009 eine Versorgungszusage in Form einer Direktversicherung erteilt. Die Beiträge für die Direktversicherung waren bis zum 30. Juni 2020 steuerfrei nach § 3 Nr. 63 EStG. Nach einer Zeit der Arbeitslosigkeit (1. Juli 2020 bis 31. März 2021) nimmt A zum 1. April 2021 ein neues Beschäftigungsverhältnis beim Arbeitgeber C auf. C übernimmt die Direktversicherung und führt sie fort.

Arbeitgeber C kann die Beiträge für die Direktversicherung nicht nach § 40b EStG a. F. pauschal besteuern, da vor dem 1. Januar 2018 kein Beitrag nach § 40b Abs. 1 und 2 EstG a. F. pauschal besteuert wurde.

b) Weiteranwendung des § 40b Abs. 1 und 2 EStG a. F.

89 Neben diesen Vorgaben (s. Rn. 85 f.) ist Folgendes zu beachten:

90 Im Fall der Durchschnittsberechnung nach § 40b Abs. 2 Satz 2 EStG a. F. sind zur Ermittlung des verbleibenden steuerfreien Volumens nach § 3 Nr. 63 Satz 1 EStG grundsätzlich die auf den einzelnen Arbeitnehmer entfallenden Leistungen des Arbeitgebers mindernd anzurechnen. Hat der Arbeitgeber keine individuelle Zuordnung der auf den einzelnen Arbeitnehmer entfallenden Leistungen vorgenommen, bestehen keine Bedenken, wenn der Arbeitgeber aus Vereinfachungsgründen einheitlich für alle Arbeitnehmer den nach § 40b EStG a. F. pauschal besteuerten Durchschnittsbetrag berücksichtigt.

91 **Beispiel 1:**

Der Arbeitgeber zahlt in einen Gruppendirektversicherungsvertrag 600 € jährlich für den Arbeitnehmer A und 2 000 € jährlich für den Arbeitnehmer B ein. Der Durchschnittsbetrag von 1 300 € (600 € zuzüglich 2 000 € : 2 Arbeitnehmer) wird mit 20 % pauschal besteuert.

Das steuerfreie Volumen von 8 % der BBG in der allgemeinen Rentenversicherung (West) ist beim Arbeitnehmer A um 600 € und beim Arbeitnehmer B um 2 000 € zu vermindern.

92–93 **Beispiel 2:**

Der Arbeitgeber zahlt an eine Pensionskasse 3 % seiner Bruttolohnsumme als Beitrag für alle Arbeitnehmer. Der mit 20 % pauschal besteuerte, auf jeden Arbeitnehmer entfallende Durchschnittsbetrag nach § 40b Abs. 2 Satz 2 EStG a. F. beträgt 1 500 €.

Das steuerfreie Volumen von 8 % der BBG in der allgemeinen Rentenversicherung (West) wird bei allen Arbeitnehmern um 1 500 € gemindert.

c) Verhältnis von § 3 Nr. 63 Satz 3 EStG und § 40b Abs. 1, Abs. 2 Satz 3 und 4 EStG a. F.

Begünstigte Aufwendungen (Rn. 25 ff.), die der Arbeitgeber aus Anlass der Beendigung des Dienstverhältnisses leistet, können nach § 3 Nr. 63 Satz 3 EStG steuerfrei belassen oder nach § 40b Abs. 2 Satz 3 und 4 EStG a. F. pauschal besteuert werden. 94

Das steuerfreie Volumen von § 3 Nr. 63 Satz 3 EStG wird gemindert, soweit § 40b Abs. 1 und Abs. 2 Satz 3 und 4 EStG a. F. auf die Beiträge, die der Arbeitgeber aus Anlass der Beendigung des Dienstverhältnisses leistet, angewendet wird (§ 52 Abs. 4 Satz 17 EStG). Die Pauschalbesteuerung nach § 40b Abs. 2 Satz 1 und 2 EStG a. F. berührt hingegen das steuerfreie Volumen des § 3 Nr. 63 Satz 3 EStG nicht. 95

Beispiel: 96–97

Steuerfreier Höchstbetrag (maximal 10 Jahre × 4 % BBG in der allgemeinen Rentenversicherung [West] für 2021: 85 200 €)	34 080 €
abzgl. nach § 40b Abs. 2 Satz 3 und 4 EStG a. F. tatsächlich pauschal besteuerte Beiträge z.B.	./. 26 280 €
verbleiben als steuerfreies Volumen nach § 3 Nr. 63 Satz 3 EStG	= 7 800 €

d) Verhältnis von § 3 Nr. 63 Satz 4 EStG und § 40b Abs. 1 und 2 Satz 1 und 2 EStG a. F.

Begünstigte Aufwendungen (Rn. 46), die der Arbeitgeber für Kalenderjahre nachzahlt, in denen das erste Dienstverhältnis ruhte, können nach § 3 Nr. 63 Satz 4 EStG sowie ggf. nach § 3 Nr. 63 Satz 1 EStG steuerfrei belassen oder nach § 40b Abs. 2 Satz 1 und 2 EStG a. F. pauschal besteuert werden (Rn. 50). 98

e) Verhältnis von § 3 Nr. 63 EStG und § 40b EStG a. F., wenn die betriebliche Altersversorgung nebeneinander bei verschiedenen Versorgungseinrichtungen durchgeführt wird

Leistet der Arbeitgeber nach § 3 Nr. 63 Satz 1 EStG begünstigte Beiträge an verschiedene Versorgungseinrichtungen, kann er § 40b EStG a. F. auf Beiträge an Pensionskassen und Direktversicherungen unabhängig von der zeitlichen Reihenfolge der Beitragszahlung anwenden, wenn die Voraussetzungen für die weitere Anwendung der Pauschalbesteuerung vorliegen. 99

15. BAV-Förderbetrag

a) Allgemeines

Der in § 100 EStG geregelte BAV-Förderbetrag ist ein staatlicher Zuschuss zu einem vom Arbeitgeber zusätzlich zum ohnehin geschuldeten Arbeitslohn geleisteten Beitrag zur betrieblichen Altersversorgung von Arbeitnehmern mit geringem Einkommen (Bruttoarbeitslohn von monatlich nicht mehr als 2 575 €). Gefördert werden Beiträge von mindestens 240 € bis höchstens 960 € im Kalenderjahr. Der staatliche Zuschuss 100 beträgt 30 % des gesamten zusätzlichen Arbeitgeberbeitrags, also mindestens 72 € bis höchstens 288 € im Kalenderjahr. Er wird dem Arbeitgeber im Wege der Verrechnung mit der von ihm abzuführenden Lohnsteuer gewährt, grundsätzlich für den Lohnsteuer-Anmeldungszeitraum, dem der jeweilige Beitrag des Arbeitgebers zuzuordnen ist.

b) Grundlegende Voraussetzungen und Abwicklung (§ 100 Abs. 1 EStG)

101 Arbeitgeber im Sinne des § 38 Abs. 1 EStG dürfen für jeden begünstigten Arbeitnehmer (vgl. Rn. 106 ff.) mit einem ersten Dienstverhältnis vom Gesamtbetrag der einzubehaltenden Lohnsteuer einen Teilbetrag des Arbeitgeberbeitrags zur kapitalgedeckten betrieblichen Altersversorgung (BAV-Förderbetrag) entnehmen und bei der nächsten Lohnsteuer-Anmeldung gesondert absetzen.

102 Ist keine Lohnsteuer einzubehalten (weil der Arbeitslohn nicht steuerbelastet ist oder lediglich die Pauschalsteuer an die Deutsche Rentenversicherung Knappschaft/Bahn/See zu entrichten ist) oder ist die vom Arbeitgeber einzubehaltende Lohnsteuer geringer als der BAV-Förderbetrag, kommt es mit der Lohnsteuer-Anmeldung zu einer Erstattung durch das Betriebsstättenfinanzamt.

103 Die Förderung beanspruchen kann somit nur ein Arbeitgeber, der dem Grunde nach zum Lohnsteuerabzug verpflichtet ist. Das sind inländische Arbeitgeber (§ 38 Abs. 1 Satz 1 Nr. 1 EStG), ausländische Verleiher (§ 38 Abs. 1 Satz 1 Nr. 2 EStG) und in den Fällen der Arbeitnehmerentsendung das in Deutschland ansässige aufnehmende Unternehmen, das den Arbeitslohn für die geleistete Arbeit wirtschaftlich trägt oder nach dem Fremdvergleichsgrundsatz hätte tragen müssen (§ 38 Abs. 1 Satz 2 EStG).

104 Der BAV-Förderbetrag setzt ein erstes Dienstverhältnis voraus (Steuerklassen I bis V oder die Bestimmung durch den Arbeitnehmer bei pauschal besteuertem Arbeitslohn; vgl. auch Rn. 24). Hierzu zählt auch ein weiterbestehendes Dienstverhältnis ohne Anspruch auf Arbeitslohn (z. B. während der Elternzeit, der Pflegezeit, des Bezugs von Kurzarbeiter- oder Krankengeld). Bei einem Arbeitgeberwechsel im Laufe des Jahres kann der BAV-Förderbetrag erneut bis zum Höchstbetrag in Anspruch genommen werden, auch wenn er in einem vorangegangenen Dienstverhältnis bereits ausgeschöpft wurde. Im Fall der Gesamtrechtsnachfolge und des Betriebsübergangs nach § 613a BGB kommt dies dagegen nicht in Betracht.

105 Durch den BAV-Förderbetrag wird die kapitalgedeckte betriebliche Altersversorgung bezuschusst. Werden sowohl Umlagen als auch Beiträge im Kapitaldeckungsverfahren erhoben, gehören Letztere nur dann zu den begünstigten Aufwendungen, wenn eine getrennte Verwaltung und Abrechnung beider Vermögensmassen erfolgt (Trennungsprinzip); s. Rn. 25.

c) Begünstigte Personen, Einkommensgrenze (§ 100 Abs. 3 Nr. 3 EStG)

106 Begünstigt sind alle Arbeitnehmer (§ 1 LStDV, also auch Auszubildende, Teilzeitbeschäftigte oder geringfügig Beschäftigte), deren laufender steuerpflichtiger Arbeitslohn im Zeitpunkt der Beitragsleistung innerhalb der von § 100 Abs. 3 Nr. 3 EStG

festgelegten Einkommensgrenze (2 575 € monatlich, 85,84 € täglich, 600,84 € wöchentlich und 30 900 € bei jährlicher Lohnzahlung) liegt. Maßgebend ist dabei der laufende Arbeitslohn des Arbeitnehmers im jeweiligen Lohnabrechnungszeitraum, der Berechnungsgrundlage für die Lohnsteuerberechnung gem. § 39b Abs. 2 Satz 1 EStG ist. Bei einem täglichen (z. B. untermonatiger Eintritt in das Dienstverhältnis), wöchentlichen oder monatlichen Lohnzahlungszeitraum ist der Lohn daher nicht auf einen voraussichtlichen Jahresarbeitslohn hochzurechnen. Ergibt sich z. B. auf Grund einer rechtlich fehlerhaften Lohnabrechnung oder einer Lohnsteuer-Außenprüfung nachträglich eine Korrektur des laufenden Arbeitslohns mit der Folge, dass die Voraussetzungen für die Gewährung des BAV-Förderbetrags im jeweiligen Lohnzahlungszeitraum nicht vorlagen, sind die entsprechenden Lohnsteuer- Anmeldungen zu ändern (vgl. Rn. 114 und 142).

Beispiel: 107

Ein Arbeitnehmer ist seit 1. Januar beim Arbeitgeber A beschäftigt (Monatsarbeitslohn 5 000 €). Ab 16. April ist er im Ausland tätig und bezieht seitdem nach DBA steuerfreien Arbeitslohn. Im April betragen der steuerpflichtige und der steuerfreie Arbeitslohn jeweils 2 500 €.

Der Lohnzahlungszeitraum im April ist der Kalendermonat (R 39b.5 Abs. 2 Satz 3 LStR). Im April beträgt das maßgebliche Einkommen 2 500 €. Die Einkommensgrenze des § 100 Abs. 3 Nr. 3 EStG wird nicht überschritten.

Steuerfreie Lohnbestandteile (z. B. nach § 3 Nr. 63 EStG steuerfreie Beiträge zur be- 108
trieblichen Altersversorgung, steuerfreie Arbeitslohnteile nach DBA), sonstige Bezüge (§ 39b Abs. 3 EStG, auch R 39b.5 Abs. 4 Satz 2 LStR), unter die 44 €-Freigrenze – ab 2022: 50 €-Freigrenze – (§ 8 Abs. 2 Satz 11 EStG[1]) oder den Rabattfreibetrag fallende Sachbezüge (§ 8 Abs. 3 EStG) oder nach den §§ 37a, 37b, 40, 40b EStG oder § 40b EStG a. F. pauschal besteuerter Arbeitslohn bleiben bei der Prüfung der Einkommensgrenze unberücksichtigt.

Bei Teilzeitbeschäftigten und geringfügig Beschäftigten, bei denen die Lohnsteuer 109
pauschal erhoben wird, gibt es keinen laufenden Arbeitslohn im Sinne des § 39b Abs. 2 Satz 1 und 2 EStG. Hier wird auf den pauschal besteuerten Arbeitslohn oder das pauschal besteuerte Arbeitsentgelt für den entsprechenden Lohnzahlungszeitraum abgestellt. Als sonstige Bezüge einzuordnende Arbeitsentgelt-/Arbeitslohnteile bleiben hier ebenfalls unberücksichtigt.

Zu dem durch den BAV-Förderbetrag begünstigten Personenkreis gehören alle Arbeit- 110
nehmer (§ 1 LStDV), unabhängig davon, ob sie in der gesetzlichen Rentenversicherung pflichtversichert sind oder nicht (z. B. beherrschende Gesellschafter-Geschäftsführer, geringfügig Beschäftigte, in einem berufsständischen Versorgungswerk Versicherte).

---

1 In der Fassung des Jahressteuergesetzes 2020 vom 21. Dezember 2020, BGBl. I S. 3096, BStBl. 2021 I S. 6.

d) Begünstigte Aufwendungen, zusätzlicher Arbeitgeberbeitrag (§ 100 Abs. 3 Nr. 2 EStG)

111 Nach § 100 Abs. 3 Nr. 2 EStG kann der BAV-Förderbetrag nur für einen vom Arbeitgeber zusätzlich zum ohnehin geschuldeten Arbeitslohn erbrachten Beitrag zur betrieblichen Altersversorgung an einen Pensionsfonds, eine Pensionskasse oder für eine Direktversicherung beansprucht werden (§ 8 Abs. 4 EStG[1]). Die zusätzlichen Beiträge können z. B. tarifvertraglich, durch eine Betriebsvereinbarung oder auch einzelvertraglich festgelegt sein. **Zusätzliche Beiträge des Arbeitgebers liegen auch dann noch vor, wenn bei sog. „Freiwilligen Matching-Modellen" die Höhe der arbeitgeberfinanzierten Beiträge (Erhöhungsbeträge) in Anknüpfung an die Höhe der durch originäre Entgeltumwandlung (arbeitnehmer-)finanzierten Beiträge bemessen wird.** Im Gesamtversicherungsbeitrag des Arbeitgebers enthaltene Finanzierungsanteile des Arbeitnehmers sowie die mittels Entgeltumwandlung finanzierten Beiträge oder Eigenbeteiligungen des Arbeitnehmers sind – anders als bei § 3 Nr. 63 und § 10a/Abschnitt XI EStG (s. Rn. 26 und 67) – **hingegen** nicht begünstigt.

111a Auch die in Rn. 26a angesprochenen Beiträge zur betrieblichen Altersversorgung (für die betriebliche Altersversorgung verwendete vermögenswirksame Leistungen und Erhöhungsbeträge) erfüllen die Voraussetzungen für den BAV-Förderbetrag nicht, da es an der Voraussetzung „zusätzlich zum ohnehin geschuldeten Arbeitslohn" (§ 100 Abs. 3 Nr. 2 EStG) fehlt. Im Übrigen widerspricht es der Intention des Betriebsrentenstärkungsgesetzes, entsprechende Beiträge, die zu einer Zuschusspflicht nach § 1a Abs. 1a und § 23 Abs. 2 BetrAVG führen, zu fördern.

112 Nicht begünstigt sind auch die Leistungen des Arbeitgebers im Sinne des § 1a Abs. 1a und § 23 Abs. 2 BetrAVG, die er als Ausgleich für die ersparten Sozialversicherungsbeiträge infolge einer Entgeltumwandlung erbringt. Diese Beiträge werden steuerlich wie die zu Grunde liegende Entgeltumwandlung behandelt (s. a. Einzelbegründung zu § 1a Abs. 1a BetrAVG in der BT-Drs. 18/12612 und Einzelbegründung zu § 23 Abs. 2 BetrAVG in der BT-Drs. 18/11286). Nicht begünstigt sind ferner Leistungen des Arbeitgebers im Sinne des § 23 Abs. 1 BetrAVG, die dem einzelnen Arbeitnehmer unmittelbar gutgeschrieben oder zugerechnet werden.

113 Die Förderung setzt des Weiteren voraus, dass der Arbeitgeber einen Mindestbetrag i. H. v. 240 € im Kalenderjahr geleistet hat. Bei der Ermittlung des Mindestbetrags sind nur Beiträge des Arbeitgebers an einen Pensionsfonds, eine Pensionskasse oder für eine Direktversicherung zu berücksichtigen, die die Voraussetzungen des § 100 Abs. 3 Nr. 4 und 5 EStG erfüllen **und bei denen im Zeitpunkt der Beitragsleistung die Einkommensgrenzen nach § 100 Abs. 3 Nr. 3 EStG nicht überschritten werden.** Wird der jährliche Mindestbetrag aus Gründen nicht erreicht, die zum Zeitpunkt der Inanspruchnahme des BAV-Förderbetrags nicht absehbar waren, beispielsweise weil der Arbeitgeber einen Monatsbetrag leistet und der Arbeitnehmer unerwartet aus dem Unternehmen ausscheidet, bevor der Mindestbetrag erreicht werden kann, ist

1 In der Fassung des Jahressteuergesetzes 2020 vom 21. Dezember 2020, BGBl. I S. 3096, BStBl. 2021 I S. 6.

der BAV-Förderbetrag nicht rückgängig zu machen (s. § 100 Abs. 4 Satz 1 EStG). Maximal begünstigt ist ein zusätzlicher Beitrag des Arbeitgebers i. H. v. 960 € im Kalenderjahr.

e) Verhältnisse im Zeitpunkt der Beitragsleistung

Für die Prüfung der Voraussetzungen des BAV-Förderbetrags sind immer nur die Ver- 114
hältnisse im Zeitpunkt der Beitragsleistung maßgeblich (§ 100 Abs. 4 Satz 1 EStG). Sich nachträglich ergebende, rückwirkende Änderungen der Verhältnisse sind unbeachtlich. Die Regelung betrifft insbesondere Fälle mit schwankendem oder steigendem Arbeitslohn, rückwirkende Erhöhungen des Arbeitslohns sowie Fälle, in denen der Mindestbetrag nach § 100 Abs. 3 Nr. 2 EStG unvorhergesehen nicht erreicht wird. Etwas anderes gilt, wenn z. B. auf Grund einer rechtlich fehlerhaften Lohnabrechnung oder im Rahmen einer Lohnsteuer- Außenprüfung nachträglich festgestellt wird, dass der für die Einkommensgrenze nach § 100 Abs. 3 Nr. 3 EStG maßgebliche laufende Arbeitslohn unzutreffend ermittelt wurde.

Beispiel 1: 115

Bei einem Arbeitnehmer beträgt im Januar der laufende Arbeitslohn 2 500 €. Der Arbeitgeber zahlt monatlich zum 10. des Monats einen zusätzlichen Arbeitgeberbeitrag von 80 € und nimmt mit der Lohnsteuer-Anmeldung für Januar den BAV-Förderbetrag in Anspruch. Im August wird eine Gehaltserhöhung von 3,5 % vereinbart, und zwar rückwirkend ab Juni. Der laufende Arbeitslohn beträgt daher ab Juni 2 587,50 €. Der Arbeitgeber zahlt weiterhin monatlich den zusätzlichen Arbeitgeberbeitrag.

Ab August kann der BAV-Förderbetrag nicht mehr in Anspruch genommen werden. Das Überschreiten der Einkommensgrenze ab August hat aber keinen Einfluss auf den bereits in den Monaten Januar bis Juli zulässigerweise in Anspruch genommenen BAV-Förderbetrag.

Beispiel 2: 116

Bei einem Arbeitnehmer beträgt der laufende Arbeitslohn 2 500 €. Zusätzlich erhält der Arbeitnehmer steuerfreien Arbeitslohn von 200 €. Der Arbeitgeber zahlt monatlich zum 10. des Monats einen zusätzlichen Arbeitgeberbeitrag von 80 € und nimmt mit der Lohnsteuer-Anmeldung jeweils den BAV-Förderbetrag in Anspruch. Im Rahmen einer Lohnsteuer-Außenprüfung wird im Folgenden Jahr festgestellt, dass die Voraussetzungen für die Steuerfreiheit im August nicht erfüllt sind.

Der BAV-Förderbetrag kann nicht in Anspruch genommen werden und ist zurückzuzahlen, weil der laufende Arbeitslohn unzutreffend ermittelt wurde. Die Lohnsteuer-Anmeldung für den Anmeldungszeitraum August des Vorjahres ist zu korrigieren.

Beispiel 3: 117

Der Arbeitgeber zahlt bei einem unbefristet beschäftigten Arbeitnehmer monatlich zum

10. des Monats einen zusätzlichen Arbeitgeberbeitrag i. H. v. 30 €. Der Arbeitgeber nimmt mit der Lohnsteuer-Anmeldung den BAV-Förderbetrag in Anspruch. Zum 1. Mai verlässt der Arbeitnehmer unerwartet das Unternehmen. Hierüber hat er den Arbeitgeber am 20. April informiert. Vom Arbeitgeber kann der zu zahlende Mindestbetrag von 240 € nicht mehr erreicht werden.

Das unerwartete Ausscheiden des Arbeitnehmers hat keinen Einfluss auf den bereits in den Monaten Januar bis April in Anspruch genommenen BAV-Förderbetrag (keine rückwirkende Korrektur).

118 **Beispiel 4:**

Der Arbeitgeber zahlt bei einem unbefristet beschäftigten Arbeitnehmer monatlich zum 10. des Monats einen zusätzlichen Arbeitgeberbeitrag i. H. v. 30 €. Der Arbeitgeber nimmt mit der Lohnsteuer-Anmeldung den BAV-Förderbetrag in Anspruch. Der Arbeitnehmer informiert seinen Arbeitgeber am 20. Januar über seine fristgemäße Kündigung zum 30. April des Jahres.

Das Ausscheiden des Arbeitnehmers hat keinen Einfluss auf den bereits im Monat Januar in Anspruch genommenen BAV-Förderbetrag (keine rückwirkende Korrektur). Ab Februar kann der BAV-Förderbetrag nicht mehr in Anspruch genommen werden, da der vom Arbeitgeber zu zahlende Mindestbetrag von 240 € (bei unveränderter Beitragszahlung) nicht mehr erreicht werden kann.

f) Höhe des BAV-Förderbetrags (§ 100 Abs. 2 EStG)

aa) Neue Vereinbarungen ab 2018

119 Der BAV-Förderbetrag beträgt im Kalenderjahr 30 % des begünstigten Arbeitgeberbeitrags, also mindestens 72 € bis höchstens 288 € (§ 100 Abs. 2 Satz 1 EStG; bis einschließlich 2019: höchstens 144 €). Der BAV-Förderbetrag ist ein Jahresbetrag. Für die Gewährung des BAV-Förderbetrags spielt es grundsätzlich keine Rolle, ob der zusätzliche Arbeitgeberbeitrag als Jahresbetrag, halb-, vierteljährlich, monatlich oder unregelmäßig gezahlt wird. Bei laufender oder unregelmäßiger Zahlung der Beiträge kann der BAV-Förderbetrag in entsprechenden Teilbeträgen bei der jeweiligen Lohnsteuer-Anmeldung geltend gemacht werden.

120 **Beispiel:**

Der Arbeitgeber zahlt vierteljährlich jeweils am 15. Januar, 15. April, 15. Juli und 15. Oktober einen zusätzlichen Arbeitgeberbeitrag i. H. v. 300 €.

Am 15. Januar, 15. April und 15. Juli beträgt der BAV-Förderbetrag jeweils 90 € (30 % von 300 €). Am 15. Oktober beträgt der BAV-Förderbetrag nur noch 18 €, denn bis dahin wurde der Höchstbetrag von 288 € bereits mit 270 € ausgeschöpft.

121 Wird der BAV-Förderbetrag dabei ganz oder teilweise unberechtigterweise in Anspruch genommen, z. B. weil sich auf Grund eines nachträglich festgestellten Fehlers (Rn. 114 ff.) herausstellt, dass die Einkommensgrenze überschritten ist, sind die jeweiligen Lohnsteuer-Anmeldungen zu ändern. Um solche Änderungen infolge nachträglich festgestellter Fehler zu vermeiden, bestehen keine Bedenken, wenn der auf die laufend oder unregelmäßig gezahlten Beiträge entfallende, rechtmäßig zustehende BAV-Förderbetrag in einer Summe spätestens bei der letzten Lohnsteuer-Anmeldung für das entsprechende Kalenderjahr geltend gemacht wird.

Beispiel 1: 122

Der Arbeitgeber zahlt monatlich jeweils am 15. einen zusätzlichen Arbeitgeberbeitrag i. H. v. 80 €. Der laufende Arbeitslohn für Arbeitnehmer A beträgt 2 500 €. Der Arbeitgeber macht den BAV-Förderbetrag von 24 € (30 % von 80 €) monatlich bei seiner Lohnsteuer-Anmeldung geltend. Im Oktober stellt er fest, dass der für August zu berücksichtigende laufende Arbeitslohn des A zutreffend 2 600 € betragen hat.

Der BAV-Förderbetrag durfte für August nicht in Anspruch genommen werden. Die entsprechende Lohnsteuer-Anmeldung für August ist zu korrigieren und der BAV-Förderbetrag i. H. v. 24 € zurückzuzahlen, weil der laufende Arbeitslohn für August unzutreffend ermittelt wurde.

Beispiel 2: 123

Der Arbeitgeber zahlt monatlich jeweils am 15. einen zusätzlichen Arbeitgeberbeitrag i. H. v. 80 €. Der laufende Arbeitslohn für Arbeitnehmer A beträgt 2 500 €. Er macht vorerst den BAV-Förderbetrag nicht geltend. Im Oktober stellt er fest, dass der für August zu berücksichtigende laufende Arbeitslohn des A zutreffend 2 600 € beträgt und korrigiert die Lohnabrechnung. Für den Monat August liegen die Voraussetzungen für den BAV-Förderbetrag wegen Überschreitens der Einkommensgrenze somit nicht vor.

Der Arbeitgeber kann den ihm insgesamt zustehenden BAV-Förderbetrag i. H. v. 264 € (11 × 24 €) bei der Lohnsteuer-Anmeldung für Dezember in einer Summe geltend machen.

Wird der entsprechende Arbeitgeberbeitrag als Einmalbetrag im Kalenderjahr geleistet, müssen nur einmal (im Lohnzahlungszeitraum der Beitragsentrichtung) die Einkommensgrenze sowie die Erreichung des Mindestbetrags geprüft werden. 124

Stellt der Arbeitgeber vor Ablauf des Kalenderjahres fest, dass die Förderung nach § 100 EStG nicht vollständig beansprucht worden ist, muss eine anderweitige steuerliche Behandlung der Beiträge des Arbeitgebers zur betrieblichen Altersversorgung (z. B. § 3 Nr. 63 EStG oder § 40b EStG a. F.) rückgängig gemacht werden (spätester Zeitpunkt hierfür ist die Übermittlung oder Erteilung der Lohnsteuerbescheinigung) oder der monatliche Teilbetrag künftig so geändert werden, dass der BAV-Förderbetrag voll ausgeschöpft wird. 125

bb) Anwendung bei bereits bestehenden Vereinbarungen

In Fällen, in denen der Arbeitgeber bereits im Jahr 2016 einen zusätzlichen Arbeitgeberbeitrag an einen Pensionsfonds, eine Pensionskasse oder für eine Direktversicherung geleistet hat, ist der jeweilige BAV-Förderbetrag auf den Betrag beschränkt, den der Arbeitgeber über den bisherigen Beitrag hinaus leistet (§ 100 Abs. 2 Satz 2 EStG). 126

Beispiel 1: 127

Der Arbeitgeber zahlt seit 2016 einen zusätzlichen Arbeitgeberbeitrag i. H. v. jährlich 200 €. Er erhöht den Arbeitgeberbeitrag ab dem Jahr 2021 auf 240 €.

Der BAV-Förderbetrag beträgt grundsätzlich 30 % von 240 € (= 72 €), wegen der Begrenzung nach § 100 Abs. 2 Satz 2 EStG jedoch nur 40 € (Erhöhung des Arbeitgeberbeitrags). Im Ergebnis wird trotz der Begrenzung also der Aufstockungsbetrag in vollem Umfang über den BAV-Förderbetrag finanziert. Der Beitrag des Arbeitgebers ist i. H. v. 240 € nach § 100 Abs. 6 EStG steuerfrei.

128 **Beispiel 2:**

Der Arbeitgeber zahlt seit 2016 einen zusätzlichen Arbeitgeberbeitrag i. H. v. jährlich 200 €. Er erhöht den Arbeitgeberbeitrag ab dem Jahr 2021 auf 300 €.

Der BAV-Förderbetrag beträgt 30 % von 300 € (= 90 €). Es erfolgt keine Begrenzung nach § 100 Abs. 2 Satz 2 EStG, da der Arbeitgeberbeitrag um 100 € (also um mehr als 90 €) erhöht wird. Der Beitrag des Arbeitgebers ist i. H. v. 300 € nach § 100 Abs. 6 EStG steuerfrei.

129 **Beispiel 3:**

Der Arbeitgeber zahlt seit 2016 einen zusätzlichen Arbeitgeberbeitrag i. H. v. jährlich 720 €. Er erhöht den Arbeitgeberbeitrag ab dem Jahr 2021 um 288 € auf 1 008 €.

Der BAV-Förderbetrag beträgt 30 % von 960 € (= 288 €). Es erfolgt keine Begrenzung nach § 100 Abs. 2 Satz 2 EStG, da der Arbeitgeberbeitrag um 288 € erhöht wird. Im Ergebnis wird trotz der Begrenzung also der Aufstockungsbetrag in vollem Umfang über den BAV-Förderbetrag finanziert. Der Beitrag des Arbeitgebers ist i. H. v. 960 € nach § 100 Abs. 6 EStG steuerfrei. Für den den Höchstbetrag von 960 € übersteigenden Arbeitgeberbeitrag i. H. v. 48 € kommt die Steuerfreiheit nach § 3 Nr. 63 EStG in Betracht.

130 **Beispiel 4:**

Der Arbeitgeber zahlt seit 2016 einen zusätzlichen Arbeitgeberbeitrag i. H. v. jährlich 1 200 €. Er erhöht den Arbeitgeberbeitrag ab dem Jahr 2021 um 288 € auf 1 488 €.

Der BAV-Förderbetrag beträgt 30 % von 960 € (= 288 €). Es erfolgt keine Begrenzung nach § 100 Abs. 2 Satz 2 EStG, da der Arbeitgeberbeitrag um 288 € erhöht wird. Im Ergebnis wird trotz der Begrenzung also der Aufstockungsbetrag in vollem Umfang über den BAV-Förderbetrag finanziert. Der Beitrag des Arbeitgebers ist i. H. v. 960 € nach § 100 Abs. 6 EStG steuerfrei. Für den den Höchstbetrag von 960 € übersteigenden Arbeitgeberbeitrag i. H. v. 528 € kommt die Steuerfreiheit nach § 3 Nr. 63 EStG in Betracht.

131 Für die Begrenzung des BAV-Förderbetrags bei bereits bestehenden Versorgungsvereinbarungen wird auf das Referenzjahr 2016 abgestellt. Dadurch greift bei einer erst ab 2017 bestehenden betrieblichen Altersversorgung (z. B. Neueinstellung in 2017) die Begrenzung des § 100 Abs. 2 Satz 2 EStG nicht. Dies gilt dann auch für alle Erhöhungen der zusätzlichen Arbeitgeberbeiträge in 2017 oder später. Die Begrenzung greift jedoch dann, wenn der Arbeitgeber im Jahr 2016 einen zusätzlichen Arbeitgeberbeitrag geleistet hat, das Arbeitsverhältnis in 2016 **oder danach** beendet wurde und zum selben Arbeitgeber später, d. h. in 2017 oder danach, neu begründet wurde oder wird.

132 **Beispiel 1:**

Der Arbeitgeber zahlt für den Arbeitnehmer A seit 2016 einen zusätzlichen Arbeitgeberbeitrag i. H. v. jährlich 180 €. Er erhöht den Arbeitgeberbeitrag ab dem Jahr 2021 auf 240 €. In 2021 stellt er außerdem Arbeitnehmer B neu ein, für den er ebenfalls einen zusätzlichen Arbeitgeberbeitrag i. H. v. 240 € zahlt.

Der BAV-Förderbetrag beträgt grundsätzlich 30 % von 240 € (= 72 €). Für den neu eingestellten Arbeitnehmer B kann der Arbeitgeber den BAV-Förderbetrag für einen Arbeitgeberbeitrag i. H. v. 240 € (BAV-Förderbetrag von 72 €) beanspruchen. Für Arbeitnehmer A kann der Arbeitgeber wegen § 100 Abs. 2 Satz 2 EStG den BAV-Förderbetrag nur für einen Arbeitgeberbeitrag i. H. v. 60 € (Erhöhungsbetrag) beanspruchen. Der Beitrag des Arbeitgebers ist bei beiden Arbeitnehmern i. H. v. 240 € nach § 100 Abs. 6 EStG steuerfrei.

Beispiel 2: 133

Der Arbeitgeber zahlte in 2016 einen zusätzlichen Arbeitgeberbeitrag i. H. v. jährlich 210 €. Er hatte den Arbeitgeberbeitrag bereits ab 2017 auf 300 € erhöht.

Der BAV-Förderbetrag beträgt 30 % von 300 € (= 90 €). Es erfolgt keine Begrenzung nach § 100 Abs. 2 Satz 2 EStG, da der Arbeitgeberbeitrag ab 2017 um 90 € erhöht wurde. Im Ergebnis wird damit seit 2018 der Aufstockungsbetrag in vollem Umfang über den BAV-Förderbetrag finanziert. Der Beitrag des Arbeitgebers ist i. H. v. 300 € nach § 100 Abs. 6 EStG steuerfrei.

War ein laufender (Monats-/Quartals-)Beitrag so bemessen, dass die Begrenzung nach 133a
§ 100 Abs. 2 Satz 2 EStG bei planmäßigem Verlauf nicht greift und scheidet der Arbeitnehmer unerwartet aus dem Unternehmen aus, ist der BAV-Förderbetrag nicht rückgängig zu machen (siehe auch Rn. 113).

Beispiel: 133b

Der Arbeitgeber zahlte in 2016 einen zusätzlichen Arbeitgeberbeitrag i. H. v. jährlich 210 €. Er hatte den Arbeitgeberbeitrag bereits ab 2017 auf 300 € (monatlich 25 €) erhöht. Zum 1. April 2021 scheidet der Arbeitnehmer unerwartet aus dem Unternehmen aus.

Der BAV-Förderbetrag für die Jahre 2018 bis 2020 beträgt 30 % von 300 € (= 90 €). Es erfolgt keine Begrenzung nach § 100 Abs. 2 Satz 2 EStG, da der Arbeitgeberbeitrag ab 2017 um 90 € erhöht wurde.

Für das Jahr 2021 leistet der Arbeitgeber lediglich einen Beitrag i. H. v. 75 € (3 × 25 €). Entsprechend Rn. 133a beträgt der BAV-Förderbetrag für das Jahr 2021 gleichwohl 30 % von 75 € (= 22,50 €).

g) Weitere Voraussetzungen für die Inanspruchnahme (§ 100 Abs. 3 EStG)

aa) Lohnsteuerabzug im Inland (§ 100 Abs. 3 Nr. 1 EStG)

Nach § 100 Abs. 3 Nr. 1 EStG setzt die Inanspruchnahme des BAV-Förderbetrags zu- 134
dem voraus, dass der Arbeitslohn des Arbeitnehmers im Lohnzahlungszeitraum, für den der BAV-Förderbetrag geltend gemacht wird, im Inland dem Lohnsteuerabzug unterliegt. Hiervon ist beispielsweise auch während der Eltern- und Pflegezeit, des Bezugs von Kurzarbeiter- oder Krankengeld auszugehen, obgleich der zu besteuernde Arbeitslohn 0 € beträgt. Auf die Art der Steuerpflicht des Arbeitnehmers (unbeschränkt oder beschränkt einkommensteuerpflichtig bzw. als unbeschränkt einkommensteuerpflichtig zu behandeln) kommt es nicht an.

Eine Förderung ist hingegen ausgeschlossen für Arbeitnehmer, die ausschließlich nach 135
einem DBA steuerfreien Arbeitslohn beziehen. Nicht ausgeschlossen ist hingegen die Förderung für Arbeitnehmer, bei denen auf Grund eines DBA der Lohnsteuerabzug

im Inland begrenzt ist (beispielsweise bei Grenzgängern aus der Schweiz auf 4,5 % des Bruttobetrags der Vergütungen).

bb) Auszahlungsform (§ 100 Abs. 3 Nr. 4 EStG)

136 Nach § 100 Abs. 3 Nr. 4 EStG setzt die Förderung mittels BAV-Förderbetrag voraus, dass die Auszahlung der Versorgungsleistungen entsprechend § 82 Abs. 2 Satz 2 EStG vorgesehen ist. Zu den begünstigten Auszahlungsformen siehe im Einzelnen die Ausführungen unter Rn. 68. Entscheidet sich der Arbeitnehmer zugunsten einer Einmalkapitalauszahlung, so sind von diesem Zeitpunkt an die Voraussetzungen des § 100 EStG nicht mehr erfüllt, d. h., die Förderung entfällt und die Beitragsleistungen sind zu besteuern. Erfolgt die Ausübung des Wahlrechts innerhalb des letzten Jahres vor dem altersbedingten Ausscheiden aus dem Erwerbsleben, so ist es aus Vereinfachungsgründen nicht zu beanstanden, wenn die Beitragsleistungen weiterhin nach § 100 EStG gefördert werden. Für die Berechnung der Jahresfrist ist dabei auf das im Zeitpunkt der Ausübung des Wahlrechts vertraglich vorgesehene Ausscheiden aus dem Erwerbsleben (vertraglich vorgesehener Beginn der Altersversorgungsleistung) abzustellen. Bei Auszahlung oder anderweitiger wirtschaftlicher Verfügung ist der Einmalkapitalbetrag gem. § 22 Nr. 5 Satz 1 EStG zu besteuern (siehe dazu Rn. 148 f.).

cc) Keine „Zillmerung" (§ 100 Abs. 3 Nr. 5 EStG)

137 Nach § 100 Abs. 3 Nr. 5 EStG kommt die steuerliche Förderung nur in Betracht, wenn sichergestellt ist, dass die Abschluss- und Vertriebskosten des Vertrages über die betriebliche Altersversorgung nur als fester Anteil der laufenden Beiträge einbehalten werden; die Finanzierung der Abschluss- und Vertriebskosten zulasten der ersten Beiträge („Zillmerung") ist förderschädlich. Bei am 1. Januar 2018 bereits bestehenden Verträgen kann die steuerliche Förderung ausnahmsweise in Anspruch genommen werden, sobald für die Restlaufzeit des Vertrages sichergestellt ist, dass

– die verbliebenen Abschluss- und Vertriebskosten und

– die ggf. neu anfallenden Abschluss- und Vertriebskosten

jeweils als fester Anteil der ausstehenden laufenden Beiträge einbehalten werden.

h) Rückgewährung des BAV-Förderbetrags (§ 100 Abs. 4 Satz 2 bis 4 EStG)

138 Verfällt die Anwartschaft auf Leistungen aus einer geförderten betrieblichen Altersversorgung, z. B. wenn das Dienstverhältnis zum Arbeitnehmer vor Ablauf der Unverfallbarkeitsfrist von drei Jahren endet (§ 1b Abs. 1 BetrAVG), und ergibt sich daraus eine ganz oder teilweise Rückzahlung der Beiträge an den Arbeitgeber, sind die entsprechende BAV-Förderbeträge zurückzugewähren (§ 100 Abs. 4 Satz 2 bis 4 EStG).

139 Eine Verpflichtung zur Rückgewährung des BAV-Förderbetrages ergibt sich jedoch nur, soweit er auf den Rückzahlungsbetrag an den Arbeitgeber entfällt (§ 100 Abs. 4 Satz 3 EStG). Dies trägt dem Umstand Rechnung, dass nicht in allen Fällen mit der Verfallbarkeit der Anwartschaft Rückflüsse an den Arbeitgeber erfolgen. Dies kann z. B. der Fall sein bei einer verfallenen Invaliditäts- und Hinterbliebenenversorgung

im Zusammenhang mit der Beitragszusage im Sinne des § 1 Abs. 2 Nr. 2a und § 21 ff. BetrAVG, bei der alle Beiträge im Kollektiv verbleiben.

Die Rückgewährung des BAV-Förderbetrages erfolgt über die Lohnsteuer-Anmeldung 140
für den Lohnzahlungszeitraum, in dem die Rückzahlung zufließt. Der zurückzugewährende BAV-Förderbetrag ist der an das Betriebsstättenfinanzamt abzuführenden Lohnsteuer hinzuzurechnen.

i) Anwendbarkeit anderer Vorschriften (§ 100 Abs. 5 EStG)

Nach § 100 Abs. 5 EStG gelten beispielsweise die Regelungen zur Lohnsteuer-Außen- 141
prüfung und zur lohnsteuerlichen Anrufungsauskunft entsprechend. Aber auch bestimmte Regelungen der AO sind entsprechend beim BAV-Förderbetrag anzuwenden. Das sind insbesondere die für Steuervergütungen geltenden Vorschriften und die Straf- und Bußgeldvorschriften der AO.

Wird bei einer Lohnsteuer-Außenprüfung festgestellt, dass bei einem Arbeitgeber die 142
Voraussetzungen für den BAV-Förderbetrag und die Absetzung der an das Finanzamt abzuführenden Lohnsteuer nicht vorgelegen haben, werden die entsprechenden Lohnsteuer-Anmeldungen geändert (denn die Lohnsteuer-Anmeldungen stehen als Steueranmeldungen einer Steuerfestsetzung unter dem Vorbehalt der Nachprüfung gleich, § 169 i. V. m. § 164 AO).

j) Steuerfreiheit des zusätzlich geleisteten Arbeitgeberbeitrags (§ 100 Abs. 6 EStG)

Liegen sämtliche Fördervoraussetzungen des § 100 EStG für den zusätzlichen Arbeit- 143
geberbeitrag zur betrieblichen Altersversorgung vor, ist der Betrag maximal bis zum förderfähigen Höchstbetrag i. H. v. 960 € steuerfrei nach § 100 Abs. 6 EStG. Liegen die Fördervoraussetzungen des § 100 EStG nicht vor, greift auch die Steuerfreiheit nach § 100 Abs. 6 EStG nicht.

Die Steuerfreiheit nach § 100 Abs. 6 EStG hat Vorrang gegenüber der Steuerfreiheit 144
nach § 3 Nr. 63 EStG. Ein über den förderfähigen Höchstbetrag nach § 100 Abs. 6 EStG hinaus gezahlter zusätzlicher Arbeitgeberbeitrag ist somit in der Regel nach § 3 Nr. 63 EStG steuerfrei, sofern das entsprechende Volumen des § 3 Nr. 63 EStG noch nicht anderweitig ausgeschöpft wurde.

III. Steuerliche Behandlung der Versorgungsleistungen

1. Allgemeines

Die Leistungen aus einer Versorgungszusage des Arbeitgebers können Einkünfte aus 145
nichtselbstständiger Arbeit oder sonstige Einkünfte sein oder nicht der Besteuerung unterliegen.

2. Direktzusage und Unterstützungskasse

146 Versorgungsleistungen des Arbeitgebers auf Grund einer Direktzusage und Versorgungsleistungen einer Unterstützungskasse führen zu Einkünften aus nichtselbstständiger Arbeit (§ 19 EStG).

147 Werden solche Versorgungsleistungen nicht fortlaufend, sondern in einer Summe gezahlt, handelt es sich um Vergütungen (Arbeitslohn) für mehrjährige Tätigkeiten im Sinne des § 34 Abs. 2 Nr. 4 EStG (vgl. BFH-Urteil vom 12. April 2007 – VI R 6/02 –, BStBl. II S. 581), die bei Zusammenballung als außerordentliche Einkünfte nach § 34 Abs. 1 EStG zu besteuern sind. Die Gründe für eine Kapitalisierung der Versorgungsleistungen sind dabei unerheblich. Im Fall von Teilkapitalauszahlungen in mehreren Kalenderjahren ist dagegen der Tatbestand der Zusammenballung nicht erfüllt; eine Anwendung des § 34 EStG kommt daher für diese Zahlungen nicht in Betracht. **Geringfügige Teilleistungen sind unschädlich; siehe Rz. 8 des BMF-Schreibens vom 1. November 2013 (BStBl I S. 1326) in der Fassung des BMF-Schreibens vom 4. März 2016 (BStBl I S. 277).**

3. Direktversicherung, Pensionskasse und Pensionsfonds

a) Allgemeines

148 Die steuerliche Behandlung der Leistungen aus einer Direktversicherung, Pensionskasse und Pensionsfonds in der Auszahlungsphase erfolgt nach § 22 Nr. 5 EStG (lex specialis, vgl. Rn. 126 ff. des BMF-Schreibens vom 21. Dezember 2017, BStBl. 2018 I S. 93, geändert durch das BMF-Schreiben vom 17. Februar 2020, BStBl. I S. 213). Der Umfang der Besteuerung hängt davon ab, inwieweit die Beiträge in der Ansparphase durch die Steuerfreiheit nach § 3 Nr. 63 EStG (vgl. Rn. 23 ff.), nach § 3 Nr. 63a EStG (vgl. Rn. 51 f.), nach § 3 Nr. 66 EStG (vgl. Rn. 56), nach § 100 EStG (vgl. Rn. 100 ff.) oder durch Sonderausgabenabzug nach § 10a EStG und Zulage nach Abschnitt XI EStG (vgl. Rn. 66 ff.) gefördert wurden oder die Leistungen auf steuerfreien Zuwendungen nach § 3 Nr. 56 EStG oder auf der nach § 3 Nr. 55b Satz 1 oder § 3 Nr. 55c EStG steuerfreien Leistung aus einem neu begründeten Anrecht basieren. Dies gilt auch für Leistungen aus einer ergänzenden Absicherung der Invalidität oder von Hinterbliebenen. Dabei ist grundsätzlich von einer einheitlichen Versorgungszusage und somit für den Aufteilungsmaßstab von einer einheitlichen Behandlung der Beitragskomponenten für Alter und Zusatzrisiken auszugehen. Ist nur die Absicherung von Zusatzrisiken Gegenstand einer Versorgungszusage, ist für den Aufteilungsmaßstab auf die gesamte Beitragsphase und nicht allein auf den letzten geleisteten Beitrag abzustellen. Zu den nicht geförderten Beiträgen gehören insbesondere die nach § 40b EStG a. F. pauschal besteuerten sowie die vor dem 1. Januar 2002 erbrachten Beiträge an eine Pensionskasse oder für eine Direktversicherung. Die Besteuerung erfolgt auch dann nach § 22 Nr. 5 EStG, wenn ein Direktversicherungsvertrag ganz oder teilweise privat fortgeführt wird.

148a Wird infolge von § 1a Abs. 1a, § 26a BetrAVG die gesetzlich angeordnete Beitragsaufstockung und dementsprechende Leistungserhöhung der zugesagten betrieblichen Altersversorgung in den Durchführungswegen Pensionsfonds, Pensionskasse oder Direktversicherung vorgenommen, gilt die Betragsaufstockung nicht als gesonderter neuer Vertrag (§ 20 Abs. 1 Nr. 6 EStG).

Im Fall von Teil- bzw. Einmalkapitalauszahlungen handelt es sich nicht um außer- 149
ordentliche Einkünfte im Sinne des § 34 Abs. 2 EStG. Daher kommt eine Anwendung der Fünftelungsregelung des § 34 EStG auf diese Zahlungen nicht in Betracht.

b) Leistungen, die ausschließlich auf nicht geförderten Beiträgen beruhen

Leistungen, die ausschließlich auf nicht geförderten Beiträgen beruhen, sind, wenn es 150
sich um eine lebenslange Rente, eine Berufsunfähigkeits-, Erwerbsminderungs- oder um eine Hinterbliebenenrente handelt, als sonstige Einkünfte gem. § 22 Nr. 5 Satz 2 Buchstabe a i. V. m. § 22 Nr. 1 Satz 3 Buchstabe a Doppelbuchstabe bb EStG mit dem Ertragsanteil zu besteuern.

Handelt es sich um Renten im Sinne der Rn. 150, die die Voraussetzungen des § 10 151
Abs. 1 Nr. 2 Satz 1 Buchstabe b EStG erfüllen, sind diese als sonstige Einkünfte gem. § 22 Nr. 5 Satz 2 Buchstabe a i. V. m. § 22 Nr. 1 Satz 3 Buchstabe a Doppelbuchstabe aa EStG mit dem Besteuerungsanteil zu besteuern. Liegen die Voraussetzungen des § 10 Abs. 1 Nr. 2 Satz 1 Buchstabe b EStG nicht vor, erfolgt die Besteuerung gem. § 22 Nr. 5 Satz 2 Buchstabe a i. V. m. § 22 Nr. 1 Satz 3 Buchstabe a Doppelbuchstabe bb EStG mit dem Ertragsanteil.

Auf andere als die in den Rn. 150 f. genannten Leistungen (z. B. Kapitalauszahlungen, 152
Teilraten aus Auszahlungsplänen, Abfindungen) sind die Regelungen in Rn. 145 des BMF-Schreibens vom 21. Dezember 2017 (BStBl. 2018 I S. 93), geändert durch das BMF-Schreiben vom 17. Februar 2020 (BStBl. I S. 213), entsprechend anzuwenden. Wird bei einem vor dem 1. Januar 2012 abgeschlossenen Vertrag die Untergrenze für betriebliche Altersversorgungsleistungen bis auf das 62. Lebensjahr oder der Zeitpunkt des erstmaligen Bezugs von Altersversorgungsleistungen bei altersbedingtem Ausscheiden aus dem Erwerbsleben auf das 67. Lebensjahr erhöht (vgl. Rn. 3) und dadurch die Laufzeit des Vertrages verlängert, führt dies allein zu keiner nachträglichen Vertragsänderung, wenn die Verlängerung einen Zeitraum von höchstens zwei Jahren umfasst. Eine entsprechende Verlängerung der Beitragszahlungsdauer ist zulässig. Eine Verlängerung der Laufzeit bzw. der Beitragszahlungsdauer infolge der Anhebung der Altersgrenze kann nur einmalig vorgenommen werden.

Zu Leistungen aus einer reinen Risikoversicherung vgl. insoweit Rn. 7 des BMF- 153
Schreibens vom 1. Oktober 2009 (BStBl. I S. 1172), geändert durch die BMF-Schreiben vom 6. März 2012 (BStBl. I S. 238), vom 29. September 2017 (BStBl. I S. 1314) und vom 9. August 2019 (BStBl. I S. 829).

c) Leistungen, die ausschließlich auf geförderten Beiträgen beruhen

Leistungen, die ausschließlich auf geförderten Beiträgen beruhen, unterliegen als 154
sonstige Einkünfte nach § 22 Nr. 5 Satz 1 EStG in vollem Umfang der Besteuerung (vgl. auch Rn. 137 f. des BMF-Schreibens vom 21. Dezember 2017, BStBl. 2018 I S. 93, geändert durch das BMF-Schreiben vom 17. Februar 2020, BStBl. I S. 213).

d) Leistungen, die auf geförderten und nicht geförderten Beiträgen beruhen

155 Beruhen die Leistungen sowohl auf geförderten als auch auf nicht geförderten Beiträgen, müssen die Leistungen in der Auszahlungsphase aufgeteilt werden (vgl. Rn. 139 ff. des BMF-Schreibens vom 21. Dezember 2017, BStBl. 2018 I S. 93, geändert durch das BMF-Schreiben vom 17. Februar 2020, BStBl. I S. 213). Für die Frage des Aufteilungsmaßstabs ist das BMF-Schreiben vom 11. November 2004 (BStBl. I S. 1061) unter Berücksichtigung der Änderungen durch das BMF-Schreiben vom 14. März 2012 (BStBl. I S. 311) anzuwenden.

156 Soweit die Leistungen auf geförderten Beiträgen beruhen, unterliegen sie als sonstige Einkünfte nach § 22 Nr. 5 Satz 1 EStG in vollem Umfang der Besteuerung. Dies gilt unabhängig davon, ob sie in Form der Rente oder als Kapitalauszahlung geleistet werden.

157 Soweit die Leistungen auf nicht geförderten Beiträgen beruhen, gelten die Regelungen in den Rn. 150 bis 153 entsprechend.

e) Sonderzahlungen des Arbeitgebers nach § 19 Abs. 1 Satz 1 Nr. 3 EStG

158 Sonderzahlungen des Arbeitgebers im Sinne des § 19 Abs. 1 Satz 1 Nr. 3 Satz 2 EStG einschließlich der Zahlungen des Arbeitgebers zur erstmaligen Bereitstellung der Kapitalausstattung zur Erfüllung der Solvabilitätsvorschriften nach den §§ 89, 213, 234g oder 238 VAG, zur Wiederherstellung einer angemessenen Kapitalausstattung nach unvorhersehbaren Verlusten oder zur Finanzierung der Verstärkung der Rechnungsgrundlagen auf Grund einer unvorhersehbaren und nicht nur vorübergehenden Änderung der Verhältnisse, der Zahlungen des Arbeitgebers in der Rentenbezugszeit nach § 236 Abs. 2 VAG und der Sanierungsgelder sind bei der Ermittlung des Aufteilungsmaßstabs nicht zu berücksichtigen. Siehe im Übrigen Rn. 14 ff.

f) Bescheinigungspflicht

159 Nach § 22 Nr. 5 Satz 7 EStG hat der Anbieter beim erstmaligen Bezug von Leistungen sowie bei Änderung der im Kalenderjahr auszuzahlenden Leistungen dem Steuerpflichtigen nach amtlich vorgeschriebenem Muster den Betrag der im abgelaufenen Kalenderjahr zugeflossenen Leistungen zu bescheinigen. In dieser Bescheinigung sind die Leistungen entsprechend den Grundsätzen in den Rn. 137 ff. des BMF-Schreibens vom 21. Dezember 2017 (BStBl. 2018 I S. 93, geändert durch das BMF-Schreiben vom 17. Februar 2020, BStBl. I S. 213) gesondert auszuweisen.

g) Sonderregelungen

aa) Leistungen aus einem Pensionsfonds auf Grund der Übergangsregelung nach § 22 Nr. 5 Satz 11 EStG

160 Haben Arbeitnehmer schon von ihrem Arbeitgeber auf Grund einer Direktzusage oder von einer Unterstützungskasse laufende Versorgungsleistungen erhalten und ist diese Versorgungsverpflichtung nach § 3 Nr. 66 EStG auf einen Pensionsfonds übertragen worden, werden bei den Leistungsempfängern nach § 22 Nr. 5 Satz 11 EStG

weiterhin der Arbeitnehmer-Pauschbetrag i. H. v. 1 000 € (§ 9a Satz 1 Nr. 1 Buchstabe a EStG) bzw. der Pauschbetrag für Werbungskosten i. H. v. 102 € nach § 9a Satz 1 Nr. 1 Buchstabe b EStG und der Versorgungsfreibetrag sowie der Zuschlag zum Versorgungsfreibetrag (§ 19 Abs. 2 EStG) berücksichtigt. Dies gilt auch, wenn der Zeitpunkt des erstmaligen Leistungsbezugs und der Zeitpunkt der Übertragung der Versorgungsverpflichtung auf den Pensionsfonds in denselben Monat fallen. Die Leistungen unterliegen unabhängig davon als sonstige Einkünfte nach § 22 Nr. 5 Satz 1 EStG der Besteuerung. Die vorstehenden Ausführungen zur Berücksichtigung des Versorgungsfreibetrags und des Zuschlags zum Versorgungsfreibetrag gelten entsprechend für einen Hinterbliebenenbezug, der auf den Versorgungsbezug folgt.

Handelt es sich bereits beim erstmaligen Bezug der Versorgungsleistungen um Versor- 161 gungsbezüge im Sinne des § 19 Abs. 2 EStG, wird der Pauschbetrag nach § 9a Satz 1 Nr. 1 Buchstabe b EStG abgezogen; zusätzlich werden der Versorgungsfreibetrag und der Zuschlag zum Versorgungsfreibetrag mit dem für das Jahr des Versorgungsbeginns maßgebenden Prozentsatz und Beträgen berücksichtigt. Handelt es sich beim erstmaligen Bezug der Versorgungsleistungen nicht um Versorgungsbezüge im Sinne des § 19 Abs. 2 EStG, weil z. B. keine der Altersgrenzen in § 19 Abs. 2 EStG erreicht sind, ist lediglich der Arbeitnehmer-Pauschbetrag (§ 9a Satz 1 Nr. 1 Buchstabe a EStG) abzuziehen. Wird eine der Altersgrenzen in § 19 Abs. 2 EStG erst zu einem späteren Zeitpunkt erreicht, sind ab diesem Zeitpunkt der für dieses Jahr maßgebende Versorgungsfreibetrag und der Zuschlag zum Versorgungsfreibetrag abzuziehen sowie anstelle des Arbeitnehmer-Pauschbetrags der Pauschbetrag nach § 9a Satz 1 Nr. 1 Buchstabe b EStG. Ein Abzug des Versorgungsfreibetrags nach § 19 Abs. 2 EStG in der bis zum 31. Dezember 2004 geltenden Fassung kommt nach dem 31. Dezember 2004 nicht mehr in Betracht. Dies gilt unabhängig vom Zeitpunkt der Übertragung der Versorgungsverpflichtung auf den Pensionsfonds. Folgt ein Hinterbliebenenbezug einem Versorgungsbezug, sind die Rn. 180 ff. des BMF-Schreibens vom 19. August 2013 (BStBl. I S. 1087) in der jeweils aktuell gültigen Fassung entsprechend anzuwenden.

bb) Arbeitgeberzahlungen infolge der Anpassungsprüfungspflicht nach § 16 BetrAVG

Leistungen des Arbeitgebers auf Grund der Anpassungsprüfungspflicht nach § 16 162 Abs. 1 BetrAVG, mit der die Leistungen einer Versorgungseinrichtung ergänzt werden, gehören zu den Einkünften nach § 19 Abs. 1 Satz 1 Nr. 2 EStG. Rn. 161 gilt entsprechend. Als Versorgungsbeginn im Sinne des § 19 Abs. 2 EStG ist der Beginn der Zahlung durch den Arbeitgeber anzusehen.

Erhöhen sich die Zahlungen des Arbeitgebers infolge der Anpassungsprüfungspflicht 163 nach § 16 BetrAVG, liegt eine regelmäßige Anpassung vor, die nicht zu einer Neuberechnung des Versorgungsfreibetrags und des Zuschlags zum Versorgungsfreibetrag führen.

Ändert sich die Höhe der Arbeitgeberzahlung unabhängig von der Anpassungsprü- 164 fungspflicht, gilt Folgendes:

Übernimmt die Versorgungseinrichtung die Arbeitgeberzahlung nur zum Teil, ist dies als Anrechnungs-/Ruhensregelung im Sinne des § 19 Abs. 2 Satz 10 EStG anzusehen und führt zu einer Neuberechnung. Gleiches gilt für den Fall, dass die Versorgungseinrichtung die Zahlungen nicht mehr erbringen kann und sich die Arbeitgeberzahlung wieder erhöht.

165 Kann die Versorgungseinrichtung die Arbeitgeberzahlungen zunächst vollständig übernehmen und stellt diese später (z. B. wegen Liquiditätsproblemen) wieder ein, so dass der Arbeitgeber die Zahlungsverpflichtung wieder vollständig erfüllen muss, lebt der Anspruch wieder auf. Dies führt nicht zu einem neuen Versorgungsbeginn, so dass für die (Neu-)Berechnung des Versorgungsfreibetrags und des Zuschlags zum Versorgungsfreibetrag die „alte" Kohorte maßgebend ist.

cc) Beendigung einer betrieblichen Altersversorgung

166 Bei Beendigung einer nach § 3 Nr. 63 oder § 100 EStG geförderten betrieblichen Altersversorgung gilt Folgendes:

Liegt eine betriebliche Altersversorgung im Sinne des BetrAVG vor und wird diese lediglich mit Wirkung für die Zukunft beendet, z. B. durch eine Abfindung (ggf. auch in Form der Beitragsrückerstattung), dann handelt es sich bei der Zahlung der Versorgungseinrichtung an den Arbeitnehmer um sonstige Einkünfte im Sinne des § 22 Nr. 5 EStG und nicht um Einkünfte nach § 19 EStG.

Im Fall einer kompletten Rückabwicklung des Vertragsverhältnisses mit Wirkung für die Vergangenheit handelt es sich bei der Zahlung der Versorgungseinrichtung an den Arbeitnehmer um eine Arbeitslohnzahlung im Sinne des § 19 Abs. 1 EStG, die im Zeitpunkt des Zuflusses nach den allgemeinen lohnsteuerlichen Grundsätzen behandelt wird.

Kündigt der Arbeitgeber vorzeitig einen nach § 40b EStG a. F. begünstigten Direktversicherungsvertrag und wird der Rückkaufswert im Hinblick auf ein unwiderrufliches bzw. unverfallbares Bezugsrecht an den Arbeitnehmer ausgezahlt, ergeben sich aus diesem Vorgang keine lohnsteuerlichen Konsequenzen.

Im Gegensatz zur rückwirkenden Aufhebung einer Vereinbarung mit der Rechtsfolge, dass der Anspruch auf betriebliche Altersversorgung gänzlich untergeht, bewirkt die Abfindung des Anspruchs lediglich einen Rechtsverlust ab dem Zeitpunkt des Wirksamwerdens der Vereinbarung. Der Pauschalierung nach § 40b EStG a. F. steht die vorzeitige Kündigung durch den Arbeitnehmer entgegen. Eine Kündigung durch den Arbeitgeber ist dagegen unschädlich. Von einer Kündigung durch den Arbeitgeber ist auszugehen, wenn betriebliche Gründe (z. B. Liquiditätsschwierigkeiten) maßgebend waren oder die Kündigung durch den Arbeitgeber auf Wunsch des Arbeitnehmers erfolgt ist. Die Kündigung hat keine Auswirkung auf eine bis zu diesem Zeitpunkt erfolgte Pauschalierung nach § 40b EStG a. F.

IV. Schädliche Auszahlung von gefördertem Altersvorsorgevermögen

1. Allgemeines

Wird das nach § 10a/Abschnitt XI EStG steuerlich geförderte Altersvorsorgevermögen an den Arbeitnehmer nicht als Rente oder im Rahmen eines Auszahlungsplans ausgezahlt, handelt es sich grundsätzlich um eine schädliche Verwendung (§ 93 Abs. 1 EStG; Rn. 195 ff. des BMF-Schreibens vom 21. Dezember 2017, BStBl. 2018 I S. 93, geändert durch das BMF-Schreiben vom 17. Februar 2020, BStBl. I S. 213). Im Bereich der betrieblichen Altersversorgung kann eine solche schädliche Verwendung dann gegeben sein, wenn Versorgungsanwartschaften abgefunden oder übertragen werden. Entsprechendes gilt, wenn der Arbeitnehmer im Versorgungsfall ein bestehendes Wahlrecht auf Einmalkapitalauszahlung ausübt (vgl. Rn. 68). 167

Liegt eine schädliche Verwendung von gefördertem Altersvorsorgevermögen vor, gelten die Rn. 202 ff. sowie 216 bis 239 des BMF-Schreibens vom 21. Dezember 2017 (BStBl. 2018 I S. 93), geändert durch das BMF-Schreiben vom 17. Februar 2020 (BStBl. I S. 213). 168

2. Abfindungen von Anwartschaften, die auf nach § 10a/Abschnitt XI EStG geförderten Beiträgen beruhen

Im Fall der Abfindung von Anwartschaften der betrieblichen Altersversorgung gem. § 3 BetrAVG handelt es sich gem. § 93 Abs. 2 Satz 3 EStG um keine schädliche Verwendung, soweit das nach § 10a/Abschnitt XI EStG geförderte Altersvorsorgevermögen zugunsten eines auf den Namen des Zulageberechtigten lautenden zertifizierten privaten Altersvorsorgevertrags geleistet wird. Der Begriff der Abfindung umfasst außerdem auch Abfindungen, die in arbeitsrechtlich zulässiger Weise außerhalb des Regelungsbereiches des § 3 BetrAVG erfolgen, wie z. B. den Fall der Abfindung ohne Ausscheiden aus dem Arbeitsverhältnis. Liegen die übrigen Voraussetzungen des § 93 Abs. 2 Satz 3 EStG vor, kann somit auch in anderen Abfindungsfällen als denen des § 3 BetrAVG gefördertes Altersvorsorgevermögen aus der betrieblichen Altersversorgung auf einen zertifizierten privaten Altersvorsorgevertrag übertragen werden, ohne dass eine schädliche Verwendung vorliegt. 169

3. Abfindungen von Anwartschaften, die auf steuerfreien oder nicht geförderten Beiträgen beruhen

Wird eine Anwartschaft der betrieblichen Altersversorgung abgefunden, die ganz oder teilweise auf nach § 3 Nr. 63, 63a, 66 oder § 100 EStG steuerfreien oder nicht geförderten Beiträgen beruht und zugunsten eines auf den Namen des Steuerpflichtigen lautenden zertifizierten Altersvorsorgevertrags geleistet wird, unterliegt der Abfindungsbetrag im Zeitpunkt der Abfindung nicht der Besteuerung (§ 3 Nr. 55c Satz 2 Buchstabe b EStG; Rn. 150 f. des BMF-Schreibens vom 21. Dezember 2017, BStBl. 2018 I S. 93, geändert durch das BMF-Schreiben vom 17. Februar 2020, BStBl. I S. 213). Die Rn. 152 ff. des BMF-Schreibens vom 21. Dezember 2017 (BStBl. 2018 I S. 93), geändert durch das BMF-Schreiben vom 17. Februar 2020 (BStBl. I S. 213), gelten entsprechend. 170

171 Wird der Abfindungsbetrag nicht entsprechend der Rn. 170 verwendet, erfolgt eine Besteuerung des Abfindungsbetrags im Zeitpunkt der Abfindung entsprechend den Grundsätzen der Rn. 150 bis 157.

4. Portabilität

172 Bei einem Wechsel des Arbeitgebers kann der Arbeitnehmer für Versorgungszusagen, die nach dem 31. Dezember 2004 erteilt werden, gem. § 4 Abs. 3 BetrAVG verlangen, dass der bisherige Arbeitgeber den Übertragungswert (§ 4 Abs. 5 BetrAVG) auf eine Versorgungseinrichtung des neuen Arbeitgebers überträgt. Die Übertragung ist gem. § 93 Abs. 2 Satz 2 Halbsatz 1 EStG dann keine schädliche Verwendung, wenn auch nach der Übertragung eine lebenslange Altersversorgung entsprechend § 82 Abs. 2 Satz 2 EStG vorgesehen ist. Zu den begünstigten Auszahlungsformen siehe im Einzelnen die Ausführungen unter Rn. 68. Dies gilt auch, wenn der alte und neue Arbeitgeber sowie der Arbeitnehmer sich gem. § 4 Abs. 2 Nr. 2 BetrAVG freiwillig auf eine Übertragung der Versorgungsanwartschaften mittels Übertragungswert von einer Versorgungseinrichtung im Sinne des § 82 Abs. 2 EStG auf eine andere Versorgungseinrichtung im Sinne des § 82 Abs. 2 EStG verständigen.

172a Auch die Fälle des § 3 Nr. 55c Satz 2 Buchstabe a EStG (Übertragung auf einen anderen Träger der betrieblichen Altersversorgung; s. Rn. 63) führen zu keiner schädlichen Verwendung (§ 93 Abs. 2 Satz 2 Halbsatz 2 EStG).

173 Erfüllt die Versorgungseinrichtung des neuen Arbeitgebers nicht die Voraussetzungen des § 82 Abs. 2 Satz 2 EStG, gelten die Rn. 150 bis 157 entsprechend.

5. Entschädigungsloser Widerruf eines noch verfallbaren Bezugsrechts

174 Hat der Arbeitnehmer für arbeitgeberfinanzierte Beiträge an eine Direktversicherung, eine Pensionskasse oder einen Pensionsfonds die Förderung durch Sonderausgabenabzug nach § 10a EStG und Zulage nach Abschnitt XI EStG erhalten und verliert er vor Eintritt der Unverfallbarkeit sein Bezugsrecht durch einen entschädigungslosen Widerruf des Arbeitgebers, handelt es sich um eine schädliche Verwendung im Sinne des § 93 Abs. 1 EStG. Das Versicherungsunternehmen, die Pensionskasse oder der Pensionsfonds hat der zentralen Stelle im Sinne des § 81 EStG (Zentrale Zulagenstelle für Altersvermögen – ZfA – bei der Deutschen Rentenversicherung Bund) die schädliche Verwendung nach § 94 Abs. 1 EStG anzuzeigen. Die gutgeschriebenen Zulagen sind vom Anbieter einzubehalten. Darüber hinaus hat die ZfA den steuerlichen Vorteil aus dem Sonderausgabenabzug nach § 10a EStG beim Arbeitnehmer nach § 94 Abs. 2 EstG zurückzufordern. Der maßgebliche Zeitpunkt für die Rückforderung der Zulagen und des steuerlichen Vorteils ist der Zeitpunkt, in dem die den Verlust des Bezugsrechts begründenden Willenserklärungen (z. B. Kündigung oder Widerruf) wirksam geworden sind. Im Übrigen gilt R 40b.1 Abs. 13 ff. LStR.

175 Zahlungen, die das Versicherungsunternehmen, die Pensionskasse oder der Pensionsfonds an den Arbeitgeber leistet, weil der Arbeitnehmer für eine arbeitgeberfinanzierte betriebliche Altersversorgung vor Eintritt der Unverfallbarkeit sein Bezugsrecht ver-

loren hat (z. B. bei vorzeitigem Ausscheiden aus dem Dienstverhältnis), stellen Betriebseinnahmen dar. Die §§ 43 ff. EStG sind in diesem Fall zu beachten.

V. Anwendungsregelungen

Dieses BMF-Schreiben ersetzt die BMF-Schreiben vom 6. Dezember 2017 (BStBl. 2018 I S. 147) und vom 8. August 2019 (BStBl. I S. 834). Es ist in allen offenen Fällen anzuwenden. In den Beispielen und bei den Zahlenangaben wurden die 2021 geltenden gesetzlichen Beträge berücksichtigt. Die besonderen gesetzlichen Inkrafttretensregelungen (z. B. Anhebung der Einkommensgrenzen beim BAV-Förderbetrag ab 2020) sind bei der Anwendung in offenen Fällen vor 2021 zu beachten. 176

Die Regelungen des durch das BMF-Schreiben vom 6. Dezember 2017 (BStBl. 2018 I S. 147) aufgehobenen BMF-Schreibens vom 24. Juli 2013 (BStBl. I S. 1022), geändert durch das BMF-Schreiben vom 13. Januar 2014 (BStBl. I S. 97) und das BMF-Schreiben vom 13. März 2014 (BStBl. I S. 554), sind **vorbehaltlich besonderer Regelungen in den einzelnen Randnummern dieses Schreibens** weiter zu beachten, wenn sie auch für Zeiträume ab dem 1. Januar 2018 Bedeutung haben. 177

13. Steuerliche Förderung der privaten Altersvorsorge und betrieblichen Altersversorgung

Schreiben des BMF vom 24.7.2013 – IV C 3 – S 2015/11/10002; IV C 5 – S 2333/09/10005 (BStBl. I S. 1022), zuletzt geändert durch Schreiben des BMF vom 13.3.2014 – IV C 3 – S 2257-b/13/10009 (BStBl. I S. 554)

– Auszug –

...

B. Betriebliche Altersversorgung

...

11. Übergangsregelungen § 52 Abs. 6 und 52b EStG zur Anwendung des § 3 Nr. 63 EStG und des § 40b EStG a. F.

a) Abgrenzung von Alt- und Neuzusage

349 Für die Anwendung von § 3 Nr. 63 Satz 3 EStG sowie § 40b Abs. 1 und 2 EStG a. F. kommt es darauf an, ob die entsprechenden Beiträge aufgrund einer Versorgungszusage geleistet werden, die vor dem 1. Januar 2005 (Altzusage) oder nach dem 31. Dezember 2004 (Neuzusage) erteilt wurde.

350 Für die Frage, zu welchem Zeitpunkt eine Versorgungszusage erstmalig erteilt wurde, ist grundsätzlich die zu einem Rechtsanspruch führende arbeitsrechtliche bzw. betriebsrentenrechtliche Verpflichtungserklärung des Arbeitgebers maßgebend (z. B. Einzelvertrag, Betriebsvereinbarung oder Tarifvertrag). Entscheidend ist danach nicht, wann Mittel an die Versorgungseinrichtung fließen. Bei kollektiven, rein arbeitgeberfinanzierten Versorgungsregelungen ist die Zusage daher in der Regel mit Abschluss der Versorgungsregelung bzw. mit Beginn des Dienstverhältnisses des Arbeitnehmers erteilt. Ist die erste Dotierung durch den Arbeitgeber erst nach Ablauf einer von vornherein arbeitsrechtlich festgelegten Wartezeit vorgesehen, so wird der Zusagezeitpunkt dadurch nicht verändert. Im Fall der ganz oder teilweise durch Entgeltumwandlung finanzierten Zusage gilt diese regelmäßig mit Abschluss der erstmaligen Gehaltsänderungsvereinbarung (vgl. auch Rz. 292 ff.) als erteilt. Liegen zwischen der Gehaltsänderungsvereinbarun und der erstmaligen Herabsetzung des Arbeitslohns mehr als 12 Monate, gilt die Versorgungszusage erst im Zeitpunkt der erstmaligen Herabsetzung als erteilt.

351 Die Änderung einer solchen Versorgungszusage stellt aus steuerrechtlicher Sicht unter dem Grundsatz der Einheit der Versorgung insbesondere dann keine Neuzusage dar, wenn bei ansonsten unveränderter Versorgungszusage:

– die Beiträge und/oder die Leistungen erhöht oder vermindert werden,

- die Finanzierungsform ersetzt oder ergänzt wird (rein arbeitgeberfinanziert, Entgeltumwandlung, andere im Gesamtversicherungsbeitrag des Arbeitgebers enthaltene Finanzierungsanteile des Arbeitnehmers oder eigene Beiträge des Arbeitnehmers, vgl. Rz. 304),
- der Versorgungsträger/Durchführungsweg gewechselt wird,
- die zu Grunde liegende Rechtsgrundlage gewechselt wird (z. B. bisher tarifvertraglich jetzt einzelvertraglich),
- eine befristete Entgeltumwandlung erneut befristet oder unbefristet fortgesetzt wird oder
- in einer vor dem 1. Januar 2012 erteilten Zusage die Untergrenze für betriebliche Altersversorgungsleistungen bei altersbedingtem Ausscheiden aus dem Erwerbsleben um höchstens zwei Jahre bis maximal auf das 67. Lebensjahr erhöht wird. Dabei ist es unerheblich, ob dies zusammen mit einer Verlängerung der Beitragszahlungsdauer erfolgt (vgl. auch Rz. 376).

Eine Einordnung als Altzusage bleibt auch im Fall der Übernahme der Zusage 352
(Schuldübernahme) nach § 4 Abs. 2 Nr. 1 BetrAVG durch den neuen Arbeitgeber und bei Betriebsübergang nach § 613a BGB erhalten.

Um eine Neuzusage handelt es sich neben den in Rz. 350 aufgeführten Fällen ins- 353
besondere,

- soweit die bereits erteilte Versorgungszusage um zusätzliche biometrische Risiken erweitert wird und dies mit einer Beitragserhöhung verbunden ist,
- im Fall der Übertragung der Zusage beim Arbeitgeberwechsel nach § 4 Abs. 2 Nr. 2 und Abs. 3 BetrAVG.

Werden einzelne Leistungskomponenten der Versorgungszusage im Rahmen einer 354
von vornherein vereinbarten Wahloption verringert, erhöht oder erstmals aufgenommen (z. B. Einbeziehung der Hinterbliebenenabsicherung nach Heirat) und kommt es infolge dessen nicht zu einer Beitragsanpassung, liegt keine Neuzusage, sondern weiterhin eine Altzusage vor.

Gleichwohl ist es aus steuerlicher Sicht möglich, mehrere Versorgungszusagen neben- 355
einander, also neben einer Altzusage auch eine Neuzusage zu erteilen (z. B. „alte“ Direktversicherung und „neuer“ Pensionsfonds). Dies gilt grundsätzlich unabhängig davon, ob derselbe Durchführungsweg gewählt wird. Wird neben einer für alle Arbeitnehmer tarifvertraglich vereinbarten Pflichtversorgung z. B. erstmalig nach 2004 tarifvertraglich eine Entgeltumwandlung mit ganz eigenen Leistungskomponenten zugelassen, liegt im Falle der Nutzung der Entgeltumwandlung insoweit eine Neuzusage vor. Demgegenüber ist insgesamt von einer Altzusage auszugehen, wenn neben einem „alten“ Direktversicherungsvertrag (Abschluss vor 2005) ein „neuer“ Direktversicherungsvertrag (Abschluss nach 2004) abgeschlossen wird und die bisher erteilte Versorgungszusage nicht um zusätzliche biometrische Risiken erweitert wird (vgl. Rz. 351,

1. Spiegelstrich). Dies gilt auch, wenn der „neue“ Direktversicherungsvertrag bei einer anderen Versicherungsgesellschaft abgeschlossen wird.

356 Wurde vom Arbeitgeber vor dem 1. Januar 2005 eine Versorgungszusage erteilt (Altzusage) und im Rahmen eines Pensionsfonds, einer Pensionskasse oder Direktversicherung durchgeführt, bestehen aus steuerlicher Sicht keine Bedenken, wenn auch nach einer Übertragung auf einen neuen Arbeitgeber unter Anwendung des „Abkommens zur Übertragung zwischen den Durchführungswegen Direktversicherungen, Pensionskassen oder Pensionsfonds bei Arbeitgeberwechsel“ oder vergleichbaren Regelungen zur Übertragung von Versicherungen in Pensionskassen oder Pensionsfonds weiterhin von einer Altzusage ausgegangen wird. Dies gilt auch, wenn sich dabei die bisher abgesicherten biometrischen Risiken ändern, ohne dass damit eine Beitragsänderung verbunden ist. Die Höhe des Rechnungszinses spielt dabei für die lohnsteuerliche Beurteilung keine Rolle. Es wird in diesen Fällen nicht beanstandet, wenn die Beiträge für die Direktversicherung oder an eine Pensionskasse vom neuen Arbeitgeber weiter pauschal besteuert werden (§ 52 Abs. 6 und 52b EStG i. V. m. § 40b EStG a. F.). Zu der Frage der Novation und des Zuflusses von Zinsen siehe Rz. 35 des BMF-Schreibens vom 22. August 2002, BStBl. I S. 827, Rz. 88 ff. des BMF-Schreibens vom 1. Oktober 2009, BStBl. I S. 1172 und des BMF-Schreibens vom 6. März 2012, BStBl. I S. 238.

357 Entsprechendes gilt, wenn der (Alt-)Vertrag unmittelbar vom neuen Arbeitgeber fortgeführt wird. Auch insoweit bestehen keine Bedenken, wenn weiterhin von einer Altzusage ausgegangen wird und die Beiträge nach § 40b EStG a. F. pauschal besteuert werden.

358 Wird eine vor dem 1. Januar 2005 abgeschlossene Direktversicherung (Altzusage) oder Versicherung in einer Pensionskasse nach § 2 Abs. 2 oder 3 BetrAVG infolge der Beendigung des Dienstverhältnisses auf den Arbeitnehmer übertragen (versicherungsvertragliche Lösung), dann von diesem zwischenzeitlich privat (z. B. während der Zeit einer Arbeitslosigkeit) und später von einem neuen Arbeitgeber wieder als Direktversicherung oder Pensionskasse fortgeführt, bestehen ebenfalls keine Bedenken, wenn unter Berücksichtigung der übrigen Voraussetzungen bei dem neuen Arbeitgeber weiterhin von einer Altzusage ausgegangen wird. Das bedeutet insbesondere, dass der Versicherungsvertrag trotz der privaten Fortführung und der Übernahme durch den neuen Arbeitgeber – abgesehen von den in Rz. 351 f. genannten Fällen – keine wesentlichen Änderungen erfahren darf. Der Zeitraum der privaten Fortführung sowie die Tatsache, ob in dieser Zeit Beiträge geleistet oder der Vertrag beitragsfrei gestellt wurde, ist insoweit unmaßgeblich. Es wird in diesen Fällen nicht beanstandet, wenn die Beiträge für die Direktversicherung oder Pensionskasse vom neuen Arbeitgeber weiter pauschal besteuert werden (§ 52 Abs. 6 und 52b EStG i. V. m. § 40b EStG a. F.).

b) Weiteranwendung des § 40b Abs. 1 und 2 EStG a. F.

359 Auf Beiträge zugunsten einer kapitalgedeckten betrieblichen Altersversorgung, die aufgrund von Altzusagen geleistet werden, kann § 40b Abs. 1 und 2 EStG a. F. unter folgenden Voraussetzungen weiter angewendet werden:

Beiträge für eine Direktversicherung, die die Voraussetzungen des § 3 Nr. 63 EStG nicht erfüllen, können weiterhin vom Arbeitgeber nach § 40b Abs. 1 und 2 EStG a. F. pauschal besteuert werden, ohne dass es hierfür einer Verzichtserklärung des Arbeitnehmers bedarf. 360

Beiträge für eine Direktversicherung, die die Voraussetzungen des § 3 Nr. 63 EStG erfüllen, können nur dann nach § 40b Abs. 1 und 2 EStG a. F. pauschal besteuert werden, wenn der Arbeitnehmer zuvor gegenüber dem Arbeitgeber für diese Beiträge auf die Anwendung des § 3 Nr. 63 EStG verzichtet hat; dies gilt auch dann, wenn der Höchstbetrag nach § 3 Nr. 63 Satz 1 EStG bereits durch anderweitige Beitragsleistungen vollständig ausgeschöpft wird. Handelt es sich um rein arbeitgeberfinanzierte Beiträge und wird die Pauschalsteuer nicht auf den Arbeitnehmer abgewälzt, kann von einer solchen Verzichtserklärung bereits dann ausgegangen werden, wenn der Arbeitnehmer der Weiteranwendung des § 40b EStG a. F. bis zum Zeitpunkt der ersten Beitragsleistung in 2005 nicht ausdrücklich widersprochen hat. In allen anderen Fällen ist eine Weiteranwendung des § 40b EStG a. F. möglich, wenn der Arbeitnehmer dem Angebot des Arbeitgebers, die Beiträge weiterhin nach § 40b EStG a. F. pauschal zu versteuern, spätestens bis zum 30. Juni 2005 zugestimmt hat. Erfolgte die Verzichtserklärung erst nach Beitragszahlung, kann § 40b EStG a. F. für diese Beitragszahlung/en nur dann weiter angewendet und die Steuerfreiheit nach § 3 Nr. 63 EStG rückgängig gemacht werden, wenn die Lohnsteuerbescheinigung im Zeitpunkt der Verzichtserklärung noch nicht übermittelt oder ausgeschrieben worden war. Im Fall eines späteren Arbeitgeberwechsels ist in den Fällen des § 4 Abs. 2 Nr. 1 BetrAVG die Weiteranwendung des § 40b EStG a. F. möglich, wenn der Arbeitnehmer dem Angebot des Arbeitgebers, die Beiträge weiterhin nach § 40b EStG a. F. pauschal zu versteuern, spätestens bis zur ersten Beitragsleistung zustimmt. 361

Beiträge an Pensionskassen können nach § 40b EStG a. F. insbesondere dann weiterhin pauschal besteuert werden, wenn die Summe der nach § 3 Nr. 63 EStG steuerfreien Beiträge und der Beiträge, die wegen der Ausübung des Wahlrechts nach § 3 Nr. 63 Satz 2 EStG individuell versteuert werden, 4 % der Beitragsbemessungsgrenze in der allgemeinen Rentenversicherung übersteigt. Wurde im Fall einer Altzusage bisher lediglich § 3 Nr. 63 EStG angewendet und wird der Höchstbetrag von 4 % der Beitragsbemessungsgrenze in der allgemeinen Rentenversicherung erst nach dem 31. Dezember 2004 durch eine Beitragserhöhung überschritten, ist eine Pauschalbesteuerung nach § 40b EStG a. F. für die übersteigenden Beiträge möglich. Der zusätzliche Höchstbetrag von 1 800 € bleibt in diesen Fällen unberücksichtigt, da er nur dann zur Anwendung gelangt, wenn es sich um eine Neuzusage handelt. 362

c) Verhältnis von § 3 Nr. 63 Satz 3 EStG und § 40b Abs. 1 und 2 Satz 1 und 2 EStG a. F.

Der zusätzliche Höchstbetrag von 1 800 € nach § 3 Nr. 63 Satz 3 EStG für eine Neuzusage kann dann nicht in Anspruch genommen werden, wenn die für den Arbeitnehmer aufgrund einer Altzusage geleisteten Beiträge bereits nach § 40b Abs. 1 und 2 Satz 1 und 2 EStG a. F. pauschal besteuert werden. Dies gilt unabhängig von der Höhe der pauschal besteuerten Beiträge und somit auch unabhängig davon, ob der Dotie- 363 rungsrahmen des § 40b Abs. 2 Satz 1 EStG a. F. (1 752 €) voll ausgeschöpft wird oder nicht. Eine Anwendung des zusätzlichen Höchstbetrags von 1 800 € kommt aber dann in Betracht, wenn z. B. bei einem Beitrag zugunsten der Altzusage statt der Weiteranwendung des § 40b Abs. 1 und 2 Satz 1 und 2 EStG a. F. dieser Beitrag individuell besteuert wird.

364 Werden für den Arbeitnehmer im Rahmen einer umlagefinanzierten betrieblichen Altersversorgung Zuwendungen an eine Pensionskasse geleistet und werden diese – soweit sie nicht nach § 3 Nr. 56 EStG steuerfrei bleiben (vgl. Rz. 340 ff.) – pauschal besteuert, ist § 40b Abs. 1 und 2 EStG anzuwenden. Dies gilt unabhängig davon, ob die umlagefinanzierten Zuwendungen aufgrund einer Alt- oder Neuzusage geleistet werden. Lediglich für den Bereich der kapitalgedeckten betrieblichen Altersversorgung wurde die Möglichkeit der Pauschalbesteuerung nach § 40b EStG grundsätzlich zum 1. Januar 2005 aufgehoben. Werden von einer Versorgungseinrichtung sowohl Umlagen als auch Beiträge im Kapitaldeckungsverfahren erhoben, wird die Inanspruchnahme des zusätzlichen Höchstbetrags von 1 800 € nach § 3 Nr. 63 Satz 3 EStG für getrennt im Kapitaldeckungsverfahren erhobene Beiträge (Rz. 303) somit durch nach § 40b EStG pauschal besteuerte Zuwendungen zugunsten der umlagefinanzierten betrieblichen Altersversorgung nicht ausgeschlossen.

d) Verhältnis von § 3 Nr. 63 Satz 4 EStG und § 40b Abs. 1 und 2 Satz 3 und 4 EStG a. F.

365 Begünstigte Aufwendungen (Rz. 303 ff.), die der Arbeitgeber aus Anlass der Beendigung des Dienstverhältnisses nach dem 31. Dezember 2004 leistet, können entweder nach § 3 Nr. 63 Satz 4 EStG steuerfrei belassen oder nach § 40b Abs. 2 Satz 3 und 4 EStG a. F. pauschal besteuert werden. Für die Anwendung der Vervielfältigungsregelung des § 3 Nr. 63 Satz 4 EStG kommt es nicht darauf an, ob die Zusage vor oder nach dem 1. Januar 2005 erteilt wurde; sie muss allerdings die Voraussetzungen des § 3 Nr. 63 EStG erfüllen (vgl. insbesondere Rz. 312). Die Anwendung von § 3 Nr. 63 Satz 4 EStG ist allerdings ausgeschlossen, wenn gleichzeitig § 40b Abs. 2 Satz 3 und 4 EStG a. F. auf die Beiträge, die der Arbeitgeber aus Anlass der Beendigung des Dienstverhältnisses leistet, angewendet wird. Eine Anwendung ist ferner nicht möglich, wenn der Arbeitnehmer bei Beiträgen für eine Direktversicherung auf die Steuerfreiheit der Beiträge zu dieser Direktversicherung zugunsten der Weiteranwendung des § 40b EStG a. F. verzichtet hatte (vgl. Rz. 359 ff.). Bei einer Pensionskasse hindert die Pauschalbesteuerung nach § 40b Abs. 1 und 2 Satz 1 und 2 EStG a. F. die Inanspruchnahme des § 3 Nr. 63 Satz 4 EStG nicht. Für die Anwendung der Vervielfältigungsregelung nach § 40b Abs. 2 Satz 3 und 4 EStG a. F. ist allerdings Voraussetzung, dass die begünstigten Aufwendungen zugunsten einer Altzusage geleistet werden. Da allein die Erhöhung der Beiträge und/oder Leistungen bei einer ansonsten unveränderten Versorgungszusage nach Rz. 351 noch nicht zu einer Neuzusage führt, kann die Vervielfältigungsregelung des § 40b EStG a. F. auch dann genutzt werden, wenn der Arbeitnehmer erst nach dem 1. Januar 2005 aus dem Dienstverhältnis ausscheidet. Die Höhe der begünstigten Beiträge muss dabei nicht bereits bei Erteilung dieser Zusage bestimmt worden sein. Entsprechendes gilt in den Fällen, in denen bei einer Altzusage bisher lediglich § 3 Nr. 63 EStG angewendet wurde und der Höchstbetrag von 4 %

der Beitragsbemessungsgrenze in der allgemeinen Rentenversicherung erst durch die Beiträge, die der Arbeitgeber aus Anlass der Beendigung des Dienstverhältnisses nach dem 31. Dezember 2004 leistet, überschritten wird.

e) Keine weitere Anwendung von § 40b Abs. 1 und 2 EStG a. F. auf Neuzusagen

Auf Beiträge, die aufgrund von Neuzusagen geleistet werden, kann § 40b Abs. 1 und 2 EStG a. F. nicht mehr angewendet werden. Die Beiträge bleiben bis zur Höhe von 4 % der Beitragsbemessungsgrenze in der allgemeinen Rentenversicherung zuzüglich 1 800 € grundsätzlich nach § 3 Nr. 63 EStG steuerfrei. 366

f) Verhältnis von § 3 Nr. 63 EStG und § 40b EStG a. F., wenn die betriebliche Altersversorgung nebeneinander bei verschiedenen Versorgungseinrichtungen durchgeführt wird

Leistet der Arbeitgeber nach § 3 Nr. 63 Satz 1 EStG begünstigte Beiträge an verschiedene Versorgungseinrichtungen, kann er § 40b EStG a. F. auf Beiträge an Pensionskassen unabhängig von der zeitlichen Reihenfolge der Beitragszahlung anwenden, wenn die Voraussetzungen für die weitere Anwendung der Pauschalbesteuerung dem Grunde nach vorliegen. Allerdings muss zum Zeitpunkt der Anwendung des § 40b EStG a. F. bereits feststehen oder zumindest konkret beabsichtigt sein, die nach § 3 Nr. 63 Satz 1 EStG steuerfreien Beiträge in voller Höhe zu zahlen. Stellt der Arbeitgeber fest, dass die Steuerfreiheit noch nicht oder nicht in vollem Umfang ausgeschöpft worden ist oder werden kann, muss die Pauschalbesteuerung nach § 40b EStG a. F. – ggf. teilweise – rückgängig gemacht werden; spätester Zeitpunkt hierfür ist die Übermittlung oder Erteilung der Lohnsteuerbescheinigung. 367

Im Jahr der Errichtung kann der Arbeitgeber für einen neu eingerichteten Durchführungsweg die Steuerfreiheit in Anspruch nehmen, wenn er die für den bestehenden Durchführungsweg bereits in Anspruch genommene Steuerfreiheit rückgängig gemacht und die Beiträge nachträglich bis zum Dotierungsrahmen des § 40b EStG a. F. (1 752 €) pauschal besteuert hat. 368

...

14. Steuerliche Gewinnermittlung; Bewertung von Pensionsrückstellungen nach § 6a EStG; Übergang auf die „Heubeck-Richttafeln 2018 G"

BMF-Schreiben vom 19.10.2018 – IV C 6 – S 2176/07/10004 :001 (BStBl. I S. 1107), geändert durch BMF-Schreiben vom 17.12.2019 – IV C 6 – S 2176/19/10001 :001 (BStBl. I 2020 S. 82)

Bezug: BMF-Schreiben vom 16. Dezember 2005 (BStBl. I S. 1054), Beschluss des Bundesfinanzhofes (BFH) XI R 34/16 vom 13. Februar 2019 (BStBl. II S. 2)

Bei der Bewertung von Pensionsrückstellungen sind u. a. die anerkannten Regeln der Versicherungsmathematik anzuwenden (§ 6a Absatz 3 Satz 3 Einkommensteuergesetz – EStG). Sofern in diesem Zusammenhang bislang die „Richttafeln 2005 G" von Professor Klaus Heubeck verwendet wurden, ist zu beachten, dass diese durch die „Heubeck-Richttafeln 2018 G" ersetzt wurden.

Das BMF-Schreiben vom 16. Dezember 2005 (BStBl. I S. 1054) nimmt unter Bezugnahme auf das BMF-Schreiben vom 13. April 1999 (BStBl. I S. 436) zum Übergang auf neue oder geänderte biometrische Rechnungsgrundlagen bei der Bewertung von Pensionsrückstellungen Stellung. Unter Berücksichtigung der in diesen Schreiben dargelegten Grundsätze ergibt sich für die Anwendung der neuen „Heubeck-Richttafeln 2018 G" in der steuerlichen Gewinnermittlung nach Abstimmung mit den obersten Finanzbehörden der Länder Folgendes:

1. Steuerliche Anerkennung der „Heubeck-Richttafeln 2018 G"

1 Die „Heubeck-Richttafeln 2018 G" werden als mit den anerkannten versicherungsmathematischen Grundsätzen im Sinne von § 6a Absatz 3 Satz 3 EStG übereinstimmend anerkannt.

2. Zeitliche Anwendung

2 Die „Heubeck-Richttafeln 2018 G" können erstmals der Bewertung von Pensionsrückstellungen am Ende des Wirtschaftsjahres zugrunde gelegt werden, das nach dem 20. Juli 2018 (Tag der Veröffentlichung der neuen Richttafeln) endet. Der Übergang hat einheitlich für alle Pensionsverpflichtungen und alle sonstigen versicherungsmathematisch zu bewertenden Bilanzposten des Unternehmens zu erfolgen. Die „Richttafeln 2005 G" können letztmals für das Wirtschaftsjahr verwendet werden, das vor dem 30. Juni 2019 endet.

3. Verteilung des Unterschiedsbetrages nach § 6a Absatz 4 Satz 2 EStG

3 Nach § 6a Absatz 4 Satz 2 EStG kann der Unterschiedsbetrag, der auf der erstmaligen Anwendung der „Heubeck-Richttafeln 2018 G" beruht, nur auf mindestens drei Wirtschaftsjahre gleichmäßig verteilt der jeweiligen Pensionsrückstellung zugeführt wer-

den (Verteilungszeitraum). Die gleichmäßige Verteilung ist sowohl bei positiven als auch bei negativen Unterschiedsbeträgen erforderlich. Bei einer Verteilung des Unterschiedsbetrages auf drei Wirtschaftsjahre gilt Folgendes:

a) Zuführungen am Ende des Wirtschaftsjahres, für das die „Heubeck-Richttafeln 2018 G" erstmals anzuwenden sind (Übergangsjahr)

Am Ende des Wirtschaftsjahres, für das die neuen Rechnungsgrundlagen erstmals anzuwenden sind (Übergangsjahr), ist die jeweilige Pensionsrückstellung zunächst auf der Grundlage der bisherigen Rechnungsgrundlagen (z. B. „Richttafeln 2005 G") nach § 6a Absatz 3 und Absatz 4 Satz 1 und 3 bis 5 EStG zu ermitteln. Anschließend ist zu demselben Stichtag die so ermittelte Rückstellung um ein Drittel des Unterschiedsbetrages zwischen dem Teilwert der Pensionsverpflichtung am Ende des Übergangsjahres nach den „Heubeck-Richttafeln 2018 G" und den bisher verwendeten Rechnungsgrundlagen zu erhöhen oder – bei negativem Unterschiedsbetrag – zu vermindern. 4

Ist die Pensionsrückstellung, die sich nach Satz 1 ergibt (Ist-Rückstellung auf Grundlage der bisherigen Rechnungsgrundlagen), niedriger als der Teilwert der Pensionsverpflichtung gemäß § 6a Absatz 3 EStG nach den bisherigen Rechnungsgrundlagen (Soll-Rückstellung), kann ein negativer Unterschiedsbetrag insoweit gekürzt werden (entsprechend R 6a Absatz 22 Satz 3 EStR 2012).

Die Verteilungsregelung gilt nicht für Versorgungszusagen, die im Übergangsjahr erteilt werden (BFH-Beschluss vom 13. Februar 2019, BStBl. II S. 2). Die entsprechenden Pensionsrückstellungen sind zum Schluss des Wirtschaftsjahres in Höhe der Teilwerte unter Zugrundelegung der „Heubeck-Richttafeln 2018 G" anzusetzen. Aus Billigkeitsgründen wird es jedoch nicht beanstandet, auch die Pensionsrückstellungen für Versorgungszusagen im Sinne des Satzes 1 gemäß § 6a Absatz 4 Satz 2 EStG (vgl. Randnummern 3 und 4 sowie 6 bis 8) zu verteilen. Satz 3 kann nur einheitlich für alle Versorgungszusagen im Sinne des Satzes 1 angewendet werden. 5

b) Zuführungen im Folgejahr

In dem auf das Übergangsjahr folgenden Wirtschaftsjahr (Folgejahr) ist die Pensionsrückstellung zunächst auf Grundlage der „Heubeck-Richttafeln 2018 G" nach § 6a Absatz 3 und Absatz 4 Satz 1 und 3 bis 5 EStG zu ermitteln. Die so berechnete Pensionsrückstellung ist um ein Drittel des Unterschiedsbetrages gemäß Randnummer 4 zu vermindern oder zu erhöhen. 6

Wird in einem Folgejahr eine Pensionszusage neu erteilt oder erhöht sich bei einer bestehenden Zusage die Verpflichtung, sind insoweit die Pensionsrückstellungen in vollem Umfang auf der Basis der „Heubeck-Richttafeln 2018 G" ohne Verteilung eines Unterschiedsbetrages zu bewerten. 7

c) Zuführungen im zweiten Folgejahr

8 In dem auf das Übergangsjahr folgenden zweiten Wirtschaftsjahr (zweites Folgejahr) ist die Pensionsrückstellung auf Grundlage der „Heubeck-Richttafeln 2018 G" gemäß § 6a Absatz 3 und Absatz 4 Satz 1 und 3 bis 5 EStG zu ermitteln. Eine Kürzung der Rückstellung unterbleibt.

d) Arbeitgeberwechsel

9 Die Grundsätze der Randnummern 4 bis 8 gelten auch bei einem Übergang des Dienstverhältnisses im Übergangsjahr und Folgejahr auf einen neuen Arbeitgeber aufgrund gesetzlicher Bestimmungen, z. B. nach § 613a BGB. In Fällen eines Arbeitgeberwechsels im Sinne von § 5 Absatz 7 Satz 4 EStG im Übergangsjahr oder in vorherigen Jahren hat der neue Arbeitgeber die Grundsätze der Randnummern 4 bis 8 entsprechend zu berücksichtigen.

e) Billigkeitsregelung

10 Aus Billigkeitsgründen ist es nicht zu beanstanden, wenn der Unterschiedsbetrag für sämtliche Pensionsverpflichtungen eines Betriebes anstelle der Berechnung nach den Randnummern 4 bis 9 insgesamt als Differenz zwischen den Teilwerten nach den „Heubeck-Richttafeln 2018 G" und den bisherigen Rechnungsgrundlagen am Ende des Übergangsjahres ermittelt und dieser Gesamtunterschiedsbetrag in unveränderter Höhe auf das Übergangsjahr und die beiden folgenden Wirtschaftsjahre gleichmäßig verteilt wird, indem von der Summe der Pensionsrückstellungen nach den „Richttafeln 2018 G" am Ende des Übergangsjahres zwei Drittel und am Ende des Folgejahres ein Drittel dieses Gesamtunterschiedsbetrages abgezogen werden.

11 Hat sich der Bestand der Pensionsberechtigten im Folgejahr durch einen Übergang des Dienstverhältnisses aufgrund einer gesetzlichen Bestimmung verändert, ist das für dieses Wirtschaftsjahr zu berücksichtigende Drittel des Gesamtunterschiedsbetrages entsprechend zu korrigieren.

12 Wird der maßgebende Unterschiedsbetrag über mehr als drei Wirtschaftsjahre gleichmäßig verteilt, gelten die Regelungen der Randnummern 4 bis 11 unter Berücksichtigung der veränderten Zuführungsquoten und Übergangszeiträume entsprechend.

4. Andere Verpflichtungen, die nach § 6a EStG bewertet werden

13 Die Grundsätze dieses Schreibens gelten für andere Verpflichtungen, die nach den Grundsätzen des § 6a EStG zu bewerten sind (z. B. Vorruhestandsleistungen), entsprechend.

15. Betriebliche Altersversorgung; Bilanzsteuerrechtliche Berücksichtigung von Versorgungsleistungen, die ohne die Voraussetzung des Ausscheidens aus dem Dienstverhältnis gewährt werden, und von vererblichen Versorgungsanwartschaften

BMF-Schreiben vom 18.9.2017 – IV C 6 – S 2176/07/10006 (BStBl. I S. 1293)

Der Bundesfinanzhof (BFH) hat mit Urteilen vom 5. März 2008 (BStBl. 2015 II S. 409) und vom 23. Oktober 2013 (BStBl. 2015 II S. 413) entschieden, dass Versorgungszusagen nicht den Charakter als betriebliche Altersversorgung verlieren, wenn Leistungen nicht von dem Ausscheiden des Begünstigten aus dem Dienstverhältnis abhängig gemacht werden. Der BFH stellt aber klar, dass Pensionsleistungen in erster Linie der Deckung des Versorgungsbedarfes dienen und folglich regelmäßig erst bei Wegfall der Bezüge aus der betrieblichen Tätigkeit gezahlt werden.

Zur bilanzsteuerrechtlichen Berücksichtigung von Versorgungsleistungen, die ohne die Voraussetzung des Ausscheidens aus dem Dienstverhältnis gewährt werden, und von vererblichen Versorgungsanwartschaften nehme ich nach Abstimmung mit den obersten Finanzbehörden der Länder wie folgt Stellung:

1. Grundsatz der Ausgeglichenheitsvermutung von Arbeitsleistung und Entgelt

Pensionsrückstellungen nach § 6a EStG können wegen der Ausgeglichenheitsvermutung von Arbeitsleistung und Entgelt grundsätzlich nur auf Basis der nach dem Ausscheiden aus dem Dienstverhältnis zu gewährenden Leistungen angesetzt und bewertet werden. 1

2. Versorgungszusagen ohne Aussagen zum Ausscheiden aus dem Dienstverhältnis als Voraussetzung für die Gewährung von Pensionsleistungen

Enthält eine Pensionszusage im Sinne von § 6a EStG keine Aussagen zum Ausscheiden aus dem Dienstverhältnis als Voraussetzung für die Gewährung der Versorgungsleistungen nach Eintritt des Versorgungsfalles, ist davon auszugehen, dass zeitgleich mit der Inanspruchnahme der Leistungen auch das Arbeitsverhältnis beendet wird. Die Möglichkeit einer Ausübung des sog. zweiten Wahlrechtes nach R 6a Absatz 11 Satz 3 ff. EStR bleibt davon unberührt. In der Anwartschaftsphase ist die Versorgungsverpflichtung nach § 6a Absatz 3 Satz 2 Nummer 1 EStG zu bewerten. 2

Werden bei Eintritt der Invalidität oder bei Erreichen einer vereinbarten Altersgrenze die schriftlich zugesagten Versorgungsleistungen gewährt, gilt der Versorgungsfall auch dann als eingetreten, wenn das Arbeitsverhältnis weiter bestehen bleibt. Ab die- 3 sem Zeitpunkt ist die Pensionsrückstellung nach § 6a Absatz 3 Satz 2 Nummer 2 EStG zu berechnen.

4 Randnummer 2 des BMF-Schreibens vom 11. November 1999 (BStBl. I S. 959) ist nicht weiter anzuwenden.

5 Beiträge an Direktversicherungen, Pensionskassen und Pensionsfonds sind unter den Voraussetzungen der §§ 4 Abs. 4, 4c und 4e EStG unabhängig davon als Betriebsausgaben abzugsfähig, ob das Arbeitsverhältnis für den Erhalt der zugesagten Leistungen beendet werden muss.

6 Zuwendungen an Unterstützungskassen sind nach Maßgabe des § 4d EStG abzugsfähig. Bei Zusagen auf lebenslänglich laufende Leistungen ist das Deckungskapital nach § 4d Absatz 1 Satz 1 Nummer 1 Satz 1 Buchstabe a EStG aber erst maßgebend, wenn der Berechtigte aus dem Dienstverhältnis ausgeschieden ist, da nur ehemalige Arbeitnehmer Leistungsempfänger im Sinne dieser Regelung sind.

3. Versorgungszusagen, die Versorgungsleistungen neben dem Arbeitslohn in Aussicht stellen

7 Steht bei Pensionszusagen, die den Bezug von Versorgungsleistungen neben dem laufenden Arbeitslohn eröffnen oder vorsehen, der Ausscheidezeitpunkt noch nicht fest, ist dieser wegen der Ausgeglichenheitsvermutung von Arbeitsleistung und Entgelt (Randnummer 1) sachgerecht zu schätzen und der Bewertung der Pensionsrückstellung nach § 6a EStG zugrunde zu legen. Ein Anhaltspunkt für die Schätzung kann die Regelaltersgrenze in der gesetzlichen Rentenversicherung oder das Ende des Anstellungsvertrages sein. Die Randnummer 3 sowie die Randnummern 5 und 6 bei den Durchführungswegen Direktversicherung, Pensionskassen, Pensionsfonds und Unterstützungskassen gelten entsprechend.

4. Teilweise Inanspruchnahme von Versorgungsleistungen ohne Ausscheiden

8 Werden die zugesagten Versorgungsleistungen bei Erreichen einer bestimmten Altersgrenze oder bei Eintritt der Invalidität unter entsprechender Herabsetzung des Beschäftigungsgrades und des Arbeitslohns nur teilweise in Anspruch genommen, gilt der Versorgungsfall insoweit als eingetreten. In diesem Fall ist die Bewertung der Pensionsverpflichtung an Bilanzstichtagen zwischen der erstmaligen teilweisen Inanspruchnahme von Versorgungsleistungen und dem Erreichen des vom Steuerpflichtigen zulässigerweise gewählten Finanzierungsendalters (sog. rechnerisches Pensionsalter) für bilanzsteuerliche Zwecke aufzuteilen. Soweit Leistungen bereits gewährt werden, gilt Randnummer 3 entsprechend. Für die noch nicht laufenden Leistungen ist bis zum Erreichen des maßgebenden rechnerischen Pensionsalters weiterhin § 6a Absatz 3 Satz 2 Nummer 1 EStG maßgebend. Für Bilanzstichtage nach Erreichen des rechnerischen Pensionsalters bedarf es einer Aufteilung nicht, da in diesen Fällen die Bewertung der noch nicht laufenden Leistungen nach § 6a Absatz 3 Satz 2 Nummer 1 EStG (Teilwert eines sog. technischen Rentners) dem Barwert nach § 6a Absatz 3 Satz 2 Nummer 2 EStG entspricht. Die Nachholung von Fehlbeträgen gemäß § 6a Ab-

satz 4 Satz 5 EStG ist nur insoweit zulässig, als der Versorgungsfall nach Satz 1 als eingetreten gilt.

Das BMF-Schreiben vom 25. April 1995 (BStBl. I S. 250) zu Pensionsrückstellungen für betriebliche Teilrenten ist nicht weiter anzuwenden und wird aufgehoben. 9

5. Körperschaftsteuerliche Regelungen

Die körperschaftsteuerlichen Regelungen für Gesellschafter-Geschäftsführer von Kapitalgesellschaften bleiben unberührt (BFH-Urteile vom 5. März 2008, a.a.O. und vom 23. Oktober 2013, a.a.O.). 10

In der Anwartschaftsphase ist eine Pensionszusage an den Gesellschafter-Geschäftsführer, die zwar die Vollendung des vereinbarten Pensionsalters voraussetzt, nicht jedoch dessen Ausscheiden aus dem Betrieb oder die Beendigung des Dienstverhältnisses, körperschaftsteuerrechtlich grundsätzlich nicht zu beanstanden. Sie führt nicht von vorneherein wegen Unüblichkeit oder fehlender Ernsthaftigkeit zu einer verdeckten Gewinnausschüttung.

In der Auszahlungsphase der Pension führt die parallele Zahlung von Geschäftsführergehalt und Pension – sowohl bei einem beherrschenden als auch bei einem nicht beherrschenden – Gesellschafter-Geschäftsführer zu einer verdeckten Gewinnausschüttung, soweit das Aktivgehalt nicht auf die Pensionsleistung angerechnet wird.

Die Grundsätze gelten sowohl bei monatlicher Pensionsleistung als auch bei Ausübung eines vereinbarten Kapitalwahlrechts bei Erreichen der vereinbarten Altersgrenze.

Die Auflösung der Pensionsrückstellung steht der Annahme einer verdeckten Gewinnausschüttung nicht entgegen. Eine verdeckte Gewinnausschüttung ist auch dann zu bejahen, wenn das Aktivgehalt und die Arbeitszeit nach Eintritt des Versorgungsfalls deutlich reduziert werden, da eine „Teilzeittätigkeit" mit dem Aufgabenbild eines Gesellschafter-Geschäftsführers nicht vereinbar ist.

6. Vererbliche Versorgungsanwartschaften und Versorgungsleistungen

Sieht eine Pensionszusage die Vererblichkeit von Versorgungsanwartschaften oder Versorgungsleistungen vor und sind nach der Zusage vorrangig Hinterbliebene entsprechend der Randnummer 287 des BMF-Schreibens vom 24. Juli 2013 (BStBl. I S. 1022) Erben, ist die Pensionsverpflichtung nach § 6a EStG zu bewerten. Im Vererbungsfall ist für die Bewertung der Leistungen, soweit sie nicht an Hinterbliebene im Sinne des Satzes 1 erbracht werden, § 6 EStG maßgebend. 11

16. Einkommensteuerrechtliche Behandlung von Vorsorgeaufwendungen

Schreiben des BMF vom 24.5.2017 – IV C 3 – S 2221/16/10001 :004 (BStBl. I S. 820),[1] zuletzt geändert durch das Schreiben des BMF vom 16.12.2021 – IV C 3 – S 2221/20/10012:002 –

– Auszug –

Zum Sonderausgabenabzug für Beiträge nach § 10 Absatz 1 Nummer 2, 3 und 3a Einkommensteuergesetz (EStG) gilt im Einvernehmen mit den obersten Finanzbehörden der Länder Folgendes:

A. Abzug von Vorsorgeaufwendungen – § 10 EStG –

I. Sonderausgabenabzug für Altersvorsorgeaufwendungen nach § 10 Absatz 1 Nummer 2 EStG (Basisversorgung)

1. Begünstigte Beiträge

...

1.2 Beiträge i. S. d. § 10 Absatz 1 Nummer 2 Satz 1 Buchstabe b EStG (private Basisrente)

a) Allgemeines

10 Eine Basisrente i. S. d. § 10 Absatz 1 Nummer 2 Satz 1 Buchstabe b EStG i. V. m. dem Altersvorsorgeverträge-Zertifizierungsgesetz (AltZertG) liegt vor bei einem Vertrag zum Aufbau einer eigenen kapitalgedeckten Altersversorgung (Basisrente-Alter), ggf. ergänzt um eine Absicherung des Eintritts der verminderten Erwerbsfähigkeit, der Berufsunfähigkeit oder von Hinterbliebenen oder zur Absicherung gegen den Eintritt der verminderten Erwerbsfähigkeit im Versicherungsfall (Basisrente-Erwerbsminderung), ggf. verbunden mit einer Absicherung gegen den Eintritt der Berufsunfähigkeit.

11 Nach § 10 Absatz 1 Nummer 2 Satz 1 Buchstabe b EStG sind nur die eigenen Beiträge des Versicherten abziehbar. Dies setzt Personenidentität zwischen dem Beitragszahler, der versicherten Person und dem Leistungsempfänger voraus (bei Ehegatten siehe R 10.1 EStR 2016 – bei Lebenspartnern entsprechend). Dies gilt nicht für Beiträge zu einer die Basisrente-Alter ergänzenden Hinterbliebenenabsicherung; insoweit ist ein abweichender Leistungsempfänger zulässig.

1 **Anm. d. Verlages:** Dieses Schreiben ersetzt Teil A des BMF-Schreibens vom 19.8.2013. Zu dessen Teil B vgl. S. 342.

Der Anbieter kann davon ausgehen, dass die zugunsten des Vertrags geleisteten Beiträge der Person zuzurechnen sind, die einen vertraglichen Anspruch auf die Leistung hat. Ihn trifft keine Verpflichtung zur Feststellung der Mittelherkunft. 12

Auch Beiträge an Pensionsfonds, Pensionskassen und für Direktversicherungen, die im Rahmen der betrieblichen Altersversorgung erbracht werden, können nach § 10 Absatz 1 Nummer 2 Satz 1 Buchstabe b EStG begünstigt sein, sofern es sich um Beiträge zu einem zertifizierten Vertrag handelt (vgl. Rz. 15). Nicht zu berücksichtigen sind dagegen steuerfreie Beiträge, pauschal besteuerte Beiträge und Beiträge, die auf Grund einer Altzusage geleistet werden (vgl. Rz. 349 ff., 374 und 376 des BMF-Schreibens vom 24. Juli 2013, BStBl I 2013, S. 1022, geändert durch BMF-Schreiben vom 13. Januar 2014, BStBl I 2014, S. 97 und BMF-Schreiben vom 13. März 2014, BStBl I 2014, S. 554). 13

Beinhaltet ein Vorsorgevertrag u. a. folgende Möglichkeiten, liegen keine Beiträge nach § 10 Absatz 1 Nummer 2 Satz 1 Buchstabe b EStG vor: 14

- Kapitalwahlrecht,
- Anspruch bzw. Optionsrecht auf (Teil-)Auszahlung nach Eintritt des Versorgungsfalls,
- Zahlung eines Sterbegeldes,
- Abfindung einer Rente – Abfindungsansprüche und Beitragsrückerstattungen im Fall einer Kündigung des Vertrags; dies gilt nicht für gesetzliche Abfindungsansprüche (z. B. § 3 Betriebsrentengesetz – BetrAVG) oder die Abfindung einer Kleinbetragsrente (vgl. Rz. 34).

Voraussetzung für den Sonderausgabenabzug nach § 10 Absatz 1 Nummer 2 Satz 1 Buchstabe b EStG ist u. a., dass 15

- die Beiträge zugunsten eines Vertrags geleistet wurden, der nach § 5a AltZertG zertifiziert ist (Grundlagenbescheid i. S. d. § 171 Absatz 10 Abgabenordnung – AO), und
- der Steuerpflichtige gegenüber dem Anbieter in die Datenübermittlung nach § 10 Absatz 2a EStG eingewilligt hat (vgl. Rz. 186 ff.).

b) Voraussetzungen der vertraglichen Vereinbarungen

aa) Monatliche Zahlung

Der Vertrag darf nur die Zahlung einer monatlichen Leibrente vorsehen. Abweichend hiervon ist eine vertragliche Vereinbarung, wonach bis zu zwölf Monatsleistungen in einer Auszahlung zusammengefasst werden können, zulässig. 16

bb) Gleichbleibende oder steigende Leibrente

Der Vertrag darf nur die Zahlung einer gleichbleibenden oder steigenden Leibrente vorsehen. 17

18 Ein planmäßiges Sinken der Rentenhöhe ist nicht zulässig. Geringfügige Schwankungen in der Rentenhöhe sind jedoch unschädlich, sofern diese Schwankungen auf in einzelnen Jahren unterschiedlich hohen Überschussanteilen während der Rentenzahlung beruhen, die für die ab Leistungsbeginn garantierten Rentenleistungen gewährt werden. Für die Basisrente-Alter bedeutet dies z. B., dass der auf Basis des zu Beginn der Auszahlungsphase garantierten Kapitals zzgl. der unwiderruflich zugeteilten Überschüsse zu errechnende Rentenbetrag während der gesamten Auszahlungsphase nicht unterschritten werden darf.

19 Um das Vorliegen der Voraussetzungen für eine Leibrente i. S. d. § 10 Absatz 1 Nummer 2 Satz 1 Buchstabe b Doppelbuchstabe aa EStG sicherzustellen, insbesondere dass die Rente während ihrer Laufzeit nicht sinken kann, muss der Vertrag die Verpflichtung des Anbieters enthalten, vor Rentenbeginn die Leibrente auf Grundlage einer anerkannten Sterbetafel zu berechnen und dabei den während der Laufzeit der Rente geltenden Zinsfaktor festzulegen.

cc) Lebenslange Leibrente

20 Der Vertrag darf nur die Zahlung einer lebenslangen Leibrente vorsehen.

21 Eine Auszahlung durch die regelmäßige Gutschrift einer gleichbleibenden oder steigenden Anzahl von Investmentanteilen sowie die Auszahlung von regelmäßigen Raten im Rahmen eines Auszahlungsplans sind keine lebenslange Leibrente i. S. d. § 10 Absatz 1 Nummer 2 Satz 1 Buchstabe b EStG.

22 Hierbei wird nur ein bestimmtes Kapital über eine gewisse Laufzeit verteilt. Nach Laufzeitende ist das Kapital aufgebraucht, so dass die Zahlungen dann enden. Insoweit ist eine lebenslange Auszahlung nicht gewährleistet. Eine andere Wertung ergibt sich auch nicht durch eine Kombination eines Auszahlungsplans mit einer sich anschließenden Teilkapitalverrentung. Begrifflich ist die „Teilverrentung" zwar eine Leibrente, allerdings wird der Auszahlungsplan durch die Verknüpfung mit einer Rente nicht selbst zu einer Leibrente.

dd) Nichtvererblichkeit

23 Die Vertragsbedingungen dürfen eine Auszahlung an die Erben im Todesfall nicht vorsehen. Das vorhandene Vermögen kommt dann der Versichertengemeinschaft bzw. der Gemeinschaft der verbleibenden Vorsorgesparer zugute.

24 Die Nichtvererblichkeit wird nicht berührt durch gesetzlich zugelassene Hinterbliebenenleistungen im Rahmen der ergänzenden Hinterbliebenenabsicherung (Rz. 37 ff.) bei der Basisrente-Alter oder durch Rentenzahlungen an die Erben für den Zeitraum bis zum Ablauf des Todesmonats der versicherten Person.

25 Eine Rentengarantiezeit – also die Vereinbarung, dass die Rente unabhängig vom Tod der versicherten Person mindestens bis zum Ablauf einer vereinbarten Garantiezeit gezahlt wird – widerspricht der im EStG geforderten Nichtvererblichkeit.

Im Rahmen von Fondsprodukten (Publikumsfonds) kann die Nichtvererblichkeit bei der Basisrente-Alter dadurch sichergestellt werden, dass keine erbrechtlich relevanten Vermögenswerte auf Grund des Basisrentenvertrags beim Steuerpflichtigen vorhanden sind. Diese Voraussetzung kann entweder über eine auflösend bedingte Ausgestaltung des schuldrechtlichen Leistungsanspruchs („Treuhandlösung") oder im Wege spezieller Sondervermögen erfüllt werden, deren Vertragsbedingungen vorsehen, dass im Falle des Todes des Anlegers dessen Anteile zugunsten des Sondervermögens eingezogen werden („Fondslösung"). Ebenso kann diese Voraussetzung durch eine vertragliche Vereinbarung zwischen dem Anbieter und dem Steuerpflichtigen erfüllt werden, nach der im Falle des Todes des Steuerpflichtigen der Gegenwert seiner Fondsanteile der Sparergemeinschaft zugutekommt („vertragliche Lösung"). 26

Für die bei einem fondsbasierten Basis-/Rürup-Rentenprodukt im Rahmen der „vertraglichen Lösung" anfallenden „Sterblichkeitsgewinne" sowie für den Einzug der Anteile am Sondervermögen und die anschließende Verteilung bei der „Treuhandlösung" fällt mit Blick auf die persönlichen Freibeträge der Erwerber keine Erbschaftsteuer an. 27

ee) Nichtübertragbarkeit

Der Vertrag muss die Möglichkeit zur Übertragung der Ansprüche des Leistungsempfängers auf eine andere Person (z. B. im Wege der Schenkung) ausschließen; die Pfändbarkeit nach den Vorschriften der Zivilprozessordnung (ZPO) steht dem nicht entgegen. 28

Der Vertrag darf zulassen, dass die Ansprüche des Leistungsempfängers aus dem Vertrag unmittelbar auf einen nach § 5a AltZertG zertifizierten Vertrag (vgl. Rz. 15) des Leistungsempfängers auch bei einem anderen Unternehmen übertragen werden. Dabei ist lediglich die Übertragung innerhalb der jeweiligen Produktgruppe (Basisrente-Alter oder Basisrente-Erwerbsminderung) zulässig. Dieser Vorgang ist steuerfrei nach § 3 Nummer 55d EStG. Das übertragene Vermögen ist nicht als Beitrag nach § 10 Absatz 1 Nummer 2 Satz 1 Buchstabe b EStG zu berücksichtigen. 29

Die Übertragung von Anrechten aus einem Basisrentenvertrag i. S. d. § 10 Absatz 1 Nummer 2 Satz 1 Buchstabe b Doppelbuchstabe aa EStG zur Regelung von Scheidungsfolgen nach dem Versorgungsausgleichsgesetz (VersAusglG) vom 3. April 2009 (BGBl. I 2009, S. 700), insbesondere im Rahmen einer internen (§ 10 VersAusglG) oder externen Teilung (§ 14 VersAusglG), ist unschädlich. 30

ff) Nichtbeleihbarkeit

Es muss vertraglich ausgeschlossen sein, dass die Ansprüche – z. B. sicherungshalber – abgetreten oder verpfändet werden können. 31

gg) Nichtveräußerbarkeit

Der Vertrag muss so gestaltet sein, dass die Ansprüche nicht an einen Dritten veräußert werden können. 32

hh) Nichtkapitalisierbarkeit

33 Vertraglich darf kein Recht auf Kapitalisierung des Rentenanspruchs vorgesehen sein.

34 Eine Ausnahme gilt bei der Abfindung einer Kleinbetragsrente in Anlehnung an § 93 Absatz 3 Satz 2 und 3 EStG. Die Abfindungsmöglichkeit besteht bei einer Altersrente i. S. d. § 10 Absatz 1 Nummer 2 Satz 1 Buchstabe b Doppelbuchstabe aa EStG erst mit dem Beginn der Auszahlungsphase, frühestens mit Vollendung des 62. Lebensjahres des Leistungsempfängers (bei vor dem 1. Januar 2012 abgeschlossenen Verträgen ist grundsätzlich die Vollendung des 60. Lebensjahres maßgebend, vgl. Rz. 35). Bei Renten aus einem Basisrentenvertrag (Basisrente-Alter oder Basisrente-Erwerbsminderung) wegen Berufsunfähigkeit, verminderter Erwerbsfähigkeit und an Hinterbliebene ist die Abfindung einer Kleinbetragsrente schon im Versicherungsfall möglich.

1.2.1 Beiträge i. S. d. § 10 Absatz 1 Nummer 2 Satz 1 Buchstabe b Doppelbuchstabe aa EStG (Basisrente-Alter)

a) Allgemeines

35 Beiträge zur Basisrente-Alter können nur berücksichtigt werden, wenn die Laufzeit des Vertrags nach dem 31. Dezember 2004 beginnt (zu Laufzeitbeginn und mindestens einer Beitragsleistung vor dem 1. Januar 2005 vgl. Rz. 122) und der Vertrag eine Leibrente vorsieht, die nicht vor Vollendung des 62. Lebensjahres des Steuerpflichtigen beginnt (bei vor dem 1. Januar 2012 abgeschlossenen Verträgen ist regelmäßig die Vollendung des 60. Lebensjahres maßgebend).

36 Voraussetzung für den Abzug nach § 10 Absatz 1 Nummer 2 Satz 1 Buchstabe b Doppelbuchstabe aa EStG ist seit dem Veranlagungszeitraum (VZ) 2010, dass der Vertrag zertifiziert ist (vgl. Rz. 15).

b) Ergänzende Absicherung von Berufsunfähigkeit, verminderter Erwerbsfähigkeit und Hinterbliebenen

37 Bei der Basisrente-Alter können ergänzend der Eintritt der Berufsunfähigkeit, der verminderten Erwerbsfähigkeit oder auch Hinterbliebene abgesichert werden, wenn die Zahlung einer Rente vorgesehen ist. Eine zeitliche Befristung einer Berufsunfähigkeits- oder Erwerbsminderungsrente ist ausschließlich im Hinblick auf die entfallende Versorgungsbedürftigkeit (Verbesserung der Gesundheitssituation oder Erreichen der Altersgrenze für den Bezug der Altersrente aus dem entsprechenden Vertrag) nicht zu beanstanden. Ebenso ist es unschädlich, wenn der Vertrag bei Eintritt der Berufsunfähigkeit oder der verminderten Erwerbsfähigkeit anstelle oder ergänzend zu einer Rentenzahlung eine Beitragsfreistellung vorsieht.

38 Die ergänzende Absicherung ist nur dann unschädlich, wenn mehr als 50 % der Beiträge auf die eigene Altersversorgung des Steuerpflichtigen entfallen. Für das Verhältnis der Beitragsanteile zueinander ist regelmäßig auf den konkret vom Steuerpflichtigen zu zahlenden (Gesamt-)Beitrag abzustellen. Dabei dürfen die Überschussanteile aus den entsprechenden Risiken die darauf entfallenden Beiträge mindern.

Sieht der Basisrentenvertrag vor, dass der Steuerpflichtige bei Eintritt der Berufsunfähigkeit oder einer verminderten Erwerbsfähigkeit von der Verpflichtung zur Beitragszahlung für diesen Vertrag – vollständig oder teilweise – freigestellt wird, sind die insoweit auf die Absicherung dieses Risikos entfallenden Beitragsanteile der Altersvorsorge zuzuordnen. Das gilt jedoch nur, wenn sie der Finanzierung der vertraglich vereinbarten lebenslangen Leibrente i. S. d. § 10 Absatz 1 Nummer 2 Satz 1 Buchstabe b Doppelbuchstabe aa EStG dienen und aus diesen Beitragsanteilen keine Leistungen wegen Berufsunfähigkeit oder verminderter Erwerbsfähigkeit gezahlt werden, d. h., es wird lediglich der Anspruch auf eine Altersversorgung weiter aufgebaut. Eine Zuordnung zur Altersvorsorge erfolgt jedoch nicht, wenn der Steuerpflichtige vertragsgemäß wählen kann, ob er eine Rente wegen Berufsunfähigkeit oder verminderter Erwerbsfähigkeit erhält oder die Beitragsfreistellung in Anspruch nimmt. 39

Sieht der Basisrentenvertrag vor, dass der Steuerpflichtige eine Altersrente und nach seinem Tode der überlebende Ehegatte oder Lebenspartner seinerseits eine lebenslange gleichbleibende oder steigende Leibrente i. S. d. § 10 Absatz 1 Nummer 2 Satz 1 Buchstabe b Doppelbuchstabe aa EStG (insbesondere nicht vor Vollendung seines 62. bzw. 60. Lebensjahres; vgl. Rz. 35) erhält, handelt es sich nicht um eine ergänzende Hinterbliebenenabsicherung, sondern insgesamt um eine Altersvorsorge. Der Beitrag ist in diesen Fällen in vollem Umfang der Altersvorsorge zuzurechnen. Erfüllt dagegen die zugesagte Rente für den hinterbliebenen Ehegatten oder Lebenspartner nicht die Voraussetzungen des § 10 Absatz 1 Nummer 2 Satz 1 Buchstabe b Doppelbuchstabe aa EStG (insbesondere im Hinblick auf das Mindestalter für den Beginn der Rentenzahlung), liegt eine ergänzende Hinterbliebenenabsicherung vor. Die Beitragsanteile, die nach versicherungsmathematischen Grundsätzen auf das Risiko der Rentenzahlung an den hinterbliebenen Ehegatten oder Lebenspartner entfallen, sind daher der ergänzenden Hinterbliebenenabsicherung zuzuordnen. 40

Wird die Hinterbliebenenversorgung ausschließlich aus dem bei Tod des Steuerpflichtigen vorhandenen Altersvorsorge-(Rest)kapitals finanziert, ist die Hinterbliebenenabsicherung keine Risikoabsicherung und der Beitrag ist insoweit der Altersvorsorge zuzurechnen. Das gilt auch, wenn der Steuerpflichtige eine entsprechend gestaltete Absicherung des Ehegatten oder Lebenspartners als besondere Komponente im Rahmen seines (einheitlichen) Basisrentenvertrags hinzu- oder später wieder abwählen kann (z. B. bei Scheidung, Wiederheirat etc.). 41

Sowohl die Altersversorgung als auch die ergänzenden Absicherungen müssen in einem einheitlichen Vertrag geregelt sein. Andernfalls handelt es sich nicht um ergänzende Absicherungen zu einem Basisrentenvertrag, sondern um eigenständige Versicherungen. Die Aufwendungen hierfür sind bei Vorliegen der Voraussetzungen nach § 10 Absatz 1 Nummer 3a EStG als sonstige Vorsorgeaufwendungen zu berücksichtigen (Rz. 121 ff.). Erfüllt die Absicherung der verminderten Erwerbsfähigkeit jedoch die Voraussetzungen des § 10 Absatz 1 Nummer 2 Satz 1 Buchstabe b Doppelbuchstabe bb EStG, ist auch ein Abzug der Aufwendungen nach § 10 Absatz 1 Nummer 2 Satz 1 Buchstabe b EStG möglich. 42

43 Bei einem Basisrentenvertrag auf Grundlage von Investmentfonds kann der Einschluss einer ergänzenden Absicherung des Eintritts der Berufsunfähigkeit, der verminderten Erwerbsfähigkeit oder einer zusätzlichen Hinterbliebenenrente im Wege eines einheitlichen Vertrags zugunsten Dritter gem. §§ 328 ff. des Bürgerlichen Gesetzbuchs (BGB) erfolgen. Hierbei ist die Kapitalanlagegesellschaft Versicherungsnehmer (VN), während der Steuerpflichtige die versicherte Person ist und den eigentlichen (Renten-)Anspruch gegen das entsprechende Versicherungsunternehmen erhält. Dies wird im Fall der Vereinbarung einer Berufsunfähigkeits- bzw. Erwerbsunfähigkeitsrente in den Vertragsbedingungen durch Abtretung des Bezugsrechts an den Steuerpflichtigen ermöglicht. Im Falle der Vereinbarung einer zusätzlichen Hinterbliebenenrente erfolgt die Abtretung des Bezugsrechts an den privilegierten Hinterbliebenen. Die Kapitalanlagegesellschaft leitet die Beiträge des Steuerpflichtigen, soweit sie für die ergänzende Absicherung bestimmt sind, an den Versicherer weiter.

44 Zu den Hinterbliebenen, die zusätzlich abgesichert werden können, gehören nur der Ehegatte oder der Lebenspartner des Steuerpflichtigen und Kinder i. S. d. § 32 EStG. Der Anspruch auf Waisenrente ist dabei auf den Zeitraum zu begrenzen, in dem das Kind die Voraussetzungen des § 32 EStG erfüllt. Es ist nicht zu beanstanden, wenn die Waisenrente auch für den Zeitraum gezahlt wird, in dem das Kind nur die Voraussetzungen nach § 32 Absatz 4 Satz 1 EStG erfüllt. Für die vor dem 1. Januar 2007 abgeschlossenen Verträge gilt für das Vorliegen einer begünstigten Hinterbliebenenversorgung die Altersgrenze des § 32 EStG in der bis zum 31. Dezember 2006 geltenden Fassung (§ 52 Absatz 32 Satz 3 EStG). In diesen Fällen können z. B. Kinder in Berufsausbildung in der Regel bis zur Vollendung des 27. Lebensjahres berücksichtigt werden.

1.2.2 Beiträge i. S. d. § 10 Absatz 1 Nummer 2 Satz 1 Buchstabe b Doppelbuchstabe bb EStG i. V. m. § 2 Absatz 1a AltZertG (Basisrente-Erwerbsminderung)

45 Beiträge zur Basisrente-Erwerbsminderung können nur berücksichtigt werden, wenn diese auf einen nach § 5a AltZertG zertifizierten Vertrag eingezahlt werden (vgl. Rz. 15). Zertifizierungen können auf Antrag des Anbieters erstmalig mit Wirkung zum 1. Januar 2014 erteilt werden. Demnach sind Beiträge zur Basisrente-Erwerbsminderung grundsätzlich ab dem VZ 2014 abziehbar.

46 Der Vertrag muss nach § 2 Absatz 1a Nummer 1 AltZertG zwingend eine Absicherung gegen den Eintritt der teilweisen oder vollen Erwerbsminderung vorsehen. Eine Erwerbsminderung liegt vor, wenn der VN voraussichtlich für mindestens zwölf Monate auf Grund von Krankheit, Körperverletzung oder Behinderung nicht in der Lage ist, unter den üblichen Bedingungen des allgemeinen Arbeitsmarktes voll erwerbstätig zu sein. Dabei ist von einer teilweisen Erwerbsminderung auszugehen, wenn der VN nicht imstande ist, mindestens sechs Stunden täglich erwerbstätig zu sein. Eine volle Erwerbsminderung liegt dagegen vor, wenn er hierzu nicht mindestens drei Stunden täglich in der Lage ist. Für die Beurteilung, ob eine Beschäftigung unter den üblichen Bedingungen des allgemeinen Arbeitsmarktes möglich und zumutbar ist, kommt es

ausschließlich auf die gesundheitlichen Einschränkungen des Versicherten an. Die allgemeine Arbeitsmarktlage ist nicht zu beachten.

Neben der Absicherung gegen den Eintritt der verminderten Erwerbsfähigkeit darf ein Basisrentenvertrag-Erwerbsminderung zusätzlich auch die Absicherung gegen den Eintritt der Berufsunfähigkeit enthalten. Es handelt sich in diesen Fällen weiterhin um einen einheitlichen Vertrag. Die verschiedenen Vertragskomponenten können versicherungsrechtlich sowohl der Haupt- als auch der Zusatzversicherung zugeordnet werden. Tritt der Versicherungsfall (Erwerbsminderung oder ggf. Berufsunfähigkeit) im versicherten Zeitraum, spätestens bis zur Vollendung des 67. Lebensjahres ein, hat der Anbieter eine lebenslange gleichbleibende oder steigende Leibrente vorzusehen. 47

Eine zeitliche Befristung der Erwerbsminderungs- oder Berufsunfähigkeitsrente ist nur dann nicht zu beanstanden, wenn die Erwerbsminderung oder Berufsunfähigkeit bis zur Vollendung des 67. Lebensjahres weggefallen ist. Der Wegfall ist medizinisch zu begründen. Ein medizinisch begründeter Wegfall der Berufsunfähigkeit kann – wenn dies vereinbart wurde – auch dann vorliegen, wenn der VN eine andere Tätigkeit ausübt oder ausüben kann, die zu übernehmen er auf Grund seiner Ausbildung und Fähigkeiten in der Lage ist und die seiner bisherigen Lebensstellung entspricht. 48

Sofern der Steuerpflichtige bei Eintritt des Versicherungsfalls das 55. Lebensjahr vollendet hat, darf die zugesagte Rente in ihrer Höhe vom Alter des Steuerpflichtigen bei Eintritt des Versicherungsfalls abhängig gemacht werden. Es muss allerdings auch bei Eintritt des Versicherungsfalls zwischen dem 55. und 67. Lebensjahr eine gleichbleibende oder steigende lebenslange Leibrente (> 0 €) gezahlt werden (vgl. aber Rz. 33 f.). 49

Für die Absicherung gegen den Eintritt der Berufsunfähigkeit sind die allgemeinen versicherungsvertraglichen Grundsätze zu beachten. Daneben müssen für die Absicherung gegen den Eintritt der verminderten Erwerbsfähigkeit folgende Regelungen nach § 2 Absatz 1a AltZertG im Vertrag vorgesehen werden: 50

– Leistungsumfang: 51

  Sieht der Vertrag sowohl eine Absicherung des Eintritts der vollen als auch teilweisen Erwerbsminderung vor, hat der Anbieter bei Eintritt der teilweisen Erwerbsminderung mindestens die Hälfte der versicherten Leistung zu gewähren.

– Leistungsbeginn: 52

  Die Leistung ist spätestens ab Beginn des Kalendermonats zu gewähren, der dem Kalendermonat folgt, in dem die teilweise oder volle Erwerbsminderung eingetreten ist. Dies gilt, wenn die Leistung bis zum Ende des 36. Kalendermonats nach Ablauf des Monats des Eintritts der teilweisen oder vollen Erwerbsminderung beantragt wird. Wird der Antrag zu einem späteren Zeitpunkt gestellt, hat der Anbieter spätestens ab Beginn des Kalendermonats zu leisten, der 36 Monate vor dem Monat der Beantragung liegt, frühestens jedoch ab Vertragsbeginn.

53 – Beitragsstundung:

Die Beiträge (Beitragsanteile) zur Absicherung des Risikos „verminderte Erwerbsfähigkeit" sind auf Antrag des Steuerpflichtigen ab dem Zeitpunkt der Rentenantragstellung wegen teilweiser oder voller Erwerbsminderung bis zur endgültigen Entscheidung über die Leistungspflicht zinslos und ohne andere Auflagen zu stunden.

54 – Kündigungs- und Abänderungsverzicht:

Verletzt der Steuerpflichtige (Vertragspartner) schuldlos seine Pflicht, ihm bekannte erhebliche Gefahrumstände anzuzeigen, die für den Versicherer hinsichtlich der Entscheidung zum Abschluss des Vertrags entscheidend sein können, hat der Anbieter auf sein Kündigungsrecht nach § 19 Absatz 3 Satz 2 Versicherungsvertragsgesetz (VVG) und das Abänderungsrecht nach § 19 Absatz 4 VVG zu verzichten.

55 – Begrenzung der medizinischen Mitwirkungspflicht des Steuerpflichtigen:

Die Verpflichtung des Steuerpflichtigen zur medizinischen Mitwirkung muss nicht nur auf medizinisch indizierte, sondern auch auf zumutbare ärztliche Untersuchungs- und Behandlungsleistungen begrenzt sein. Dies gilt sowohl zur als auch nach der Feststellung der teilweisen oder vollen Erwerbsminderung.

1.3 Steuerfreie Zuschüsse und Beitragsrückerstattungen

56 Steuerfreie Beitragszuschüsse und Beitragsrückerstattungen mindern den Sonderausgabenabzug für Altersvorsorgeaufwendungen, z. B. bei

- steuerfrei gezahlten Zuschüssen zum Beitrag nach § 32 des Gesetzes über die Alterssicherung der Landwirte (§ 3 Nummer 17 EStG),
- steuerfreien Zuschüssen und geleisteten Erstattungen von Behörden i. S. d. § 6 Absatz 1 AO) und anderen öffentlichen Stellen (z. B. vom Jugendamt; § 23 Absatz 2 Satz 1 Nummer 3 des Achten Buches Sozialgesetzbuch – SGB VIII – i. V. m. § 3 Nummer 9 EStG).

56a Leistungen, die nach § 22 Nummer 1 Satz 3 Buchstabe a Doppelbuchstabe aa EStG steuerbare Einkünfte darstellen, mindern die als Sonderausgaben abzugsfähigen Altersvorsorgeaufwendungen nicht (vgl. BFH vom 7. Juli 2020, BStBl. 2021 II S. 750[1]). § 10 Absatz 4b EStG ist in diesen Fällen nicht anzuwenden.

57 Auch bei Rückzahlung von zu Unrecht geleisteten Beiträgen infolge einer rückwirkenden Vertragsänderung oder auf Grund einer Erstattung nach § 26 SGB IV, mindern diese als Beitragsrückerstattung die im Jahr des Zuflusses geleisteten Rentenversicherungsbeiträge und sind nach § 10 Absatz 4b Satz 4 EStG zu melden. Für unterjährige Beitragsrückerstattungen, die Beiträge desselben VZ betreffen, ist in der Beitragsbescheinigung der saldierte Wert anzugeben.

1 **Anm. d. Verlages:** Die Fundstelle im BStBl. I wurde von der Redaktion eingefügt.

Abweichend von Rz. 57 kann es bei Basisrenten nicht zu einer Beitragsrückerstattung kommen, da eine Kapitalisierung nicht zulässig ist (vgl. Rz. 33). Soweit zu Unrecht geleistete bzw. zivilrechtlich nicht geschuldete Beträge (z. B. bei einem Widerruf des Vertrages) zurückgezahlt werden, hat die mitteilungspflichtige Stelle eine Datensatzstornierung bzw. -korrektur der betreffenden Jahre vorzunehmen. 57a

1.4 Beitragsempfänger

Zu den Beitragsempfängern i. S. d. § 10 Absatz 2 Satz 1 Nummer 2 EStG gehören auch Pensionsfonds, die wie Versicherungsunternehmen den aufsichtsrechtlichen Regelungen des Versicherungsaufsichtsgesetzes (VAG) unterliegen und – seit 1. Januar 2006 – Anbieter i. S. d. § 80 EStG. Die Produktvoraussetzungen für das Vorliegen einer Basisrente (§ 10 Absatz 1 Nummer 2 Satz 1 Buchstabe b EStG) werden dadurch nicht erweitert. 58

...

II. Sonderausgabenabzug für sonstige Vorsorgeaufwendungen nach § 10 Absatz 1 Nummer 3 und 3a EStG

1. Allgemeines

Mit dem Gesetz zur verbesserten steuerlichen Berücksichtigung von Vorsorgeaufwendungen (Bürgerentlastungsgesetz Krankenversicherung vom 16. Juli 2009) hat der Gesetzgeber die steuerliche Berücksichtigung von Kranken- und Pflegeversicherungsbeiträgen zum 1. Januar 2010 neu geregelt. Die vom Steuerpflichtigen tatsächlich geleisteten Beiträge für eine Absicherung auf sozialhilfegleichem Versorgungsniveau (Basisabsicherung) zur privaten und gesetzlichen Krankenversicherung und zur gesetzlichen Pflegeversicherung werden in vollem Umfang steuerlich berücksichtigt. Ab dem VZ 2010 ist deshalb innerhalb der sonstigen Vorsorgeaufwendungen zwischen den Basiskrankenversicherungsbeiträgen (Rz. 83 ff.) und den Beiträgen zur gesetzlichen Pflegeversicherung in § 10 Absatz 1 Nummer 3 EStG (Rz. 117 ff.) sowie den weiteren sonstigen Vorsorgeaufwendungen in § 10 Absatz 1 Nummer 3a EStG (Rz. 121 ff.) zu unterscheiden. 80

Die Beiträge zur Basisabsicherung können grundsätzlich bei der Veranlagung des wirtschaftlich belasteten VN (Beitragsschuldner) als Sonderausgaben berücksichtigt werden, unabhängig davon, wer die versicherte Person ist. In den Fällen des § 10 Absatz 1 Nummer 3 Satz 2 EStG können sie abweichend aber auch vom Unterhaltsverpflichteten geltend gemacht werden, wenn dieser die eigenen Beiträge eines Kindes, für das ein Anspruch auf einen Kinderfreibetrag oder auf Kindergeld besteht, wirtschaftlich getragen hat. Hierbei kommt es nicht darauf an, ob die Beiträge in Form von Bar- oder Sachunterhaltsleistungen getragen nur einmal – entweder bei den Eltern oder beim Kind – als Vorsorgeaufwendungen berücksichtigt werden (Grundsatz der Einmalberücksichtigung). Die Einkünfte und Bezüge des Kindes haben keinen Einfluss auf die Höhe der bei den Eltern zu berücksichtigenden Vorsorgeaufwendungen. Die Berücksichtigung der Kranken- und Pflegeversicherungsbeiträge des Kindes bei der Grenzbetragsprüfung nach § 32 Absatz 4 Satz 2 EStG in der bis zum VZ 2012 81 geltenden Fassung steht einer Berücksichtigung der Beiträge zur Basisabsicherung als Sonderausgaben bei den Eltern nicht entgegen.

82 Keine Beiträge i. S. d. § 10 Absatz 1 Nummer 3 und 3a EStG sind

- Prämienzuschläge nach § 193 Absatz 4 VVG. Diese werden erhoben, wenn sich Personen nicht bereits bei Eintritt der Versicherungspflicht, sondern verspätet versichern. Sie sind ein reines Sanktionsmittel, welches dem Ausgleich materieller Vorteile dient. Durch die Zahlung des Prämienzuschlags wird rückwirkend kein Versicherungsschutz begründet.
- selbst getragene Eigenleistungen für Vorsorgeuntersuchungen.
- selbst getragene Krankheitskosten auf Grund eines tariflichen Selbstbehalts oder wegen der Wahl einer Beitragsrückerstattung (BFH vom 1. Juni 2016, BStBl II 2017, S. 55).

...

2. Sonstige Vorsorgeaufwendungen

...

2.3 Weitere sonstige Vorsorgeaufwendungen (§ 10 Absatz 1 Nummer 3a EStG)

121 Begünstigt sind nach § 10 Absatz 1 Nummer 3a EStG Beiträge zu

- gesetzlichen oder privaten Kranken- und Pflegeversicherungen, soweit diese nicht nach
- § 10 Absatz 1 Nummer 3 EStG zu berücksichtigen sind; hierzu zählen z. B. Beitragsanteile, die auf Wahlleistungen entfallen oder der Finanzierung des Krankengeldes dienen, Beiträge zu einer Reisekrankenversicherung (vgl. Rz. 84), Beiträge zur freiwilligen privaten Pflegeversicherung oder Basiskrankenversicherungsbeiträge und Beiträge zur gesetzlichen Pflegeversicherung bei fehlender Einwilligung nach § 10 Absatz 2a EStG (vgl. Rz. 186 ff.),
- Versicherungen gegen Arbeitslosigkeit (gesetzliche Beiträge an die Bundesagentur für Arbeit und Beiträge zu privaten Versicherungen),
- Erwerbs- und Berufsunfähigkeitsversicherungen, die nicht Bestandteil einer Versicherung
- i. S. d. § 10 Absatz 1 Nummer 2 Satz 1 Buchstabe b EStG sind; dies gilt auch für Beitragsbestandteile einer kapitalbildenden Lebensversicherung i. S. d. § 20 Absatz 1 Nummer 6 EStG, die bei der Ermittlung des steuerpflichtigen Ertrags nicht abgezogen werden dürfen,
- Unfallversicherungen, wenn es sich nicht um eine Unfallversicherung mit garantierter Beitragsrückzahlung handelt, die insgesamt als RV oder Kapitalversicherung behandelt wird,
- Haftpflichtversicherungen,

- Lebensversicherungen, die nur für den Todesfall eine Leistung vorsehen (Risikolebensversicherung).

Beiträge zu nachfolgenden Versicherungen sind ebenfalls nach § 10 Absatz 1 Nummer 3a EStG begünstigt, wenn die Laufzeit dieser Versicherungen vor dem 1. Januar 2005 begonnen hat und mindestens ein Versicherungsbeitrag bis zum 31. Dezember 2004 entrichtet wurde; auf den Zeitpunkt des Vertragsabschlusses kommt es insoweit nicht an: 122

- RV ohne Kapitalwahlrecht, die die Voraussetzungen des § 10 Absatz 1 Satz 1 Nummer 2 EStG nicht erfüllen,
- RV mit Kapitalwahlrecht gegen laufende Beitragsleistungen, wenn das Kapitalwahlrecht nicht vor Ablauf von zwölf Jahren seit Vertragsabschluss ausgeübt werden kann,
- Kapitalversicherungen gegen laufende Beitragsleistungen mit Sparanteil, wenn der Vertrag für die Dauer von mindestens zwölf Jahren abgeschlossen worden ist.

Ein Versicherungsbeitrag ist bis zum 31. Dezember 2004 entrichtet, wenn nach § 11 Absatz 2 EStG der Beitrag einem Kalenderjahr vor 2005 zuzuordnen ist. Für Beiträge im Rahmen der betrieblichen Altersversorgung an einen Pensionsfonds, an eine Pensionskasse oder für eine Direktversicherung gilt Rz. 330 des BMF-Schreibens vom 24. Juli 2013, BStBl I 2013, S. 1022, geändert durch BMF-Schreiben vom 13. Januar 2014, BStBl I 2014, S. 97 und BMF-Schreiben vom 13. März 2014, BStBl I 2014, S. 554. 123

Für die Berücksichtigung von diesen Beiträgen (Rz. 122) gelten außerdem die bisherigen Regelungen des § 10 Absatz 1 Nummer 2 Buchstabe b Satz 2 bis 6 und Absatz 2 Satz 2 EStG in der am 31. Dezember 2004 geltenden Fassung. 124

17.
Einkommensteuerrechtliche Behandlung von Vorsorgeaufwendungen und Altersbezügen

Schreiben des BMF vom 19.8.2013 – IV C 3 – S 2221/12/10010:004; IV C 5 – S 2345/08/0001 (BStBl. I S. 1087),
zuletzt geändert durch Schreiben des BMF vom 10.1.2022 – IV C 3 – S 2221/19/10050 :002

– Auszug –

Zum Sonderausgabenabzug für Beiträge nach § 10 Absatz 1 und zur Besteuerung von Versorgungsbezügen nach § 19 Absatz 2 sowie von Einkünften nach § 22 Nummer 1 Satz 3 Buchstabe a des Einkommensteuergesetzes (EStG) gilt im Einvernehmen mit den obersten Finanzbehörden der Länder Folgendes[1]:

B. Besteuerung von Versorgungsbezügen – § 19 Absatz 2 EStG –

…

1. Allgemeines

170 Der maßgebende Prozentsatz für den steuerfreien Teil der Versorgungsbezüge und der Höchstbetrag des Versorgungsfreibetrags sowie der Zuschlag zum Versorgungsfreibetrag bestimmen sich ab 2005 nach dem Jahr des Versorgungsbeginns (§ 19 Absatz 2 Satz 3 EStG). Sie werden für jeden ab 2006 neu in den Ruhestand tretenden Jahrgang abgeschmolzen.

…

IV. Aufzeichnungs- und Bescheinigungspflichten

189 Nach § 4 Absatz 1 Nummer 4 LStDV hat der Arbeitgeber im Lohnkonto des Arbeitnehmers in den Fällen des § 19 Absatz 2 EStG die für die zutreffende Berechnung des Versorgungsfreibetrags und des Zuschlags zum Versorgungsfreibetrag erforderlichen Angaben aufzuzeichnen. Aufzuzeichnen sind die Bemessungsgrundlage für den Versorgungsfreibetrag (Jahreswert, Rz. 171), das Jahr des Versorgungsbeginns und die Zahl der Monate (Zahl der Zwölftel), für die Versorgungsbezüge gezahlt werden. Bei mehreren Versorgungsbezügen sind die Angaben für jeden Versorgungsbezug getrennt aufzuzeichnen, soweit die maßgebenden Versorgungsbeginne in unterschiedliche Kalenderjahre fallen (vgl. Rz. 177). Demnach können z. B. alle Versorgungsbezüge mit Versorgungsbeginn bis zum Jahre 2005 zusammengefasst werden. Zu den Bescheinigungspflichten wird auf die jährlichen BMF-Schreiben zu den Lohnsteuerbescheinigungen hingewiesen.

---

1 **Anm. d. Verlages:** Teil A wurde durch das BMF-Schreiben vom 24.5.2017 (BStBl. I S. 820) aufgehoben; zur Neufassung des Teils A s. S. 330.

C. Besteuerung von Einkünften gem. § 22 Nummer 1 Satz 3 Buchstabe a EStG

I. Allgemeines

Leibrenten und andere Leistungen aus den gesetzlichen Rentenversicherungen, der landwirtschaftlichen Alterskasse, den berufsständischen Versorgungseinrichtungen und aus Leibrentenversicherungen i. S. d. § 10 Absatz 1 Nummer 2 Satz 1 Buchstabe b EStG (vgl. Rz. 8 bis 31) werden innerhalb eines bis in das Jahr 2039 reichenden Übergangszeitraums in die vollständige nachgelagerte Besteuerung überführt (§ 22 Nummer 1 Satz 3 Buchstabe a Doppelbuchstabe aa EStG). Diese Regelung gilt sowohl für Leistungen von inländischen als auch von ausländischen Versorgungsträgern. 190

Eine Nachzahlung aus der gesetzlichen Rentenversicherung, die dem Empfänger nach dem 31. Dezember 2004 zufließt, wird nach § 22 Nummer 1 Satz 3 Buchstabe a Doppelbuchstabe aa EStG mit dem Besteuerungsanteil besteuert, auch wenn sie für einen Zeitraum vor dem 1. Januar 2005 gezahlt wird (BFH vom 13. April 2011 – BStBl. II S. 915). Dies gilt entsprechend für eine Nachzahlung aus der landwirtschaftlichen Alterskasse und den berufsständischen Versorgungseinrichtungen. Es ist zu prüfen, ob § 34 Absatz 1 EStG Anwendung findet. Die Tarifermäßigung ist grundsätzlich auch auf Nachzahlungen von Renten i. S. d. § 22 Nummer 1 EStG anwendbar, soweit diese nicht auf den laufenden VZ entfallen (R 34.4 Absatz 1 EStR 2012). 191

Ist wegen rückwirkender Zubilligung einer Rente der Anspruch auf eine bisher gewährte Sozialleistung (z. B. auf Krankengeld, Arbeitslosengeld oder Sozialhilfe) ganz oder teilweise weggefallen und steht dem Leistenden deswegen gegenüber dem Rentenversicherungsträger (z. B. nach § 103 des Zehnten Buches Sozialgesetzbuch) ein Erstattungsanspruch zu, sind die bisher gezahlten Sozialleistungen in Höhe dieses Erstattungsanspruchs als Rentenzahlungen anzusehen. Die Rente ist dem Leistungsempfänger insoweit im Zeitpunkt der Zahlung dieser Sozialleistungen zugeflossen. Die Besteuerungsgrundsätze des § 22 Nummer 1 Satz 3 Buchstabe a EStG gelten hierbei entsprechend. Sofern die Sozialleistungen dem Progressionsvorbehalt nach § 32b EStG unterlegen haben, ist dieser rückgängig zu machen, soweit die Beträge zu einer Rente umgewidmet werden (R 32b Absatz 4 EStR). 192

Bei den übrigen Leibrenten erfolgt die Besteuerung auch weiterhin mit dem Ertragsanteil (§ 22 Nummer 1 Satz 3 Buchstabe a Doppelbuchstabe bb EStG ggf. i. V. m. § 55 Absatz 2 EStDV; vgl. Rz. 236 und 237), es sei denn, es handelt sich um nach dem 31. Dezember 2004 abgeschlossene Rentenversicherungen, bei denen keine lebenslange Rentenzahlung vereinbart und erbracht wird. In diesen Fällen wird die Besteuerung im Wege der Ermittlung des Unterschiedsbetrags nach § 20 Absatz 1 Nummer 6 EStG vorgenommen. Die Regelungen in § 22 Nummer 5 EStG bleiben unberührt (vgl. insoweit auch BMF-Schreiben vom 24. Juli 2013, BStBl. I S. 1022). 193

Für Leibrenten und andere Leistungen im Sinne von § 22 Nummer 1 Satz 3 Buchstabe a EStG sind nach § 22a EStG Rentenbezugsmitteilungen zu übermitteln. Einzelheiten hierzu sind durch BMF-Schreiben vom 7. Dezember 2011, BStBl. I S. 1223, geregelt. 194

II. Leibrenten und andere Leistungen i. S. d. § 22 Nummer 1 Satz 3 Buchstabe a Doppelbuchstabe aa EStG

...

2. Leibrenten und andere Leistungen aus Rentenversicherungen i. S. d. § 10 Absatz 1 Nummer 2 Satz 1 Buchstabe b EStG

206 Leistungen aus Rentenversicherungen i. S. d. § 10 Absatz 1 Nummer 2 Satz 1 Buchstabe b EStG (vgl. Rz. 8 ff.) unterliegen der nachgelagerten Besteuerung gem. § 22 Nummer 1 Satz 3 Buchstabe a Doppelbuchstabe aa EStG.

207 Für Renten aus Rentenversicherungen, die nicht den Voraussetzungen des § 10 Absatz 1 Nummer 2 Satz 1 Buchstabe b EStG entsprechen – insbesondere für Renten aus Verträgen i. S. d. § 10 Absatz 1 Nummer 3a EStG – bleibt es bei der Ertragsanteilsbesteuerung (vgl. insoweit Rz. 212 ff.), es sei denn, es handelt sich um nach dem 31. Dezember 2004 abgeschlossene Rentenversicherungen, bei denen keine lebenslange Rentenzahlung vereinbart und erbracht wird. Dann erfolgt die Besteuerung nach § 20 Absatz 1 Nummer 6 EStG im Wege der Ermittlung des Unterschiedsbetrags. Die Regelungen in § 22 Nummer 5 EStG bleiben unberührt (vgl. BMF-Schreiben vom 24. Juli 2013, BStBl. I S. 1022).

208 Wird ein Rentenversicherungsvertrag mit Versicherungsbeginn nach dem 31. Dezember 2004, der die Voraussetzungen des § 10 Absatz 1 Nummer 2 Satz 1 Buchstabe b EStG nicht erfüllt, in einen zertifizierten Basisrentenvertrag umgewandelt, führt dies zur Beendigung des bestehenden Vertrags – mit den entsprechenden steuerlichen Konsequenzen – und zum Abschluss eines neuen Basisrentenvertrags im Zeitpunkt der Umstellung. Die Beiträge einschließlich des aus dem Altvertrag übertragenen Kapitals können im Rahmen des Sonderausgabenabzugs nach § 10 Absatz 1 Nummer 2 Satz 1 Buchstabe b EStG berücksichtigt werden. Die sich aus dem Basisrentenvertrag ergebenden Leistungen unterliegen insgesamt der Besteuerung nach § 22 Nummer 1 Satz 3 Buchstabe a Doppelbuchstabe aa EStG.

209 Wird ein Kapitallebensversicherungsvertrag in einen zertifizierten Basisrentenvertrag umgewandelt, führt auch dies zur Beendigung des bestehenden Vertrags – mit den entsprechenden steuerlichen Konsequenzen – und zum Abschluss eines neuen Basisrentenvertrags im Zeitpunkt der Umstellung. Die Beiträge einschließlich des aus dem Altvertrag übertragenen Kapitals können im Rahmen des Sonderausgabenabzugs nach § 10 Absatz 1 Nummer 2 Satz 1 Buchstabe b EStG berücksichtigt werden. Die sich aus dem Basisrentenvertrag ergebenden Leistungen unterliegen insgesamt der Besteuerung nach § 22 Nummer 1 Satz 3 Buchstabe a Doppelbuchstabe aa EStG.

210 Wird entgegen der ursprünglichen vertraglichen Vereinbarung (vgl. Rz. 9 und 14) ein zertifizierter Basisrentenvertrag in einen Vertrag umgewandelt, der die Voraussetzungen des § 10 Absatz 1 Nummer 2 Satz 1 Buchstabe b EStG nicht erfüllt, ist steuerlich von einem neuen Vertrag auszugehen. Wird dabei die auf den „alten“ Vertrag entfallende Versicherungsleistung ganz oder teilweise auf den „neuen“ Vertrag angerechnet, fließt die angerechnete Versicherungsleistung dem Versicherungsnehmer zu und un-

terliegt im Zeitpunkt der Umwandlung des Vertrags der Besteuerung nach § 22 Nummer 1 Satz 3 Buchstabe a Doppelbuchstabe aa EStG. Ist die Umwandlung als Missbrauch von rechtlichen Gestaltungsmöglichkeiten (§ 42 AO) anzusehen, z. B. Umwandlung innerhalb kurzer Zeit nach Vertragsabschluss ohne erkennbaren sachlichen Grund, ist für die vor der Umwandlung geleisteten Beiträge der Sonderausgabenabzug nach § 10 Absatz 1 Nummer 2 Satz 1 Buchstabe b EStG zu versagen oder rückgängig zu machen.

Werden Ansprüche des Leistungsempfängers aus einem Versicherungsvertrag mit Versicherungsbeginn nach dem 31. Dezember 2004, der die Voraussetzungen des § 10 Absatz 1 Nummer 2 Satz 1 Buchstabe b EStG erfüllt, unmittelbar auf einen anderen Vertrag des Leistungsempfängers bei einem anderen Unternehmen übertragen, gilt die Versicherungsleistung nicht als dem Leistungsempfänger zugeflossen, wenn der neue Vertrag nach § 5a AltZertG zertifiziert ist. Sie unterliegt daher im Zeitpunkt der Übertragung nicht der Besteuerung (§ 3 Nummer 55d EStG). 211

III. Leibrenten und andere Leistungen i. S. d. § 22 Nummer 1 Satz 3 Buchstabe a Doppelbuchstabe bb EStG

Der Anwendungsbereich des § 22 Nummer 1 Satz 3 Buchstabe a Doppelbuchstabe bb EStG umfasst diejenigen Leibrenten und anderen Leistungen, die nicht bereits unter Doppelbuchstabe aa der Vorschrift (vgl. Rz. 195 ff.) oder § 22 Nummer 5 EStG einzuordnen sind, wie Renten aus 212

- Rentenversicherungen, die nicht den Voraussetzungen des § 10 Absatz 1 Nummer 2 Satz 1 Buchstabe b EStG entsprechen, weil sie z. B. eine Teilkapitalisierung oder Einmalkapitalauszahlung (Kapitalwahlrecht) oder einen Rentenbeginn vor Vollendung des 62. Lebensjahres vorsehen (bei vor dem 1. Januar 2012 abgeschlossenen Verträgen ist regelmäßig die Vollendung des 60. Lebensjahres maßgebend) oder die Laufzeit der Versicherung vor dem 1. Januar 2005 begonnen hat, oder
- Verträgen i. S. d. § 10 Absatz 1 Nummer 3a EStG.

Bei nach dem 31. Dezember 2004 abgeschlossenen Rentenversicherungen muss eine lebenslange Rentenzahlung vereinbart und erbracht werden.

Werden neben einer Grundrente Überschussbeteiligungen in Form einer Bonusrente gezahlt, so ist der gesamte Auszahlungsbetrag mit einem einheitlichen Ertragsanteil der Besteuerung zu unterwerfen. Mit der Überschussbeteiligung in Form einer Bonusrente wird kein neues Rentenrecht begründet (R 22.4 Absatz 1 Satz 2 EStR; BFH vom 22. August 2012, BStBl. II 2013 S. 158). In der Mitteilung nach § 22a EStG (bei Leistungen i. S. d. § 22 Nummer 5 Satz 2 Buchstabe a EStG in der Mitteilung nach § 22 Nummer 5 Satz 7 EStG) ist der Betrag von Grund- und Bonusrente in einer Summe auszuweisen. 213

Dem § 22 Nummer 1 Satz 3 Buchstabe a Doppelbuchstabe bb EStG zuzuordnen sind auch abgekürzte Leibrenten, die nicht unter § 22 Nummer 1 Satz 3 Buchstabe a Doppelbuchstabe aa EStG fallen (z. B. private selbstständige Erwerbsminderungsrente, Waisenrente aus einer privaten Versicherung, die die Voraussetzungen des § 10 Ab- 214 satz 1 Nummer 2 Satz 1 Buchstabe b EStG nicht erfüllt). Dies gilt bei Rentenversicherungen (vgl. Rz. 19 des BMF-Schreibens vom 1. Oktober 2009, BStBl. I S. 1172) nur, wenn sie vor dem 1. Januar 2005 abgeschlossen wurden.

215 Auf Antrag des Steuerpflichtigen sind unter bestimmten Voraussetzungen auch Leibrenten und andere Leistungen i. S. d. § 22 Nummer 1 Satz 3 Buchstabe a Doppelbuchstabe aa EStG nach § 22 Nummer 1 Satz 3 Buchstabe a Doppelbuchstabe bb EStG zu versteuern (sog. Öffnungsklausel). Wegen der Einzelheiten hierzu vgl. die Ausführungen unter Rz. 238 ff.

IV. Besonderheiten bei der betrieblichen Altersversorgung

216 Die Versorgungsleistungen einer Pensionskasse, eines Pensionsfonds oder aus einer Direktversicherung (z. B. Rente, Auszahlungsplan, Teilkapitalauszahlung, Einmalkapitalauszahlung) unterliegen der Besteuerung nach § 22 Nummer 5 EStG. Einzelheiten zur Besteuerung von Leistungen aus der betrieblichen Altersversorgung sind im BMF-Schreiben vom 24. Juli 2013, BStBl. I S. 1022, Rz. 369 ff. geregelt.

V. Durchführung der Besteuerung

...

2. Leibrenten und andere Leistungen i. S. d. § 22 Nummer 1 Satz 3 Buchstabe a Doppelbuchstabe bb EStG

236 Leibrenten i. S. d. § 22 Nummer 1 Satz 3 Buchstabe a Doppelbuchstabe bb EStG (vgl. Rz. 212) unterliegen auch ab dem VZ 2005 nur mit dem Ertragsanteil der Besteuerung. Sie ergeben sich aus der Tabelle in § 22 Nummer 1 Satz 3 Buchstabe a Doppelbuchstabe bb Satz 4 EStG. Die neuen Ertragsanteile gelten sowohl für Renten, deren Rentenbeginn vor dem 1. Januar 2005 liegt, als auch für Renten, die erst nach dem 31. Dezember 2004 zu laufen beginnen.

237 Für abgekürzte Leibrenten (vgl. Rz. 214) – z. B. aus einer privaten selbstständigen Erwerbsminderungsversicherung, die nur bis zum 65. Lebensjahr gezahlt wird – bestimmen sich die Ertragsanteile auch weiterhin nach § 55 Absatz 2 EStDV.

...

E. Anwendungsregelung

289 Vorbehaltlich besonderer Regelungen in den einzelnen Randziffern ist dieses Schreiben ab dem Zeitpunkt seiner Bekanntgabe im Bundessteuerblatt anzuwenden.

290 Das BMF-Schreiben vom 13. September 2010 – IV C 3 – S 2222/09/10041 / IV C 5 – S 2345/08/0001 (2010/0628045) –, BStBl. I S. 681 wird zum Zeitpunkt der Bekanntgabe dieses Schreibens im Bundessteuerblatt aufgehoben.

18.
Betriebliche Altersversorgung; Übertragung von Versorgungsverpflichtungen und Versorgungsanwartschaften auf Pensionsfonds, Anwendung der Regelungen in § 4d Absatz 3 EStG und § 4e Absatz 3 EStG i. V. m. § 3 Nummer 66 EStG

BMF-Schreiben vom 10.7.2015 – IV C 6 – S 2144/07/10003 (BStBl. I S. 544)

Bezug: BMF-Schreiben vom 26. Oktober 2006 (BStBl. I S. 709)

Unter Bezugnahme auf das BMF-Schreiben vom 26. Oktober 2006 (BStBl. I S. 709) zur Anwendung der Regelungen in § 4d Absatz 3 EStG und § 4e Absatz 3 EStG i. V. m. § 3 Nummer 66 EStG im Zusammenhang mit der Übertragung von Versorgungsverpflichtungen und Versorgungsanwartschaften auf Pensionsfonds nehme ich zur Berechnung des auf Antrag zu verteilenden Betriebsausgabenabzuges nach Abstimmung mit den obersten Finanzbehörden der Länder wie folgt Stellung:

1. Berücksichtigung von künftigen Rentenanpassungen gemäß § 16 Absatz 1 des Gesetzes zur Verbesserung der betrieblichen Altersversorgung (Betriebsrentengesetz – BetrAVG) bei der Ermittlung der erdienten Versorgungsanwartschaften

Bei einer entgeltlichen Übertragung von Versorgungsanwartschaften aktiver Beschäftigter kommt die Anwendung von § 3 Nummer 66 EStG nur für Zahlungen an den Pensionsfonds in Betracht, die für die bis zum Zeitpunkt der Übertragung bereits erdienten Versorgungsanwartschaften geleistet werden (Randnummer 2 des BMF-Schreibens vom 26. Oktober 2006, a.a.O.). 1

Künftige Rentenanpassungen für zum Zeitpunkt der Übertragung bereits erdiente Versorgungsanwartschaften stellen keine bestehende Verpflichtung im Sinne von § 4e Absatz 3 Satz 1 EStG dar, soweit sie noch nicht fest zugesagt sind. Aus Vereinfachungsgründen kann jedoch für Verpflichtungen, die einer Anpassungsprüfungspflicht gemäß § 16 Absatz 1 BetrAVG unterliegen, eine jährliche pauschale Erhöhung von bis zu einem Prozent berücksichtigt werden. 2

2. Ermittlung des erdienten Teils einer Pensionszusage nach § 6a EStG oder einer Zusage auf Unterstützungskassenleistungen nach § 4d EStG bei der Übertragung auf einen Pensionsfonds gemäß § 4e EStG

Die bis zum Zeitpunkt der Übertragung erdienten Versorgungsanwartschaften sind entsprechend den Regelungen in § 2 BetrAVG zu ermitteln. Dabei ist auf den jeweiligen Übertragungszeitpunkt abzustellen. 3

Soll nicht der erdiente Teil der zugesagten Versorgungsleistungen auf den Pensionsfonds übertragen werden, sondern ein konstanter Alters-, Invaliden- und Hinterblie- 4 benenrentenanspruch durch den Pensionsfondstarif abgedeckt werden, ist durch einen Barwertvergleich auf Basis aktueller, steuerlich anerkannter Rechnungsgrundlagen für die Bewertung von Pensionsverpflichtungen gemäß § 6a EStG die Gleichwertigkeit des rechnerisch übertragungsfähigen sog. Past Service mit der auf den Pensionsfonds übertragenen Versorgung nachzuweisen.

5 Die körperschaftsteuerlichen Regelungen für beherrschende Gesellschafter-Geschäftsführer von Kapitalgesellschaften bleiben unberührt. Dies gilt insbesondere auch für das Rückwirkungs- und Nachzahlungsverbot. Demzufolge können steuerlich zugesagte Versorgungsleistungen und deren Erhöhungen erst ab dem Zeitpunkt der Zusage oder Erhöhung erdient werden.

3. Maßgebende Rückstellung im Sinne von § 4e Absatz 3 Satz 3 EStG

6 Ist infolge der Übertragung einer Versorgungsverpflichtung oder Versorgungsanwartschaft auf einen Pensionsfonds eine Pensionsrückstellung aufzulösen (§ 4e Absatz 3 Satz 3 EStG), ist bei der Ermittlung der sofort als Betriebsausgaben abzugsfähigen Leistungen auf die am vorangegangenen Bilanzstichtag gebildete Pensionsrückstellung abzustellen. Weicht der Übertragungszeitpunkt vom Bilanzstichtag ab, kommt eine Zugrundelegung der (fiktiven) Pensionsrückstellung, die zu diesem Zeitpunkt maßgebend wäre, auch dann nicht in Betracht, wenn eine gebildete Rückstellung nicht aufzulösen ist (z. B. bei einer Erhöhung der Pensionsleistungen nach dem letzten Bilanzstichtag und vor dem Übertragungszeitpunkt).

7 Wird der erdiente Teil einer Versorgungsanwartschaft auf einen Pensionsfonds übertragen, ist der sofortige Betriebsausgabenabzug nach § 4e Absatz 3 Satz 3 EStG nur möglich, soweit die Auflösung der Pensionsrückstellung auf der Übertragung des erdienten Teils auf den Pensionsfonds beruht.

8 **Beispiel**

Am 1. Januar 2014 wird der erdiente Teil einer Versorgungsanwartschaft eines aktiven Anwärters aus einer Pensionszusage nach § 6a EStG auf einen Pensionsfonds und der noch zu erdienende Teil auf eine rückgedeckte Unterstützungskasse übertragen (sog. Kombinationsmodell). Am Übertragungsstichtag sind 60 % der Versorgungsleistungen erdient. Die am Bilanzstichtag 31. Dezember 2013 passivierte Pensionsrückstellung beträgt 100 000 €.

Nach der Systematik der Teilwertermittlung gemäß § 6a EStG wäre unmittelbar nach der Übertragung des erdienten Teils auf den Pensionsfonds eine Pensionsrückstellung für den nicht übertragenen Teil der Versorgungsleistungen in Höhe von 40 000 € zu bilden. Die vollständige Auflösung der Pensionsrückstellung nach den Übertragungen beruht somit in Höhe von 40 000 € nicht auf der Übertragung des erdienten Teils der Versorgungsleistungen auf den Pensionsfonds, sondern auf der Übertragung des noch zu erdienenden Teils auf die Unterstützungskasse. Folglich ist ein sofortiger Betriebsausgabenabzug nach § 4e Absatz 3 Satz 3 EStG nur in Höhe von 60 000 € möglich.

4. Zeitliche Anwendung

Die Regelungen dieses Schreibens gelten für alle noch offenen Fälle. Die Randnummern 4 und 5 des BMF-Schreibens vom 26. Oktober 2006 (a.a.O.), wonach die bereits erdienten Versorgungsanwartschaften auch mit dem höheren steuerlich ausfinanzierbaren Teil (Quotient des Teilwertes gem. § 6a Absatz 3 Satz 2 Nummer 1 EStG zum Barwert der künftigen Pensionsleistungen) im Übertragungszeitpunkt berücksichtigt werden können, können letztmals für Versorgungsanwartschaften angewendet werden, die vor dem 1. Januar 2016 auf einen Pensionsfonds übertragen werden. 9

Wird vor dem 1. Januar 2016 die Versorgungsanwartschaft aus einer Pensionszusage, bei der sich die Höhe der unverfallbaren Anwartschaft (zeitanteilig) nach § 2 Absatz 1 BetrAVG ermittelt, auf einen Pensionsfonds übertragen, ist ein Barwertvergleich im Sinne von Randnummer 4 nicht erforderlich, wenn ein konstanter Rentenanspruch auf Basis der zeitanteilig erdienten (m/n-) Altersrente auf den Pensionsfonds übertragen wird, auch wenn dieser nicht genau dem erdienten Teil der ursprünglich zugesagten Versorgungsleistungen entspricht (z. B. weil es sich dabei um eine steigende, dienstzeitabhängige Pensionszusage handelt). Eine steuerfreie Übertragung auf der Grundlage des steuerlich ausfinanzierbaren Teils (Quotient Teilwert/Barwert) der zugesagten Versorgungsleistungen ist in diesem Fall nicht zulässig. Dabei sind alle betroffenen Versorgungszusagen einheitlich zu behandeln. 10

Beispiel 11

Die Pensionszusage sieht eine jährliche Altersrente in Höhe von 100 € je Dienstjahr sowie eine Invalidenrente in Höhe von 80 % der bei Eintritt der Invalidität erreichten Altersrente vor. Nach 10 von insgesamt 30 erreichbaren Dienstjahren wird die erdiente Anwartschaft am 31. Dezember 2013 auf einen Pensionsfonds übertragen.

Nach § 2 Absatz 1 BetrAVG sind zum Zeitpunkt der Übertragung arbeitsrechtlich 10/30 der Altersrente von 30 Dienstjahren × 100 € = 3 000 € sowie 10/30 der bis auf 3 000 € × 80 % steigenden Invalidenrente erdient. Berücksichtigt werden kann dementsprechend der konstante Rentenanspruch für den Pensionsfondstarif, also eine Altersrente von 100 € × 30 Dienstjahre × 10/30 = 1 000 € sowie eine Invalidenrente von 100 € × 80 % × 30 Dienstjahre × 10/30 = 800 €.

Randnummer 10 ist bei beitragsorientierten Leistungszusagen und Entgeltumwandlungen mit der Maßgabe anwendbar, dass an die Stelle des zeitanteilig erdienten Anteils der im jeweiligen Umwandlungszeitpunkt erreichte Altersrentenanspruch (§ 2 Absatz 5a BetrAVG) tritt. Die Klassifizierung als beitragsorientierte Zusage ist grundsätzlich auf arbeitsrechtlicher Basis vorzunehmen und kann sich beispielsweise aus der tatsächlichen Handhabung des Arbeitgebers bei Rentenmitteilungen oder bei Ausscheiden mit unverfallbarer Anwartschaft ergeben. 12

Bei der Übertragung von Versorgungsanwartschaften aus einer Zusage auf Unterstützungskassenleistungen nach § 4d EStG im Sinne von Randnummer 4 auf einen Pensionsfonds vor dem 1. Januar 2016 ist Randnummer 10 entsprechend anwendbar. 13

19.
Betriebliche Altersversorgung; Maßgebendes Pensionsalter bei der Bewertung von Versorgungszusagen; Urteile des Bundesfinanzhofes (BFH) vom 11. September 2013 (BStBl. 2016 II S. 1008) und des Bundesarbeitsgerichtes (BAG) vom 15. Mai 2012 – 3 AZR 11/10 – und vom 13. Januar 2015 – 3 AZR 897/12 –

BMF-Schreiben vom 9.12.2016 – IV C 6 – S 2176/07/10004 :003 (BStBl. I S. 1427)

Der Bundesfinanzhof (BFH) und das Bundesarbeitsgericht (BAG) haben in drei Urteilen zu dem bei Versorgungszusagen maßgebenden Pensionsalter entschieden. Zu diesen Entscheidungen nehme ich nach Abstimmung mit den obersten Finanzbehörden der Länder wie folgt Stellung:

I. Maßgebendes Pensionsalter

1 Bei der bilanzsteuerrechtlichen Bewertung von Pensionszusagen nach § 6a Einkommensteuergesetz (EStG) ist grundsätzlich das Pensionsalter maßgebend, das in der jeweiligen Versorgungszusage festgeschrieben wurde; Änderungen erfordern eine schriftliche Anpassung der Pensionszusage (§ 6a Absatz 1 Nummer 3 EStG).

2 Wird in der Pensionszusage ausschließlich auf die Regelaltersgrenze in der gesetzlichen Rentenversicherung Bezug genommen (keine Angabe des Pensionsalters), ist als Pensionsalter die gesetzliche Regelaltersgrenze der Rückstellungsbewertung zugrunde zu legen, die am Bilanzstichtag für den Eintritt des Versorgungsfalles maßgebend ist; das BMF-Schreiben vom 5. Mai 2008 (BStBl. I S. 569) zur Anhebung der Altersgrenzen der gesetzlichen Rentenversicherung durch das RV-Altersgrenzenanpassungsgesetz vom 20. April 2007 ist weiterhin anzuwenden.

II. BFH-Urteil vom 11. September 2013 (BStBl. 2016 II S. 1008) zur Bewertung von Pensionsverpflichtungen gegenüber Gesellschafter-Geschäftsführern

3 Der BFH hat mit Urteil vom 11. September 2013 (a.a.O.) entschieden, dass nach dem eindeutigen Wortlaut des § 6a EStG bei der Bewertung von Pensionsverpflichtungen hinsichtlich des Pensionsalters ausschließlich auf den in der Pensionszusage vorgesehenen Zeitpunkt des Eintritts des Versorgungsfalles abzustellen ist. Maßgebend seien dabei die Verhältnisse zum Zeitpunkt der Zusageerteilung. Abweichend von R 6a Absatz 8 EStR schreibe das Gesetz auch bei Versorgungszusagen gegenüber beherrschenden Gesellschafter-Geschäftsführern kein Mindestpensionsalter vor.

4 Die Grundsätze dieses BFH-Urteils sind über den entschiedenen Einzelfall hinaus in allen noch offenen vergleichbaren Fällen anzuwenden.

1. Pensionsrückstellungen nach § 6a EStG

R 6a Absatz 8 Satz 1 letzter Teilsatz und Satz 5 EStR zum Mindestpensionsalter bei der Bildung von Pensionsrückstellungen für beherrschende Gesellschafter-Geschäftsführer sind nicht weiter anzuwenden; das BMF-Schreiben vom 3. Juli 2009 (BStBl. I S. 712) zur erstmaligen Anwendung von R 6a Absatz 8 EStR i.d.F. der Einkommensteuer-Änderungsrichtlinien 2008 (EStÄR 2008) wird aufgehoben. Abweichend von R 6a Absatz 8 Satz 4 EStR ist R 6a Absatz 11 Satz 1 EStR (grundsätzliche Zugrundelegung des vertraglich vereinbarten Pensionsalters) nunmehr anzuwenden. Es ist grundsätzlich zu unterstellen, dass die Jahresbeträge nach § 6a Absatz 3 Satz 2 Nummer 1 Satz 3 EStG vom Beginn des Dienstverhältnisses bis zur vertraglich vorgesehenen Altersgrenze aufzubringen sind. Das sog. zweite Wahlrecht nach R 6a Absatz 11 Satz 3 EStR kann nicht in Anspruch genommen werden. 5

In den Fällen, in denen bislang aufgrund des Mindestalters nach R 6a Absatz 8 EStR der vertraglich vereinbarte frühere Pensionsbeginn nicht berücksichtigt wurde, kann von einem späteren Pensionseintritt ausgegangen werden, sofern mit einer Beschäftigung des Berechtigten bis zu diesem Alter gerechnet werden kann (analoge Anwendung des sog. ersten Wahlrechtes, R 6a Absatz 11 Satz 2 EStR). Dieses einmalige Wahlrecht ist spätestens in der Bilanz des Wirtschaftsjahres auszuüben, das nach dem 9. Dezember 2016 beginnt. 6

2. Verdeckte Gewinnausschüttungen (vGA) bei Pensionszusagen an Gesellschafter-Geschäftsführer von Kapitalgesellschaften

Ist die Pensionsrückstellung dem Grunde und der Höhe nach zutreffend bilanziert, ist bei Zusagen an Gesellschafter-Geschäftsführer von Kapitalgesellschaften im zweiten Schritt zu prüfen, ob und inwieweit die Gewinnminderung aufgrund der Pensionsverpflichtung eine vGA darstellt. 7

Bei Neuzusagen nach dem 9. Dezember 2016 ist bei einer vertraglichen Altersgrenze von weniger als 62 Jahren davon auszugehen, dass keine ernsthafte Vereinbarung vorliegt (vGA dem Grunde nach). Zuführungen zur Pensionsrückstellung sind in voller Höhe vGA. Bei zum 9. Dezember 2016 bereits bestehenden Zusagen gilt die R 38 Satz 8 KStR 2004 (Altersgrenze von 60 Jahren) weiter. 8

Bei beherrschenden Gesellschafter-Geschäftsführern ist bei Neuzusagen nach dem 9. Dezember 2016 grundsätzlich davon auszugehen, dass eine Pensionszusage insoweit unangemessen ist, als eine geringere vertragliche Altersgrenze als 67 Jahre vereinbart wird (vGA der Höhe nach). Zuführungen zur Pensionsrückstellung sind dann insoweit vGA, als diese nicht auf das 67. Lebensjahr, sondern auf das vertraglich vereinbarte geringere Pensionsalter berechnet werden. Den Steuerpflichtigen bleibt es aber unbenommen, die Fremdüblichkeit eines niedrigeren Pensionsalters darzulegen. Bei zum 9. Dezember 2016 bereits bestehenden Zusagen wird es nicht beanstandet, wenn eine vertragliche Altersgrenze von mindestens 65 Jahren vereinbart wurde (BFH-Urteile vom 11. September 2013 (a.a.O.); vom 23. Januar 1991, I R 113/88, BStBl. II S. 379; vom 28. April 1982, I R 51/76, BStBl. II S. 612 und vom 23. Januar 1980, I R 12/77, BStBl. II S. 304) oder nachträglich spätestens bis zum Ende des Wirtschaftsjah- 9 res vereinbart wird, das nach dem 9. Dezember 2016 beginnt. Ist eine vertragliche Altersgrenze von weniger als 65 Jahren vereinbart, gelten die Sätze 1 und 2 dieser Randnummer mit der Maßgabe entsprechend, dass für die Berechnung der vGA statt auf das 67. Lebensjahr auf das 65. Lebensjahr abzustellen ist.

10 Bei Neuzusagen nach dem 9. Dezember 2016 an beherrschende Gesellschafter-Geschäftsführer mit Behinderung im Sinne des § 2 Absatz 2 SGB IX ist es abweichend von Randnummer 9 nicht zu beanstanden, wenn eine vertragliche Altersgrenze von mindestens 62 Jahren zugrunde gelegt wird. Bei zum 9. Dezember 2016 bereits bestehenden Zusagen ist es nicht zu beanstanden, wenn eine vertragliche Altersgrenze von mindestens 60 Jahren zugrunde gelegt wird (R 38 Satz 7 KStR 2004).

11 Für die Frage, ob eine vGA vorliegt, ist grundsätzlich auf die Verhältnisse bei Erteilung der Zusage abzustellen (u. a. BFH-Urteil vom 31. März 2004, I R 65/03, BStBl. II 2005 S. 664). Ein Statuswechsel vom nicht beherrschenden zum beherrschenden Gesellschafter begründet für sich alleine regelmäßig noch keinen Anlass zur Prüfung, ob das in der Zusage vereinbarte Pensionsalter durch das Gesellschaftsverhältnis veranlasst ist. Dies gilt jedoch nicht, wenn weitere Anhaltspunkte für eine mögliche Veranlassung durch das Gesellschaftsverhältnis hinzutreten (z. B. eine zeitliche Nähe von Erteilung der Zusage und Erwerb der beherrschenden Stellung). Wird die Zusage wesentlich geändert, ist stets auch im Hinblick auf das vereinbarte Pensionsalter erneut zu prüfen, ob die Pensionszusage durch das Gesellschaftsverhältnis veranlasst ist.

III. Auswirkungen der BAG-Urteile vom 15. Mai 2012 – 3 AZR 11/10 – und 13. Januar 2015 – 3 AZR 897/12 auf Zusagen über Unterstützungskassen (§ 4d EStG) und unmittelbare Pensionszusagen (§ 6a EStG)

12 Nach den BAG-Urteilen vom 15. Mai 2012 – 3 AZR 11/10 – und vom 13. Januar 2015 – 3 AZR 897/12 – zu Gesamtversorgungssystemen ist die Bezugnahme auf die Vollendung des 65. Lebensjahres in einer vor dem Inkrafttreten des RV-Altersgrenzenanpassungsgesetzes vom 20. April 2007 (BGBl. I S. 554) entstandenen Versorgungsordnung regelmäßig dahingehend auszulegen, dass damit auf die Regelaltersgrenze in der gesetzlichen Rentenversicherung Bezug genommen wird.

13 Auch bei von der BAG-Rechtsprechung betroffenen Gesamtversorgungszusagen bleibt bilanzsteuerrechtlich das schriftlich fixierte Pensionseintrittsalter maßgebend.

14 Soll aufgrund der BAG-Entscheidungen das bislang schriftlich vereinbarte Pensionsalter geändert werden, ist diese Anpassung nach den allgemeinen Grundsätzen durch eine schriftliche Änderung der betroffenen Zusagen zu dokumentieren (Schriftformerfordernis gemäß § 4d Absatz 1 Satz 1 Nummer 1 Satz 1 Buchstabe b Satz 2 und 5 EStG bei Leistungsanwärtern sowie § 6a Absatz 1 Nummer 3 EStG bei Pensionszusagen); bei mit unverfallbaren Anwartschaften ausgeschiedenen Versorgungsberechtigten reicht eine betriebsöffentliche schriftliche Erklärung des Versorgungsverpflichteten aus (z. B. Veröffentlichung im Bundesanzeiger, Aushang am „schwarzen Brett"). Es ist bilanzsteuerrechtlich nicht zu beanstanden, wenn die betreffenden Versorgungszusagen spätestens bis zum Ende des Wirtschaftsjahres angepasst werden, das nach dem

9. Dezember 2016 beginnt (Übergangsfrist). Nach Ablauf der Übergangsfrist nicht nach den oben genannten Grundsätzen angepasste Versorgungszusagen können aufgrund der o. g. Regelungen in § 4d und § 6a EStG mangels hinreichender Schriftform bilanzsteuerrechtlich nicht mehr berücksichtigt werden; in der Steuerbilanz insoweit passivierte Pensionsrückstellungen sind gewinnerhöhend aufzulösen.

20.
Steuerliche Gewinnermittlung; Maßgebendes Finanzierungsendalter bei der Bewertung von Pensionsrückstellungen nach § 6a EStG und von Rückstellungen für Zuwendungen anlässlich eines Dienstjubiläums

BMF-Schreiben vom 2.5.2022 – IV C 6 -S 2176/20/10005 :001 –

Bezug: Einkommensteuer-Richtlinie R 6a Absatz 11 Satz 10 EStR 2012; BMF-Schreiben vom 8. Dezember 2008 (BStBl. I S. 1013); Urteil des Bundesfinanzhofes vom 20. November 2019 (BStBl. 2020 II S. 271)

Der Bundesfinanzhof (BFH) hat mit Urteil XI R 42/18 vom 20. November 2019 (BStBl. 2020 II S. 271) entschieden, dass bei verschiedenen gegenüber einem Arbeitnehmer im Rahmen von Entgeltumwandlungen erteilten Pensionszusagen mit jeweils unterschiedlichen Pensionsaltern nach Wahl des Berechtigten hinsichtlich des jeweiligen Finanzierungsendalters auf den in den einzelnen Zusagen festgelegten Leistungszeitpunkten abzustellen ist.

Nach Abstimmung mit den obersten Finanzbehörden der Länder sind die Grundsätze des BFH-Urteils in allen noch offenen Fällen unter Berücksichtigung der folgenden Änderungen anzuwenden:

1. **Bewertung von Pensionsrückstellungen nach § 6a EStG, zweites Wahlrecht gemäß R 6a Absatz 11 Satz 3 ff. EStR 2012**

   Nach R 6a Absatz 11 Satz 10 EStR 2012 gilt die gegenüber einem Pensionsberechtigten getroffene Wahl des bei der Ermittlung des Teilwertes zu berücksichtigenden Pensionsalters einheitlich für die gesamte Pensionsverpflichtung einschließlich eventueller Entgeltumwandlungen. Diese Regelung ist nicht weiter anzuwenden. Das zweite Wahlrecht kann für unterschiedliche Pensionszusagen des Berechtigten unabhängig voneinander ausgeübt werden. Wurde bei der Teilwertermittlung einer Versorgungsverpflichtung das Pensionsalter unter Bezugnahme auf R 6a Absatz 11 Satz 10 EStR 2012 in Übereinstimmung mit einer weiteren gegenüber dem Berechtigten erteilten Zusage angesetzt, kann das zweite Wahlrecht nach R 6a Absatz 11 Satz 3 EStR spätestens in der Bilanz des nach dem 29. Juni 2023 endenden Wirtschaftsjahres einmalig neu ausgeübt oder eine frühere Ausübung dieses Wahlrechtes zurückgenommen werden; R 6a Absatz 11 Satz 15 EStR 2012 ist zu beachten.

2. **Rückstellungen für Zuwendungen anlässlich eines Dienstjubiläums (sog. Jubiläumsrückstellungen)**

   Bei der Bewertung von Rückstellungen für Zuwendungen anlässlich eines Dienstjubiläums (Jubiläumsrückstellungen) ist nach Randnummer 8 Satz 2 des BMF-Schreibens vom 8. Dezember 2008 (BStBl. I S. 1013) in den Fällen, in denen für den Begünstigten neben den Jubiläumsleistungen auch eine Pensionszusage besteht, dasselbe Alter zu berücksichtigen, das nach R 6a Absatz 11 EStR 2012 bei der Bewertung der Pensionsrückstellung angesetzt wird. Diese Regelung ist nicht weiter anzuwenden. Für die Bestimmung des Zeitpunktes, zu dem der Begünstigte wegen des Eintritts in den Ruhestand aus dem Unternehmen ausscheidet, ist ausschließlich das dienstvertragliche Pensionsalter, spätestens die jeweilige Regelaltersgrenze in der gesetzlichen Rentenversicherung zugrunde zu legen (Randnummer 8 Satz 1 des o.g. BMF-Schreibens vom 8. Dezember 2008).

21.
Vermögensbindungsgebot bei nicht überdotierten Gruppenunterstützungskassen; Übertragung von Vermögenswerten in Folge des Ausscheidens eines Trägerunternehmens

Schreiben des BMF vom 18.2.2020 – IV C 2 – S 2723/19/10001:004
(BStBl. I 2020 S. 221)

Bezug: BMF-Schreiben vom 19. Dezember 2019 – IV C 2 – S 2723/19/10001:004 (2019/1120206) –

Unterstützungskassen sind unter den Voraussetzungen des § 5 Absatz 1 Nummer 3 KStG steuerbefreit. § 5 Absatz 1 Nummer 3 Buchstabe c KStG fordert dabei, dass vorbehaltlich des § 6 KStG die ausschließliche und unmittelbare Verwendung des Vermögens und der Einkünfte der Kasse nach Satzung und der tatsächlichen Geschäftsführung für Zwecke der Kasse dauerhaft gesichert ist. Dies gilt auch für Gruppenunterstützungskassen.

Scheidet ein Trägerunternehmen aus einer Gruppenunterstützungskasse aus, weil die Durchführung dessen betrieblicher Altersversorgung künftig über eine andere Unterstützungskasse vorgenommen wird, hat dies bei der Gruppenunterstützungskasse nicht unbedingt zur Folge, dass sie hierdurch überdotiert, d. h. insoweit in der Verwendung entsprechender Vermögenswerte frei ist. Es ist gefragt worden, ob die Gruppenunterstützungskasse in einem solchen Sachverhalt gleichwohl Vermögenswerte auf die andere Unterstützungskasse übertragen kann, ohne gegen das Vermögensbindungsgebot des § 5 Absatz 1 Nummer 3 Buchstabe c KStG zu verstoßen.

Nach dem Ergebnis einer Erörterung mit den obersten Finanzbehörden der Länder liegt in einem solchen Sachverhalt kein Verstoß gegen das Vermögensbindungsgebot vor, wenn eine steuerfreie Gruppenunterstützungskasse dieser anderen, ebenfalls steuerfreien Unterstützungskasse unmittelbar die auf das Trägerunternehmen entfallenden Vermögenswerte überträgt.

Einer ausdrücklichen Regelung derartiger Vermögensübertragungen in der Satzung der steuerfreien Gruppenunterstützungskasse bedarf es nicht.

…

III.
Bürgerliches Recht und Zivilprozess

1.
Bürgerliches Gesetzbuch (BGB)[1]

i.d.F. der Bek. vom 2.1.2002 (BGBl. I S. 42, ber. S. 2909, ber. 2003 S. 738), zuletzt geändert durch Art. 1 G vom 14.3.2023 (BGBl. 2023 I Nr. 72 vom 15.3.2023)

– Auszug –

1 Amtlicher Hinweis:
Dieses Gesetz dient der Umsetzung folgender Richtlinien:
1. Richtlinie 76/207/EWG des Rates vom 9. Februar 1976 zur Verwirklichung des Grundsatzes der Gleichbehandlung von Männern und Frauen hinsichtlich des Zugangs zur Beschäftigung, zur Berufsbildung und zum beruflichen Aufstieg sowie in Bezug auf die Arbeitsbedingungen (ABl. EG Nr. L 39 S. 40),
2. Richtlinie 77/187/EWG des Rates vom 14. Februar 1977 zur Angleichung der Rechtsvorschriften der Mitgliedstaaten über die Wahrung von Ansprüchen der Arbeitnehmer beim Übergang von Unternehmen, Betrieben oder Betriebsteilen (ABl. EG Nr. L 61 S. 26),
3. Richtlinie 85/577/EWG des Rates vom 20. Dezember 1985 betreffend den Verbraucherschutz im Falle von außerhalb von Geschäftsräumen geschlossenen Verträgen (ABl. EG Nr. L 372 S. 31),
4. Richtlinie 87/102/EWG des Rates zur Angleichung der Rechts- und Verwaltungsvorschriften der Mitgliedstaaten über den Verbraucherkredit (ABl. EG Nr. L 42 S. 48), zuletzt geändert durch die Richtlinie 98/7/EG des Europäischen Parlaments und des Rates vom 16. Februar 1998 zur Änderung der Richtlinie 87/102/EWG zur Angleichung der Rechts- und Verwaltungsvorschriften der Mitgliedstaaten über den Verbraucherkredit (ABl. EG Nr. L 101 S. 17),
5. Richtlinie 90/314/EWG des Europäischen Parlaments und des Rates vom 13. Juni 1990 über Pauschalreisen (ABl. EG Nr. L 158 S. 59),
6. Richtlinie 93/13/EWG des Rates vom 5. April 1993 über missbräuchliche Klauseln in Verbraucherverträgen (ABl. EG Nr. L 95 S. 29),
7. Richtlinie 94/47/EG des Europäischen Parlaments und des Rates vom 26. Oktober 1994 zum Schutz der Erwerber im Hinblick auf bestimmte Aspekte von Verträgen über den Erwerb von Teilzeitnutzungsrechten an Immobilien (ABl. EG Nr. L 280 S. 82),
8. der Richtlinie 97/5/EG des Europäischen Parlaments und des Rates vom 27. Januar 1997 über grenzüberschreitende Überweisungen (ABl. EG Nr. L 43 S. 25),
9. Richtlinie 97/7/EG des Europäischen Parlaments und des Rates vom 20. Mai 1997 über den Verbraucherschutz bei Vertragsabschlüssen im Fernabsatz (ABl. EG Nr. L 144 S. 19),

Buch 1 Allgemeiner Teil

...

Abschnitt 3
Rechtsgeschäfte

...

Titel 2
Willenserklärung

...

§ 126
Schriftform

(1) Ist durch Gesetz schriftliche Form vorgeschrieben, so muss die Urkunde von dem Aussteller eigenhändig durch Namensunterschrift oder mittels notariell beglaubigten Handzeichens unterzeichnet werden.

(2) [1]Bei einem Vertrage muss die Unterzeichnung der Parteien auf derselben Urkunde erfolgen. [2]Werden über den Vertrag mehrere gleich lautende Urkunden aufgenommen, so genügt es, wenn jede Partei die für die andere Partei bestimmte Urkunde unterzeichnet.

(3) Die schriftliche Form kann durch die elektronische Form ersetzt werden, wenn sich nicht aus dem Gesetz ein anderes ergibt.

(4) Die schriftliche Form wird durch die notarielle Beurkundung ersetzt.

§ 126a
Elektronische Form

(1) Soll die gesetzlich vorgeschriebene schriftliche Form durch die elektronische Form ersetzt werden, so muss der Aussteller der Erklärung dieser seinen Namen hinzufügen

---

10. Artikel 3 bis 5 der Richtlinie 98/26/EG des Europäischen Parlaments und des Rates über die Wirksamkeit von Abrechnungen in Zahlungs- und Wertpapierliefer- und -abrechnungssystemen vom 19. Mai 1998 (ABl. EG Nr. L 166 S. 45),
11. Richtlinie 1999/44/EG des Europäischen Parlaments und des Rates vom 25. Mai 1999 zu bestimmten Aspekten des Verbrauchsgüterkaufs und der Garantien für Verbrauchsgüter (ABl. EG Nr. L 171 S. 12),
12. Artikel 10, 11 und 18 der Richtlinie 2000/31/EG des Europäischen Parlaments und des Rates vom 8. Juni 2000 über bestimmte rechtliche Aspekte der Dienste der Informationsgesellschaft, insbesondere des elektronischen Geschäftsverkehrs, im Binnenmarkt („Richtlinie über den elektronischen Geschäftsverkehr“, ABl. EG Nr. L 178 S. 1),
13. Richtlinie 2000/35/EG des Europäischen Parlaments und des Rates vom 29. Juni 2000 zur Bekämpfung von Zahlungsverzug im Geschäftsverkehr (ABl. EG Nr. L 200 S. 35).

und das elektronische Dokument mit seiner qualifizierten elektronischen Signatur versehen.

(2) Bei einem Vertrag müssen die Parteien jeweils ein gleich lautendes Dokument in der in Absatz 1 bezeichneten Weise elektronisch signieren.

§ 126b
Textform

[1]Ist durch Gesetz Textform vorgeschrieben, so muss eine lesbare Erklärung, in der die Person des Erklärenden genannt ist, auf einem dauerhaften Datenträger abgegeben werden. [2]Ein dauerhafter Datenträger ist jedes Medium, das

1. es dem Empfänger ermöglicht, eine auf dem Datenträger befindliche, an ihn persönlich gerichtete Erklärung so aufzubewahren oder zu speichern, dass sie ihm während eines für ihren Zweck angemessenen Zeitraums zugänglich ist, und
2. geeignet ist, die Erklärung unverändert wiederzugeben.

...

§ 134
Gesetzliches Verbot

Ein Rechtsgeschäft, das gegen ein gesetzliches Verbot verstößt, ist nichtig, wenn sich nicht aus dem Gesetz ein anderes ergibt.

...

Titel 3
Vertrag

...

§ 151
Annahme ohne Erklärung gegenüber dem Antragenden

[1]Der Vertrag kommt durch die Annahme des Antrags zustande, ohne dass die Annahme dem Antragenden gegenüber erklärt zu werden braucht, wenn eine solche Erklärung nach der Verkehrssitte nicht zu erwarten ist oder der Antragende auf sie verzichtet hat. [2]Der Zeitpunkt, in welchem der Antrag erlischt, bestimmt sich nach dem aus dem Antrag oder den Umständen zu entnehmenden Willen des Antragenden.

...

Abschnitt 4
Fristen, Termine

...

§ 187
Fristbeginn

(1) Ist für den Anfang einer Frist ein Ereignis oder ein in den Lauf eines Tages fallender Zeitpunkt maßgebend, so wird bei der Berechnung der Frist der Tag nicht mitgerechnet, in welchen das Ereignis oder der Zeitpunkt fällt.

(2) [1]Ist der Beginn des Tages der für den Anfang einer Frist maßgebende Zeitpunkt, so wird dieser Tag bei der Berechnung der Frist mitgerechnet. [2]Das Gleiche gilt von dem Tage der Geburt bei der Berechnung des Lebensalters.

...

§ 193
Sonn- und Feiertag; Sonnabend

Ist an einem bestimmten Tage oder innerhalb einer Frist eine Willenserklärung abzugeben oder eine Leistung zu bewirken und fällt der bestimmte Tag oder der letzte Tag der Frist auf einen Sonntag, einen am Erklärungs- oder Leistungsort staatlich anerkannten allgemeinen Feiertag oder einen Sonnabend, so tritt an die Stelle eines solchen Tages der nächste Werktag.

Abschnitt 5
Verjährung

Titel 1
Gegenstand und Dauer der Verjährung

§ 194
Gegenstand der Verjährung

(1) Das Recht, von einem anderen ein Tun oder Unterlassen zu verlangen (Anspruch), unterliegt der Verjährung.

(2) Der Verjährung unterliegen nicht

1. Ansprüche, die aus einem nicht verjährbaren Verbrechen erwachsen sind,
2. Ansprüche aus einem familienrechtlichen Verhältnis, soweit sie auf die Herstellung des dem Verhältnis entsprechenden Zustands für die Zukunft oder auf die Einwilligung in die genetische Untersuchung zur Klärung der leiblichen Abstammung gerichtet sind.

§ 195
Regelmäßige Verjährungsfrist

Die regelmäßige Verjährungsfrist beträgt drei Jahre.

§ 196
Verjährungsfrist bei Rechten an einem Grundstück

Ansprüche auf Übertragung des Eigentums an einem Grundstück sowie auf Begründung, Übertragung oder Aufhebung eines Rechts an einem Grundstück oder auf Änderung des Inhalts eines solchen Rechts sowie die Ansprüche auf die Gegenleistung verjähren in zehn Jahren.

§ 197
Dreißigjährige Verjährungsfrist

(1) In 30 Jahren verjähren, soweit nicht ein anderes bestimmt ist,

1. Schadensersatzansprüche, die auf der vorsätzlichen Verletzung des Lebens, des Körpers, der Gesundheit, der Freiheit oder der sexuellen Selbstbestimmung beruhen,
2. Herausgabeansprüche aus Eigentum, anderen dinglichen Rechten, den §§ 2018, 2130 und 2362 sowie die Ansprüche, die der Geltendmachung der Herausgabeansprüche dienen,
3. rechtskräftig festgestellte Ansprüche,
4. Ansprüche aus vollstreckbaren Vergleichen oder vollstreckbaren Urkunden,
5. Ansprüche, die durch die im Insolvenzverfahren erfolgte Feststellung vollstreckbar geworden sind, und
6. Ansprüche auf Erstattung der Kosten der Zwangsvollstreckung.

(2) Soweit Ansprüche nach Absatz 1 Nr. 3 bis 5 künftig fällig werdende regelmäßig wiederkehrende Leistungen zum Inhalt haben, tritt an die Stelle der Verjährungsfrist von 30 Jahren die regelmäßige Verjährungsfrist.

§ 198
Verjährung bei Rechtsnachfolge

Gelangt eine Sache, hinsichtlich derer ein dinglicher Anspruch besteht, durch Rechtsnachfolge in den Besitz eines Dritten, so kommt die während des Besitzes des Rechtsvorgängers verstrichene Verjährungszeit dem Rechtsnachfolger zugute.

§ 199
Beginn der regelmäßigen Verjährungsfrist und Verjährungshöchstfristen

(1) Die regelmäßige Verjährungsfrist beginnt, soweit nicht ein anderer Verjährungsbeginn bestimmt ist, mit dem Schluss des Jahres, in dem

1. der Anspruch entstanden ist und
2. der Gläubiger von den den Anspruch begründenden Umständen und der Person des Schuldners Kenntnis erlangt oder ohne grobe Fahrlässigkeit erlangen müsste.

(2) Schadensersatzansprüche, die auf der Verletzung des Lebens, des Körpers, der Gesundheit oder der Freiheit beruhen, verjähren ohne Rücksicht auf ihre Entstehung und die Kenntnis oder grob fahrlässige Unkenntnis in 30 Jahren von der Begehung der Handlung, der Pflichtverletzung oder dem sonstigen, den Schaden auslösenden Ereignis an.

(3) [1]Sonstige Schadensersatzansprüche verjähren

1. ohne Rücksicht auf die Kenntnis oder grob fahrlässige Unkenntnis in zehn Jahren von ihrer Entstehung an und
2. ohne Rücksicht auf ihre Entstehung und die Kenntnis oder grob fahrlässige Unkenntnis in 30 Jahren von der Begehung der Handlung, der Pflichtverletzung oder dem sonstigen, den Schaden auslösenden Ereignis an.

[2]Maßgeblich ist die früher endende Frist.

(3a) Ansprüche, die auf einem Erbfall beruhen oder deren Geltendmachung die Kenntnis einer Verfügung von Todes wegen voraussetzt, verjähren ohne Rücksicht auf die Kenntnis oder grob fahrlässige Unkenntnis in 30 Jahren von der Entstehung des Anspruchs an.

(4) Andere Ansprüche als die nach den Absätzen 2 bis 3a verjähren ohne Rücksicht auf die Kenntnis oder grob fahrlässige Unkenntnis in zehn Jahren von ihrer Entstehung an.

(5) Geht der Anspruch auf ein Unterlassen, so tritt an die Stelle der Entstehung die Zuwiderhandlung.

…

Buch 2
Recht der Schuldverhältnisse

Abschnitt 1
Inhalt der Schuldverhältnisse

Titel 1
Verpflichtung zur Leistung

§ 241
Pflichten aus dem Schuldverhältnis

(1) [1]Kraft des Schuldverhältnisses ist der Gläubiger berechtigt, von dem Schuldner eine Leistung zu fordern. [2]Die Leistung kann auch in einem Unterlassen bestehen.

(2) Das Schuldverhältnis kann nach seinem Inhalt jeden Teil zur Rücksicht auf die Rechte, Rechtsgüter und Interessen des anderen Teils verpflichten.

…

Abschnitt 2
Gestaltung rechtsgeschäftlicher Schuldverhältnisse durch Allgemeine Geschäftsbedingungen[1]

§ 305
Einbeziehung Allgemeiner Geschäftsbedingungen in den Vertrag

(1) [1]Allgemeine Geschäftsbedingungen sind alle für eine Vielzahl von Verträgen vorformulierten Vertragsbedingungen, die eine Vertragspartei (Verwender) der anderen Vertragspartei bei Abschluss eines Vertrags stellt. [2]Gleichgültig ist, ob die Bestimmungen einen äußerlich gesonderten Bestandteil des Vertrags bilden oder in die Vertragsurkunde selbst aufgenommen werden, welchen Umfang sie haben, in welcher Schriftart sie verfasst sind und welche Form der Vertrag hat. [3]Allgemeine Geschäftsbedingungen liegen nicht vor, soweit die Vertragsbedingungen zwischen den Vertragsparteien im Einzelnen ausgehandelt sind.

(2) Allgemeine Geschäftsbedingungen werden nur dann Bestandteil eines Vertrags, wenn der Verwender bei Vertragsschluss

1. die andere Vertragspartei ausdrücklich oder, wenn ein ausdrücklicher Hinweis wegen der Art des Vertragsschlusses nur unter unverhältnismäßigen Schwierigkeiten möglich ist, durch deutlich sichtbaren Aushang am Ort des Vertragsschlusses auf sie hinweist und

2. der anderen Vertragspartei die Möglichkeit verschafft, in zumutbarer Weise, die auch eine für den Verwender erkennbare körperliche Behinderung der anderen Vertragspartei angemessen berücksichtigt, von ihrem Inhalt Kenntnis zu nehmen,

und wenn die andere Vertragspartei mit ihrer Geltung einverstanden ist.

(3) Die Vertragsparteien können für eine bestimmte Art von Rechtsgeschäften die Geltung bestimmter Allgemeiner Geschäftsbedingungen unter Beachtung der in Absatz 2 bezeichneten Erfordernisse im Voraus vereinbaren.

…

§ 307
Inhaltskontrolle

(1) [1]Bestimmungen in Allgemeinen Geschäftsbedingungen sind unwirksam, wenn sie den Vertragspartner des Verwenders entgegen den Geboten von Treu und Glauben unangemessen benachteiligen. [2]Eine unangemessene Benachteiligung kann sich auch daraus ergeben, dass die Bestimmung nicht klar und verständlich ist.

(2) Eine unangemessene Benachteiligung ist im Zweifel anzunehmen, wenn eine Bestimmung

---

1 Amtlicher Hinweis:
Dieser Abschnitt dient auch der Umsetzung der Richtlinie 93/13/EWG des Rates vom 5. April 1993 über missbräuchliche Klauseln in Verbraucherverträgen (ABl. EG Nr. L 95 S. 29).

1. mit wesentlichen Grundgedanken der gesetzlichen Regelung, von der abgewichen wird, nicht zu vereinbaren ist oder
2. wesentliche Rechte oder Pflichten, die sich aus der Natur des Vertrags ergeben, so einschränkt, dass die Erreichung des Vertragszwecks gefährdet ist.

(3) [1]Die Absätze 1 und 2 sowie die §§ 308 und 309 gelten nur für Bestimmungen in Allgemeinen Geschäftsbedingungen, durch die von Rechtsvorschriften abweichende oder diese ergänzende Regelungen vereinbart werden. [2]Andere Bestimmungen können nach Absatz 1 Satz 2 in Verbindung mit Absatz 1 Satz 1 unwirksam sein.

§ 308
Klauselverbote mit Wertungsmöglichkeit

In Allgemeinen Geschäftsbedingungen ist insbesondere unwirksam

...

9. (Abtretungsausschluss)

   eine Bestimmung, durch die die Abtretbarkeit ausgeschlossen wird

   a) für einen auf Geld gerichteten Anspruch des Vertragspartners gegen den Verwender oder

   b) für ein anderes Recht, das der Vertragspartner gegen den Verwender hat, wenn

      aa) beim Verwender ein schützenswertes Interesse an dem Abtretungsausschluss nicht besteht oder

      bb) berechtigte Belange des Vertragspartners an der Abtretbarkeit des Rechts das schützenswerte Interesse des Verwenders an dem Abtretungsausschluss überwiegen;

Buchstabe a gilt nicht für Ansprüche aus Zahlungsdiensterahmenverträgen und die Buchstaben a und b gelten nicht für Ansprüche auf Versorgungsleistungen im Sinne des Betriebsrentengesetzes.

§ 309
Klauselverbote ohne Wertungsmöglichkeit

Auch soweit eine Abweichung von den gesetzlichen Vorschriften zulässig ist, ist in Allgemeinen Geschäftsbedingungen unwirksam

...

13. (Form von Anzeigen und Erklärungen)

    eine Bestimmung, durch die Anzeigen oder Erklärungen, die dem Verwender oder einem Dritten gegenüber abzugeben sind, gebunden werden

    a) an eine strengere Form als die schriftliche Form in einem Vertrag, für den durch Gesetz notarielle Beurkundung vorgeschrieben ist oder

b) an eine strengere Form als die Textform in anderen als den in Buchstabe a genannten Verträgen oder

c) an besondere Zugangserfordernisse;

…

§ 310
Anwendungsbereich

(1) [1]§ 305 Absatz 2 und 3, § 308 Nummer 1, 2 bis 9 und § 309 finden keine Anwendung auf Allgemeine Geschäftsbedingungen, die gegenüber einem Unternehmer, einer juristischen Person des öffentlichen Rechts oder einem öffentlich-rechtlichen Sondervermögen verwendet werden. [2]§ 307 Abs. 1 und 2 findet in den Fällen des Satzes 1 auch insoweit Anwendung, als dies zur Unwirksamkeit von in § 308 Nummer 1, 2 bis 9 und § 309 genannten Vertragsbestimmungen führt; auf die im Handelsverkehr geltenden Gewohnheiten und Gebräuche ist angemessen Rücksicht zu nehmen. [3]In den Fällen des Satzes 1 finden § 307 Absatz 1 und 2 sowie § 308 Nummer 1a und 1b auf Verträge, in die die Vergabe- und Vertragsordnung für Bauleistungen Teil B (VOB/B) in der jeweils zum Zeitpunkt des Vertragsschlusses geltenden Fassung ohne inhaltliche Abweichungen insgesamt einbezogen ist, in Bezug auf eine Inhaltskontrolle einzelner Bestimmungen keine Anwendung.

(2) [1]Die §§ 308 und 309 finden keine Anwendung auf Verträge der Elektrizitäts-, Gas-, Fernwärme- und Wasserversorgungsunternehmen über die Versorgung von Sonderabnehmern mit elektrischer Energie, Gas, Fernwärme und Wasser aus dem Versorgungsnetz, soweit die Versorgungsbedingungen nicht zum Nachteil der Abnehmer von Verordnungen über Allgemeine Bedingungen für die Versorgung von Tarifkunden mit elektrischer Energie, Gas, Fernwärme und Wasser abweichen. [2]Satz 1 gilt entsprechend für Verträge über die Entsorgung von Abwasser.

(3) Bei Verträgen zwischen einem Unternehmer und einem Verbraucher (Verbraucherverträge) finden die Vorschriften dieses Abschnitts mit folgenden Maßgaben Anwendung:

1. Allgemeine Geschäftsbedingungen gelten als vom Unternehmer gestellt, es sei denn, dass sie durch den Verbraucher in den Vertrag eingeführt wurden;

2. § 305c Abs. 2 und die §§ 306 und 307 bis 309 dieses Gesetzes sowie Artikel 46b des Einführungsgesetzes zum Bürgerlichen Gesetzbuche finden auf vorformulierte Vertragsbedingungen auch dann Anwendung, wenn diese nur zur einmaligen Verwendung bestimmt sind und soweit der Verbraucher auf Grund der Vorformulierung auf ihren Inhalt keinen Einfluss nehmen konnte;

3. bei der Beurteilung der unangemessenen Benachteiligung nach § 307 Abs. 1 und 2 sind auch die den Vertragsschluss begleitenden Umstände zu berücksichtigen.

(4) [1]Dieser Abschnitt findet keine Anwendung bei Verträgen auf dem Gebiet des Erb-, Familien- und Gesellschaftsrechts sowie auf Tarifverträge, Betriebs- und Dienstvereinbarungen. [2]Bei der Anwendung auf Arbeitsverträge sind die im Arbeitsrecht geltenden

Besonderheiten angemessen zu berücksichtigen; § 305 Abs. 2 und 3 ist nicht anzuwenden. [3]Tarifverträge, Betriebs- und Dienstvereinbarungen stehen Rechtsvorschriften im Sinne von § 307 Abs. 3 gleich.

...

Abschnitt 3
Schuldverhältnisse aus Verträgen

Titel 1
Begründung, Inhalt und Beendigung

...

Untertitel 3
Anpassung und Beendigung von Verträgen

§ 313
Störung der Geschäftsgrundlage

(1) Haben sich Umstände, die zur Grundlage des Vertrags geworden sind, nach Vertragsschluss schwerwiegend verändert und hätten die Parteien den Vertrag nicht oder mit anderem Inhalt geschlossen, wenn sie diese Veränderung vorausgesehen hätten, so kann Anpassung des Vertrags verlangt werden, soweit einem Teil unter Berücksichtigung aller Umstände des Einzelfalles, insbesondere der vertraglichen oder gesetzlichen Risikoverteilung, das Festhalten am unveränderten Vertrag nicht zugemutet werden kann.

(2) Einer Veränderung der Umstände steht es gleich, wenn wesentliche Vorstellungen, die zur Grundlage des Vertrags geworden sind, sich als falsch herausstellen.

(3) [1]Ist eine Anpassung des Vertrags nicht möglich oder einem Teil nicht zumutbar, so kann der benachteiligte Teil vom Vertrag zurücktreten. [2]An die Stelle des Rücktrittsrechts tritt für Dauerschuldverhältnisse das Recht zur Kündigung.

...

Untertitel 4
Einseitige Leistungsbestimmungsrechte

§ 315
Bestimmung der Leistung durch eine Partei

(1) Soll die Leistung durch einen der Vertragschließenden bestimmt werden, so ist im Zweifel anzunehmen, dass die Bestimmung nach billigem Ermessen zu treffen ist.

(2) Die Bestimmung erfolgt durch Erklärung gegenüber dem anderen Teil.

(3) [1]Soll die Bestimmung nach billigem Ermessen erfolgen, so ist die getroffene Bestimmung für den anderen Teil nur verbindlich, wenn sie der Billigkeit entspricht. [2]Entspricht sie nicht der Billigkeit, so wird die Bestimmung durch Urteil getroffen; das Gleiche gilt, wenn die Bestimmung verzögert wird.

...

Titel 3
Versprechen der Leistung an einen Dritten

§ 328
Vertrag zugunsten Dritter

(1) Durch Vertrag kann eine Leistung an einen Dritten mit der Wirkung bedungen werden, dass der Dritte unmittelbar das Recht erwirbt, die Leistung zu fordern.

(2) In Ermangelung einer besonderen Bestimmung ist aus den Umständen, insbesondere aus dem Zweck des Vertrags, zu entnehmen, ob der Dritte das Recht erwerben, ob das Recht des Dritten sofort oder nur unter gewissen Voraussetzungen entstehen und ob den Vertragschließenden die Befugnis vorbehalten sein soll, das Recht des Dritten ohne dessen Zustimmung aufzuheben oder zu ändern.

…

Abschnitt 6
Schuldübernahme

§ 414
Vertrag zwischen Gläubiger und Übernehmer

Eine Schuld kann von einem Dritten durch Vertrag mit dem Gläubiger in der Weise übernommen werden, dass der Dritte an die Stelle des bisherigen Schuldners tritt.

§ 415
Vertrag zwischen Schuldner und Übernehmer

(1) [1]Wird die Schuldübernahme von dem Dritten mit dem Schuldner vereinbart, so hängt ihre Wirksamkeit von der Genehmigung des Gläubigers ab. [2]Die Genehmigung kann erst erfolgen, wenn der Schuldner oder der Dritte dem Gläubiger die Schuldübernahme mitgeteilt hat. [3]Bis zur Genehmigung können die Parteien den Vertrag ändern oder aufheben.

(2) [1]Wird die Genehmigung verweigert, so gilt die Schuldübernahme als nicht erfolgt. [2]Fordert der Schuldner oder der Dritte den Gläubiger unter Bestimmung einer Frist zur Erklärung über die Genehmigung auf, so kann die Genehmigung nur bis zum Ablauf der Frist erklärt werden; wird sie nicht erklärt, so gilt sie als verweigert.

(3) [1]Solange nicht der Gläubiger die Genehmigung erteilt hat, ist im Zweifel der Übernehmer dem Schuldner gegenüber verpflichtet, den Gläubiger rechtzeitig zu befriedigen. [2]Das Gleiche gilt, wenn der Gläubiger die Genehmigung verweigert.

…

Abschnitt 7
Mehrheit von Schuldnern und Gläubigern

...

§ 421
Gesamtschuldner

[1]Schulden mehrere eine Leistung in der Weise, dass jeder die ganze Leistung zu bewirken verpflichtet, der Gläubiger aber die Leistung nur einmal zu fordern berechtigt ist (Gesamtschuldner), so kann der Gläubiger die Leistung nach seinem Belieben von jedem der Schuldner ganz oder zu einem Teil fordern. [2]Bis zur Bewirkung der ganzen Leistung bleiben sämtliche Schuldner verpflichtet.

...

§ 426
Ausgleichungspflicht, Forderungsübergang

(1) [1]Die Gesamtschuldner sind im Verhältnis zueinander zu gleichen Anteilen verpflichtet, soweit nicht ein anderes bestimmt ist. [2]Kann von einem Gesamtschuldner der auf ihn entfallende Beitrag nicht erlangt werden, so ist der Ausfall von den übrigen zur Ausgleichung verpflichteten Schuldnern zu tragen.

(2) [1]Soweit ein Gesamtschuldner den Gläubiger befriedigt und von den übrigen Schuldnern Ausgleichung verlangen kann, geht die Forderung des Gläubigers gegen die übrigen Schuldner auf ihn über. [2]Der Übergang kann nicht zum Nachteil des Gläubigers geltend gemacht werden.

...

Abschnitt 8
Einzelne Schuldverhältnisse

...

Titel 8
Dienstvertrag und ähnliche Verträge[1]

Untertitel 1
Dienstvertrag

...

---

1 Amtlicher Hinweis:
Dieser Titel dient der Umsetzung
1. der Richtlinie 76/207/EWG des Rates vom 9. Februar 1976 zur Verwirklichung des Grundsatzes der Gleichbehandlung von Männern und Frauen hinsichtlich des Zugangs zur Beschäftigung, zur Berufsbildung und zum beruflichen Aufstieg sowie in Bezug auf die Arbeitsbedingungen (ABl. EG Nr. 239 S. 40) und

§ 613a
Rechte und Pflichten bei Betriebsübergang

(1) [1]Geht ein Betrieb oder Betriebsteil durch Rechtsgeschäft auf einen anderen Inhaber über, so tritt dieser in die Rechte und Pflichten aus den im Zeitpunkt des Übergangs bestehenden Arbeitsverhältnissen ein. [2]Sind diese Rechte und Pflichten durch Rechtsnormen eines Tarifvertrags oder durch eine Betriebsvereinbarung geregelt, so werden sie Inhalt des Arbeitsverhältnisses zwischen dem neuen Inhaber und dem Arbeitnehmer und dürfen nicht vor Ablauf eines Jahres nach dem Zeitpunkt des Übergangs zum Nachteil des Arbeitnehmers geändert werden. [3]Satz 2 gilt nicht, wenn die Rechte und Pflichten bei dem neuen Inhaber durch Rechtsnormen eines anderen Tarifvertrags oder durch eine andere Betriebsvereinbarung geregelt werden. [4]Vor Ablauf der Frist nach Satz 2 können die Rechte und Pflichten geändert werden, wenn der Tarifvertrag oder die Betriebsvereinbarung nicht mehr gilt oder bei fehlender beiderseitiger Tarifgebundenheit im Geltungsbereich eines anderen Tarifvertrags dessen Anwendung zwischen dem neuen Inhaber und dem Arbeitnehmer vereinbart wird.

(2) [1]Der bisherige Arbeitgeber haftet neben dem neuen Inhaber für Verpflichtungen nach Absatz 1, soweit sie vor dem Zeitpunkt des Übergangs entstanden sind und vor Ablauf von einem Jahr nach diesem Zeitpunkt fällig werden, als Gesamtschuldner. [2]Werden solche Verpflichtungen nach dem Zeitpunkt des Übergangs fällig, so haftet der bisherige Arbeitgeber für sie jedoch nur in dem Umfang, der dem im Zeitpunkt des Übergangs abgelaufenen Teil ihres Bemessungszeitraums entspricht.

(3) Absatz 2 gilt nicht, wenn eine juristische Person oder eine Personenhandelsgesellschaft durch Umwandlung erlischt.

(4) [1]Die Kündigung des Arbeitsverhältnisses eines Arbeitnehmers durch den bisherigen Arbeitgeber oder durch den neuen Inhaber wegen des Übergangs eines Betriebs oder eines Betriebsteils ist unwirksam. [2]Das Recht zur Kündigung des Arbeitsverhältnisses aus anderen Gründen bleibt unberührt.

(5) Der bisherige Arbeitgeber oder der neue Inhaber hat die von einem Übergang betroffenen Arbeitnehmer vor dem Übergang in Textform zu unterrichten über:

1. den Zeitpunkt oder den geplanten Zeitpunkt des Übergangs,
2. den Grund für den Übergang,
3. die rechtlichen, wirtschaftlichen und sozialen Folgen des Übergangs für die Arbeitnehmer und
4. die hinsichtlich der Arbeitnehmer in Aussicht genommenen Maßnahmen.

(6) [1]Der Arbeitnehmer kann dem Übergang des Arbeitsverhältnisses innerhalb eines Monats nach Zugang der Unterrichtung nach Absatz 5 schriftlich widersprechen. [2]Der

---

2. der Richtlinie 77/187/EWG des Rates vom 14. Februar 1977 zur Angleichung der Rechtsvorschriften der Mitgliedstaaten über die Wahrung von Ansprüchen der Arbeitnehmer beim Übergang von Unternehmen, Betrieben oder Betriebsteilen (ABl. EG Nr. L 61 S. 26).

Widerspruch kann gegenüber dem bisherigen Arbeitgeber oder dem neuen Inhaber erklärt werden.

...

Titel 26
Ungerechtfertigte Bereicherung

§ 812
Herausgabeanspruch

(1) [1]Wer durch die Leistung eines anderen oder in sonstiger Weise auf dessen Kosten etwas ohne rechtlichen Grund erlangt, ist ihm zur Herausgabe verpflichtet. [2]Diese Verpflichtung besteht auch dann, wenn der rechtliche Grund später wegfällt oder der mit einer Leistung nach dem Inhalt des Rechtsgeschäfts bezweckte Erfolg nicht eintritt.

(2) Als Leistung gilt auch die durch Vertrag erfolgte Anerkennung des Bestehens oder des Nichtbestehens eines Schuldverhältnisses.

...

§ 814
Kenntnis der Nichtschuld

Das zum Zwecke der Erfüllung einer Verbindlichkeit Geleistete kann nicht zurückgefordert werden, wenn der Leistende gewusst hat, dass er zur Leistung nicht verpflichtet war, oder wenn die Leistung einer sittlichen Pflicht oder einer auf den Anstand zu nehmenden Rücksicht entsprach.

...

§ 817
Verstoß gegen Gesetz oder gute Sitten

[1]War der Zweck einer Leistung in der Art bestimmt, dass der Empfänger durch die Annahme gegen ein gesetzliches Verbot oder gegen die guten Sitten verstoßen hat, so ist der Empfänger zur Herausgabe verpflichtet. [2]Die Rückforderung ist ausgeschlossen, wenn dem Leistenden gleichfalls ein solcher Verstoß zur Last fällt, es sei denn, dass die Leistung in der Eingehung einer Verbindlichkeit bestand; das zur Erfüllung einer solchen Verbindlichkeit Geleistete kann nicht zurückgefordert werden.

§ 818
Umfang des Bereicherungsanspruchs

(1) Die Verpflichtung zur Herausgabe erstreckt sich auf die gezogenen Nutzungen sowie auf dasjenige, was der Empfänger auf Grund eines erlangten Rechtes oder als Ersatz für die Zerstörung, Beschädigung oder Entziehung des erlangten Gegenstands erwirbt.

(2) Ist die Herausgabe wegen der Beschaffenheit des Erlangten nicht möglich oder ist der Empfänger aus einem anderen Grunde zur Herausgabe außerstande, so hat er den Wert zu ersetzen.

(3) Die Verpflichtung zur Herausgabe oder zum Ersatze des Wertes ist ausgeschlossen, soweit der Empfänger nicht mehr bereichert ist.

(4) Von dem Eintritte der Rechtshängigkeit an haftet der Empfänger nach den allgemeinen Vorschriften.

...

2.
Zivilprozessordnung (ZPO)

i.d.F. der Bek. vom 5.12.2005 (BGBl. I S. 3202, ber. 2006 S. 431, 2007 S. 1781), zuletzt geändert durch Art. 19 G vom 22.2.2023 (BGBl. 2023 I Nr. 51 vom 28.2.2023)

– Auszug –

...

Buch 8
Zwangsvollstreckung

...

Abschnitt 2
Zwangsvollstreckung wegen Geldforderungen

...

Titel 2
Zwangsvollstreckung in das bewegliche Vermögen

...

Untertitel 3
Zwangsvollstreckung in Forderungen und andere Vermögensrechte

...

§ 850c
Pfändungsgrenzen für Arbeitseinkommen[1]

(1) Arbeitseinkommen ist unpfändbar, wenn es, je nach dem Zeitraum, für den es gezahlt wird, nicht mehr als

1. 1 178,59 [1 330,16, ab 1.7.2023: 1 402,28] Euro monatlich,
2. 271,24 [306,12, ab 1.7.2023: 322,72] Euro wöchentlich oder
3. 54,25 [61,22, ab 1.7.2023: 64,54] Euro täglich

beträgt.

1 **Anm. d. Verlages**: Gemäß der Pfändungsfreigrenzenbekanntmachung 2023 vom 15.3.2023 (BGBl. 2023 I Nr. 79 vom 20.3.2023) erhöhen sich die unpfändbaren Beträge nach § 850c ZPO zum 1.7.2023. Die aktuellen und künftigen Werte erscheinen in eckigen Klammern.

(2) [1]Gewährt der Schuldner auf Grund einer gesetzlichen Verpflichtung seinem Ehegatten, einem früheren Ehegatten, seinem Lebenspartner, einem früheren Lebenspartner, einem Verwandten oder nach den §§ 1615l und 1615n des Bürgerlichen Gesetzbuchs einem Elternteil Unterhalt, so erhöht sich der Betrag nach Absatz 1 für die erste Person, der Unterhalt gewährt wird, und zwar um

1. 443,57 [500,62, ab 1.7.2023: 527,76] Euro monatlich,
2. 102,08 [115,21, ab 1.7.2023: 121,46] Euro wöchentlich oder
3. 20,42 [23,04, ab 1.7.2023: 24,29] Euro täglich.

[2]Für die zweite bis fünfte Person, der Unterhalt gewährt wird, erhöht sich der Betrag nach Absatz 1 um je

1. 247,12 [278,90, ab 1.7.2023: 294,02] Euro monatlich,
2. 56,87 [64,19, ab 1.7.2023: 67,67] Euro wöchentlich oder
3. 11,37 [12,84, ab 1.7.2023: 13,54] Euro täglich.

(3) [1]Übersteigt das Arbeitseinkommen den Betrag nach Absatz 1, so ist es hinsichtlich des überschießenden Teils in Höhe von drei Zehnteln unpfändbar. [2]Gewährt der Schuldner nach Absatz 2 Unterhalt, so sind für die erste Person weitere zwei Zehntel und für die zweite bis fünfte Person jeweils ein weiteres Zehntel unpfändbar. [3]Der Teil des Arbeitseinkommens, der

1. 3 613,08 [4 077,72, ab 1.7.2023: 4 298,81] Euro monatlich,
2. 831,50 [938,43, ab 1.7.2023: 989,31] Euro wöchentlich oder
3. 166,30 [187,69, ab 1.7.2023: 197,87] Euro täglich

übersteigt, bleibt bei der Berechnung des unpfändbaren Betrages unberücksichtigt.

(4) [1]Das Bundesministerium der Justiz und für Verbraucherschutz macht im Bundesgesetzblatt Folgendes bekannt (Pfändungsfreigrenzenbekanntmachung):

1. die Höhe des unpfändbaren Arbeitseinkommens nach Absatz 1,
2. die Höhe der Erhöhungsbeträge nach Absatz 2,
3. die Höhe der in Absatz 3 Satz 3 genannten Höchstbeträge.

[2]Die Beträge werden jeweils zum 1. Juli eines Jahres entsprechend der im Vergleich zum jeweiligen Vorjahreszeitraum sich ergebenden prozentualen Entwicklung des Grundfreibetrages nach § 32a Absatz 1 Satz 2 Nummer 1 des Einkommensteuergesetzes angepasst; der Berechnung ist die am 1. Januar des jeweiligen Jahres geltende Fassung des § 32a Absatz 1 Satz 2 Nummer 1 des Einkommensteuergesetzes zugrunde zu legen.

(5) [1]Um den nach Absatz 3 pfändbaren Teil des Arbeitseinkommens zu berechnen, ist das Arbeitseinkommen, gegebenenfalls nach Abzug des nach Absatz 3 Satz 3 pfändbaren Betrages, auf eine Zahl abzurunden, die bei einer Auszahlung für

1. Monate bei einer Teilung durch 10 eine natürliche Zahl ergibt,
2. Wochen bei einer Teilung durch 2,5 eine natürliche Zahl ergibt,
3. Tage bei einer Teilung durch 0,5 eine natürliche Zahl ergibt.

[2]Die sich aus der Berechnung nach Satz 1 ergebenden Beträge sind in der Pfändungsfreigrenzenbekanntmachung als Tabelle enthalten. [3]Im Pfändungsbeschluss genügt die Bezugnahme auf die Tabelle.

(6) Hat eine Person, welcher der Schuldner auf Grund gesetzlicher Verpflichtung Unterhalt gewährt, eigene Einkünfte, so kann das Vollstreckungsgericht auf Antrag des Gläubigers nach billigem Ermessen bestimmen, dass diese Person bei der Berechnung des unpfändbaren Teils des Arbeitseinkommens ganz oder teilweise unberücksichtigt bleibt; soll die Person nur teilweise berücksichtigt werden, so ist Absatz 5 Satz 3 nicht anzuwenden.

3.
Umwandlungsgesetz (UmwG)

vom 28.10.1994 (BGBl. I S. 3210, ber. BGBl. I 1995 S. 428; BGBl. III 4120-9-2), zuletzt geändert durch Art. 1 G vom 22.2.2023 (BGBl. 2023 I Nr. 51 vom 28.2.2023)

– Auszug –

...

Zweites Buch
Verschmelzung

Erster Teil
Allgemeine Vorschriften

Zweiter Abschnitt
Verschmelzung durch Aufnahme

...

§ 35a
Interessenausgleich und Betriebsübergang

(1) Kommt ein Interessenausgleich nach § 112 des Betriebsverfassungsgesetzes zustande, in dem diejenigen Arbeitnehmer namentlich bezeichnet werden, die nach der Verschmelzung einem bestimmten Betrieb oder Betriebsteil zugeordnet werden, so kann die Zuordnung der Arbeitnehmer durch das Arbeitsgericht nur auf grobe Fehlerhaftigkeit überprüft werden.

(2) § 613a Absatz 1 und 4 bis 6 des Bürgerlichen Gesetzbuchs bleibt durch die Wirkungen der Eintragung einer Verschmelzung unberührt.

...

Drittes Buch
Spaltung

Erster Teil
Allgemeine Vorschriften

Zweiter Abschnitt
Spaltung zur Aufnahme

§ 126
Inhalt des Spaltungs- und Übernahmevertrags

(1) Der Spaltungs- und Übernahmevertrag oder sein Entwurf muss mindestens folgende Angaben enthalten:

1. den Namen oder die Firma und den Sitz der an der Spaltung beteiligten Rechtsträger;
2. die Vereinbarung über die Übertragung der Teile des Vermögens des übertragenden Rechtsträgers jeweils als Gesamtheit gegen Gewährung von Anteilen oder Mitgliedschaften an den übernehmenden Rechtsträgern;
3. bei Aufspaltung und Abspaltung das Umtauschverhältnis der Anteile und gegebenenfalls die Höhe der baren Zuzahlung oder Angaben über die Mitgliedschaft bei den übernehmenden Rechtsträgern;
4. bei Aufspaltung und Abspaltung die Einzelheiten für die Übertragung der Anteile der übernehmenden Rechtsträger oder über den Erwerb der Mitgliedschaft bei den übernehmenden Rechtsträgern;
5. den Zeitpunkt, von dem an diese Anteile oder die Mitgliedschaft einen Anspruch auf einen Anteil am Bilanzgewinn gewähren, sowie alle Besonderheiten in Bezug auf diesen Anspruch;
6. den Zeitpunkt, von dem an die Handlungen des übertragenden Rechtsträgers als für Rechnung jedes der übernehmenden Rechtsträger vorgenommen gelten (Spaltungsstichtag);
7. die Rechte, welche die übernehmenden Rechtsträger einzelnen Anteilsinhabern sowie den Inhabern besonderer Rechte wie Anteile ohne Stimmrecht, Vorzugsaktien, Mehrstimmrechtsaktien, Schuldverschreibungen und Genussrechte gewähren, oder die für diese Personen vorgesehenen Maßnahmen;
8. jeden besonderen Vorteil, der einem Mitglied eines Vertretungsorgans oder eines Aufsichtsorgans der an der Spaltung beteiligten Rechtsträger, einem geschäftsführenden Gesellschafter, einem Partner, einem Abschlussprüfer oder einem Spaltungsprüfer gewährt wird;
9. die genaue Bezeichnung und Aufteilung der Gegenstände des Aktiv- und Passivvermögens, die an jeden der übernehmenden Rechtsträger übertragen werden, sowie der übergehenden Betriebe und Betriebsteile unter Zuordnung zu den übernehmenden Rechtsträgern;
10. bei Aufspaltung und Abspaltung die Aufteilung der Anteile oder Mitgliedschaften jedes der beteiligten Rechtsträger auf die Anteilsinhaber des übertragenden Rechtsträgers sowie den Maßstab für die Aufteilung;
11. die Folgen der Spaltung für die Arbeitnehmer und ihre Vertretungen sowie die insoweit vorgesehenen Maßnahmen.

(2) [1]Soweit für die Übertragung von Gegenständen im Falle der Einzelrechtsnachfolge in den allgemeinen Vorschriften eine besondere Art der Bezeichnung bestimmt ist, sind diese Regelungen auch für die Bezeichnung der Gegenstände des Aktiv- und Passivvermögens (Absatz 1 Nr. 9) anzuwenden. [2]§ 28 der Grundbuchordnung ist zu beachten. [3]Im Übrigen kann auf Urkunden wie Bilanzen und Inventare Bezug genom-

men werden, deren Inhalt eine Zuweisung des einzelnen Gegenstandes ermöglicht; die Urkunden sind dem Spaltungs- und Übernahmevertrag als Anlagen beizufügen.

(3) Der Vertrag oder sein Entwurf ist spätestens einen Monat vor dem Tag der Versammlung der Anteilsinhaber jedes beteiligten Rechtsträgers, die gemäß § 125 in Verbindung mit § 13 Abs. 1 über die Zustimmung zum Spaltungs- und Übernahmevertrag beschließen soll, dem zuständigen Betriebsrat dieses Rechtsträgers zuzuleiten.

...

§ 133
Schutz der Gläubiger und der Inhaber von Sonderrechten

(1) [1]Für die Verbindlichkeiten des übertragenden Rechtsträgers, die vor dem Wirksamwerden der Spaltung begründet worden sind, haften die an der Spaltung beteiligten Rechtsträger als Gesamtschuldner. [2]Die §§ 25, 26 und 28 des Handelsgesetzbuchs sowie § 125 in Verbindung mit § 22 bleiben unberührt; zur Sicherheitsleistung ist nur der an der Spaltung beteiligte Rechtsträger verpflichtet, gegen den sich der Anspruch richtet.

(2) [1]Für die Erfüllung der Verpflichtung nach § 125 in Verbindung mit § 23 haften die an der Spaltung beteiligten Rechtsträger als Gesamtschuldner. [2]Bei Abspaltung und Ausgliederung können die gleichwertigen Rechte im Sinne des § 125 in Verbindung mit § 23 auch in dem übertragenden Rechtsträger gewährt werden.

(3) [1]Diejenigen Rechtsträger, denen die Verbindlichkeiten nach Absatz 1 Satz 1 im Spaltungs- und Übernahmevertrag nicht zugewiesen worden sind, haften für diese Verbindlichkeiten, wenn sie vor Ablauf von fünf Jahren nach der Spaltung fällig und daraus Ansprüche gegen sie in einer in § 197 Abs. 1 Nr. 3 bis 5 des Bürgerlichen Gesetzbuchs bezeichneten Art festgestellt sind oder eine gerichtliche oder behördliche Vollstreckungshandlung vorgenommen oder beantragt wird; bei öffentlich-rechtlichen Verbindlichkeiten genügt der Erlass eines Verwaltungsakts. [2]Die Haftung der in Satz 1 bezeichneten Rechtsträger ist beschränkt auf den Wert des ihnen am Tag des Wirksamwerdens zugeteilten Nettoaktivvermögens. [3]Für vor dem Wirksamwerden der Spaltung begründete Versorgungsverpflichtungen auf Grund des Betriebsrentengesetzes beträgt die in Satz 1 genannte Frist zehn Jahre.

(4) [1]Die Frist beginnt mit dem Tage, an dem die Eintragung der Spaltung in das Register des Sitzes des übertragenden Rechtsträgers nach § 125 in Verbindung mit § 19 Abs. 3 bekannt gemacht worden ist. [2]Die für die Verjährung geltenden §§ 204, 206, 210, 211 und 212 Abs. 2 und 3 des Bürgerlichen Gesetzbuchs sind entsprechend anzuwenden.

(5) Einer Feststellung in einer in § 197 Abs. 1 Nr. 3 bis 5 des Bürgerlichen Gesetzbuchs bezeichneten Art bedarf es nicht, soweit die in Absatz 3 bezeichneten Rechtsträger den Anspruch schriftlich anerkannt haben.

(6) [1]Die Ansprüche nach Absatz 2 verjähren in fünf Jahren. [2]Für den Beginn der Verjährung gilt Absatz 4 Satz 1 entsprechend.

...

IV.
Handelsrecht

1.
Handelsgesetzbuch (HGB)

vom 10.5.1897 (RGBl. I S. 219),
zuletzt geändert durch Art. 13 Abs. 4 G vom 10.3.2023
(BGBl. 2023 I Nr. 64 vom 15.3.2023)

– Auszug –

Erstes Buch
Handelsstand

Erster Abschnitt
Kaufleute

§ 1

(1) Kaufmann im Sinne dieses Gesetzbuchs ist, wer ein Handelsgewerbe betreibt.

(2) Handelsgewerbe ist jeder Gewerbebetrieb, es sei denn, dass das Unternehmen nach Art oder Umfang einen in kaufmännischer Weise eingerichteten Geschäftsbereich nicht erfordert.

§ 2

[1]Ein gewerbliches Unternehmen, dessen Gewerbebetrieb nicht schon nach § 1 Abs. 2 Handelsgewerbe ist, gilt als Handelsgewerbe im Sinne dieses Gesetzbuchs, wenn die Firma des Unternehmens in das Handelsregister eingetragen ist. [2]Der Unternehmer ist berechtigt, aber nicht verpflichtet, die Eintragung nach den für die Eintragung kaufmännischer Firmen geltenden Vorschriften herbeizuführen. [3]Ist die Eintragung erfolgt, so findet eine Löschung der Firma auch auf Antrag des Unternehmers statt, sofern nicht die Voraussetzung des § 1 Abs. 2 eingetreten ist.

§ 3

(1) Auf den Betrieb der Land- und Forstwirtschaft finden die Vorschriften des § 1 keine Anwendung.

(2) Für ein land- oder forstwirtschaftliches Unternehmen, das nach Art und Umfang einen in kaufmännischer Weise eingerichteten Geschäftsbetrieb erfordert, gilt § 2 mit der Maßgabe, dass nach Eintragung in das Handelsregister eine Löschung der Firma nur nach den allgemeinen Vorschriften stattfindet, welche für die Löschung kaufmännischer Firmen gelten.

(3) Ist mit dem Betrieb der Land- oder Forstwirtschaft ein Unternehmen verbunden, das nur ein Nebengewerbe des land- oder forstwirtschaftlichen Unternehmens dar-

stellt, so finden auf das im Nebengewerbe betriebene Unternehmen die Vorschriften der Absätze 1 und 2 entsprechende Anwendung.

...

§ 6

(1) Die in betreff der Kaufleute gegebenen Vorschriften finden auch auf die Handelsgesellschaften Anwendung.

(2) Die Rechte und Pflichten eines Vereins, dem das Gesetz ohne Rücksicht auf den Gegenstand des Unternehmens die Eigenschaft eines Kaufmanns beilegt, bleiben unberührt, auch wenn die Voraussetzungen des § 1 Abs. 2 nicht vorliegen.

...

Drittes Buch
Handelsbücher

Erster Abschnitt
Vorschriften für alle Kaufleute

Erster Unterabschnitt
Buchführung, Inventar

§ 238
Buchführungspflicht

(1) [1]Jeder Kaufmann ist verpflichtet, Bücher zu führen und in diesen seine Handelsgeschäfte und die Lage seines Vermögens nach den Grundsätzen ordnungsmäßiger Buchführung ersichtlich zu machen. [2]Die Buchführung muss so beschaffen sein, dass sie einem sachverständigen Dritten innerhalb angemessener Zeit einen Überblick über die Geschäftsvorfälle und über die Lage des Unternehmens vermitteln kann. [3]Die Geschäftsvorfälle müssen sich in ihrer Entstehung und Abwicklung verfolgen lassen.

(2) Der Kaufmann ist verpflichtet, eine mit der Urschrift übereinstimmende Wiedergabe der abgesandten Handelsbriefe (Kopie, Abdruck, Abschrift oder sonstige Wiedergabe des Wortlauts auf einem Schrift-, Bild- oder anderen Datenträger) zurückzubehalten.

...

§ 241a
Befreiung von der Pflicht zur Buchführung und Erstellung eines Inventars

[1]Einzelkaufleute, die an den Abschlussstichtagen von zwei aufeinander folgenden Geschäftsjahren nicht mehr als jeweils 600 000 Euro Umsatzerlöse und jeweils 60 000 Euro Jahresüberschuss aufweisen, brauchen die §§ 238 bis 241 nicht anzuwenden. [2]Im Fall der Neugründung treten die Rechtsfolgen schon ein, wenn die Werte des Satzes 1 am ersten Abschlussstichtag nach der Neugründung nicht überschritten werden.

...

Zweiter Unterabschnitt
Eröffnungsbilanz. Jahresabschluss

...

Zweiter Titel
Ansatzvorschriften

§ 246
Vollständigkeit. Verrechnungsverbot

(1) [1]Der Jahresabschluss hat sämtliche Vermögensgegenstände, Schulden, Rechnungsabgrenzungsposten sowie Aufwendungen und Erträge zu enthalten, soweit gesetzlich nichts anderes bestimmt ist. [2]Vermögensgegenstände sind in der Bilanz des Eigentümers aufzunehmen; ist ein Vermögensgegenstand nicht dem Eigentümer, sondern einem anderen wirtschaftlich zuzurechnen, hat dieser ihn in seiner Bilanz auszuweisen. [3]Schulden sind in die Bilanz des Schuldners aufzunehmen. [4]Der Unterschiedsbetrag, um den die für die Übernahme eines Unternehmens bewirkte Gegenleistung den Wert der einzelnen Vermögensgegenstände des Unternehmens abzüglich der Schulden im Zeitpunkt der Übernahme übersteigt (entgeltlich erworbener Geschäfts- oder Firmenwert), gilt als zeitlich begrenzt nutzbarer Vermögensgegenstand.

(2) [1]Posten der Aktivseite dürfen nicht mit Posten der Passivseite, Aufwendungen nicht mit Erträgen, Grundstücksrechte nicht mit Grundstückslasten verrechnet werden. [2]Vermögensgegenstände, die dem Zugriff aller übrigen Gläubiger entzogen sind und ausschließlich der Erfüllung von Schulden aus Altersversorgungsverpflichtungen oder vergleichbaren langfristig fälligen Verpflichtungen dienen, sind mit diesen Schulden zu verrechnen; entsprechend ist mit den zugehörigen Aufwendungen und Erträgen aus der Abzinsung und aus dem zu verrechnenden Vermögen zu verfahren. [3]Übersteigt der beizulegende Zeitwert der Vermögensgegenstände den Betrag der Schulden, ist der übersteigende Betrag unter einem gesonderten Posten zu aktivieren.

(3) [1]Die auf den vorhergehenden Jahresabschluss angewandten Ansatzmethoden sind beizubehalten. [2]§ 252 Abs. 2 ist entsprechend anzuwenden.

...

§ 249
Rückstellungen

(1) [1]Rückstellungen sind für ungewisse Verbindlichkeiten und für drohende Verluste aus schwebenden Geschäften zu bilden. [2]Ferner sind Rückstellungen zu bilden für

1. im Geschäftsjahr unterlassene Aufwendungen für Instandhaltung, die im folgenden Geschäftsjahr innerhalb von drei Monaten, oder für Abraumbeseitigung, die im folgenden Geschäftsjahr nachgeholt werden,

2. Gewährleistungen, die ohne rechtliche Verpflichtung erbracht werden.

(2) [1]Für andere als die in Absatz 1 bezeichneten Zwecke dürfen Rückstellungen nicht gebildet werden. [2]Rückstellungen dürfen nur aufgelöst werden, soweit der Grund hierfür entfallen ist.

...

Dritter Titel
Bewertungsvorschriften

§ 252
Allgemeine Bewertungsgrundsätze

(1) Bei der Bewertung der im Jahresabschluss ausgewiesenen Vermögensgegenstände und Schulden gilt insbesondere Folgendes:

1. Die Wertansätze in der Eröffnungsbilanz des Geschäftsjahres müssen mit denen der Schlussbilanz des vorhergehenden Geschäftsjahres übereinstimmen.
2. Bei der Bewertung ist von der Fortführung der Unternehmenstätigkeit auszugehen, sofern dem nicht tatsächliche oder rechtliche Gegebenheiten entgegenstehen.
3. Die Vermögensgegenstände und Schulden sind zum Abschlussstichtag einzeln zu bewerten.
4. Es ist vorsichtig zu bewerten, namentlich sind alle vorhersehbaren Risiken und Verluste, die bis zum Abschlussstichtag entstanden sind, zu berücksichtigen, selbst wenn diese erst zwischen dem Abschlussstichtag und dem Tag der Aufstellung des Jahresabschlusses bekannt geworden sind; Gewinne sind nur zu berücksichtigen, wenn sie am Abschlussstichtag realisiert sind.
5. Aufwendungen und Erträge des Geschäftsjahres sind unabhängig von den Zeitpunkten der entsprechenden Zahlungen im Jahresabschluss zu berücksichtigen.
6. Die auf den vorhergehenden Jahresabschluss angewandten Bewertungsmethoden sind beizubehalten.

(2) Von den Grundsätzen des Absatzes 1 darf nur in begründeten Ausnahmefällen abgewichen werden.

§ 253
Zugangs- und Folgebewertung

(1) [1]Vermögensgegenstände sind höchstens mit den Anschaffungs- oder Herstellungskosten, vermindert um die Abschreibungen nach den Absätzen 3 bis 5, anzusetzen. [2]Verbindlichkeiten sind zu ihrem Erfüllungsbetrag und Rückstellungen in Höhe des nach vernünftiger kaufmännischer Beurteilung notwendigen Erfüllungsbetrages anzusetzen. [3]Soweit sich die Höhe von Altersversorgungsverpflichtungen ausschließlich nach dem beizulegenden Zeitwert von Wertpapieren im Sinn des § 266 Abs. 2 A. III. 5 bestimmt, sind Rückstellungen hierfür zum beizulegenden Zeitwert dieser Wertpapiere anzusetzen, soweit er einen garantierten Mindestbetrag übersteigt. [4]Nach § 246 Abs. 2 Satz 2 zu verrechnende Vermögensgegenstände sind mit ihrem beizulegenden

Zeitwert zu bewerten. [5]Kleinstkapitalgesellschaften (§ 267a) dürfen eine Bewertung zum beizulegenden Zeitwert nur vornehmen, wenn sie von keiner der in § 264 Absatz 1 Satz 5, § 266 Absatz 1 Satz 4, § 275 Absatz 5 und § 326 Absatz 2 vorgesehenen Erleichterungen Gebrauch machen. [6]Macht eine Kleinstkapitalgesellschaft von mindestens einer der in Satz 5 genannten Erleichterungen Gebrauch, erfolgt die Bewertung der Vermögensgegenstände nach Satz 1, auch soweit eine Verrechnung nach § 246 Absatz 2 Satz 2 vorgesehen ist.

(2) [1]Rückstellungen mit einer Restlaufzeit von mehr als einem Jahr sind abzuzinsen mit dem ihrer Restlaufzeit entsprechenden durchschnittlichen Marktzinssatz, der sich im Falle von Rückstellungen für Altersversorgungsverpflichtungen aus den vergangenen zehn Geschäftsjahren und im Falle sonstiger Rückstellungen aus den vergangenen sieben Geschäftsjahren ergibt. [2]Abweichend von Satz 1 dürfen Rückstellungen für Altersversorgungsverpflichtungen oder vergleichbare langfristig fällige Verpflichtungen pauschal mit dem durchschnittlichen Marktzinssatz abgezinst werden, der sich bei einer angenommenen Restlaufzeit von 15 Jahren ergibt. [3]Die Sätze 1 und 2 gelten entsprechend für auf Rentenverpflichtungen beruhende Verbindlichkeiten, für die eine Gegenleistung nicht mehr zu erwarten ist. [4]Der nach den Sätzen 1 und 2 anzuwendende Abzinsungszinssatz wird von der Deutschen Bundesbank nach Maßgabe einer Rechtsverordnung ermittelt und monatlich bekannt gegeben. [5]In der Rechtsverordnung nach Satz 4, die nicht der Zustimmung des Bundesrates bedarf, bestimmt das Bundesministerium der Justiz und für Verbraucherschutz im Benehmen mit der Deutschen Bundesbank das Nähere zur Ermittlung der Abzinsungszinssätze, insbesondere die Ermittlungsmethodik und deren Grundlagen, sowie die Form der Bekanntgabe.

(3) [1]Bei Vermögensgegenständen des Anlagevermögens, deren Nutzung zeitlich begrenzt ist, sind die Anschaffungs- oder die Herstellungskosten um planmäßige Abschreibungen zu vermindern. [2]Der Plan muss die Anschaffungs- oder Herstellungskosten auf die Geschäftsjahre verteilen, in denen der Vermögensgegenstand voraussichtlich genutzt werden kann. [3]Kann in Ausnahmefällen die voraussichtliche Nutzungsdauer eines selbst geschaffenen immateriellen Vermögensgegenstands des Anlagevermögens nicht verlässlich geschätzt werden, sind planmäßige Abschreibungen auf die Herstellungskosten über einen Zeitraum von zehn Jahren vorzunehmen. [4]Satz 3 findet auf einen entgeltlich erworbenen Geschäfts- oder Firmenwert entsprechende Anwendung. [5]Ohne Rücksicht darauf, ob ihre Nutzung zeitlich begrenzt ist, sind bei Vermögensgegenständen des Anlagevermögens bei voraussichtlich dauernder Wertminderung außerplanmäßige Abschreibungen vorzunehmen, um diese mit dem niedrigeren Wert anzusetzen, der ihnen am Abschlussstichtag beizulegen ist. [6]Bei Finanzanlagen können außerplanmäßige Abschreibungen auch bei voraussichtlich nicht dauernder Wertminderung vorgenommen werden.

(4) [1]Bei Vermögensgegenständen des Umlaufvermögens sind Abschreibungen vorzunehmen, um diese mit einem niedrigeren Wert anzusetzen, der sich aus einem Börsen- oder Marktpreis am Abschlussstichtag ergibt. [2]Ist ein Börsen- oder Marktpreis nicht festzustellen und übersteigen die Anschaffungs- oder Herstellungskosten den

Wert, der den Vermögensgegenständen am Abschlussstichtag beizulegen ist, so ist auf diesen Wert abzuschreiben.

(5) [1]Ein niedrigerer Wertansatz nach Absatz 3 Satz 5 oder 6 und Absatz 4 darf nicht beibehalten werden, wenn die Gründe dafür nicht mehr bestehen. [2]Ein niedrigerer Wertansatz eines entgeltlich erworbenen Geschäfts- oder Firmenwertes ist beizubehalten.

(6) [1]Im Falle von Rückstellungen für Altersversorgungsverpflichtungen ist der Unterschiedsbetrag zwischen dem Ansatz der Rückstellungen nach Maßgabe des entsprechenden durchschnittlichen Marktzinssatzes aus den vergangenen zehn Geschäftsjahren und dem Ansatz der Rückstellungen nach Maßgabe des entsprechenden durchschnittlichen Marktzinssatzes aus den vergangenen sieben Geschäftsjahren in jedem Geschäftsjahr zu ermitteln. [2]Gewinne dürfen nur ausgeschüttet werden, wenn die nach der Ausschüttung verbleibenden frei verfügbaren Rücklagen zuzüglich eines Gewinnvortrags und abzüglich eines Verlustvortrags mindestens dem Unterschiedsbetrag nach Satz 1 entsprechen. [3]Der Unterschiedsbetrag nach Satz 1 ist in jedem Geschäftsjahr im Anhang oder unter der Bilanz darzustellen.

§ 254
Bildung von Bewertungseinheiten

[1]Werden Vermögensgegenstände, Schulden, schwebende Geschäfte oder mit hoher Wahrscheinlichkeit erwartete Transaktionen zum Ausgleich gegenläufiger Wertänderungen oder Zahlungsströme aus dem Eintritt vergleichbarer Risiken mit Finanzinstrumenten zusammengefasst (Bewertungseinheit), sind § 249 Abs. 1, § 252 Abs. 1 Nr. 3 und 4, § 253 Abs. 1 Satz 1 und § 256a in dem Umfang und für den Zeitraum nicht anzuwenden, in dem die gegenläufigen Wertänderungen oder Zahlungsströme sich ausgleichen. [2]Als Finanzinstrumente im Sinn des Satzes 1 gelten auch Termingeschäfte über den Erwerb oder die Veräußerung von Waren.

...

Zweiter Abschnitt
Ergänzende Vorschriften für Kapitalgesellschaften (Aktiengesellschaften, Kommanditgesellschaften auf Aktien und Gesellschaften mit beschränkter Haftung) sowie bestimmte Personenhandelsgesellschaften

...

Erster Unterabschnitt
Jahresabschluss der Kapitalgesellschaft und Lagebericht

...

Zweiter Titel
Bilanz

§ 268
Vorschriften zu einzelnen Posten der Bilanz. Bilanzvermerke

...

(8) [1]Werden selbst geschaffene immaterielle Vermögensgegenstände des Anlagevermögens in der Bilanz ausgewiesen, so dürfen Gewinne nur ausgeschüttet werden, wenn die nach der Ausschüttung verbleibenden frei verfügbaren Rücklagen zuzüglich eines Gewinnvortrags und abzüglich eines Verlustvortrags mindestens den insgesamt angesetzten Beträgen abzüglich der hierfür gebildeten passiven latenten Steuern entsprechen. [2]Werden aktive latente Steuern in der Bilanz ausgewiesen, ist Satz 1 auf den Betrag anzuwenden, um den die aktiven latenten Steuern die passiven latenten Steuern übersteigen. [3]Bei Vermögensgegenständen im Sinn des § 246 Abs. 2 Satz 2 ist Satz 1 auf den Betrag abzüglich der hierfür gebildeten passiven latenten Steuern anzuwenden, der die Anschaffungskosten übersteigt.

...

Dritter Titel
Gewinn- und Verlustrechnung

...

§ 277
Vorschriften zu einzelnen Posten der Gewinn- und Verlustrechnung

...

(5) [1]Erträge aus der Abzinsung sind in der Gewinn- und Verlustrechnung gesondert unter dem Posten „Sonstige Zinsen und ähnliche Erträge“ und Aufwendungen gesondert unter dem Posten „Zinsen und ähnliche Aufwendungen“ auszuweisen. [2]Erträge aus der Währungsumrechnung sind in der Gewinn- und Verlustrechnung gesondert unter dem Posten „Sonstige betriebliche Erträge“ und Aufwendungen aus der Währungsumrechnung gesondert unter dem Posten „Sonstige betriebliche Aufwendungen“ auszuweisen.

...

Fünfter Titel
Anhang

...

§ 285
Sonstige Pflichtangaben

Ferner sind im Anhang anzugeben:

...

23. bei Anwendung des § 254,

    a) mit welchem Betrag jeweils Vermögensgegenstände, Schulden, schwebende Geschäfte und mit hoher Wahrscheinlichkeit erwartete Transaktionen zur Absicherung welcher Risiken in welche Arten von Bewertungseinheiten einbezogen sind sowie die Höhe der mit Bewertungseinheiten abgesicherten Risiken,

    b) für die jeweils abgesicherten Risiken, warum, in welchem Umfang und für welchen Zeitraum sich die gegenläufigen Wertänderungen oder Zahlungsströme künftig voraussichtlich ausgleichen einschließlich der Methode der Ermittlung,

    c) eine Erläuterung der mit hoher Wahrscheinlichkeit erwarteten Transaktionen, die in Bewertungseinheiten einbezogen wurden,

    soweit die Angaben nicht im Lagebericht gemacht werden;

24. zu den Rückstellungen für Pensionen und ähnliche Verpflichtungen das angewandte versicherungsmathematische Berechnungsverfahren sowie die grundlegenden Annahmen der Berechnung, wie Zinssatz, erwartete Lohn- und Gehaltssteigerungen und zugrunde gelegte Sterbetafeln;

25. im Fall der Verrechnung von Vermögensgegenständen und Schulden nach § 246 Abs. 2 Satz 2 die Anschaffungskosten und der beizulegende Zeitwert der verrechneten Vermögensgegenstände, der Erfüllungsbetrag der verrechneten Schulden sowie die verrechneten Aufwendungen und Erträge; Nummer 20 Buchstabe a ist entsprechend anzuwenden;

...

Vierter Abschnitt
Ergänzende Vorschriften für Unternehmen bestimmter Geschäftszweige

...

Zweiter Unterabschnitt
Ergänzende Vorschriften für Versicherungsunternehmen und Pensionsfonds

Erster Titel
Anwendungsbereich

...

Dritter Titel
Bewertungsvorschriften

§ 341b
Bewertung von Vermögensgegenständen

(1) [1]Versicherungsunternehmen haben immaterielle Vermögensgegenstände, soweit sie entgeltlich erworben wurden, Grundstücke, grundstücksgleiche Rechte und Bauten einschließlich der Bauten auf fremden Grundstücken, technische Anlagen und Maschinen, andere Anlagen, Betriebs- und Geschäftsausstattung, Anlagen im Bau und Vorräte nach den für das Anlagevermögen geltenden Vorschriften zu bewerten. [2]Satz 1 ist vorbehaltlich Absatz 2 und § 341c auch auf Kapitalanlagen anzuwenden, soweit es sich hierbei um Beteiligungen, Anteile an verbundenen Unternehmen, Ausleihungen an verbundene Unternehmen oder an Unternehmen, mit denen ein Beteiligungsverhältnis besteht, Namensschuldverschreibungen, Hypothekendarlehen und andere Forderungen und Rechte, sonstige Ausleihungen und Depotforderungen aus dem in Rückdeckung übernommenen Versicherungsgeschäft handelt. [3]§ 253 Absatz 3 Satz 6 ist nur auf die in Satz 2 bezeichneten Vermögensgegenstände anzuwenden.

(2) Auf Kapitalanlagen, soweit es sich hierbei um Aktien einschließlich der eigenen Anteile, Anteile oder Aktien an Investmentvermögen, sowie sonstige festverzinsliche und nicht festverzinsliche Wertpapiere handelt, sind die für das Umlaufvermögen geltenden § 253 Abs. 1 Satz 1, Abs. 4 und 5, § 256 anzuwenden, es sei denn, dass sie dazu bestimmt werden, dauernd dem Geschäftsbetrieb zu dienen; in diesem Fall sind sie nach den für das Anlagevermögen geltenden Vorschriften zu bewerten.

(3) § 256 Satz 2 in Verbindung mit § 240 Abs. 3 über die Bewertung zum Festwert ist auf Grundstücke, Bauten und im Bau befindliche Anlagen nicht anzuwenden.

(4) Verträge, die von Pensionsfonds bei Lebensversicherungsunternehmen zur Deckung von Verpflichtungen gegenüber Versorgungsberechtigten eingegangen werden, sind mit dem Zeitwert unter Berücksichtigung des Grundsatzes der Vorsicht zu bewerten; die Absätze 1 bis 3 sind insoweit nicht anzuwenden.

...

§ 341d
Anlagestock der fondsgebundenen Lebensversicherung

Kapitalanlagen für Rechnung und Risiko von Inhabern von Lebensversicherungsverträgen, bei denen das Anlagerisiko vom Versicherungsnehmer getragen wird, sind mit dem Zeitwert unter Berücksichtigung des Grundsatzes der Vorsicht zu bewerten; die §§ 341b, 341c sind nicht anzuwenden.

...

Vierter Titel
Versicherungstechnische Rückstellungen

...

§ 341f
Deckungsrückstellung

(1) [1]Deckungsrückstellungen sind für die Verpflichtungen aus dem Lebensversicherungs- und dem nach Art der Lebensversicherung betriebenen Versicherungsgeschäft in Höhe ihres versicherungsmathematisch errechneten Wertes einschließlich bereits zugeteilter Überschussanteile mit Ausnahme der verzinslich angesammelten Überschussanteile und nach Abzug des versicherungsmathematisch ermittelten Barwerts der künftigen Beiträge zu bilden (prospektive Methode). [2]Ist eine Ermittlung des Wertes der künftigen Verpflichtungen und der künftigen Beiträge nicht möglich, hat die Berechnung aufgrund der aufgezinsten Einnahmen und Ausgaben der vorangegangenen Geschäftsjahre zu erfolgen (retrospektive Methode).

(2) Bei der Bildung der Deckungsrückstellung sind auch gegenüber den Versicherten eingegangene Zinssatzverpflichtungen zu berücksichtigen, sofern die derzeitigen oder zu erwartenden Erträge der Vermögenswerte des Unternehmens für die Deckung dieser Verpflichtung nicht ausreichen.

...

2.
Einführungsgesetz zum Handelsgesetzbuch (EG HGB)

vom 10.5.1897 (RGBl. S. 437; BGBl. III 4101-1),
zuletzt geändert durch Art. 7 Abs. 7 G vom 31.10.2022 (BGBl. I S. 1966)

– Auszug –

Zweiter Abschnitt
Übergangsvorschriften zum Bilanzrichtlinien-Gesetz

Artikel 28

(1) [1]Für eine laufende Pension oder eine Anwartschaft auf eine Pension aufgrund einer unmittelbaren Zusage braucht eine Rückstellung nach § 249 Abs. 1 Satz 1 des Handelsgesetzbuchs nicht gebildet zu werden, wenn der Pensionsberechtigte seinen Rechtsanspruch vor dem 1. Januar 1987 erworben hat oder sich ein vor diesem Zeitpunkt erworbener Rechtsanspruch nach dem 31. Dezember 1986 erhöht. [2]Für eine mittelbare Verpflichtung aus einer Zusage für eine laufende Pension oder eine Anwartschaft auf eine Pension sowie für eine ähnliche unmittelbare oder mittelbare Verpflichtung braucht eine Rückstellung in keinem Fall gebildet zu werden.

(2) Bei Anwendung des Absatzes 1 müssen Kapitalgesellschaften die in der Bilanz nicht ausgewiesenen Rückstellungen für laufende Pensionen, Anwartschaften auf Pensionen und ähnliche Verpflichtungen jeweils im Anhang und im Konzernanhang in einem Betrag angeben.

…

Neunundzwanzigster Abschnitt
Übergangsvorschriften zum Bilanzrechtsmodernisierungsgesetz

…

Artikel 67

(1) [1]Soweit aufgrund der geänderten Bewertung der laufenden Pensionen oder Anwartschaften auf Pensionen eine Zuführung zu den Rückstellungen erforderlich ist, ist dieser Betrag bis spätestens zum 31. Dezember 2024 in jedem Geschäftsjahr zu mindestens einem Fünfzehntel anzusammeln. [2]Ist aufgrund der geänderten Bewertung von Verpflichtungen, die die Bildung einer Rückstellung erfordern, eine Auflösung der Rückstellungen erforderlich, dürfen diese beibehalten werden, soweit der aufzulösende Betrag bis spätestens zum 31. Dezember 2024 wieder zugeführt werden müsste. [3]Wird von dem Wahlrecht nach Satz 2 kein Gebrauch gemacht, sind die aus der Auflösung resultierenden Beträge unmittelbar in die Gewinnrücklagen einzustellen. [4]Wird von dem Wahlrecht nach Satz 2 Gebrauch gemacht, ist der Betrag der Überdeckung jeweils im Anhang und im Konzernanhang anzugeben.

(2) Bei Anwendung des Absatzes 1 müssen Kapitalgesellschaften, Kreditinstitute, Finanzdienstleistungsinstitute und Wertpapierinstitute im Sinn des § 340 des Handelsgesetzbuchs, Versicherungsunternehmen und Pensionsfonds im Sinn des § 341 des Handelsgesetzbuchs, eingetragene Genossenschaften und Personenhandelsgesellschaften im Sinn des § 264a des Handelsgesetzbuchs die in der Bilanz nicht ausgewiesenen Rückstellungen für laufende Pensionen, Anwartschaften auf Pensionen und ähnliche Verpflichtungen jeweils im Anhang und im Konzernanhang angeben.

…

(7) *(aufgehoben)*

…

3.
Verordnung über die Ermittlung und Bekanntgabe der Sätze zur Abzinsung von Rückstellungen (Rückstellungsabzinsungsverordnung – RückAbzinsV)

vom 18.11.2009 (BGBl. I S. 3790),
zuletzt geändert durch Art. 9 G vom 11.3.2016 (BGBl. I S. 396)

Aufgrund des § 253 Absatz 2 Satz 4 und 5 des Handelsgesetzbuchs in der im Bundesgesetzblatt Teil III, Gliederungsnummer 4100-1, veröffentlichten bereinigten Fassung, der durch Artikel 1 Nummer 10 des Gesetzes vom 25. Mai 2009 (BGBl. I S. 1102) neu gefasst worden ist, verordnet das Bundesministerium der Justiz im Benehmen mit der Deutschen Bundesbank:

§ 1
Abzinsung von Rückstellungen

[1]Rückstellungen für Verpflichtungen gemäß § 253 Absatz 2 Satz 1 und 2 des Handelsgesetzbuchs werden auf der Grundlage der Abzinsungszinssätze abgezinst, die von der Deutschen Bundesbank nach Maßgabe dieser Verordnung mit zwei Nachkommastellen ermittelt und bekannt gemacht werden. [2]Die Zinssätze werden aus einer um einen Aufschlag erhöhten Null-Kupon-Euro-Zinsswapkurve ermittelt.

§ 2
Datengrundlage

[1]Die Null-Kupon-Euro-Zinsswapkurve wird auf der Grundlage von Euro-Festzins-Swapsätzen mit den Laufzeiten ein bis zehn Jahre, zwölf, 15, 20, 25, 30, 40 und 50 Jahre berechnet. [2]Die verwendeten Zeitreihen sind veröffentlichte Vortagsendstände für aus einer Reihe von Swap-Anbietern zusammengesetzte beste Geldkurse mit Verzinsung auf der Basis von 30 zu 360 Zinsberechnungstagen. [3]Die Swapsätze für die ganzjährigen Laufzeiten zwischen den genannten Laufzeiten werden interpoliert. [4]Die Berechnung des Aufschlags erfolgt anhand eines breiten Rendite-Indexes für auf Euro lautende Unternehmensanleihen aller Laufzeiten mit einer hochklassigen Bonitätseinstufung. [5]Die Daten können von internationalen Finanzdatenanbietern bezogen werden. [6]Es ist ausreichend, die Daten nur eines Finanzdatenanbieters heranzuziehen.

§ 3
Berechnungsgrundlagen und deren Abkürzungen

Die Zins-Swapsätze mit jährlicher Verzinsung werden wie folgt bezeichnet:

S_t = Festzins-Swapsatz mit Laufzeit t in Jahren,
N_t = Null-Kupon-Swapsatz mit Laufzeit t und Zinszahlung erst am Laufzeitende,
$T_{t1,\,t2}$ = impliziter Null-Kupon-Termin-Swapsatz mit Laufzeit von $t1$ bis $t2$.

§ 4
Umrechnung von Festzins-Swapsätzen in Null-Kupon-Swapsätze

[1]Die Null-Kupon-Swapsätze werden aus den Festzins-Swapsätzen mit Hilfe der Null-Kupon-Anleihen-Entbündelung (Bootstrapping) abgeleitet, und sind dadurch charakterisiert, dass die Fälligkeitstermine im Jahresabstand aufeinanderfolgen und mit den Kuponterminen zusammenfallen. [2]Für den Gegenwartswert eines Festzins-Swaps mit Laufzeit t gilt:

$$\sum_{i=1}^{t-1} \frac{S_t}{(1+N_i)^i} + \frac{1+S_t}{(1+N_t)^t} = 1.$$

[3]Der Festzins-Swapsatz mit einer Laufzeit von einem Jahr entspricht dem Null-Kupon-Swapsatz mit einer einjährigen Laufzeit; $S_1 = N_1$. [4]Die weiteren ganzjährigen Null-Kupon-Swapsätze werden wie folgt schrittweise berechnet:

$$N_t = \left(\frac{1+S_t}{1 - \sum_{i=1}^{t-1} \left(\frac{S_t}{(1+N_i)^i} \right)} \right)^{\frac{1}{t}} - 1, \quad t = 2, 3, \ldots .$$

§ 5
Interpolation fehlender Laufzeiten

(1) Der implizite Termin-Swapsatz aus Null-Kupon-Swapsätzen mit Laufzeitbeginn t über eine Laufzeit von einem Jahr (der Termin-Swapsatz zwischen t und $t+1$) wird wie folgt berechnet:

$$T_{t,\,t+1} = \frac{(1+N_{t+1})^{t+1}}{(1+N_t)^t} - 1.$$

(2) [1]Für Laufzeiten über zehn Jahre werden nicht alle jährlichen Festzins-Swapsätze verwendet. [2]Die dazwischenliegenden ganzjährigen Laufzeiten werden aus den verwendeten Laufzeiten zwölf, 15, 20, 25, 30, 40 und 50 Jahre abgeleitet. [3]Für die Interpolation wird die Annahme getroffen, dass die Termin-Swapsätze für die dazwischenliegenden Laufzeiten konstant sind. [4]Die fehlenden Null-Kupon-Swapsätze mit Laufzeit $t2$ werden dann mit der nachstehenden Methode ermittelt. [5]Der Gegenwartswert eines Festzins-Swaps mit Laufzeit $t3$ stellt sich wie folgt dar, wobei $S_1, S_2, \ldots, S_{t1}$ und S_{t3} sowie $N_1, N_2, \ldots, N_{t1}$ bekannt sind, $t1 < t2 < t3$ und $t2 - t1 \geq 1$ sind:

$$\frac{S_{t3}}{1+N_1} + \frac{S_{t3}}{(1+N_2)^2} + \ldots + \frac{1+S_{t3}}{(1+N_{t3})^{t3}} = 1.$$

[6]Annahmegemäß gilt:

$$T_{t1,\,t2} = T_{t2,\,t3} = T_{t1,\,t3}.$$

7

$$S_{t3}\left[\sum_{i=1}^{t1}\frac{1}{(1+N_i)^i}+\frac{1}{(1+N_{t1})^{t1}}\sum_{j=1}^{(t3-t1)}\frac{1}{\left(1+T_{t1,\,t3}\right)^j}\right]+\frac{1}{(1+N_{t1})^{t1}\left(1+T_{t1,\,t3}\right)^{(t3-t1)}}=1.$$

[8]Der Termin-Swapsatz ($T_{t1,\,t3}$) wird in der letzten Gleichung, da der Swapsatz mit Laufzeit $t3$ (S_{t3}) und die Null-Kupon-Swapsätze N_1 bis N_{t1} bekannt sind, mittels eines numerischen Verfahrens (*Newton*-Verfahren) berechnet. [9]Danach wird der Null-Kupon-Swapsatz mit Laufzeit $t2$ (N_{t2}) durch das Einsetzen des Termin-Swapsatzes $T_{t1,\,t3}$ in die folgende Gleichung bestimmt:

$$(1+N_{t2})^{t2} = (1+N_{t2-1})^{t2-1}\left(1+T_{t2-1,\,t2}\right) = (1+N_{t1})^{t1}\left(1+T_{t1,\,t3}\right)^{(t2-t1)}.$$

§ 6
Berechnung des Aufschlags

[1]Zur Berechnung des Aufschlags wird die Rendite des Unternehmensanleihenindexes über die vergangenen 84 Monatsendstände arithmetisch gemittelt. [2]Weiterhin wird die durchschnittliche Laufzeit der im Index enthaltenen Anleihen über den gleichen Zeitraum berechnet. [3]Für diese durchschnittliche Laufzeit wird der Null-Kupon-Swapsatz ermittelt (bei nicht ganzjährigen Laufzeiten durch lineare Interpolation), auch dieser aus dem arithmetischen Mittel der letzten 84 Monatsendstände der Swapsätze. [4]Dann wird der Abstand zwischen der gemittelten Unternehmensanleihenrendite und dem laufzeitgleichen gemittelten Null-Kupon-Swapsatz berechnet. [5]Dieser Abstand erhöht als Aufschlag die gemittelte Null-Kupon-Euro-Zinsswapkurve über deren gesamte Laufzeit. [6]Dabei sind U_z die Rendite des Unternehmensanleihenindexes, tz die durchschnittliche Laufzeit der Anleihen des Indexes und N_{tz} der Null-Kupon-Swapsatz mit Laufzeit t zum Zeitpunkt z. [7]Der Aufschlag (A_z) ergibt sich wie folgt:

$$\overline{tz} = \frac{1}{84}\sum_{j=z-83}^{z} t_j\,,$$

$$\overline{U}_z = \frac{1}{84}\sum_{j=z-83}^{z} U_j\,,$$

$$\overline{N}_{\overline{tz}} = \frac{1}{84}\sum_{j=z-83}^{z} N_{\overline{tz},j}\,,$$

$$A_z = \overline{U}_z - \overline{N}_{\overline{tz}}\,.$$

[8]Der Abzinsungszinssatz mit Laufzeit t zum Zeitpunkt z (AS_{tz}) ergibt sich dann als Summe vom jeweiligen gemittelten Null-Kupon-Swapsatz und dem für diesen Zeitpunkt einheitlichen Aufschlag:

$$AS_{tz} = +\overline{N}_{tz} + A_z.$$

§ 6a
Berechnung des Aufschlags bei Rückstellungen für Altersversorgungsverpflichtungen

Für die Berechnung des Aufschlags bei Rückstellungen für Altersversorgungsverpflichtungen nach § 253 Absatz 2 Satz 1 und 2 des Handelsgesetzbuchs treten bei der Anwendung des § 6 an die Stelle von 84 Monatsendständen 120 Monatsendstände.

§ 7
Bekanntgabe

Auf Basis der Daten des letzten Handelstages des Monats veröffentlicht die Deutsche Bundesbank monatlich die Null-Kupon-Euro-Zinsswapsätze und die Abzinsungszinssätze für die ganzjährigen Laufzeiten von einem Jahr bis 50 Jahre auf ihrer Internetseite www.bundesbank.de.

§ 8
[1]Übergangsvorschrift zum Gesetz zur Umsetzung der Wohnimmobilienkreditrichtlinie und zur Änderung handelsrechtlicher Vorschriften

[1]§ 6a in der Fassung des Gesetzes zur Umsetzung der Wohnimmobilienkreditrichtlinie und zur Änderung handelsrechtlicher Vorschriften vom 11. März 2016 (BGBl. I S. 396) ist erstmals auf die Berechnung des Aufschlags zum 17. März 2016 anzuwenden. [2]Die Deutsche Bundesbank berechnet die Abzinsungszinssätze für Rückstellungen für Altersversorgungsverpflichtungen nach Maßgabe des § 6a in der ab dem 17. März 2016 geltenden Fassung auch rückwirkend auf Basis der Daten des jeweils letzten Handelstages des Monats ab einschließlich Januar 2015 und veröffentlicht die so berechneten Abzinsungszinssätze zusätzlich auf ihrer Internetseite.

§ 9
Inkrafttreten

Diese Verordnung tritt am Tag nach der Verkündung[2] in Kraft.

1 § 8 doppelt eingefügt durch Art. 9 Nr. 2 G vom 11.3.2016 (BGBl. I S. 396).
2 Verkündet am 25.11.2009.

V.
Finanzaufsicht

1.
Gesetz über die Beaufsichtigung der Versicherungsunternehmen (Versicherungsaufsichtsgesetz – VAG)[1,2]

vom 1.4.2015 (BGBl. I S. 434),
zuletzt geändert durch Art. 16 G vom 22.2.2023 (BGBl. 2023 I Nr. 51 vom 28.2.2023)

– Auszug[3] –

…

Teil 2
Vorschriften für die Erstversicherung und die Rückversicherung

…

Kapitel 3
Besondere Vorschriften für einzelne Zweige

Abschnitt 1
Lebensversicherung

…

---

1 Dieses Gesetz dient der Umsetzung der Richtlinie 2009/138/EG des Europäischen Parlaments und des Rates vom 25. November 2009 betreffend die Aufnahme und Ausübung der Versicherungs- und der Rückversicherungstätigkeit (Solvabilität II) (ABl. L 335 vom 17.12.2009, S. 1), die zuletzt durch die Richtlinie 2014/51/EU (ABl. L 153 vom 22.5.2014, S. 1) geändert worden ist.

2 Dieses Gesetz wurde verkündet als Art. 1 des Gesetzes zur Modernisierung der Finanzaufsicht über Versicherungen und ist mit Ausnahme von § 355 am 1.1.2016 in Kraft getreten. § 355 ist am 11.4.2015 in Kraft getreten.

3 **Hinweis:** Um das handliche Format der Textsammlung zu erhalten, wurde der Auszug des VAG auf die Vorschriften zur Information bei bAV sowie zu den Einrichtungen der bAV beschränkt. Die aktuelle Fassung des VAG in dem Umfang der 15. Auflage ist in dem C.F. Müller Shop als Produktservice unter www.cfmueller.de/betriebsrente.htm abrufbar.

§ 144
Information bei betrieblicher Altersversorgung

(1) Soweit Lebensversicherungsunternehmen Leistungen der betrieblichen Altersversorgung erbringen, gelten für die Information der Versorgungsanwärter und Versorgungsempfänger die §§ 234k bis 234p und 235a entsprechend.

(2) Auf Versicherungsgeschäfte in anderen Mitglied- oder Vertragsstaaten ist Absatz 1 anzuwenden, wenn den Versicherungsverträgen deutsches Recht zugrunde liegt.

…

Teil 4
Einrichtungen der betrieblichen Altersversorgung

Kapitel 1
Pensionskassen

Abschnitt 1
Abgrenzung zu anderen Lebensversicherungsunternehmen

§ 232
Pensionskassen

(1) Eine Pensionskasse ist ein rechtlich selbstständiges Lebensversicherungsunternehmen, dessen Zweck die Absicherung wegfallenden Erwerbseinkommens wegen Alters, Invalidität oder Todes ist und das

1. das Versicherungsgeschäft im Wege des Kapitaldeckungsverfahrens betreibt,
2. Leistungen grundsätzlich erst ab dem Zeitpunkt des Wegfalls des Erwerbseinkommens vorsieht; soweit das Erwerbseinkommen teilweise wegfällt, können die allgemeinen Versicherungsbedingungen anteilige Leistungen vorsehen,
3. Leistungen im Todesfall nur an Hinterbliebene erbringen darf, wobei für Dritte ein Sterbegeld begrenzt auf die Höhe der gewöhnlichen Bestattungskosten vereinbart werden kann, und
4. der versicherten Person einen eigenen Anspruch auf Leistung gegen die Pensionskasse einräumt oder Leistungen als Rückdeckungsversicherung erbringt.

(2) [1]Pensionskassen dürfen nur Erstversicherungsgeschäft betreiben. [2]Ihnen kann die Erlaubnis ausschließlich in den Versicherungssparten nach Anlage 1 Nummer 19, 21 und 24 erteilt werden.

§ 233
Regulierte Pensionskassen

(1) [1]Pensionskassen können mit Genehmigung der Bundesanstalt reguliert werden (regulierte Pensionskassen). [2]Den Antrag, reguliert zu werden, können stellen

1. Pensionskassen in der Rechtsform des Versicherungsvereins auf Gegenseitigkeit, wenn

a) die Satzung vorsieht, dass Versicherungsansprüche gekürzt werden dürfen,

b) nach der Satzung mindestens 50 Prozent der Mitglieder der obersten Vertretung Versicherte oder ihre Vertreter sein sollen oder, wenn nur das Rückdeckungsgeschäft betrieben wird, nach der Satzung ein solches Recht den Versicherungsnehmern eingeräumt wird,

c) ausschließlich die unter § 17 des Betriebsrentengesetzes fallenden Personen, die Geschäftsleiter oder die Inhaber der Trägerunternehmen versichert werden sowie solche Personen, die der Pensionskasse durch Gesetz zugewiesen werden oder die nach Beendigung des Arbeitsverhältnisses das Versicherungsverhältnis mit der Pensionskasse fortführen, und

d) keine rechnungsmäßigen Abschlusskosten für die Vermittlung von Versicherungsverträgen erhoben und keine Vergütung für die Vermittlung oder den Abschluss von Versicherungsverträgen gewährt werden und

2. Pensionskassen, bei denen die Bundesanstalt festgestellt hat, dass sie die Voraussetzungen des § 156a Absatz 3 Satz 1 des Versicherungsaufsichtsgesetzes in der Fassung vom 15. Dezember 2004 erfüllen.

[3]Die Bundesanstalt genehmigt den Antrag, wenn die Voraussetzungen des Satzes 2 Nummer 1 oder 2 erfüllt sind.

(2) Separate Abrechnungsverbände nach § 2 Absatz 1, Pensionskassen unter Landesaufsicht und Pensionskassen, die auf Grund eines allgemeinverbindlichen Tarifvertrags errichtete gemeinsame Einrichtungen im Sinne des § 4 Absatz 2 des Tarifvertragsgesetzes sind, gelten immer als regulierte Pensionskassen.

(3) [1]Für regulierte Pensionskassen gelten nicht § 140 Absatz 2 Satz 2 und Absatz 4, § 145 Absatz 2 und 3 sowie § 234 Absatz 2 Satz 2 und 3 und Absatz 6. [2]Entsprechend anzuwenden sind § 210 Absatz 3 Satz 1, § 219 Absatz 2 Satz 2 und Absatz 3 Nummer 1 Buchstabe b und Nummer 2. [3]Soweit Versicherungsverhältnisse vor der Regulierung der Pensionskassen abgeschlossen worden sind und ihnen kein von der Aufsichtsbehörde genehmigter Geschäftsplan zugrunde liegt, gehören die fachlichen Geschäftsunterlagen im Sinne des § 219 Absatz 3 Nummer 1 Buchstabe b abweichend von Satz 2 nicht zum Geschäftsplan. [4]Entgegen Satz 1 wird in diesem Fall auf die allgemeinen Versicherungsbedingungen § 234 Absatz 2 Satz 2 und 3 weiterhin angewendet.

(4) [1]Auf regulierte Pensionskassen, die mit Genehmigung der Aufsichtsbehörde nach Maßgabe des § 211 Absatz 2 Nummer 2 des Versicherungsvertragsgesetzes von § 153 des Versicherungsvertragsgesetzes abweichende Bestimmungen getroffen haben, findet § 139 Absatz 3 und 4 keine Anwendung. [2]Regulierte Pensionskassen, die nicht nach Maßgabe des § 211 Absatz 2 Nummer 2 des Versicherungsvertragsgesetzes von § 153 des Versicherungsvertragsgesetzes abweichende Bestimmungen getroffen haben, können mit Genehmigung der Aufsichtsbehörde den Sicherungsbedarf aus den Versicherungsverträgen mit Zinsgarantie gemäß § 139 Absatz 4 nach einem abweichenden Verfahren berechnen.

(5) [1]Erfüllt eine regulierte Pensionskasse nicht mehr die Voraussetzungen des Absatzes 1 oder 2, stellt die Bundesanstalt durch Bescheid fest, dass es sich nicht mehr um eine regulierte Pensionskasse handelt. [2]Auf Versicherungsverhältnisse, die vor dem im Bescheid genannten Zeitpunkt in Kraft getreten sind, ist § 234 Absatz 6 entsprechend anzuwenden.

§ 234
Besonderheiten der Geschäftstätigkeit, die nicht die Geschäftsorganisation betreffen

(1) Für Pensionskassen gilt § 341k des Handelsgesetzbuchs; § 36 Absatz 2 findet keine Anwendung.

(2) [1]Die allgemeinen Versicherungsbedingungen gehören zum Geschäftsplan als Bestandteil nach § 9 Absatz 2 Nummer 2. [2]Das Genehmigungserfordernis nach § 12 Absatz 1 Satz 1 gilt für sie nicht. [3]Änderungen und die Einführung neuer allgemeiner Versicherungsbedingungen werden erst drei Monate nach Vorlage bei der Aufsichtsbehörde wirksam, falls die Aufsichtsbehörde nicht vorher die Unbedenklichkeit feststellt.

(3) [1]Von § 138 können Pensionskassen mit Genehmigung der Aufsichtsbehörde abweichen. [2]In § 141 Absatz 5 Satz 1 Nummer 1 und 2 treten die Grundsätze der auf Grund des § 235 Absatz 1 Nummer 4 bis 7 erlassenen Rechtsverordnung an die Stelle der Grundsätze der auf Grund des § 88 Absatz 3 erlassenen Rechtsverordnung. [3]Der Treuhänder nach § 142 muss auch über ausreichende Kenntnisse im Bereich der betrieblichen Altersversorgung verfügen. [4]Ist die Pensionskasse ein kleinerer Verein, hat der Verantwortliche Aktuar zu bestätigen, dass die Voraussetzungen der nach § 235 Absatz 1 Satz 1 Nummer 8 oder 9 erlassenen Rechtsverordnung erfüllt sind.

(4) Hängt die Höhe der Versorgungsleistungen von der Wertentwicklung eines nach Maßgabe des Geschäftsplans gebildeten Investmentvermögens ab, ist für dieses Investmentvermögen entsprechend den §§ 67, 101, 120, 135, 148 und 158 des Kapitalanlagegesetzbuchs oder entsprechend § 44 des Investmentgesetzes in der bis zum 21. Juli 2013 geltenden Fassung gesondert Rechnung zu legen; § 101 Absatz 2 des Kapitalanlagegesetzbuchs oder § 44 Absatz 2 des Investmentgesetzes in der bis zum 21. Juli 2013 geltenden Fassung ist nicht anzuwenden.

(5) [1]Abweichend von § 210 Absatz 1 Satz 1 ist § 184 auch dann anzuwenden, wenn die Pensionskasse ein kleinerer Verein ist. [2]Dabei hat die Satzung zu bestimmen, dass der Vorstand vom Aufsichtsrat oder vom obersten Organ zu bestellen ist.

(6) [1]Auf Versicherungsverhältnisse, die vor dem 1. Januar 2006 in Kraft getreten sind, ist § 336 entsprechend anzuwenden, soweit ihnen ein von der Aufsichtsbehörde genehmigter Geschäftsplan zugrunde liegt. [2]§ 142 gilt in diesen Fällen nicht.

(7) [1]Enthält die Satzung der Pensionskasse eine Vorschrift, nach der Versicherungsansprüche gekürzt werden dürfen, kann die Satzung nach Maßgabe dieses Absatzes auch mit Wirkung für bestehende Versicherungsverhältnisse geändert werden. [2]Es

kann eine Regelung aufgenommen werden, die das in den Sätzen 3 bis 6 beschriebene Verfahren vorsieht für den Fall, dass

1. die Deckungsrückstellung erhöht wird, weil die Rechnungsgrundlagen auf Grund einer unvorhersehbaren und nicht nur vorübergehenden Änderung der Verhältnisse angepasst werden müssen, und
2. die Versicherungsansprüche aus der Durchführung betrieblicher Altersversorgung, für die weiterhin ein Arbeitgeber nach § 1 Absatz 1 Satz 3 des Betriebsrentengesetzes einsteht, einen Anteil von mindestens 75 Prozent an der zu erhöhenden Deckungsrückstellung ausmachen und wenigstens zwei Drittel dieses Anteils auf Versicherungsansprüche entfallen, für die Arbeitgeber oder Dritte erklärt haben, der Pensionskasse die erforderlichen finanziellen Mittel zur Verfügung zu stellen, damit sie die Erhöhung der Deckungsrückstellung zumindest für diese Versicherungsansprüche vollständig finanzieren kann.

[3]Für jeden Versicherungsanspruch wird der Teilanspruch bestimmt, für den die Erhöhung der Deckungsrückstellung nicht aus Erträgen des Geschäftsjahres oder Mitteln nach Satz 2 Nummer 2 finanziert ist. [4]Versicherungsansprüche, für die kein Arbeitgeber einsteht, werden um den jeweiligen Teilanspruch nach Satz 3 gekürzt, höchstens aber um den Betrag, der sich ergäbe, wenn keine Mittel nach Satz 2 Nummer 2 zugesagt wären und die in Satz 1 genannte Vorschrift angewendet würde. [5]Die übrigen Versicherungsansprüche werden um den jeweiligen Teilanspruch nach Satz 3 gekürzt, soweit die Eigenmittel dadurch auf bis zu 110 Prozent der Solvabilitätskapitalanforderung steigen. [6]Die Kürzung der Versicherungsansprüche bedarf der Zustimmung von drei Vierteln der abgegebenen Stimmen der obersten Vertretung der Pensionskasse und der Zustimmung der Aufsichtsbehörde.

Abschnitt 2
Besonderheiten der Geschäftsorganisation

§ 234a
Ergänzende allgemeine Vorschriften

(1) [1]Die Geschäftsorganisation einer Pensionskasse muss über § 23 Absatz 1 hinaus auch der Größenordnung ihrer Tätigkeiten angemessen sein. [2]Die Geschäftsorganisation ist darauf abzustimmen, ob und auf welche Weise ökologische, soziale und die Unternehmensführung betreffende Faktoren in Bezug auf die Vermögenswerte bei Anlageentscheidungen berücksichtigt werden.

(2) Für Pensionskassen gilt § 23 Absatz 1a bis 1c nicht.

(3) [1]Die internen Leitlinien nach § 23 Absatz 3 haben auch Vorgaben zu einer bestehenden versicherungsmathematischen Funktion zu machen. [2]Abweichend von § 23 Absatz 3 Satz 3 genügt es, wenn Pensionskassen die Leitlinien mindestens alle drei Jahre überprüfen.

(4) Besonderheiten im Hinblick auf eine Besetzung des Aufsichtsrats durch Vertreter der Arbeitgeber und der Arbeitnehmer der Trägerunternehmen sind zu berücksichtigen.

(5) Die Vergütungssysteme im Sinne des § 25 müssen der Größe und der internen Organisation der Pensionskasse sowie der Größenordnung, der Art, dem Umfang und der Komplexität ihrer Geschäftstätigkeiten angemessen sein.

(6) § 28 Absatz 1 ist nicht anzuwenden.

(7) Für das interne Kontrollsystem gilt § 29 Absatz 1 Satz 2 und Absatz 2 bis 4 nicht.

§ 234b
Besondere Vorschriften zu Schlüsselfunktionen

(1) Pensionskassen ermöglichen der verantwortlichen Person für eine Schlüsselfunktion, ihre Aufgaben effektiv, objektiv, sachgemäß und unabhängig ausüben zu können.

(2) Die für die interne Revisionsfunktion verantwortliche Person darf keine andere Schlüsselfunktion innerhalb der Pensionskasse ausüben.

(3) [1]Die verantwortliche Person für eine Schlüsselfunktion darf im Trägerunternehmen nur dann eine ähnliche Aufgabe ausüben, wenn

1. dies der Größenordnung, der Art, dem Umfang und der Komplexität der Tätigkeiten der Pensionskasse angemessen ist und
2. die Pensionskasse gegenüber der Aufsichtsbehörde darlegt, wie sie Interessenkonflikte mit dem Trägerunternehmen verhindert oder mit ihnen verfährt.

[2]Die Pensionskasse übermittelt der Aufsichtsbehörde unverzüglich eine Stellungnahme nach Satz 1 Nummer 2, wenn die verantwortliche Person für eine Schlüsselfunktion eine ähnliche Aufgabe im Trägerunternehmen ausübt oder übernehmen soll.

(4) [1]Die für eine Schlüsselfunktion verantwortliche Person hat dem Vorstand alle wesentlichen Feststellungen und Empfehlungen aus ihrem Verantwortungsbereich mitzuteilen. [2]Der Vorstand entscheidet, welche Maßnahmen zu treffen sind. [3]Die verantwortliche Person für die Schlüsselfunktion ist verpflichtet, der Aufsichtsbehörde zu melden, dass der Vorstand nicht rechtzeitig geeignete Maßnahmen getroffen hat, wenn die Pensionskasse

1. dem erheblichen Risiko ausgesetzt ist, wesentliche gesetzliche Anforderungen nicht zu erfüllen, und dies
   a) dem Vorstand mitgeteilt wurde sowie
   b) wesentliche Auswirkungen auf die Interessen von Versorgungsanwärtern und Versorgungsempfängern haben könnte, oder
2. in einem der Verantwortung der Schlüsselfunktion unterfallenden Bereich in erheblicher Weise gegen geltende Rechts- oder Verwaltungsvorschriften verstößt und dem Vorstand dies mitgeteilt wurde.

[4]Die Pflicht zur Meldung besteht nicht, wenn die verantwortliche Person für die Schlüsselfunktion sich selbst oder einen der in § 383 Absatz 1 Nummer 1 bis 3 der Zivilprozessordnung bezeichneten Angehörigen der Gefahr strafgerichtlicher Verfolgung

oder eines Verfahrens nach dem Gesetz über Ordnungswidrigkeiten aussetzen würde. [5]Wegen einer Meldung nach Satz 3 darf die verantwortliche Person für die Schlüsselfunktion weder nach arbeitsrechtlichen noch nach strafrechtlichen Vorschriften verantwortlich gemacht werden. [6]Sie darf nicht zum Ersatz von Schäden herangezogen werden, es sei denn, die Meldung ist vorsätzlich oder grob fahrlässig unwahr abgegeben worden. [7]Ihre Berechtigung zur Abgabe von Meldungen nach Satz 3 darf vertraglich nicht eingeschränkt werden. [8]Entgegenstehende Vereinbarungen sind unwirksam.

(5) [1]Die versicherungsmathematische Funktion hat die Berechnung der versicherungstechnischen Rückstellungen auch zu überwachen. [2]Abweichend von § 31 Absatz 1 Satz 2 Nummer 2 und 4 hat sie

1. die Angemessenheit der für die Berechnung der versicherungstechnischen Rückstellungen verwendeten Methoden und Basismodelle sowie der zu diesem Zweck zugrunde gelegten Annahmen zu beurteilen,
2. die bei der Berechnung der versicherungstechnischen Rückstellungen zugrunde gelegten Annahmen mit den Erfahrungswerten zu vergleichen.

[3]Außerdem trägt die versicherungsmathematische Funktion zur eigenen Risikobeurteilung nach § 234d bei. [4]§ 31 Absatz 1 Satz 2 Nummer 6 sowie Absatz 2 Satz 3 und 4 ist nicht anzuwenden.

(6) Die versicherungsmathematische Funktion kann entfallen, wenn die Pensionskasse

1. keine biometrischen Risiken selbst abdeckt und
2. weder Anlageergebnisse noch eine bestimmte Höhe der Leistungen garantiert.

(7) Personen oder Stellen, an die eine Schlüsselfunktion ausgegliedert wird, müssen die Anforderungen des § 24 Absatz 1 entsprechend erfüllen.

§ 234c
Risikomanagement

(1) [1]Das Risikomanagementsystem einer Pensionskasse muss über § 26 Absatz 5 hinaus auch ökologische und soziale Risiken sowie die Unternehmensführung betreffende Risiken abdecken, soweit diese Risiken mit dem Anlageportfolio und dessen Verwaltung in Verbindung stehen. [2]Die vom Risikomanagementsystem erfassten Risiken werden auf eine Weise behandelt, die der Größe und der internen Organisation der Pensionskasse sowie der Größenordnung, der Art, dem Umfang und der Komplexität ihrer Geschäftstätigkeiten angemessen ist.

(2) Das Risikomanagementsystem hat außerdem die Risiken, die die Versorgungsanwärter und Versorgungsempfänger gemäß den Bedingungen eines Altersversorgungssystems tragen, aus der Sicht der Versorgungsanwärter und Versorgungsempfänger zu berücksichtigen.

(3) [1]Pensionskassen haben die Berichterstattung nach § 26 Absatz 1 Satz 1 und 2, die gegenüber dem Vorstand erfolgt, innerhalb eines Monats nach Vorlage beim Vorstand der Aufsichtsbehörde einzureichen. [2]Diese Pflicht entfällt für die Berichterstattung, die dem Vorstand vorgelegt wird im Zeitraum von sechs Monaten vor und nach dem Abschluss einer eigenen Risikobeurteilung nach § 234d, die für das gesamte Risikoprofil durchgeführt wird. [3]Die Aufsichtsbehörde kann Pensionskassen von der Pflicht nach Satz 1 auch ganz oder teilweise befreien, wenn dies mit den Aufsichtszielen vereinbar ist.

(4) § 26 Absatz 3, 4, 6, 7 sowie 8 Satz 2 und 3 ist nicht anzuwenden.

(5) [1]Zum Risikomanagementsystem der Pensionskasse gehört die eigene Risikobeurteilung nach § 234d. [2]§ 27 ist nicht anzuwenden.

§ 234d
Eigene Risikobeurteilung

(1) [1]Zum Risikomanagementsystem einer Pensionskasse gehört eine eigene Risikobeurteilung, die zu dokumentieren ist. [2]Die eigene Risikobeurteilung ist mindestens alle drei Jahre für das gesamte Risikoprofil durchzuführen, auf Verlangen der Aufsichtsbehörde auch häufiger. [3]Die Pensionskasse hat unverzüglich eine eigene Risikobeurteilung vorzunehmen, wenn eine wesentliche Änderung

1. in ihrem Risikoprofil oder

2. im Risikoprofil der von ihr betriebenen Altersversorgungssysteme

eingetreten ist. [4]Ist im Fall des Satzes 3 Nummer 2 nur ein Altersversorgungssystem betroffen, kann die eigene Risikobeurteilung auf dieses Altersversorgungssystem beschränkt werden. [5]Die Pensionskassen informieren die Aufsichtsbehörde innerhalb von 14 Tagen nach Abschluss jeder durchgeführten eigenen Risikobeurteilung über das Ergebnis.

(2) [1]Im Rahmen der eigenen Risikobeurteilung hat die Pensionskasse

1. darzustellen, wie die eigene Risikobeurteilung in die Leitungs- und Entscheidungsprozesse der Pensionskasse einbezogen wird;

2. die Wirksamkeit des Risikomanagementsystems zu beurteilen;

3. darzustellen, wie sie Interessenkonflikte mit dem Trägerunternehmen verhindert oder mit ihnen verfährt, wenn die verantwortliche Person für eine Schlüsselfunktion zugleich eine ähnliche Aufgabe im Trägerunternehmen ausübt;

4. den gesamten Finanzierungsbedarf zu beurteilen und gegebenenfalls Maßnahmen zur Deckung des Finanzierungsbedarfs zu beschreiben;

5. die Risiken zu beurteilen, die für die Versorgungsanwärter und Versorgungsempfänger in Bezug auf die Auszahlung ihrer Altersversorgungsleistungen bestehen, sowie die Wirksamkeit von Gegenmaßnahmen einzuschätzen, wobei in die Betrachtung einzubeziehen sind die gegebenenfalls bestehenden

a) Indexierungsmechanismen,

b) Mechanismen zur Minderung der Anwartschaften und Ansprüche auf Versorgungsleistungen, wobei auch anzugeben ist, unter welchen Voraussetzungen und in welchem Umfang die Anwartschaften und Ansprüche gemindert werden können und wer die Minderung vornimmt;

6. eine qualitative Beurteilung der Mechanismen vorzunehmen, die zum Schutz der Anwartschaften und Ansprüche auf Versorgungsleistungen bestehen, einschließlich der zugunsten der Pensionskasse oder zugunsten der Versorgungsanwärter und Versorgungsempfänger gegebenenfalls bestehenden

   a) Garantien, bindenden Verpflichtungen oder finanziellen Unterstützung jeglicher anderer Art durch das Trägerunternehmen,

   b) Versicherungs- oder Rückversicherungsvereinbarungen mit einem Unternehmen, das unter die Richtlinie 2009/138/EG fällt, oder

   c) Abdeckung durch ein Altersversorgungssicherungssystem;

7. die operationellen Risiken qualitativ zu beurteilen;

8. die neu hinzugekommenen und die voraussichtlich hinzukommenden Risiken zu beurteilen, die dadurch bedingt sind, dass die Pensionskasse ökologische, soziale und die Unternehmensführung betreffende Faktoren bei ihren Anlageentscheidungen berücksichtigt.

[2]In die Beurteilung nach Satz 1 Nummer 8 sind unter anderem einzubeziehen Risiken im Zusammenhang mit dem Klimawandel, der Verwendung von Ressourcen und der Umwelt sowie soziale Risiken und Risiken im Zusammenhang mit der durch eine geänderte Regulierung bedingten Wertminderung von Vermögenswerten.

(3) [1]Für die Durchführung der Risikobeurteilung nach Absatz 2 hat die Pensionskasse Methoden zu verwenden, anhand deren sie diejenigen Risiken erkennen und beurteilen kann, die

1. sie kurz- oder langfristig betreffen oder betreffen könnten und

2. sich auf die Fähigkeit der Pensionskasse auswirken könnten, die Verpflichtungen zu erfüllen.

[2]Die Methoden müssen der Größenordnung, der Art, dem Umfang und der Komplexität der Tätigkeiten der Pensionskasse angemessen sein und auch die in Absatz 2 Satz 2 genannten Risiken erfassen. [3]Sie sind in der eigenen Risikobeurteilung darzustellen.

(4) Die eigene Risikobeurteilung fließt in die strategischen Entscheidungen der Pensionskasse ein.

§ 234e
Ergänzende Vorschriften zur Ausgliederung

(1) Werden Tätigkeiten ausgegliedert, müssen Pensionskassen einen geeigneten Dienstleister auswählen und kontinuierlich überwachen, dass der Dienstleister die ausgegliederten Tätigkeiten ordnungsgemäß durchführt.

(2) Pensionskassen haben mit dem Dienstleister eine schriftliche, rechtlich bindende Vereinbarung über eine Ausgliederung zu schließen, die die Rechte und Pflichten der Beteiligten festlegt.

(3) § 32 Absatz 3 und § 47 Nummer 8 und 9 sind auch auf die Ausgliederung sonstiger Tätigkeiten, die diesem Gesetz unterliegen, anzuwenden.

Abschnitt 3
Besonderheiten in Bezug auf die finanzielle Ausstattung

§ 234f
Allgemeines

(1) Für Pensionskassen gelten nicht die §§ 74 bis 88 und 133, 134 Absatz 4 und 5, die §§ 301 und 304 Absatz 1 Nummer 2 sowie die §§ 341 bis 352.

(2) [1]An die Stelle der §§ 89 bis 123 tritt § 234g Absatz 1 bis 3. [2]Soweit in den auf Pensionskassen anwendbaren Vorschriften auf Basiseigenmittel oder anrechnungsfähige Eigenmittel Bezug genommen wird, treten an deren Stelle die Eigenmittel nach § 234g Absatz 3.

(3) [1]Abweichend von § 134 Absatz 3 Satz 2 kann die Aufsichtsbehörde die Frist nach § 134 Absatz 3 Satz 1 um einen angemessenen Zeitraum verlängern. [2]Sie kann auf Antrag der Pensionskasse die Frist nach § 134 Absatz 2 um einen Monat verlängern. [3]Die Aufsichtsbehörde kann die Frist nach § 135 Absatz 2 Satz 1 um höchstens zwei Monate und die Frist nach § 135 Absatz 2 Satz 2 auf höchstens zwölf Monate verlängern.

(4) [1]Die Aufsichtsbehörde kann die Erlaubnis widerrufen, wenn es der Pensionskasse nicht gelingt, innerhalb von drei Monaten nach Feststellung der Nichtbedeckung der Mindestkapitalanforderung den genehmigten Finanzierungsplan zu erfüllen. [2]Die Aufsichtsbehörde hat die Erlaubnis zu widerrufen, wenn sie der Auffassung ist, dass der vorgelegte Finanzierungsplan offensichtlich unzureichend ist, oder wenn es der Pensionskasse nicht gelingt, innerhalb von zwölf Monaten nach Feststellung der Nichtbedeckung der Mindestkapitalanforderung den genehmigten Finanzierungsplan zu erfüllen.

§ 234g
Solvabilitätskapitalanforderung, Mindestkapitalanforderung und Eigenmittel

(1) Pensionskassen müssen stets über Eigenmittel mindestens in Höhe der Solvabilitätskapitalanforderung verfügen.

(2) [1]Die Solvabilitätskapitalanforderung wird durch die Rechtsverordnung zu § 235 Absatz 1 Nummer 1 bestimmt. [2]Ein Drittel der Solvabilitätskapitalanforderung gilt als Mindestkapitalanforderung.

(3) [1]Zur Ermittlung der Eigenmittel ist § 214 mit Ausnahme von Absatz 1 Satz 1 Nummer 8 Buchstabe b anzuwenden. [2]In § 214 Absatz 1 Satz 1 Nummer 8 Buchstabe d treten dabei die nach § 235 Absatz 1 erlassenen Vorschriften an die Stelle der nach § 217 Satz 1 erlassenen Vorschriften.

(4) Pensionskassen haben der Aufsichtsbehörde jährlich eine Berechnung der Solvabilitätskapitalanforderung vorzulegen und ihr die Eigenmittel nachzuweisen.

§ 234h
Ergänzende allgemeine Anlagegrundsätze

(1) [1]Pensionskassen haben die Vermögenswerte zum größtmöglichen langfristigen Nutzen der Versorgungsanwärter und Versorgungsempfänger insgesamt anzulegen. [2]Im Fall eines Interessenkonflikts sorgt die Pensionskasse oder die Stelle, die ihr Vermögen verwaltet, dafür, dass die Anlage ausschließlich im Interesse der Versorgungsanwärter und Versorgungsempfänger erfolgt.

(2) Bei Anlagen in derivative Finanzinstrumente ist eine übermäßige Risikokonzentration in Bezug auf eine einzelne Gegenpartei und in Bezug auf andere Derivatgeschäfte zu vermeiden.

(3) Bei ihren Anlageentscheidungen können Pensionskassen im Rahmen des Grundsatzes der unternehmerischen Vorsicht den möglichen langfristigen Auswirkungen auf ökologische, soziale und die Unternehmensführung betreffende Belange Rechnung tragen.

(4) § 124 Absatz 1 Satz 2 Nummer 1 Buchstabe b und Nummer 4 sowie Absatz 2 Satz 1 ist nicht anzuwenden.

§ 234i
Anlagepolitik

[1]Pensionskassen haben der Aufsichtsbehörde eine Erklärung zu den Grundsätzen ihrer Anlagepolitik vorzulegen

1. spätestens vier Monate nach Ende eines Geschäftsjahres und

2. unverzüglich nach einer wesentlichen Änderung der Anlagepolitik.

[2]In der Erklärung ist zumindest einzugehen auf das Verfahren der Risikobewertung und der Risikosteuerung, auf die Strategie sowie auf die Frage, wie die Anlagepolitik ökologischen, sozialen und die Unternehmensführung betreffenden Belangen Rechnung trägt. [3]Pensionskassen müssen die Erklärung öffentlich zugänglich machen. [4]Spätestens nach drei Jahren ist die Erklärung zu überprüfen.

§ 234j
Besondere Vorschriften zum Sicherungsvermögen

(1) [1]Das Sicherungsvermögen darf nur angelegt werden in

1. den Anlageformen, die in § 215 Absatz 2 Satz 1 Nummer 1 bis 7 genannt sind, und
2. sonstigen Anlagen, die nach der Rechtsverordnung zu § 235 Absatz 1 Nummer 10 zugelassen sind.

[2]Darüber hinaus darf das Sicherungsvermögen nur angelegt werden, soweit dies die Aufsichtsbehörde bei Vorliegen außergewöhnlicher Umstände im Einzelfall auf Antrag vorübergehend gestattet.

(2) § 125 Absatz 1 Satz 2 und 3 und § 131 sind nicht anzuwenden.

(3) [1]Pensionskassen haben über ihre gesamten Vermögensanlagen, aufgegliedert in Neuanlagen und Bestände, zu berichten. [2]Die Pflichten nach § 126 Absatz 2 bleiben unberührt.

Abschnitt 4
Informationspflichten gegenüber Versorgungsanwärtern und Versorgungsempfängern

§ 234k
Anforderungen an zu erteilende Informationen

(1) Die nach diesem Abschnitt vorgeschriebenen Informationen über ein Altersversorgungssystem müssen

1. in deutscher Sprache gefasst sein;
2. klar, prägnant und verständlich formuliert sein, wobei fachsprachliche Begriffe oder Wendungen nicht verwendet werden, wenn der Sachverhalt auch in Allgemeinsprache dargestellt werden kann;
3. schlüssig sein, wobei Begriffe und Bezeichnungen einheitlich verwendet und beibehalten werden;
4. in lesefreundlicher Form aufgemacht werden;
5. regelmäßig aktualisiert werden.

(2) Die Informationen dürfen nicht irreführend sein.

(3) Die vorgeschriebenen Informationen werden kostenlos zur Verfügung gestellt.

(4) Die Vorschriften dieses Abschnitts sind nicht anzuwenden auf Altersversorgungssysteme, die von der Pensionskasse grenzüberschreitend im Sinne des § 241 betrieben werden.

§ 234l
Allgemeine Informationen zu einem Altersversorgungssystem

(1) Für jedes betriebene Altersversorgungssystem stellt die Pensionskasse den Versorgungsanwärtern und Versorgungsempfängern allgemeine Informationen über das Altersversorgungssystem zur Verfügung.

(2) Die Pensionskasse teilt den Versorgungsanwärtern und Versorgungsempfängern innerhalb einer angemessenen Frist alle für sie maßgeblichen Informationen zu geänderten Bestimmungen des Altersversorgungssystems mit.

(3) Werden die Methoden und Annahmen zur Berechnung der versicherungstechnischen Rückstellungen wesentlich geändert, stellt die Pensionskasse eine Erläuterung zu den damit verbundenen Auswirkungen auf die Versorgungsanwärter und Versorgungsempfänger innerhalb einer angemessenen Frist zur Verfügung.

§ 234m
Information der Versorgungsanwärter bei Beginn des Versorgungsverhältnisses

(1) Die Pensionskasse stellt dem Versorgungsanwärter bei Beginn des Versorgungsverhältnisses folgende Informationen zur Verfügung:

1. Name, Anschrift, Rechtsform und Sitz der Pensionskasse,
2. die Vertragsbedingungen einschließlich der Tarifbestimmungen, soweit sie für das Versorgungsverhältnis gelten, sowie die Angabe des auf den Vertrag anwendbaren Rechts,
3. Angaben zur Laufzeit des Versorgungsverhältnisses,
4. allgemeine Angaben über die für das Versorgungsverhältnis geltenden Steuerregeln,
5. die mit dem Altersversorgungssystem verbundenen finanziellen, versicherungstechnischen und sonstigen Risiken sowie die Art und Aufteilung der Risiken,
6. allgemeine Angaben darüber, inwieweit die Leistungen im Versorgungsfall der Beitragspflicht in der gesetzlichen Kranken- und Pflegeversicherung unterliegen.

(2) Wurde der Versorgungsanwärter automatisch in das Altersversorgungssystem aufgenommen, erhält er außerdem folgende Informationen:

1. die ihm zustehenden Wahlmöglichkeiten einschließlich der Anlageoptionen,
2. die wesentlichen Merkmale des Altersversorgungssystems einschließlich der Art der Leistungen,
3. Angaben dazu, ob und inwieweit die Anlagepolitik Belangen aus den Bereichen Umwelt, Klima, Soziales und Unternehmensführung Rechnung trägt,
4. Angaben dazu, wo weitere Informationen erhältlich sind.

§ 234n
Information vor dem Beitritt zu einem Altersversorgungssystem

Die Pensionskasse stellt sicher, dass Versorgungsanwärtern, die nicht automatisch in das Altersversorgungssystem aufgenommen werden, die in § 234m Absatz 2 bezeichneten Informationen zur Verfügung gestellt werden, bevor sie dem Altersversorgungssystem beitreten.

§ 234o
Information der Versorgungsanwärter während der Anwartschaftsphase

(1) [1]Pensionskassen stellen dem Versorgungsanwärter mindestens alle zwölf Monate die für ihn wesentlichen Informationen über den Stand seines Versorgungsverhältnisses zur Verfügung. [2]Die Informationen werden in knapper, präziser Form zusammengestellt und die Überschrift „Renteninformation" vorangestellt.

(2) Die Renteninformation muss den Besonderheiten der gesetzlichen Altersversorgungssysteme und dem Arbeits-, Sozial- und Steuerrecht Rechnung tragen.

(3) [1]Die Pensionskasse hat in die Renteninformation eine Projektion der Altersversorgungsleistungen bis zum voraussichtlichen Renteneintrittsalter aufzunehmen. [2]Sie muss in deutlicher Form darauf hinweisen, dass

1. die Angaben in der Projektion nicht garantiert sind und die endgültige Höhe der Altersversorgungsleistungen von der Projektion abweichen kann sowie
2. der Versorgungsanwärter aus der Projektion keine Ansprüche gegen die Pensionskasse ableiten kann.

(4) Enthält die Renteninformation wesentliche Änderungen gegenüber den Informationen der vorherigen Renteninformation, werden diese deutlich kenntlich gemacht.

(5) [1]Darüber, in welcher Form die Altersversorgungsleistungen bezogen werden können, informiert die Pensionskasse den Versorgungsanwärter rechtzeitig vor Erreichen des Termins, ab dem voraussichtlich Altersversorgungsleistungen bezogen werden. [2]Sie hat die Informationen auch auf Anfrage des Versorgungsanwärters mitzuteilen.

§ 234p
Information der Versorgungsempfänger

(1) Die Pensionskasse unterrichtet den Versorgungsempfänger regelmäßig über die ihm zustehenden Leistungen und über etwaige Wahlrechte, in welcher Form die Leistungen bezogen werden können.

(2) Die Pensionskasse informiert die Versorgungsempfänger über eine Kürzung der ihnen zustehenden Leistungen

1. unverzüglich nach der endgültigen Entscheidung über die Kürzung und
2. drei Monate vor dem Stichtag, an dem die Kürzung wirksam wird.

(3) Tragen die Versorgungsempfänger in der Auszahlungsphase ein wesentliches Anlagerisiko, werden sie von der Pensionskasse regelmäßig angemessen informiert.

Abschnitt 5
Verordnungsermächtigungen

§ 235
Verordnungsermächtigung zur Finanzaufsicht

(1) Das Bundesministerium der Finanzen wird ermächtigt, für Pensionskassen durch Rechtsverordnung Vorschriften zu erlassen

1. über die Berechnung und die Höhe der Solvabilitätskapitalanforderung;
2. über den maßgebenden Mindestbetrag der Mindestkapitalanforderung sowie über seine Berechnung;
3. darüber, wie nicht in der Bilanz ausgewiesene Eigenmittel errechnet werden und in welchem Umfang sie auf die Solvabilitätskapitalanforderung und die Mindestkapitalanforderung angerechnet werden dürfen;
4. über einen oder mehrere Höchstwerte für den Rechnungszins bei Versicherungsverträgen mit Zinsgarantie;
5. über weitere Vorgaben zur Ermittlung der Diskontierungszinssätze nach § 341f Absatz 2 des Handelsgesetzbuchs;
6. über die Höchstbeträge für die Zillmerung;
7. über die versicherungsmathematischen Rechnungsgrundlagen und die Bewertungsansätze für die Deckungsrückstellung;
8. darüber, wie bei Pensionskassen, bei denen vertraglich sowohl Arbeitnehmer als auch Arbeitgeber zur Prämienzahlung verpflichtet sind, für Lebensversicherungsverträge, denen kein genehmigter Geschäftsplan zugrunde liegt, der auf die Arbeitnehmer entfallende Teil der überrechnungsmäßigen Erträge zu bestimmen ist und welche Beteiligung der Arbeitnehmer an diesen Erträgen angemessen im Sinne des § 140 Absatz 2 ist;
9. über die versicherungsmathematischen Methoden zur Berechnung der Prämien einschließlich der Prämienänderungen und der versicherungstechnischen Rückstellungen im Sinne der §§ 341e bis 341h des Handelsgesetzbuchs, insbesondere der Deckungsrückstellung, bei Pensionskassen mit kollektiven Finanzierungssystemen für Lebensversicherungsverträge, denen kein genehmigter Geschäftsplan zugrunde liegt, insbesondere darüber wie die maßgeblichen Annahmen zur Sterblichkeit, zur Alters- und Geschlechtsabhängigkeit des Risikos und zur Stornowahrscheinlichkeit, die Annahmen über die Zusammensetzung des Bestandes und des Neuzugangs, der Zinssatz einschließlich der Höhe der Sicherheitszuschläge und die Grundsätze für die Bemessung der sonstigen Zuschläge zu berücksichtigen sind;

10. über Anlagegrundsätze qualitativer und quantitativer Art für das Sicherungsvermögen ergänzend zu § 124 Absatz 1 Satz 1 und 2 Nummer 1 Buchstabe a, Nummer 2, 3, 5 bis 8 sowie § 234h Absatz 1 bis 3, um die Kongruenz sowie die dauernde Erfüllbarkeit des jeweiligen Geschäftsplans sicherzustellen, wobei die Anlageformen des § 215 Absatz 2 Satz 1 Nummer 1 bis 7 und weitere durch diese Verordnung zugelassene Anlageformen sowie die Festlegungen im Geschäftsplan hinsichtlich des Anlagerisikos und des Trägers dieses Risikos zu berücksichtigen sind, sowie über Beschränkungen von Anlagen beim Trägerunternehmen;

11. über den Inhalt der Prüfungsberichte gemäß § 35 Absatz 1, soweit dies zur Erfüllung der Aufgaben der Aufsichtsbehörde erforderlich ist, insbesondere, um einheitliche Unterlagen zur Beurteilung der von den Pensionskassen durchgeführten Versicherungsgeschäfte zu erhalten;

12. über den Inhalt, die Form und die Stückzahl der gemäß § 234g Absatz 4 zu erstellenden Solvabilitätsübersicht und des Berichts über die Vermögensanlagen sowie die Frist für die Einreichung bei der Aufsichtsbehörde und

13. über die Art und Weise der Datenübermittlung, die zu verwendenden Datenformate sowie die einzuhaltende Datenqualität.

(2) [1]Die Ermächtigung kann durch Rechtsverordnung auf die Bundesanstalt übertragen werden. [2]Rechtsverordnungen nach Absatz 1 Satz 1 und nach Satz 1 bedürfen nicht der Zustimmung des Bundesrates. [3]Rechtsverordnungen nach Absatz 1 Satz 1 Nummer 9 und 11 und nach Satz 1, soweit sie die Ermächtigung nach Absatz 1 Satz 1 Nummer 9 und 11 erfassen, ergehen im Einvernehmen mit dem Bundesministerium der Justiz und für Verbraucherschutz.

§ 235a
Verordnungsermächtigung zu den Informationspflichten

[1]Das Bundesministerium der Finanzen wird ermächtigt, im Einvernehmen mit dem Bundesministerium für Arbeit und Soziales für Pensionskassen, die nicht der Aufsicht durch die Aufsichtsbehörden der Länder unterliegen, durch Rechtsverordnung Vorschriften zu erlassen

1. über Inhalt, Aufbau und Gestaltung der Informationen nach § 234l Absatz 1,

2. über Inhalt, Aufbau und Gestaltung der Renteninformation nach § 234o Absatz 1 bis 3,

3. über Inhalt und Frequenz der Unterrichtung nach § 234p Absatz 1 und 3,

4. darüber, welche Informationen über § 234m Absatz 1 oder 2 hinaus bei Beginn des Versorgungsverhältnisses zu erteilen sind,

5. darüber, welche Informationen dem Versorgungsanwärter im Fall des § 234n zusätzlich vor dem Beitritt zum Altersversorgungssystem zu erteilen sind,

6. darüber, welche weiteren Informationen die Pensionskasse dem Versorgungsanwärter oder dem Versorgungsempfänger auf Anfrage zu erteilen hat,

7. darüber, wie Informationen dem Versorgungsanwärter oder dem Versorgungsempfänger zur Verfügung zu stellen sind, und
8. über die Festlegung der Annahmen, die den Projektionen nach § 234o Absatz 3 zugrunde zu legen sind.

[2]Rechtsverordnungen nach Satz 1 bedürfen nicht der Zustimmung des Bundesrates.

Kapitel 2
Pensionsfonds

§ 236
Pensionsfonds

(1) [1]Ein Pensionsfonds im Sinne dieses Gesetzes ist eine rechtsfähige Versorgungseinrichtung, die

1. im Wege des Kapitaldeckungsverfahrens Leistungen der betrieblichen Altersversorgung für einen oder mehrere Arbeitgeber zugunsten von Arbeitnehmern erbringt,
2. die Höhe der Leistungen oder die Höhe der für diese Leistungen zu entrichtenden künftigen Beiträge nicht für alle vorgesehenen Leistungsfälle durch versicherungsförmige Garantien zusagen darf,
3. den Arbeitnehmern einen eigenen Anspruch auf Leistung gegen den Pensionsfonds einräumt und
4. verpflichtet ist, die Altersversorgungsleistung als lebenslange Zahlung oder als Einmalkapitalzahlung zu erbringen.

[2]Eine lebenslange Zahlung im Sinne des Satzes 1 Nummer 4 kann mit einem teilweisen oder vollständigen Kapitalwahlrecht verbunden werden. [3]Pensionsfonds dürfen auch Sterbegeldzahlungen an Hinterbliebene erbringen, wobei das Sterbegeld begrenzt ist auf die Höhe der gewöhnlichen Bestattungskosten.

(2) [1]Pensionsfonds können Altersversorgungsleistungen abweichend von Absatz 1 Satz 1 Nummer 4 erbringen, solange Beitragszahlungen durch den Arbeitgeber auch in der Rentenbezugszeit vorgesehen sind. [2]Ein fester Termin für das Zahlungsende darf nicht vorgesehen werden. [3]Satz 1 gilt nicht für Zusagen im Sinne des § 1 Absatz 2 Nummer 2 des Betriebsrentengesetzes.

(3) [1]Bei Zusagen im Sinne des § 1 Absatz 2 Nummer 2 des Betriebsrentengesetzes können Pensionsfonds lebenslange Zahlungen als Altersversorgungsleistungen abweichend von Absatz 1 Satz 1 Nummer 4 erbringen, wenn

1. die zuständigen Tarifvertragsparteien zustimmen,
2. der Pensionsplan eine lebenslange Zahlung sowie eine Mindesthöhe dieser lebenslangen Zahlung (Mindesthöhe) zur Auszahlung des nach § 1 Absatz 2 Nummer 2 des Betriebsrentengesetzes zur Verfügung zu stellenden Versorgungskapitals vorsieht,

3. eine planmäßige Verwendung dieses Versorgungskapitals sowie der darauf entfallenden Zinsen und Erträge für laufende Leistungen festgelegt ist und
4. der Pensionsfonds die Zusage des Arbeitgebers nachweist, selbst für die Erbringung der Mindesthöhe einzustehen, und die Zustimmung der Tarifvertragsparteien nach Nummer 1 der Aufsichtsbehörde vorlegt.

[2]Absatz 2 Satz 2 gilt entsprechend.

(4) Als Arbeitnehmer im Sinne dieser Vorschrift gelten auch ehemalige Arbeitnehmer sowie die unter § 17 Absatz 1 Satz 2 des Betriebsrentengesetzes fallenden Personen.

(5) Pensionsfonds bedürfen zum Geschäftsbetrieb der Erlaubnis der Aufsichtsbehörde.

(6) [1]Das Bundesministerium der Finanzen wird ermächtigt, durch Rechtsverordnung im Fall des Absatzes 3 nähere Bestimmungen zu erlassen zu

1. einer Auszahlungsbegrenzung des Pensionsfonds für den Fall, dass der Arbeitgeber die Mindesthöhe zu erbringen hat,
2. Vorschriften für die Ermittlung und Anpassung der lebenslangen Zahlung sowie für die Ermittlung der Mindesthöhe,
3. Form und Inhalt der Zusage des Arbeitgebers, selbst für die Erbringung der Mindesthöhe einzustehen, sowie des Nachweises dieser Zusage.

[2]Die Ermächtigung kann durch Rechtsverordnung auf die Bundesanstalt übertragen werden. [3]Diese erlässt die Vorschriften im Benehmen mit den Versicherungsaufsichtsbehörden der Länder. [4]Rechtsverordnungen nach den Sätzen 1 bis 3 bedürfen nicht der Zustimmung des Bundesrates.

§ 237
Anzuwendende Vorschriften

(1) [1]Für Pensionsfonds gelten die auf Lebensversicherungsunternehmen, die Pensionskassen sind, anwendbaren Vorschriften entsprechend, soweit dieser Teil keine abweichenden Regelungen enthält. [2]Dabei treten

1. die Pensionspläne an die Stelle der allgemeinen Versicherungsbedingungen,
2. die Belange der Versorgungsanwärter und Versorgungsempfänger an die Stelle der Belange der Versicherten,
3. die Versorgungsverhältnisse an die Stelle der Versicherungsverhältnisse.

[3]Pensionspläne sind die im Rahmen des Geschäftsplans ausgestalteten Bedingungen zur planmäßigen Leistungserbringung im Versorgungsfall.

(2) Nicht anwendbar sind § 8 Absatz 2, § 10 Absatz 4, § 13 Absatz 2, § 125 Absatz 5 und 6, § 139 Absatz 3 und 4, die §§ 210, 232 und 233, 234 Absatz 3 Satz 1, 2 und 4 sowie Absatz 5 und 6, die §§ 234i und 234j Absatz 1, die §§ 235 und 312 Absatz 4 Satz 1, 3 und 4 sowie Absatz 5 Satz 2 und § 313.

(3) [1]Die Erlaubnis zum Geschäftsbetrieb darf nur Aktiengesellschaften einschließlich der Europäischen Gesellschaft und Pensionsfondsvereinen auf Gegenseitigkeit erteilt werden. [2]Auf Pensionsfondsvereine sind die Vorschriften über Versicherungsvereine auf Gegenseitigkeit entsprechend anzuwenden, soweit nichts anderes bestimmt ist.

(4) [1]In § 140 Absatz 2 tritt die auf Grund des § 240 Satz 1 Nummer 7 erlassene Rechtsverordnung an die Stelle der auf Grund des § 145 Absatz 2 erlassenen Rechtsverordnung. [2]In § 141 Absatz 5 Satz 1 Nummer 1 und 2 treten die Grundsätze der auf Grund des § 240 Satz 1 Nummer 10 bis 12 erlassenen Rechtsverordnung an die Stelle der Grundsätze der auf Grund des § 88 Absatz 3 erlassenen Rechtsverordnung.

§ 238
Finanzielle Ausstattung

(1) [1]Für Pensionsfonds treten die Absätze 2 bis 5 an die Stelle des § 234g. [2]In § 234f Absatz 2 Satz 2 tritt Absatz 4 an die Stelle von § 234g Absatz 3.

(2) Pensionsfonds müssen stets über Eigenmittel mindestens in Höhe der Solvabilitätskapitalanforderung verfügen, die sich nach dem gesamten Geschäftsumfang bemisst.

(3) [1]Die Solvabilitätskapitalanforderung wird durch die Rechtsverordnung zu § 240 Satz 1 Nummer 9 bestimmt. [2]Ein Drittel der Solvabilitätskapitalanforderung gilt als Mindestkapitalanforderung.

(4) Für die Ermittlung der Eigenmittel ist die auf Grund des § 240 Satz 1 Nummer 9 erlassene Rechtsverordnung maßgebend.

(5) Pensionsfonds haben der Aufsichtsbehörde jährlich eine Berechnung der Solvabilitätskapitalanforderung vorzulegen und ihr die Eigenmittel nachzuweisen.

§ 239
Vermögensanlage

(1) [1]Pensionsfonds haben unter Berücksichtigung der jeweiligen Pensionspläne Sicherungsvermögen zu bilden. [2]Sie haben dafür zu sorgen, dass die Bestände der Sicherungsvermögen in einer der Art und Dauer der zu erbringenden Altersversorgung entsprechenden Weise unter Berücksichtigung der Festlegungen des jeweiligen Pensionsplans angelegt werden.

(2) [1]Pensionsfonds haben der Aufsichtsbehörde eine Erklärung zu den Grundsätzen ihrer Anlagepolitik vorzulegen

1. spätestens vier Monate nach Ende eines Geschäftsjahres und

2. unverzüglich nach einer wesentlichen Änderung der Anlagepolitik.

[2]Die Erklärung muss Angaben enthalten über das Verfahren zur Risikobewertung und zur Risikosteuerung sowie zur Strategie in Bezug auf den jeweiligen Pensionsplan, insbesondere die Aufteilung der Vermögenswerte je nach Art und Dauer der Altersversorgungsleistungen. [3]Außerdem ist auf die Frage einzugehen, wie die Anlagepolitik

ökologischen, sozialen und die Unternehmensführung betreffenden Belangen Rechnung trägt. [4]Pensionsfonds müssen die Erklärung öffentlich zugänglich machen. [5]Spätestens nach drei Jahren ist die Erklärung zu überprüfen.

(3) [1]Die dauernde Erfüllbarkeit eines Pensionsplans kann auch bei einer vorübergehenden Unterdeckung als gewährleistet angesehen werden, wenn die Unterdeckung 5 Prozent des Betrags der versicherungstechnischen Rückstellungen im Sinne der §§ 341e bis 341h des Handelsgesetzbuchs nicht übersteigt und die Belange der Versorgungsanwärter und Versorgungsempfänger gewahrt sind. [2]In diesem Fall ist ein zwischen Arbeitgeber und Pensionsfonds vereinbarter Plan zur Wiederherstellung der Bedeckung des Sicherungsvermögens (Bedeckungsplan) erforderlich, der der Genehmigung der Aufsichtsbehörde bedarf. [3]Der Plan muss folgende Bedingungen erfüllen:

1. aus dem Plan muss hervorgehen, wie die zur vollständigen Bedeckung der versicherungstechnischen Rückstellungen im Sinne der §§ 341e bis 341h des Handelsgesetzbuchs erforderliche Höhe der Vermögenswerte innerhalb eines angemessenen Zeitraums erreicht werden soll; der Zeitraum darf drei Jahre nicht überschreiten, und

2. bei der Erstellung des Plans ist die besondere Situation des Pensionsfonds zu berücksichtigen, insbesondere die Struktur seiner Aktiva und Passiva, sein Risikoprofil, sein Liquiditätsplan, das Altersprofil der Versorgungsberechtigten sowie gegebenenfalls die Tatsache, dass es sich um ein neu geschaffenes System handelt.

[4]Die Genehmigung ist zu erteilen, wenn durch den Arbeitgeber die Erfüllung der Nachschusspflicht zur vollständigen Bedeckung der versicherungstechnischen Rückstellungen im Sinne der §§ 341e bis 341h des Handelsgesetzbuchs durch Bürgschaft oder Garantie eines geeigneten Kreditinstituts oder in anderer geeigneter Weise sichergestellt ist. [5]Der Pensionsfonds hat dem Pensionssicherungsverein die Vereinbarung unverzüglich zur Kenntnis zu geben.

(4) [1]Für Pensionspläne nach § 236 Absatz 2 ist Absatz 3 mit der Maßgabe anzuwenden, dass die Unterdeckung 10 Prozent des Betrags der versicherungstechnischen Rückstellungen im Sinne der §§ 341e bis 341h des Handelsgesetzbuchs nicht übersteigt. [2]Die Frist, bis zu der die vollständige Bedeckung wieder erreicht werden muss, kann von der Aufsichtsbehörde verlängert werden; sie darf insgesamt zehn Jahre nicht überschreiten.

§ 240
Verordnungsermächtigung

[1]Das Bundesministerium der Finanzen wird ermächtigt, für Pensionsfonds, die nicht der Aufsicht durch die Aufsichtsbehörden der Länder unterliegen, durch Rechtsverordnung Vorschriften zu erlassen über

1. den Wortlaut der versicherungsmathematischen Bestätigung, den Inhalt, den Umfang und die Vorlagefrist des Erläuterungsberichts gemäß § 141 Absatz 5 Satz 1 Nummer 2 sowie über den Inhalt, den Umfang und die Vorlagefrist des Be-

richts gemäß § 141 Absatz 5 Satz 1 Nummer 4, jeweils in Verbindung mit § 237 Absatz 1;

2. die Buchführung, den Inhalt, die Form und die Stückzahl des bei der Aufsichtsbehörde einzureichenden internen Berichts, bestehend aus einer für Aufsichtszwecke gegliederten Bilanz und einer Gewinn-und-Verlust-Rechnung sowie besonderen Erläuterungen zur Bilanz und zur Gewinn-und-Verlust-Rechnung, soweit dies zur Durchführung der Aufsicht nach diesem Gesetz erforderlich ist;

3. den Inhalt, die Form und die Stückzahl des bei der Aufsichtsbehörde vierteljährlich einzureichenden internen Zwischenberichts, bestehend aus einer Zusammenstellung von aktuellen Buchhaltungs- und Bestandsdaten sowie aus Angaben über die Anzahl der Versorgungsfälle, soweit dies zur Durchführung der Aufsicht nach diesem Gesetz erforderlich ist;

4. den Inhalt des Prüfungsberichts nach § 341k des Handelsgesetzbuchs, soweit dies zur Durchführung der Aufsicht nach diesem Gesetz erforderlich ist, insbesondere, um einheitliche Unterlagen zur Beurteilung der von den Pensionsfonds durchgeführten Geschäfte zu erhalten;

5. den Inhalt des Prüfungsberichts gemäß § 35 Absatz 1 Satz 1, soweit dies zur Erfüllung der Aufgaben der Aufsichtsbehörde erforderlich ist, insbesondere, um einheitliche Unterlagen zur Beurteilung der von den Pensionsfonds durchgeführten Geschäfte zu erhalten;

6. die Art und Weise der Datenübermittlung, die zu verwendenden Datenformate sowie die einzuhaltende Datenqualität;

7. die Zuführung zur Rückstellung für Beitragsrückerstattung gemäß § 145 Absatz 2 in Verbindung mit § 237 Absatz 1;

8. Anlagegrundsätze qualitativer und quantitativer Art für das Sicherungsvermögen ergänzend zu § 124 Absatz 1 Satz 1 und 2 Nummer 1 Buchstabe a, Nummer 2, 3, 5 bis 8 sowie § 234h Absatz 1 bis 3, um die Kongruenz und die dauernde Erfüllbarkeit des jeweiligen Pensionsplans sicherzustellen, wobei die Anlageformen des § 215 Absatz 2 Satz 1 Nummer 1 bis 7 sowie weitere durch diese Verordnung zugelassene Anlageformen sowie die Festlegungen im Pensionsplan hinsichtlich des Anlagerisikos und des Trägers dieses Risikos zu berücksichtigen sind, sowie über Beschränkungen von Anlagen beim Trägerunternehmen; Artikel 18 der Richtlinie 2003/41/EG ist zu beachten;

9. die Berechnung und die Höhe der Solvabilitätskapitalanforderung, den für Pensionsfonds maßgeblichen Mindestbetrag der Mindestkapitalanforderung sowie damit zusammenhängende Genehmigungsbefugnisse einschließlich des Verfahrens, darüber, was als Eigenmittel im Sinne des § 238 Absatz 2 anzusehen ist, darüber, dass der Aufsichtsbehörde über die Solvabilitätskapitalanforderung und die Eigenmittel zu berichten ist sowie über die Form und den Inhalt und die Frist für die Einreichung dieses Berichts bei der Aufsichtsbehörde;

10. Höchstwerte für den Rechnungszins bei Verträgen mit Zinsgarantie;

11. weitere Vorgaben zur Ermittlung der Diskontierungszinssätze nach § 341f Absatz 2 des Handelsgesetzbuchs sowie
12. die versicherungsmathematischen Rechnungsgrundlagen und die Bewertungsansätze für die Deckungsrückstellung.

[2]Die Ermächtigung kann durch Rechtsverordnung auf die Bundesanstalt übertragen werden. [3]Rechtsverordnungen nach den Sätzen 1 und 2 bedürfen nicht der Zustimmung des Bundesrates. [4]Rechtsverordnungen nach Satz 1 Nummer 4 und 10 bis 12 und nach Satz 2, soweit sie die Ermächtigungen nach Satz 1 Nummer 4 und 10 bis 12 erfassen, ergehen im Einvernehmen mit dem Bundesministerium der Justiz und für Verbraucherschutz.

Kapitel 3
Grenzüberschreitende Geschäftstätigkeit von Einrichtungen der betrieblichen Altersversorgung und grenzüberschreitende Übertragung von Beständen

§ 241
Grenzüberschreitende Geschäftstätigkeit

(1) [1]Grenzüberschreitende Geschäftstätigkeit einer Einrichtung der betrieblichen Altersversorgung liegt vor, wenn sie ein Altersversorgungssystem betreibt, bei dem der Tätigkeitsstaat ein anderer Mitglied- oder Vertragsstaat als der Herkunftsstaat der Einrichtung ist. [2]Tätigkeitsstaat ist der Mitglied- oder Vertragsstaat, dessen sozial- und arbeitsrechtliche Vorschriften im Bereich der betrieblichen Altersversorgung auf die Beziehung zwischen dem Trägerunternehmen und seinen Versorgungsanwärtern und Versorgungsempfängern angewendet werden.

(2) [1]Auf Pensionskassen und Pensionsfonds sind die §§ 57 bis 60 nicht anwendbar. [2]Für Einrichtungen der betrieblichen Altersversorgung, deren Herkunftsstaat ein anderer Mitglied- oder Vertragsstaat ist, sind die §§ 61 bis 66 nicht anwendbar.

§ 242
Grenzüberschreitende Geschäftstätigkeit von Pensionskassen und Pensionsfonds

(1) [1]Pensionskassen und Pensionsfonds haben ihre Absicht, für ein Trägerunternehmen die betriebliche Altersversorgung im Wege der grenzüberschreitenden Geschäftstätigkeit durchzuführen, der Aufsichtsbehörde anzuzeigen. [2]Dabei haben sie anzugeben

1. den Tätigkeitsstaat,
2. Name und Standort der Hauptverwaltung des Trägerunternehmens und
3. die Hauptmerkmale des Altersversorgungssystems, das für das Trägerunternehmen betrieben werden soll.

[3]Die Aufsichtsbehörde prüft, ob die beabsichtigte Geschäftstätigkeit rechtlich zulässig ist und ob die Verwaltungsstruktur, die Finanzlage sowie die Zuverlässigkeit und die fachliche Eignung der Geschäftsleiter der beabsichtigten grenzüberschreitenden Ge-

schäftstätigkeit angemessen sind. [4]Sie kann verlangen, dass für das zu betreibende Altersversorgungssystem ein gesondertes Sicherungsvermögen einzurichten ist. [5]Auf die grenzüberschreitende Geschäftstätigkeit einer Pensionskasse ist § 232 Absatz 1 Nummer 2 und 3 nicht anzuwenden. [6]Im Fall eines Pensionsfonds sind § 236 Absatz 1 Satz 1 Nummer 2 bis 4 und Satz 2 sowie Absatz 2 und § 239 Absatz 3 und 4 nicht anzuwenden.

(2) [1]Sobald die Anzeige nach Absatz 1 Satz 1 und 2 vollständig vorliegt, entscheidet die Aufsichtsbehörde innerhalb von drei Monaten, ob die Anforderungen nach Absatz 1 Satz 3 erfüllt sind. [2]Sind die Anforderungen erfüllt, übermittelt sie die Angaben nach Absatz 1 Satz 2 den zuständigen Behörden des Tätigkeitsstaats und teilt der Pensionskasse oder dem Pensionsfonds mit, dass diese Behörden informiert wurden. [3]Andernfalls untersagt sie der Pensionskasse oder dem Pensionsfonds die Aufnahme der grenzüberschreitenden Geschäftstätigkeit.

(3) [1]Im Fall des Absatzes 2 Satz 2 übermittelt die Aufsichtsbehörde der Pensionskasse oder dem Pensionsfonds die von den zuständigen Behörden des Tätigkeitsstaats erteilten Informationen über

1. die einschlägigen arbeits- und sozialrechtlichen Vorschriften im Bereich der betrieblichen Altersversorgung, die bei der Durchführung des für das Trägerunternehmen betriebenen Altersversorgungssystems einzuhalten sind, sowie
2. die Vorschriften des Tätigkeitsstaats, die nach Titel IV der Richtlinie (EU) 2016/2341 erlassen worden sind.

[2]Pensionskassen und Pensionsfonds sind berechtigt, die grenzüberschreitende Geschäftstätigkeit im Einklang mit den in Satz 1 Nummer 1 und 2 genannten Vorschriften aufzunehmen, sobald ihnen die Mitteilung der Aufsichtsbehörde nach Satz 1 vorliegt, spätestens aber sechs Wochen, nachdem sie die Mitteilung nach Absatz 2 Satz 2 erhalten haben.

(4) Wird die Aufsichtsbehörde von den zuständigen Behörden des Tätigkeitsstaats über wesentliche Änderungen der in Absatz 3 Satz 1 Nummer 1 und 2 genannten Vorschriften benachrichtigt, hat sie diese Informationen an die Pensionskasse oder an den Pensionsfonds weiterzuleiten.

(5) [1]Die Aufsichtsbehörde trifft in Abstimmung mit den zuständigen Behörden des Tätigkeitsstaats die erforderlichen Maßnahmen, um sicherzustellen, dass die Pensionskasse oder der Pensionsfonds die von den zuständigen Behörden des Tätigkeitsstaats festgestellten Verstöße gegen die in Absatz 3 Satz 1 Nummer 1 und 2 genannten Vorschriften unterbindet. [2]Die Aufsichtsbehörde kann die grenzüberschreitende Geschäftstätigkeit untersagen oder einschränken, wenn die Pensionskasse oder der Pensionsfonds die Anforderungen nach Absatz 3 Satz 1 Nummer 1 nicht einhält.

(6) [1]Bei Pensionskassen und Pensionsfonds, die der Landesaufsicht unterliegen, informiert die zuständige Landesaufsichtsbehörde die Bundesanstalt über eine Anzeige nach Absatz 1 Satz 1 und 2. [2]Die Bundesanstalt unterstützt die Landesaufsichtsbehörde auf Anforderung bei der Durchführung des Verfahrens nach den Absätzen 2 und 3 und bei der Durchführung von Maßnahmen nach Absatz 5.

(7) [1]Die Aufsichtsbehörde informiert die Europäische Aufsichtsbehörde für das Versicherungswesen und die betriebliche Altersversorgung darüber, in welchen Mitglied- und Vertragsstaaten die Pensionskasse oder der Pensionsfonds grenzüberschreitend tätig ist. [2]Sie teilt ihr Änderungen dieser Angaben laufend mit.

§ 243
Grenzüberschreitende Geschäftstätigkeit von Einrichtungen, deren Herkunftsstaat ein anderer Mitglied- oder Vertragsstaat ist

(1) Die Absätze 2 bis 6 sind anzuwenden auf Altersversorgungssysteme,

1. die von einer Einrichtung, deren Herkunftsstaat ein anderer Mitglied- oder Vertragsstaat ist und eine Zulassung im Sinne des Artikels 9 Absatz 1 der Richtlinie (EU) 2016/2341 hat, im Rahmen einer grenzüberschreitenden Geschäftstätigkeit für das Trägerunternehmen betrieben werden und
2. bei denen der Tätigkeitsstaat Deutschland ist.

(2) [1]Hat die Bundesanstalt von den zuständigen Behörden des Herkunftsstaats der Einrichtung die in Artikel 11 Absatz 3 Satz 2 der Richtlinie (EU) 2016/2341 genannten Angaben erhalten, informiert sie innerhalb von sechs Wochen diese Behörden über

1. die einschlägigen arbeits- und sozialrechtlichen Vorschriften im Bereich der betrieblichen Altersversorgung, die einzuhalten sind, wenn in Deutschland Altersversorgungssysteme für ein Trägerunternehmen durchgeführt werden, sowie
2. die Vorschriften, die nach Titel IV der Richtlinie (EU) 2016/2341 erlassen worden sind.

[2]Die Einrichtung ist berechtigt, die grenzüberschreitende Geschäftstätigkeit im Einklang mit den in Satz 1 Nummer 1 und 2 genannten Vorschriften aufzunehmen, sobald sie von den zuständigen Behörden des Herkunftsstaats die von der Bundesanstalt übermittelten Informationen erhalten hat, spätestens aber nach Ablauf der in Satz 1 genannten Frist.

(3) Die Bundesanstalt stellt fest, welchem Durchführungsweg im Sinne des § 1b Absatz 2 bis 4 des Betriebsrentengesetzes die Einrichtung zuzuordnen ist, und übermittelt die Feststellung an die Einrichtung und den Pensions-Sicherungs-Verein Versicherungsverein auf Gegenseitigkeit.

(4) Die Bundesanstalt benachrichtigt die zuständigen Behörden des Herkunftsstaats über wesentliche Änderungen der in Absatz 2 Satz 1 Nummer 1 und 2 genannten Vorschriften.

(5) [1]Die Bundesanstalt überwacht laufend, ob die Einrichtung die in Absatz 2 Satz 1 Nummer 1 und 2 genannten Vorschriften einhält. [2]Bei Verstößen gegen diese Vorschriften unterrichtet sie unverzüglich die zuständigen Behörden des Herkunftsstaats. [3]Verstößt die Einrichtung weiterhin gegen die Vorschriften, kann die Bundesanstalt nach Unterrichtung der zuständigen Behörden des Herkunftsstaats selbst geeignete Maßnahmen ergreifen, um die Verstöße zu beenden oder zu ahnden. [4]Kommt eine

andere Lösung nicht in Betracht, kann sie der Einrichtung untersagen, weiter im Inland für das Trägerunternehmen tätig zu sein.

(6) Für die Zwecke des Absatzes 5 Satz 1 ist § 305 Absatz 1 Nummer 1, Absatz 2 Nummer 1 und 2 sowie Absatz 5 entsprechend anwendbar.

(7) Auf Antrag der Aufsichtsbehörde des Herkunftsstaats kann die Bundesanstalt die freie Verfügung über Vermögenswerte untersagen, die sich im Besitz eines Verwahrers oder einer Verwahrstelle mit Standort im Inland befinden.

§ 243a
Übertragung von Beständen auf eine Pensionskasse oder einen Pensionsfonds

(1) [1]Jeder Vertrag, durch den der Bestand an Versorgungsverhältnissen eines Altersversorgungssystems, das eine Einrichtung der betrieblichen Altersversorgung mit einem anderen Herkunftsstaat als Deutschland betreibt, ganz oder teilweise auf eine Pensionskasse oder einen Pensionsfonds übertragen werden soll, bedarf der Genehmigung der Aufsichtsbehörde. [2]Der Antrag auf Genehmigung wird von der Pensionskasse oder dem Pensionsfonds gestellt. [3]Die Aufsichtsbehörde leitet den Antrag unverzüglich an die zuständige Behörde im Herkunftsstaat der Einrichtung weiter.

(2) Der Vertrag nach Absatz 1 Satz 1 muss sicherstellen, dass die Kosten der Übertragung weder von den bisherigen Versorgungsanwärtern und Versorgungsempfängern der Pensionskasse oder des Pensionsfonds noch von den verbleibenden Versorgungsanwärtern und Versorgungsempfängern der Einrichtung getragen werden.

(3) Die Übertragung bedarf der Zustimmung

1. der Mehrheit der betroffenen Versorgungsanwärter und der Mehrheit der betroffenen Versorgungsempfänger des Altersversorgungssystems oder der Mehrheit ihrer Vertreter, wobei die jeweilige Mehrheit nach den maßgebenden nationalen Regelungen ermittelt wird, und
2. des Trägerunternehmens der Einrichtung, sofern dessen Zustimmung erforderlich ist.

(4) Der Antrag nach Absatz 1 Satz 2 muss enthalten

1. die schriftliche Vereinbarung zwischen der Einrichtung und der Pensionskasse oder dem Pensionsfonds, in der die Bedingungen für die Übertragung festgelegt sind;
2. eine Beschreibung der Hauptmerkmale des Altersversorgungssystems des zu übertragenden Bestandes;
3. eine Beschreibung der zu übertragenden Verbindlichkeiten oder versicherungstechnischen Rückstellungen und der anderen Rechte und Pflichten sowie die zugehörigen Vermögenswerte oder die flüssigen Mittel, die ihnen entsprechen;

4. für die Einrichtung und die Pensionskasse oder den Pensionsfonds jeweils Angaben zum
   a) Namen,
   b) Ort der Hauptverwaltung,
   c) Herkunftsstaat;
5. den Namen und den Hauptstandort der betroffenen Trägerunternehmen der Einrichtung;
6. den Nachweis der Zustimmung nach Absatz 3;
7. die Angabe der Mitglied- und Vertragsstaaten, deren sozial- und arbeitsrechtliche Vorschriften im Bereich der betrieblichen Altersversorgung für das Altersversorgungssystem des zu übertragenden Bestands maßgeblich sind.

(5) [1]Hat die Aufsichtsbehörde den Antrag nach Absatz 1 Satz 2 erhalten, prüft sie, ob

1. die nach Absatz 4 vorgeschriebenen Informationen enthalten sind,
2. der beantragten Übertragung angemessen sind
   a) die Verwaltungsstruktur und die Finanzlage der Pensionskasse oder des Pensionsfonds,
   b) die Zuverlässigkeit und die fachliche Eignung der Geschäftsleiter der Pensionskasse oder des Pensionsfonds,
3. die langfristigen Interessen der Versorgungsanwärter und Versorgungsempfänger
   a) der Pensionskasse oder des Pensionsfonds,
   b) des zu übertragenden Bestands

   während und nach der Übertragung angemessen geschützt sind,
4. in dem Fall, dass die Übertragung eine grenzüberschreitende Geschäftstätigkeit der Pensionskasse oder des Pensionsfonds zur Folge hat, die versicherungstechnischen Rückstellungen der Pensionskasse oder des Pensionsfonds im Übertragungszeitpunkt vollständig kapitalgedeckt sind, und
5. die zu übertragenden Vermögenswerte ausreichend und angemessen sind, um die Verbindlichkeiten, die versicherungstechnischen Rückstellungen und die sonstigen zu übertragenden Verpflichtungen und Ansprüche nach den für Pensionskassen und Pensionsfonds geltenden Bestimmungen zu decken.

[2]Die Prüfung nach Satz 1 erfolgt auch mit Blick darauf, ob die Belange der Versorgungsanwärter und Versorgungsempfänger gewahrt sind.

(6) [1]Die Aufsichtsbehörde entscheidet auf Grund der Prüfung nach Absatz 5 innerhalb von drei Monaten über einen Antrag nach Absatz 1 Satz 2. [2]Sie unterrichtet die zuständige Behörde im Herkunftsstaat der Einrichtung über die getroffene Entschei-

dung innerhalb von zwei Wochen. [3]Eine Genehmigung ist ausgeschlossen, wenn diese Behörde der Übertragung nicht zugestimmt hat.

(7) Wird der Antrag nach Absatz 1 Satz 2 genehmigt, findet § 13 Absatz 5 sowie 7 Satz 1 und 2 Anwendung.

(8) [1]Hat die Übertragung eine grenzüberschreitende Geschäftstätigkeit der Pensionskasse oder des Pensionsfonds zur Folge, ist § 242 Absatz 1 bis 3 nicht anzuwenden. [2]Die Aufsichtsbehörde übermittelt die Informationen über die in § 242 Absatz 3 Satz 1 Nummer 1 und 2 genannten Vorschriften, die sie aus Anlass der Übertragung von der zuständigen Behörde im Herkunftsstaat der Einrichtung erhalten hat, innerhalb von einer Woche der Pensionskasse oder dem Pensionsfonds.

(9) Pensionskassen und Pensionsfonds können das übernommene Altersversorgungssystem betreiben,

1. sobald sie die Genehmigung nach Absatz 1 Satz 1 erhalten haben, es sei denn, die Übertragung hat eine grenzüberschreitende Geschäftstätigkeit zur Folge,
2. sobald sie die Genehmigung nach Absatz 1 Satz 1 und die in Absatz 8 Satz 2 genannten Informationen von der Aufsichtsbehörde erhalten haben, spätestens aber sieben Wochen nach Erhalt der Genehmigung.

§ 243b
Übertragung von Beständen auf eine Einrichtung, deren Herkunftsstaat ein anderer Mitglied- oder Vertragsstaat ist

(1) [1]Jeder Vertrag, durch den der Bestand an Versorgungsverhältnissen eines von einer Pensionskasse oder einem Pensionsfonds betriebenen Altersversorgungssystems ganz oder teilweise auf eine Einrichtung, deren Herkunftsstaat ein anderer Mitgliedoder Vertragsstaat ist, übertragen werden soll, bedarf der Genehmigung der zuständigen Behörde im Herkunftsstaat der Einrichtung. [2]Der Antrag auf Genehmigung wird von der Einrichtung gestellt.

(2) Die Pensionskasse oder der Pensionsfonds stellt sicher, dass die Versorgungsanwärter und Versorgungsempfänger, die bei der Pensionskasse oder beim Pensionsfonds verbleiben, nicht an den Kosten der Übertragung beteiligt werden.

(3) [1]Die Übertragung bedarf der Zustimmung

1. einer Mehrheit von
   a) jeweils drei Vierteln der betroffenen Versorgungsanwärter und der betroffenen Versorgungsempfänger des Altersversorgungssystems oder
   b) drei Vierteln der Mitglieder der Interessenvertretung der Versorgungsanwärter und Versorgungsempfänger, wenn eine Interessenvertretung nach der Satzung der Pensionskasse oder des Pensionsfonds vorgesehen ist, und
2. des Trägerunternehmens der Pensionskasse oder des Pensionsfonds, sofern dessen Interessen berührt sind.

[2]Die Pensionskasse oder der Pensionsfonds hat den betroffenen Versorgungsanwärtern und den betroffenen Versorgungsempfängern oder den Mitgliedern der in Satz 1 Nummer 1 Buchstabe b genannten Interessenvertretung Informationen zu den Bedingungen der Übertragung rechtzeitig zugänglich zu machen, bevor die Einrichtung den Antrag nach Absatz 1 Satz 2 stellt.

(4) [1]Hat die Aufsichtsbehörde von der zuständigen Behörde im Herkunftsstaat der Einrichtung den Antrag nach Absatz 1 Satz 2 erhalten, prüft sie, ob

1. die langfristigen Interessen der Versorgungsanwärter und Versorgungsempfänger, die bei der Pensionskasse oder beim Pensionsfonds verbleiben, angemessen geschützt sind;
2. die individuellen Ansprüche der Versorgungsanwärter und Versorgungsempfänger des zu übertragenden Bestands und des verbleibenden Bestands der Pensionskasse oder des Pensionsfonds nach der Übertragung mindestens so hoch sind wie vorher;
3. die zu übertragenden Vermögenswerte ausreichend und angemessen sind, um die Verbindlichkeiten, die versicherungstechnischen Rückstellungen und die sonstigen Verpflichtungen und Ansprüche nach den inländischen Bestimmungen zu decken.

[2]Die Prüfung nach Satz 1 erfolgt auch mit Blick darauf, ob die Belange der Versorgungsanwärter und Versorgungsempfänger gewahrt sind. [3]Die Aufsichtsbehörde hat innerhalb von acht Wochen der zuständigen Behörde im Herkunftsstaat der Einrichtung mitzuteilen, ob sie auf Grund der Prüfung nach Satz 1 der Übertragung zustimmt oder nicht.

(5) [1]Hat die Übertragung eine grenzüberschreitende Geschäftstätigkeit der Einrichtung zur Folge, informiert die Aufsichtsbehörde die zuständige Behörde im Herkunftsstaat der Einrichtung über die in § 243 Absatz 2 Satz 1 Nummer 1 und 2 genannten Vorschriften. [2]Sie hat die Informationen innerhalb von vier Wochen zu übermitteln, nachdem sie von der zuständigen Behörde über die Genehmigung nach Absatz 1 Satz 1 unterrichtet worden ist. [3]§ 243 Absatz 2 ist nicht anzuwenden.

§ 244

(aufgehoben)

Teil 4a
Reine Beitragszusagen in der betrieblichen Altersversorgung

§ 244a
Geltungsbereich

(1) Bei der Durchführung reiner Beitragszusagen nach § 1 Absatz 2 Nummer 2a des Betriebsrentengesetzes haben Pensionsfonds, Pensionskassen und andere Lebensversicherungsunternehmen die Vorschriften dieses Teils einzuhalten.

(2) Die auf Pensionsfonds, Pensionskassen und andere Lebensversicherungsunternehmen anwendbaren Vorschriften dieses Gesetzes gelten nur insoweit, als dieser Teil keine abweichenden Regelungen enthält.

§ 244b
Verpflichtungen

(1) Pensionsfonds, Pensionskassen und andere Lebensversicherungsunternehmen dürfen reine Beitragszusagen nur dann durchführen, wenn

1. sie dafür keine Verpflichtungen eingehen, die garantierte Leistungen beinhalten,
2. die allgemeinen Versicherungsbedingungen oder die Pensionspläne eine lebenslange Zahlung als Altersversorgungsleistung vorsehen und
3. festgelegt ist, dass das planmäßig zuzurechnende Versorgungskapital sowie die darauf entfallenden Zinsen und Erträge planmäßig für laufende Leistungen verwendet werden.

(2) Pensionskassen und andere Lebensversicherungsunternehmen bedürfen der Erlaubnis für die in Nummer 21 der Anlage 1 genannte Sparte.

§ 244c
Sicherungsvermögen

Unter Berücksichtigung der jeweiligen Tarifverträge ist

1. im Fall eines Pensionsfonds ein gesondertes Sicherungsvermögen einzurichten und
2. im Fall einer Pensionskasse oder eines anderen Lebensversicherungsunternehmens ein gesonderter Anlagestock im Sinne des § 125 Absatz 5 einzurichten.

§ 244d
Verordnungsermächtigung

[1]Das Bundesministerium der Finanzen wird ermächtigt, im Einvernehmen mit dem Bundesministerium für Arbeit und Soziales durch Rechtsverordnung nähere Bestimmungen zu erlassen bezüglich

1. der Ermittlung und Anpassung der lebenslangen Zahlung,
2. der Anforderungen an das Risikomanagement, insbesondere mit dem Ziel, die Volatilität der Höhe der lebenslangen Zahlungen zu begrenzen,
3. der Informationspflichten gegenüber den Versorgungsanwärtern und Rentenempfängern und
4. der Berichterstattung gegenüber der Aufsichtsbehörde.

[2]Die Ermächtigung kann durch Rechtsverordnung im Einvernehmen mit dem Bundesministerium für Arbeit und Soziales auf die Bundesanstalt übertragen werden. [3]Rechtsverordnungen nach den Sätzen 1 und 2 bedürfen nicht der Zustimmung des Bundesrates.

2.
Gesetz über den Versicherungsvertrag (Versicherungsvertragsgesetz – VVG)[1]

vom 23.11.2007 (BGBl. I S. 2631),
zuletzt geändert durch Art. 17 G vom 22.2.2023 (BGBl. 2023 I Nr. 51 vom 28.2.2023)

– Auszug –

Teil 1
Allgemeiner Teil

Kapitel 1
Vorschriften für alle Versicherungszweige

Abschnitt 1
Allgemeine Vorschriften

§ 1
Vertragstypische Pflichten

[1]Der Versicherer verpflichtet sich mit dem Versicherungsvertrag, ein bestimmtes Risiko des Versicherungsnehmers oder eines Dritten durch eine Leistung abzusichern, die er bei Eintritt des vereinbarten Versicherungsfalles zu erbringen hat. [2]Der Versicherungsnehmer ist verpflichtet, an den Versicherer die vereinbarte Zahlung (Prämie) zu leisten.

§ 1a
Vertriebstätigkeit des Versicherers

(1) [1]Der Versicherer muss bei seiner Vertriebstätigkeit gegenuber Versicherungsnehmern stets ehrlich, redlich und professionell in deren bestmöglichem Interesse handeln. [2]Zur Vertriebstätigkeit gehören

1. Beratung,
2. Vorbereitung von Versicherungsverträgen einschließlich Vertragsvorschlägen,
3. Abschluss von Versicherungsverträgen,
4. Mitwirken bei Verwaltung und Erfüllung von Versicherungsverträgen, insbesondere im Schadensfall.

(2) Absatz 1 gilt auch für die Bereitstellung von Informationen über einen oder mehrere Versicherungsverträge auf Grund von Kriterien, die ein Versicherungsnehmer über eine Website oder andere Medien wählt, ferner für die Erstellung einer Rangliste

1 Das Gesetz wurde als Artikel 1 des Gesetzes zur Reform des Versicherungsvertragsrechts vom 23.11.2007 (BGBl. I S. 2631) verkündet und ist am 1.1.2008 in Kraft getreten. § 7 Abs. 2 und 3 ist am 30.11.2007 in Kraft getreten.

von Versicherungsprodukten, einschließlich eines Preis- und Produktvergleichs oder eines Rabatts auf den Preis eines Versicherungsvertrags, wenn der Versicherungsnehmer einen Versicherungsvertrag direkt oder indirekt über eine Website oder ein anderes Medium abschließen kann.

(3) [1]Alle Informationen im Zusammenhang mit der Vertriebstätigkeit einschließlich Werbemitteilungen, die der Versicherer an Versicherungsnehmer oder potenzielle Versicherungsnehmer richtet, müssen redlich und eindeutig sein und dürfen nicht irreführend sein. [2]Werbemitteilungen müssen stets eindeutig als solche erkennbar sein.

§ 2
Rückwärtsversicherung

(1) Der Versicherungsvertrag kann vorsehen, dass der Versicherungsschutz vor dem Zeitpunkt des Vertragsschlusses beginnt (Rückwärtsversicherung).

(2) [1]Hat der Versicherer bei Abgabe seiner Vertragserklärung davon Kenntnis, dass der Eintritt eines Versicherungsfalles ausgeschlossen ist, steht ihm ein Anspruch auf die Prämie nicht zu. [2]Hat der Versicherungsnehmer bei Abgabe seiner Vertragserklärung davon Kenntnis, dass ein Versicherungsfall schon eingetreten ist, ist der Versicherer nicht zur Leistung verpflichtet.

(3) Wird der Vertrag von einem Vertreter geschlossen, ist in den Fällen des Absatzes 2 sowohl die Kenntnis des Vertreters als auch die Kenntnis des Vertretenen zu berücksichtigen.

(4) § 37 Abs. 2 ist auf die Rückwärtsversicherung nicht anzuwenden.

§ 3
Versicherungsschein

(1) Der Versicherer hat dem Versicherungsnehmer einen Versicherungsschein in Textform, auf dessen Verlangen als Urkunde, zu übermitteln.

(2) Wird der Vertrag nicht durch eine Niederlassung des Versicherers im Inland geschlossen, ist im Versicherungsschein die Anschrift des Versicherers und der Niederlassung, über die der Vertrag geschlossen worden ist, anzugeben.

(3) [1]Ist ein Versicherungsschein abhandengekommen oder vernichtet, kann der Versicherungsnehmer vom Versicherer die Ausstellung eines neuen Versicherungsscheins verlangen. [2]Unterliegt der Versicherungsschein der Kraftloserklärung, ist der Versicherer erst nach der Kraftloserklärung zur Ausstellung verpflichtet.

(4) [1]Der Versicherungsnehmer kann jederzeit vom Versicherer Abschriften der Erklärungen verlangen, die er mit Bezug auf den Vertrag abgegeben hat. [2]Benötigt der Versicherungsnehmer die Abschriften für die Vornahme von Handlungen gegenüber dem Versicherer, die an eine bestimmte Frist gebunden sind, und sind sie ihm nicht schon früher vom Versicherer übermittelt worden, ist der Lauf der Frist vom Zugang des Verlangens beim Versicherer bis zum Eingang der Abschriften beim Versicherungsnehmer gehemmt.

(5) Die Kosten für die Erteilung eines neuen Versicherungsscheins nach Absatz 3 und der Abschriften nach Absatz 4 hat der Versicherungsnehmer zu tragen und auf Verlangen vorzuschießen.

§ 4
Versicherungsschein auf den Inhaber

(1) Auf einen als Urkunde auf den Inhaber ausgestellten Versicherungsschein ist § 808 des Bürgerlichen Gesetzbuchs anzuwenden.

(2) [1]Ist im Vertrag bestimmt, dass der Versicherer nur gegen Rückgabe eines als Urkunde ausgestellten Versicherungsscheins zu leisten hat, genügt, wenn der Versicherungsnehmer erklärt, zur Rückgabe außerstande zu sein, das öffentlich beglaubigte Anerkenntnis, dass die Schuld erloschen sei. [2]Satz 1 ist nicht anzuwenden, wenn der Versicherungsschein der Kraftloserklärung unterliegt.

§ 5
Abweichender Versicherungsschein

(1) Weicht der Inhalt des Versicherungsscheins von dem Antrag des Versicherungsnehmers oder den getroffenen Vereinbarungen ab, gilt die Abweichung als genehmigt, wenn die Voraussetzungen des Absatzes 2 erfüllt sind und der Versicherungsnehmer nicht innerhalb eines Monats nach Zugang des Versicherungsscheins in Textform widerspricht.

(2) [1]Der Versicherer hat den Versicherungsnehmer bei Übermittlung des Versicherungsscheins darauf hinzuweisen, dass Abweichungen als genehmigt gelten, wenn der Versicherungsnehmer nicht innerhalb eines Monats nach Zugang des Versicherungsscheins in Textform widerspricht. [2]Auf jede Abweichung und die hiermit verbundenen Rechtsfolgen ist der Versicherungsnehmer durch einen auffälligen Hinweis im Versicherungsschein aufmerksam zu machen.

(3) Hat der Versicherer die Verpflichtungen nach Absatz 2 nicht erfüllt, gilt der Vertrag als mit dem Inhalt des Antrags des Versicherungsnehmers geschlossen.

(4) Eine Vereinbarung, durch die der Versicherungsnehmer darauf verzichtet, den Vertrag wegen Irrtums anzufechten, ist unwirksam.

§ 6
Beratung des Versicherungsnehmers

(1) [1]Der Versicherer hat den Versicherungsnehmer, soweit nach der Schwierigkeit, die angebotene Versicherung zu beurteilen, oder der Person des Versicherungsnehmers und dessen Situation hierfür Anlass besteht, nach seinen Wünschen und Bedürfnissen zu befragen und, auch unter Berücksichtigung eines angemessenen Verhältnisses zwischen Beratungsaufwand und der vom Versicherungsnehmer zu zahlenden Prämien, zu beraten sowie die Gründe für jeden zu einer bestimmten Versicherung erteilten Rat anzugeben. [2]Er hat dies unter Berücksichtigung der Komplexität des angebotenen Versicherungsvertrags zu dokumentieren.

(2) Für die Übermittlung des erteilten Rats und der Gründe hierfür gilt § 6a.

(3) [1]Der Versicherungsnehmer kann auf die Beratung und Dokumentation nach den Absätzen 1 und 2 durch eine gesonderte schriftliche Erklärung verzichten, in der er vom Versicherer ausdrücklich darauf hingewiesen wird, dass sich ein Verzicht nachteilig auf seine Möglichkeit auswirken kann, gegen den Versicherer einen Schadensersatzanspruch nach Absatz 5 geltend zu machen. [2]Handelt es sich um einen Vertrag im Fernabsatz im Sinn des § 312c des Bürgerlichen Gesetzbuchs, kann der Versicherungsnehmer in Textform verzichten.

(4) [1]Die Verpflichtung nach Absatz 1 Satz 1 besteht auch nach Vertragsschluss während der Dauer des Versicherungsverhältnisses, soweit für den Versicherer ein Anlass für eine Nachfrage und Beratung des Versicherungsnehmers erkennbar ist; Absatz 3 Satz 2 gilt entsprechend. [2]Der Versicherungsnehmer kann im Einzelfall auf eine Beratung durch schriftliche Erklärung verzichten.

(5) [1]Verletzt der Versicherer eine Verpflichtung nach Absatz 1, 2 oder 4, ist er dem Versicherungsnehmer zum Ersatz des hierdurch entstehenden Schadens verpflichtet. [2]Dies gilt nicht, wenn der Versicherer die Pflichtverletzung nicht zu vertreten hat.

(6) Die Absätze 1 bis 5 sind auf Versicherungsverträge über ein Großrisiko im Sinn des § 210 Absatz 2 nicht anzuwenden, ferner dann nicht, wenn der Vertrag mit dem Versicherungsnehmer von einem Versicherungsmakler vermittelt wird.

§ 6a
Einzelheiten der Auskunftserteilung

(1) Der nach § 6 zu erteilende Rat und die Gründe hierfür sind dem Versicherungsnehmer wie folgt zu übermitteln:

1. auf Papier;
2. in klarer, genauer und für den Versicherungsnehmer verständlicher Weise;
3. in einer Amtssprache des Mitgliedstaats, in dem das Risiko belegen ist oder in dem die Verpflichtung eingegangen wird, oder in jeder anderen von den Parteien vereinbarten Sprache und
4. unentgeltlich.

(2) Abweichend von Absatz 1 Nummer 1 dürfen die Auskünfte dem Versicherungsnehmer auch über eines der folgenden Medien erteilt werden:

1. über einen anderen dauerhaften Datenträger als Papier, wenn die Nutzung des dauerhaften Datenträgers im Rahmen des getätigten Geschäfts angemessen ist und der Versicherungsnehmer die Wahl zwischen einer Auskunftserteilung auf Papier oder auf einem dauerhaften Datenträger hatte und sich für diesen Datenträger entschieden hat oder
2. über eine Website, wenn der Zugang für den Versicherungsnehmer personalisiert wird oder wenn folgende Voraussetzungen erfüllt sind:

a) die Erteilung dieser Auskünfte über eine Website ist im Rahmen des getätigten Geschäfts angemessen;

b) der Versicherungsnehmer hat der Auskunftserteilung über eine Website zugestimmt;

c) dem Versicherungsnehmer wurden die Adresse der Website und die dortige Fundstelle der Auskünfte elektronisch mitgeteilt;

d) es ist gewährleistet, dass diese Auskünfte auf der Website so lange verfügbar bleiben, wie sie für den Versicherungsnehmer vernünftigerweise abrufbar sein müssen.

(3) [1]Die Auskunftserteilung mittels eines anderen dauerhaften Datenträgers als Papier oder über eine Website im Rahmen eines getätigten Geschäfts wird als angemessen erachtet, wenn der Versicherungsnehmer nachweislich regelmäßig Internetzugang hat. [2]Die Mitteilung einer E-Mail-Adresse seitens des Versicherungsnehmers für die Zwecke dieses Geschäfts gilt als solcher Nachweis.

(4) Handelt es sich um einen telefonischen Kontakt, werden, selbst wenn sich der Versicherungsnehmer dafür entschieden hat, die Auskünfte gemäß Absatz 2 auf einem anderen dauerhaften Datenträger als Papier zu erhalten, die Auskünfte dem Versicherungsnehmer gemäß Absatz 1 oder Absatz 2 unmittelbar nach Abschluss des Versicherungsvertrags erteilt.

§ 7
Information des Versicherungsnehmers; Verordnungsermächtigung

(1) [1]Der Versicherer hat dem Versicherungsnehmer rechtzeitig vor Abgabe von dessen Vertragserklärung seine Vertragsbestimmungen einschließlich der Allgemeinen Versicherungsbedingungen sowie die in einer Rechtsverordnung nach Absatz 2 bestimmten Informationen in Textform mitzuteilen. [2]Die Mitteilungen sind in einer dem eingesetzten Kommunikationsmittel entsprechenden Weise klar und verständlich zu übermitteln. [3]Wird der Vertrag auf Verlangen des Versicherungsnehmers telefonisch oder unter Verwendung eines anderen Kommunikationsmittels geschlossen, das die Information in Textform vor der Vertragserklärung des Versicherungsnehmers nicht gestattet, muss die Information unverzüglich nach Vertragsschluss nachgeholt werden; dies gilt auch, wenn der Versicherungsnehmer durch eine gesonderte schriftliche Erklärung auf eine Information vor Abgabe seiner Vertragserklärung ausdrücklich verzichtet.

(2) [1]Das Bundesministerium der Justiz und wird ermächtigt, im Einvernehmen mit dem Bundesministerium der Finanzen und im Benehmen mit dem Bundesministerium für Umwelt, Naturschutz, nukleare Sicherheit und Verbraucherschutz und durch Rechtsverordnung ohne Zustimmung des Bundesrates zum Zweck einer umfassenden Information des Versicherungsnehmers festzulegen,

1. welche Einzelheiten des Vertrags, insbesondere zum Versicherer, zur angebotenen Leistung und zu den Allgemeinen Versicherungsbedingungen sowie zum Bestehen eines Widerrufsrechts, dem Versicherungsnehmer mitzuteilen sind,

2. welche weiteren Informationen dem Versicherungsnehmer bei der Lebensversicherung, insbesondere über die zu erwartenden Leistungen, ihre Ermittlung und Berechnung, über eine Modellrechnung sowie über die Abschluss- und Vertriebskosten und die Verwaltungskosten, soweit eine Verrechnung mit Prämien erfolgt, und über sonstige Kosten mitzuteilen sind,
3. welche weiteren Informationen bei der Krankenversicherung, insbesondere über die Prämienentwicklung und -gestaltung sowie die Abschluss- und Vertriebskosten und die Verwaltungskosten, mitzuteilen sind,
4. was dem Versicherungsnehmer mitzuteilen ist, wenn der Versicherer mit ihm telefonisch Kontakt aufgenommen hat und
5. in welcher Art und Weise die Informationen zu erteilen sind.

[2]Bei der Festlegung der Mitteilungen nach Satz 1 sind die vorgeschriebenen Angaben nach der Richtlinie 92/49/EWG des Rates vom 18. Juni 1992 zur Koordinierung der Rechts- und Verwaltungsvorschriften für die Direktversicherung (mit Ausnahme der Lebensversicherung) sowie zur Änderung der Richtlinien 73/239/EWG und 88/357/EWG (Dritte Richtlinie Schadenversicherung) (ABl. L 228 vom 11.8.1992, S. 1) und der Richtlinie 2002/65/EG des Europäischen Parlaments und des Rates vom 23. September 2002 über den Fernabsatz von Finanzdienstleistungen an Verbraucher und zur Änderung der Richtlinie 90/619/EWG des Rates und der Richtlinien 97/7/EG und 98/27/EG (ABl. L 271 vom 9.10.2002, S. 16) zu beachten. [3]Bei der Festlegung der Mitteilungen nach Satz 1 sind ferner zu beachten:

1. die technischen Durchführungsstandards, die die Europäische Aufsichtsbehörde für das Versicherungswesen und die betriebliche Altersversorgung nach der Richtlinie (EU) 2016/97 des Europäischen Parlaments und des Rates vom 20. Januar 2016 über Versicherungsvertrieb (Neufassung) (ABl. L 26 vom 2.2.2016, S. 19; L 222 vom 17.8.2016, S. 114) erarbeitet und die von der Kommission der Europäischen Union nach Artikel 15 der Verordnung (EU) Nr. 1094/2010 des Europäischen Parlaments und des Rates vom 24. November 2010 zur Errichtung einer Europäischen Aufsichtsbehörde (Europäische Aufsichtsbehörde für das Versicherungswesen und die betriebliche Altersversorgung), zur Änderung des Beschlusses Nr. 716/2009/EG und zur Aufhebung des Beschlusses 2009/79/EG der Kommission (ABl. L 331 vom 15.12.2010, S. 48), die zuletzt durch die Verordnung (EU) Nr. 258/2014 (ABl. L 105 vom 8.4.2014, S. 1) geändert worden ist, erlassen worden sind,
2. die delegierten Rechtsakte, die von der Kommission nach Artikel 29 Absatz 4 Buchstabe b und Artikel 30 Absatz 6 der Richtlinie (EU) 2016/97, jeweils in Verbindung mit Artikel 38 der Richtlinie (EU) 2016/97, erlassen worden sind.

(3) In der Rechtsverordnung nach Absatz 2 ist ferner zu bestimmen, was der Versicherer während der Laufzeit des Vertrags in Textform mitteilen muss; dies gilt insbesondere bei Änderungen früherer Informationen, ferner bei der Krankenversicherung bei Prämienerhöhungen und hinsichtlich der Möglichkeit eines Tarifwechsels sowie bei

der Lebensversicherung mit Überschussbeteiligung hinsichtlich der Entwicklung der Ansprüche des Versicherungsnehmers.

(4) Der Versicherungsnehmer kann während der Laufzeit des Vertrags jederzeit vom Versicherer verlangen, dass ihm dieser die Vertragsbestimmungen einschließlich der Allgemeinen Versicherungsbedingungen in einer Urkunde übermittelt; die Kosten für die erste Übermittlung hat der Versicherer zu tragen.

(5) [1]Die Absätze 1 bis 4 sind auf Versicherungsverträge über ein Großrisiko im Sinn des § 210 Absatz 2 nicht anzuwenden. [2]Ist bei einem solchen Vertrag der Versicherungsnehmer eine natürliche Person, hat ihm der Versicherer vor Vertragsschluss das anwendbare Recht und die zuständige Aufsichtsbehörde in Textform mitzuteilen.

§ 7a
Querverkäufe

(1) Wird ein Versicherungsprodukt zusammen mit einem Nebenprodukt oder einer Nebendienstleistung, das oder die keine Versicherung ist, als Paket oder als Teil eines Pakets oder derselben Vereinbarung angeboten, hat der Versicherer den Versicherungsnehmer darüber zu informieren, ob die Bestandteile getrennt voneinander gekauft werden können; ist dies der Fall, stellt er eine Beschreibung der Bestandteile der Vereinbarung oder des Pakets zur Verfügung und erbringt für jeden Bestandteil einen gesonderten Nachweis über Kosten und Gebühren.

(2) Wird ein Paket angeboten, dessen Versicherungsdeckung sich von der Versicherungsdeckung beim getrennten Erwerb seiner Bestandteile unterscheidet, stellt der Versicherer dem Versicherungsnehmer eine Beschreibung der Bestandteile des Pakets und der Art und Weise zur Verfügung, wie ihre Wechselwirkung die Versicherungsdeckung ändert.

(3) [1]Ergänzt ein Versicherungsprodukt eine Dienstleistung, die keine Versicherung ist, oder eine Ware als Teil eines Pakets oder derselben Vereinbarung, bietet der Versicherer dem Versicherungsnehmer die Möglichkeit, die Ware oder die Dienstleistung gesondert zu kaufen. [2]Dies gilt nicht, wenn das Versicherungsprodukt Folgendes ergänzt:

1. eine Wertpapierdienstleistung oder Anlagetätigkeit im Sinne des Artikels 4 Absatz 1 Nummer 2 der Richtlinie 2014/65/EU des Europäischen Parlaments und des Rates,
2. einen Kreditvertrag im Sinne des Artikels 4 Nummer 3 der Richtlinie 2014/17/EU des Europäischen Parlaments und des Rates oder
3. ein Zahlungskonto im Sinne des Artikels 2 Nummer 3 der Richtlinie 2014/92/EU des Europäischen Parlaments und des Rates.

(4) Versicherer haben in den Fällen der Absätze 1 bis 3 die Wünsche und Bedürfnisse des Versicherungsnehmers im Zusammenhang mit den Versicherungsprodukten, die Teil des Pakets oder derselben Vereinbarung sind, zu ermitteln.

(5) [1]Wird eine Restschuldversicherung als Nebenprodukt oder als Teil eines Pakets oder derselben Vereinbarung angeboten, ist der Versicherungsnehmer eine Woche

nach Abgabe seiner Vertragserklärung für das Versicherungsprodukt erneut in Textform über sein Widerrufsrecht zu belehren. [2]Das Informationsblatt zu Versicherungsprodukten ist dem Versicherungsnehmer mit dieser Belehrung erneut zur Verfügung zu stellen. [3]Die Widerrufsfrist beginnt nicht vor Zugang dieser Unterlagen.

§ 7b
Information bei Versicherungsanlageprodukten

(1) [1]Bei Produkten, die Versicherungsanlageprodukte im Sinne von Artikel 2 Absatz 1 Nummer 17 der Richtlinie (EU) 2016/97 sind, sind dem Versicherungsnehmer angemessene Informationen über den Vertrieb von Versicherungsanlageprodukten und sämtliche Kosten und Gebühren rechtzeitig vor Abschluss des Vertrags zur Verfügung zu stellen. [2]Diese Informationen enthalten mindestens das Folgende:

1. wenn eine Beratung erfolgt, die Information darüber, ob dem Versicherungsnehmer eine regelmäßige Beurteilung der Eignung des Versicherungsanlageprodukts, das diesem Versicherungsnehmer empfohlen wird, gemäß § 7c geboten wird;
2. geeignete Leitlinien und Warnhinweise zu den mit Versicherungsanlageprodukten oder mit bestimmten vorgeschlagenen Anlagestrategien verbundenen Risiken;
3. Informationen über den Vertrieb des Versicherungsanlageprodukts, einschließlich der Beratungskosten und der Kosten des dem Versicherungsnehmer empfohlenen Versicherungsanlageprodukts;
4. wie der Versicherungsnehmer Zahlungen leisten kann, einschließlich Zahlungen Dritter.

(2) [1]Die Informationen über alle Kosten und Gebühren, einschließlich Kosten und Gebühren im Zusammenhang mit dem Vertrieb des Versicherungsanlageprodukts, die nicht durch das zugrunde liegende Marktrisiko verursacht werden, sind in zusammengefasster Form zu erteilen; die Gesamtkosten sowie die kumulative Wirkung auf die Anlagerendite müssen verständlich sein; ferner ist dem Versicherungsnehmer auf sein Verlangen eine Aufstellung der Kosten und Gebühren zur Verfügung zu stellen. [2]Diese Informationen werden dem Versicherungsnehmer während der Laufzeit der Anlage regelmäßig, mindestens aber jährlich, zur Verfügung gestellt.

§ 7c
Beurteilung von Versicherungsanlageprodukten; Berichtspflicht

(1) [1]Bei einer Beratung zu einem Versicherungsanlageprodukt hat der Versicherer zu erfragen:

1. Kenntnisse und Erfahrungen des Versicherungsnehmers im Anlagebereich in Bezug auf den speziellen Produkttyp oder den speziellen Typ der Dienstleistung,
2. die finanziellen Verhältnisse des Versicherungsnehmers, einschließlich der Fähigkeit des Versicherungsnehmers, Verluste zu tragen, und
3. die Anlageziele, einschließlich der Risikotoleranz des Versicherungsnehmers.

[2]Der Versicherer darf dem Versicherungsnehmer nur Versicherungsanlageprodukte empfehlen, die für diesen geeignet sind und insbesondere dessen Risikotoleranz und dessen Fähigkeit, Verluste zu ertragen, entsprechen. [3]Ein Paket von Dienstleistungen oder Produkten, die gemäß § 7a gebündelt sind, darf der Versicherer bei einer Anlageberatung nur empfehlen, wenn das gesamte Paket für den Kunden geeignet ist.

(2) [1]Der Versicherer hat stets zu prüfen, ob das Versicherungsprodukt für den Versicherungsnehmer angemessen ist. [2]Zur Beurteilung der Zweckmäßigkeit muss der Versicherer von dem Versicherungsnehmer Informationen über seine Kenntnisse und Erfahrung im Anlagebereich in Bezug auf den speziellen Produkttyp oder den speziellen Typ der Dienstleistung erfragen. [3]Wird ein Paket entsprechend § 7a angeboten, hat der Versicherer zu berücksichtigen, ob das Paket angemessen ist. [4]Ist der Versicherer der Auffassung, dass das Produkt für den Versicherungsnehmer unangemessen ist, warnt er den Versicherungsnehmer. [5]Macht der Versicherungsnehmer die in Absatz 1 Satz 1 genannten Angaben nicht oder macht er unzureichende Angaben zu seinen Kenntnissen und seiner Erfahrung, warnt ihn der Versicherer, dass er wegen unzureichender Angaben nicht beurteilen kann, ob das in Betracht gezogene Produkt für ihn angemessen ist. [6]Diese Warnungen können in einem standardisierten Format erfolgen.

(3) Versicherer können, wenn sie keine Beratung gemäß Absatz 1 leisten, Versicherungsanlageprodukte ohne die in Absatz 2 vorgesehene Prüfung vertreiben, wenn die folgenden Bedingungen erfüllt sind:

1. die Tätigkeiten beziehen sich auf eines der folgenden Versicherungsanlageprodukte:
   a) Verträge, die ausschließlich Anlagerisiken aus Finanzinstrumenten mit sich bringen, die nicht als komplexe Finanzinstrumente im Sinne der Richtlinie 2014/65/EU gelten und keine Struktur aufweisen, die es dem Versicherungsnehmer erschwert, die mit der Anlage einhergehenden Risiken zu verstehen, oder
   b) andere nicht komplexe Versicherungsanlagen;
2. die Vertriebstätigkeit erfolgt auf Veranlassung des Versicherungsnehmers;
3. der Versicherungsnehmer wurde eindeutig darüber informiert, dass der Versicherer bei der Erbringung der Vertriebstätigkeit die Angemessenheit der angebotenen Versicherungsanlageprodukte nicht geprüft hat; eine derartige Warnung kann in standardisierter Form erfolgen;
4. der Versicherer kommt seinen Pflichten zur Vermeidung von Interessenkonflikten nach.

(4) [1]Der Versicherer erstellt eine Aufzeichnung der Vereinbarungen mit dem Versicherungsnehmer über die Rechte und Pflichten der Parteien sowie die Bedingungen, zu denen das Versicherungsunternehmen Dienstleistungen für den Versicherungsnehmer erbringt. [2]Die Rechte und Pflichten der Vertragsparteien können durch einen Verweis auf andere Dokumente oder Rechtstexte geregelt werden.

(5) [1]Der Versicherer muss dem Versicherungsnehmer angemessene Berichte über die erbrachten Dienstleistungen auf einem dauerhaften Datenträger zur Verfügung stellen. [2]Diese Berichte enthalten regelmäßige Mitteilungen an den Versicherungsnehmer, die die Art und die Komplexität der jeweiligen Versicherungsanlageprodukte sowie die Art der für den Versicherungsnehmer erbrachten Dienstleistung berücksichtigen, und gegebenenfalls die Kosten, die mit den getätigten Geschäften und den erbrachten Dienstleistungen verbunden sind. [3]Erbringt der Versicherer eine Beratungsleistung zu einem Versicherungsanlageprodukt, stellt er dem Versicherungsnehmer vor Vertragsabschluss auf einem dauerhaften Datenträger eine Erklärung zur Verfügung, in der die erbrachte Beratungsleistung und die dabei berücksichtigten Präferenzen, Ziele und anderen kundenspezifischen Merkmale aufgeführt sind. [4]§ 6a findet Anwendung; über eine Website kann die Erklärung jedoch nicht erbracht werden. [5]Wenn der Versicherungsvertrag unter Verwendung eines Fernkommunikationsmittels abgeschlossen wird und die vorherige Aushändigung der Angemessenheitserklärung nicht möglich ist, kann der Versicherer dem Versicherungsnehmer die Angemessenheitserklärung auf einem dauerhaften Datenträger unverzüglich nach Abschluss des Versicherungsvertrags zur Verfügung stellen, sofern die folgenden Bedingungen erfüllt sind:

1. der Versicherungsnehmer hat dieser Vorgehensweise zugestimmt und
2. der Versicherer hat dem Versicherungsnehmer angeboten, den Zeitpunkt des Vertragsabschlusses zu verschieben, damit der Versicherungsnehmer die Angemessenheitserklärung vorher erhalten kann.

[6]Hat der Versicherer dem Versicherungsnehmer mitgeteilt, dass er eine regelmäßige Beurteilung der Eignung vornehmen werde, muss der regelmäßige Bericht jeweils eine aktualisierte Erklärung dazu enthalten, inwieweit das Versicherungsanlageprodukt den Präferenzen, Zielen und anderen kundenspezifischen Merkmalen des Versicherungsnehmers entspricht.

§ 7d
Beratung, Information und Widerruf bei bestimmten Gruppenversicherungen

[1]Der Versicherungsnehmer eines Gruppenversicherungsvertrags für Restschuldversicherungen hat gegenüber der versicherten Person die Beratungs- und Informationspflichten eines Versicherers. [2]Die versicherte Person hat die Rechte eines Versicherungsnehmers, insbesondere das Widerrufsrecht. [3]Über dieses Widerrufsrecht ist eine Woche nach Abgabe der Vertragserklärung erneut in Textform zu belehren. [4]Das Informationsblatt zu Versicherungsprodukten ist mit dieser Belehrung erneut zur Verfügung zu stellen. [5]Die Widerrufsfrist beginnt nicht vor Zugang dieser Unterlagen.

§ 8
Widerrufsrecht des Versicherungsnehmers; Verordnungsermächtigung

(1) [1]Der Versicherungsnehmer kann seine Vertragserklärung innerhalb von 14 Tagen widerrufen. [2]Der Widerruf ist in Textform gegenüber dem Versicherer zu erklären und muss keine Begründung enthalten; zur Fristwahrung genügt die rechtzeitige Absendung.

(2) [1]Die Widerrufsfrist beginnt zu dem Zeitpunkt, zu dem folgende Unterlagen dem Versicherungsnehmer in Textform zugegangen sind:

1. der Versicherungsschein und die Vertragsbestimmungen einschließlich der Allgemeinen Versicherungsbedingungen sowie die weiteren Informationen, die nach der VVG-Informationspflichtenverordnung mitzuteilen sind, und
2. eine deutlich gestaltete Belehrung über das Widerrufsrecht und über die Rechtsfolgen des Widerrufs, die dem Versicherungsnehmer seine Rechte entsprechend den Erfordernissen des eingesetzten Kommunikationsmittels deutlich macht und die den Namen und die ladungsfähige Anschrift desjenigen, gegenüber dem der Widerruf zu erklären ist, sowie einen Hinweis auf den Fristbeginn und auf die Regelungen des Absatzes 1 Satz 2 enthält.

[2]Bei Versicherungsprodukten, für die ein Basisinformationsblatt nach der Verordnung (EU) Nr. 1286/2014 des Europäischen Parlaments und des Rates vom 26. November 2014 über Basisinformationsblätter für verpackte Anlageprodukte für Kleinanleger und Versicherungsanlageprodukte (PRIIP) (ABl. L 352 vom 9.12.2014, S. 1; L 358 vom 13.12.2014, S. 50), die zuletzt durch die Verordnung (EU) 2019/1156 (ABl. L 188 vom 12.7.2019, S. 55) geändert worden ist, in der jeweils geltenden Fassung oder für die ein PEPP-Basisinformationsblatt nach Artikel 26 der Verordnung (EU) 2019/1238 des Europäischen Parlaments und des Rates vom 20. Juni 2019 über ein Paneuropäisches Privates Pensionsprodukt (PEPP) (ABl. L 198 vom 25.7.2019, S. 1) in der jeweils geltenden Fassung zu erstellen ist, beginnt die Widerrufsfrist nicht, bevor auch das Basisinformationsblatt oder das PEPP-Basisinformationsblatt zur Verfügung gestellt worden ist. [3]Der Nachweis über den Zugang der Unterlagen nach den Sätzen 1 und 2 obliegt dem Versicherer.

(3) [1]Das Widerrufsrecht besteht nicht

1. bei Versicherungsverträgen mit einer Laufzeit von weniger als einem Monat,
2. bei Versicherungsverträgen über vorläufige Deckung, es sei denn, es handelt sich um einen Fernabsatzvertrag im Sinn des § 312c des Bürgerlichen Gesetzbuchs,
3. bei Versicherungsverträgen bei Pensionskassen, die auf arbeitsvertraglichen Regelungen beruhen, es sei denn, es handelt sich um einen Fernabsatzvertrag im Sinn des § 312c des Bürgerlichen Gesetzbuchs,
4. bei Versicherungsverträgen über ein Großrisiko im Sinn des § 210 Absatz 2.

[2]Das Widerrufsrecht erlischt, wenn der Vertrag von beiden Seiten auf ausdrücklichen Wunsch des Versicherungsnehmers vollständig erfüllt ist, bevor der Versicherungsnehmer sein Widerrufsrecht ausgeübt hat.

(4) [1]Die nach Absatz 2 Satz 1 Nr. 2 zu erteilende Belehrung genügt den dort genannten Anforderungen, wenn das Muster der Anlage zu diesem Gesetz in Textform verwendet wird. [2]Der Versicherer darf unter Beachtung von Absatz 2 Satz 1 Nr. 2 von dem Muster abweichen. [3]Beschränkt sich die Abweichung unter Beachtung von Absatz 2 Satz 1 Nummer 2 auf Format und Schriftgröße oder darauf, dass der Versicherer Zusätze wie die Firma oder ein Kennzeichen des Versicherers anbringt, so ist Satz 1 anzuwenden.

(5) Das Bundesministerium der Justiz wird ermächtigt, im Einvernehmen mit dem Bundesministerium der Finanzen und im Benehmen mit dem Bundesministerium für Umwelt, Naturschutz, nukleare Sicherheit und Verbraucherschutz durch Rechtsverordnung ohne Zustimmung des Bundesrates die Informationspflichten nach Abschnitt 2 der Anlage und die dazu erteilten Gestaltungshinweise zu ändern, wenn dies erforderlich ist, um die Informationspflichten nach Abschnitt 2 der Anlage und die dazu erteilten Gestaltungshinweise an eine Änderung der VVG-Informationspflichtenverordnung anzupassen.

§ 9
Rechtsfolgen des Widerrufs

(1) [1]Übt der Versicherungsnehmer das Widerrufsrecht nach § 8 Abs. 1 aus, hat der Versicherer nur den auf die Zeit nach Zugang des Widerrufs entfallenden Teil der Prämien zu erstatten, wenn der Versicherungsnehmer in der Belehrung nach § 8 Abs. 2 Satz 1 Nr. 2 auf sein Widerrufsrecht, die Rechtsfolgen des Widerrufs und den zu zahlenden Betrag hingewiesen worden ist und zugestimmt hat, dass der Versicherungsschutz vor Ende der Widerrufsfrist beginnt; die Erstattungspflicht ist unverzüglich, spätestens 30 Tage nach Zugang des Widerrufs zu erfüllen. [2]Ist der in Satz 1 genannte Hinweis unterblieben, hat der Versicherer zusätzlich die für das erste Jahr des Versicherungsschutzes gezahlten Prämien zu erstatten; dies gilt nicht, wenn der Versicherungsnehmer Leistungen aus dem Versicherungsvertrag in Anspruch genommen hat.

(2) [1]Hat der Versicherungsnehmer sein Widerrufsrecht nach § 8 wirksam ausgeübt, ist er auch an einen mit dem Versicherungsvertrag zusammenhängenden Vertrag nicht mehr gebunden. [2]Ein zusammenhängender Vertrag liegt vor, wenn er einen Bezug zu dem widerrufenen Vertrag aufweist und eine Dienstleistung des Versicherers oder eines Dritten auf der Grundlage einer Vereinbarung zwischen dem Dritten und dem Versicherer betrifft. [3]Eine Vertragsstrafe darf weder vereinbart noch verlangt werden.

§ 10
Beginn und Ende der Versicherung

Ist die Dauer der Versicherung nach Tagen, Wochen, Monaten oder einem mehrere Monate umfassenden Zeitraum bestimmt, beginnt die Versicherung mit Beginn des Tages, an dem der Vertrag geschlossen wird; er endet mit Ablauf des letzten Tages der Vertragszeit.

§ 11
Verlängerung, Kündigung

(1) Wird bei einem auf eine bestimmte Zeit eingegangenen Versicherungsverhältnis im Voraus eine Verlängerung für den Fall vereinbart, dass das Versicherungsverhältnis nicht vor Ablauf der Vertragszeit gekündigt wird, ist die Verlängerung unwirksam, soweit sie sich jeweils auf mehr als ein Jahr erstreckt.

(2) [1]Ist ein Versicherungsverhältnis auf unbestimmte Zeit eingegangen, kann es von beiden Vertragsparteien nur für den Schluss der laufenden Versicherungsperiode gekündigt werden. [2]Auf das Kündigungsrecht können sie einvernehmlich bis zur Dauer von zwei Jahren verzichten.

(3) Die Kündigungsfrist muss für beide Vertragsparteien gleich sein; sie darf nicht weniger als einen Monat und nicht mehr als drei Monate betragen.

(4) Ein Versicherungsvertrag, der für die Dauer von mehr als drei Jahren geschlossen worden ist, kann vom Versicherungsnehmer zum Schluss des dritten oder jedes darauf folgenden Jahres unter Einhaltung einer Frist von drei Monaten gekündigt werden.

§ 12
Versicherungsperiode

Als Versicherungsperiode gilt, falls nicht die Prämie nach kürzeren Zeitabschnitten bemessen ist, der Zeitraum eines Jahres.

§ 13
Änderung von Anschrift und Name

(1) [1]Hat der Versicherungsnehmer eine Änderung seiner Anschrift dem Versicherer nicht mitgeteilt, genügt für eine dem Versicherungsnehmer gegenüber abzugebende Willenserklärung die Absendung eines eingeschriebenen Briefes an die letzte dem Versicherer bekannte Anschrift des Versicherungsnehmers. [2]Die Erklärung gilt drei Tage nach der Absendung des Briefes als zugegangen. [3]Die Sätze 1 und 2 sind im Fall einer Namensänderung des Versicherungsnehmers entsprechend anzuwenden.

(2) Hat der Versicherungsnehmer die Versicherung in seinem Gewerbebetrieb genommen, ist bei einer Verlegung der gewerblichen Niederlassung Absatz 1 Satz 1 und 2 entsprechend anzuwenden.

§ 14
Fälligkeit der Geldleistung

(1) Geldleistungen des Versicherers sind fällig mit der Beendigung der zur Feststellung des Versicherungsfalles und des Umfanges der Leistung des Versicherers notwendigen Erhebungen.

(2) [1]Sind diese Erhebungen nicht bis zum Ablauf eines Monats seit der Anzeige des Versicherungsfalles beendet, kann der Versicherungsnehmer Abschlagszahlungen in Höhe des Betrags verlangen, den der Versicherer voraussichtlich mindestens zu zahlen hat. [2]Der Lauf der Frist ist gehemmt, solange die Erhebungen infolge eines Verschuldens des Versicherungsnehmers nicht beendet werden können.

(3) Eine Vereinbarung, durch die der Versicherer von der Verpflichtung zur Zahlung von Verzugszinsen befreit wird, ist unwirksam.

§ 15
Hemmung der Verjährung

Ist ein Anspruch aus dem Versicherungsvertrag beim Versicherer angemeldet worden, ist die Verjährung bis zu dem Zeitpunkt gehemmt, zu dem die Entscheidung des Versicherers dem Anspruchsteller in Textform zugeht.

§ 16
Insolvenz des Versicherers

(1) Wird über das Vermögen des Versicherers das Insolvenzverfahren eröffnet, endet das Versicherungsverhältnis mit Ablauf eines Monats seit der Eröffnung; bis zu diesem Zeitpunkt bleibt es der Insolvenzmasse gegenüber wirksam.

(2) Die Vorschriften des Versicherungsaufsichtsgesetzes über die Wirkungen der Insolvenzeröffnung bleiben unberührt.

§ 17
Abtretungsverbot bei unpfändbaren Sachen

Soweit sich die Versicherung auf unpfändbare Sachen bezieht, kann eine Forderung aus der Versicherung nur auf solche Gläubiger des Versicherungsnehmers übertragen werden, die diesem zum Ersatz der zerstörten oder beschädigten Sachen andere Sachen geliefert haben.

§ 18
Abweichende Vereinbarungen

Von § 3 Abs. 1 bis 4, § 5 Abs. 1 bis 3, den §§ 6 bis 9 und 11 Abs. 2 bis 4, § 14 Abs. 2 Satz 1 und § 15 kann nicht zum Nachteil des Versicherungsnehmers abgewichen werden.

...

Abschnitt 7
Versicherungsvermittler, Versicherungsberater

Unterabschnitt 1
Mitteilungs- und Beratungspflichten

§ 59
Begriffsbestimmungen

(1) [1]Versicherungsvermittler im Sinn dieses Gesetzes sind Versicherungsvertreter und Versicherungsmakler. [2]Die §§ 1a, 6a, 7a, 7b und 7c gelten für Versicherungsvermittler entsprechend. [3]Versicherungsvermittler ist auch, wer eine Vertriebstätigkeit im Sinne von § 1a Absatz 2 ausführt, ohne dass die Voraussetzungen des nachfolgenden Absatzes 2 oder 3 vorliegen.

(2) Versicherungsvertreter im Sinn dieses Gesetzes ist, wer von einem Versicherer oder einem Versicherungsvertreter damit betraut ist, gewerbsmäßig Versicherungsverträge zu vermitteln oder abzuschließen.

(3) [1]Versicherungsmakler im Sinn dieses Gesetzes ist, wer gewerbsmäßig für den Auftraggeber die Vermittlung oder den Abschluss von Versicherungsverträgen übernimmt, ohne von einem Versicherer oder von einem Versicherungsvertreter damit betraut zu sein. [2]Als Versicherungsmakler gilt, wer gegenüber dem Versicherungsnehmer den Anschein erweckt, er erbringe seine Leistungen als Versicherungsmakler nach Satz 1.

(4) [1]Versicherungsberater im Sinn dieses Gesetzes ist, wer gewerbsmäßig Dritte bei der Vereinbarung, Änderung oder Prüfung von Versicherungsverträgen oder bei der Wahrnehmung von Ansprüchen aus Versicherungsverträgen im Versicherungsfall berät oder gegenüber dem Versicherer außergerichtlich vertritt, ohne von einem Versicherer einen wirtschaftlichen Vorteil zu erhalten oder in anderer Weise von ihm abhängig zu sein. [2]Die §§ 1a, 6a, 7a, 7b und 7c gelten für Versicherungsberater entsprechend.

§ 60
Beratungsgrundlage des Versicherungsvermittlers

(1) [1]Der Versicherungsmakler ist verpflichtet, seinem Rat eine hinreichende Zahl von auf dem Markt angebotenen Versicherungsverträgen und von Versicherern zugrunde zu legen, so dass er nach fachlichen Kriterien eine Empfehlung dahin abgeben kann, welcher Versicherungsvertrag geeignet ist, die Bedürfnisse des Versicherungsnehmers zu erfüllen. [2]Dies gilt nicht, soweit er im Einzelfall vor Abgabe der Vertragserklärung des Versicherungsnehmers diesen ausdrücklich auf eine eingeschränkte Versicherer- und Vertragsauswahl hinweist.

(2) [1]Der Versicherungsmakler, der nach Absatz 1 Satz 2 auf eine eingeschränkte Auswahl hinweist, und der Versicherungsvertreter haben dem Versicherungsnehmer mitzuteilen, auf welcher Markt- und Informationsgrundlage sie ihre Leistung erbringen, und die Namen der ihrem Rat zugrunde gelegten Versicherer anzugeben. [2]Der Versicherungsvertreter hat außerdem mitzuteilen, für welche Versicherer er seine Tätigkeit ausübt und ob er für diese ausschließlich tätig ist.

(3) Der Versicherungsnehmer kann auf die Mitteilungen und Angaben nach Absatz 2 durch eine gesonderte schriftliche Erklärung verzichten.

§ 61
Beratungs- und Dokumentationspflichten des Versicherungsvermittlers

(1) [1]Der Versicherungsvermittler hat den Versicherungsnehmer, soweit nach der Schwierigkeit, die angebotene Versicherung zu beurteilen, oder der Person des Versicherungsnehmers und dessen Situation hierfür Anlass besteht, nach seinen Wünschen und Bedürfnissen zu befragen und, auch unter Berücksichtigung eines angemessenen Verhältnisses zwischen Beratungsaufwand und der vom Versicherungsnehmer zu zahlenden Prämien, zu beraten sowie die Gründe für jeden zu einer bestimmten Versicherung erteilten Rat anzugeben. [2]Er hat dies unter Berücksichtigung der Komplexität des angebotenen Versicherungsvertrags nach § 62 zu dokumentieren.

(2) [1]Der Versicherungsnehmer kann auf die Beratung oder die Dokumentation nach Absatz 1 durch eine gesonderte schriftliche Erklärung verzichten, in der er vom Versicherungsvermittler ausdrücklich darauf hingewiesen wird, dass sich ein Verzicht

nachteilig auf die Möglichkeit des Versicherungsnehmers auswirken kann, gegen den Versicherungsvermittler einen Schadensersatzanspruch nach § 63 geltend zu machen. [2]Handelt es sich um einen Vertrag im Fernabsatz im Sinn des § 312c des Bürgerlichen Gesetzbuchs, kann der Versicherungsnehmer in Textform verzichten

§ 62
Zeitpunkt und Form der Information

(1) Dem Versicherungsnehmer sind die Informationen nach § 60 Abs. 2 vor Abgabe seiner Vertragserklärung, die Informationen nach § 61 Abs. 1 vor dem Abschluss des Vertrags klar und verständlich in Textform zu übermitteln.

(2) [1]Die Informationen nach Absatz 1 dürfen mündlich übermittelt werden, wenn der Versicherungsnehmer dies wünscht oder wenn und soweit der Versicherer vorläufige Deckung gewährt. [2]In diesen Fällen sind die Informationen unverzüglich nach Vertragsschluss, spätestens mit dem Versicherungsschein dem Versicherungsnehmer in Textform zu übermitteln; dies gilt nicht für Verträge über vorläufige Deckung bei Pflichtversicherungen.

§ 63
Schadensersatzpflicht

[1]Der Versicherungsvermittler ist zum Ersatz des Schadens verpflichtet, der dem Versicherungsnehmer durch die Verletzung einer Pflicht nach § 60 oder § 61 entsteht. [2]Dies gilt nicht, wenn der Versicherungsvermittler die Pflichtverletzung nicht zu vertreten hat.

…

§ 68
Versicherungsberater

[1]Die für Versicherungsmakler geltenden Vorschriften des § 60 Abs. 1 Satz 1, des § 61 Abs. 1 und der §§ 62 bis 65 und 67 sind auf Versicherungsberater entsprechend anzuwenden. [2]Weitergehende Pflichten des Versicherungsberaters aus dem Auftragsverhältnis bleiben unberührt.

Teil 2
Einzelne Versicherungszweige

…

Kapitel 5
Lebensversicherung

§ 150
Versicherte Person

(1) Die Lebensversicherung kann auf die Person des Versicherungsnehmers oder eines anderen genommen werden.

(2) [1]Wird die Versicherung für den Fall des Todes eines anderen genommen und übersteigt die vereinbarte Leistung den Betrag der gewöhnlichen Beerdigungskosten, ist zur Wirksamkeit des Vertrags die schriftliche Einwilligung des anderen erforderlich; dies gilt nicht bei Lebensversicherungen im Bereich der betrieblichen Altersversorgung. [2]Ist der andere geschäftsunfähig oder in der Geschäftsfähigkeit beschränkt oder ist für ihn ein Betreuer bestellt und steht die Vertretung in den seine Person betreffenden Angelegenheiten dem Versicherungsnehmer zu, kann dieser den anderen bei der Erteilung der Einwilligung nicht vertreten.

(3) Nimmt ein Elternteil die Versicherung auf die Person eines minderjährigen Kindes, bedarf es der Einwilligung des Kindes nur, wenn nach dem Vertrag der Versicherer auch bei Eintritt des Todes vor der Vollendung des siebenten Lebensjahres zur Leistung verpflichtet sein soll und die für diesen Fall vereinbarte Leistung den Betrag der gewöhnlichen Beerdigungskosten übersteigt.

(4) Soweit die Aufsichtsbehörde einen bestimmten Höchstbetrag für die gewöhnlichen Beerdigungskosten festgesetzt hat, ist dieser maßgebend.

§ 151
Ärztliche Untersuchung

Durch die Vereinbarung einer ärztlichen Untersuchung der versicherten Person wird ein Recht des Versicherers, die Vornahme der Untersuchung zu verlangen, nicht begründet.

§ 152
Widerruf des Versicherungsnehmers

(1) Abweichend von § 8 Abs. 1 Satz 1 beträgt die Widerrufsfrist 30 Tage.

(2) [1]Der Versicherer hat abweichend von § 9 Satz 1 auch den Rückkaufswert einschließlich der Überschussanteile nach § 169 zu zahlen. [2]Im Fall des § 9 Satz 2 hat der Versicherer den Rückkaufswert einschließlich der Überschussanteile oder, wenn dies für den Versicherungsnehmer günstiger ist, die für das erste Jahr gezahlten Prämien zu erstatten.

(3) Abweichend von § 33 Abs. 1 ist die einmalige oder die erste Prämie unverzüglich nach Ablauf von 30 Tagen nach Zugang des Versicherungsscheins zu zahlen.

§ 153
Überschussbeteiligung

(1) Dem Versicherungsnehmer steht eine Beteiligung an dem Überschuss und an den Bewertungsreserven (Überschussbeteiligung) zu, es sei denn, die Überschussbeteiligung ist durch ausdrückliche Vereinbarung ausgeschlossen; die Überschussbeteiligung kann nur insgesamt ausgeschlossen werden.

(2) [1]Der Versicherer hat die Beteiligung an dem Überschuss nach einem verursachungsorientierten Verfahren durchzuführen; andere vergleichbare angemessene Ver-

teilungsgrundsätze können vereinbart werden. [2]Die Beträge im Sinn des § 268 Abs. 8 des Handelsgesetzbuchs bleiben unberücksichtigt.

(3) [1]Der Versicherer hat die Bewertungsreserven jährlich neu zu ermitteln und nach einem verursachungsorientierten Verfahren rechnerisch zuzuordnen. [2]Bei der Beendigung des Vertrags wird der für diesen Zeitpunkt zu ermittelnde Betrag zur Hälfte zugeteilt und an den Versicherungsnehmer ausgezahlt; eine frühere Zuteilung kann vereinbart werden. [3]Aufsichtsrechtliche Regelungen zur Sicherstellung der dauernden Erfüllbarkeit der Verpflichtungen aus den Versicherungen, insbesondere die §§ 89, 124 Absatz 1, § 139 Absatz 3 und 4 und die §§ 140 sowie 214 des Versicherungsaufsichtsgesetzes bleiben unberührt.

(4) Bei Rentenversicherungen ist die Beendigung der Ansparphase der nach Absatz 3 Satz 2 maßgebliche Zeitpunkt.

§ 154
Modellrechnung

(1) [1]Macht der Versicherer im Zusammenhang mit dem Angebot oder dem Abschluss einer Lebensversicherung bezifferte Angaben zur Höhe von möglichen Leistungen über die vertraglich garantierten Leistungen hinaus, hat er dem Versicherungsnehmer eine Modellrechnung zu übermitteln, bei der die mögliche Ablaufleistung unter Zugrundelegung der Rechnungsgrundlagen für die Prämienkalkulation mit drei verschiedenen Zinssätzen dargestellt wird. [2]Dies gilt nicht für Risikoversicherungen und Verträge, die Leistungen der in § 124 Absatz 2 Satz 2 des Versicherungsaufsichtsgesetzes bezeichneten Art vorsehen.

(2) Der Versicherer hat den Versicherungsnehmer klar und verständlich darauf hinzuweisen, dass es sich bei der Modellrechnung nur um ein Rechenmodell handelt, dem fiktive Annahmen zugrunde liegen, und dass der Versicherungsnehmer aus der Modellrechnung keine vertraglichen Ansprüche gegen den Versicherer ableiten kann.

§ 155
Standmitteilung

(1) [1]Bei Versicherungen mit Überschussbeteiligung hat der Versicherer den Versicherungsnehmer jährlich in Textform über den aktuellen Stand seiner Ansprüche unter Einbeziehung der Überschussbeteiligung zu unterrichten. [2]Dabei hat er mitzuteilen, inwieweit diese Überschussbeteiligung garantiert ist. [3]Im Einzelnen hat der Versicherer Folgendes anzugeben:

1. die vereinbarte Leistung bei Eintritt eines Versicherungsfalles zuzüglich Überschussbeteiligung zu dem in der Standmitteilung bezeichneten maßgeblichen Zeitpunkt,
2. die vereinbarte Leistung zuzüglich garantierter Überschussbeteiligung bei Ablauf des Vertrags oder bei Rentenbeginn unter der Voraussetzung einer unveränderten Vertragsfortführung,

3. die vereinbarte Leistung zuzüglich garantierter Überschussbeteiligung zum Ablauf des Vertrags oder zum Rentenbeginn unter der Voraussetzung einer prämienfreien Versicherung,
4. den Auszahlungsbetrag bei Kündigung des Versicherungsnehmers,
5. die Summe der gezahlten Prämien bei Verträgen, die ab dem 1. Juli 2018 abgeschlossen werden; im Übrigen kann über die Summe der gezahlten Prämien in Textform Auskunft verlangt werden.

(2) [1]Weitere Angaben bleiben dem Versicherer unbenommen. [2]Die Standmitteilung kann mit anderen jährlich zu machenden Mitteilungen verbunden werden.

(3) Hat der Versicherer bezifferte Angaben zur möglichen zukünftigen Entwicklung der Überschussbeteiligung gemacht, so hat er den Versicherungsnehmer auf Abweichungen der tatsächlichen Entwicklung von den anfänglichen Angaben hinzuweisen.

§ 156
Kenntnis und Verhalten der versicherten Person

Soweit nach diesem Gesetz die Kenntnis und das Verhalten des Versicherungsnehmers von rechtlicher Bedeutung sind, ist bei der Versicherung auf die Person eines anderen auch deren Kenntnis und Verhalten zu berücksichtigen.

§ 157
Unrichtige Altersangabe

[1]Ist das Alter der versicherten Person unrichtig angegeben worden, verändert sich die Leistung des Versicherers nach dem Verhältnis, in welchem die dem wirklichen Alter entsprechende Prämie zu der vereinbarten Prämie steht. [2]Das Recht, wegen der Verletzung der Anzeigepflicht von dem Vertrag zurückzutreten, steht dem Versicherer abweichend von § 19 Abs. 2 nur zu, wenn er den Vertrag bei richtiger Altersangabe nicht geschlossen hätte.

§ 158
Gefahränderung

(1) Als Erhöhung der Gefahr gilt nur eine solche Änderung der Gefahrumstände, die nach ausdrücklicher Vereinbarung als Gefahrerhöhung angesehen werden soll; die Vereinbarung bedarf der Textform.

(2) [1]Eine Erhöhung der Gefahr kann der Versicherer nicht mehr geltend machen, wenn seit der Erhöhung fünf Jahre verstrichen sind. [2]Hat der Versicherungsnehmer seine Verpflichtung nach § 23 vorsätzlich oder arglistig verletzt, beläuft sich die Frist auf zehn Jahre.

(3) § 41 ist mit der Maßgabe anzuwenden, dass eine Herabsetzung der Prämie nur wegen einer solchen Minderung der Gefahrumstände verlangt werden kann, die nach ausdrücklicher Vereinbarung als Gefahrminderung angesehen werden soll.

§ 159
Bezugsberechtigung

(1) Der Versicherungsnehmer ist im Zweifel berechtigt, ohne Zustimmung des Versicherers einen Dritten als Bezugsberechtigten zu bezeichnen sowie an die Stelle des so bezeichneten Dritten einen anderen zu setzen.

(2) Ein widerruflich als bezugsberechtigt bezeichneter Dritter erwirbt das Recht auf die Leistung des Versicherers erst mit dem Eintritt des Versicherungsfalles.

(3) Ein unwiderruflich als bezugsberechtigt bezeichneter Dritter erwirbt das Recht auf die Leistung des Versicherers bereits mit der Bezeichnung als Bezugsberechtigter.

§ 160
Auslegung der Bezugsberechtigung

(1) [1]Sind mehrere Personen ohne Bestimmung ihrer Anteile als Bezugsberechtigte bezeichnet, sind sie zu gleichen Teilen bezugsberechtigt. [2]Der von einem Bezugsberechtigten nicht erworbene Anteil wächst den übrigen Bezugsberechtigten zu.

(2) [1]Soll die Leistung des Versicherers nach dem Tod des Versicherungsnehmers an dessen Erben erfolgen, sind im Zweifel diejenigen, welche zur Zeit des Todes als Erben berufen sind, nach dem Verhältnis ihrer Erbteile bezugsberechtigt. [2]Eine Ausschlagung der Erbschaft hat auf die Berechtigung keinen Einfluss.

(3) Wird das Recht auf die Leistung des Versicherers von dem bezugsberechtigten Dritten nicht erworben, steht es dem Versicherungsnehmer zu.

(4) Ist der Fiskus als Erbe berufen, steht ihm ein Bezugsrecht im Sinn des Absatzes 2 Satz 1 nicht zu.

§ 161
Selbsttötung

(1) [1]Bei einer Versicherung für den Todesfall ist der Versicherer nicht zur Leistung verpflichtet, wenn die versicherte Person sich vor Ablauf von drei Jahren nach Abschluss des Versicherungsvertrags vorsätzlich selbst getötet hat. [2]Dies gilt nicht, wenn die Tat in einem die freie Willensbestimmung ausschließenden Zustand krankhafter Störung der Geistestätigkeit begangen worden ist.

(2) Die Frist nach Absatz 1 Satz 1 kann durch Einzelvereinbarung erhöht werden.

(3) Ist der Versicherer nicht zur Leistung verpflichtet, hat er den Rückkaufswert einschließlich der Überschussanteile nach § 169 zu zahlen.

§ 162
Tötung durch Leistungsberechtigten

(1) Ist die Versicherung für den Fall des Todes eines anderen als des Versicherungsnehmers genommen, ist der Versicherer nicht zur Leistung verpflichtet, wenn der Ver-

sicherungsnehmer vorsätzlich durch eine widerrechtliche Handlung den Tod des anderen herbeiführt.

(2) Ist ein Dritter als Bezugsberechtigter bezeichnet, gilt die Bezeichnung als nicht erfolgt, wenn der Dritte vorsätzlich durch eine widerrechtliche Handlung den Tod der versicherten Person herbeiführt.

§ 163
Prämien- und Leistungsänderung

(1) [1]Der Versicherer ist zu einer Neufestsetzung der vereinbarten Prämie berechtigt, wenn

1. sich der Leistungsbedarf nicht nur vorübergehend und nicht voraussehbar gegenüber den Rechnungsgrundlagen der vereinbarten Prämie geändert hat,
2. die nach den berichtigten Rechnungsgrundlagen neu festgesetzte Prämie angemessen und erforderlich ist, um die dauernde Erfüllbarkeit der Versicherungsleistung zu gewährleisten, und
3. ein unabhängiger Treuhänder die Rechnungsgrundlagen und die Voraussetzungen der Nummern 1 und 2 überprüft und bestätigt hat.

[2]Eine Neufestsetzung der Prämie ist insoweit ausgeschlossen, als die Versicherungsleistungen zum Zeitpunkt der Erst- oder Neukalkulation unzureichend kalkuliert waren und ein ordentlicher und gewissenhafter Aktuar dies insbesondere anhand der zu diesem Zeitpunkt verfügbaren statistischen Kalkulationsgrundlagen hätte erkennen müssen.

(2) [1]Der Versicherungsnehmer kann verlangen, dass an Stelle einer Erhöhung der Prämie nach Absatz 1 die Versicherungsleistung entsprechend herabgesetzt wird. [2]Bei einer prämienfreien Versicherung ist der Versicherer unter den Voraussetzungen des Absatzes 1 zur Herabsetzung der Versicherungsleistung berechtigt.

(3) Die Neufestsetzung der Prämie und die Herabsetzung der Versicherungsleistung werden zu Beginn des zweiten Monats wirksam, der auf die Mitteilung der Neufestsetzung oder der Herabsetzung und der hierfür maßgeblichen Gründe an den Versicherungsnehmer folgt.

(4) Die Mitwirkung des Treuhänders nach Absatz 1 Satz 1 Nr. 3 entfällt, wenn die Neufestsetzung oder die Herabsetzung der Versicherungsleistung der Genehmigung der Aufsichtsbehörde bedarf.

§ 164
Bedingungsanpassung

(1) [1]Ist eine Bestimmung in Allgemeinen Versicherungsbedingungen des Versicherers durch höchstrichterliche Entscheidung oder durch bestandskräftigen Verwaltungsakt für unwirksam erklärt worden, kann sie der Versicherer durch eine neue Regelung ersetzen, wenn dies zur Fortführung des Vertrags notwendig ist oder wenn das Festhalten an dem Vertrag ohne neue Regelung für eine Vertragspartei auch unter Berück-

sichtigung der Interessen der anderen Vertragspartei eine unzumutbare Härte darstellen würde. [2]Die neue Regelung ist nur wirksam, wenn sie unter Wahrung des Vertragsziels die Belange der Versicherungsnehmer angemessen berücksichtigt.

(2) Die neue Regelung nach Absatz 1 wird zwei Wochen, nachdem die neue Regelung und die hierfür maßgeblichen Gründe dem Versicherungsnehmer mitgeteilt worden sind, Vertragsbestandteil.

§ 165
Prämienfreie Versicherung

(1) [1]Der Versicherungsnehmer kann jederzeit für den Schluss der laufenden Versicherungsperiode die Umwandlung der Versicherung in eine prämienfreie Versicherung verlangen, sofern die dafür vereinbarte Mindestversicherungsleistung erreicht wird. [2]Wird diese nicht erreicht, hat der Versicherer den auf die Versicherung entfallenden Rückkaufswert einschließlich der Überschussanteile nach § 169 zu zahlen.

(2) Die prämienfreie Leistung ist nach anerkannten Regeln der Versicherungsmathematik mit den Rechnungsgrundlagen der Prämienkalkulation unter Zugrundelegung des Rückkaufswertes nach § 169 Abs. 3 bis 5 zu berechnen und im Vertrag für jedes Versicherungsjahr anzugeben.

(3) [1]Die prämienfreie Leistung ist für den Schluss der laufenden Versicherungsperiode unter Berücksichtigung von Prämienrückständen zu berechnen. [2]Die Ansprüche des Versicherungsnehmers aus der Überschussbeteiligung bleiben unberührt.

§ 166
Kündigung des Versicherers

(1) [1]Kündigt der Versicherer das Versicherungsverhältnis, wandelt sich mit der Kündigung die Versicherung in eine prämienfreie Versicherung um. [2]Auf die Umwandlung ist § 165 anzuwenden.

(2) Im Fall des § 38 Abs. 2 ist der Versicherer zu der Leistung verpflichtet, die er erbringen müsste, wenn sich mit dem Eintritt des Versicherungsfalles die Versicherung in eine prämienfreie Versicherung umgewandelt hätte.

(3) Bei der Bestimmung einer Zahlungsfrist nach § 38 Abs. 1 hat der Versicherer auf die eintretende Umwandlung der Versicherung hinzuweisen.

(4) Bei einer Lebensversicherung, die vom Arbeitgeber zugunsten seiner Arbeitnehmerinnen und Arbeitnehmer abgeschlossen worden ist, hat der Versicherer die versicherte Person über die Bestimmung der Zahlungsfrist nach § 38 Abs. 1 und die eintretende Umwandlung der Versicherung in Textform zu informieren und ihnen eine Zahlungsfrist von mindestens zwei Monaten einzuräumen.

§ 167
Umwandlung zur Erlangung eines Pfändungsschutzes

[1]Der Versicherungsnehmer einer Lebensversicherung kann jederzeit für den Schluss der laufenden Versicherungsperiode die Umwandlung der Versicherung in eine Versicherung verlangen, die den Anforderungen des § 851c Abs. 1 der Zivilprozessordnung entspricht. [2]Die Kosten der Umwandlung hat der Versicherungsnehmer zu tragen.

§ 168
Kündigung des Versicherungsnehmers

(1) Sind laufende Prämien zu zahlen, kann der Versicherungsnehmer das Versicherungsverhältnis jederzeit für den Schluss der laufenden Versicherungsperiode kündigen.

(2) Bei einer Versicherung, die Versicherungsschutz für ein Risiko bietet, bei dem der Eintritt der Verpflichtung des Versicherers gewiss ist, steht das Kündigungsrecht dem Versicherungsnehmer auch dann zu, wenn die Prämie in einer einmaligen Zahlung besteht.

3) Die Absätze 1 und 2 sind nicht auf einen für die Altersvorsorge bestimmten Versicherungsvertrag anzuwenden,

1. wenn die Vertragsparteien bei einem nach § 5a des Altersvorsorgeverträge-Zertifizierungsgesetzes zertifizierten Basisrentenvertrag die Verwertung der Ansprüche gemäß § 10 Absatz 1 Nummer 2 Satz 1 Buchstabe b des Einkommensteuergesetzes ausgeschlossen haben oder

2. soweit die Vertragsparteien eine Verwertung unwiderruflich ausgeschlossen haben und dieser Ausschluss erforderlich ist, um den Pfändungsschutz nach § 851c der Zivilprozessordnung oder § 851d der Zivilprozessordnung herbeizuführen.

§ 169
Rückkaufswert

(1) Wird eine Versicherung, die Versicherungsschutz für ein Risiko bietet, bei dem der Eintritt der Verpflichtung des Versicherers gewiss ist, durch Kündigung des Versicherungsnehmers oder durch Rücktritt oder Anfechtung des Versicherers aufgehoben, hat der Versicherer den Rückkaufswert zu zahlen.

(2) [1]Der Rückkaufswert ist nur insoweit zu zahlen, als dieser die Leistung bei einem Versicherungsfall zum Zeitpunkt der Kündigung nicht übersteigt. [2]Der danach nicht gezahlte Teil des Rückkaufswertes ist für eine prämienfreie Versicherung zu verwenden. [3]Im Fall des Rücktrittes oder der Anfechtung ist der volle Rückkaufswert zu zahlen.

(3) [1]Der Rückkaufswert ist das nach anerkannten Regeln der Versicherungsmathematik mit den Rechnungsgrundlagen der Prämienkalkulation zum Schluss der laufenden Versicherungsperiode berechnete Deckungskapital der Versicherung, bei einer Kündi-

gung des Versicherungsverhältnisses jedoch mindestens der Betrag des Deckungskapitals, das sich bei gleichmäßiger Verteilung der angesetzten Abschluss- und Vertriebskosten auf die ersten fünf Vertragsjahre ergibt; die aufsichtsrechtlichen Regelungen über Höchstzillmersätze bleiben unberührt. [2]Der Rückkaufswert und das Ausmaß, in dem er garantiert ist, sind dem Versicherungsnehmer vor Abgabe von dessen Vertragserklärung mitzuteilen; das Nähere regelt die Rechtsverordnung nach § 7 Abs. 2. [3]Hat der Versicherer seinen Sitz in einem anderen Mitgliedstaat der Europäischen Union oder einem anderen Vertragsstaat des Abkommens über den Europäischen Wirtschaftsraum, kann er für die Berechnung des Rückkaufswertes an Stelle des Deckungskapitals den in diesem Staat vergleichbaren anderen Bezugswert zugrunde legen.

(4) [1]Bei fondsgebundenen Versicherungen und anderen Versicherungen, die Leistungen der in § 124 Absatz 2 Satz 2 des Versicherungsaufsichtsgesetzes bezeichneten Art vorsehen, ist der Rückkaufswert nach anerkannten Regeln der Versicherungsmathematik als Zeitwert der Versicherung zu berechnen, soweit nicht der Versicherer eine bestimmte Leistung garantiert; im Übrigen gilt Absatz 3. [2]Die Grundsätze der Berechnung sind im Vertrag anzugeben.

(5) [1]Der Versicherer ist zu einem Abzug von dem nach Absatz 3 oder 4 berechneten Betrag nur berechtigt, wenn er vereinbart, beziffert und angemessen ist. [2]Die Vereinbarung eines Abzugs für noch nicht getilgte Abschluss- und Vertriebskosten ist unwirksam.

(6) [1]Der Versicherer kann den nach Absatz 3 berechneten Betrag angemessen herabsetzen, soweit dies erforderlich ist, um eine Gefährdung der Belange der Versicherungsnehmer, insbesondere durch eine Gefährdung der dauernden Erfüllbarkeit der sich aus den Versicherungsverträgen ergebenden Verpflichtungen, auszuschließen. [2]Die Herabsetzung ist jeweils auf ein Jahr befristet.

(7) Der Versicherer hat dem Versicherungsnehmer zusätzlich zu dem nach den Absätzen 3 bis 6 berechneten Betrag die diesem bereits zugeteilten Überschussanteile, soweit sie nicht bereits in dem Betrag nach den Absätzen 3 bis 6 enthalten sind, sowie den nach den jeweiligen Allgemeinen Versicherungsbedingungen für den Fall der Kündigung vorgesehenen Schlussüberschussanteil zu zahlen; § 153 Abs. 3 Satz 2 bleibt unberührt.

§ 170
Eintrittsrecht

(1) [1]Wird in die Versicherungsforderung ein Arrest vollzogen oder eine Zwangsvollstreckung vorgenommen oder wird das Insolvenzverfahren über das Vermögen des Versicherungsnehmers eröffnet, kann der namentlich bezeichnete Bezugsberechtigte mit Zustimmung des Versicherungsnehmers an seiner Stelle in den Versicherungsvertrag eintreten. [2]Tritt der Bezugsberechtigte ein, hat er die Forderungen der betreibenden Gläubiger oder der Insolvenzmasse bis zur Höhe des Betrags zu befriedigen, dessen Zahlung der Versicherungsnehmer im Fall der Kündigung des Versicherungsverhältnisses vom Versicherer verlangen könnte.

(2) Ist ein Bezugsberechtigter nicht oder nicht namentlich bezeichnet, steht das gleiche Recht dem Ehegatten oder Lebenspartner und den Kindern des Versicherungsnehmers zu.

(3) [1]Der Eintritt erfolgt durch Anzeige an den Versicherer. [2]Die Anzeige kann nur innerhalb eines Monats erfolgen, nachdem der Eintrittsberechtigte von der Pfändung Kenntnis erlangt hat oder das Insolvenzverfahren eröffnet worden ist.

§ 171
Abweichende Vereinbarungen

[1]Von § 152 Abs. 1 und 2 und den §§ 153 bis 155, 157, 158, 161 und 163 bis 170 kann nicht zum Nachteil des Versicherungsnehmers, der versicherten Person oder des Eintrittsberechtigten abgewichen werden. [2]Für das Verlangen des Versicherungsnehmers auf Umwandlung nach § 165 und für seine Kündigung nach § 168 kann die Schrift- oder die Textform vereinbart werden.

Kapitel 6
Berufsunfähigkeitsversicherung

§ 172
Leistung des Versicherers

(1) Bei der Berufsunfähigkeitsversicherung ist der Versicherer verpflichtet, für eine nach Beginn der Versicherung eingetretene Berufsunfähigkeit die vereinbarten Leistungen zu erbringen.

(2) Berufsunfähig ist, wer seinen zuletzt ausgeübten Beruf, so wie er ohne gesundheitliche Beeinträchtigung ausgestaltet war, infolge Krankheit, Körperverletzung oder mehr als altersentsprechendem Kräfteverfall ganz oder teilweise voraussichtlich auf Dauer nicht mehr ausüben kann.

(3) Als weitere Voraussetzung einer Leistungspflicht des Versicherers kann vereinbart werden, dass die versicherte Person auch keine andere Tätigkeit ausübt oder ausüben kann, die zu übernehmen sie aufgrund ihrer Ausbildung und Fähigkeiten in der Lage ist und die ihrer bisherigen Lebensstellung entspricht.

§ 173
Anerkenntnis

(1) Der Versicherer hat nach einem Leistungsantrag bei Fälligkeit in Textform zu erklären, ob er seine Leistungspflicht anerkennt.

(2) [1]Das Anerkenntnis darf nur einmal zeitlich begrenzt werden. [2]Es ist bis zum Ablauf der Frist bindend.

§ 174
Leistungsfreiheit

(1) Stellt der Versicherer fest, dass die Voraussetzungen der Leistungspflicht entfallen sind, wird er nur leistungsfrei, wenn er dem Versicherungsnehmer diese Veränderung in Textform dargelegt hat.

(2) Der Versicherer wird frühestens mit dem Ablauf des dritten Monats nach Zugang der Erklärung nach Absatz 1 beim Versicherungsnehmer leistungsfrei.

§ 175
Abweichende Vereinbarungen

Von den §§ 173 und 174 kann nicht zum Nachteil des Versicherungsnehmers abgewichen werden.

§ 176
Anzuwendende Vorschriften

Die §§ 150 bis 170 sind auf die Berufsunfähigkeitsversicherung entsprechend anzuwenden, soweit die Besonderheiten dieser Versicherung nicht entgegenstehen.

§ 177
Ähnliche Versicherungsverträge

(1) Die §§ 173 bis 176 sind auf alle Versicherungsverträge, bei denen der Versicherer für eine dauerhafte Beeinträchtigung der Arbeitsfähigkeit eine Leistung verspricht, entsprechend anzuwenden.

(2) Auf die Unfallversicherung sowie auf Krankenversicherungsverträge, die das Risiko der Beeinträchtigung der Arbeitsfähigkeit zum Gegenstand haben, ist Absatz 1 nicht anzuwenden.

...

Teil 3
Schlussvorschriften

...

§ 211
Pensionskassen, kleinere Versicherungsvereine, Versicherungen mit kleineren Beträgen

(1) Die §§ 37, 38, 165, 166, 168 und 169 sind, soweit mit Genehmigung der Aufsichtsbehörde in den Allgemeinen Versicherungsbedingungen abweichende Bestimmungen getroffen sind, nicht anzuwenden auf

1. Versicherungen bei Pensionskassen im Sinn des § 233 Absatz 1 und 2 des Versicherungsaufsichtsgesetzes,

2. Versicherungen, die bei einem Verein genommen werden, der als kleinerer Verein im Sinn des Versicherungsaufsichtsgesetzes anerkannt ist,

3. Lebensversicherungen mit kleineren Beträgen und

4. Unfallversicherungen mit kleineren Beträgen.

(2) Auf die in Absatz 1 Nr. 1 genannten Pensionskassen sind ferner nicht anzuwenden

1. die §§ 6 bis 9, 11, 150 Abs. 2 bis 4 und § 152 Abs. 1 und 2; für die §§ 7 bis 9 und 152 Abs. 1 und 2 gilt dies nicht für Fernabsatzverträge im Sinn des § 312c des Bürgerlichen Gesetzbuchs;

2. § 153, soweit mit Genehmigung der Aufsichtsbehörde in den Allgemeinen Versicherungsbedingungen abweichende Bestimmungen getroffen sind; § 153 Abs. 3 Satz 1 ist ferner nicht auf Sterbekassen anzuwenden.

(3) Sind für Versicherungen mit kleineren Beträgen im Sinn von Absatz 1 Nr. 3 und 4 abweichende Bestimmungen getroffen, kann deren Wirksamkeit nicht unter Berufung darauf angefochten werden, dass es sich nicht um Versicherungen mit kleineren Beträgen handele.

§ 212
Fortsetzung der Lebensversicherung nach der Elternzeit

Besteht während einer Elternzeit ein Arbeitsverhältnis ohne Entgelt gemäß § 1a Abs. 4 des Betriebsrentengesetzes fort und wird eine vom Arbeitgeber zugunsten der Arbeitnehmerin oder des Arbeitnehmers abgeschlossene Lebensversicherung wegen Nichtzahlung der während der Elternzeit fälligen Prämien in eine prämienfreie Versicherung umgewandelt, kann die Arbeitnehmerin oder der Arbeitnehmer innerhalb von drei Monaten nach der Beendigung der Elternzeit verlangen, dass die Versicherung zu den vor der Umwandlung vereinbarten Bedingungen fortgesetzt wird.

...

3. Verordnung über Informationspflichten bei Versicherungsverträgen (VVG-Informationspflichtenverordnung – VVG-InfoV)[1]

vom 18.12.2007 (BGBl. I 3004),
zuletzt geändert durch Art. 6 G vom 9.6.2021 (BGBl. I S. 1666)

Aufgrund des § 7 Abs. 2 und 3 des Versicherungsvertragsgesetzes vom 23. November 2007 (BGBl. I S. 2631) verordnet das Bundesministerium der Justiz im Einvernehmen mit dem Bundesministerium der Finanzen und im Benehmen mit dem Bundesministerium für Ernährung, Landwirtschaft und Verbraucherschutz:

§ 1
Informationspflichten bei allen Versicherungszweigen

(1) Der Versicherer hat dem Versicherungsnehmer gemäß § 7 Abs. 1 Satz 1 des Versicherungsvertragsgesetzes folgende Informationen zur Verfügung zu stellen:

1. die Identität des Versicherers und der etwaigen Niederlassung, über die der Vertrag abgeschlossen werden soll; anzugeben ist auch das Handelsregister, bei dem der Rechtsträger eingetragen ist, und die zugehörige Registernummer;
2. die Identität eines Vertreters des Versicherers in dem Mitgliedstaat der Europäischen Union, in dem der Versicherungsnehmer seinen Wohnsitz hat, wenn es einen solchen Vertreter gibt, oder die Identität einer anderen gewerblich tätigen Person als dem Versicherer, wenn der Versicherungsnehmer mit dieser geschäftlich zu tun hat, und die Eigenschaft, in der diese Person gegenüber dem Versicherungsnehmer tätig wird;
3. die ladungsfähige Anschrift des Versicherers und jede andere Anschrift, die für die Geschäftsbeziehung zwischen dem Versicherer, seinem Vertreter oder einer anderen gewerblich tätigen Person gemäß Nummer 2 und dem Versicherungsnehmer maßgeblich ist, bei juristischen Personen, Personenvereinigungen oder -gruppen auch den Namen eines Vertretungsberechtigten;
4. die Hauptgeschäftstätigkeit des Versicherers;

---

1 Die Verordnung dient der Umsetzung der Richtlinie 92/49/EWG des Rates vom 18. Juni 1992 zur Koordinierung der Rechts- und Verwaltungsvorschriften für die Direktversicherung (mit Ausnahme der Lebensversicherung) sowie zur Änderung der Richtlinien 73/239/EWG (ABl. EG Nr. L 228 S. 1), der Richtlinie 2002/65/EG des Europäischen Parlaments und des Rates vom 23. September 2002 über den Fernabsatz von Finanzdienstleistungen an Verbraucher und zur Änderung der Richtlinie 90/619/EWG des Rates und der Richtlinien 97/7/EG und 98/27/EG (ABl. EG Nr. L 271 S. 16) sowie der Richtlinie 2002/83/EG des Europäischen Parlaments und des Rates vom 5. November 2002 über Lebensversicherungen (ABl. EG Nr. L 345 S. 1).

5. gegebenenfalls Angaben über das Bestehen eines Garantiefonds oder anderer Entschädigungsregelungen; Name und Anschrift des Garantiefonds sind anzugeben;

6. a) die für das Versicherungsverhältnis geltenden Allgemeinen Versicherungsbedingungen einschließlich der Tarifbestimmungen;

   b) die wesentlichen Merkmale der Versicherungsleistung, insbesondere Angaben über Art, Umfang und Fälligkeit der Leistung des Versicherers;

7. den Gesamtpreis der Versicherung einschließlich aller Steuern und sonstigen Preisbestandteile, wobei die Prämien einzeln auszuweisen sind, wenn das Versicherungsverhältnis mehrere selbstständige Versicherungsverträge umfassen soll, oder, wenn ein genauer Preis nicht angegeben werden kann, Angaben zu den Grundlagen seiner Berechnung, die dem Versicherungsnehmer eine Überprüfung des Preises ermöglichen;

8. gegebenenfalls zusätzlich anfallende Kosten unter Angabe des insgesamt zu zahlenden Betrages sowie mögliche weitere Steuern, Gebühren oder Kosten, die nicht über den Versicherer abgeführt oder von ihm in Rechnung gestellt werden; anzugeben sind auch alle Kosten, die dem Versicherungsnehmer für die Benutzung von Fernkommunikationsmitteln entstehen, wenn solche zusätzlichen Kosten in Rechnung gestellt werden;

9. Einzelheiten hinsichtlich der Zahlung und der Erfüllung, insbesondere zur Zahlungsweise der Prämien;

10. gegebenenfalls die Befristung der Gültigkeitsdauer der zur Verfügung gestellten Informationen, beispielsweise die Gültigkeitsdauer befristeter Angebote, insbesondere hinsichtlich des Preises;

11. gegebenenfalls den Hinweis, dass sich die Finanzdienstleistung auf Finanzinstrumente bezieht, die wegen ihrer spezifischen Merkmale oder der durchzuführenden Vorgänge mit speziellen Risiken behaftet sind, oder deren Preis Schwankungen auf dem Finanzmarkt unterliegt, auf die der Versicherer keinen Einfluss hat, und dass in der Vergangenheit erwirtschaftete Beträge kein Indikator für künftige Erträge sind; die jeweiligen Umstände und Risiken sind zu bezeichnen;

12. Angaben darüber, wie der Vertrag zustande kommt, insbesondere über den Beginn der Versicherung und des Versicherungsschutzes sowie die Dauer der Frist, während der der Antragsteller an den Antrag gebunden sein soll;

13. das Bestehen oder Nichtbestehen eines Widerrufsrechts sowie die Bedingungen, Einzelheiten der Ausübung, insbesondere Namen und Anschrift derjenigen Person, gegenüber der der Widerruf zu erklären ist, und die Rechtsfolgen des Widerrufs einschließlich Informationen über den Betrag, den der Versicherungsnehmer im Falle des Widerrufs gegebenenfalls zu zahlen hat;

14. Angaben zur Laufzeit und gegebenenfalls zur Mindestlaufzeit des Vertrages;

15. Angaben zur Beendigung des Vertrages, gegebenenfalls insbesondere zu den vertraglichen Kündigungsbedingungen einschließlich etwaiger Vertragsstrafen;

16. die Mitgliedstaaten der Europäischen Union, deren Recht der Versicherer der Aufnahme von Beziehungen zum Versicherungsnehmer vor Abschluss des Versicherungsvertrages zugrunde legt;
17. das auf den Vertrag anwendbare Recht, gegebenenfalls eine Vertragsklausel über das auf den Vertrag anwendbare Recht oder über das zuständige Gericht;
18. die Sprachen, in welchen die Vertragsbedingungen und die in dieser Vorschrift genannten Vorabinformationen mitgeteilt werden, sowie die Sprachen, in welchen sich der Versicherer verpflichtet, mit Zustimmung des Versicherungsnehmers die Kommunikation während der Laufzeit dieses Vertrages zu führen;
19. einen möglichen Zugang des Versicherungsnehmers zu einem außergerichtlichen Beschwerde- und Rechtsbehelfsverfahren und gegebenenfalls die Voraussetzungen für diesen Zugang; dabei ist ausdrücklich darauf hinzuweisen, dass die Möglichkeit für den Versicherungsnehmer, den Rechtsweg zu beschreiten, hiervon unberührt bleibt;
20. Name und Anschrift der zuständigen Aufsichtsbehörde sowie die Möglichkeit einer Beschwerde bei dieser Aufsichtsbehörde.

(2) Soweit die Mitteilung durch Übermittlung der Vertragsbestimmungen einschließlich der Allgemeinen Versicherungsbedingungen erfolgt, bedürfen die Informationen nach Absatz 1 Nr. 3, 13 und 15 einer hervorgehobenen und deutlich gestalteten Form.

§ 2
Informationspflichten bei der Lebensversicherung, der Berufsunfähigkeitsversicherung und der Unfallversicherung mit Prämienrückgewähr

(1) Bei der Lebensversicherung hat der Versicherer dem Versicherungsnehmer gemäß § 7 Abs. 1 Satz 1 des Versicherungsvertragsgesetzes zusätzlich zu den in § 1 Abs. 1 genannten Informationen die folgenden Informationen zur Verfügung zu stellen:

1. Angaben zur Höhe der in die Prämie einkalkulierten Kosten; dabei sind die einkalkulierten Abschlusskosten als einheitlicher Gesamtbetrag und die übrigen einkalkulierten Kosten als Anteil der Jahresprämie unter Angabe der jeweiligen Laufzeit auszuweisen; bei den übrigen einkalkulierten Kosten sind die einkalkulierten Verwaltungskosten zusätzlich gesondert als Anteil der Jahresprämie unter Angabe der jeweiligen Laufzeit auszuweisen;
2. Angaben zu möglichen sonstigen Kosten, insbesondere zu Kosten, die einmalig oder aus besonderem Anlass entstehen können;
3. Angaben über die für die Überschussermittlung und Überschussbeteiligung geltenden Berechnungsgrundsätze und Maßstäbe;
4. Angabe der in Betracht kommenden Rückkaufswerte;

5. Angaben über den Mindestversicherungsbetrag für eine Umwandlung in eine prämienfreie oder eine prämienreduzierte Versicherung und über die Leistungen aus einer prämienfreien oder prämienreduzierten Versicherung;
6. das Ausmaß, in dem die Leistungen nach den Nummern 4 und 5 garantiert sind;
7. bei fondsgebundenen Versicherungen Angaben über die der Versicherung zugrunde liegenden Fonds und die Art der darin enthaltenen Vermögenswerte;
8. allgemeine Angaben über die für diese Versicherungsart geltende Steuerregelung;
9. bei Lebensversicherungsverträgen, die Versicherungsschutz für ein Risiko bieten, bei dem der Eintritt der Verpflichtung des Versicherers gewiss ist, die Minderung der Wertentwicklung durch Kosten in Prozentpunkten (Effektivkosten) bis zum Beginn der Auszahlungsphase.

(2) [1]Die Angaben nach Absatz 1 Nr. 1, 2, 4 und 5 haben in Euro zu erfolgen. [2]Bei Absatz 1 Nr. 6 gilt Satz 1 mit der Maßgabe, dass das Ausmaß der Garantie in Euro anzugeben ist.

(3) Die vom Versicherer zu übermittelnde Modellrechnung im Sinne von § 154 Abs. 1 des Versicherungsvertragsgesetzes ist mit folgenden Zinssätzen darzustellen:

1. dem Höchstrechnungszinssatz, multipliziert mit 1,67,
2. dem Zinssatz nach Nummer 1 zuzüglich eines Prozentpunktes und
3. dem Zinssatz nach Nummer 1 abzüglich eines Prozentpunktes.

(4) [1]Auf die Berufsunfähigkeitsversicherung sind die Absätze 1 und 2 entsprechend anzuwenden. [2]Darüber hinaus ist darauf hinzuweisen, dass der in den Versicherungsbedingungen verwendete Begriff der Berufsunfähigkeit nicht mit dem Begriff der Berufsunfähigkeit oder der Erwerbsminderung im sozialrechtlichen Sinne oder dem Begriff der Berufsunfähigkeit im Sinne der Versicherungsbedingungen in der Krankentagegeldversicherung übereinstimmt.

(5) Auf die Unfallversicherung mit Prämienrückgewähr sind Absatz 1 Nr. 3 bis 8 und Absatz 2 entsprechend anzuwenden.

(6) [1]Die Effektivkosten gemäß Absatz 1 Nummer 9 werden berechnet wie der Gesamtkostenindikator nach Anhang VI der Delegierten Verordnung (EU) 2017/653 der Kommission vom 8. März 2017 zur Ergänzung der Verordnung (EU) Nr. 1286/2014 des Europäischen Parlaments und des Rates über Basisinformationsblätter für verpackte Anlageprodukte für Kleinanleger und Versicherungsanlageprodukte (PRIIP) durch technische Regulierungsstandards in Bezug auf die Darstellung, den Inhalt, die Überprüfung und die Überarbeitung dieser Basisinformationsblätter sowie die Bedingungen für die Erfüllung der Verpflichtung zu ihrer Bereitstellung (ABl. L 100 vom 12.4.2017, S. 1; L 120 vom 11.5.2017, S. 31; L 186 vom 19.7.2017, S. 17; L 210 vom 15.8.2017, S. 16), die durch die Delegierte Verordnung (EU) 2019/1866 (ABl. L 289 vom 8.11.2019, S. 4) geändert worden ist. [2]Dabei sind die Parameter des angebotenen Vertrags einzusetzen; abweichend davon ist unabhängig von den Parametern des angebotenen Vertrags

1. stets die jährliche Wertentwicklung vor Kosten zugrunde zu legen, die bei der Berechnung des Gesamtkostenindikators nach Anhang VI der Delegierten Verordnung (EU) 2017/653 verwendet würde, und
2. die in diesem Gesamtkostenindikator enthaltene Kostenkomponente für das biometrische Risiko zu übernehmen, wenn das zugrunde liegende Produkt eine zumindest 90-prozentige Beteiligung an Risikoüberschüssen gewährleistet.

[3]Die jährliche Wertentwicklung vor Kosten kann durch einen angemessenen Schätzwert ersetzt werden, wenn der in Satz 2 genannte Gesamtkostenindikator nicht zu berechnen ist. [4]Die Sätze 1 bis 3 sind nicht anzuwenden auf Altersvorsorgeverträge und Basisrentenverträge im Sinne der §§ 1 und 2 des Altersvorsorgeverträge-Zertifizierungsgesetzes.

§ 3
Informationspflichten bei der Krankenversicherung

(1) Bei der substitutiven Krankenversicherung (§ 146 Absatz 1 des Versicherungsaufsichtsgesetzes) hat der Versicherer dem Versicherungsnehmer gemäß § 7 Abs. 1 Satz 1 des Versicherungsvertragsgesetzes zusätzlich zu den in § 1 Abs. 1 genannten Informationen folgende Informationen zur Verfügung zu stellen:

1. Angaben zur Höhe der in die Prämie einkalkulierten Kosten; dabei sind die einkalkulierten Abschlusskosten als einheitlicher Gesamtbetrag und die übrigen einkalkulierten Kosten als Anteil der Jahresprämie unter Angabe der jeweiligen Laufzeit auszuweisen; bei den übrigen einkalkulierten Kosten sind die einkalkulierten Verwaltungskosten zusätzlich gesondert als Anteil der Jahresprämie unter Angabe der jeweiligen Laufzeit auszuweisen;
2. Angaben zu möglichen sonstigen Kosten, insbesondere zu Kosten, die einmalig oder aus besonderem Anlass entstehen können;
3. Angaben über die Auswirkungen steigender Krankheitskosten auf die zukünftige Beitragsentwicklung;
4. Hinweise auf die Möglichkeiten zur Beitragsbegrenzung im Alter, insbesondere auf die Möglichkeiten eines Wechsels in den Basistarif oder in andere Tarife gemäß § 204 des Versicherungsvertragsgesetzes und der Vereinbarung von Leistungsausschlüssen, sowie auf die Möglichkeit einer Prämienminderung gemäß § 152 Absatz 3 und 4 des Versicherungsaufsichtsgesetzes;
5. einen Hinweis, dass ein Wechsel von der privaten in die gesetzliche Krankenversicherung in fortgeschrittenem Alter in der Regel ausgeschlossen ist;
6. einen Hinweis, dass ein Wechsel innerhalb der privaten Krankenversicherung in fortgeschrittenem Alter mit höheren Beiträgen verbunden sein kann und gegebenenfalls auf einen Wechsel in den Basistarif beschränkt ist;
7. eine Übersicht über die Beitragsentwicklung im Zeitraum der dem Angebot vorangehenden zehn Jahre; anzugeben ist, welcher monatliche Beitrag in den dem Angebot vorangehenden zehn Jahren jeweils zu entrichten gewesen wäre, wenn der

Versicherungsvertrag zum damaligen Zeitpunkt von einer Person gleichen Geschlechts wie der Antragsteller mit Eintrittsalter von 35 Jahren abgeschlossen worden wäre; besteht der angebotene Tarif noch nicht seit zehn Jahren, so ist auf den Zeitpunkt der Einführung des Tarifs abzustellen, und es ist darauf hinzuweisen, dass die Aussagekraft der Übersicht wegen der kurzen Zeit, die seit der Einführung des Tarifs vergangen ist, begrenzt ist; ergänzend ist die Entwicklung eines vergleichbaren Tarifs, der bereits seit zehn Jahren besteht, darzustellen.

(2) Die Angaben zu Absatz 1 Nr. 1, 2 und 7 haben in Euro zu erfolgen.

§ 4
Informationsblatt zu Versicherungsprodukten

(1) Ist der Versicherungsnehmer ein Verbraucher, so hat der Versicherer ihm ein Informationsblatt zu Versicherungsprodukten zur Verfügung zu stellen.

(2) [1]Das Informationsblatt zu Versicherungsprodukten ist nach der Durchführungsverordnung (EU) 2017/1469 der Kommission vom 11. August 2017 zur Festlegung eines Standardformats für das Informationsblatt zu Versicherungsprodukten (ABl. L 209 vom 12.8.2017, S. 19) in ihrer jeweils geltenden Fassung zu erstellen; unter den Überschriften, die nach Artikel 4 Absatz 1 in Verbindung mit dem Anhang oder nach Absatz 4 der Durchführungsverordnung zu verwenden sind, sind die entsprechenden Informationen zu geben. [2]Zusätzlich sind bei Versicherungsprodukten, die kein Versicherungsprodukt im Sinne des Anhangs I der Richtlinie 2009/138/EG des Europäischen Parlaments und des Rates vom 25. November 2009 betreffend die Aufnahme und Ausübung der Versicherungs- und der Rückversicherungstätigkeit (Solvabilität II) (ABl. L 335 vom 17.12.2009, S. 1) sind, die Prämie, die Abschluss- und Vertriebskosten und die Verwaltungskosten (§ 2 Absatz 1 Nummer 1) sowie die sonstigen Kosten (§ 2 Absatz 1 Nummer 2) jeweils in Euro gesondert auszuweisen; die Information ist unter der Überschrift „Prämie; Kosten" als letzte Information zu geben.

(3) Diese Regelung gilt nicht für Versicherungsanlageprodukte im Sinne der Verordnung (EU) Nr. 1286/2014 des Europäischen Parlaments und des Rates vom 26. November 2014 über Basisinformationsblätter für verpackte Anlageprodukte für Kleinanleger und Versicherungsanlageprodukte (PRIIP) (ABl. L 352 vom 9.12.2014, S. 1; L 358 vom 13.12.2014, S. 50), die zuletzt durch die Verordnung (EU) 2019/1156 (ABl. L 188 vom 12.7.2019, S. 55) geändert worden ist, in der jeweils geltenden Fassung oder für Paneuropäische Private Pensionsprodukte im Sinne der Verordnung (EU) 2019/1238 des Europäischen Parlaments und des Rates vom 20. Juni 2019 über ein Paneuropäisches Privates Pensionsprodukt (PEPP) (ABl. L 198 vom 25.7.2019, S. 1) in der jeweils geltenden Fassung.

...

§ 6
Informationspflichten während der Laufzeit des Vertrages

(1) Der Versicherer hat dem Versicherungsnehmer während der Laufzeit des Versicherungsvertrages folgende Informationen mitzuteilen:

1. jede Änderung der Identität oder der ladungsfähigen Anschrift des Versicherers und der etwaigen Niederlassung, über die der Vertrag abgeschlossen worden ist;
2. Änderungen bei den Angaben nach § 1 Abs. 1 Nr. 6 Buchstabe b, Nr. 7 bis 9 und 14 sowie nach § 2 Abs. 1 Nr. 3 bis 7, sofern sie sich aus Änderungen von Rechtsvorschriften ergeben;
3. soweit nach dem Vertrag eine Überschussbeteiligung vorgesehen ist, alljährlich eine Information über den Stand der Überschussbeteiligung sowie Informationen darüber, inwieweit diese Überschussbeteiligung garantiert ist; dies gilt nicht für die Krankenversicherung.

...

§7
Übergangsvorschrift

Für Versicherungsprodukte, die weder Versicherungsanlageprodukt im Sinne der Verordnung (EU) Nr. 1286/2014 noch Versicherungsprodukt im Sinne des Anhangs I der Richtlinie 2009/138/EG sind, kann der Versicherer bis einschließlich 31. Dezember 2018 das Produktinformationsblatt nach § 4 in seiner bis 13. März 2018 geltenden Fassung gestalten.

4.
Verordnung betreffend die Aufsicht über Pensionsfonds und über die Durchführung reiner Beitragszusagen in der betrieblichen Altersversorgung (Pensionsfonds-Aufsichtsverordnung – PFAV)

vom 18.4.2016 (BGBl. I S. 842),
zuletzt geändert durch Art. 2 V vom 22.4.2021 (BGBl. I S. 842)

– Auszug[1] –

Das Bundesministerium der Finanzen verordnet auf Grund

- des § 240 Satz 1 Nummer 1 bis 3 und 7 bis 9 in Verbindung mit Satz 3 des Versicherungsaufsichtsgesetzes vom 1. April 2015 (BGBl. I S. 434),
- des § 240 Satz 1 Nummer 10 bis 12 in Verbindung mit Satz 3 und 4 des Versicherungsaufsichtsgesetzes vom 1. April 2015 (BGBl. I S. 434) im Einvernehmen mit dem Bundesministerium der Justiz und für Verbraucherschutz:

Teil 1
Pensionsfonds

Kapitel 1
Berichte des Verantwortlichen Aktuars

§ 1
Erläuterungsbericht

(1) [1]Der Verantwortliche Aktuar hat im Erläuterungsbericht anzugeben, inwieweit nach den anerkannten Regeln der Versicherungsmathematik eine Einteilung des Bestandes in Risikoklassen erfolgt ist. [2]Insbesondere muss er dabei darauf eingehen, inwieweit versicherungstechnische Risiken und Anlagerisiken berücksichtigt worden sind. [3]Die vorgenommene Einteilung ist zu begründen; dabei ist auch auf Abweichungen gegenüber der Einteilung des Vorjahres einzugehen.

(2) Es ist darzulegen, ob die Deckungsrückstellung berechnet wurde

1. nach einer prospektiven oder einer retrospektiven Methode,
2. mit expliziter oder impliziter Berücksichtigung der künftigen Aufwendungen für den laufenden Pensionsfondsbetrieb einschließlich Provisionen und
3. pro Pensionsfondsvertrag oder pro Versorgungsberechtigtem oder mit statistischen Näherungsverfahren; die verwendeten statistischen Näherungsverfahren sind zu erläutern.

1 Anm. d. Verlages: Vom Abdruck der Anlagen wurde abgesehen.

(3) [1]Anzugeben sind die bei der Berechnung der Deckungsrückstellung verwendeten Wahrscheinlichkeitstafeln, Rechnungszinssätze und expliziten Kostensätze für Aufwendungen für den laufenden Pensionsfondsbetrieb einschließlich Provisionen. [2]Auf die Aufwendungen für den laufenden Pensionsfondsbetrieb einschließlich Provisionen ist auch bei einem impliziten Ansatz einzugehen.

(4) [1]Es ist darzulegen, dass

1. alle Leistungen der Pensionsfondsverträge einschließlich der garantierten Beträge für beendete Pensionsfondsverträge oder Versorgungsverhältnisse, der beitragsfreien Leistungen und der Überschussanteile, auf die die Vertragspartner und Versorgungsberechtigten einen Anspruch haben, gemäß dem Vorsichtsprinzip berücksichtigt sind, wobei darauf einzugehen ist, ob dieser Anspruch auf der Basis einer individuellen oder einer kollektiven Betrachtungsweise besteht,
2. gegebenenfalls verwendete retrospektive Methoden zu keiner geringeren Deckungsrückstellung führen als die Deckungsrückstellung, die sich auf der Grundlage einer ausreichend vorsichtigen prospektiven Berechnung ergäbe,
3. die bei der Berechnung der Deckungsrückstellung verwendeten Rechnungsgrundlagen angemessene Sicherheitsspannen enthalten,
4. das Vorsichtsprinzip auch bei der Bewertung der zur Bedeckung der Deckungsrückstellung herangezogenen Aktiva angewendet wurde und
5. die Deckungsrückstellung zu jedem Zeitpunkt mindestens so hoch ist wie der jeweilige garantierte Betrag für beendete Pensionsfondsverträge oder Versorgungsverhältnisse; dies gilt sinngemäß mit der garantierten beitragsfreien Versorgungsleistung anstelle des garantierten Betrags.

[2]Ferner ist eine Einschätzung über die künftige Entwicklung der in den verwendeten Rechnungsgrundlagen enthaltenen Sicherheitsspannen abzugeben und zu begründen. [3]Wird § 24 angewendet, ist auszuführen,

1. wie beim Ansatz der Rechnungsgrundlagen, insbesondere des Rechnungszinssatzes, Erträge aus im Bestand befindlichen Vermögenswerten und aus künftigen Vermögenswerten berücksichtigt wurden sowie wie für das Feststellungsverfahren zusätzlich insbesondere der zeitliche Abstand bis zur nächsten Neufeststellung der künftig vom Arbeitgeber zu erbringenden Beiträge berücksichtigt wurde und
2. ob und gegebenenfalls wie die Rechnungsgrundlagen und zusätzlich, falls das Feststellungsverfahren angewendet wird, die Beiträge in der nächsten Kalkulationsperiode voraussichtlich zu verändern sind.

(5) Die nach den Absätzen 2 bis 4 erforderlichen Darlegungen und Angaben sind für jede Risikoklasse gesondert zu erstellen.

(6) Soweit zusätzliche Rückstellungen zur Abdeckung von Kosten oder für drohende Verluste aus Optionsrechten, die der Vertragspartner oder der Versorgungsberechtigte ausüben kann, oder für Änderungsrisiken, die nicht individualisiert werden können, gebildet werden, sind diese Rückstellungen gesondert zu erläutern.

(7) [1]Soweit die Deckungsrückstellung nicht vollständig aus den Beiträgen des betreffenden Pensionsfondsvertrages finanziert werden kann, sind die entsprechenden Beträge zur Auffüllung der Deckungsrückstellung gesondert anzugeben und zu erläutern. [2]Dies gilt entsprechend für Erhöhungen der Deckungsrückstellungen gemäß § 341f Absatz 2 des Handelsgesetzbuchs.

§ 2
Angemessenheitsbericht

(1) [1]Der Verantwortliche Aktuar hat im Angemessenheitsbericht darzulegen, dass die dauernde Erfüllbarkeit der sich aus den Pensionsfondsverträgen ergebenden Verpflichtungen auch einschließlich der Verpflichtungen gewährleistet ist, die sich aus den gemäß § 141 Absatz 5 Satz 1 Nummer 4 in Verbindung mit § 237 Absatz 1 Satz 1 des Versicherungsaufsichtsgesetzes vorgelegten Vorschlägen für eine angemessene Beteiligung am Überschuss ergeben. [2]Dabei sind nur diejenigen Verpflichtungen aus der Beteiligung am Überschuss zu berücksichtigen, die in dem Zeitraum entstehen, für den die Vorschläge gelten.

(2) [1]Es ist darzulegen, dass die vorgeschlagenen Überschussanteilsätze unter Berücksichtigung der vertraglichen Vereinbarungen und der übrigen aufsichts- und vertragsrechtlichen Regelungen im Einklang mit dem Gleichbehandlungsgrundsatz gemäß § 138 Absatz 2 in Verbindung mit § 237 Absatz 1 Satz 1 des Versicherungsaufsichtsgesetzes stehen und zu einer im Einklang mit den vertraglichen Vereinbarungen stehenden Überschussbeteiligung führen. [2]Insbesondere ist darzulegen, dass unterschiedliche Rechnungsgrundlagen der Beitragskalkulation und unterschiedliche Überschussbeteiligungssysteme nicht zu wesentlichen, nicht gerechtfertigten Unterschieden bei den Leistungen führen. [3]Unterschiedliche Verhältnisse im Bestand des Pensionsfonds, die Unterschiede bei den Leistungen rechtfertigen, sind anzugeben. [4]Als unterschiedliche Verhältnisse gelten insbesondere unterschiedliche Verläufe der verschiedenen Überschussquellen, unterschiedliche Reservierungserfordernisse und Unterschiede der in der Rückstellung für Beitragsrückerstattung zur Verfügung stehenden Mittel.

(3) [1]Bei den nach den Absätzen 1 und 2 erforderlichen Darlegungen und Erläuterungen ist anzugeben, welche Tatsachen, Modelle und Annahmen ihnen zugrunde liegen. [2]Bei der Darlegung nach Absatz 2 ist auf die wesentlichen Überschussquellen einzugehen.

(4) Soweit sich die erforderlichen Darlegungen und Erläuterungen aus den vorgelegten Vorschlägen für eine angemessene Beteiligung am Überschuss oder dem Erläuterungsbericht ergeben, kann auf sie verwiesen werden.

§ 3
Vorlagefristen

(1) Der Verantwortliche Aktuar hat den Erläuterungsbericht und den Angemessenheitsbericht bei Abgabe der versicherungsmathematischen Bestätigung dem Vorstand vorzulegen.

(2) Der Vorstand hat den Erläuterungsbericht und den Angemessenheitsbericht unverzüglich nach Aufstellung des Jahresabschlusses der Aufsichtsbehörde vorzulegen.

Kapitel 2
Berichte für die Aufsichtsbehörde

§ 4
Interner jährlicher Bericht

Pensionsfonds haben der Aufsichtsbehörde einen internen jährlichen Bericht vorzulegen, der sich aus folgenden Rechnungslegungsunterlagen zusammensetzt:

1. Bilanz und Gewinn-und-Verlust-Rechnungen gemäß den §§ 5 bis 7,
2. formgebundene Erläuterungen gemäß den §§ 8 und 9 und
3. sonstige Rechnungslegungsunterlagen gemäß § 10.

§ 5
Formblätter für Bilanz und Gewinn-und-Verlust-Rechnung

Pensionsfonds haben ihre Bilanzen und Gewinn-und-Verlust-Rechnungen gegenüber der Aufsichtsbehörde wie folgt aufzustellen:

1. die Bilanzen nach Formblatt 800 und
2. die Gewinn-und-Verlust-Rechnungen für das gesamte Pensionsfondsgeschäft nach Formblatt 810.

§ 6
Gesonderte Gewinn-und-Verlust-Rechnung

(1) Pensionsfonds haben zusätzlich jeweils gesonderte pensionsfondstechnische Gewinn-und-Verlust-Rechnungen nach Formblatt 810 bis einschließlich Seite 3 Zeile 15 aufzustellen

1. für das gesamte inländische Pensionsfondsgeschäft,
2. für das gesamte ausländische Pensionsfondsgeschäft und
3. jeweils für das in einem anderen Mitglied- oder Vertragsstaat betriebene Pensionsfondsgeschäft.

(2) Die gesonderten pensionsfondstechnischen Gewinn-und-Verlust-Rechnungen für das in einem anderen Mitglied- oder Vertragsstaat betriebene Pensionsfondsgeschäft gemäß Absatz 1 Nummer 3 können entfallen, sofern die gebuchten Bruttobeiträge des im einzelnen Mitglied- oder Vertragsstaat betriebenen Pensionsfondsgeschäfts nicht mehr als 500 000 Euro betragen.

§ 7
Stückzahl und Fristen für die Einreichung der Formblätter

(1) Die Formblätter 800 und 810 gemäß den §§ 5 und 6 sind der Aufsichtsbehörde in jeweils doppelter Ausfertigung spätestens fünf Monate nach Ende des Geschäftsjahres einzureichen.

(2) Ergeben sich bis zu einer späteren Feststellung des Jahresabschlusses Abweichungen, sind der Aufsichtsbehörde unverzüglich nach der Feststellung zusätzlich die insoweit berichtigten Formblätter 800 und 810 in jeweils doppelter Ausfertigung nachzureichen.

§ 8
Formgebundene Erläuterungen

Pensionsfonds haben folgende formgebundene Erläuterungen zu erstellen:

1. Entwicklung der Kapitalanlagen und der Kapitalanlagen für Rechnung und Risiko von Arbeitnehmern und Arbeitgebern gemäß Nachweisung 801,
2. Gliederung der in bestimmten Aufwandsposten der Gewinn-und-Verlust-Rechnung ausgewiesenen Aufwendungen nach Aufwandsarten gemäß Nachweisung 802,
3. Sicherungsvermögen und restliches Vermögen gemäß Nachweisung 803,
4. kongruente Bedeckung gemäß Nachweisung 804,
5. Erträge aus und Aufwendungen für Kapitalanlagen und Kapitalanlagen für Rechnung und Risiko von Arbeitnehmern und Arbeitgebern gemäß Nachweisung 811,
6. Kapitalanlagen und Kapitalanlagen für Rechnung und Risiko von Arbeitnehmern und Arbeitgebern bei Arbeitgebern sowie Forderungen an und Verbindlichkeiten gegenüber Arbeitgebern gemäß Nachweisung 820,
7. Bewegung des Bestandes an Versorgungsberechtigten gemäß Nachweisung 830,
8. Angaben über das ausländische Pensionsfondsgeschäft, gesondert für jeden anderen Mitglied- und Vertragsstaat, gemäß Nachweisung 842,
9. Angaben zu dem in Rückversicherung gegebenen Pensionsfondsgeschäft gemäß Nachweisung 850.

§ 9
Stückzahl und Fristen für die Einreichung der formgebundenen Erläuterungen

Die formgebundenen Erläuterungen gemäß § 8 sind der Aufsichtsbehörde jeweils in doppelter Ausfertigung einzureichen, und zwar

1. spätestens fünf Monate nach Ende des Geschäftsjahres die Nachweisungen 801, 802, 803, 804, 811, 842 und 850 und
2. spätestens sechs Monate nach Ende des Geschäftsjahres die Nachweisungen 820 und 830.

§ 10
Sonstige Rechnungslegungsunterlagen

(1) Pensionsfonds haben folgende sonstige Rechnungslegungsunterlagen einzureichen:

1. jeweils unverzüglich nach der Aufstellung die in § 37 Absatz 1 des Versicherungsaufsichtsgesetzes bezeichneten Unterlagen mit den nach § 141 Absatz 5 Satz 1 Nummer 2 und § 128 Absatz 5 des Versicherungsaufsichtsgesetzes vorgeschriebenen Bestätigungen in doppelter Ausfertigung;

2. jeweils unverzüglich nach der Feststellung in doppelter Ausfertigung

   a) den Geschäftsbericht, zumindest bestehend aus

      aa) den in § 37 Absatz 1 Satz 1 des Versicherungsaufsichtsgesetzes bezeichneten Unterlagen mit dem Bestätigungsvermerk oder dem Vermerk über seine Versagung gemäß § 322 des Handelsgesetzbuchs,

      bb) dem Vorschlag des Vorstands für die Verwendung des Bilanzgewinns gemäß § 170 Absatz 2 des Aktiengesetzes und

      cc) dem Bericht des Aufsichtsrats an die Hauptversammlung oder der dieser entsprechenden Versammlung der obersten Vertretung gemäß § 171 Absatz 2 des Aktiengesetzes einschließlich der Beschlüsse des Vorstands und des Aufsichtsrats gemäß § 172 Satz 2 des Aktiengesetzes sowie der Berichte und Erklärungen über die Ergebnisse der Prüfungen gemäß § 314 Absatz 2 und 3 des Aktiengesetzes,

   b) den Bericht des Abschlussprüfers mit den Bemerkungen des Vorstands und des Aufsichtsrats gemäß § 37 Absatz 5 Satz 1 des Versicherungsaufsichtsgesetzes, wobei Vorstand und Aufsichtsrat jeweils ihre Bemerkungen handschriftlich unterzeichnet haben, und

   c) den Bericht des Abschlussprüfers zu dem Bericht des Vorstands über die Beziehungen zu verbundenen Unternehmen gemäß § 313 Absatz 2 bis 5 des Aktiengesetzes,

3. unverzüglich nach der Hauptversammlung oder der dieser entsprechenden Versammlung der obersten Vertretung

   a) den endgültigen Geschäftsbericht gemäß Nummer 2 Buchstabe a in der Form, wie er der Hauptversammlung oder der dieser entsprechenden Versammlung der obersten Vertretung vorgelegt wurde, in vierfacher Ausfertigung,

   b) den Konzernabschluss und den Konzernlagebericht gemäß den §§ 341i und 341j des Handelsgesetzbuchs in vierfacher Ausfertigung,

   c) den Bericht des Abschlussprüfers über die Prüfung des Konzernabschlusses und des Konzernlageberichts gemäß § 341k des Handelsgesetzbuchs in einfacher Ausfertigung

   und

4. spätestens sieben Monate nach Ende des Geschäftsjahres in doppelter Ausfertigung ein versicherungsmathematisches Gutachten über den Einfluss der wesentlichen Gewinn- und Verlustquellen auf das Bilanzergebnis und über die wesentlichen versicherungsmathematischen Annahmen, die der Berechnung der pensionsfondstechnischen Rückstellungen zugrunde liegen; die Aufsichtsbehörde bestimmt die Einzelheiten zum versicherungsmathematischen Gutachten.

(2) [1]Eine Ausfertigung des Geschäftsberichts gemäß Absatz 1 Nummer 3 Buchstabe a ist vom Vorstand, vom Verantwortlichen Aktuar und vom Treuhänder im Sinne des § 128 Absatz 1 des Versicherungsaufsichtsgesetzes handschriftlich zu unterzeichnen. [2]In dieser Ausfertigung ist ferner vom Aufsichtsrat der Bericht des Aufsichtsrats handschriftlich zu unterzeichnen.

§ 11
Halbjährlicher Zwischenbericht

(1) Pensionsfonds haben jeweils zum 30. Juni und 31. Dezember einen internen halbjährlichen Zwischenbericht über ausgewählte Zahlen zur Geschäftsentwicklung als formgebundene Erläuterungen gemäß Nachweisung 882 zu erstellen.

(2) Die formgebundenen Erläuterungen gemäß Absatz 1 sind der Aufsichtsbehörde jeweils in doppelter Ausfertigung spätestens bis zum Ende des auf das jeweilige Berichtshalbjahr folgenden Monats einzureichen.

§ 12
Anwendung der Formblätter und Nachweisungen

(1) Die auf den Formblättern und Nachweisungen zu setzenden Kennzahlen ergeben sich aus Anlage 1.

(2) Bei der Verwendung der Formblätter und Nachweisungen sind die Anmerkungen und Abkürzungen aus Anlage 2, Abschnitte A und B, zu beachten.

(3) Bei der Erstellung der Formblätter und Nachweisungen ist Anlage 2 Abschnitt C zu beachten.

(4) Die Form der Formblätter und Nachweisungen richtet sich nach den im Bundesgesetzblatt 2005 I S. 3061 bis 3091 veröffentlichten Mustern mit Ausnahme von

1. Formblatt 800, für das das in Anlage 5 festgelegte Muster gilt,
2. Formblatt 810, für das das im Bundesgesetzblatt 2010 I S. 474 bis 480 veröffentlichte Muster gilt,
3. den Nachweisungen 801, 802, 803, 804 und 830, für die jeweils das in Anlage 5 festgelegte Muster gilt,
4. Nachweisung 811, für die das im Bundesgesetzblatt 2010 I S. 487 und 488 veröffentlichte Muster gilt und
5. Nachweisung 842, für die das im Bundesgesetzblatt 2010 I S. 489 veröffentlichte Muster gilt.

Kapitel 3
Überschussbeteiligung

§ 13
Anzurechnende Kapitalerträge

(1) Die anzurechnenden Kapitalerträge, die auf die überschussberechtigten Versorgungsverhältnisse entfallen, ergeben sich aus dem mit dem Ergebnis aus Kapitalanlagen (Betrag in Formblatt 810 Seite 1 Zeile 09 Spalte 04 abzüglich Nachweisung 811 Seite 2 Zeile 21 Spalte 01 und 02 zuzüglich Nachweisung 811 Seite 2 Zeile 21 Spalte 03 und 04, erhöht oder vermindert um die Teilbeträge in Nachweisung 811 Seite 1 Zeile 25, die dem Risikoergebnis oder dem übrigen Ergebnis zuzuordnen sind) vervielfachten Wert gemäß Absatz 2.

(2) Es ist das Verhältnis der mittleren zinstragenden Passiva gemäß Absatz 3, die auf die überschussberechtigten Versorgungsverhältnisse entfallen, zu den anzurechnenden mittleren Passiva gemäß Absatz 4 zu bilden.

(3) [1]Die mittleren zinstragenden Passiva der überschussberechtigten Versorgungsverhältnisse werden berechnet durch arithmetische Mittelung der zinstragenden Passiva jeweils zum Bilanzstichtag der beiden letzten Geschäftsjahre. [2]Die zinstragenden Passiva sind die pensionsfondstechnischen Brutto-Rückstellungen (entsprechender Teilbetrag in Formblatt 800 Seite 4 Zeile 11 Spalte 04 ohne einen extern finanziellen Rückstellungsteil nach Absatz 6) zuzüglich der Verbindlichkeiten aus dem Pensionsfondsgeschäft gegenüber Versorgungsberechtigten (entsprechender Teilbetrag in Formblatt 800 Seite 5 Zeile 06 Spalte 01) sowie gegenüber Arbeitgebern (entsprechender Teilbetrag in Formblatt 800 Seite 5 Zeile 05 Spalte 02, der auf Verbindlichkeiten aus gutgeschriebenen Überschussanteilen entfällt).

(4) [1]Die anzurechnenden mittleren Passiva ergeben sich als Summe der folgenden Beträge:

1. mittlere zinstragende Passiva des Pensionsfondsgeschäfts,
2. mittleres Eigenkapital (berechnet aus den Beträgen in Formblatt 800 Seite 3 Zeile 19 Spalte 04),
3. mittleres Genussrechtskapital (berechnet aus den Beträgen in Formblatt 800 Seite 3 Zeile 20 Spalte 04),
4. mittlere nachrangige Verbindlichkeiten (berechnet aus den Beträgen in Formblatt 800 Seite 3 Zeile 22 Spalte 04),
5. mittlere Rückstellungen für Pensionen und ähnliche Verpflichtungen (berechnet aus den Beträgen in Formblatt 800 Seite 4 Zeile 17 Spalte 03),
6. Saldo aus den mittleren Abrechnungsverbindlichkeiten und -forderungen aus dem Rückversicherungsgeschäft (berechnet aus dem Saldo der Beträge in Formblatt 800 Seite 5 Zeile 09 Spalte 03 und Seite 2 Zeile 05 Spalte 03) und

7. Saldo aus den mittleren Abrechnungsverbindlichkeiten und -forderungen gegenüber Lebensversicherungsunternehmen (berechnet aus dem Saldo der Beträge in Formblatt 800 Seite 5 Zeile 10 Spalte 03 und Seite 2 Zeile 06 Spalte 03).

[2]Dabei ist das eingeforderte, noch nicht eingezahlte Kapital (Betrag in Formblatt 800 Seite 2 Zeile 07 Spalte 03) nicht zu berücksichtigen. [3]Für die mittleren zinstragenden Passiva gilt Absatz 3 sinngemäß. [4]Für die mittleren übrigen Posten gilt Absatz 3 Satz 1 sinngemäß.

(5) Soweit die Absätze 1, 3 und 4 Verweisungen auf Formblätter und eine Nachweisung enthalten, beziehen sich diese auf die in § 12 Absatz 4 genannten Formblätter und Nachweisungen.

(6) [1]Der extern finanzierte Rückstellungsteil ist der nach den Sätzen 2 bis 5 ermittelte Teilbetrag einer pensionsfondstechnischen Rückstellung, die auf Grund nicht mehr ausreichender Sicherheiten im Rechnungszins für die überschussberechtigten Versorgungsverhältnisse passiviert ist. [2]Am Bilanzstichtag im Kalenderjahr 2018 ist der extern finanzierte Rückstellungsteil null. [3]Der extern finanzierte Rückstellungsteil wird am Ende eines Geschäftsjahres in dem Maße erhöht, in dem ein Jahresfehlbetrag

1. den Zuwachs der Rückstellung nach Satz 1 nicht übersteigt und
2. aus Eigenkapital gedeckt wird, das zur Absicherung der Zinsgarantien aus den Versorgungsverhältnissen von außen zugeführt worden ist und dessen Bereitstellung der Pensionsfonds unverzüglich der Aufsichtsbehörde angezeigt hat.

[4]Ist die Rückstellung nach Satz 1 im Geschäftsjahr zurückgegangen, vermindert der Pensionsfonds den extern finanzierten Rückstellungsteil auf einen Betrag, der die Rückstellung nach Satz 1 zum Bilanzstichtag des Geschäftsjahres nicht übersteigt. [5]Ist der Betrag niedriger als die Rückstellung nach Satz 1, darf die Verminderung des extern finanzierten Rückstellungsteils nicht höher ausfallen als

1. der Rückgang der Rückstellung nach Satz 1 im Geschäftsjahr und
2. der höhere der beiden folgenden Werte:
   a) die Verminderung, die sich ergäbe, wenn der extern finanzierte Rückstellungsteil im gleichen Verhältnis wie die Rückstellung nach Satz 1 reduziert würde,
   b) 50 Prozent der Mindestzuführung in Abhängigkeit von den Kapitalerträgen nach § 14 Absatz 3.

[6]Pensionsfonds, die einen extern finanzierten Rückstellungsteil führen, erläutern der Aufsichtsbehörde spätestens sieben Monate nach Ende des Geschäftsjahres seine Veränderung im Geschäftsjahr.

§ 14
Mindestzuführung zur Rückstellung für Beitragsrückerstattung

(1) [1]Zur Sicherstellung einer ausreichenden Mindestzuführung zur Rückstellung für Beitragsrückerstattung müssen Pensionsfonds die überschussberechtigten Versorgungsverhältnisse angemessen am Kapitalanlageergebnis, am Risikoergebnis und am

übrigen Ergebnis beteiligen. [2]Die einzelnen Ergebnisse ergeben sich anteilig aus den Erträgen und Aufwendungen, die in der Summe folgender Beträge enthalten sind:

1. Jahresergebnis nach Steuern (Betrag in Formblatt 810 Seite 6 Zeile 22 Spalte 04),
2. Entnahmen aus dem Organisationsfonds nach § 9 Absatz 2 Nummer 5 des Versicherungsaufsichtsgesetzes (Betrag in Formblatt 810 Seite 7 Zeile 02 Spalte 03),
3. Bruttoaufwendungen für die erfolgsabhängige Beitragsrückerstattung (Betrag in Formblatt 810 Seite 3 Zeile 11 Spalte 04) und
4. die im Geschäftsjahr gewährte Direktgutschrift (Summe der Beträge in Formblatt 810 Seite 2 Zeile 20, Seite 3 Zeile 06 und Zeile 08 jeweils Spalte 03).

(2) [1]Die Beträge des Kapitalanlageergebnisses, des Risikoergebnisses und des übrigen Ergebnisses für die überschussberechtigten Versorgungsverhältnisse sind im Rahmen des versicherungsmathematischen Gutachtens gemäß § 10 Absatz 1 Nummer 4 im Einzelnen herzuleiten. [2]Die Mindestzuführung zur Rückstellung für Beitragsrückerstattung wird nach den Absätzen 3 bis 6 berechnet.

(3) [1]Die Mindestzuführung zur Rückstellung für Beitragsrückerstattung in Abhängigkeit von den Kapitalerträgen für die überschussberechtigten Versorgungsverhältnisse beträgt 90 Prozent der nach § 13 anzurechnenden Kapitalerträge abzüglich der rechnungsmäßigen Zinsen ohne eineVerminderung des extern finanzierten Rückstellungsteils nach § 13 Absatz 6 Satz 4 und ohne die anteilig auf die überschussberechtigten Versorgungsverhältnisse entfallenden Zinsen auf die Pensionsrückstellungen (Summe der entsprechenden Teilbeträge der Beträge in Formblatt 810 Seite 2 Zeile 19 Spalte 03 und Seite 3 Zeile 05 Spalte 03 abzüglich der entsprechenden Teilbeträge in Formblatt 810 Seite 6 Zeile 04 Spalte 03). [2]Die Beträge sind im Rahmen des versicherungsmathematischen Gutachtens gemäß § 10 Absatz 1 Nummer 4 im Einzelnen herzuleiten. [3]Ist vertraglich vereinbart, dass die überschussberechtigten Versorgungsverhältnisse an den anzurechnenden Kapitalerträgen zu mehr als 90 Prozent beteiligt werden, ist die Mindestzuführung entsprechend zu erhöhen. [4]Ergeben sich rechnerisch negative Beträge für die Mindestzuführung zur Rückstellung für Beitragsrückerstattung in Abhängigkeit von den Kapitalerträgen, werden sie durch Null ersetzt, wenn die nach § 13 anzurechnenden Kapitalerträge höher ausfallen als die rechnungsmäßigen Zinsen ohne die anteilig auf die überschussberechtigten Versorgungsverhältnisse entfallenden Zinsen auf die Pensionsrückstellungen. [5]Andernfalls beträgt die Mindestzuführung zur Rückstellung für Beitragsrückerstattung in Abhängigkeit von den Kapitalerträgen 100 Prozent der nach § 13 anzurechnenden Kapitalerträge abzüglich der rechnungsmäßigen Zinsen ohne die anteilig auf die überschussberechtigten Versorgungsverhältnisse entfallenden Zinsen auf die Pensionsrückstellungen.

(4) [1]Die Mindestzuführung zur Rückstellung für Beitragsrückerstattung in Abhängigkeit vom Risikoergebnis für die überschussberechtigten Versorgungsverhältnisse beträgt 90 Prozent des Risikoergebnisses gemäß Absatz 1. [2]Ergeben sich rechnerisch negative Beträge für die Mindestzuführung zur Rückstellung für Beitragsrückerstattung in Abhängigkeit vom Risikoergebnis, werden sie durch Null ersetzt.

(5) [1]Die Mindestzuführung zur Rückstellung für Beitragsrückerstattung aus dem übrigen Ergebnis für die überschussberechtigten Versorgungsverhältnisse beträgt 50 Prozent des übrigen Ergebnisses gemäß Absatz 1. [2]Ergeben sich rechnerisch negative Beträge für die Mindestzuführung zur Rückstellung für Beitragsrückerstattung in Abhängigkeit vom übrigen Ergebnis, werden sie durch Null ersetzt.

(6) [1]Von der Summe der gemäß den Absätzen 3 bis 5 ermittelten Beträge wird die auf die überschussberechtigten Versorgungsverhältnisse entfallende Direktgutschrift (Summe der Beträge in Formblatt 810 Seite 2 Zeile 20, Seite 3 Zeile 06 und Zeile 08 jeweils Spalte 03) abgezogen. [2]Ergibt sich rechnerisch eine negative Mindestzuführung zur Rückstellung für Beitragsrückerstattung, wird sie durch Null ersetzt.

(7) Für die Verweisung auf Formblätter in den Absätzen 1, 3 und 6 gilt § 13 Absatz 5 entsprechend.

§ 15
Reduzierung der Mindestzuführung

(1) Die Mindestzuführung gemäß § 14 kann mit Zustimmung der Aufsichtsbehörde in Ausnahmefällen reduziert werden um

1. den Solvabilitätsbedarf für die überschussberechtigten Versorgungsverhältnisse,
2. unvorhersehbare Verluste aus dem Kapitalanlageergebnis, dem Risikoergebnis oder dem übrigen Ergebnis aus den überschussberechtigten Versorgungsverhältnissen, die auf eine allgemeine Änderung der Verhältnisse zurückzuführen sind, oder
3. den Erhöhungsbedarf in der Deckungsrückstellung, wenn die Rechnungsgrundlagen auf Grund einer unvorhersehbaren und nicht nur vorübergehenden Änderung der Verhältnisse angepasst werden müssen.

(2) [1]Die Mindestzuführung kann zur Deckung des Solvabilitätsbedarfs oder unvorhersehbarer Verluste aus dem Kapitalanlageergebnis nur bis auf den folgenden, als Formel dargestellten Betrag reduziert werden:

$$aKE - Rz - Sv + RE + üE.$$

[2]Dabei sind:

aKE = die anzurechnenden Kapitalerträge,

Rz = die rechnungsmäßigen Zinsen ohne die anteilig auf die überschussberechtigten Versorgungsverhältnisse entfallenden Zinsen auf die Pensionsrückstellungen,

Sv = der zur Deckung des Solvabilitätsbedarfs erforderliche Betrag,

RE = das Risikoergebnis,

üE = das übrige Ergebnis.

[3]Das Risikoergebnis und das übrige Ergebnis sind dabei durch Null zu ersetzen, wenn sie negativ sind. [4]Ergibt sich rechnerisch ein negativer Betrag, ist er durch Null zu er-

setzen. [5]§ 139 Absatz 2 in Verbindung mit § 237 Absatz 1 Satz 1 des Versicherungsaufsichtsgesetzes bleibt unberührt.

(3) Die Verpflichtung des Unternehmens zur Aufstellung eines Zuführungsplans wird durch eine Reduzierung der Mindestzuführung gemäß Absatz 1 grundsätzlich nicht berührt.

Kapitel 4
Anlagen

§ 16
Anlagegrundsätze und Anlagemanagement

(1) [1]Für die Anlage des Sicherungsvermögens eines Pensionsfonds gelten die besonderen Vorschriften dieses Kapitels. [2]Die Bestimmungen des § 124 Absatz 1 in Verbindung mit § 234h und des § 239 Absatz 1 Satz 2 des Versicherungsaufsichtsgesetzes bleiben unberührt.

(2) [1]Die Anlage des Sicherungsvermögens hat mit der gebotenen Sachkenntnis und Sorgfalt zu erfolgen. [2]Die Einhaltung der allgemeinen Anlagegrundsätze des § 124 Absatz 1 in Verbindung mit § 234h und des § 239 Absatz 1 Satz 2 des Versicherungsaufsichtsgesetzes und die Einhaltung der besonderen Vorschriften dieses Kapitels sind durch ein qualifiziertes Anlagemanagement, durch geeignete interne Kapitalanlagegrundsätze und Kontrollverfahren, durch eine strategische und taktische Anlagepolitik sowie durch weitere organisatorische Maßnahmen sicherzustellen. [3]Hierzu gehören insbesondere die Beobachtung aller Risiken der Aktiv- und Passivseite der Bilanz und des Verhältnisses beider Seiten zueinander sowie eine Prüfung der Elastizität des Anlagebestandes gegenüber bestimmten Kapitalmarktszenarien und Investitionsbedingungen.

(3) [1]Die Pensionsfonds haben sicherzustellen, dass sie jederzeit auf sich wandelnde wirtschaftliche und rechtliche Bedingungen, insbesondere Veränderungen auf den Finanz- und Immobilienmärkten, auf Katastrophenereignisse mit Schadensfällen großen Ausmaßes oder auf sonstige ungewöhnliche Marktsituationen angemessen reagieren können. [2]Bei der Anlage des Sicherungsvermögens in einem Staat, der nicht Staat des Europäischen Wirtschaftsraums (EWR) oder Vollmitgliedstaat der Organisation für wirtschaftliche Zusammenarbeit und Entwicklung (OECD) ist, sind auch die mit der Anlage verbundenen Rechtsrisiken umfassend und besonders sorgfältig zu prüfen.

(4) Nähere Vorgaben zu den besonderen Vorschriften dieses Kapitels und die Darlegungs- und Anzeigepflichten der Pensionsfonds bestimmt die Aufsichtsbehörde.

(5) Anlagen in Versicherungsverträgen mit einem Lebensversicherungsunternehmen nach § 17 Absatz 1 Nummer 5 gelten als angemessen gemischt und gestreut, wenn die Anlagen des Lebensversicherungsunternehmens in sich ausreichend gemischt und gestreut sind.

(6) Die Quoten der §§ 18 und 19 beziehen sich jeweils auf die handelsrechtlich gebotene Bewertung von Vermögensgegenständen (§ 341 Absatz 4, §§ 341b, 341c und 341d des Handelsgesetzbuchs).

§ 17
Anlageformen

(1) Das Sicherungsvermögen darf angelegt werden in

1. Forderungen, für die ein Grundpfandrecht an einem in einem Staat des EWR oder in einem Vollmitgliedstaat der OECD belegenen Grundstück oder grundstücksgleichen Recht besteht, wenn das Grundpfandrecht die Erfordernisse der §§ 14 und 16 Absatz 1 bis 3 des Pfandbriefgesetzes, im Fall von Erbbaurechten darüber hinaus die Erfordernisse des § 13 Absatz 2 des Pfandbriefgesetzes erfüllt oder wenn das Grundpfandrecht die entsprechenden Vorschriften des anderen Staates erfüllt;

2. Forderungen,

   a) die ausreichend durch Geldzahlung gesichert oder für die Guthaben oder Wertpapiere entsprechend § 200 Absatz 1 bis 3 des Kapitalanlagegesetzbuchs oder gleichwertiger Vorschriften eines anderen Staates des EWR oder eines Vollmitgliedstaates der OECD verpfändet oder zur Sicherung übertragen sind (Wertpapierdarlehen),

   b) für die Schuldverschreibungen nach Nummer 6 oder 7 verpfändet oder zur Sicherung übertragen sind oder

   c) die aus liquiden Abrechnungsforderungen des Pensionsfonds gegenüber einem Rückversicherer, abzüglich etwaiger Abrechnungsverbindlichkeiten aus Prämienforderungen des Rückversicherers gegen den Pensionsfonds, bestehen;

3. Darlehen

   a) an die Bundesrepublik Deutschland, ihre Länder, Gemeinden und Gemeindeverbände,

   b) an einen anderen Staat des EWR oder einen Vollmitgliedstaat der OECD,

   c) an Regionalregierungen und örtliche Gebietskörperschaften eines anderen Staates des EWR oder eines Vollmitgliedstaates der OECD,

   d) an eine internationale Organisation, der auch die Bundesrepublik Deutschland als Vollmitglied angehört,

   e) für deren Verzinsung und Rückzahlung eine der unter Buchstabe a, b oder d genannten Stellen, ein geeignetes Kreditinstitut im Sinne der Nummer 18 Buchstabe b, ein öffentlich-rechtliches Kreditinstitut im Sinne der Nummer 18 Buchstabe c oder eine multilaterale Entwicklungsbank im Sinne der Nummer 18 Buchstabe d die volle Gewährleistung übernommen hat oder ein Versicherungsunternehmen im Sinne des Artikels 14 der Richtlinie 2009/138/EG des Europäischen Parlaments und des Rates vom 25. November 2009 betreffend die Aufnahme und Ausübung der Versicherungs- und der Rückversicherungstätigkeit (Solvabilität II) (ABl. L 335 vom 17.12.2009, S. 1), die zuletzt durch die Richtlinie 2014/51/EU (ABl. L 153 vom 22.5.2014, S. 1) geändert worden ist, das Ausfallrisiko versichert hat, oder

f) an Abwicklungsanstalten im Sinne des § 8a Absatz 1 des Stabilisierungsfondsgesetzes, soweit eine unter Buchstabe a, b oder d genannte Stelle für diese Abwicklungsanstalt die Verlustausgleichspflicht gemäß § 8a Absatz 4 Satz 1 Nummer 1 Satz 1 und Nummer 1a des Stabilisierungsfondsgesetzes übernommen hat;

4. Darlehen

a) an Unternehmen mit Sitz in einem Staat des EWR oder in einem Vollmitgliedstaat der OECD mit Ausnahme von Kreditinstituten, sofern auf Grund der bisherigen und der zu erwartenden künftigen Entwicklung der Ertrags- und Vermögenslage des Unternehmens die vertraglich vereinbarte Verzinsung und Rückzahlung gewährleistet erscheinen und die Darlehen ausreichend

aa) durch erstrangige Grundpfandrechte gesichert sind,

bb) durch verpfändete oder zur Sicherung übertragene Forderungen oder zum Handel zugelassene oder an einem anderen organisierten Markt nach § 2 Absatz 11 des Wertpapierhandelsgesetzes zugelassene oder in diesen einbezogene Wertpapiere gesichert sind oder

cc) in vergleichbarer Weise gesichert sind; eine Verpflichtungserklärung des Darlehensnehmers gegenüber dem Pensionsfonds (Negativerklärung) kann eine Sicherung des Darlehens nur ersetzen, wenn und solange der Darlehensnehmer bereits auf Grund seines Status die Gewähr für die Verzinsung und Rückzahlung des Darlehens bietet;

b) an Unternehmen im Sinne von Nummer 14 Buchstabe a, an denen der Pensionsfonds als Gesellschafter beteiligt ist (Gesellschafter-Darlehen), wenn die Darlehen die Erfordernisse des § 240 Absatz 1 und Absatz 2 Nummer 1 des Kapitalanlagegesetzbuchs erfüllen;

c) an andere Unternehmen mit Sitz in einem Staat des EWR oder in einem Vollmitgliedstaat der OECD mit Ausnahme von Kreditinstituten, sofern diese Darlehen ausreichend dinglich oder schuldrechtlich gesichert sind;

5. Versicherungsverträgen, die bei Lebensversicherungsunternehmen im Sinne des § 1 Absatz 2 Satz 1 des Altersvorsorgeverträge-Zertifizierungsgesetzes zur Deckung von Verpflichtungen gegenüber den Versorgungsberechtigten eingegangen werden;

6. Pfandbriefen, Kommunalobligationen und anderen Schuldverschreibungen von Kreditinstituten mit Sitz in einem Staat des EWR oder in einem Vollmitgliedstaat der OECD, wenn die Kreditinstitute auf Grund gesetzlicher Vorschriften zum Schutz der Inhaber dieser Schuldverschreibungen einer besonderen öffentlichen Aufsicht unterliegen und die mit der Ausgabe der Schuldverschreibungen aufgenommenen Mittel nach den gesetzlichen Vorschriften in Vermögenswerten angelegt werden, die während der gesamten Laufzeit der Schuldverschreibungen die sich aus ihnen ergebenden Verbindlichkeiten ausreichend decken und die bei einem Ausfall des Ausstellers vorrangig für die fällig werdenden Rückzahlungen

und die Zahlung der Zinsen bestimmt sind (kraft Gesetzes bestehende besondere Deckungsmasse);

7. Schuldverschreibungen,

   a) die an einer Börse zum Handel zugelassen sind oder an einem anderen organisierten Markt zugelassen oder in diesen einbezogen sind,

   b) deren Einbeziehung in einen organisierten Markt nach den Ausgabebedingungen zu beantragen ist, sofern die Einbeziehung dieser Schuldverschreibungen innerhalb eines Jahres nach ihrer Ausgabe erfolgt, oder

   c) die in einem Staat außerhalb des EWR an einer Börse zum Handel zugelassen sind oder dort an einem anderen organisierten Markt zugelassen oder in diesen einbezogen sind;

8. anderen Schuldverschreibungen;

9. Forderungen aus nachrangigen Verbindlichkeiten gegen Unternehmen oder aus Genussrechten an Unternehmen, die

   a) ihren Sitz in einem Staat des EWR oder in einem Vollmitgliedstaat der OECD haben oder

   b) an einer Börse zum Handel zugelassen sind oder an einem anderen organisierten Markt zugelassen oder in diesen einbezogen sind oder in einem Staat außerhalb des EWR an einer Börse zum Handel zugelassen sind oder dort an einem anderen organisierten Markt zugelassen oder in diesen einbezogen sind;

10. Asset Backed Securities (strukturierte Finanzinstrumente, die mit Forderungsrechten besichert sind) und Credit Linked Notes (mit Kreditrisiken verknüpfte Finanzinstrumente) sowie andere Anlagen nach § 17 Absatz 1, deren Ertrag oder Rückzahlung an Kreditrisiken gebunden sind oder mittels derer Kreditrisiken eines Dritten übertragen werden,

    a) gegen Unternehmen mit Sitz in einem Staat des EWR oder in einem Vollmitgliedstaat der OECD oder

    b) die an einer Börse zum Handel zugelassen sind oder an einem anderen organisierten Markt zugelassen oder in diesen einbezogen sind oder in einem Staat außerhalb des EWR an einer Börse zum Handel zugelassen sind oder dort an einem anderen organisierten Markt zugelassen oder in diesen einbezogen sind;

11. Forderungen, die in das Schuldbuch der Bundesrepublik Deutschland, eines ihrer Länder oder in ein entsprechendes Verzeichnis eines anderen Staates des EWR oder eines Vollmitgliedstaates der OECD eingetragen sind oder deren Eintragung als Schuldbuchforderung innerhalb eines Jahres nach ihrer Ausgabe erfolgt, sowie in Liquiditätspapieren im Sinne des § 42 Absatz 1 des Gesetzes über die Deutsche Bundesbank;

12. Aktien, die an einer Börse zum Handel zugelassen sind oder an einem anderen organisierten Markt zugelassen oder in diesen einbezogen sind oder in einem Staat außerhalb des EWR an einer Börse zum Handel zugelassen sind oder dort an einem anderen organisierten Markt zugelassen oder in diesen einbezogen sind;

13. Beteiligungen in Form von

    a) anderen Aktien, Geschäftsanteilen an einer Gesellschaft mit beschränkter Haftung, Kommanditanteilen und Beteiligungen als stiller Gesellschafter im Sinne des Handelsgesetzbuchs, wenn das Unternehmen über ein Geschäftsmodell verfügt, unternehmerische Risiken eingeht und

        aa) seinen Sitz in einem Staat des EWR oder in einem Vollmitgliedstaat der OECD hat,

        bb) dem Pensionsfonds den letzten Jahresabschluss zur Verfügung stellt, der in entsprechender Anwendung der für Kapitalgesellschaften geltenden Vorschriften aufgestellt und geprüft ist,

        cc) sich verpflichtet, auch künftig zu jedem Bilanzstichtag einen derartigen Jahresabschluss vorzulegen;

    b) Anteilen und Aktien an inländischen geschlossenen Alternativen Investmentfonds (AIF) im Sinne des § 1 Absatz 3 des Kapitalanlagegesetzbuchs,

        aa) die direkt oder indirekt in Vermögensgegenstände nach § 261 Absatz 1 Nummer 4 des Kapitalanlagegesetzbuchs, eigenkapitalähnliche Instrumente sowie andere Instrumente der Unternehmensfinanzierung investieren und

        bb) die von einer Kapitalverwaltungsgesellschaft verwaltet werden, die über eine Erlaubnis nach § 20 Absatz 1 des Kapitalanlagegesetzbuchs verfügt oder nach § 44 des Kapitalanlagegesetzbuchs registriert ist, oder von einer Verwaltungsgesellschaft mit Sitz in einem Staat des EWR oder in einem Vollmitgliedstaat der OECD, die zum Schutz der Anleger einer öffentlichen Aufsicht unterliegt und über eine Erlaubnis oder Registrierung verfügt, die mit der Erlaubnis nach § 20 Absatz 1 des Kapitalanlagegesetzbuchs oder der Registrierung nach § 44 des Kapitalanlagegesetzbuchs vergleichbar ist,

    sowie von Anteilen und Aktien an geschlossenen ausländischen Investmentvermögen, die dem Recht eines Staates des EWR oder eines Vollmitgliedstaates der OECD unterliegen, die Anforderung nach Doppelbuchstabe aa in vergleichbarer Weise erfüllen und von einer Gesellschaft im Sinne von Doppelbuchstabe bb verwaltet werden;

14. Immobilien in Form von

    a) bebauten, in Bebauung befindlichen oder zur alsbaldigen Bebauung bestimmten, in einem Staat des EWR oder in einem Vollmitgliedstaat der OECD belegenen Grundstücken, dort belegenen grundstücksgleichen Rechten sowie Anteilen an einem Unternehmen, dessen alleiniger Zweck der Erwerb, die Bebauung und Verwaltung von in einem solchen Staat belegenen Grundstücken oder grundstücksgleichen Rechten ist; der Pensionsfonds hat die Angemessenheit des Kaufpreises auf der Grundlage des Gutachtens eines vereidigten Sachverständigen oder in vergleichbarer Weise zu prüfen,

b) Aktien einer REIT-Aktiengesellschaft oder von Anteilen an einer vergleichbaren Kapitalgesellschaft mit Sitz in einem Staat des EWR oder in einem Vollmitgliedstaat der OECD, die die Voraussetzungen des REIT-Gesetzes oder die vergleichbaren Vorschriften des anderen Staates erfüllen,

c) Anteilen und Aktien an inländischen Spezial-AIF im Sinne des § 1 Absatz 6 des Kapitalanlagegesetzbuchs oder von Anteilen und Aktien an inländischen geschlossenen Publikums-AIF im Sinne des § 1 Absatz 3 in Verbindung mit Absatz 6 Satz 2 des Kapitalanlagegesetzbuchs,

   aa) die direkt oder indirekt in Vermögensgegenstände nach § 231 Absatz 1 Nummer 1 bis 6 sowie § 235 Absatz 1 des Kapitalanlagegesetzbuchs investieren und

   bb) die von einer Kapitalverwaltungsgesellschaft verwaltet werden, die über eine Erlaubnis nach § 20 Absatz 1 des Kapitalanlagegesetzbuchs verfügt, oder von einer Verwaltungsgesellschaft mit Sitz in einem Staat des EWR, die zum Schutz der Anleger einer öffentlichen Aufsicht unterliegt und über eine Erlaubnis verfügt, die mit der Erlaubnis nach § 20 Absatz 1 des Kapitalanlagegesetzbuchs vergleichbar ist,

sowie von Anteilen und Aktien an EU-Investmentvermögen im Sinne des § 1 Absatz 8 des Kapitalanlagegesetzbuchs in Form von Spezial-AIF und geschlossenen Publikums-AIF, die die Anforderung nach Doppelbuchstabe aa in vergleichbarer Weise erfüllen und von einer Gesellschaft im Sinne von Doppelbuchstabe bb verwaltet werden;

15. Anteilen und Anlageaktien an inländischen offenen Publikumsinvestmentvermögen im Sinne des § 1 Absatz 2 des Kapitalanlagegesetzbuchs (OGAW) sowie in Anteilen und Aktien an vergleichbaren EU-Investmentvermögen im Sinne des § 1 Absatz 8 des Kapitalanlagegesetzbuchs, sofern diese Vermögen von einer OGAW-Verwaltungsgesellschaft mit Sitz in einem Staat des EWR verwaltet werden;

16. Anteilen und Anlageaktien an inländischen offenen Spezial-AIF im Sinne des § 1 Absatz 6 Satz 1 des Kapitalanlagegesetzbuchs,

   a) die die Anforderungen nach § 284 des Kapitalanlagegesetzbuchs erfüllen und nicht von Nummer 14 Buchstabe c erfasst werden und

   b) die von einer Kapitalverwaltungsgesellschaft verwaltet werden, die über eine Erlaubnis nach § 20 Absatz 1 des Kapitalanlagegesetzbuchs verfügt, oder von einer Verwaltungsgesellschaft mit Sitz in einem Staat des EWR, die zum Schutz der Anleger einer öffentlichen Aufsicht unterliegt und über eine Erlaubnis verfügt, die mit der Erlaubnis nach § 20 Absatz 1 des Kapitalanlagegesetzbuchs vergleichbar ist,

sowie in Anteilen und Aktien an EU-Investmentvermögen im Sinne des § 1 Absatz 8 des Kapitalanlagegesetzbuchs in Form von offenen Spezial-AIF, die die Anforderung nach Buchstabe a in vergleichbarer Weise erfüllen und von einer Gesellschaft im Sinne von Buchstabe b verwaltet werden;

17. Anteilen und Aktien an inländischen Investmentvermögen im Sinne des § 1 Absatz 1 des Kapitalanlagegesetzbuchs,

    a) die nicht Publikumsinvestmentvermögen in Form von Immobilien-Sondervermögen nach den §§ 230 bis 260 des Kapitalanlagegesetzbuchs sind,

    b) die nicht von Nummer 13 Buchstabe b, Nummer 14 Buchstabe c, Nummer 15 und 16 erfasst werden und

    c) die von einer Kapitalverwaltungsgesellschaft verwaltet werden, die über eine Erlaubnis nach § 20 Absatz 1 des Kapitalanlagegesetzbuchs verfügt, oder von einer Verwaltungsgesellschaft mit Sitz in einem Staat des EWR, die zum Schutz der Anleger einer öffentlichen Aufsicht unterliegt und über eine Erlaubnis verfügt, die mit der Erlaubnis nach § 20 Absatz 1 des Kapitalanlagegesetzbuchs vergleichbar ist,

    sowie in Anteilen und Aktien an EU-Investmentvermögen im Sinne des § 1 Absatz 8 des Kapitalanlagegesetzbuchs, die die Anforderung nach Buchstabe a in vergleichbarer Weise erfüllen, nicht von den in Buchstabe b genannten Anlageformen erfasst werden und von einer Gesellschaft im Sinne von Buchstabe c verwaltet werden;

18. Anlagen bei

    a) der Europäischen Zentralbank oder bei der Zentralnotenbank eines Staates des EWR oder eines Vollmitgliedstaates der OECD,

    b) einem Kreditinstitut mit Sitz in einem Staat des EWR, das den Anforderungen der Richtlinie 2013/36/EU des Europäischen Parlaments und des Rates vom 26. Juni 2013 über den Zugang zur Tätigkeit von Kreditinstituten und die Beaufsichtigung von Kreditinstituten und Wertpapierfirmen, zur Änderung der Richtlinie 2002/87/EG und zur Aufhebung der Richtlinien 2006/48/EG und 2006/49/EG (ABl. L 176 vom 27.6.2013, S. 338), die zuletzt durch die Richtlinie 2014/59/EU (ABl. L 173 vom 12.6.2014, S. 190) geändert worden ist, unterliegt, wenn das Kreditinstitut dem Pensionsfonds schriftlich bestätigt, dass es die an seinem Sitz geltenden Vorschriften über das Eigenkapital und die Liquidität der Kreditinstitute einhält (geeignetes Kreditinstitut),

    c) öffentlich-rechtlichen Kreditinstituten, die nach Artikel 2 Absatz 5 der Richtlinie 2013/36/EU vom Geltungsbereich dieser Richtlinie ausgenommen sind,

    d) multilateralen Entwicklungsbanken, die nach Artikel 117 Absatz 2 der Verordnung (EU) Nr. 575/2013 des Europäischen Parlaments und des Rates vom

26. Juni 2013 über Aufsichtsanforderungen an Kreditinstitute und Wertpapierfirmen und zur Änderung der Verordnung (EU) Nr. 646/2012 (ABl. L 176 vom 27.6.2013, S. 1), die zuletzt durch die Delegierte Verordnung (EU) 2015/62 (ABl. L 11 vom 17.1.2015, S. 37) geändert worden ist, ein Risikogewicht von 0 Prozent erhalten;

als Anlagen gelten auch laufende Guthaben.

(2) Das Sicherungsvermögen kann darüber hinaus in Anlagen angelegt werden, die in Absatz 1 nicht genannt sind oder die Voraussetzungen nach Absatz 1 nicht erfüllen (Öffnungsklausel).

(3) Die Aufsichtsbehörde kann auch Anlagen in Vermögenswerten, die in den vorangehenden Absätzen nicht genannt sind oder die Voraussetzungen der vorangehenden Absätze nicht erfüllen, sowie Überschreitungen der in § 18 Absatz 1 Satz 2 und § 19 Absatz 1 bis 4 genannten Begrenzungen gestatten, wenn

1. die Belange der Versorgungsanwärter und Versorgungsempfänger (Versorgungsberechtigte) dadurch nicht beeinträchtigt werden und
2. die Mitgliedstaaten diese Abweichungen zulassen können nach Artikel 19 der Richtlinie (EU) 2016/2341.

(4) Nicht zulässig sind direkte und indirekte Anlagen

1. in Konsumentenkrediten, Betriebsmittelkrediten, beweglichen Sachen oder Ansprüchen auf bewegliche Sachen sowie in immateriellen Werten,
2. die gemäß Artikel 18 der Richtlinie 2003/41/EG nicht zulässig sind,
3. in Beteiligungen bei Konzernunternehmen des Pensionsfonds im Sinne des § 18 des Aktiengesetzes mit Ausnahme von Anlagen nach Absatz 1 Nummer 5 sowie von Unternehmen, an denen der Pensionsfonds nur passiv beteiligt ist, ohne operativ auf das Geschäft Einfluss zu nehmen oder laufende Projektentwicklung zu betreiben, und
4. bei Unternehmen, auf die der Pensionsfonds oder seine Konzernunternehmen im Sinne des § 18 des Aktiengesetzes ihren Geschäftsbetrieb ganz oder teilweise im Wege der Ausgliederung (§ 7 Nummer 2 des Versicherungsaufsichtsgesetzes) von Funktionen übertragen hat oder die in unmittelbarem Zusammenhang mit dem Betrieb von Pensionsfondsgeschäften stehende Tätigkeiten für den Pensionsfonds oder seine Konzernunternehmen im Sinne des § 18 des Aktiengesetzes ausführen, wenn bei diesen Unternehmen der Umfang des Geschäftsbetriebes wesentlich vom Gegenstand der Ausgliederung von Funktionen oder der Dienstleistungstätigkeit bestimmt wird.

§ 18
Mischung

(1) [1]Die angemessene Verteilung des Sicherungsvermögens auf verschiedene Anlageformen (Mischung) bestimmt sich vorbehaltlich der weiteren Regelungen dieser Be-

stimmung nach dem jeweiligen Pensionsplan. [2]Anlagen nach § 17 Absatz 2 sind auf jeweils 10 Prozent des Sicherungsvermögens beschränkt. [3]Direkte und indirekte Anlagen nach § 17 Absatz 1 Nummer 17 sind auf ein vorsichtiges Maß zu beschränken.

(2) [1]Die Aufsichtsbehörde kann den Anteil der direkt und indirekt gehaltenen Anlagen nach § 17 Absatz 1 Nummer 2 Buchstabe a, Nummer 9, 10, 12 und 13 herabsetzen, wenn es zur Wahrung der Belange der Versorgungsberechtigten erforderlich ist. [2]Die gleiche Befugnis steht der Aufsichtsbehörde zu für direkt und indirekt gehaltene Anlagen nach § 17 Absatz 1 Nummer 15, 16 und 17 sowie andere direkte und indirekte Anlagen nach § 17 Absatz 1, deren Ertrag oder Rückzahlung an Hedgefonds- oder Rohstoffrisiken gebunden ist.

§ 19
Streuung

(1) [1]Vorbehaltlich des Absatzes 2 sind alle auf ein und denselben Schuldner entfallenden Anlagen auf jeweils 5 Prozent des Sicherungsvermögens zu begrenzen. [2]Hat ein Schuldner gegenüber dem Pensionsfonds für Verbindlichkeiten eines Dritten die Gewährleistung übernommen, so ist auch diese Gewährleistungsverbindlichkeit auf die Quote nach Satz 1 anzurechnen. [3]Anlagen in Anteilen oder Aktien an einem offenen Investmentvermögen nach § 17 Absatz 1 Nummer 15 bis 17 gelten nicht als Anlagen bei ein und demselben Schuldner, wenn das Investmentvermögen in sich ausreichend gestreut ist.

(2) [1]Für Anlagen bei ein und demselben in § 17 Absatz 1 Nummer 3 Buchstabe a, b oder d genannten Schuldner gilt abweichend von Absatz 1 eine Quote von 30 Prozent des Sicherungsvermögens. [2]Für die folgenden Anlagen gilt abweichend von Absatz 1 eine Quote von 15 Prozent des Sicherungsvermögens:

1. Anlagen in Schuldverschreibungen, die von ein und demselben Kreditinstitut mit Sitz in einem Staat des EWR oder in einem Vollmitgliedstaat der OECD in Verkehr gebracht worden sind, wenn diese Schuldverschreibungen durch eine kraft Gesetzes bestehende besondere Deckungsmasse gesichert sind,

2. Anlagen bei ein und demselben geeigneten Kreditinstitut nach § 17 Absatz 1 Nummer 18 Buchstabe b, wenn und soweit die Anlagen durch eine umfassende Institutssicherung des Kreditinstituts oder durch ein Einlagensicherungssystem tatsächlich abgesichert sind; der satzungsmäßige Ausschluss eines Rechtsanspruchs auf Leistung der Einlagensicherungseinrichtung schließt eine tatsächliche Absicherung nicht aus,

3. Anlagen bei ein und demselben öffentlich-rechtlichen Kreditinstitut nach § 17 Absatz 1 Nummer 18 Buchstabe c und

4. Anlagen bei ein und derselben multilateralen Entwicklungsbank nach § 17 Absatz 1 Nummer 18 Buchstabe d.

(3) Bei der Berechnung der Quoten nach den Absätzen 1 und 2 sind Anlagen beim Schuldner und bei seinen Konzernunternehmen im Sinne des § 18 des Aktiengesetzes zusammenzurechnen.

(4) Bei Anteilen im Sinne des § 17 Absatz 1 Nummer 9, 12 und 13 an einem Unternehmen, dessen alleiniger Zweck das Halten der in § 17 Absatz 1 Nummer 9, 12 und 13 genannten Anlagen an anderen Unternehmen ist, bezieht sich Absatz 1 Satz 1 auf die durchgerechneten Anlagen des Pensionsfonds bei den anderen Unternehmen.

(5) [1]Bis zu jeweils 10 Prozent des Sicherungsvermögens können in einem einzelnen Grundstück oder grundstücksgleichen Recht oder in Anteilen an einem Unternehmen angelegt werden, dessen alleiniger Zweck der Erwerb, die Bebauung und Verwaltung von in einem Staat des EWR oder in einem Vollmitgliedstaat der OECD belegenen Grundstücken oder grundstücksgleichen Rechten ist. [2]Dieselbe Grenze gilt für mehrere rechtlich selbstständige Grundstücke zusammengenommen, wenn sie wirtschaftlich eine Einheit bilden.

(6) [1]Anlagen in einem Trägerunternehmen des Pensionsfonds im Sinne des § 7 Absatz 1 Satz 2 Nummer 2 des Betriebsrentengesetzes dürfen 5 Prozent des Sicherungsvermögens nicht überschreiten. [2]Ist das Trägerunternehmen Teil eines Konzerns im Sinne des § 18 des Aktiengesetzes, dürfen die Anlagen in den Unternehmen, die derselben Unternehmensgruppe wie das Trägerunternehmen angehören, 10 Prozent des Sicherungsvermögens nicht überschreiten. [3]Wird ein Pensionsfonds von mehreren Unternehmen getragen, so sind Anlagen in diese Unternehmen mit der gebotenen Vorsicht zu tätigen und angemessen zu streuen.

§ 20
Kongruenz

[1]Das Sicherungsvermögen ist nach Maßgabe der Kongruenzregeln in Anlage 3 zu dieser Verordnung in Vermögenswerten anzulegen, die auf dieselbe Währung lauten, in der die Verpflichtungen gegenüber den Versorgungsberechtigten erfüllt werden müssen. [2]Dabei gelten

1. Grundstücke und grundstücksgleiche Rechte als in der Währung des Landes angelegt, in dem sie belegen sind,
2. Aktien und Anteile als in der Währung angelegt, in der sie in einen organisierten Markt einbezogen sind, und
3. nicht in einen organisierten Markt einbezogene Aktien und Anteile als in der Währung des Landes angelegt, in dem der Aussteller der Wertpapiere oder Anteile seinen Sitz hat.

Kapitel 5
Deckungsrückstellung

§ 21
Versicherungsmathematische Bestätigung

(1) Bei Pensionsfonds hat der Verantwortliche Aktuar, wenn keine Einwendungen zu erheben sind, die folgende versicherungsmathematische Bestätigung abzugeben:

„Es wird bestätigt, dass die in der Bilanz unter den Posten … der Passiva eingestellte Deckungsrückstellung unter Beachtung des § 341f HGB sowie unter Beachtung der auf Grund des § 240 Satz 1 Nummer 10 bis 12 VAG erlassenen Rechtsverordnungen berechnet worden ist.“

(2) [1]Sind Einwendungen zu erheben, so hat der Verantwortliche Aktuar zu erklären, dass die versicherungsmathematische Bestätigung versagt oder eingeschränkt wird. [2]In beiden Fällen ist die Erklärung um zusätzliche Bemerkungen derart zu ergänzen, dass die Gründe für die Versagung oder Inhalt und Tragweite der Einschränkung klar umrissen werden.

§ 22
Versicherungsförmige Garantien

(1) [1]Soweit der Pensionsfonds im Rahmen eines beitrags- oder leistungsbezogenen Pensionsplans eine versicherungsförmige Garantie übernimmt, sind Deckungsrückstellungen unter Beachtung von § 23 Absatz 1 zu bilden. [2]Der Rechnungszinssatz ist unter Berücksichtigung der Mischung der die Verpflichtung deckenden Vermögenswerte und ihrer möglichen Wertschwankungen vorsichtig anzusetzen. [3]Er beträgt höchstens 0,25 Prozent bei Verträgen, die auf Euro lauten. [4]Bei Verträgen, die auf andere Währungen lauten, setzt die Bundesanstalt für Finanzdienstleistungsaufsicht den Höchstzinssatz unter Berücksichtigung der Festlegungen der Deckungsrückstellungsverordnung vom 18. April 2016 (BGBl. I S. 767) in der jeweils geltenden Fassung nach pflichtgemäßem Ermessen fest.

(2) [1]Eine versicherungsförmige Garantie im Sinne des Absatzes 1 liegt dann vor, wenn sich der Pensionsfonds gegen in Höhe und Fälligkeit fest vereinbarte Beiträge zu fest vereinbarten Leistungen verpflichtet hat. [2]Dies ist insbesondere gegeben, wenn der Pensionsfonds

1. im Rahmen leistungs- oder beitragsbezogener Pensionspläne eine Leistung der Höhe nach zusagt, die unter Ausschluss einer vertraglichen Nachschussverpflichtung aus bereits erbrachten Beiträgen finanziert ist (beitragsfreie Verpflichtung), oder
2. im Rahmen beitragsbezogener Pensionspläne die Zusage der Mindestleistung übernimmt.

(3) [1]Der von einem Pensionsfonds zum Zeitpunkt der Übernahme der versicherungsförmigen Garantie verwendete Rechnungszins gilt für die gesamte weitere Laufzeit des Vertrages. [2]Bei Versorgungsverhältnissen, die bei einer internen Teilung nach § 10 des Versorgungsausgleichsgesetzes zugunsten der ausgleichsberechtigten Person geschaffen werden, kann auch der Rechnungszins verwendet werden, der zum Zeitpunkt der Übernahme der versicherungsförmigen Garantie für das ursprüngliche Versorgungsverhältnis verwendet wurde. [3]§ 23 Absatz 2 und 3 bleibt unberührt.

(4) [1]Abweichend von Absatz 3 Satz 1 kann für Verträge, denen derselbe Pensionsplan und dieselben Grundsätze für die Berechnung der mathematischen Rückstellungen zugrunde liegen, unter Beachtung von Absatz 1 Satz 2 ein nicht für die gesamte Lauf-

zeit des Vertrages geltender einheitlicher Rechnungszins verwendet werden, der den jeweils gültigen Höchstzinssatz nicht überschreiten darf. [2]Eine dadurch erforderliche Herabsetzung des Rechnungszinses kann mit Zustimmung der Aufsichtsbehörde stufenweise erfolgen.

(5) [1]Ab Beginn des Rentenbezugs darf für die folgenden acht Jahre sowie für den Teil der Deckungsrückstellung, der auf die laufende Rentenzahlung entfällt, der Höchstzinssatz 85 Prozent des arithmetischen Mittels der letzten Monatswerte der Umlaufrenditen der Anleihen der öffentlichen Hand mit einer Restlaufzeit von einem Jahr bis zu acht Jahren betragen; die letzten Monatswerte ergeben sich aus der von der Deutschen Bundesbank in ihren Monatsberichten veröffentlichten Kapitalmarktstatistik. [2]Der für die Bestimmung des Rechnungszinses des einzelnen Vertrages maßgebliche Zeitpunkt ist der Zeitpunkt des Rentenbeginns.

§ 23
Versicherungsmathematische Rechnungsgrundlagen bei versicherungsförmigen Garantien

(1) [1]Bei der nach versicherungsmathematischen Methoden vorzunehmenden Ableitung von Rechnungsgrundlagen sind sämtliche Umstände, die Änderungen und Schwankungen der aus den zugrunde liegenden Statistiken gewonnenen Daten bewirken können, zu berücksichtigen und nach versicherungsmathematischen Grundsätzen geeignet zu gewichten. [2]Die Ableitung von Rechnungsgrundlagen auf der Basis eines besten Schätzwertes genügt nicht. [3]Die Rechnungsgrundlagen müssen ausreichend vorsichtig festgesetzt werden und nachteilige Abweichungen der relevanten Faktoren von den getroffenen, aus den Statistiken abgeleiteten Annahmen einbeziehen. [4]Dies gilt sowohl für die grundsätzlich auf ein einzelnes Risiko abzustellende Bewertung als auch sinngemäß für die Bewertung bei nicht individualisierbaren Risiken, für die keine ausreichenden Statistiken verfügbar sind. [5]Eine Beteiligung am Überschuss muss in angemessener Weise über die Laufzeit jedes Vertrages berücksichtigt werden.

(2) [1]Bei einer gemäß § 341f Absatz 2 des Handelsgesetzbuchs erforderlichen Berechnung der zu erwartenden Erträge des Pensionsfonds ist als Rendite zugrunde zu legen ein Referenzzins, der kalenderjährlich nach Maßgabe der folgenden Sätze ermittelt wird. [2]Verwendet werden die von der Deutschen Bundesbank gemäß § 7 der Rückstellungsabzinsungsverordnung veröffentlichten Monatsendstände derjenigen Null-Kupon-Euro-Zinsswapsätze, die eine Laufzeit von 10 Jahren haben. [3]Für die neun vorangegangenen Kalenderjahre wird jeweils der auf die zweite Nachkommastelle aufgerundete Jahresmittelwert der Monatsendstände bestimmt; dabei werden für die Jahre 2009 bis 2013 als Jahresmittelwerte 3,81, 3,13, 3,15, 2,14 und 1,96 Prozent angesetzt. [4]Für das laufende Kalenderjahr wird der auf die zweite Nachkommastelle aufgerundete Mittelwert der Monatsendstände der ersten neun Monate bestimmt. [5]Die Summe der neun Jahresmittelwerte aus Satz 3 und des Mittelwerts aus Satz 4 wird durch 10 geteilt. [6]Es werden die folgenden, auf die nächsthöhere zweite Nachkommastelle gerundeten Differenzen gebildet:

1. der in Satz 5 erhaltene Wert abzüglich des Referenzzinses des vorherigen Kalenderjahres,

2. 9 Prozent des in Satz 4 erhaltenen Werts abzüglich 9 Prozent des Referenzzinses des vorherigen Kalenderjahres.

[7]Haben die Differenzen aus Satz 6 Nummer 1 und 2 das gleiche Vorzeichen, ergibt sich der Referenzzins des Kalenderjahres dadurch, dass der Referenzzins des vorherigen Kalenderjahres um die Differenz, die den kleineren Absolutbetrag hat, angepasst wird. [8]Andernfalls bleibt der Referenzzins gegenüber dem vorherigen Kalenderjahr unverändert. [9]Der Referenzzins des Kalenderjahres 2017 beträgt 2,21 Prozent.

(3) [1]Zu jedem Bilanzstichtag ist der gemäß Absatz 2 ermittelte Referenzzins des Kalenderjahres, in dem das Geschäftsjahr begonnen hat, mit dem höchsten in den nächsten 15 Jahren für einen Vertrag maßgeblichen Rechnungszins zu vergleichen. [2]Ist der Referenzzins kleiner als der höchste maßgebliche Rechnungszins, ist der einzelvertraglichen Berechnung der Deckungsrückstellung Folgendes zugrunde zu legen:

1. für den Zeitraum der nächsten 15 Jahre jeweils das Minimum aus dem für das jeweilige Jahr maßgeblichen Rechnungszins und dem Referenzzins und

2. für den Zeitraum nach Ablauf von 15 Jahren der jeweils maßgebliche Rechnungszins.

[3]Andernfalls ist für die gesamte Restlaufzeit der jeweils maßgebliche Rechnungszins zu verwenden.

(4) Die Annahmen und Berechnungsmethoden dürfen nur insoweit geändert werden, als die den Annahmen zugrunde liegenden rechtlichen oder wirtschaftlichen Rahmenbedingungen dies erfordern oder rechtfertigen.

§ 24
Zusagen ohne versicherungsförmige Garantien

(1) [1]Soweit ein leistungsbezogener Pensionsplan die periodische Überprüfung und gegebenenfalls Neufestsetzung der für die Zukunft der Höhe und dem Zeitpunkt nach vereinbarten Beiträge in Abhängigkeit von der Entwicklung der Leistungsverpflichtungen und der Vermögensanlage vorsieht („Feststellungsverfahren"), ist die Deckungsrückstellung gemäß § 341f des Handelsgesetzbuchs prospektiv zu bilden, wobei für die Berechnung des Barwertes der künftigen Beiträge die jeweils vereinbarten Beiträge anzusetzen sind. [2]Bei der Berechnung von Barwerten ist für die Zeit vor Rentenbezug der Rechnungszins vorsichtig zu wählen. [3]Er muss die Vertragswährung und die im Bestand befindlichen Vermögenswerte sowie den erwarteten Ertrag künftiger Vermögenswerte angemessen berücksichtigen. [4]§ 23 Absatz 1 ist mit der Maßgabe anzuwenden, dass die Rechnungsgrundlagen auf Basis eines besten Schätzwertes unter Einbeziehung einer Sicherheitsspanne, die insbesondere den zeitlichen Abstand bis zur nächsten Neufeststellung der künftig vom Arbeitgeber zu erbringenden Beiträge berücksichtigt, abgeleitet werden. [5]Für die Zeit des Rentenbezugs ist höchstens der jeweils geltende Rechnungszins gemäß § 22 Absatz 1 anzusetzen; wenn der Pensionsfonds eine Garantie übernimmt, darf der zum Zeitpunkt der Garantieübernahme geltende Rechnungszins gemäß § 22 Absatz 1 nicht mehr überschritten werden. [6]Absatz 2 bleibt unberührt.

(2) [1]In den Fällen des § 236 Absatz 2 des Versicherungsaufsichtsgesetzes ist die Deckungsrückstellung in der Rentenbezugszeit prospektiv als Barwert der Leistungen zu bilden. [2]Der Rechnungszins ist vorsichtig zu wählen. [3]Er muss die Vertragswährung und die im Bestand befindlichen Vermögenswerte sowie den Ertrag künftiger Vermögenswerte angemessen berücksichtigen. [4]§ 23 Absatz 1 ist mit der Maßgabe anzuwenden, dass die Rechnungsgrundlagen auf Basis eines besten Schätzwertes unter Einbeziehung ihrer künftigen Veränderungen abgeleitet werden.

(3) In den Fällen des § 236 Absatz 3 des Versicherungsaufsichtsgesetzes ist die Deckungsrückstellung in der Rentenbezugszeit nach der retrospektiven Methode zu bilden, wobei die Deckungsrückstellung bei Rentenbeginn dem vorhandenen Versorgungskapital entspricht.

Kapitel 6
Finanzielle Ausstattung

§ 25
Berechnung und Höhe der Solvabilitätskapitalanforderung

(1) Bei Pensionsfonds ist die Solvabilitätskapitalanforderung, bezogen auf die jeweiligen Pensionspläne, die Summe von

1. 4 Prozent der Deckungsrückstellung und der um die Kostenanteile verminderten Beitragsüberträge, soweit der Pensionsfonds ein Kapitalanlagerisiko im Sinne des Absatzes 4 selbst trägt,
2. 1 Prozent der Deckungsrückstellung und der um die Kostenanteile verminderten Beitragsüberträge, soweit der Pensionsfonds kein Kapitalanlagerisiko übernimmt und der im Beitrag eingerechnete Verwaltungskostenzuschlag für einen Zeitraum von mehr als fünf Jahren festgelegt wird,
3. 25 Prozent der Nettoverwaltungsaufwendungen im letzten Geschäftsjahr, die solchen Verträgen zurechenbar sind, bei denen der Pensionsfonds kein Kapitalanlagerisiko übernimmt und der im Beitrag eingerechnete Verwaltungskostenzuschlag für einen Zeitraum von höchstens fünf Jahren festgelegt wird,
4. 0,3 Prozent des nach Absatz 3 berechneten Risikokapitals, soweit das Risiko im Sinne des Absatzes 4 selbst getragen wird.

(2) Soweit der Pensionsfonds Leistungen garantiert, kann das den Barwert dieser Garantie übersteigende Kapital auf 75 Prozent des gemäß Absatz 1 Nummer 1 berechneten Teilbetrags der Solvabilitätskapitalanforderung angerechnet werden, wenn der Pensionsplan eine Heranziehung in dieser Höhe erlaubt.

(3) [1]Für die Berechnung des Risikokapitals nach Absatz 1 Nummer 4 gelten § 9 Absatz 2 bis 4 sowie § 10 Absatz 1 Satz 2 der Kapitalausstattungs-Verordnung vom 18. April 2016 (BGBl. I S. 795) in der jeweils geltenden Fassung entsprechend. [2]Lässt sich das Risikokapital nach Absatz 1 Nummer 4 nicht ermitteln, so ist stattdessen ein gleichwertiges Berechnungsverfahren, das dem vom Pensionsfonds getragenen Risiko in geeigneter Weise Rechnung trägt, zu verwenden. [3]Das Berechnungsverfahren ist

der Aufsichtsbehörde spätestens bei Vorlage der in § 28 bestimmten Unterlagen mitzuteilen.

(4) [1]Der Pensionsfonds trägt selbst Kapitalanlagerisiko, soweit durch Vereinbarung im Pensionsplan zugleich die Höhe von Beiträgen und Leistungen garantiert wird. [2]Er trägt ein übernommenes Risiko selbst, soweit er es nicht durch Zukauf von Versicherungsschutz überträgt. [3]Die sich durch Zukauf von Versicherungsschutz ergebende Verminderung der Solvabilitätskapitalanforderung ist in den Fällen des Absatzes 1 Nummer 1 und 2 auf 15 Prozent und im Falle des Absatzes 1 Nummer 4 auf 50 Prozent der ohne Berücksichtigung des Zukaufs von Versicherungsschutz geforderten Solvabilitätskapitalanforderung, bezogen auf das gesamte übernommene Risiko, begrenzt.

§ 26
Mindestkapitalanforderung und Mindestbetrag der Mindestkapitalanforderung

[1]Ein Drittel der Solvabilitätskapitalanforderung gemäß § 25 bildet die Mindestkapitalanforderung. [2]Der Mindestbetrag der Mindestkapitalanforderung beträgt 3 Millionen Euro. [3]Für Pensionsfondsvereine auf Gegenseitigkeit ermäßigt sich der Mindestbetrag der Mindestkapitalanforderung um ein Viertel.

§ 27
Eigenmittel

(1) [1]In die Ermittlung der Eigenmittel gehen ein

1. bei Aktiengesellschaften das eingezahlte Grundkapital abzüglich des Betrags der eigenen Aktien,
2. bei Pensionsfondsvereinen auf Gegenseitigkeit der eingezahlte Gründungsstock,
3. die Kapitalrücklage und die Gewinnrücklagen,
4. der sich nach Abzug der auszuschüttenden Dividenden ergebende Gewinnvortrag,
5. Kapital, das gegen Gewährung von Genussrechten eingezahlt ist, nach Maßgabe der Absätze 2 und 5,
6. Kapital, das auf Grund der Eingehung nachrangiger Verbindlichkeiten eingezahlt ist, nach Maßgabe der Absätze 3 und 5,
7. Kapital, das in Form von Wertpapieren mit unbestimmter Laufzeit aufgenommen worden ist, nach Maßgabe der Absätze 4 und 5,
8. die Rückstellung für Beitragsrückerstattung, sofern sie zur Deckung von Verlusten verwendet werden darf und soweit sie nicht auf festgelegte Überschussanteile entfällt, und
9. auf Antrag und mit Zustimmung der Aufsichtsbehörde sowie unter Einhaltung der Höchstgrenze nach Absatz 6

a) die Hälfte des nicht eingezahlten Teils des Grundkapitals oder des Gründungsstocks, wenn der eingezahlte Teil 25 Prozent des Grundkapitals oder des Gründungsstocks erreicht, und

b) die stillen Nettoreserven, die sich aus der Bewertung der Aktiva ergeben, soweit diese Reserven nicht Ausnahmecharakter haben.

[2]Die Eigenmittel im Sinne von § 238 Absatz 2 des Versicherungsaufsichtsgesetzes ergeben sich als Summe der Beträge nach Satz 1 Nummer 1 bis 8 abzüglich

1. des um die auszuschüttende Dividende erhöhten Verlustvortrags,
2. der in der Bilanz ausgewiesenen immateriellen Werte, insbesondere eines aktivierten Geschäfts- oder Firmenwerts nach § 246 Absatz 1 Satz 4 des Handelsgesetzbuchs.

(2) [1]Kapital im Sinne des Absatzes 1 Satz 1 Nummer 5 ist den Eigenmitteln nur zuzurechnen, wenn

1. es bis zur vollen Höhe am Verlust teilnimmt und der Pensionsfonds verpflichtet ist, im Fall eines Verlusts die Zinszahlungen aufzuschieben,
2. vereinbart ist, dass es im Fall der Eröffnung des Insolvenzverfahrens oder der Liquidation des Pensionsfonds erst nach Befriedigung aller nicht nachrangigen Gläubiger zurückgezahlt wird,
3. es dem Pensionsfonds mindestens für die Dauer von fünf Jahren zur Verfügung gestellt wird und nach den getroffenen Vereinbarungen
   a) allenfalls im Fall der Liquidation und unter keinen Umständen auf Verlangen des Gläubigers vorzeitig zurückgezahlt werden muss sowie
   b) nur mit Zustimmung der Aufsichtsbehörde vorzeitig zurückgezahlt werden kann und
4. eine Änderung der getroffenen Vereinbarungen voraussetzt, dass die Aufsichtsbehörde erklärt hat, keine Einwände gegen die Änderung zu haben.

[2]Im Fall von Vereinbarungen mit fester Laufzeit haben Pensionsfonds der Aufsichtsbehörde spätestens ein Jahr vor dem Ende der Laufzeit einen Plan zur Genehmigung einzureichen, aus dem hervorgeht, wie die Eigenmittelausstattung erhalten oder bis zum Ende der Laufzeit auf den dann erforderlichen Umfang erhöht wird. [3]Beabsichtigt der Pensionsfonds bei einer Vereinbarung mit oder ohne feste Laufzeit eine vorzeitige Rückzahlung des Kapitals, hat er die Aufsichtsbehörde mindestens sechs Monate vor dem gewählten Rückzahlungstermin um Zustimmung zu bitten. [4]Ein Pensionsfonds darf in Wertpapieren verbriefte eigene Genussrechte nicht erwerben.

(3) [1]Kapital im Sinne des Absatzes 1 Satz 1 Nummer 6 ist den Eigenmitteln nur zuzurechnen, wenn

1. vereinbart ist, dass es im Fall der Eröffnung des Insolvenzverfahrens oder der Liquidation des Pensionsfonds erst nach Befriedigung aller nicht nachrangigen Gläubiger zurückerstattet wird,

2. es dem Pensionsfonds mindestens für die Dauer von fünf Jahren zur Verfügung gestellt wird und nach den getroffenen Vereinbarungen

   a) allenfalls im Rahmen der Liquidation und unter keinen Umständen auf Verlangen des Gläubigers vorzeitig zurückgezahlt werden muss sowie

   b) nur mit Zustimmung der Aufsichtsbehörde vorzeitig zurückgezahlt werden kann,

3. die Aufrechnung des Rückerstattungsanspruchs gegen Forderungen des Pensionsfonds ausgeschlossen ist und für die Verbindlichkeiten keine vertraglichen Sicherheiten durch den Pensionsfonds oder durch Dritte gestellt werden und

4. eine Änderung der getroffenen Vereinbarungen an die Bedingung geknüpft wird, dass die Aufsichtsbehörde erklärt hat, keine Einwände gegen die Änderung zu haben.

[2]Im Fall von Vereinbarungen mit fester Laufzeit haben Pensionsfonds der Aufsichtsbehörde spätestens ein Jahr vor dem Ende der Laufzeit einen Plan zur Genehmigung einzureichen, aus dem hervorgeht, wie die Eigenmittelausstattung erhalten oder bis zum Ende der Laufzeit auf den dann erforderlichen Umfang erhöht wird. [3]Beabsichtigt der Pensionsfonds bei einer Vereinbarung mit oder ohne feste Laufzeit eine vorzeitige Rückzahlung des Kapitals, hat er die Aufsichtsbehörde mindestens sechs Monate vor dem gewählten Rückzahlungstermin um Zustimmung zu bitten. [4]Ein Pensionsfonds darf in Wertpapieren verbriefte eigene nachrangige Verbindlichkeiten nicht erwerben.

(4) [1]Kapital im Sinne des Absatzes 1 Satz 1 Nummer 7 ist den Eigenmitteln nur zuzurechnen, wenn

1. die Forderungen aller nicht nachrangigen Gläubiger den Forderungen des Inhabers des Wertpapiers vorgehen,

2. es unter keinen Umständen auf Verlangen des Gläubigers zurückgezahlt werden muss,

3. es nur mit Zustimmung der Aufsicht zurückgezahlt werden kann,

4. der Emissionsvertrag dem Pensionsfonds jederzeit erlaubt, Zinszahlungen aufzuschieben, und

5. nach den Ausgabebedingungen neben dem eingezahlten Kapital auch nicht gezahlte Zinsen an einem Verlust teilnehmen, ohne den Pensionsfonds in der Fortsetzung seiner Tätigkeit einzuschränken.

[2]Beabsichtigt der Pensionsfonds die Rückzahlung des Kapitals, hat er die Aufsichtsbehörde mindestens sechs Monate vor dem gewählten Rückzahlungstermin um Zustimmung zu bitten.

(5) [1]Kapital, das eingezahlt ist

1. gegen Gewährung von Genussrechten nach Absatz 2,

2. auf Grund der Eingehung von nachrangigen Verbindlichkeiten nach Absatz 3 oder
3. in Form von Wertpapieren nach Absatz 4,

kann den Eigenmitteln nur in den Grenzen des Satzes 2 zugerechnet werden. [2]Die Zurechnung ist möglich, soweit

1. der Gesamtbetrag dieses Kapitals nach Aufnahme 50 Prozent der Eigenmittel und 50 Prozent der Solvabilitätskapitalanforderung nicht überschreitet sowie
2. der Teilbetrag des Kapitals, für das feste Laufzeiten vereinbart sind und das den Eigenmitteln zugerechnet wird, nach Aufnahme 25 Prozent der Eigenmittel und 25 Prozent der Solvabilitätskapitalanforderung nicht überschreitet.

(6) Mittel gemäß Absatz 1 Satz 1 Nummer 9 Buchstabe a können den Eigenmitteln nur zugerechnet werden bis zu einer Höchstgrenze von 50 Prozent des Betrags, der sich als Minimum der Eigenmittel und der Solvabilitätskapitalanforderung ergibt.

§ 28
Berichtspflicht gegenüber der Aufsichtsbehörde

(1) Pensionsfonds haben jährlich der Aufsichtsbehörde eine Berechnung der Solvabilitätskapitalanforderung und einen Nachweis über ihre Eigenmittel vorzulegen (Solvabilitätsnachweis).

(2) [1]Stichtag für den Solvabilitätsnachweis ist der Stichtag des nach § 341a des Handelsgesetzbuchs vorgeschriebenen Jahresabschlusses. [2]Für die Vorlage bei der Aufsichtsbehörde gilt die gleiche Frist wie für den aufgestellten Jahresabschluss.

(3) Für die Vorlage des Solvabilitätsnachweises ist das in Anlage 4 abgedruckte Formular zu verwenden.

(4) Pensionsfonds unter Bundesaufsicht legen den Solvabilitätsnachweis elektronisch oder auf Papierformularen der Bundesanstalt für Finanzdienstleistungsaufsicht vor.

Kapitel 7
Lebenslange Zahlungen im Sinne des § 236 Absatz 3 des Versicherungsaufsichtsgesetzes

§ 29
Anfängliche Höhe der lebenslangen Zahlung

(1) [1]Die anfängliche Höhe der lebenslangen Zahlung ergibt sich durch Verrentung des bei Rentenbeginn vorhandenen Versorgungskapitals. [2]Bei der Verrentung sind die planmäßigen Verwaltungskosten zu berücksichtigen. [3]Im Übrigen sind die Rechnungsgrundlagen zu verwenden, mit denen der Barwert nach § 31 Absatz 2 Satz 2 berechnet wird. [4]Abweichend von Satz 3 kann der Rechnungszins nach Maßgabe des Absatzes 2 vorsichtiger gewählt werden.

(2) Der Rechnungszins zur Verrentung des bei Rentenbeginn vorhandenen Versorgungskapitals darf nur insoweit vorsichtiger gewählt werden, als sich für das Versor-

gungsverhältnis bei entsprechender Anwendung von § 31 Absatz 2 ein Kapitaldeckungsgrad ergibt, der 125 Prozent nicht übersteigt.

§ 30
Mindesthöhe der lebenslangen Zahlung

[1]Die Mindesthöhe der lebenslangen Zahlung ergibt sich durch Verrentung des bei Rentenbeginn vorhandenen Versorgungskapitals mit einem Rechnungszins von mindestens 0 Prozent. [2]Bei der Verrentung sind die planmäßigen Verwaltungskosten zu berücksichtigen und die biometrischen Rechnungsgrundlagen nach § 31 Absatz 2 Satz 2 anzuwenden.

§ 31
Anpassung der lebenslangen Zahlungen

(1) [1]Der Kapitaldeckungsgrad des Rentnerbestands eines Pensionsplans darf 100 Prozent nicht unterschreiten und 125 Prozent nicht übersteigen. [2]Fällt der Kapitaldeckungsgrad unter 100 Prozent, sind die durch den Pensionsfonds an die Rentenempfänger des Pensionsplans zu erbringenden Leistungen zu senken; bei einem Kapitaldeckungsgrad von mehr als 125 Prozent sind diese Leistungen zu erhöhen. [3]Nach der Anpassung der Leistungen muss die Anforderung nach Satz 1 wieder erfüllt sein.

(2) [1]Der Kapitaldeckungsgrad ist das Verhältnis der Deckungsrückstellung, die nach § 24 Absatz 3 für die Rentenempfänger des Pensionsplans zu bilden ist, zum Barwert der durch den Pensionsfonds an diese Rentenempfänger zu erbringenden Leistungen einschließlich damit verbundener Anwartschaften auf Hinterbliebenenleistungen. [2]Bei der Berechnung des Barwerts ist § 24 Absatz 2 Satz 2 bis 4 entsprechend anzuwenden.

(3) [1]Der Pensionsfonds hat zu gewährleisten, dass die Anforderung aus Absatz 1 Satz 1 jederzeit eingehalten wird. [2]Mindestens einmal jährlich hat er die an die Rentenempfänger des Pensionsplans zu erbringenden Leistungen zu überprüfen und gegebenenfalls anzupassen.

§ 32
Form, Inhalt und Nachweis der Zusage des Arbeitgebers für die Erbringung der Mindesthöhe

(1) [1]Der Nachweis der Zusage des Arbeitgebers, für die Erbringung der Mindesthöhe der lebenslangen Zahlung nach § 30 einzustehen, erfolgt gegenüber der Aufsichtsbehörde durch den Pensionsfonds. [2]Zusage und Nachweis bedürfen der Schriftform.

(2) In der Zusage nach Absatz 1 muss bestimmt sein, dass sich die Einstandspflicht des Arbeitgebers auf den Differenzbetrag zwischen der Mindesthöhe nach § 30 und der durch den Pensionsfonds zu erbringenden lebenslangen Zahlung bezieht, sofern und solange diese die Mindesthöhe nicht erreicht.

(3) Ergibt sich auf Grund der Pflichten nach § 31 Absatz 3, dass die an die Rentenempfänger durch den Pensionsfonds zu erbringenden lebenslangen Zahlungen unter

die Mindesthöhe nach § 30 abgesenkt werden, ist der Arbeitgeber unverzüglich über seine Einstandspflicht unter Angabe des Beginns und der Höhe zu informieren.

(4) Der Pensionsfonds ist berechtigt, gegen Erstattung der Kosten die Funktion einer Zahlstelle zur Erfüllung der Einstandsverpflichtung der Arbeitgeber zu übernehmen.

Teil 2
Durchführung reiner Beitragszusagen in der betrieblichen Altersversorgung

§ 33
Anwendungsbereich

[1]Die Vorschriften dieses Teils gelten, soweit eine durchführende Einrichtung reine Beitragszusagen nach § 1 Absatz 2 Nummer 2a des Betriebsrentengesetzes durchführt. [2]Durchführende Einrichtung im Sinne dieser Verordnung ist ein Pensionsfonds, eine Pensionskasse oder ein anderes Lebensversicherungsunternehmen.

§ 34
Vermögensanlage

[1]Die Beiträge, die zur Finanzierung von Leistungen der betrieblichen Altersversorgung eingezahlt werden, sind anzulegen. [2]Für die Anlage dieser Beiträge sind die §§ 16 bis 20 entsprechend anzuwenden.

§ 35
Deckungsrückstellung

(1) [1]In der Ansparphase ist die Deckungsrückstellung das planmäßig zuzurechnende Versorgungskapital auf der Grundlage der gezahlten Beiträge und der daraus erzielten Erträge. [2]Dabei kann ein kollektives Versorgungskapital gebildet werden, das den Versorgungsanwärtern insgesamt planmäßig zugerechnet ist.

(2) In der Rentenbezugszeit ist die Deckungsrückstellung nach der retrospektiven Methode zu bilden, wobei die Deckungsrückstellung bei Rentenbeginn dem vorhandenen Versorgungskapital des Versorgungsanwärters entspricht.

(3) Mit Zusatzbeiträgen nach § 23 Absatz 1 des Betriebsrentengesetzes und daraus erzielten Erträgen kann eine zusätzliche Deckungsrückstellung gebildet werden, die den Versorgungsberechtigten insgesamt zugeordnet ist.

§ 36
Kapitaldeckungsgrad

(1) [1]Der Kapitaldeckungsgrad ist das Verhältnis der Deckungsrückstellung, die nach § 35 Absatz 2 für die Rentenempfänger zu bilden ist, zum Barwert der durch die durchführende Einrichtung an diese Rentenempfänger zu erbringenden Leistungen, gegebenenfalls einschließlich damit verbundener Anwartschaften auf Hinterbliebenenleistungen. [2]Bei der Berechnung des Barwertes ist § 24 Absatz 2 Satz 2 bis 4 entsprechend anzuwenden.

(2) Der Kapitaldeckungsgrad darf 125 Prozent nicht übersteigen.

§ 37
Anfängliche Höhe der lebenslangen Zahlung

(1) [1]Die anfängliche Höhe der lebenslangen Zahlung ergibt sich durch Verrentung des bei Rentenbeginn vorhandenen Versorgungskapitals des Versorgungsanwärters. [2]Bei der Verrentung sind die planmäßigen Verwaltungskosten zu berücksichtigen. [3]Im Übrigen sind die Rechnungsgrundlagen zu verwenden, mit denen der Barwert nach § 36 Absatz 1 Satz 2 berechnet wird. [4]Abweichend von Satz 3 kann der Rechnungszins nach Maßgabe des Absatzes 2 vorsichtiger gewählt werden.

(2) Der Rechnungszins zur Verrentung des bei Rentenbeginn vorhandenen Versorgungskapitals darf nur insoweit vorsichtiger gewählt werden, als sich für das Versorgungsverhältnis bei entsprechender Anwendung von § 36 Absatz 1 ein Kapitaldeckungsgrad ergibt, der die Obergrenze nach § 36 Absatz 2 nicht übersteigt.

§ 38
Anpassung der lebenslangen Zahlungen

(1) [1]Der Kapitaldeckungsgrad nach § 36 Absatz 1 darf 100 Prozent nicht unterschreiten und die Obergrenze nach § 36 Absatz 2 nicht übersteigen. [2]Fällt der Kapitaldeckungsgrad unter 100 Prozent, sind die durch die durchführende Einrichtung an die Rentenempfänger zu erbringenden Leistungen zu senken; bei einem zu hohen Kapitaldeckungsgrad sind diese Leistungen zu erhöhen. [3]Nach der Anpassung der Leistungen muss die Anforderung nach Satz 1 wieder erfüllt sein.

(2) Eine Erhöhung der Leistungen darf nur insoweit vorgenommen werden, als ein Kapitaldeckungsgrad von 110 Prozent nicht unterschritten wird.

(3) [1]Die durchführende Einrichtung hat zu gewährleisten, dass die Anforderung nach Absatz 1 Satz 1 jederzeit eingehalten wird. [2]Mindestens einmal jährlich hat sie die an die Rentenempfänger zu erbringenden Leistungen zu überprüfen und gegebenenfalls anzupassen.

§ 39
Risikomanagement

(1) Im Rahmen des Risikomanagements sind die Vorgaben des Betriebsrentengesetzes sowie die zugrunde liegenden Vereinbarungen, insbesondere zur Begrenzung der Volatilität des Versorgungskapitals und der lebenslangen Zahlungen, zu berücksichtigen.

(2) [1]Zu den Vereinbarungen im Sinne des Absatzes 1 gehören die den Zusagen zugrunde liegenden Tarifverträge nach § 1 Absatz 2 Nummer 2a des Betriebsrentengesetzes sowie die der Durchführung dieser Zusagen zugrunde liegenden schriftlichen Vereinbarungen mit der durchführenden Einrichtung. [2]Die durchführende Einrichtung hat vor dem Abschluss einer Vereinbarung zur Durchführung von Zusagen nach § 1 Absatz 2 Nummer 2a des Betriebsrentengesetzes zu prüfen, ob die Durchführung dieser Zusagen in der vorgesehenen Form mit den bestehenden aufsichtsrechtlichen Regelungen vereinbar ist.

(3) Die Risikostrategie im Sinne von § 26 Absatz 2 des Versicherungsaufsichtsgesetzes hat Art, Umfang und Komplexität des Geschäfts der Durchführung reiner Beitragszusagen und der mit diesem Geschäft verbundenen Risiken ausdrücklich zu berücksichtigen.

(4) [1]Das Risikomanagement hat Verfahren zur Messung, Überwachung, Steuerung und Begrenzung der Volatilität der lebenslangen Zahlungen vorzusehen. [2]Die Festlegungen der Tarifvertragsparteien sind dabei zu berücksichtigen.

(5) [1]Das Risikomanagement muss konsistent sein mit den Informationen der durchführenden Einrichtung gegenüber den Versorgungsanwärtern, Rentenempfängern und Tarifvertragsparteien. [2]Dies betrifft insbesondere die Informationen zur erwarteten Höhe der lebenslangen Zahlungen und zu ihrer erwarteten Volatilität sowie zu der erwarteten Volatilität des Versorgungskapitals.

§ 40
Risikoberichte

[1]In den unternehmensinternen Risikoberichten im Sinne des § 26 Absatz 1 Satz 1 und 2 des Versicherungsaufsichtsgesetzes, die der Berichterstattung gegenüber dem Vorstand dienen, ist darzulegen, wie im Rahmen des Risikomanagements die Durchführung reiner Beitragszusagen berücksichtigt wurde. [2]Dabei ist insbesondere auf die Vorgaben des § 39 einzugehen.

§ 41
Laufende Informationspflichten gegenüber den Versorgungsanwärtern und Rentenempfängern

(1) Über die sonstigen verpflichtenden Informationen hinaus stellt die durchführende Einrichtung den Versorgungsanwärtern mindestens einmal jährlich folgende Informationen kostenlos zur Verfügung:

1. die Höhe des planmäßig zuzurechnenden Versorgungskapitals des Versorgungsanwärters und die Höhe der lebenslangen Zahlung, die sich ohne weitere Beitragszahlung allein aus diesem Versorgungskapital ergäbe, jeweils mit dem ausdrücklichen Hinweis, dass diese Beträge nicht garantiert sind und sich bis zum Rentenbeginn verringern oder erhöhen können,

2. die Höhe der bisher insgesamt eingezahlten Beiträge und gesondert die Höhe der während des letzten Jahres eingezahlten Beiträge,

3. die jährliche Rendite des Sicherungsvermögens nach § 244c des Versicherungsaufsichtsgesetzes, zumindest für die letzten fünf Jahre, und

4. Informationen über Wahlrechte, die der Versorgungsanwärter während der Anwartschaftsphase oder bei Rentenbeginn ausüben kann.

(2) Über die sonstigen verpflichtenden Informationen hinaus stellt die durchführende Einrichtung den Rentenempfängern mindestens einmal jährlich folgende Informationen kostenlos zur Verfügung:

1. Informationen über die allgemeinen Regelungen zur Anpassung der Höhe der lebenslangen Zahlung mit dem ausdrücklichen Hinweis, dass die aktuelle Höhe der lebenslangen Zahlung nicht garantiert ist und sich verringern oder erhöhen kann,
2. die Höhe des zuletzt ermittelten Kapitaldeckungsgrads,
3. eine Einschätzung darüber, ob und gegebenenfalls wann mit einer Anpassung der Höhe der lebenslangen Zahlungen zu rechnen ist.

§ 42
Berichterstattung gegenüber der Aufsichtsbehörde

(1) Schließt eine durchführende Einrichtung eine Vereinbarung zur Durchführung reiner Beitragszusagen ab, so hat sie der Aufsichtsbehörde unverzüglich die folgenden Unterlagen vorzulegen:

1. die Vereinbarung,
2. den zugrunde liegenden Tarifvertrag nach § 1 Absatz 2 Nummer 2a des Betriebsrentengesetzes sowie
3. das Ergebnis ihrer Prüfung nach § 39 Absatz 2 Satz 2.

(2) [1]Die durchführende Einrichtung hat der Aufsichtsbehörde spätestens sieben Monate nach dem Ende eines Geschäftsjahres Folgendes mitzuteilen:

1. die Höhe des Kapitaldeckungsgrads und die Höhe der maßgebenden Obergrenze,
2. die Annahmen und Methoden zur Festlegung der anfänglichen Höhe der lebenslangen Zahlung,
3. das Ausmaß der Anpassungen der lebenslangen Zahlungen sowie die den Anpassungen zugrunde liegenden Annahmen und Methoden.

[2]Bei Pensionsfonds haben diese Ausführungen im Rahmen des versicherungsmathematischen Gutachtens nach § 10 Absatz 1 Nummer 4 zu erfolgen, bei Pensionskassen im Rahmen des versicherungsmathematischen Gutachtens nach § 17 der Versicherungsberichterstattungs-Verordnung.

Teil 3
Schlussbestimmungen

§ 43
Übergangsvorschriften zu Teil 1

(1) Die Vorschriften der Kapitel 1, 2, 3 und 6 sind erstmals für das Geschäftsjahr anzuwenden, das nach dem 31. Dezember 2015 beginnt.

(2) Für das Geschäftsjahr, das vor dem 1. Januar 2016 begonnen hat, sind

1. die Pensionsfonds-Aktuarverordnung vom 12. Oktober 2005 (BGBl. I S. 3019), die durch Artikel 1 Nummer 9 der Verordnung vom 16. Dezember 2015 (BGBl. I S. 2345) aufgehoben worden ist, in der bis zum 31. Dezember 2015 geltenden Fassung,

2. die PF-Mindestzuführungsverordnung vom 17. Dezember 2008 (BGBl. I S. 2862), die durch Artikel 1 Nummer 13 der Verordnung vom 16. Dezember 2015 (BGBl. I S. 2345) aufgehoben worden ist, in der bis zum 31. Dezember 2015 geltenden Fassung,
3. die Pensionsfondsberichterstattungsverordnung vom 25. Oktober 2005 (BGBl. I S. 3048), die durch Artikel 1 Nummer 10 der Verordnung vom 16. Dezember 2015 (BGBl. I S. 2345) aufgehoben worden ist, in der bis zum 31. Dezember 2015 geltenden Fassung und
4. die Pensionsfonds-Kapitalausstattungsverordnung vom 20. Dezember 2001 (BGBl. I S. 4180), die durch Artikel 1 Nummer 6 der Verordnung vom 16. Dezember 2015 (BGBl. I S. 2345) aufgehoben worden ist, in der bis zum 31. Dezember 2015 geltenden Fassung

anzuwenden.

(3) Anlagen, die bis zum 30. Juni 2010 getätigt worden sind und seitdem auf Grund des § 6 Absatz 1 der Pensionsfonds-Kapitalanlagenverordnung vom 21. Dezember 2001 (BGBl. I S. 4185) in der Fassung der Verordnung vom 9. Mai 2011 (BGBl. I S. 794) im Sicherungsvermögen gehalten wurden, können bis zu ihrer Fälligkeit im Sicherungsvermögen verbleiben.

(4) Anteile an Publikumsinvestmentvermögen in Form von Immobilien-Sondervermögen nach den §§ 230 bis 260 des Kapitalanlagegesetzbuchs, die vor dem 8. April 2011 erworben worden sind, sowie Anteile an vergleichbaren ausländischen Investmentvermögen, die vor dem 8. April 2011 erworben worden sind, können im Sicherungsvermögen verbleiben und Anlagen nach § 17 Absatz 1 Nummer 14 Buchstabe c zugeordnet werden.

(5) Anlagen, die bis zum 7. März 2015 getätigt worden sind und seitdem auf Grund des § 6 Absatz 3 der Pensionsfonds-Kapitalanlagenverordnung vom 21. Dezember 2001 (BGBl. I S. 4185) in der Fassung der Verordnung vom 3. März 2015 (BGBl. I S. 188) im Sicherungsvermögen gehalten wurden, können bis zu ihrer Fälligkeit im Sicherungsvermögen verbleiben und den Anlagen nach § 17 Absatz 1 Nummer 13 Buchstabe b zugeordnet werden.

(6) [1]Auf Kapital im Sinne des § 27 Absatz 1 Satz 1 Nummer 5 und 6, das bis zum 13. Januar 2019 eingezahlt worden ist, kann § 27 Absatz 2 und 3 in der bis zum 12. Januar 2019 geltenden Fassung weiter angewendet werden. [2]Satz 1 gilt letztmalig in dem Geschäftsjahr, das nach dem 31. Dezember 2027 beginnt.

(7) Anlagen des Sicherungsvermögens, die zum Zeitpunkt, ab dem das Vereinigte Königreich Großbritannien und Nordirland nicht mehr Mitgliedstaat der Europäischen Union ist und auch nicht wie ein solcher zu behandeln ist, die Voraussetzungen der jeweiligen Anlageform nach § 17 Absatz 1 deswegen nicht mehr erfüllen, weil das Vereinigte Königreich Großbritannien und Nordirland nicht länger Staat des EWR ist, können weiterhin der jeweiligen Anlageform nach § 17 Absatz 1 zugeordnet werden.

VI.
Europa-Recht

1.
Charta der Grundrechte der Europäischen Union in der konsolidierten Fassung

(ABl. EU Nr. C 202 vom 7.6.2016 S. 389)

– Auszug –

Das Europäische Parlament, der Rat und die Kommission proklamieren feierlich den nachstehenden Text als Charta der Grundrechte der Europäischen Union:

...

Titel III Gleichheit

...

Artikel 21 Nichtdiskriminierung

(1) Diskriminierungen insbesondere wegen des Geschlechts, der Rasse, der Hautfarbe, der ethnischen oder sozialen Herkunft, der genetischen Merkmale, der Sprache, der Religion oder der Weltanschauung, der politischen oder sonstigen Anschauung, der Zugehörigkeit zu einer nationalen Minderheit, des Vermögens, der Geburt, einer Behinderung, des Alters oder der sexuellen Ausrichtung sind verboten.

(2) Unbeschadet besonderer Bestimmungen der Verträge ist in ihrem Anwendungsbereich jede Diskriminierung aus Gründen der Staatsangehörigkeit verboten.

...

Artikel 23 Gleichheit von Frauen und Männern

Die Gleichheit von Frauen und Männern ist in allen Bereichen, einschließlich der Beschäftigung, der Arbeit und des Arbeitsentgelts, sicherzustellen.

Der Grundsatz der Gleichheit steht der Beibehaltung oder der Einführung spezifischer Vergünstigungen für das unterrepräsentierte Geschlecht nicht entgegen.

2.
Vertrag über die Arbeitsweise der Europäischen Union in der konsolidierten Fassung (AEUV)

(ABl. EU Nr. C 202 vom 7.6.2016 S. 47, ber. ABl. EU Nr. C 400 vom 28.10.2016 S. 1)

– Auszug –

Erster Teil
Grundsätze

...

Titel I
Arten und Bereiche der Zuständigkeit der Union

...

Artikel 5

(1) Die Mitgliedstaaten koordinieren ihre Wirtschaftspolitik innerhalb der Union. Zu diesem Zweck erlässt der Rat Maßnahmen; insbesondere beschließt er die Grundzüge dieser Politik.

Für die Mitgliedstaaten, deren Währung der Euro ist, gelten besondere Regelungen.

(2) Die Union trifft Maßnahmen zur Koordinierung der Beschäftigungspolitik der Mitgliedstaaten, insbesondere durch die Festlegung von Leitlinien für diese Politik.

(3) Die Union kann Initiativen zur Koordinierung der Sozialpolitik der Mitgliedstaaten ergreifen.

...

Zweiter Teil
Nichtdiskriminierung und Unionsbürgerschaft

...

Artikel 19
(ex-Artikel 13 EGV)

(1) Unbeschadet der sonstigen Bestimmungen der Verträge kann der Rat im Rahmen der durch die Verträge auf die Union übertragenen Zuständigkeiten gemäß einem besonderen Gesetzgebungsverfahren und nach Zustimmung des Europäischen Parlaments einstimmig geeignete Vorkehrungen treffen, um Diskriminierungen aus Gründen des Geschlechts, der Rasse, der ethnischen Herkunft, der Religion oder der Weltanschauung, einer Behinderung, des Alters oder der sexuellen Ausrichtung zu bekämpfen.

(2) Abweichend von Absatz 1 können das Europäische Parlament und der Rat gemäß dem ordentlichen Gesetzgebungsverfahren die Grundprinzipien für Fördermaßnahmen der Union unter Ausschluss jeglicher Harmonisierung der Rechts- und Verwaltungsvorschriften der Mitgliedstaaten zur Unterstützung der Maßnahmen festlegen, die die Mitgliedstaaten treffen, um zur Verwirklichung der in Absatz 1 genannten Ziele beizutragen.

...

Dritter Teil
Die internen Politiken und Maßnahmen der Union

...

Titel X
Sozialpolitik

...

Artikel 157
(ex-Artikel 141 EGV)

(1) Jeder Mitgliedstaat stellt die Anwendung des Grundsatzes des gleichen Entgelts für Männer und Frauen bei gleicher oder gleichwertiger Arbeit sicher.

(2) Unter „Entgelt" im Sinne dieses Artikels sind die üblichen Grund- oder Mindestlöhne und -gehälter sowie alle sonstigen Vergütungen zu verstehen, die der Arbeitgeber aufgrund des Dienstverhältnisses dem Arbeitnehmer unmittelbar oder mittelbar in bar oder in Sachleistungen zahlt.

Gleichheit des Arbeitsentgelts ohne Diskriminierung aufgrund des Geschlechts bedeutet,

a) dass das Entgelt für eine gleiche nach Akkord bezahlte Arbeit aufgrund der gleichen Maßeinheit festgesetzt wird,

b) dass für eine nach Zeit bezahlte Arbeit das Entgelt bei gleichem Arbeitsplatz gleich ist.

(3) Das Europäische Parlament und der Rat beschließen gemäß dem ordentlichen Gesetzgebungsverfahren und nach Anhörung des Wirtschafts- und Sozialausschusses Maßnahmen zur Gewährleistung der Anwendung des Grundsatzes der Chancengleichheit und der Gleichbehandlung von Männern und Frauen in Arbeits- und Beschäftigungsfragen, einschließlich des Grundsatzes des gleichen Entgelts bei gleicher oder gleichwertiger Arbeit.

(4) Im Hinblick auf die effektive Gewährleistung der vollen Gleichstellung von Männern und Frauen im Arbeitsleben hindert der Grundsatz der Gleichbehandlung die Mitgliedstaaten nicht daran, zur Erleichterung der Berufstätigkeit des unterrepräsentierten Geschlechts oder zur Verhinderung bzw. zum Ausgleich von Benachteiligungen in der beruflichen Laufbahn spezifische Vergünstigungen beizubehalten oder zu beschließen.

VII.
Zahlen zur betrieblichen Altersversorgung

Grenzbeträge / Obergrenzen im Jahr 2023 – Ein Überblick

	EURO
Lohnsteuer-Pauschalierung bei Direktversicherungen (§ **40b EStG**)	
Höchstbetrag im Kalenderjahr je Arbeitnehmer	**1.752**
bei Durchschnittsberechnung möglich bis zu (je Arbeitnehmer)	**2.148**
Beitragsbemessungsgrenze allgemeine Rentenversicherung	
pro Jahr (West)	**87.600**
pro Jahr (Ost)	**85.200**
4% der BBG pro Jahr (West)	**3.504**
pro Monat (West)	**7.300**
pro Monat (Ost)	**7.100**
4% der BBG pro Monat (West)	**292**
8% der BBG pro Monat (West)	**584**
Bezugsgröße (§ **18 SGB IV**)	
West / Jahr	**40.740**[1]
Ost / Jahr	**39.840**
West / Monat	**3.395**[2]
Ost / Monat	**3.290**
1/160stel der Bezugsgröße West (§ **1a Abs. 1 S. 4 BetrAVG**)	**254,60**

1 In der gesetzlichen Kranken- und Pflegeversicherung gilt dieser Wert bundeseinheitlich.

2 In der gesetzlichen Kranken- und Pflegeversicherung gilt dieser Wert bundeseinheitlich.

		EURO
Abfindungs-Höchstbetrag (**§ 3 BetrAVG**)		
	laufende Leistungen: 1% der Bezugsgröße (West)	**33,95**
	laufende Leistungen: 1% der Bezugsgröße (Ost)	**32,90**
	Kapitalleistung: 12/10 der Bezugsgröße (West)	**4.074**
	Kapitalleistung: 12/10 der Bezugsgröße (Ost)	**3.948**
Höchstgrenzen der Insolvenzsicherung		
(**§ 7 Abs. 3 S. 1 BetrAVG**)	West	**10.185**
	Ost	**9.870**
(**§ 7 Abs. 3 S. 2 BetrAVG**)	West	**1.222.200**
	Ost	**1.184.400**
Höchstgrenze des Übertragungswertes (**§ 4 Abs. 3 S. 1 Nr. 2 BetrAVG**)		**87.600**